信息时代

科技情报研究学术论文集

（第八辑）

刘显福　主编

科学技术文献出版社
SCIENTIFIC AND TECHNICAL DOCUMENTATION PRESS
·北京·

图书在版编目（CIP）数据

信息时代：科技情报研究学术论文集. 第八辑 / 刘显福主编. —北京：科学技术文献出版社，2019.12

ISBN 978-7-5189-6371-3

Ⅰ.①信… Ⅱ.①刘… Ⅲ.①科技情报—文集 Ⅳ.① G250.255-53

中国版本图书馆 CIP 数据核字（2020）第 001286 号

信息时代：科技情报研究学术论文集（第八辑）

策划编辑：周国臻　　责任编辑：赵　斌　　责任校对：张永霞　　责任出版：张志平

出　版　者　科学技术文献出版社

地　　　址　北京市复兴路15号　邮编 100038

编　务　部　（010）58882938，58882087（传真）

发　行　部　（010）58882868，58882870（传真）

邮　购　部　（010）58882873

官 方 网 址　www.stdp.com.cn

发　行　者　科学技术文献出版社发行　全国各地新华书店经销

印　刷　者　北京虎彩文化传播有限公司

版　　　次　2019 年 12 月第 1 版　2019 年 12 月第 1 次印刷

开　　　本　889×1194　1/16

字　　　数　794千

印　　　张　28.25

书　　　号　ISBN 978-7-5189-6371-3

定　　　价　118.00元

编委会名单

主　任：刘显福

副主任：赵　贤

委　员：（以姓氏笔画为序）

曲国庆　阮怀军　杜显斌　杜保国　李家祥

张福田　赵　辉　赵燕清　顾小勇　徐金光

戚桂杰　尉雪波　董兴全　甄天民　窦永福

谭思明

主　编：刘显福

副主编：赵　辉

编　者：亓　亮　姜中国　林慧芳　杨　斌　牟　华

张冠南

前　言

　　为更好地服务山东省科技情报工作者，展示山东省科技情报工作者两年来在科技情报研究领域涌现的学术成果，系统总结两年来山东省科技情报工作所取得的成就与经验，真实、全面地记录山东省科技情报工作者的学术研究观点和理论，在更长的时间和更广泛的领域传播这些新思想和新成果，山东科技情报学会于2019年年初开展了优秀学术论文的征集工作。

　　本论文集共收录论文85篇，论文的作者都是科技信息服务一线工作人员。这些论文关注目前行业内的热点问题和发展趋势，在一定程度上代表和体现了山东省当前科技情报领域的科研水平。在此，向所有论文的作者表示衷心的感谢！

　　由于时间紧迫、水平有限，书中难免出现疏漏，望读者给予谅解和指正。

编　者

2019 年 10 月

前　言

目 录

新旧动能转换与新技术应用

互联网 + 科技情报研究与应用

科技智库与科技人才

科技政策、科技投入及其他

轻型载人潜水器研发及产业化研究

智能家居安防云系统设计的研究

新旧动能转换
与新技术应用

山东省新旧动能转换战略研究

芦　娜　　姚明伟

摘要：建设新旧动能转换综合试验区，是山东省发展的一次机遇，更是一场攻坚战。山东省作为试验区，如何借国家发展战略实现经济结构质的飞跃是摆在我们山东人面前的重大任务和责任。本文在深入研究刘家义书记在山东省全面展开新旧动能转换重大工程动员大会讲话的基础上，对山东省今后一段时期的重点任务、产业集群发展、体制机制改革等问题进行梳理，希望可以对山东省及各地市在新旧动能转换建设中提供有益参考。

关键词：新旧动能转换；经济发展；战略研究

一、建设新旧动能转换综合试验区的目的、意义和核心内容

目的。建设新旧动能转换综合试验区的目的就是要"强省"，即在新一轮的科技革命和产业变革中实现山东省经济发展质的蜕变。

意义。山东省地处我国南北交界地带，产业发展特征明显，资源型、重化型产业占主导地位，煤炭、钢铁、化工、冶金等高耗能、高排放的国有企业占比较大，兼具南北双方发展的基础和转型难题，有人把山东经济形象地称为"大象经济"。建设新旧动能转换综合试验区，具有先行先试的示范效应，对日后形成的新的南北发展格局有积极的参照意义。

核心内容。提升产业层次，优化产业结构，实现产业转型升级。主要包含 3 个方面的内容：①培育新型产业，这是增强全省核心竞争力的关键技术；②改造提升传统产业，保证转型期间经济指标稳定发展；③化解落后产业，为新兴产业发展节省空间。

二、山东省经济发展中的问题

1. 高能耗、高污染行业占比高，国有企业占优势。主营业务收入排前列的轻工、化工、机械、纺织、冶金多为资源型产业，能源原材料产业占 40% 以上，二氧化硫等多项排放指标位居全国前列，是名副其实的资源消耗和污染排放大省。国有企业占比高，对民营经济的发展空间造成了一定程度的挤压。

2. 产业科技创新能力不强。数据显示，2016 年全省高新技术产业产值占规模以上工业产值的比重为 33.8%，分别比江苏、浙江低 7.7 和 6.3 个百分点；全社会科技研发经费支出占比 2.30%，分别比广东、江苏、浙江低 0.22、0.32 和 0.09 个百分点；PCT（《专利合作条约》）国际专利申请量广东有 2.4 万件，山东省只有 1399 件，仅为广东的 5.8%。[1]

3. 山东经济发展质效不高。山东企业往往更注重企业规模的扩张，科技创新引领企业发展的意识不强。数据显示，山东省 2017 年单位 GDP 财政贡献率为 8.39%，分别比江苏、浙江、广东低 1.12、2.82、4.20 个百分点，产业处于高产值、低利润的发展境地。《南方周末》一篇题为《山东如何批量"制造""独角兽"》的文章这样报道："山东省单位税收占 GDP 比重只有 8.7%，上海市接近 20%，北京、广东、江苏、浙江都超过了 10%。"

产业结构不优，新兴动能成长不快，发展活力不足，经济效益不高，拉低了山东的区域竞争优势。[1]

三、山东省新旧动能转换的重点任务

"十强"产业是主线,是提升山东经济的制胜点。科学顺畅的体制机制是保障,是产业壮大培强的后盾。

培育壮大优势产业集群。《新旧动能转换重大工程实施规划》中针对山东省发展现状,规划设计了重点发展的"十强"产业,包括5个新兴产业(新一代信息技术、高端装备、新能源新材料、智慧海洋、医养健康)和5个传统产业(绿色化工、现代高效农业、文化创意、精品旅游、现代金融)。培植规划分两个部分:一是产业之间的培植要做到"有得有舍";二是整体产业的培育要坚持"走出去"和"请进来",走分类别、分层次、分重点的差异化培植之路。

(一)"十强"产业之间如何培植?对于"十强"产业的转型升级,要做到"有得有舍"

1. 新兴产业是提高山东省区域竞争力的关键,对这部分产业要注重科技引领的作用,要"得"。科技创新是提高企业核心竞争力的有效途径,在研发投入、科技合作、技术研发、技术转移、拓展市场等方面狠下功夫,在政策上给予重点倾斜,培植龙头企业,建立健全产业链条,实现高新技术产业快速发展。

2. 传统产业培植重点是"提质增效""盘活化解"。"提质增效"分两个层面:一是横向上加快对传统产业的改造升级,统筹推进机械、化工、冶金等产业向高端化、集群化发展;二是纵向上拉长骨干企业的产业链,在提高商品附加值和增强深加工环节上做文章。"盘活化解"是针对过剩产能说的,山东省以资源型产业为主,经过长期发展,有些产业产能和存量远远超过了国内市场需求量,造成了产能积压,我们称之为过剩产能,对这些过剩产能该如何调剂?刘家义书记给出了思路:"通过加强全球布局,推进国际产能合作,将这些过剩产能转变为对外合作的优势。"[1]也就是要通过拓展海外需求市场来化解国内过剩产能,发挥产能量的优势。

3. 对于不适宜现代经济发展的落后产业,要"舍",彻底淘汰掉,为新兴产业发展节省空间,阵痛改革是为了迎来更长远的可持续发展。

(二)"十强"产业整体如何培育?

大致可以概括为"走出去"和"请进来",充分调动17地市发展积极性,形成全省上下一盘棋的思想,协作联动,在转型升级过程中实现现代经济大发展。"走出去"说的是在全球经济一体化背景下,深度融入"一带一路"倡议的建设中去,推动山东省企业参与国际竞争,并在竞争中融合创新,提高企业创新能力和技术水平,开拓境外市场,辐射带动一个高技术含量产业集群的发展;"请进来"说的是招商引智,吸引高质量投资和人才团队助力优势产业集群发展。招商引智一是要以产业发展规划和本地产业需求为引导,培植龙头企业,辐射带动相关联的上下游产业联动发展,不可见商即招,恶性循环;二是需要招商团队具备"伯乐的眼光",除了已具规模的成熟产业外,还要发展隐形和潜力产业,这些产业的后发优势不可估量;三是充分运用现有资源,建立山东在外人员信息库和有效联络机制,多渠道、错层次充分挖掘可用资源,形成招商引智发展氛围。

四、保障措施

山东省今日的产业发展格局,有历史原因,也有体制机制的问题。刘家义书记在讲话中提出:"如果管理运行机制不顺畅,再好的规划、方案都无从实施。所以,要创新运用工程的推进办法,要尽快构建起环环相扣、有序衔接、动态管理、追责问效的管理推进体系,保证推进速度、质量和最终结果。"[1]那么，构建科学、高效、顺畅的管理体系要注意什么问题？

1. 要明确政府在新旧动能转换建设中的作用，明白政府在新旧动能转换综合试验区建设中要解决的问题。改革开放以来的经验和教训启示我们，发展产业经济，一定要充分尊重市场规律，提高企业的主体地位，想尽一切办法激励企业发展，切不可成为企业发展的绊脚石，发挥好政府决策的引导作用，工作中坚持问题导向，推动企业提质增效，增强企业内生动力。

2. 方案规划要科学。要深入调研、掌握全局和关键点，科学论证出规划。对新旧动能转换建设做深入研究，研究上级文件，研究地区产业发展情况，熟知工作各环节中的重点、热点和难点问题。首先找准制约地区发展的主要问题。在深入调研的基础上，分析对比，需要与行业专家、学者和企业决策层进行深度探讨，绝不仅仅是听汇报、看材料可以总结出来的，做好这项工作是发挥政府引导作用的前提。其次，找出问题后，就要想办法解决问题。如何才能提出科学有效的解决方案？刘家义书记在讲话中提到，善于从基层和群众中寻找解决问题的办法，拿出有底气、接地气的政策措施。[1]就是要群策群力，充分汲取各方意见，综合各种因素，提出最优方案。最后，提出方案后就要用于实践，用发展成效来检验方案的科学性和可行性。在这个过程中，要有百折不挠的决心和勇气，不怕困难，遇到困难想办法解决掉才是正确方式。

3. 运行管理机制要顺畅。对现有的政策法规进行重新排查，坚决废弃有碍企业发展的审批事项，要努力打造一套科学、高效、合理的服务运行体系。加强各部门之间的联通，互享资源和数据，不要受地域所限，树立全球战略眼光，加强对外合作，互利共赢。建立动态监管体系，运用大数据、互联网、云计算等现代化方式推进工作有序开展。

4. 保证人才的扎根。建设新旧动能转换综合试验区成效如何，归根结底还是要落到人才的问题上。有了优质的人才，一个地区的发展才有了生机和希望。这里所说的人才，一类是专业、精干、高效、有魄力的现代化管理人才，他们谋大局、高屋建瓴，他们是产业发展的引领者；一类是有敏锐的战略发展眼光，有勇有谋的企业家，他们在时代变迁中砥砺前行，勇于突破自我迎接各种挑战，他们是产业发展的主角；还有一类是拥有高技术的专业技术人才和团队，他们是产业发展的核心力量，是竞争力的关键所在。要做到留住人才、培养人才、引进人才，想尽一切办法调动人才积极性，干事创业、积极进取。

新旧动能转换建设是一套全方位的综合改革，包括重新评估自我、顶层设计发展路径、科学跟进配套服务、创新工作方式方法、完善体制机制等多个方面，在上级部门的统一领导下，山东人充分发挥孺子牛的精神，埋头苦干，山东省必将呈现一片干事创业、生机盎然的繁荣景象。

参考文献

[1] 刘家义. 山东终于意识到自己落后了！[N/OL]. (2018-02-22) [2018-07-22]. http://news.ifeng.com/a/20180223/56210291_0.shtml.

2016—2017 年度山东省科技创新水平指数分析

武秀杰　　陈嘉琳　　夏晋瑾

摘要：本文主要从《中国区域科技创新评价报告 2016—2017》提取最新数据，并针对构成区域创新水平指数的 5 个一级指标、12 个二级指标及 38 个三级指标展开分析，并针对山东省科技创新水平指数下降的问题，找出山东省位次落后的主要因素，即高新技术产业化、科技促进经济社会发展及科技活动产出。

关键词：科技创新；水平指数

为促进科技创新环境的改善，切实增加科技投入，努力扩大科技产出，加快高新技术产业化建设，重视科技促进经济发展方式的转变，科技部委托科技部战略研究院构建了区域科技创新评价指标体系，形成了科技创新水平指数，该体系由科技创新环境等 5 个一级指标、科技人力资源等 12 个二级指标、万人 R&D 人员数等 38 个三级指标构成，该指数反映了全国各地区在科技创新方面的水平和能力。

2017 年 8 月 30 日，科技部战略研究院发布《中国区域科技创新评价报告 2016—2017》。最新报告显示，全国综合科技创新水平指数得分为 67.57，比上年提高了 1.08 分。从综合科技创新水平指数看，东部地区的京、沪、津、粤、苏、浙等六省市居全国第 1 至第 6 位，居于全国第一梯队[1]；鄂、渝、陕、鲁等四省市分别居全国第 7 至第 10 位，居于全国第二梯队[2]。进一步分析山东科技创新的一、二、三级指标，具体如下。

一、区域科技创新一级指标评价

从区域科技创新 5 个一级指标指数看，与全国平均水平相比，当年[3]科技创新环境、科技活动投入及高新技术产业化等 3 个一级指标指数高于全国平均水平，科技活动产出、科技促进经济社会发展指数远低于全国平均水平，分别低 19.84 及 6.92 分（表 1 和图 1）。

表 1　山东科技创新一级指标与全国和上年[4] 水平比较

	当年全国	当年山东	山东与全国比较情况	上年山东	当年山东	当年与上年变动情况
科技创新环境	63.53	75.97	12.44	70.58	75.97	5.39
科技活动投入	65.63	68.94	3.31	67.97	68.94	0.97

---

① 第一梯队：综合科技创新水平指数得分高于全国平均水平。

② 第二梯队：综合科技创新水平指数在全国平均水平和 50 分之间。

③ 当年：指 2015 年度。

④ 上年：指 2014 年度。

	当年全国	当年山东	山东与全国比较情况	上年山东	当年山东	当年与上年变动情况
科技活动产出	72.88	53.04	−19.84	47.38	53.04	5.66
高新技术产业化	58.36	60.18	1.82	59.86	60.18	0.32
科技促进经济社会发展	73.20	66.28	−6.92	68.22	66.28	−1.94

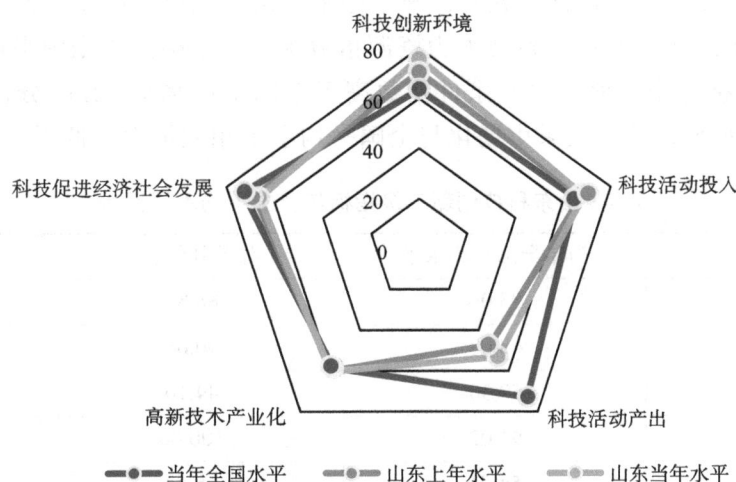

图 1　山东科技创新一级指标与全国和上年水平比较

从山东及全国增长幅度看，与上年相比，山东科技创新环境、科技活动投入及科技活动产出 3 个一级指标的增幅均高于全国增幅（表 2）。全国高新技术产业化指数提高 2.66 分，但山东仅提高 0.32 分，全国科技促进经济社会发展指数提高 1.53 分，山东不仅未上升，反而下降 1.94 分。

表 2　全国与山东科技创新一级指标与上年比较情况

	全国增幅情况	山东增幅情况
科技创新环境	1.30	5.39
科技活动投入	0.56	0.97
科技活动产出	−0.23	5.66
高新技术产业化	2.66	0.32
科技促进经济社会发展	1.53	−1.94

从区域科技创新 5 个一级指标位次看，与上年相比，山东当年科技创新环境、科技活动投入及科技活动产出等 3 个一级指标位次保持不变，分别居全国第 5、第 7、第 13 位，高新技术产业化、科技促进经济社会发展等 2 个一级指标均比上年下降 3 个位次，分别由上年的第 10 位下降至第 13 位，由上年的第 15 位下降至第 18 位（表 3）。

表 3　山东科技创新一级指标位次及变动情况

	当年位次	上年位次	位次变动情况
科技创新环境	5	5	0
科技活动投入	7	7	0
科技活动产出	13	13	0
高新技术产业化	13	10	↓ 3

	当年位次	上年位次	位次变动情况
科技促进经济社会发展	18	15	↓ 3

二、区域科技创新二级指标评价

从区域科技创新 12 个二级指标指数看，与全国平均水平相比，高于和低于全国平均水平的指数均为 6 个（表 4 和图 2）。其中，科技人力资源指数等 6 个指标高于全国平均水平，在高于全国平均水平的 6 个二级指标中，科研物质条件指数高于全国平均水平 42.60 分；科技意识等 6 个二级指标低于全国平均水平，技术成果市场化与全国平均水平相差最大，低于全国 26.77 分。

表 4　山东科技创新二级指标与全国平均水平比较

	当年全国平均水平	当年山东水平	山东与全国相比
科技人力资源	85.04	88.83	3.79
科研物质条件	48.08	90.68	42.60
科技意识	50.30	44.10	−6.20
科技活动人力投入	91.02	100.00	8.98
科技活动财力投入	54.75	55.63	0.88
科技活动产出水平	67.46	52.23	−15.23
技术成果市场化	81.01	54.24	−26.77
高新技术产业化水平	53.30	34.70	−18.60
高新技术产业化效益	63.41	85.66	22.25
经济发展方式转变	58.72	59.82	1.10
环境改善	74.69	69.72	−4.97
社会生活信息化	93.24	74.03	−19.21

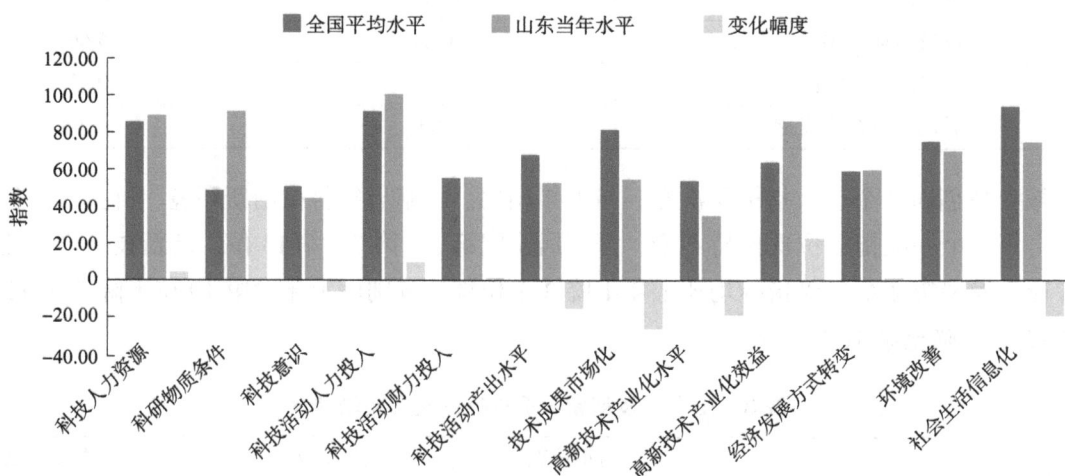

图 2　山东科技创新二级指标与全国平均水平比较

从增幅看，科技人力资源等 9 个二级指标指数均高于上年水平（表 5）。其中，科研物质条件增幅最大，超过 10 个百分点；高新技术产业化水平、经济发展方式转变及社会生活信息化等 3 个二级指标指数低于上年水平，社会生活信息化降幅最大，降低 6.16 个百分点。

表5　山东科技创新二级指标与上年水平比较

	上年山东水平	当年山东水平	当年与上年相比
科技人力资源	86.44	88.83	2.39
科研物质条件	78.95	90.68	11.73
科技意识	41.06	44.10	3.04
科技活动人力投入	99.15	100.00	0.85
科技活动财力投入	54.61	55.63	1.02
科技活动产出水平	43.37	52.23	8.86
技术成果市场化	53.39	54.24	0.85
高新技术产业化水平	35.01	34.70	−0.31
高新技术产业化效益	84.72	85.66	0.94
经济发展方式转变	60.11	59.82	−0.29
环境改善	67.28	69.72	2.44
社会生活信息化	80.19	74.03	−6.16

　　从区域科技创新12个二级指标全国位次排名看，与上年相比，5个二级指标位次保持不变；5个二级指标相应的位次比上年有所提高，但提高幅度不大，仅科技活动人力投入指数上升4个位次，其他指标基本提高1～2个位次；其余2个指标呈下降态势，其中社会生活信息化指标下降幅度较大，降低7个位次（表6）。

表6　山东科技创新二级指标位次及变动情况

	当年位次	上年位次	位次变动情况
科技人力资源	8	8	0
科研物质条件	2	2	0
科技意识	11	12	↑1
科技活动人力投入	1	5	↑4
科技活动财力投入	7	7	0
科技活动产出水平	12	14	↑2
技术成果市场化	11	12	↑1
高新技术产业化水平	19	18	↓1
高新技术产业化效益	2	2	0
经济发展方式转变	7	7	0
环境改善	28	29	↑1
社会生活信息化	22	15	↓7

三、区域科技创新三级指标评价

　　从区域科技创新38个三级指标指数看，26个指标评价值较上年有所提高，在26个评价值提高的三级指标中有12个三级指标位次较上年提升[①]，9个指标位次保持不变，5个指标位次下降[②]（表7）。

---

① 当评价值和相应的位次均比上年有所提高时，说明本地区与位次相邻地区比较有了明显的进步。

② 在评价值较上年有所提高，而位次不变（或下降）时，说明本地区虽然比上年有所进步，但却跟不上位次相邻地区的步伐。

表 7　山东科技创新 26 个评价值提高的三级指标及位次与上年比较情况

	评价值			位次		
	上年	当年	变动情况	上年	当年	变动情况
万人研究与发展（R&D）人员数	29.87	31.06	1.19	8	8	0
万人大专以上学历人数	982.12	1263.24	281.12	22	16	↑6
万人高等学校在校学生数	242.08	251.58	9.5	14	12	↑2
十万人创新中介从业人员数	1.69	1.70	0.01	16	17	↓1
每名（R&D）人员研发仪器和设备支出	5.06	6.23	1.17	4	1	↑3
科学研究和技术服务业新增固定资产占比重	2.21	2.44	0.23	4	2	↑2
十万人累计孵化企业数	4.72	5.78	1.06	10	9	↑1
万名就业人员专利申请数	28.05	34.17	6.12	9	10	↓1
科学研究和技术服务业平均工资比较系数	92.49	96.77	4.28	16	14	↑2
有 R&D 活动的企业占比重	11.31	13.90	2.59	18	16	↑2
万人 R&D 研究人员数	11.97	12.94	0.97	8	8	0
企业 R&D 研究人员占比重	68.51	71.13	2.62	5	4	↑1
R&D 经费支出与 GDP 比值	2.19	2.27	0.08	7	7	0
企业 R&D 经费支出占主营业务收入比重	0.82	0.89	0.07	12	10	↑2
万人发明专利拥有量	3.63	4.97	1.34	9	9	0
万人输出技术成交额	248.53	312.21	63.68	14	13	↑1
万元生产总值技术国际收入	0.68	0.85	0.17	15	13	↑2
高技术产业增加值占工业增加值比重	12.80	13.75	0.95	15	14	↑1
知识密集型服务业增加值占生产总值比重	9.84	10.33	0.49	18	22	↓4
高技术产业劳动生产率	39.98	44.48	4.5	4	4	0
知识密集型服务业劳动生产率	58.36	64.35	5.99	6	7	↓1
劳动生产率	10.05	10.84	0.79	10	10	0
综合能耗产出率	13.44	13.94	0.5	14	14	0
环境质量指数	41.80	57.62	15.82	30	30	0
万人国际互联网上网人数	4833.19	4994.86	161.67	14	18	↓4
电子商务消费占最终消费支出比重	20.79	22.91	2.12	11	11	0

在所有位次提升的指标中，提升位次最多的是万人大专以上学历人数，由上年的第 22 位提升至第 16 位，上升 6 个位次；下降位次最多的是知识密集型服务业增加值占生产总值比重及万人国际互联网上网人数，均下降 4 个位次，分别由上年的第 18 位降至第 22 位，第 14 位降至第 18 位。

38 个三级指标中，有 12 个指标评价值较上年有所下降，在 12 个评价值下降的三级指标中有 3 个三级指标位次较上年提升[①]，6 个指标位次不变，3 个指标位次下降（表 8）。

表 8　山东科技创新 12 个评价值下降的三级指标及位次与上年比较情况

	评价值			位次		
	上年	当年	变动情况	上年	当年	变动情况
万人研究技术成交额	401.92	392.41	−9.51	18	18	0
地方财政科技支出占地方财政支出比重	2.05	1.93	−0.12	10	9	↑1

---

① 当评价值较上年有所下降，但相应的位次不变（或提高）时，说明本地区虽然比上年有所退步，但位次相邻地区退步更快。

续表

	评价值			位次		
	上年	当年	变动情况	上年	当年	变动情况
企业技术获取和技术改造经费支出占企业主营业收入比重	0.26	0.22	−0.04	24	27	↓ 3
万人科技论文数	2.22	2.16	−0.06	19	19	0
获国家级成果奖系数	2.03	1.85	−0.18	22	20	↑ 2
高技术产品出口额占商品出口额比重	13.28	11.92	−1.36	19	19	0
新产品销售收入占主营业务收入比重	10.17	10.09	−0.08	11	11	0
高技术产业增加值率	29.74	28.99	−0.75	18	17	↑ 1
资本生产率	0.34	0.33	−0.01	10	10	0
装备制造业区位熵	81.16	80.72	−0.44	13	14	↓ 1
环境污染治理指数	73.65	72.75	−0.9	26	26	0
信息传输、软件和信息技术服务业增加值占生产总值比重	1.7	1.69	−0.01	23	25	↓ 2

在所有评价值下降的指标中，提升位次最多的是获国家级成果奖系数，由上年的第 22 位提升至第 20 位，上升 2 个位次；下降位次最多的是企业技术获取和技术改造经费支出占企业主营业收入比重，下降 3 个位次，由上年的第 24 位降至第 27 位。

四、小结

综上所述，下降 3 个位次的一级指标是高新技术产业化及科技促进经济社会发展 2 个指标；分析二级指标发现，当年也有 2 个二级指标位次出现下降，即构成高新技术产业化指数的高新技术产业化水平及构成科技促进经济社会发展指数的社会生活信息化这 2 个指标，分别下降 1 个位次及 7 个位次；进一步分析三级指标，与上年相比，有 8 个三级指标出现不同程度的位次下降，下降位次最多的 2 个三级指标是知识密集型服务业增加值占生产总值比重及万人国际互联网上网人数，均下降 4 个位次。

参考文献

[1] 科学技术部 . 中国区域科技创新评价报告 2016—2017[M]. 北京：科学技术文献出版社，2017.

科技报告在新旧动能转换中的效用探析

高巍　乔振　刘长

摘要： 2018 年 2 月，《山东省新旧动能转换重大工程实施规划》（鲁政发〔2018〕7 号）和《关于推进新旧动能转换重大工程的实施意见》（鲁发〔2018〕9 号）相继出台，同年 3 月，山东省科学技术厅印发了《科技创新支持新旧动能转换的若干措施》（鲁科字〔2018〕39 号），标志着山东省全面开启新旧动能转换重大工程。在传统产业升级改造及科技创新过程中，利用基础数据的分析对未来发展趋势预测起到非常重要的作用。因此，本文通过对目前山东省及各个地市科技报告工作开展情况的描述，以科技报告作为一种基础数据类型对新旧动能转换工作中的作用进行分析，对如何加强和提升科技报告信息资源在新旧动能转换中的效用提出了意见和建议。

关键词： 科技报告；基础数据；新旧动能转换；效用

1　引言

科技报告是在科研活动的各个阶段，由科技人员按照有关规定和格式撰写的，以积累、传播和交流为目的，能完整而真实地反映其所从事科研活动的技术内容和经验的特种文献，能够促进科技创新，具有重要的技术积累、交流、经济等价值[1]。

目前，对"新旧动能"一词还没有明确的定义。"动能"可以简单地理解为"动力"。根据当前各种宣传报道，所谓新动能，是指新一轮科技革命和产业变革中形成的经济社会发展新动力、新技术、新产业、新业态、新模式等。所谓旧动能，是指传统动能，它不仅涉及高耗能、高污染的制造业，更宽泛地覆盖利用传统经营模式经营的第一、第二、第三产业[2]。

推进新旧动能转换，促进科技创新，区域内的信息资源利用效率问题不可忽视。随着科技领域内科学数据的逐渐开放和共享，各类科研数据、科技活动数据、科技人才数据等所构建的科技大数据，可以使得本区域管理部门更准确地了解科技特点和发展趋势，更加优化利用数据信息，助推传统产业升级及新旧动能加速转换。

2　研究背景

2014 年 8 月，《国务院办公厅转发科技部关于加快建立国家科技报告制度指导意见的通知》（国办发〔2014〕43 号）中明确规定，"建立科技报告逐级呈交的组织管理机制"，"建立地方和部门科技报告管理机制"[3]。2015 年 3 月，山东省政府办公厅转发了《关于加快建立科技报告制度的实施意见》（鲁政办发〔2015〕10 号），对建立山东省科技报告制度的工作目标和时间进度有了合理确定，"2015 年，启动省级科技报告试点工作……探索建立科技报告工作机制，实现与国家、省科技报告的互相衔接。到 2016 年……全面启动科技报告工作"[4]。

2015 年 10 月，李克强总理在政府会议中提出，"我国经济正处在新旧动能转换的艰难进程中"。随即"十三五"规划纲要明确增强发展新动能。2016 年和 2017 年的政府工作报告中分别提及"新旧动能"，指出经济发展过程必然伴随着"新旧动能迭代更替"的过程，"双创"是推动新旧动能转换和经济结构升级的重要力量。2017年1月20日，国务院办公厅印发了我国加速新旧动能转换的第一份文件——《关于创新管理优化服务培育壮大经济发展新动能加快新旧动能接续转换的意见》。2017年3月6日"两会期间"，李克强总理希望山东在新旧动能转换中继续打头阵[5]。

2018年2月13日，山东省人民政府印发了《山东省新旧动能转换重大工程实施规划》（鲁政发〔2018〕7号）。随后，中共山东省委山东省人民政府印发了《关于推进新旧动能转换重大工程的实施意见》（鲁发〔2018〕9号）。2月22日，山东省全面展开新旧动能转换重大工程动员大会召开。3月，山东省科学技术厅印发了《科技创新支持新旧动能转换的若干措施》（鲁科字〔2018〕39号）。这些文件的相继出台及大会的召开标志着山东省已然全面展开新旧动能转换重大工程。

3 山东省科技报告工作现状

2015—2017年，山东省相继开展了针对全省科技管理部门指导员资格培训班，十七地市、相关大学、科研院所等单位的科研管理人员等各个区域、各个领域、各个行业、各个项目承担单位的科技报告培训班等，共计培训人员2300余人次。截至2018年3月底，山东省科技报告管理部门共呈交收藏国家科技报告750篇，省属项目2620篇，对外共享服务发布省级科技计划科技报告2450篇，其中囊括了山东省主要各个计划项目类别，包括自主创新成果转化重大专项、自主创新专项、自主创新及成果转化专项、自然科学杰出青年基金、软科学研究计划重大重点项目、自然科学基金计划、重点研发计划、重大专项、农业科技成果转化专项、农业良种工程、软科学研究计划一般项目、科技惠民计划、科技富民强县专项行动计划、山东省与以色列国际科技合作项目等（图1）。这些都标志着科技报告制度在全省科技计划项目范围内全面建立。

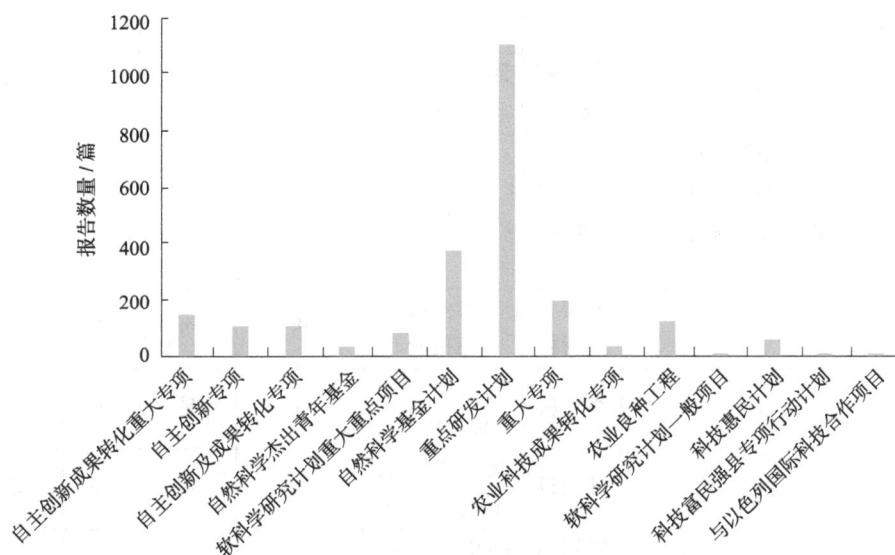

图1 各个计划项目科技报告数量分布情况

同时，按照《关于加快建立科技报告制度的实施意见》（鲁政办发〔2015〕10号）文件的部署，推进市级科技报告工作。截至2016年年底，全省十七地市中已有济南、淄博、东营、烟台、济宁、威海6个地市启动科技报告工作。已经拟定或出台科技报告工作相关政策的有青岛、淄博、东营等8个地市；已经着手开展科技报告管理和服务系统自主研发的地市有济南、淄博、东营、烟台，其中济南、烟台已经开始上线接收，乃至审核和共享市级科技报告；已经开展地市级科技报告培训工作的有东营、济宁、威海。而日照、莱芜、德州、聊城4个地市因科技计划管理的改革，科技报告工作暂时未作部署，具体如表1所示。

表 1　各地市科技报告工作开展情况

地市	是否提出报告呈交要求	是否出台相关制度文件	科技报告主管处室	承担单位	工作经费/万元	科技报告工作方案	服务平台	是否开展培训工作	是否已开展科技报告呈交和服务
济南	是	否	发展规划处	济南市科技信息研究所信息中心	2	是	是,自主开发	是	是,审核662篇,共享497篇
青岛	否	否	规划发展与监督处	青岛生产力促进中心	20	是	否,自主开发	是	已接收600篇,完成审核0篇,上线共享0篇
淄博	是	否	计划科	淄博市科技情报研究所	3	是	是,自主开发	是	否
枣庄	否	否	规划科	枣庄市科技信息研究所	否	否	否	否	否
东营	是	是,《关于建立科技报告制度的实施意见》(东政办发〔2016〕1号)	发展计划科	东营市科学技术情报研究所	6	否	是,自主开发	是	否
烟台	是	是,《关于加快建立科技报告制度的实施意见》(烟政办函〔2015〕71号),《烟台市科技报告实施细则》(烟科〔2016〕50号)	发展计划科	烟台生产力促进中心	10	是	是,购买	是	是,共享20篇
潍坊	否	否	发展规划科	潍坊市科技合作中心	否	是	否	否	否
济宁	否	是,《关于印发贯彻落实省科技厅〈关于加快建立科技报告制度实施意见〉的意见的通知》	规划财务科	济宁情报所	10	否	否	是	否
泰安	否	否	发展计划科	泰安市情报所	否	否	否	是	否
威海	否	否	规条科	山东生产力促进中心	10	是	否	是	否
莱芜	是	否	计划科	莱芜市科技信息研究所	否	否	否	是	否
临沂	否	否	规划财务科	临沂市生产力促进中心	否	否	否	是	否
滨州	是	是,《滨州市人民政府办公室转发市科技局关于建立实施科技报告制度意见的通知》(滨政办发〔2015〕22号),《滨州市科技计划科技报告管理实施细则》(滨科字〔2016〕26号)	发展计划科	滨州市科技情报研究所	否	是	否	是	否

地市	是否提出报告呈交要求	是否出台相关制度文件	科技报告主管处室	承担单位	工作经费/万元	科技报告工作方案	服务平台	是否开展培训工作	是否已开展科技报告呈交和服务
菏泽	是	否	发展规划科	菏泽市情报所	否	是	否	是	否

注：以上信息及数据统计截至 2016 年年底。

4 科技报告在新旧动能转换过程中的作用

新旧动能转换是对传统产业的改造、提升、发展、创新，无论哪种方式，都离不开基础数据的有力支撑。科技创新是新旧动能转换过程中非常重要的一环。然而，科技创新的基础也要来自原始基础数据的支撑和各类科研信息的资源汇总。科技报告资源正是作为原始基础数据的生产源头之一，科技报告资源的接力、科技报告质量的控制及科技报告开放共享服务等知识资产的延展和传承在新旧动能转换的元数据支撑中承担着非常重要的作用[6]。

科技报告所承载的另一个重要作用即为其研究过程的再现性，根据科技报告的记载内容，无论研究结果的成败与否，后继科研人员可以实现研究过程和结果的再现性。这就要求研究人员对研究过程中的每一个环节和数据都要翔实记录。因此，科技报告所描述的内容及特征，可以帮助以后的研究者迅速发现、捕捉、定位和获取所需信息资源的关键点，这就为今后科技创新、传统产业升级改造，乃至新旧动能转换过程中的元数据获取提供强有力的信息支撑。

5 如何加强科技报告信息资源在新旧动能转换中的效用

科技报告信息资源的承载是基础数据的表达方式之一。为了加强和发挥基础数据的作用和效用，笔者认为可以从以下几个方面予以提升。

5.1 从科技报告基础数据的基本构成入手

科技报告基础数据的描述，尤其是对研究过程和关键点内容的描述，是科技报告资源进行收缴、开发、利用、共享的基础。科技报告基础数据的基本构成主要包括科技报告的来源、内容、形式、方式方法、位置及项目因素等方面的信息。这些构成在存储、管理、检索和查新过程中，可以迅速地帮助后续的科研人员识别和确认所需要的信息和科技报告[6]。因此，科技报告基础数据的基本构成是否符合标准和要求，直接影响新旧动能转换中对资源的共享、服务和利用效率。

5.2 从科技报告基础数据的源头入手

科技报告基本上是来自科研一线项目承担单位的科研人员的直接撰写。直接撰写报告的科研人员和项目承担单位是科技报告生成、提交、审查和管理的基础单位，是科技报告生产的源头。因此，为了提升科技报告基础数据的内在质量，就要从科技报告的源头即基层科研单位入手，这就要求一线的科研人员及项目承担单位必须按照国家制定的统一模板和格式要求进行科技报告的撰写、编号、密级划分，按照国家规定的标准进行统一呈交、收藏、管理和共享，以确保科技报告信息资源的规范有序、整齐划一。同时，这也为后续的信息检索、数据挖掘、知识分类、趋势分析等更高层次的服务需求奠定扎实的数据基础。

5.3 从科技报告基础数据的质量入手

量变到质变，篇幅决定内容。对于科技报告的质量评判最低要求为篇幅长短，最高要求则为技术点的含量。因此，一篇好的科技报告要求其内在内容的完整性、准确性、一致性、真实性。完整性要求科技报告记录的数据要全面、详尽地描述整个研究的过程和结果，包括科技报告数据项的完整性和内容关键点的完整性。这就是为什么科技管理部门要求项目承担者至少需要提交立项报告、进展报告、专题报告和最终报告。这就形成了一个完整的科技报告记录链。准确性要求科技报告内容的表达必须准确有据、客观公正。一致性则是要求科技报告按照国家有关标准对格式规定的规范性、统一性，对基础数据的量化过程中的标准化。真实性要求科技报告内容的表达必须真实可靠，不得弄虚作假。

5.4 从科技报告基础数据的管理入手

进一步完善和改进现有的科技报告管理服务平台系统的各项功能。努力提升管理者的水平和素养，加强对报告撰写人员、改审人员、管理人员等的相关知识的培训和再学习，加大科技报告工作中各个流程的统一和规范。改进和完善科技报告工作的资源管理流程，进一步细化各种质量规范和标准规则。根据科技报告不同的分类建立不同权重的评估指标体系，细化评估标准，加强科技报告评估工作的可操作性。

6 结语

科技报告作为基础数据的一支分类，涉及科研规范、科研诚信、科研激励等科研生态环境，又涉及科研人员、科研成果、科研条件等诸多科研要素，因此是特殊的文献，也是特殊的信息资源。其本身对科研过程的记录，承载着科研项目的实施过程和产出成果的成功与否，不仅是数据积累，也是科技体制改革中的重要一环。运用好这一基础性、战略性科技资源，对于提升科技创新的效率和质量，促进资源信息共享、成果转化应用，助推新旧动能加速转换具有十分重要的意义。因此，加强和推进科技报告基础数据的收缴、积累、挖掘和分析应用，是新旧动能转换过程中对科技报告效用发挥最大化的目标和要求。

参考文献

[1] 乔振，薛卫双，魏美勇，等.基于 PDCA 循环的科技报告全面质量管理 [J]. 中国科技资源导刊，2017（3）：18-24.

[2] 山东人刷屏的"新旧动能转换"到底是个啥 [EB/OL]. （2018-02-22）［2019-07-22］. http://news.ijntv.cn/m/jn/jnyw/2018-02-22/295278.html.

[3] 国务院办公厅转发科技部关于加快建立国家科技报告制度指导意见的通知 [Z].2014-8.

[4] 山东省政府办公厅转发省科技厅关于加快建立科技报告制度的实施意见 [Z].2015-3.

[5] 新旧动能转换是什么时候提出来的？ [EB/OL]. （2015-10-01）［2016-03-01］. https://zhidao.baidu.com/question/2208010280875224828.html.

[6] 宋立荣.基层科技报告资源建设中元数据质量评估研究：以中国科学技术信息研究所为例 [J]. 中国科技资源导刊，2016（1）：57-66.

山东省创新型省份建设实证研究 [①]

李维翠　　唐飞　　张冠南

摘要：充分研习并借鉴国内外成熟的创新型国家／区域／省市评价指标，兼顾指标的科学性、可行性、可比性原则，结合山东省科技工作重点，构建了山东省创新型省份建设评价指标，并根据权威统计数据对山东省创新型省份建设的综合情况进行实证研究，基于评价结果提出了相关对策建议。

关键字：创新型省份；指标体系；山东；实证研究

创新型省份是支撑创新型国家建设的有力抓手，是培育发展新动能推动区域创新发展的内在需求。2016 年山东省 R&D 投入占 GDP 的比重达到 2.33%，人均 GDP 超过 1 万美元，区域创新能力全国排名第 6 位。山东省委省政府出台的《关于深化科技体制改革加快创新发展的实施意见》，提出了创新型省份建设走在全国前列的目标，全省上下对创新型省份建设的重视再创新高。2017 年 3 月，科技部函复山东省政府支持创新型省份建设。同年 11 月，山东省政府印发《山东省创新型省份建设实施方案》，提出在 2018 年率先建成创新型省份的目标。在此背景下，摸清山东省创新型省份的建设现状，对照创建目标，提出有针对性的对策建议具有现实意义。

1　创新型省份概念研究

创新型省份是具有中国特色的提法，国外还未见表述。我国学者对创新型省份给出了自己的界定（表 1）。可以看出，创新型省份有其共性特征：第一，创新作为战略支撑手段，在创新型省份建设中起重要作用。创新成为常态化的自主行为，创新环境持续优化，创新要素高度集聚。第二，高创新投入强度、高创新产出是创新型省份的显著特征。创新投入体现在研发投入和人力资本投入，创新产出体现在科技进步贡献率、高新技术产业、原创性成果。第三，创新型省份强调科技创新对经济发展的驱动作用，最终实现全省经济向创新型经济转型发展。山东省创新型省份建设不用拘泥于定义的范畴，找准影响要素，补短板，强弱项，结合自身特色，探索一套适合山东省发展情况的创新型省份评价指标。

表 1　创新型省份的定义表述

年份	作者	定义
2010	周勇、刘君钦、詹可军、李晓力	把创新作为基本发展战略，具备进行持续创新的人才和物质基础动力，具有较强的创新能力，创新成为经济社会发展的主要驱动力，并形成强大竞争优势的省份
2013	赵喜仓等	以自主创新作为基本战略，大幅提高自主创新能力，已形成强大竞争力优势并进入依靠创新驱动经济发展阶段的省份

① 资助项目：本文是山东省软科学研究计划一般项目"推进山东省创新型省份建设的对策研究"（2017RKB02003）的阶段性成果。

续表

年份	作者	定义
2015	徐南平、洪银兴、刘志彪等	在优越的社会文化、制度与体制、政策与法规的保障下，通过充分利用本省要素禀赋和国内外创新资源，以创新要素高度聚集、产学研紧密结合、创新主体充满活力为基本动力，形成拥有核心知识产权和国际竞争力的新兴产业集群区域，从而在省级行政区范围内实现科技创新驱动经济社会发展

2　山东省创新型省份评价指标构建

2.1　构建依据

指标体系的构建要遵循科学性、可行性、可比性原则。在此原则上，充分研习并借鉴国内外成熟的创新型国家 / 区域 / 省市评价指标，构建适合评价山东省创新型省份的指标体系。国际上，世界经济论坛（WEF）的《全球竞争力报告》、瑞士洛桑管理学院（IMD）的《全球竞争力年报》、欧盟委员会的《欧盟创新指数报告》影响力较大。国内，科技部在2016年出台了文件《建设创新型省份工作指引》，这是创新型省份评价指标构建的重要参考。在此基础上，增加体现山东特色指标，综合调整后形成最终的山东省创新型省份评价指标体系。

2.2　指标构建

山东省创新型省份建设评价指标体系包含区域竞争力、区域创新能力、区域创新创业生态3个一级指标，创新实力、企业创新、产业创新等8个二级指标，综合科技进步水平指数、高新技术企业数量、PCT国际专利申请量等26个三级指标。具体如表2所示。

评价数据主要采用权威统计数据，来源于2012—2017年的《中国科技统计年鉴》《中国火炬统计年鉴》《中国统计年鉴》《山东统计年鉴》《山东科技年鉴》和公开统计数据，部分数据根据获取的公开数据计算生成。

表2　山东省创新型省份建设评价指标体系

一级指标	二级指标	三级指标
区域竞争力	创新实力	综合科技进步水平指数
		全社会研发（R&D）经费支出占地区生产总值（GDP）的比重
		科技公共财政支出占公共财政支出的比重
	企业创新	规模以上工业企业 R&D 经费占主营业务收入的比重
		高新技术企业数量（家）
		有 R&D 活动的企业占工业企业比重
	产业创新	高新技术产业产值占规上工业产值比重
		知识密集型服务业增加值占 GDP 比重
		高新技术产品产值（亿元）
区域创新能力	创新人才	每万名就业人员中研发人员数（人年 / 万人）
		研究与试验发展（R&D）活动人员（人）
		每万人拥有的受大专及以上教育程度人口数（人）
	创新产出	技术市场成交合同金额（亿元）
		每万人发明专利拥有量（件）
		有效发明专利总量（件）
		PCT 国际专利申请量（件）

一级指标	二级指标	三级指标
区域 创新能力	创新载体	国家级高新技术开发区主营业务收入（亿元）
		国家级重点实验室数量（个）
		国家级工程技术研究中心数量（个）
区域创新 创业生态	创新服务	国家级科技企业孵化器数量（个）
		在孵企业数（家）
		互联网普及率
	创新环境	研发费用加计扣除占企业研发经费的比重
		人均GDP（万元/人）
		万元GDP综合能耗（吨标准煤/万元）

2.3 计算方法

山东省创新型省份的评价过程分三步走：采用逐级等权法确定每级各分项评价指标权重，选用标准值标准化法对数据进行无量纲处理，运用线性加权法进行综合评价。

数据标准化采用标准值标准化法，计算方法如下。

①计算标准值。对于每一个指标 x_{ijk}，计算算数平均值 $\bar{x}_{ijk}=\dfrac{\sum\limits_{k=1}^{n} x_{ijk}}{n}$。$\bar{x}_{ijk}$ 即为无量纲化的标准值 $x\cdot\cdot k$。

②对于正效应指标，$d_{ijk}=\dfrac{x_{ijk}}{x\cdot\cdot k}\times100\%$，对于负效应指标，$d_{ijk}=\dfrac{x\cdot\cdot k}{x_{ijk}}\times100\%$。

其中，x_{ijk} 为第 i 个一级指标下、第 j 个二级指标下的第 k 个三级指标；$x\cdot\cdot k$ 为第 k 个三级指标相应的标准值。

采用指数法进行综合评价，计算方法如下。

将各三级指标除以相应的评价标准，得到三级指标的评价值 d_{ijk}；二级指标评价值 d_{ij} 由二级指标评价值加权综合而成，总评价值（总指数）由一级指标评价值加权综合而成，即

$$d=\sum_{i=1}^{n} w_i\left[\sum_{i=1}^{n_i} w_{ij}\left(\sum_{k=1}^{n_i} w_{ijk}d_{ijk}\right)\right]。\tag{1}$$

其中，w_i 为各一级指标评价值相应的权数；n 为一级指标个数。w_{ij} 为各二级指标评价值相应的权数；n_i 为第 i 个一级指标下设的二级指标的个数。w_{ijk} 为各三级指标评价值相应的权数；n_i 为第 j 个二级指标下设的三级指标的个数。

3　山东省创新型省份建设评价

3.1　山东省创新型省份建设综合评价

根据表2所示评价指标，采用2011—2016年公开统计数据，测算6年来山东省建设创新型省份的综合情况。2011—2016年，山东省创新型省份建设成效显著（图1），综合创新指数由2011年的77.61上升到2016年的125.3，区域创新能力显著提高，区域创新创业生态不断优化，区域竞争力稳步提升（图2）。企业创新、创新产出、创新服务提质明显，对创新型省份建设的贡献最大。同时应该注意，创新环境、创新实力、产业创新发展缓慢，如指标综合科技进步水平指数、全社会研发（R&D）经费支出占地区生产总值（GDP）的比重虽然在不断增长，但距离江苏、广东、浙江等省差距越来越大；指标高新技术产品产值波动明显，下降趋势明显。这些问题都会阻碍山东省创新型省份建设的进程。

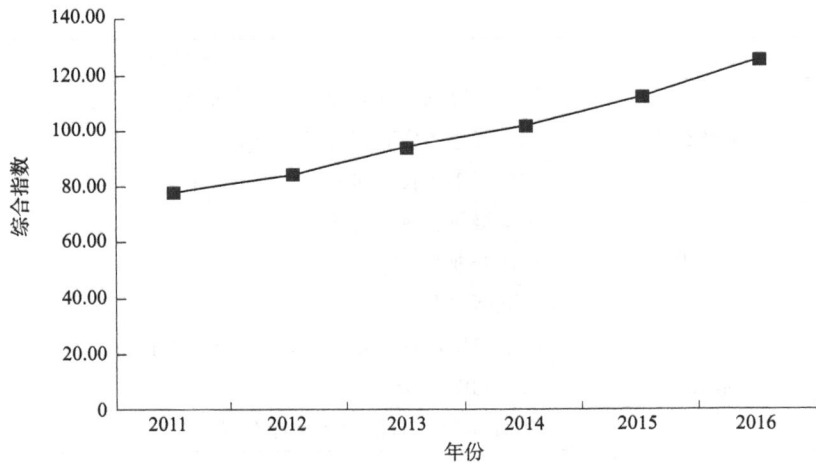

图 1　山东省创新型省份建设综合指数

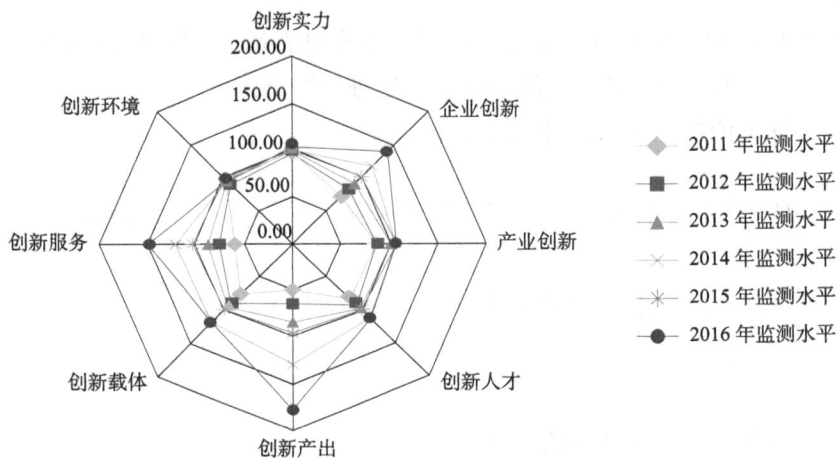

图 2　2011—2016 年二级指标发展情况

3.2　区域竞争力评价

2011—2016 年，山东省区域竞争力指数缓慢上升，年均增长率 6.55%，增速时有升降波动（图 3）。企业创新指数增长突出，一直呈快速上扬趋势，对区域竞争力增速贡献很大。创新实力指数增长缓慢，指标科技公共财政支出占公共财政支出的比重持续走低，最高点出现在 2013 年为 107.82，最低点为 2016 年的 92.34，直接拉低了创新实力的增速。产业创新指数波浪式增长，最高值是 2014 年的 109.14。综合来看，区域竞争力是山东省创新型省份建设的短板。

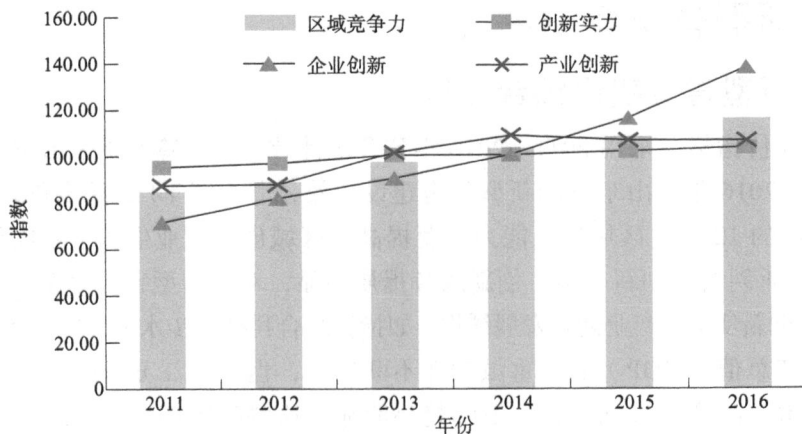

图 3　区域竞争力评价指标发展情况

3.3 区域创新能力评价

区域创新能力是创新型省份的重要组成，区域创新能力的提升是加快创新型省份建设进程的原动力。2011—2016年，山东省区域创新能力指数增速最为显著（图4），从2011年的69.61快速增长到2016年的136.95，年均增速高达14.58%，最高增速达到20.79%。创新人才和创新载体指标逐年稳步增长，创新载体增速整体优于创新人才，并在2014年实现了反超。指标每万人拥有的受大专及以上教育程度人口数在2014年和2016年出现了负增长；指标国家级高新技术开发区主营业务收入增速下降趋势显著，从2012年的52.38%迅速降到2016年的4.58%，下降了近48个百分点；指标国家级重点实验室数量和国家级工程技术研究中心数量也涨幅较小。创新人才储备不足，创新载体培育放缓，导致区域创新能力提速后劲不足，需要下大功夫补短板。

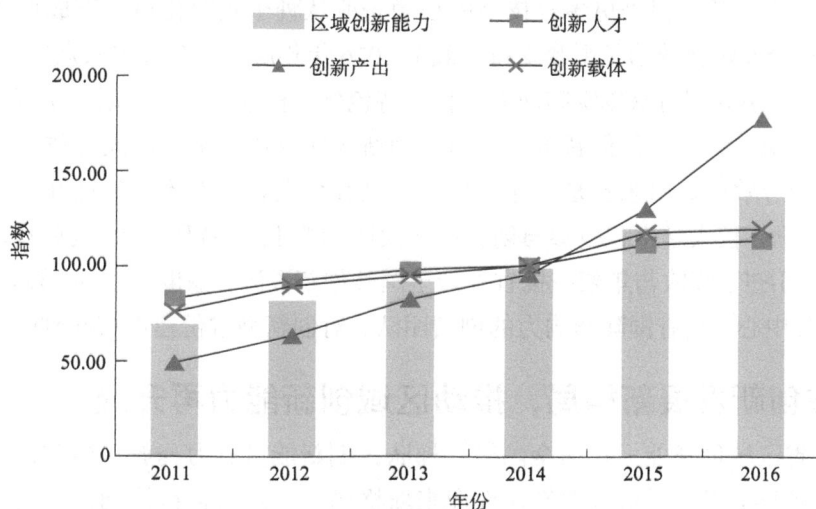

图4　区域创新能力评价指标发展情况

3.4 区域创新创业生态评价

良好的区域创新创业生态促进创新活力（图5）。山东省创新服务显著提升，创新服务指标指数从2011年的59.2增长到2016年的150.2，增长了将近2倍，表明在服务企业创新方面成绩突出。相反，创新环境却表现不好，总体呈现下降趋势。指标研发费用加计扣除占企业研发经费的比重在2012年、2015年、2016年都出现负增长，年均增长率 –6.8%，对此，需要重点解决。

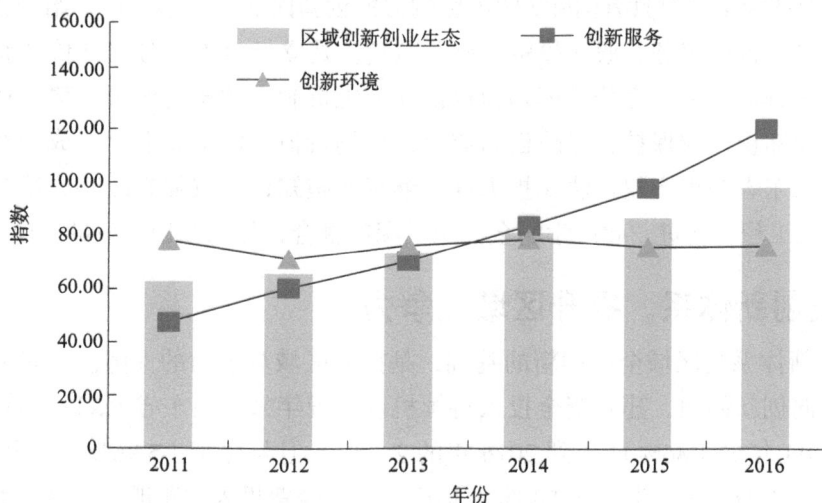

图5　区域创新创业生态评价指标发展情况

4 推进山东省创新型省份建设的对策

4.1 优化创新创业生态，推动创新要素聚集

营造大众创业、万众创新的社会环境是推动山东省创新型省份建设的首要发力点。以富有活力和竞争力的创新创业生态聚集创新要素，服务创新型省份建设。良好的创新创业环境，需要理顺体制机制，思想再解放，改革再深入，让创新活动的市场价值得到充分尊重。一是推动科技孵化器和众创空间等创新创业孵化载体的提质升级。促进《关于加快推进全省科技企业孵化器专业化发展的实施意见》（鲁科字〔2015〕119号）、《山东省众创空间和科技企业孵化器备案服务管理办法》（鲁科办发〔2016〕4号）、《培育百个专业化科技企业孵化器和众创空间实施方案》（鲁科办发〔2106〕19号）政策落地，延伸双创孵化育成链条，促进更多科技型中小微企业从种子到孵化再到育成形成产业规模，并对孵化成效突出的科技企业孵化器给予财政支持。截至2016年年底，山东省国家众创空间数量全国第二，集聚化发展成为趋势。引导现有众创空间向专业化、特色化、精细化升级发展，实现从量到质的飞跃。二是合理配资创新资源，激发多元创新主体活力，创新人才与创新平台协同合作，实现人尽其才、物尽其用的创新资源聚合效应。山东省是人才大省，也是教育大省，人才基础良好。做好高校创新创业政策与资金支持，鼓励在校大学生积极参与创新创业大赛。同时，发挥留学人员创业园的辐射带动作用，本地企业海外孵化，引进、吸收与集聚一批省外乃至国外创新资源，如世界／国内知名科研院所分中心、跨国公司研发中心分中心、具有国际影响力的创新团队，对创新型省份建设将起到强有力的带动作用。

4.2 构建区域创新发展新格局，推动区域创新能力再升级

近年来，山东省区域创新能力稳居全国第一梯队，创新能量有力释放。当前，山东省委省政府提出新旧动能转换的战略构想，创新型省份建设迎来新格局。一是培育科技创新新高地。依托济南、青岛等国家创新型城市的引领作用，典型塑造、特色发展，辐射带动其他地市创新型城市建设的进程。吃准摸透《关于县域创新驱动发展的若干意见》（国办发〔2017〕43号）文件精神，一手抓农业科技园区的体系建设，一手抓县域范围的科技创新，布局建设一批特色鲜明的国家现代农业产业园，促进县域产业融合发展和创新驱动发展同步推进，夯实山东省创新型省份建设的县域创新基础。围绕山东半岛国家自主创新示范区、黄河三角洲农业高新技术产业示范区建设，塑造科技创新的区域示范名片。二是强化区域创新能力支撑。创新型人才方面，培养与引进齐头并进。加强高层次人才队伍建设，重点培养或引进一批服务产业转型升级提质的院士、"国家重大人才工程"人才、泰山学者、国家杰青，促使高端人才向产业链聚集。对具有国际／国内影响力的创新团队，一事一议，给予多种政策支持，包含但不限于财政资助、创业服务、股权投资、税收减免。建立健全人才分类评价和激励机制，扩大研发人员科研项目资金管理权限，充分发挥知识价值在分配机制中的激励作用，建立持续可操作的财政支持机制。三是强化知识产权保护，保障创新成果的市场价值。借鉴北上广的成功经验，探索建立知识产权法院，提升山东省知识产权司法保护力度。继续实施知识产权强省战略，培育高价值核心知识产权，开展专利导航工程，促进"政产学研金介用"深度融合，加强知识产权的运营、保护、服务。

4.3 完善科技创新体系，提升区域竞争力

完善的科技创新体系是区域全面创新的基础，是提升区域竞争力的保障。一是充分发挥政府的主导作用，财政资金向创新倾斜，建立资金投入持续机制。近年来，山东省R&D经费支出占GDP的比重持续增长，从2011年的1.86%增长到2016年的2.33%。但与北京（5.96%）、上海（3.82%）、江苏（2.66%）、广东（2.56%）、浙江（2.43%）相比，研发经费投入差距明显。在财政资金投入递增的同时，拓宽融资渠道，吸引社会资本注资创新研发。资金支持既要兼顾基础研究与应用研究、公益性

和营利性，又要有的放矢、重点突破，提高资金使用效率。二是强化企业的创新主体地位，多措并举挖掘企业创新潜力。完善技术创新市场导向机制，发挥市场对创新资源的配置作用，让企业成为各类创新要素的主要集聚地，充分尊重技术创新成果的市场价值。依托国家"创新百强"工程，以"专、特、精、新"为培育标准，选取重点企业进行培育，形成以创新型领军企业为龙头的企业梯队。继续做好高新技术企业的培育和认定工作，简化企业税收减免流程，做好普惠政策落地。三是壮大创新型产业集群规模，突出产业创新地位。企业创新是点，产业创新是线，抓重点、突特色，多产创新发力才能形成创新型省份建设的康庄大道。集中力量在新一代信息技术、高端装备、新能源、新材料、智慧海洋、医养健康等新兴领域，挑选一批产业实力好、技术创新能力强的产业集群，培育成能引领未来技术创新方向的技术引领型产业集群。做好高新技术开发区和经济技术开发区转型升级这篇大文章，推动产业整体性转型升级。继续实施高新区双带工程，优化高新区考核评价方法，让高新区在创新驱动发展、产业转型升级方面成为排头兵。理清产业创新升级趋势，畅通技术成果转化渠道，集聚创新要素，形成新的产业创新发展转型升级体系，全面提升经济技术开发区的产业创新实力。

参考文献

[1] 周勇，刘君钦，詹可军，等.创新型省份研究 [M].成都：电子科技大学出版社，2010.

[2] 叶琳.福建创新型省份建设进程评价研究 [J].发展研究，2011（2）：30-33.

[3] 朱迎春.创新型新疆建设进程评价研究 [J].中国科技论坛，2012（3）：92-97.

[4] 胡春萍，李文慧，王昕红.创新型省份建设评价研究：以陕西为例 [J].科技与经济，2016，29（2）：26-30.

[5] 马治国，翟晓舟.知识产权保护与创新型省份建设：以陕西省为例 [J].情报杂志，2016，35（7）：37-42.

[6] 李妍.建设创新型省份指标体系及广东实证研究 [J].科技管理研究，2017，37（12）：52-57.

[7] 科技部.建设创新型省份工作指引 [EB/OL].（2016-04-12）［2016-09-12］.http://www.most.gov.cn/mostinfo/xinxifenlei/fgzc/gfxwj/gfxwj2016/201604/t20160414_125138.htm.

山东省国家工程技术研究中心
建设布局分析

贾辛欣　　郭梦萦　　朱　文

摘要： 介绍了山东省国家工程技术研究中心建设概况，分别从技术领域布局、地域布局、依托单位布局及战略性新兴产业布局展开分析，发现山东省国家工程技术研究中心存在布局和结构不合理的缺陷，并提出完善建设布局的建议。根据全省重点产业发展规划，加强顶层设计，从领域、地域、产业分布入手，完善国家工程技术研究中心建设布局，力争形成结构合理、布局均衡、领域协调的国家工程技术研究中心支撑体系。

关键词： 工程技术研究中心；建设布局；建议

随着全球经济一体化的深入发展，技术创新能力日益成为获得国际竞争优势的决定性因素。当前，我国正处于实施创新驱动发展战略，从科技大国向科技强国迈进的关键时期，处于加快推进创新型国家建设承上启下的重要阶段。作为我国创新能力提高的重要平台，国家工程技术研究中心主要依托于科技实力雄厚的重点科研机构、企业或高等院校，有重点、分批次地优选，持续建设形成了具有较大规模的布局结构。

一、建设规模

截至 2015 年年底，山东省国家工程技术研究中心共计 36 个（图 1）。自 1996 年以来，山东省国家工程技术研究中心的建设不断发展，由最初的 1 家，发展到 2015 年年底的 36 家，2008 年以后的建设数量超过江苏省稳居全国第二，仅次于北京市。2007—2012 年是山东省国家工程技术研究中心的集中建设时期，6 年间建设了 24 个，年均建设达到近 4 个。国家工程技术研究中心作为技术创新的重要载体，在集聚资源、形成创新合力、实施关键技术攻关、助力转方式调结构方面发挥了重要的作用。

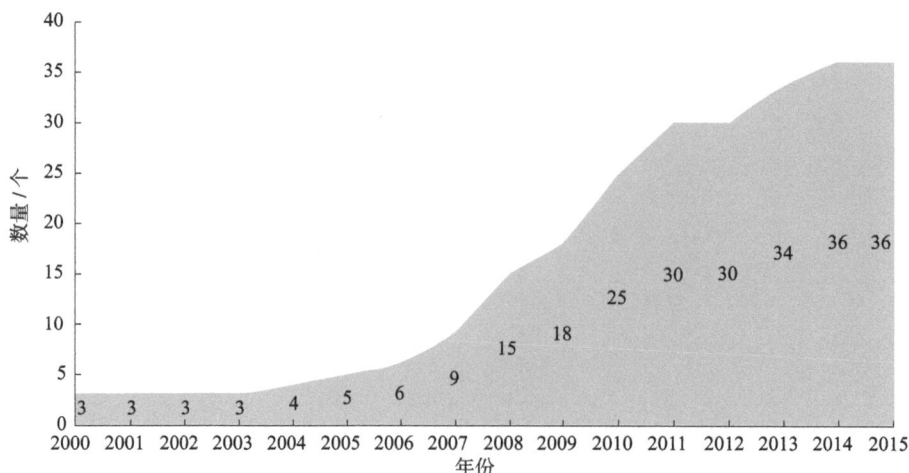

图 1　2000—2015 年山东省国家工程技术研究中心建设数量变化

二、技术领域布局

国家工程技术研究中心定位于工程技术研发和中试转化，特别是共性关键技术，与行业、产业联系紧密。根据主要研发方向、内容和特点，国家工程技术研究中心分布在工业高新技术、农业和社会发展三大领域，具体细化为 11 个二级技术领域，分别为电子与信息通信、制造业、能源与交通、新材料、轻纺与医药卫生、建设与环境保护、资源开发、文物保护、现代农业、农业物质装备、食品产业[1]。

截至 2014 年年底，从全国范围来看，346 个国家工程技术研究中心中，制造业 48 个，电子与信息通信 36 个，新材料 64 个，能源与交通 42 个，现代农业 43 个，食品产业 13 个，农业物质装备 20 个，建设与环境保护 24 个，资源开发 16 个，轻纺与医药卫生 39 个，文物保护 1 个（图 2）。

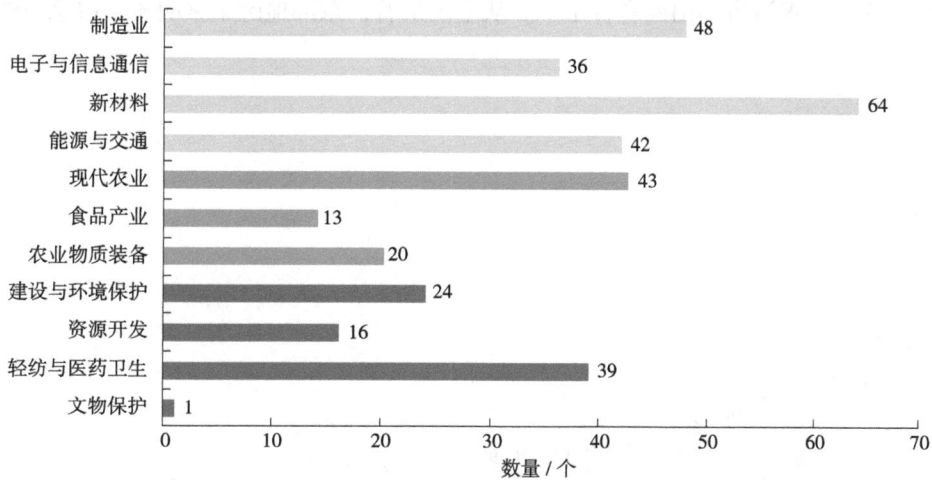

图 2　2014 年国家工程技术研究中心技术领域分布

从技术领域分布情况来看，建设在农业领域、工业高新技术领域和社会发展领域的山东省国家工程技术研究中心分别达到 9 个、18 个和 9 个，建设个数分别占全国总数的 11.84%、9.47%、11.25%。其中，制造业 3 个，电子与信息通信 1 个，新材料 7 个，能源与交通 7 个，现代农业 8 个，食品产业 1 个，建设与环境保护 1 个，资源开发 1 个，轻纺与医药卫生 7 个（图 3）。

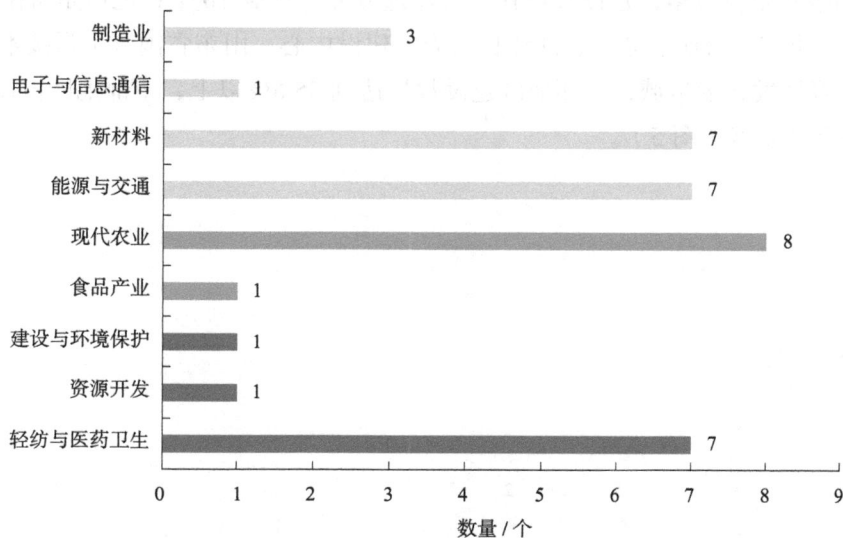

图 3　山东省国家工程技术研究中心技术领域分布

从图 3 可以看出，山东省国家工程技术研究中心在现代农业、新材料、能源与交通、轻纺与医药卫生领域建设相对集中。现代农业领域建设数占全国现代农业领域建设总数的比例达到18.6%，涉及作物种植、水产养殖、畜禽、肥料、兽药等各个方面。

三、地域布局

截至2014年年底，全国共建成国家工程技术研究中心346个，包括分中心在内为359个，分布在全国30个省、直辖市、自治区（图4）。其中，北京市67个，山东省36个，江苏省29个，广东省22个，上海市21个，湖北省19个，四川省16个，湖南省和浙江省各14个，辽宁省12个，重庆市、天津市和河南省各10个，安徽省9个，江西省8个，陕西省、黑龙江省和福建省各7个，新疆维吾尔自治区6个，吉林省、甘肃省和贵州省各5个，河北省和云南省各4个，广西壮族自治区和宁夏回族自治区各3个，海南省和内蒙古自治区各2个，青海省和山西省各1个。从全国来看，东部地区集聚明显，占总数的62.4%。

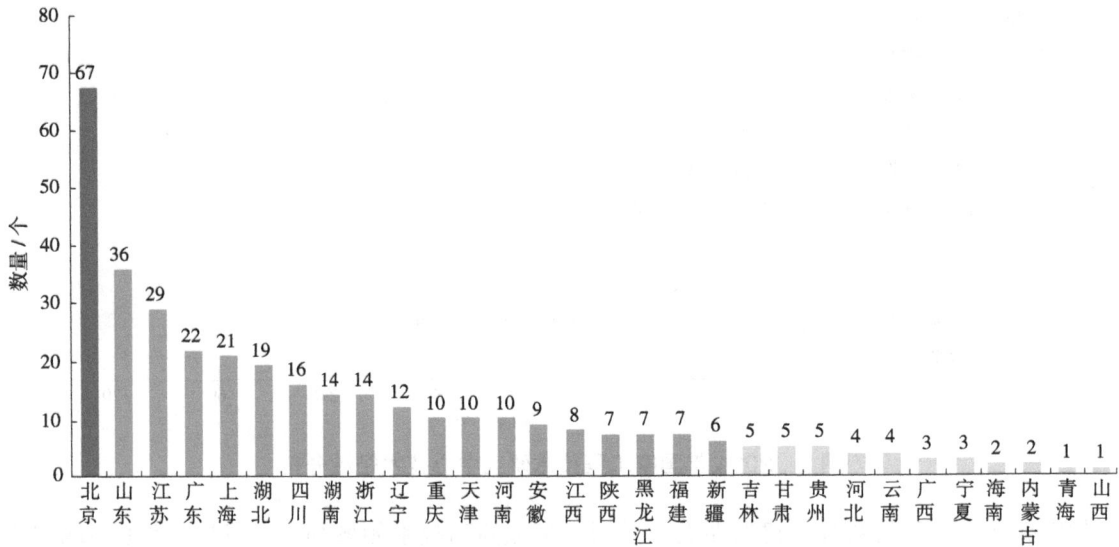

图4　2014年国家工程技术研究中心地域分布

山东省国家工程技术研究中心从地域分布来看，36个中心主要分布在12个市，青岛因部属科研单位相对集中、高技术企业较多，建设数量在全省遥遥领先，达到10个；之后是济南和烟台，分别为6个和5个；滨州、枣庄、日照、莱芜、菏泽目前尚未建设中心。山东省国家工程技术研究中心比较明显地集中于科技、经济发达的市域，东部地区建设数量达到55.6%以上，中部地区占比达到27.8%，西部占比较少，仅达到16.7%（图5）。

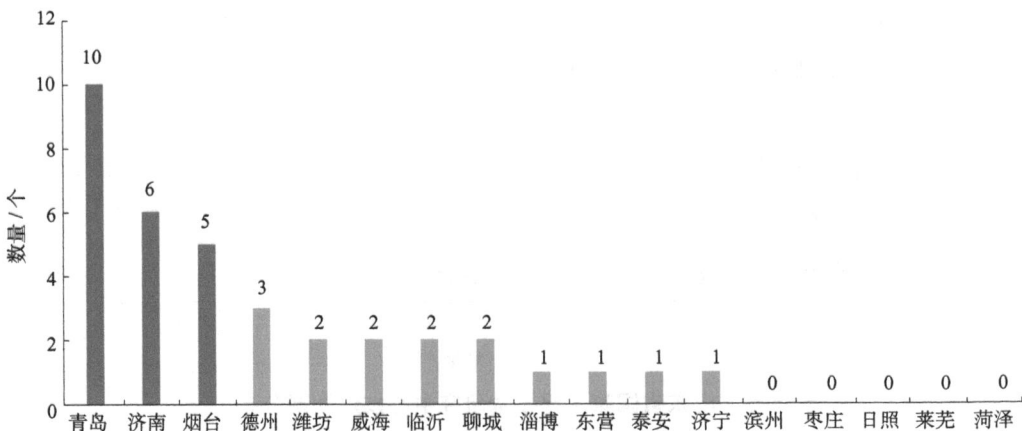

图5　2015年山东省国家工程技术研究中心地域分布

从两区一圈一带的分布来看，主要集中建设于蓝区，达到 20 个，黄区范围较小，仅有 3 个，都市经济圈达到 13 个，而西部隆起带有 8 个（图 6）。

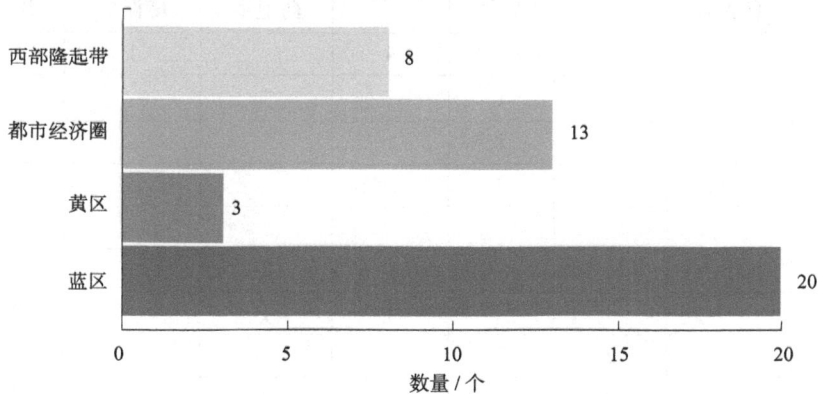

图 6　山东省国家工程技术研究中心在区圈带的分布

四、依托单位布局

国家工程技术研究中心依托于具有法人资格的具体单位。从依托单位的法人资格来看，山东省国家工程技术研究中心已实现了以企业为依托主体进行布局建设的局面。36 个国家工程技术研究中心中，依托单位主体为企业法人的有 27 个，依托单位为科研院所的有 3 个，依托单位为大学的有 5 个，企业和大学联合成立中心的有 1 个，分别占总数的 75%、8.3%、13.9% 和 2.8%（图 7）。

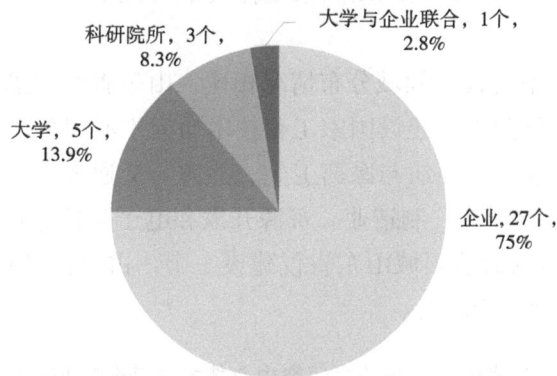

图 7　2015 年山东省国家工程技术研究中心依托单位性质情况

五、支撑战略性新兴产业布局

国家工程技术研究中心紧紧围绕产业发展目标和市场需求，合理配置创新资源和要素，突破了一系列产业重大关键技术，推动了战略性新兴产业快速崛起。

对照《山东省战略性新兴产业发展"十二五"规划》中的发展重点，初步统计得到各领域涉及和支撑各战略性新兴产业状况。

总体来说，26 个中心涉及战略性新兴产业，占建设总数的 72.2%，在山东省所涉的 9 个领域中，除食品产业外，其他 8 个领域均对战略性新兴产业有所涉及和支撑。不同产业与相应技术领域具有较强的相关性，其中，涉及新医药与生物产业的最多，共 7 个，主要来自轻纺与医药卫生和现代农业领域；涉及新材料产业的中心有 5 个，均来自新材料领域；海洋开发产业是山东省优势产业，涉及中心 5 个，主要来自新材料、轻纺与医药产业、现代农业和资源开发领域；涉及高端装备制造产业的中心有 4 个，主要来自制造业和能源与交通领域。具体如表 1 所示。

表1 涉及各战略性新兴产业的国家工程技术研究中心统计

战略性新兴产业	电子与信息通信	制造业	能源与交通	新材料	轻纺与医药卫生	建设与环境保护	资源开发	现代农业	总计
新材料产业				4		1			5
新一代信息技术产业	1		1						2
新能源产业			1						1
新能源汽车产业			2						2
节能环保产业									0
新医药与生物产业					3			4	7
海洋开发产业			1	1			1	2	5
高端装备制造产业		2	2						4
总计	1	2	6	5	4	1	1	6	26
领域占比	100%	66.70%	85.70%	71.40%	57.10%	100%	100%	75%	72.20%

六、山东省国家工程技术研究中心建设布局中存在的问题

同江苏、广东等省份相比，山东省国家工程技术研究中心总量虽多，但布局和结构不够合理，影响作用的发挥。

一是国家工程技术研究中心总量虽多，但由大学、科研院所牵头组建的少，只有8个。这种结构表明山东省在创新原动力上存在不足，实现以国家工程技术研究中心带动全社会创新水平提升的作用发挥不够。

二是与国家工程技术研究中心技术领域分布情况相比，山东省所属国家工程技术研究中心除农业物质装备和文物保护两个领域目前尚未建设国家工程技术研究中心以外，其他各领域均有相关的国家工程技术研究中心建设。现代农业、轻纺与医药卫生、能源与交通3个领域建设数量占全国建设总数的比例均在16%～19%，而食品产业、制造业、资源开发和电子与信息通信领域占全国总数的比例均在10%以下，尤其是电子与信息通信领域山东省仅建设1个，占全国的比例仅为2.78%（表2）。从技术领域布局来看，各领域之间差距较大。

表2 山东省国家工程技术研究中心技术领域分布与国家比较

领域名称	工业高新技术领域			农业领域		社会发展领域			
	轻纺与医药卫生	资源开发	建设与环境保护	食品产业	现代农业	能源与交通	新材料	电子与信息通信	制造业
山东省布局总数	7	1	1	1	8	7	7	1	3
国家布局总数	39	16	24	13	43	42	64	36	48
山东省占国家比例	17.95%	6.25%	4.17%	7.69%	18.6%	16.67%	10.94%	2.78%	6.25%

三是地域分布东多西少过于悬殊，东部地区有20个，中部地区10个，西部地区仅有6个。从区圈带分布来看，蓝区相对集中。这种区域差异必然带来国家工程技术研究中心在进行技术扩散、辐射带动行业和产业发展作用方面发挥不够。

四是虽然国家工程技术研究中心的布局已对战略性新兴产业有一定程度支撑，但支撑程度尚存在一定的缺失和不足。在八大战略性新兴产业中，节能环保产业目前尚未有国家工程技术研究中心建立，新一代信息技术产业虽已有智能交通和高端存储信息系统建立，但在云计算、通信信息网络、高性能集成电路、新型显示、高端软件等方面还未有明确布局。

七、完善国家工程技术研究中心建设布局的建议

根据全省重点产业发展规划，加强顶层设计，从领域、地域、产业分布入手，完善国家工程技术研究中心建设布局，力争形成结构合理、布局均衡、领域协调的国家工程技术研究中心支撑体系。

1. 围绕两区一圈一带区域发展战略，统筹全省结构布局，注重发挥大学和科研院所源头创新能力，推动产学研协同创新；促进战略性新兴产业崛起和传统产业升级；优先支持中西部地区有技术优势和特色的企业与大学、科研院所联合共建国家工程技术研究中心。

2. 系统梳理已建国家工程技术研究中心的技术方向、研发能力和规模、行业特点等，按照公益类和企业类，加强分类指导和改革，明确主管部门和依托单位在中心建设过程中的责任和义务，加大投入力度，规范运行管理程序，完善科研装备设施，建立开放、流动、联合、竞争的高效运行机制[2]；引进高层次人才；面向行业和领域开展重大关键技术攻关，推动集成、配套的工程化成果向相关行业辐射、转移与扩散，促进科技成果资本化、产业化；加强中心发展，保持技术能力、竞争和影响力。

3. 加大备选国家工程技术研究中心培育力度，发挥大学、科研院所创新能力突出的优势，支持其与大中型企业和骨干企业联合建立工程中心，按照国家工程技术研究中心的标准和要求，加强培育和指导，集聚各类资源重点扶持，争取其早日升级为国家工程技术研究中心。

4. 充分发挥科技评估作用，进一步深化科技评估当前在立项、验收、运行等环节发挥的前期预测、中期调整、后期总结等功能，强化科技评估对国家工程技术研究中心管理体系整体规划、科学决策、总结经验、发现问题、解决方案等技术支撑。

参考文献

[1] 国家工程技术研究中心信息网.2014 年度报告 [R]. 2014.

[2] 王健, 柳春, 屈明剑, 等. 国家工程技术研究中心建设布局分析和建议 [J]. 科技管理研究, 2014（23）: 64-68.

山东省科技创新政策特点及推进新旧动能转换对策研究

林慧芳　赵贤　姜常梅

摘要： 近年来，江苏、广东、北京、上海、浙江、天津、河北、安徽、福建等省市深入实施创新驱动发展战略，优化顶层设计，大力强化对供给侧结构性改革的科技支撑，制定一系列科技创新政策，全面深化科技体制改革，不断优化创新创业环境，大力提升自主创新能力，为山东省科技创新发展提供了宝贵经验。本文在分析山东省科技创新政策特点基础上，深入阐述了部分先进省市科技创新做法对山东的启示与借鉴，通过比对研究，提出了操作性较强的对策建议。

关键词： 科技创新政策；新旧动能转换；对策建议

　　党的十八大以来，山东省大力实施创新驱动发展战略，加大科技供给，加快创新型省份建设，不断创新科技体制机制，打通科技成果转化"最后一公里"，激活经济发展新动能，科技人才队伍进一步壮大，重点领域技术创新实现重大突破，有力地促进了山东省经济社会发展，大众创业、万众创新的社会氛围更加浓厚，为山东省在全面建成小康社会进程中走在前列提供了有力支撑。本文对山东省近三年的科技创新政策和部分先进省市科技创新典型做法进行了仔细的梳理分析，现将有关情况汇报如下。

1　山东省科技创新政策特点

　　2015 年以来，山东省及时制定出台了 40 多项科技创新相关政策，涉及多个层面，政策力度大，具有创新性和突破性，可操作性和执行性强，初步构建起了覆盖创新全链条的政策法规体系，并强化督促检查，抓好政策落实的"最后一公里"。

1.1　强化顶层设计，密集出台统筹推动科技体制机制创新系列政策

　　2015 年 1 月，山东省政府办公厅转发省科技厅《关于加快推动创新型产业集群发展的意见》，指出"十三五"期间新培育 15 个发展潜力大、创新能力强的集群，成为支撑全省产业转型升级的后备力量。2016 年 9 月，山东省委、省政府印发《关于深化科技体制改革加快创新发展的实施意见》，明确提出到 2020 年创新型省份走在前列的奋斗目标。2016 年 10 月，山东省科技厅、省委组织部、省编办、省财政厅和省人社厅联合印发《山东省科研院所法人治理结构建设实施方案》，明确提出省属 25 家科研院所及各市县所属科研院所在 2017 年 6 月底前，全面建立健全法人治理结构，逐步取消行政级别，按照新的体制机制运行，方案赋予科研院所更大自主权。2017 年 7 月，山东省科技厅制定《关于加快实行以增加知识价值为导向分配政策的实施意见》征求意见稿，并在山东省属实行法人治理科研院所座谈会征求了纳入法人治理结构建设的 24 家省属科研院所负责同志的意见。2018 年 3 月，山东省委办公厅和省政府办公厅联合印发《关于加快实行以增加知识价值为导向分配政策的实施意见》。为深入贯彻《中共山东省委山东省人民政府关于推进新旧动能转换重大工程的实施意见》精神，充分发挥科

技创新支持新旧动能转换的重要作用，2018 年 3 月，山东省科技厅印发《科技创新支持新旧动能转换的若干措施》。

1.2 加强科研管理，综合出台解决科技创新发展中瓶颈问题新政

2015 年 1 月，山东省财政厅、山东省科技厅联合出台《山东省自主创新及成果转化专项项目绩效考评办法（试行）》，考评内容突出实绩目标，主要考评项目经费使用、组织管理和实施成效等情况，其中实施成效分值占 50%。2015 年 3 月，山东省政府办公厅转发省科技厅《关于加快建立科技报告制度的实施意见》，在全国率先开通运行山东科技报告服务系统，将科技报告纳入科研管理，实现省级科技计划项目科技报告制度的全覆盖。2015 年 12 月，山东省财政厅、科技厅、国税局、地税局联合出台《山东省企业研究开发财政补助资金管理暂行办法》，强化对企业科技创新的普惠性支持，最大限度发挥科技政策的政策效力。

1.3 精准施策，出台加速科技成果转化系列政策

2015 年 5 月，山东省财政厅、省科技厅联合印发《山东省科技成果转化引导基金管理实施细则》，设立了山东省科技成果转化引导基金。2015 年 9 月，省政府转发省财政厅、省科技厅等五部门联合制定的《关于改革省属高校科研院所科技成果使用处置和收益管理制度的意见》，决定从 2015 年起，在全部省属高校、科研院所开展科技成果使用、处置和收益管理制度改革。2016 年 9 月，山东省财政厅、省科技厅联合印发《山东省支持培育科技成果转移转化服务机构补助资金管理暂行办法》，培育和壮大山东科技成果转移转化服务机构，加快推进技术转移、科技成果转化产业化。2016 年 11 月，山东省科技厅印发《山东省科技成果转化贷款风险补偿资金管理暂行办法》，进一步缓解科技型中小企业"融资难、融资贵"问题。2018 年 1 月，新修订的《山东省促进科技成果转化条例》正式实施。

1.4 加快创新人才引进培养，持续制定引才引智多项政策

2015 年 1 月起实施《科技副职挂职工作实施细则》，4 月，山东省委组织部、省发展改革委、省科技厅、省财政厅等联合印发《泰山产业领军人才工程高效生态农业创新类实施细则（试行）》《泰山产业领军人才工程传统产业创新类实施细则（试行）》《泰山产业领军人才工程战略性新兴产业创新类实施细则（试行）》《泰山产业领军人才工程现代服务业及社会民生产业创新类实施细则（试行）》4 个文件。2016 年 7 月，山东省委印发《关于深化人才发展体制机制改革的实施意见》，在管理体制、引进使用、培养支持、评价流动、激励保障、加强组织领导等方面提出一系列改革措施。2016 年 7 月，山东省委办公厅、省政府办公厅联合印发《山东省"十三五"人才发展规划》，提出力争到 2020 年，全省人才资源总量达到 1720 万人左右，研发人才总量达到 41 万人年左右。2017 年 1 月，山东省委组织部、省经信委、省科技厅、省教育厅、省财政厅等 8 个部门联合印发《引进顶尖人才"一事一议"实施办法》，对高层次人才提供"一对一"服务，深化人才发展体制机制改革，为新旧动能转换提供人才支撑。2017 年 1 月，山东省委组织部、省经信委、省科技厅、省财政厅联合印发《支持重点企业加快引进高层次产业人才实施办法》，重点支持造纸、纺织、家电、汽车、工程机械等 18 个传统优势行业和新一代信息技术、生物产业、高端装备、新材料、现代海洋、绿色低碳、数字创意等"十三五"时期重点发展的战略性新兴产业领域具有示范引领作用的骨干创新企业。

1.5 强化企业创新，实施科技金融和科技服务系列政策

2015 年 3 月，山东省科技厅、省财政厅联合制定《山东省省级天使投资引导基金管理暂行办法》，引导创业投资机构向高新区和科技企业孵化器聚集，搭建政府增信平台。2015 年 6 月，山东省政府印发《关于贯彻国发〔2014〕49 号文件加快科技服务业发展的实施意见》，加快构建具有山东特色的科

技服务业新体系。2015 年 6 月，山东省政府办公厅转发省科技厅《关于加快全省技术市场发展的意见》，省财政厅、省科技厅联合印发《山东省小微企业创新券管理使用办法》，对小微企业使用共享科学仪器设备发生的费用，省级创新券给予"西部经济隆起带"地区 60% 补助、其他地区 40% 补助，同一小微企业每年最高补助 50 万元。2015 年 8 月，山东省政府办公厅转发省科技厅《关于加快推进大众创新创业的实施意见》，明确推进创新创业的总体要求。2015 年 9 月，山东省科技厅制定《关于加快推进全省科技企业孵化器专业化发展的实施意见》，着力提升科技企业孵化器管理水平和创业孵化能力。2016 年 3 月，山东省科技厅印发《山东省众创空间和科技企业孵化器备案服务暂行办法》，对全省科技企业孵化器的专业化发展进行了统筹布局，提高了为科技型小微企业提供设计、信息、研发、试验、检测等服务的能力。2016 年 3 月，山东省科技厅还印发《培育科技创新品牌深入开展"双创"活动的实施意见》，启动实施"十个一百"科技创新品牌培育工程。2016 年 7 月，山东省政府办公厅转发省科技厅《山东省科技服务业转型升级实施方案》，主要围绕重点区域发展战略规划和区域产业特色，提出了今后五年推进山东省科技服务业转型升级的总体目标、重点任务、实施路径和推进措施。2018 年 4 月，山东省科技厅印发《加快推进企业技术研发和服务机构（岗位）建设的指导意见》，充分发挥企业在推进新旧动能转换中的主力军作用。

1.6　多项政策铺路，支撑知识产权强省加快建设

2015 年 5 月，山东省政府印发《山东省专利奖励办法》，山东省专利奖由省政府设立，每两年评选一次，重点奖励对技术创新及经济社会发展具有突出贡献的发明、实用新型和外观设计专利。2015 年 7 月，为支持小微企业发展，提高财政资金使用效益，山东省科技厅、省财政厅、省知识产权局联合印发《山东省小微企业知识产权质押融资项目管理办法》。2015 年 9 月，山东省政府办公厅转发省知识产权局、省发展改革委、省经信委、省科技厅等单位《山东省深入实施知识产权战略行动计划（2015—2020）》，大力营造大众创业、万众创新政策环境和制度环境，不断增强知识产权对经济发展的贡献度，努力建设知识产权强省。2016 年 1 月，山东省科技厅、省财政厅、省知识产权局联合印发《山东省知识产权质押融资风险补偿基金管理办法》，鼓励和引导金融机构加大对中小微企业信贷支持力度，设立山东省知识产权质押融资风险补偿基金，知识产权质押融资工作实现新突破。为规范专利纠纷的处理和调解活动，保护当事人的合法权益，《山东省专利纠纷处理和调解办法》于 2016 年 5 月起开始施行。2016 年 7 月，山东省政府办公厅转化省科技厅、省知识产权局《山东省知识产权服务业转型升级实施方案》，作为当前和今后一个时期山东省知识产权服务业发展的纲领性文件，将为山东省知识产权服务业的加速发展，并在 2020 年前完成山东省知识产权服务业从产业低端向产业高端的转型升级提供政策基础和制度保障。

2　部分省市科技创新工作经验与启示

近三年来，江苏、广东、北京、上海、浙江、天津、河北、安徽、福建等省市深入实施创新驱动发展战略，优化顶层设计，大力强化对供给侧结构性改革的科技支撑，制定一系列科技创新政策，全面深化科技体制改革，不断优化创新创业环境，大力提升自主创新能力，为山东省科技创新发展提供了宝贵经验，具体如下。

2.1　开放创新，积极融入国家大的发展战略中

北京市以"京津冀协同发展""长江经济带""一带一路"等国家重大战略及倡议为主线，大力弘扬培育创新精神，主动融入全球创新网络，持续提升首都科技创新国际影响力，建设京津冀协同创新共同体的工作方案和中关村行动计划先后实施，加快完善政策互动、资源共享、市场开放等

机制，促进区域科技功能分工协同、产业与创新高效衔接、创新要素有序流动共享，构建要素集聚、资源共享、产业上下游高效衔接的京津冀科技创新园区链，建设一批具有示范引领和辐射带动作用的区域创新中心。

天津市推动京津冀协同创新和开放创新，深化与科技部、中科院合作，累计承担国家重大科技专项、863 计划、973 计划、国家科技支撑计划和国家自然基金项目等 5000 多项，获得国家科技经费支持超过 80 亿元，与中科院合作项目累计超过 470 项。组织百家国家级院所、百所津外高校研发机构进天津等活动，引进国家级院所及产业化基地 65 家。推动北京大学、清华大学、北京工业大学等高校来津建设研究院、研发基地、研究生就业实践基地。积极落实国家"一带一路"倡议，与超过 60 个国家和地区、60 个海外政府机构、上百个国际知名大学等建立了科技合作关系。

河北省依托京津冀协同创新共同体，打造协同发展科技创新联盟，充分利用落实京津冀协同发展和雄安新区建设等国家重大战略的有利时机，多方位着力打造京津冀科技创新联盟体系，以达到优势互补、协同发展的目的。2015 年以来，河北省联合京津地区相继成立了京津冀大学科技园联盟、京津冀开发区创新发展联盟、京津冀科技创新教育联盟、京津冀技术转移协同创新联盟、京津冀经济区创新设计产业联盟、京津冀农业科技创新联盟等。

2.2 深化科技体制改革，持续加大研发投入

江苏省区域创新能力连续 8 年保持全国第一，全省科技进步贡献率达 61%，源源不断的科研投入成为江苏省科技创新的基础，2016 年，全社会研究与试验发展（R&D）活动经费 1985 亿元，占地区生产总值比重为 2.61%，比上年提高 0.04 个百分点。

广东省加大公共财政对基础研究的投入，同时积极引导和鼓励企业和社会资源投入基础研究，围绕产业重点发展领域，加强对基础研究和前沿探索的前瞻性、战略性布局，培育聚集创新人才和优秀团队，促进深度融合，加强协同创新，着力提升原始创新能力，为经济社会的长期稳定可持续发展提供创新原动力。

北京市紧紧围绕国家重大战略需求和前沿科学领域，遴选全球顶尖领衔科学家，面向前沿技术领域，每年给予世界级顶尖人才及团队最高不超过 3000 万元资金支持，连续支持不超过 5 年。在确定的重点方向、重点领域、重点任务范围内，由领衔科学家自主确定研究课题，自主选聘科研团队，自主安排科研经费使用，3 ~ 5 年后采取第三方评估和国际同行评议等方式，对领衔科学家及其团队的研究质量、原创价值、实际贡献，以及聘用领衔科学家及其团队的单位服务保障措施落实情况进行绩效评价，形成可复制、可推广的改革试点经验。

上海市是我国科技创新先行者。在改革财政科技资金管理方面，改变部门各自分钱分物的管理办法，建立跨部门财政科技项目统筹决策和联动管理制度。在创新人才发展制度方面，新出台的人才"30 条"在原有引才政策上做加法：推动将外籍高层次人才工作团队成员纳入直接申办永久居留证范围；探索对在上海自贸区、张江国家自主创新示范区工作并符合一定条件的外籍高层次人才，经自贸试验区或张江高新区管委会推荐，可申请在华永久居留。在高校、科研院所用人自主权方面，新政提出推进用人制度改革，保障高校、科研院所用人自主权。

重庆市政府科研项目结题实行第三方验收。对于申请结题的科研项目，由市科技行政主管部门购买第三方机构的专业服务，由其进行独立、专业化验收，彻底改变多年来项目承担单位自己出钱请人的"过场式"验收状况。

2.3 发挥企业创新主体地位，加大对科技新动能培育

广东省立足自身实际，坚定不移地把创新驱动发展战略作为核心战略和总抓手，在全国率先编制"加

快建设创新驱动发展先行省"的行动纲领和总路线图，推动新旧动能转换促进经济发展进入"新阶段"，先后培育出华为、中兴、腾讯、格力、美的等在国内外均有较强竞争力和影响力的企业，国家高新技术企业突破 1 万家，科技型企业超过 5 万家。

浙江省建设企业重点研究院，补强创新链短板，出台《浙江省重点企业研究院建设与管理试行办法》，坚持资金、项目、人才"三位一体"。2016 年，浙江省通过继续培育高新技术企业，加大高新技术产业投资，不断释放以企业为主体的创新动能，在新材料、大数据、3D 打印、新能源汽车、集成电路等领域新建重点企业研究院 43 家，新建省级企业研究院 153 家、省级高新技术企业研发中心 401 家。

天津市深入实施创新驱动发展战略，做优做强做大科技小巨人企业，打造新旧动能转换原动力，始终把发展科技型企业，作为统筹推进创新驱动发展战略、打造创新发展新动能的关键一招。截至 2016 年年底，全市科技型中小企业由 2010 年的 7.32 万家增加到 9.6 万家；科技小巨人企业由 2010 年的 726 家增加到 3900 家，是 2010 年的近 5.4 倍。

福建省 2016 年 1 月制定出台《培育科技小巨人领军企业行动计划》，在全国率先对科技小巨人领军企业享受研发费用加计扣除政策实际减免的所得税额，给予财政资金奖励。河北省在 2015 年印发《河北省科技型中小企业技术创新资金管理办法》，在中小企业扶持上采取了后补助、贷款贴息、无偿资助、购买服务等多种方式，推动实施苗圃工程、雏鹰工程、科技小巨人工程等来扶持不同时期的企业。

2.4 注重协同创新，加速科技成果转化

北京市推动建立成果转化对接与技术转移转让绿色通道，参与设立京津冀协同创新科技成果转化创业投资基金，全面推广首都科技条件平台区域合作站和北京技术市场服务平台的"一站一台"合作模式。2016 年，北京流向国内其他省区市的技术合同成交额达 1997.2 亿元，占全年成交额的 51%，覆盖全国 350 多个城市，120 家世界 500 强企业在京设立子公司或研发机构，全球创新网络枢纽作用凸显。

浙江省健全促进科技成果转化机制，2017 年 3 月发布修订后的《浙江省促进科技成果转化条例》，把创新券制度、成果转化引导基金、科技特派员等具有浙江特色的政策措施上升为法规条文。2017 年 1 月印发《浙江省省级科技成果转化引导基金管理办法》。浙江省建立了全国性的科技大市场，突出"互联网＋成果转化"，线上已形成 1 个省级中心、11 个市级市场、94 个县级分市场和 29 个专业市场的体系架构，线下已建成科技大市场 51 家，其中，省本级 1 家，市级 11 家，高新区、科技城及县（市、区）级 39 家，网上网下复合的技术市场建设，让科技成果快速集聚、加速转化。

2.5 加快人才聚集，高度重视科技引智

江苏省高度重视科技引智，针对外籍人才，从政府奖励、永久居留、缩短签证审批、允许担任国企高管、子女入学、社会保障等方面制定相关政策。2015 年江苏全省引进境外专家达 10 万余人次，连续 4 年列全国第 2 位，占全国引进境外专家总人次的 16.4%。江苏首创的"科技镇长团"模式，被写进国务院办公厅《关于县域创新驱动发展的若干意见》，围绕"两聚一高"创新工作机制、培育科技新动能，打通技术与市场的"最后一公里"。

北京市围绕人工智能、新材料、生物技术等前沿领域实施"全球顶尖科学家及其创新团队引进计划"，加快吸引和聚集顶尖科学家特别是诺奖级别的顶尖科学家来京开展研究，积极实施科技新星计划和首都科技领军人才培养工程。

浙江省实施领军型创新创业团队引进培育计划，对每个团队投入经费不低于 2000 万元，对具有国际顶尖水平的领军型创新创业团队，省级财政最高资助 1 亿元。

重庆市 2017 年 4 月印发《重庆市引进海内外英才"鸿雁计划"实施办法》，设立每年 4 亿元的专

项资金，实施引进海内外英才"鸿雁计划"，将人才分类，给予年薪 50 万 ~ 200 万元支持，另外可申请奖励资金 30 万 ~ 200 万元。

河北省通过"政府特贴专家""三三三人才工程""优秀专业技术人才""燕赵金蓝领"等重点工程加大人才选拔培养，驻冀工作的省财政给予每人 1000 万元科研经费补贴和 200 万元安家费；积极引进"国家重大人才工程"专家等高层次领军人才，每人给予 200 万 ~ 1000 万元科研经费补贴和 100 万元安家费。

2.6 建设新型科研机构，激发创新原动力

广东省促进新型研发机构发展，在初期建设、研发投入、仪器购置及骨干团队引进、孵化育成等方面给予支持。大力培育和建设一批地方新型研发机构，充分发挥新型研发机构孵化企业、服务企业、集聚人才和深化产学研合作的载体作用。支持新型研发机构开展前沿探索性技术研发，促进学会、协会、研究会等社会组织构建的第三方评估机构，提升科学评价评估能力。

福建省新建立的研发机构，大多采取"共同投入"的模式，政府投入资金，提供研发和办公用房，科研院所、高校则投入技术、人才、品牌等无形资产，做到对等投入、优势互补。在运作模式上，实行"事业单位企业化运作"模式，有的甚至无编制、无级别、无固定运行经费，通过为企业提供技术服务、创办优质企业等实现自主经营、自负盈亏、协同共享，使产学研结合得更紧。

2.7 充分发挥自主创新示范区先行先试优势，大力推进全面创新改革试验

广东省加快建设珠三角国家自主创新示范区，充分发挥广州市、深圳市的龙头带动作用，形成"1+1+7"的国家自主创新示范区建设格局，推动有条件的城市建成国家创新型城市，增强珠三角地区在建设创新载体、汇聚创新资源、推进产业升级、密切与港澳创新合作等方面的效能，着力促进珠三角地区高端电子信息、智能制造、互联网经济、生物医药、新能源、节能环保等产业集聚创新发展。

北京中关村国家自主创新示范区成为全国科技体制改革先行先试的排头兵，在科技部支持下，组建由 19 个中央部委和 30 余个市级相关部门参与的中关村创新平台；制定实施 13 项配套政策，加快建设中关村人才特区；率先实施国务院"1+6""新四条"等系列先行先试政策，设立中关村外国人永久居留服务大厅、开通"绿卡直通车"、股权激励等 10 项政策为全国首创，并在全国推广。

安徽省强化区域布局，推进合芜蚌试验区建设。2016 年 6 月，安徽合芜蚌试验区被国务院批准为国家自主创新示范区，安徽省委、省政府启动编制了《合芜蚌国家自主创新示范区发展规划纲要》《合芜蚌国家自主创新示范区空间布局规划》，并会同合芜蚌三市出台支持示范区建设的政策性文件和举措，合芜蚌自创区积极抓好国家赋予的各项重大政策落实，在产学研用、人才激励、科研经费、科技金融等改革方面加大先行先试力度，科技创新与体制机制创新"双轮驱动"。

3 推动山东新旧动能转换的科技创新工作建议

近几年，山东省科技系统认真贯彻省委、省政府决策部署，深入实施创新驱动发展战略，全面深化科技体制改革，重点推进科技计划、财政科技经费使用、科技奖励、科技人才、创新平台建设管理、科技报告、知识产权质押融资、大型仪器设备共享、科技成果转化、科研院所法人治理结构等社会关注度高、政策敏感性强、涉及面广领域的改革，扶持小微企业发展、科技奖励、知识产权质押融资等改革工作走在了全国前列。青岛海洋科学与技术国家实验室、黄河三角洲农业高新技术产业示范区、山东半岛国家自主创新示范区等一批重大科技创新载体和平台启动建设，山东省通过立法来促进科技成果转化，大力实施"山东省中小微企业创新竞技行动计划"，积极培育了新旧动能转换新生力量，

加强关键技术知识产权品牌培育，积极发挥孵化器众创空间作用。山东省获批开展创新型省份建设，创新能力保持在全国第 6 位，尽管山东省总体创新能力比较强，但有些地方还存在一些短板，如产业集聚度、关联度还需进一步加强，高层次人才特别是世界水平的科学家、科技领军人才和高水平创新团队相对缺乏，企业技术创新主体地位需进一步加强，关键技术自给率还需进一步提高，政策评估研究有待进一步提升，平台数量多与创新成果相对少并存，缺乏科技创新大数据动态监测等。部分先进省市以观念转变引领动能转换，以动能转换推进经济转型，以经济转型实现发展转身的做法给我们提供了有益借鉴，总结概括如下。

3.1 优化政策顶层设计和评估，完善科技创新政策体系

统筹全局，优化政策顶层设计，加强政策影响和成效研判，充分发挥省级政策顶层设计对地市政策出台的纲领性、指导性作用。同时，在政策落地转化实践中建立信息反馈长效机制，不断优化政策顶层设计，形成政策上下联动、良性互动的态势。通过对山东省和国内外自主创新现状及相关政策进行深度解读、对比分析，不断完善山东省科技创新政策体系，营造自主创新的良好环境。建议加强政策评估研究，建立科技创新政策全流程评估制度，对事前政策方案、事中政策实施情况、事后政策效果开展全方位评估，进一步完善政策体系，确保政策的合理性、有效性和可操作性，重视专业评估机构和人才队伍建设，强化评估结果多维度运用，提高政策评估透明度。

3.2 发挥产业集聚效应，尽快出台战略性新兴产业集聚发展条例

进一步加大立法、规划、政策等方面制度供给。建议学习安徽经验，进一步加强山东省产业研究谋划，把握产业发展大势，尽快出台《山东省促进战略性新兴产业集聚发展条例》，通过多项优待政策叠加，建立容错纠错机制，免除高层次人才后顾之忧，鼓励高层次人才、外籍人才来鲁发展，助力战略性新兴产业强劲发展，促进山东省战略性新兴产业全面突破和发展，促使山东省新兴产业集群释放出"磁石效应"。深入细致分析山东省战略性新兴产业各领域国内外发展趋势，制定各战略性新兴产业技术路线图，将战略性新兴产业发展相关工作纳入省政府对各市政府和省直有关部门绩效评价和目标责任考核体系，健全完善战略性新兴产业统计指标体系及各项统计制度建设，形成完善的统计网络和统计监测制度。充分利用大数据分析技术，探索建立"科技创新中心的评价监测指标体系"，从中分析问题、总结规律，谋划和指导山东未来科技创新发展。

3.3 加强对科技投入的管理，加大对技术开发和技术升级的投入

提高科技创新能力，为经济转型升级提供动力，传统产业要增强自主创新能力，提升技术水平，必须保证充足稳定的科技投入支持。建议学习江苏、广东、北京等省市经验，从政策上保证科技投入力度；同时设立传统产业改造项目基金，对传统产业中的技术开发及推广应用进行专项扶持。以增强产业竞争力为要求，以提升产业层次为准则，兼顾国际技术发展趋势和山东省经济社会发展的现实需要，力争在科研投入总量、科研投入增长速度方面实现突破。充分发挥财政资金和税收政策的引导效应，吸引优势企业、国内外一流大学和研究机构等社会力量与山东的高等院校合作开展研究工作，形成多元化投入机制，引导金融机构采取"一企一策""一行一策""一地一策"的精准科技信贷投放机制，以提高资金使用效益。

3.4 统筹规划，加大对全省重点行业的宏观布局

鼓励开展基础性、战略性、前沿性科学研究和共性技术跟踪研究，加大科技创新技术储备，积极培育先导技术和战略性新兴产业等，加大高端服务业和前端技术供给。既要从点上布局产业集群，又要从面上宏观培育创新产业集聚区。创新产业技术创新联盟发展模式，产业技术创新联盟不仅着眼解

决产业发展共性技术问题，同时针对山东省重点行业布局散的问题，可以把范围再放大一些，借鉴河北省的做法，即在部分山东省相对短板的领域采取跨省份区域产业联盟的方式，如环渤海科技创新产业联盟、黄河三角洲科技创新产业联盟等，带动山东省短板产业技术的发展。

3.5 推行"先行先试"试点，推动机制创新

借鉴广东珠三角国家自主创新示范区、北京中关村国家自主创新示范区、天津滨海国家自主创新示范区、安徽合芜蚌国家自主创新示范区等经验，积极开展体制机制创新。山东在国家发展战略布局中具有极其重要的地位，为保证政策、措施实施效果，可以在济南新旧动能转换先行区、泛济青烟新旧动能转换综合试验区等进行先行先试，稳步推进。设置前孵化基金，支持发挥财政经费的杠杆效应和导向作用，引导民间资本开展科技创新创业。积极推进政府和社会资本合作（PPP）等模式在科技领域的应用。完善"前孵化"基金机制，优化科技创新类引导基金，推动更多具有重大价值的科技成果转化应用。

3.6 强化企业创新主体地位，打造新旧动能转换原动力

强化科技型企业创新主体地位和创新能力，打造新旧动能转换原动力。始终把发展科技型企业，作为统筹推进创新驱动发展战略、打造创新发展新动能的关键一招，强化对科技型中小微企业综合施策，在政策制定和业务培训等方面，扩大工作交流融合，共同加强对创新型企业的精准服务，大力发展创业投资、风险补偿、知识产权质押融资、知识产权证券化等业务，运用市场化的手段为企业技术创新融资，最大限度激发创新活力。同时加大开放和协同创新力度，加快技术转移转化速度，积极融入京津冀协同创新国家战略中去。

3.7 促进科技成果转化，完善全链条服务体系

充分借鉴北京、浙江、河北等省市技术转移和成果转化先进经验，建议建设面向海内外的科技成果转化线上线下交易平台，根据山东半岛地理区位、产业优势、发展条件及六大高新区产业特点，研究山东半岛国家自主创新示范区科技成果转化体制机制、重大科技成果转化及产业化政策，确定其各自不同的成果转化先行先试政策。深度融入蓝黄国家战略，以蓝色提升高端产业，以黄色引领低碳发展，加快形成富有创新性、竞争力和带动力的产业布局；助力济南打造全国重要的区域性科技创新中心和成果转化基地，促进省会经济圈繁荣发展；促进西部经济隆起带地区技术转移、科技成果转化及传统产业升级；对接京津冀，形成三大国家自主创新示范区协同发展战略格局。同时不断建立和完善科技中介服务机构，进一步完善成果转化运行机制并推动其向规格化、专业化方向发展，是山东省提高科技创新能力并解决空间成果转化率低问题的重要出发点。

3.8 增强集聚能力，加大人才引进培养力度

人才是支撑经济社会发展的第一资源，也是推动发展动能转换的根本力量。建议借鉴江苏、北京、浙江、天津、安徽等省市经验，高度重视高端顶尖人才引进，加快打造创新创业人才高地，下好人才优先发展"先手棋"，最大限度激发人才创新创造创业活力，吸引更多省外优秀人才来山东创新创业。建议深入推进山东省济南－莱芜、青岛、济宁等人才改革试验区试点，同时借鉴安徽开展"江淮双创汇"活动经验做法，为山东省科技企业孵化器和众创空间提供精准服务。深化新型企业家培养工程，建立更加有效、规范的企业家培养制度等，充分调动直接创新主体的积极性，提高其科研创造积极性和工作热情。培养多层次、高学历、多技能的创新人才，储备引领未来高端产业发展的人才，推动省内高校设立以人工智能、智能制造、机器人、云计算及传统产业升级改造为代表的"新工科"，加快科研人才队伍整体建设，努力把山东省建设成为经济大省、科技强省。

参考文献

[1] 袭著燕, 赵慧, 张弛 . 基于统计数据的山东科技创新政策实施效果评估分析 [J]. 科技和产业, 2014（11）: 99-103.

[2] 戚汝庆 . 改革开放 30 年山东科技创新的发展历程 [J]. 中国科技信息, 2009（5）: 276-277.

[3] 翁锦玉, 李金惠 . 广东近期科技创新政策法规制定实施分析及完善建议 [J]. 科学与管理, 2017（2）: 65-69.

[4] 刘媛, 吴凤兵 . 江苏三大区域科技创新人才政策比较研究 [J]. 科技管理研究, 2012（1）: 72-75.

[5] 张德艳 . 山东新旧动能转换的实现路径 [J]. 发展改革理论与实践, 2017（11）: 55-57.

[6] 隋映辉 . 新旧动能转换, 山东靠什么？——战略性新兴产业与新旧动能转换 [J]. 科技中国, 2018（4）: 67-69.

山东省石油和化工 100 强企业发展分析

张福田　　胡　玲　　李兆凯

摘要： 本文分析了石油和化工经济运行情况，经过研究分析，并经多方探索和各方积极配合，列出了"2017山东省石油和化工 100 强企业"。100 强企业产生过程与排序标准参照了国际惯例并结合山东省企业的现实数据，形成了具有自己特色的完整排序体系。排序指标的确定，以企业销售收入通过主管部门、各市地、各化工园区管理委员会、相关企业推荐排出"2017 山东省石油和化工 100 强企业"，以及"2017 山东省石油化工 10 强企业""2017 山东省煤化工 10 强企业""2017 山东省橡胶塑料 10 强企业""2017 山东省精细化工 10 强企业""2017 山东省海洋化工 10 强企业""2017 山东省新材料 10 强企业" 6 个分支行业系列排行榜。

关键词： 石油和化工；100 强企业；发展；运行；分析

　　作为全国石油和化工行业领头羊省份，山东省石油和化工 100 强企业发布及大企业研究旨在对山东省石油和化工行业发展进行全面盘点分析，对大企业状况进行详尽剖析，为山东省乃至中国石油和化工行业持续健康稳定发展提供理论支撑。

一、山东省石油和化工 100 强企业发展大背景

　　石油和化工行业是中国国民经济建设支柱产业之一，2016 年，全国石油和化工行业规模以上企业（年主营业务收入 2000 万元及以上企业）29 624 家；主营业务收入 13.29 万亿元，利润总额 6444.4 亿元，分别占中国规模工业主营业务收入和利润总额的 11.5% 和 9.4%。

（一）中国石油和化工行业规模以上工业企业主要经济指标（按行业类别）（表 1）

表 1　中国石油和化工行业规模以上工业企业主要经济指标（按行业类别）

行业类别	企业单位数/家	主营业务收入		利润总额	
		全年累计/万元	2016/2015 增长	全年累计/万元	2016/2015 增长
石油和化工合计	29 624	1 328 531 464	1.7%	64 444 224	−0.03%
石油和天然气开采业	293	78 548 738	−17.3%	−5 435 988	—
石油开采	91	48 897 399	−19.5%	−6 957 771	—
天然气开采	49	15 805 903	−7.2%	2 194 340	−43.5%
石油和天然气开采辅助活动	153	13 845 436	−19.5%	−672 558	—
精炼石油产品制造	1397	287 640 531	−2.0%	17 036 079	120.4%
原油加工及石油制品制造	1290	285 061 253	−2.2%	16 907 606	120.3%
人造原油制造	107	2 579 278	25.2%	128 473	132.2%
化学工业小计	26 409	921 245 360	5.3%	50 732 175	11.7%

续表

行业类别	企业单位数/家	主营业务收入		利润总额	
		全年累计/万元	2016/2015增长	全年累计/万元	2016/2015增长
化学矿开采	341	5 659 467	1.1%	277 868	−45.3%
基础化学原料制造	5813	255 882 408	6.7%	13 505 995	38.1%
无机酸制造	417	12 800 270	27.6%	524 607	−9.2%
无机碱制造	226	17 541 740	4.4%	781 252	−1.6%
无机盐制造	1081	29 451 729	4.6%	1 980 418	63.2%
有机化学原料制造	2791	166 517 530	6.3%	8 839 576	55.6%
其他基础化学原料制造	1298	29 571 140	5.3%	1 380 142	−8.6%
肥料制造	2527	90 391 849	−4.5%	571 586	−82.9%
氮肥制造	286	22 355 192	−12.0%	−2 227 663	672.0%
磷肥制造	216	10 974 848	2.8%	64 001	−71.6%
钾肥制造	70	3 091 062	−2.2%	243 134	−40.6%
复混肥料制造	1192	44 070 761	−3.9%	1 916 745	−21.2%
有机肥料及微生物肥料制造	680	8 366 169	5.3%	532 400	7.3%
其他肥料制造	83	1 533 818	−2.8%	42 970	−40.5%
农药制造	822	33 086 701	5.2%	2 458 738	6.2%
化学农药制造	680	29 365 643	4.1%	2 146 865	4.7%
生物化学农药及微生物农药制造	142	3 721 058	14.2%	311 873	17.9%
涂料、油墨、颜料及类似产品制造	3307	68 955 389	6.2%	5 505 188	13.3%
涂料制造	2044	43 544 890	5.6%	3 534 003	15.4%
油墨及类似产品制造	340	4 275 231	4.8%	339 341	2.1%
颜料制造	411	9 040 262	6.8%	615 438	21.4%
染料制造	307	9 055 644	6.8%	838 069	5.6%
密封用填料及类似品制造	205	3 039 362	13.0%	178 337	7.7%
合成材料制造	2862	144 765 215	7.6%	6 923 442	41.8%
初级形态塑料及合成树脂制造	1730	90 502 563	8.9%	5 193 710	48.8%
合成橡胶制造	392	16 948 405	10.7%	726 153	6.4%
合成纤维单（聚合）体制造	201	25 641 365	1.4%	372 863	195.5%
其他合成材料制造	539	11 672 882	8.5%	630 716	8.3%
专用化学产品制造	7039	219 057 477	7.6%	15 015 432	10.5%
化学试剂和助剂制造	2531	62 175 042	5.2%	4 197 392	7.6%
专项化学用品制造	2079	87 609 720	7.7%	5 880 942	9.2%
林产化学产品制造	531	8 658 825	2.2%	527 261	−1.3%
炸药及火工产品制造	237	4 471 195	2.0%	459 785	−6.3%
信息化学品制造	461	30 755 287	17.3%	2 194 988	37.5%
环境污染处理专用药剂材料制造	257	4 534 672	4.6%	417 554	2.3%
动物胶制造	65	1 165 394	−6.2%	89 968	3.9%

行业类别	企业单位数/家	主营业务收入		利润总额	
		全年累计/万元	2016/2015增长	全年累计/万元	2016/2015增长
其他专用化学产品制造	878	19 687 343	6.6%	1 247 542	4.5%
橡胶制品业	3698	103 446 854	2.6%	6 473 926	5.9%
轮胎制造	534	55 469 920	1.2%	3 337 921	4.8%
橡胶板、管、带制造	842	13 540 912	0.5%	972 902	1.5%
橡胶零件制造	663	9 709 765	8.7%	769 865	17.3%
再生橡胶制造	181	2 726 163	2.4%	139 149	−17.2%
日用及医用橡胶制品制造	246	4 294 793	3.4%	223 803	−6.9%
橡胶鞋制造	556	8 396 330	8.2%	424 485	13.1%
其他橡胶制品制造	676	9 308 972	3.1%	605 802	14.5%
专用设备制造	1525	41 096 835	−4.1%	2 111 958	−23.5%
石油钻采专用设备制造	911	29 294 784	−5.1%	1 613 596	−26.1%
炼油、化工生产专用设备制造	467	9 505 295	−0.5%	405 005	−14.2%
橡胶加工专用设备制造	147	2 296 755	−6.0%	93 357	−10.2%

资料来源：国家统计局。

（二）重点石油和化工产品产量有增有减（表2）

表2　中国石油和化工行业主要产品产量

产品名称	产量	
	2016年产量	2016/2015增长
原油/万吨	19 968.5	−6.9%
天然气/亿立方米	1368.3	2.2%
煤层气/亿立方米	74.8	7.8%
液化天然气/万吨	695.3	29.9%
原油加工量/万吨	54 101.3	2.8%
成品油/万吨	34 833.5	2.5%
汽油/万吨	12 932.0	6.4%
煤油/万吨	3 983.8	8.9%
柴油/万吨	17 917.7	−1.3%
燃料油/万吨	2586.9	3.2%
石脑油/万吨	3282.4	12.6%
液化石油气/万吨	3503.9	20.1%
石油焦/万吨	2590.9	3.7%
石油沥青/万吨	3264.9	4.6%
焦炭/万吨	44 911.5	0.6%
硫铁矿石（折含S 35%）/万吨	1466.2	−10.9%
磷矿石（折含P_2O_5 30%）/万吨	14 439.8	1.0%
硫酸（折100%）/万吨	8889.1	−0.8%
盐酸（含HCl 31%）/万吨	867.4	2.9%
氢氧化钠（烧碱）（折100%）/万吨	3283.9	8.8%

续表

产品名称	产量	
	2016年产量	2016/2015增长
离子膜法烧碱（折100%）/万吨	2895.3	8.4%
碳酸钠（纯碱）/万吨	2588.3	2.6%
碳化钙（电石，折300升/千克）/万吨	2588.3	4.2%
乙烯/万吨	1781.1	3.9%
纯苯/万吨	805.2	2.5%
精甲醇/万吨	4313.6	7.8%
冰醋酸/万吨	594.7	1.3%
氮肥（折含N 100%）/万吨	4458.8	−7.9%
尿素（折含N 100%）/万吨	3083.0	−10.1%
磷肥（折含P_2O_5 100%）/万吨	1828.6	−0.2%
钾肥（折含K_2O 100%）/万吨	663.3	8.4%
磷酸一铵（实物量）/万吨	2372.1	7.6%
磷酸二铵（实物量）/万吨	1787.8	−5.7%
化学农药原药（折100%）/万吨	377.8	0.7%
杀虫剂原药（折100%）/万吨	50.7	−2.2%
杀菌剂原药（折100%）/万吨	19.9	9.2%
除草剂原药（折100%）/万吨	177.3	0.1%
涂料/万吨	1899.8	7.2%
合成树脂及共聚物/万吨	8226.7	6.6%
聚乙烯树脂/万吨	1435.5	3.6%
低密度聚乙烯树脂（LDPE）/万吨	290.0	14.3%
高密度聚乙烯树脂（HDPE）/万吨	421.1	−3.2%
线性低密度聚乙烯（LLDPE）/万吨	572.3	2.3%
聚丙烯树脂/万吨	1849.7	9.7%
聚氯乙烯树脂/万吨	1669.2	3.1%
聚苯乙烯树脂/万吨	283.5	−7.2%
ABS树脂/万吨	327.1	5.9%
合成橡胶/万吨	545.8	8.9%
合成纤维单体/万吨	3770.3	5.5%
合成纤维聚合物/万吨	1653.2	0.3%
聚酯/万吨	1192.0	1.0%
化学纤维/万吨	4943.7	3.8%
人造纤维（纤维素纤维）/万吨	407.3	7.4%
黏胶短纤维/万吨	341.3	10.8%
黏胶纤维长丝/万吨	23.3	−9.7%
醋酸纤维长丝/万吨	35.6	−2.2%
合成纤维/万吨	4536.3	3.5%
锦纶纤维/万吨	333.2	8.9%
涤纶纤维/万吨	3959.0	3.1%
腈纶纤维/万吨	72.0	−0.7%

产品名称	产量	
	2016 年产量	2016/2015 增长
维纶纤维 / 万吨	8.7	21.4%
丙纶纤维 / 万吨	25.9	11.7%
氨纶纤维 / 万吨	53.3	3.7%
单晶硅 / 吨	79 683.7	44.7%
多晶硅 / 万吨	26.2	11.4%
化学试剂 / 万吨	1998.5	3.4%
轮胎外胎 / 万条	94 697.7	8.6%
子午线轮胎外胎 / 万条	68 643.0	11.4%
摩托车充气橡胶轮胎外胎 / 万条	11 401.5	7.3%
胶鞋 / 万双	56 365.9	−1.7%
石油钻井设备 /（台 / 套）	21.4	−12.2%
炼油、化工专用设备 / 台	186.7	−13.6%
塑料加工设备 / 台	30.3	10.8%
塑料薄膜 / 万吨	1419.5	6.1%
农用薄膜 / 万吨	241.9	−0.4%
泡沫塑料 / 万吨	249.4	2.0%
塑料人造革、合成革 / 万吨	331.5	−0.3%
日用塑料制品 / 万吨	634.3	5.7%

资料来源：国家统计局。

（三）进出口贸易下滑势态减缓

2016 年中国石油和化工行业进出口贸易总金额 4778.23 亿美元，同比下降 9.2%。其中，出口金额 1708.71 亿美元，下降 6.1%；进口金额 3069.52 亿美元，下降 10.8%。

（四）投资乏力，化工行业首降

投资仍然是目前维系石油和化工行业经济增长的主要动力之一。2016 年中国石油和化工行业完成投资连续第二年下降，为 21 522.22 亿元，下降 5.9%，降幅比 2015 年扩大 1.8 个百分点。其中，化工行业完成投资 16 148.46 亿元，比 2015 年下降 0.7%，是历史上首次出现下降，这与全国工业投资保持增长的局面形成鲜明反差。特别值得注意的是，石油天然气勘探开发投资持续大幅下降，降幅高达 31.9%，有可能对中国未来能源安全产生不利影响。

二、山东省石油和化工行业的主力军与领头羊——山东省石油和化工 100 强企业

山东省化工信息中心与中国化工情报信息协会经多方探索和各方积极配合，联合发布"2017 山东省石油和化工 100 强企业"。100 强企业产生过程与排序标准参照了国际惯例并结合山东省企业的现实数据，形成了具有自己特色的完整排序体系。排序指标的确定，以企业销售收入通过主管部门、各市地、各化工园区管理委员会、相关企业推荐排出"2017 山东省石油和化工 100 强企业"，以及"2017 山东省石油

化工 10 强企业""2017 山东省煤化工 10 强企业""山东省橡胶塑料 10 强企业""2017 山东省精细化工 10 强企业""2017 山东省海洋化工 10 强企业""2017 山东省新材料 10 强企业"6 个分支行业系列排行榜。

本次排序调查工作真实、权威，具有标准标尺意义，具有行业借鉴性质，为我国区域石油和化工工作者提供了参考依据。山东省是我国石油和化工行业传统大省、强省。山东省石油和化工行业的发展在一定程度上影响着我国石油和化工行业的发展势态，山东省石油和化工行业 100 强企业更加是山东省石油和化工行业的主力军和领头羊，代表着山东省石油和化工行业的实力与先进性。

（一）"2017 山东省石油和化工 100 强企业"排行榜

1. 山东东明石化集团有限公司
2. 万达控股集团有限公司
3. 利华益集团股份有限公司
4. 山东京博控股股份有限公司
5. 山东海科化工集团有限公司
6. 山东玉皇化工有限公司
7. 华勤橡胶工业集团有限公司
8. 万华实业集团有限公司
9. 山东金诚石化集团有限公司
10. 山东金岭集团有限公司
11. 富海集团有限公司
12. 万通海欣控股股份有限公司
13. 山东恒源石油化工股份有限公司
14. 东岳集团有限公司
15. 东辰控股集团有限公司
16. 鲁西集团有限公司
17. 滨化集团股份有限公司
18. 山东清源集团有限公司
19. 山东汇丰石化集团有限公司
20. 山东垦利石化集团有限公司
21. 山东寿光鲁清石化有限公司
22. 金正大生态工程集团股份有限公司
23. 兴源轮胎集团有限公司
24. 山东金茂纺织化工集团有限公司
25. 山东中海化工集团有限公司
26. 日照岚桥港口石化有限公司
27. 山东海右石化集团有限公司
28. 山东神驰化工集团有限公司
29. 山东华鲁恒升化工股份有限公司
30. 山东永鑫能源集团有限公司
31. 东营亚通石化有限公司
32. 山东东方华龙工贸集团有限公司
33. 山东齐成石油化工有限公司
34. 山东联盟化工集团有限公司
35. 瑞星集团有限公司
36. 山东铁雄冶金科技有限公司
37. 山东海力化工股份有限公司
38. 东营齐润化工有限公司
39. 三角集团有限公司
40. 山东潍焦集团有限公司
41. 山东石大胜华化工集团股份有限公司
42. 山东玲珑轮胎股份有限公司
43. 东营市齐发化工有限公司
44. 济南圣泉集团股份有限公司
45. 山东鲁北企业集团总公司
46. 东营市方兴橡胶有限责任公司
47. 山东红海化工有限公司
48. 山东大地盐化集团
49. 淄博鲁华泓锦新材料股份有限公司
50. 联泓新材料有限公司
51. 山东菏泽德泰化工有限公司
52. 山东富宇化工有限公司
53. 金沂蒙集团有限公司
54. 山东新龙集团有限公司
55. 成山集团有限公司
56. 淄博齐翔石油化工集团有限公司
57. 山东齐旺达集团
58. 山东成达新能源科技有限公司
59. 山东皓宇橡胶有限公司
60. 山东荣信煤化有限责任公司
61. 山东汇东新能源有限公司
62. 金能科技股份有限公司
63. 双星集团有限责任公司
64. 山东友泰科技有限公司
65. 山东东方宏业化工有限公司
66. 青岛新宇田化工有限公司

67. 淄博凯信化工有限公司

68. 山东潍坊润丰化工股份有限公司

69. 山东博洋新材料科技股份有限公司

70. 山东潍焦集团薛城能源有限公司

71. 山东滨农科技有限公司

72. 陵县绿源化工有限责任公司

73. 山东华盛化工有限公司

74. 淄博奥达化工有限公司

75. 东营国安化工有限公司

76. 淄博恒昌塑胶制品股份有限公司

77. 山东侨昌化学有限公司

78. 山东阳煤恒通化工股份有限公司

79. 山东默锐科技有限公司

80. 东营益盟盛化工有限公司

81. 山东安澜高分子材料有限公司

82. 东营市俊源石油技术开发有限公司

83. 山东龙源石油化工有限责任公司

84. 合力泰科技股份有限公司

85. 东营市宝隆石油化工有限公司

86 山东绿邦作物科学股份有限公司

87. 莱芜市泰山焦化有限公司

88. 山东宏信化工股份有限公司

89. 淄博永新化工有限公司

90. 山东尚舜化工有限公司

91. 山东新和成药业有限公司

92. 广饶科力达石化科技有限公司

93. 东营市博宸化工有限责任公司

94. 山东鲁泰控股集团有限公司

95. 中节能万润股份有限公司

96. 德润化工有限公司

97. 淄博信业化工有限公司

98. 山东天一化学股份有限公司

99. 潍坊石大昌盛能源科技有限公司

100. 山东海王化工股份有限公司

（二）100 强企业入围门槛提高

"2017 山东省石油和化工 100 强企业"入围门槛由 10.3 亿元提高到 15.3 亿元，增长 48.5%。

"2017 山东省石油和化工 100 强企业"的规模各不相同，把 100 强企业作为一个整体，按照一定的标志把整体分成几个不等距的组，以销售收入作为标志，将石油和化工 100 强企业按主营业务收入分成 4 个组群进行比较。从中可以发现，2016 年销售收入高（500 亿元以上）的企业有 5 家，其中，山东东明石化集团有限公司以 886.9 亿元的销售收入继续领跑；销售收入中上等（200 亿 ~ 500 亿元）的企业有 18 家；销售收入中等（100 亿 ~ 200 亿元）的企业有 19 家；销售收入 100 亿元以下企业有 58 家，其中，排序第 100 名的企业销售收入为 15.3 亿元。从销售收入情况看，排名靠后企业的销售额与领头羊企业的销售额差距比较明显，销售收入低的企业，特别是销售收入在 20 亿元以下的企业应克服困难、开拓进取，努力提高本企业的创收水平，以提高山东省石油和化工行业的整体实力。

（三）精细化工企业增长

将"2017 山东省石油和化工 100 强企业"按子行业进行细分。其中，石油化工企业 28 家，精细化工企业 25 家，煤化工企业 14 家，橡胶塑料生产企业 12 家，海洋化工企业 11 家，化工新型材料生产企业 10 家。从细分行业企业所占的比重来看，山东省大企业中石油化工企业所占比重最大，这主要是由于近两年山东省地炼企业蓬勃发展所致。令人欣喜的是，入围 100 强企业中，精细化工企业由 2016 年的 10 家增加到 2017 年的 25 家，精细化工企业占比大幅提高，其他占比较大的子行业是煤化工、橡胶塑料和海洋化工。

山东省石油和化工 100 强企业作为一个群体巍然屹立于中国石油和化工之林。山东省化工信息中心将继续开展山东省石油和化工 100 强企业发布活动，为推动山东省石油和化工企业做大做强做久发挥更大的作用。

参考文献

[1] 赵志平. 2016 年中国石油和化工行业经济运行回顾及 2017 年展望 [J]. 当代石油石化, 2017, 25（2）: 1-6.

[2] 张国安. 中国化工优势企业进入战略并购时代: 基于化工行业、优势企业的数据分析 [J]. 化工管理, 2017（28）: 1-6.

[3] 傅向升. 开局考好于预期再发力提升跨越 [J]. 中国石油和化工, 2017（3）: 4-9.

[4] 中国石油和化学工业联合会. 2016 年中国石油和化工行业经济运行报告 [J]. 中国石油和化工, 2017（3）: 64-68.

参考文献

山东新旧动能转换重大工程
生物领域技术预见分析

蔡馨燕　　刘　洁

一、前言

生物技术是当今高新技术中发展最快的技术领域之一，可分为传统生物技术、现代生物技术、生物前沿技术等。传统生物技术为发酵工程、细胞工程、酶工程和遗传育种工程等技术领域；现代生物技术包括"组学"（基因组、转录组、蛋白质组、代谢组、表观遗传组、结构基因组及高通量组学等）、系统生物学（医学信息学、生物信息学、计算生物学和合成生物学等）、神经科学（脑科学）、遗传学、转化医学、免疫学及干细胞再生医学等生物技术领域；热点生物前沿技术主要集中在合成生物学、基因组编辑、光遗传学、免疫学及非编码 RNA 等技术领域。

目前，生物技术逐渐进入大规模产业化阶段，全球生物经济快速发展，生物技术作为生物经济的支柱，支撑生物制造、生物能源、生物农业、生物医药、生物环保等产业发展。世界主要国家与地区积极部署加快生物技术产业化进程，不断推进前沿研究突破和技术交叉融合发展。本文运用文献工具对生物技术的国际现状与趋势、国内及山东省现状等进行梳理分析，结合山东省生物技术领域的研发需求和研发基础，提出在山东省新旧动能转换的重大工程中应优先部署的关键技术。

二、国际现状与趋势

生物技术是 21 世纪最重要的创新技术集群之一，具有突破性、颠覆性、引领性等显著特点。当前，生命科学和生物技术基础与应用研究日益深入，精准医学、基因编辑、基因测序、脑与神经科学、合成生物学及健康生物技术等重点领域取得诸多突破。生物科技引领新一轮科技革命和产业革命势头强劲，生物医药、生物农业、生物能源、生物环保等领域蓬勃发展，生物技术产业对经济社会发展的支撑作用显著增强。美国、欧洲、德国、印度、俄罗斯、日本等国家和地区纷纷制定国家战略，不断加大生物产业和前沿生物技术研发投入力度，抢占生物技术制高点，生物技术和生物产业发展进入良性发展轨道。

从国际生物技术及产业发展态势来看，未来一个时期内，生物医药将成为创新药物的重要来源，生命健康服务产业将成为新的增长点，生物农业将获得快速发展，精准医疗将推动个性化药物与新一代生物制造工艺的迅速发展，合成生物学的进步将加速生物制造产业化，基因组学将成为生命科学研究的重要手段，干细胞及再生医学的研究及应用将为人类健康开辟新的道路，生物芯片在医疗和科研领域将发挥巨大作用，转基因技术及应用将呈现出高速发展的态势。

三、国内现状

加快生物产业发展，主动抢占生物技术及产业竞争制高点是国家推动产业结构优化升级和新旧动能接续转换的战略选择。《国家中长期科学和技术发展规划纲要 2006—2020》《"十三五"国家科技创新规划》

《"十三五"国家战略性新兴产业发展规划》《"十三五"生物技术创新专项规划》等科技创新规划均从顶层设计入手，对生物技术的阶段性发展做出国家规划和布局，积极谋取在未来国际竞争中占据重要地位。

从技术层面上看，国家有关生物技术规划，从单纯针对功能基因组、蛋白质组、干细胞与治疗性克隆、组织工程、生物催化与转化技术等医药学领域的关键性技术突破，向加快合成生物技术（合成生物技术是对天然或人工生物元器件进行设计组合，获得重构或非天然的新生命系统的技术，即有目的地设计、改造乃至重新合成生命体，包括设计构建新型人工生物元器件、人工基因组、人工细胞等，广泛应用于生物制造、生物医药、农业、资源环境等领域）、生物大数据、再生医学、3D生物打印等引领性技术的创新突破和应用发展转化。其中，合成生物技术已被列为重点发展方向，到2020年，我国将初步建立合成生物技术创新体系。尤其在《"十三五"生物技术创新专项规划》中，围绕技术、平台、产业制定总体目标，重点指向生物检测、新一代基因操作、脑科学与类脑智能、微生物组、生物大数据、过程工程技术等前沿关键技术，形成生物技术体系；加强颠覆性技术、交叉性技术发展，围绕生物医药、生物化工、生物资源、生物能源、生物农业、生物环保、生物安全等重点领域布局，着力发展新型生物医药技术、生物医用材料、绿色生物制造技术、生物资源利用技术、生物安全保障技术，建设一批创新平台，促进生物技术产业发展。

四、山东省现状

山东省是生物产业大省，目前初步形成了生物医药、微生物制造、生物育种、生物能源等门类比较齐全的生物研究、开发和产业化体系。在生物产业方面存在着既有优势：①作为工业生物制造产业大省，传统生物产业规模居全国首位，具有相关研究和产业的优势基础；②作为中药资源大省，金银花、丹参等大宗道地药材在全国种植面积最大，成为国内多家著名大型中药企业首选的制药原料，经过多年积累，在基础研究和规范化种植方面具备了较强的技术力量和产业化优势；③作为海洋科技大省，海洋生物医药产业目前初步形成以海洋药物与功能食品和海水种苗繁育为主体，以海洋新材料与活性物质提取为辅的特色鲜明的海洋生物产业体系。

同时也存在一些问题，表现为：①在大宗道地药材生产中存在种质资源保护不力、良种选育滞后、配套生产技术低端、种植区域混乱、农药化肥滥用、机械化程度低、质量不稳定等问题；②大型生物医药企业创新主要聚焦于现有技术的改造和仿制药品研究，自主创新能力弱，产品更新缓慢，以现代生物技术创新性制剂研究为指标的新药创制能力不足；③生物前沿技术研发主要集中在高等院校和科研院所，资源配置相对分散，科研与生产存在脱节。

五、攻关方向

根据相关文献分析，结合山东省生物技术领域的研发需求和研发基础，提出应优先部署以下关键技术（图1）。

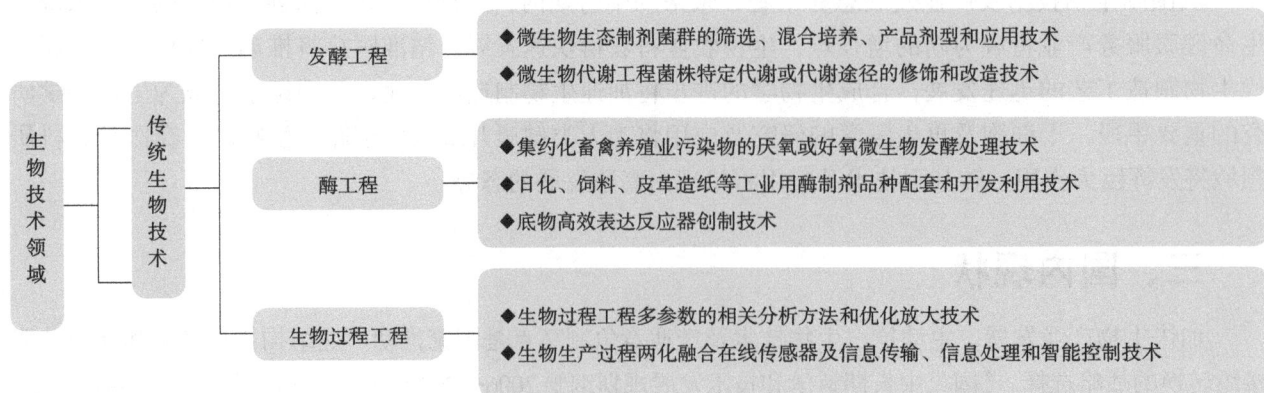

传统生物技术	食品与非粮	◆非粮生物质炼制原料预处理、生物转化（催化）、产物衍生及分离技术 ◆食品生物活性成分挖掘和功能健康食品生产技术
	种质资源	◆优良种质资源分子身份证技术
现代生物技术	单抗药研发	◆基于表位定向选择法的单克隆抗体全人源化技术
	多肽药研发	◆基因工程抗体融合蛋白构建中的多肽连接链技术 ◆用于新型药物制剂的自组装多肽技术
	细胞工程	◆基于真核细胞的表达系统技术 ◆大规模细胞悬浮培养技术
	生物制剂	◆预防病毒性传染病重组病毒样颗粒技术 ◆长效重组药物技术 ◆3D打印微球制剂技术
	转基因	◆转基因动植物育种技术 ◆支撑产业化发展的转基因动物表达重组蛋白技术
	生物诊断	◆超高分辨率、深层次活体成像显微技术 ◆循环肿瘤(CTC)生物芯片技术装备及配套试剂产品 ◆太赫兹肿瘤检测技术
生物前沿技术	合成生物学	◆合成生物学系统的人工设计和生物学元件的构建技术 ◆微生物合成植物天然产物技术
	基因组编辑技术	◆锌指核糖核酸酶技术 ◆转录激活因子样效应因子核糖核酸酶技术 ◆CRISPR技术
	基因检测	◆非编码RNA检测技术 ◆DNA测序技术
	干细胞	◆干细胞重编程技术 ◆干细胞再生医学技术
	光遗传学技术	◆光遗传学靶标精准定位技术 ◆光敏蛋白表达技术 ◆光遗传学检测技术 ◆双稳态光控刺激技术
	环境生物技术	◆固化微生物污水处理技术 ◆环境污染微生物降解技术 ◆污染土壤生物修复技术 ◆白色污染物消除技术 ◆化学农药污染消除技术
	精确医疗技术	◆精准医疗大数据平台技术 ◆精准医疗混合云平台技术 ◆精准医疗分析一体机研制技术

（生物技术领域）

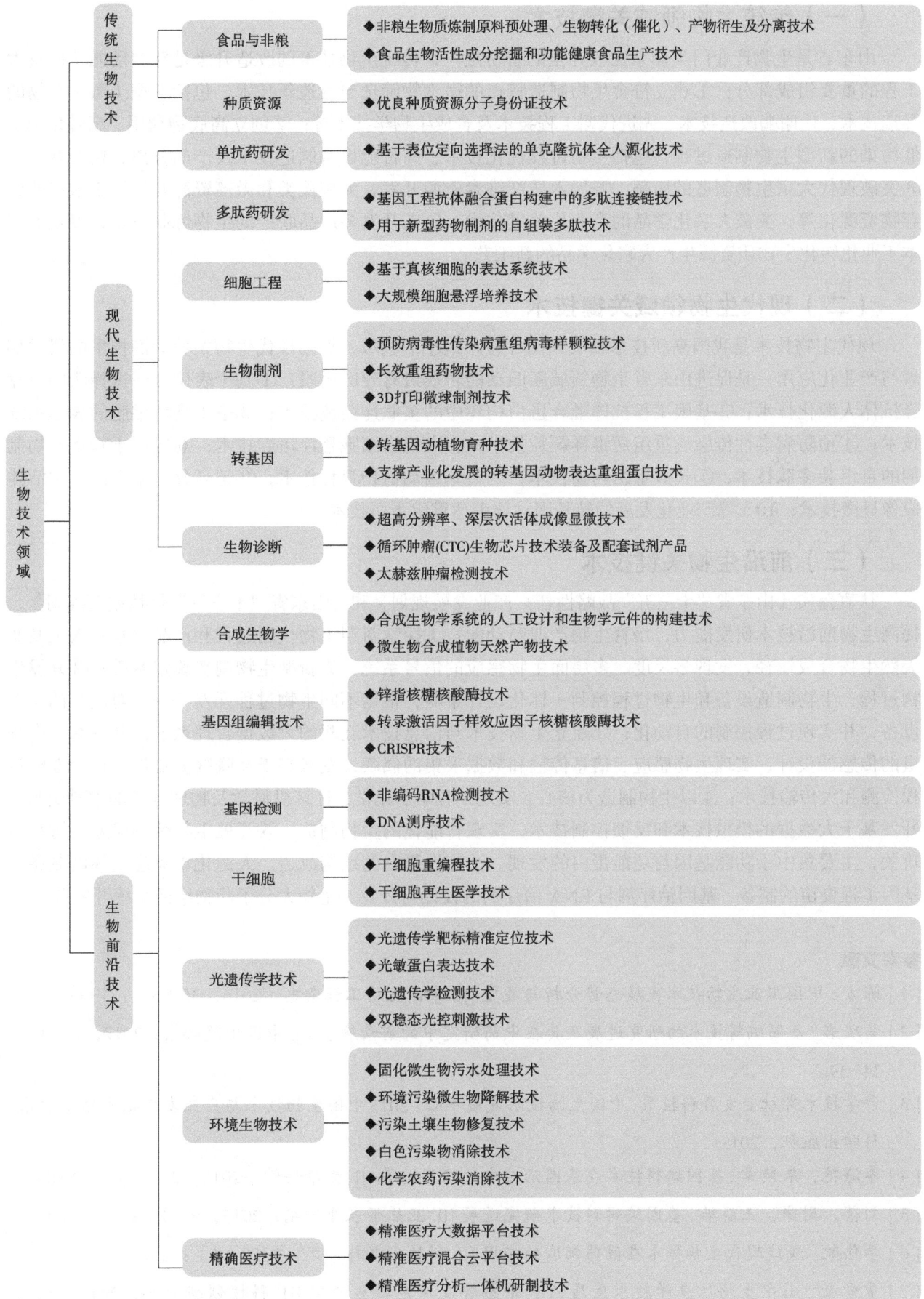

图1　优先部署关键技术

（一）传统生物领域关键技术

山东省是生物产业门类体系比较齐全的省份之一，传统生物技术的改造升级是新旧动能转换重大工程的重要组成部分：①建立符合生物制造特点的微生物筛选与改造新技术，包括新型（微）生物的筛选技术、代谢酶改造技术、先进代谢工程技术及合成生物学技术等；②创立高底物利用、高转化率、低污染的新型生物制造过程，包括生物过程优化技术、高智能设备制造技术及产品分离、精制技术；③突破现代大宗生物制造的瓶颈，开展木质纤维素资源开发、大型藻类和微藻资源开发、工农渔业废弃物资源化等，突破大宗化学品的产业化关键技术，研究开发多产品联产的生物炼制技术，以及低成本工业化转化生物质资源生产大宗化学品的新工艺。

（二）现代生物领域关键技术

现代生物技术是我国高新技术领域和国外差距最小的领域，加强现代生物领域关键技术的研发部署与产业化应用，是促进山东省生物领域新旧动能转换最有效的手段：①基于表位定向选择法的单克隆抗体人源化技术；②基因工程抗体融合蛋白构建中的多肽连接链技术；③基于真核细胞的表达系统技术；④预防病毒性传染病重组病毒样颗粒技术；⑤大规模细胞悬浮培养技术；⑥应用于新型药物制剂的自组装多肽技术；⑦长效重组药物技术；⑧转基因动植物育种技术；⑨超高分辨率、深层次活体成像显微技术；⑩支撑产业化发展的转基因动物表达重组蛋白技术。

（三）前沿生物关键技术

认真落实《山东省"十三五"战略性新兴产业发展规划》和《山东省"十三五"科技创新规划》，提高生物前沿技术研发能力，培育生物产业新动能：①探索新型生物代谢过程和产品，建立人工及非天然生物合成途径，发现多尺度、多层面生物感应的信号系统，为新型生物制造奠定基础；②开发生物过程、生物制造设备和生物过程控制一体化设计策略，根据不同生物过程开发"一一对应"的相关设备，并实现过程控制的自动化；③建立生物技术与信息技术互联的大数据管理系统，开发基于多频道的传感器设计，实现生物感应、信息传输和数据采集的偶联，发展基于互联网大数据的远程发酵过程检测和大传输技术；④以生物制造为核心，实现工程学、化学、计算机科学及物理学等的学科交叉，开发基于大数据的模拟技术和反馈控制技术，实现智能化的生物制造；⑤开展生物药物研发关键技术攻关，主要集中于功能基因与功能蛋白的发现、治疗性蛋白的结构改造、人源化单克隆抗体的制备、基因工程疫苗的制备、基因治疗剂与 RNA 治疗剂的设计与开发、生物大分子药物给药系统开发等。

参考文献

[1] 陈方. 中国工业生物技术发展态势分析与展望 [J]. 中国生物工程杂志，2016，36（5）：1–11.

[2] 马琰岩. 基因编辑技术的研究进展及其在中药研究中的前景展望 [J]. 中国中药杂志，2017，42（1）：34–39.

[3] 科学技术部社会发展科技司，中国生物技术发展中心. 2015 中国生物技术与产业发展报告 [M]. 北京：科学出版社，2015.

[4] 季海艳，朱焕章. 基因编辑技术在基因治疗中的应用进展 [J]. 生命科学，2015，27（1）：71–80.

[5] 刘蓓，尉玮，王丽华. 基因编辑新技术研究进展 [J]. 亚热带农业研究，2013，9（4）：262–269.

[6] 李伟航. 浅谈现代生物技术在医药领域的应用 [J]. 科技创新与应用，2016（4）：297.

[7] 贾爱荣. 山东生物信息学技术发展的竞争态势及对应措施研究 [J]. 科技创新导报，2015（4）：62–64.

［8］牛家乐. 生物技术发展的现状及展望探究 [J]. 科技展望，2017（2）：63.

［9］孟祥海. 生物技术药物发展现状及我国的对策研究 [J]. 中国软科学，2014（4）：14-23.

［10］黄挽疆. 生物技术在农业领域的应用 [J]. 时代农机，2016，43（1）：113-115.

［11］白仲虎. 生物医药研发中的过程工程研究前沿技术 [C]. 2014 年创新药物成药性评价高层学术论坛报告汇编，2014.

［12］田玲. 我国医药生物技术发展的战略机遇及挑战 [J]. 中国生物工程杂志，2008，28（6s）：321-325.

［13］段珺，王帆，高振. 江苏"十三五"生物技术与生物医药产业发展战略探讨 [J]. 中小企业管理与科技（上旬刊），2016（2）：128.

［14］宋鹏辉. 生物药物研发应用蛋白质工程技术探讨 [J]. 科学中国人，2016（24）：77.

［15］张莹. 基因工程技术在药学领域中的应用分析 [J]. 临床医药文献杂志（电子版），2016，3（17）：3531-3532.

［16］国家发展和改革委员会高技术产业司，中国生物工程学会. 中国生物产业发展报告 2015[M]. 北京：化学工业出版社，2016.

"新旧动能转换重大工程"
——在德州的创新实践与探索

孙晓龙　　　韩一丰　　　姚明伟

摘要： 当前中国的经济下行压力越来越大，各类矛盾日益凸显，实施新旧动能转换能够进一步将产业、行业和区域之间进行分化，从而更便于经济结构调整，培育和发展新的能源和动力，加速风险和矛盾的释放，并采取有效的措施不断化解和解决各种矛盾和冲突，形成更加稳健的经济结构，推动经济社会不断向前发展。本文深入分析了德州工业发展的比较优势和问题短板，并根据德州在金融产业融合创新的举措和实践，提出加快新旧动能转换的对策措施。

关键词： 新旧动能转换；金融产业融合；创新平台

山东省委书记刘家义在 2018 年 2 月 22 日召开的山东省全面展开新旧动能转换重大工程动员大会上，深刻阐明了加快新旧动能转换综合试验区，推进新旧动能转换重大工程的总的要求、重大意义，对把握重大机遇、发展产业集群、着力深化改革、创新领导方式作了系统部署，明确了当前和今后一个时期的重点任务和工作要求。作为三线城市的德州市，结合地方工作实际，积极作为，大胆创新，从科技金融产业融合创新维度，探寻新旧动能转换重大工程实施新路径，培育产业转型升级新动力，打造区域经济升级版。

一、对新旧动能转换重大工程的思考

当前我国经济供需的结构性失衡正趋于明显，仅靠刺激需求端已难以改善经济发展结构，客观上需要推动供给升级，而推动供给升级，则必须通过改革、经济结构调整和科技进步等来提高潜在增长率，也就是以高效的制度供给和开放的市场空间，激发微观主体创新、创业、创造的潜能，构建、塑造和强化我国经济长期稳定发展的新动力，达到改善供给侧的目的。

面对经济下行的压力，纵观近几年国外新时期的工业革命促生的经济腾飞的现象，其发展思路都将目光锁定在通过科技创新来激活新的发展动能，如美国的乔布斯及其主导创造的"苹果"产品、"互联网电子商务与金融"，日本的人性化订制日用品的全球热销及德国工业 4.0 对德国经济发展的全面提升等。作为全球研发投入最集中的领域，信息网络、生物科技、清洁能源、新材料与先进制造等正孕育一批具有重大产业变革前景的颠覆性技术。人机共融的智能制造（AI）模式、智能材料与 3D 打印结合形成的 4D 打印技术，将推动工业品由大批量集中式生产向定制化分布式生产转变，引领"数码世界物质化"和"物质世界智能化"。这些颠覆性技术不断创造新产品、新需求、新业态，为经济社会发展提供了前所未有的驱动力，推动经济格局和产业形态深刻调整，成为创新驱动发展和国家竞争力的关键所在，也为"新旧动能转换"创造了条件。

二、科技金融产业融合创新：德州市在"新旧动能转换"中的实践

德州市作为三线城市，推进新旧动能转换重大工程，面临创新资源匮乏、高层次人才紧缺、企业

创新能力较弱、科技金融支撑乏力、产业层次总体不高的突出问题。如何摆脱困境，突破瓶颈制约，打造产业转型升级新动力？德州市积极抢抓京津冀一体化协同发展重大机遇，大力实施科技金融产业融合创新发展战略，全面激活新旧动能转换重大工程的诸多创新要素，探寻出了一条全新路径。通过优化劳动力、资本、土地、技术、管理等要素配置，集聚创新资源，对创新力量和创新要素做出制度机制安排，激发创新创业活力，使创新成果变成实实在在的生产力。通过整合科技创新和金融创新资源，探索以金融创新支撑和服务科技创新，以科技创新促进产业转型升级，以产业发展为科技创新和金融创新提供广阔应用空间的新路径，建立和完善具有区域特色的政策保障体系、资金支持体系、开放合作体系、载体平台体系、人才支撑体系、科技服务体系和创新型产业集群体系，全面激活"新旧动能转换"诸多创新要素，正在切实推动德州市经济结构的转型升级，增强经济持续增长的动力。

（1）搭建创新要素对接平台，构建全方位科技开放合作体系。积极抢抓外部创新资源，从产品技术来源角度出发，全面梳理企业技术需求，全力对接大院大所，实现科技成果转移转化精准对接。德州市先后组织举办了"2014 德州·京津大院大所对接会""2015 中科院院士专家德州行""山东省装备制造技术创新对接会""德州科技合作万里行"等系列重大科技合作活动。截至 2015 年年底，对接院士专家 438 名，科研院所、高等院校 219 家，参与企业 664 家，梳理企业技术需求 671 项，推介科技成果 1377 项，转化 266 项。全市企业与 700 多家大院大所建立合作关系。中科院产业化示范基地、高校联合创新研究院、大学联合科技园、大学联合创业园等纷纷落地。庆云县的大国重器公司原为作坊式的传统机械制造企业，通过与中科院沈阳自动化所、计算技术研究所等大院大所对接开展"工业 4.0 智能机器人制造"项目，公司产值、利润连续多年以 40% 的速度递增。

（2）搭建创新要素集聚平台，构建多层次叠加性创新创业载体平台体系。德州市基于现有科技创新园区，强化功能协同，完善硬件环境，搭建高质量平台，进一步提高创新创业的承载能力和吸聚力度，为创新创业者搭建广阔舞台和创新要素集聚平台，促进各类创新要素在平台内快速有效流动，打通新旧动能转换重大工程实施要素流通渠道，营造良好的科技创新环境土壤，提高各要素的经济收益。德州市建设了山东省技术转移转化中心、国家级德州高新技术产业开发区、"德州创新谷"等科技创新转化基地；引进 36 氪、天合科技成果转化促进中心、车库咖啡、天使街等机构落地，与中关村共建创新创业联盟，将德州市打造成中关村创新创业的"接力孵化区"；到了 2016 年，累计建成百万平方米的科技企业孵化器和"众创空间"，引进培育科技型中小企业和创新创业团队 500 余个。其中，与中关村天使街众筹平台合作建设的"德州创梦空间"已落地运营，入孵创业团队达 40 余个。

（3）搭建创新要素支撑平台，构建政府资金、金融资本、社会资本合作共担的资金支持体系。强化资金支持，优化资金供给，将投资重点转向战略性新兴产业为代表的高端产业与产业高端，将资金支持贯穿于创新发展全过程，培育专项用于技术转移转化和科技型中小企业的创新型金融产品，有效解决技术转移转化支撑问题。德州市设立了 10 亿元规模投资引导基金和 20 亿元规模政策性担保公司，对获得风险投资的人才与企业，给予最高 1000 万元政策性担保；设立了"科技成果转化基金""科技风险补偿基金"等 31 支规模达 25 亿元的创新创业基金；引进设立了全省第一家区域性平台——"天使街股权众筹德州分平台"，打造众筹平台的集聚中心；成立了青岛银行、齐鲁银行、威海银行、建设银行、中国银行、农商银行等 6 家科技支行；吸引高端知识产权服务机构或社会资本在德州设立专业化的知识产权运营机构，为专利技术产业化提供评、保、贷、投、易一条龙服务。德州市全面开展"政保贷"，银行为企业提供单户贷款总额不超过 300 万元的无抵押无担保贷款。至 2016 年，德州拥有上市公司 5 家，新三板挂牌企业 12 家，区域股权交易市场挂牌企业 94 家，区域股权交易市场挂牌企业数量居全省第 2 位，累计为科技型中小企业和科技成果转移转化项目融资 300 亿元。

（4）搭建创新要素服务平台，构建闭合式全链条科技服务体系。通过科技服务机构的引进，排除新旧动能转换重大工程抑制因素，发挥市场自身的配置作用。德州市发展新兴产业特别注重生产性服务业配套服务支撑的功能，通过引进科技成果转移转化机构、科技金融机构、创新型孵化机构、科技咨询机构等高端科技服务机构，为技术创新和科技成果转移转化提供闭合式、全链条、专业化、高附加值的创新服务。德州市建设了科技成果转化服务中心和齐鲁技术产权交易市场，打造技术转移机构集聚区、科技金融机构集聚区、科技服务机构集聚区，引进了中科院山东综合技术转化中心德州中心、中国高校技术转移中心德州中心、北京市科学院、中国技术交易所、北方技术交易市场、天津滨海国际知识产权交易所、上海股权交易中心等30家科技服务机构入驻，为企业、科研院所、高等院校等各类创新主体提供征集、发布、对接、展示、咨询、评估、投资、交易、培训、落地等全方位技术产权交易综合解决方案，打通科技成果转移转化的线上线下通道，建成国家级的区域技术转移核心区。至2015年年底，市场建设了企业数据库、技术需求数据库、科技成果数据库、专家数据库，共为1000余家企业、科研院所、高等院校提供服务，推荐科技成果200余项。

（5）搭建创新第一要素对接平台，构建人才、项目、资金、平台一体化科技人才支撑体系。人才是创新的根基，是创新的第一要素和核心要素。德州市加快构建有利于各类人才创新创业创富的体制机制，强化人才供给，努力建设鲁北人才改革试验区，成功创建中国新能源和生物产业引智试验区，成为全国第4个国家级综合引智平台。大力实施"科技人才+"行动计划，实现引成果、引平台、引团队、引资金、引机构与引人才并举并重。围绕主导产业发展，引进高层次科技人才，建成鑫秋种业、希森马铃薯、华源生态、宏祥材料、保龄宝生物、龙力生物、福洋生物、亿丰生态农业、精细陶瓷、百多安医疗器械、三嘉机器制造等农业、新能源、新材料、生物技术等产业领域院士工作站16家。为"国家重大人才工程"的创业人才许敏第博士建设了研究超纯材料的标准化研发中心，为他创办的德尔发公司建立了镀膜材料产业发展的科研骨干团队，做到"零距离服务、无缝隙对接、零干扰生产"。

三、德州市科技金融产业融合创新对实施新旧动能转换重大工程的启示

德州市实施科技金融产业融合创新发展战略，是在"大众创业、万众创新"的背景下响应实施新旧动能转换重大工程的重要举措。从德州市实施科技金融产业融合创新发展战略取得的成效来看，可以得出几点启示。

（1）强化政府引导作用

要加强政府在规划引领、助推培育、搭建平台、提供服务等方面对供给侧改革所起的引导作用。一要加强宏观层面顶层设计，提高战略规划前瞻性，提升产业规划科学性，加强对战略性新兴产业技术和市场的研究能力，加快引导传统产业转型升级，着力营造有利于创新创业的政策和制度环境；二要助推培育企业市场主体地位，激发市场活力。通过简化审批、放宽管制，扩大企业自主经营权，激发企业创新动力，促进生产端要素自我提升；三要搭建创新平台载体，加快建设科技创新基础设施，提供公共研发平台、公共检验检测平台、公共科技服务平台等公共服务载体，打通科技要素流通渠道；四要转变政府职能，由创新管理者转变为创新服务者，为科技型企业、创新创业团队等各创新主体提供精简、廉洁、高效的公共服务，促进新旧动能转换重大工程各要素无障碍有效配置。

（2）增强企业创新主体作用

企业是实施新旧动能转换重大工程的创新主体，主要体现在决策、投入、转化等方面。增强企业创新主体作用，一要尊重企业决策主体地位，实现与科研院校的精准对接，加快建立企业主导产业技术研发创新的体制机制；二要增强企业投入主体作用，政府通过对研发资金投入的倾斜性政策支持，引导企业将资金有效配置到创新研发项目上，充分提高企业资金投入的效率性；三要发挥企业科技成果转化主体作用，要建立研发在大院大所、转化在企业的协同创新机制，建立企业科技创新平台，引

进培养专业化的科技研发队伍，培育"研发一批、转化一批、储备一批"产业化项目，通过提高科技成果转化率优化企业产能结构。

（3）强化创新型金融产品的支撑作用

科技成果在转化为生产力的过程中需要强大金融力量的支撑，而在目前的金融环境下，由于银行风控非常严格，很多初创期科技型中小企业没有抵押物，得不到担保，不具备获取信贷支持的条件，在前三年的初创期，极易走进"死亡谷"。因此，需要通过金融改革，为科技成长型企业提供创新型金融产品，对科技成果的转化给予一定支撑。一要出台系列政策，设立多种基金模式。一方面设立政府引导基金，吸引金融资本和社会资本广泛参与，并与银行开展"投贷联动"；另一方面，设立创新基金、科技成果转化基金、新兴产业发展担保基金等多种基金，为科技成果转化、新兴产业发展等提供贷款担保。二要建立科技支行等战略合作银行，组建职业化的科技支行人才队伍，专门设计和运作支持科技成果转化和培育科技型中小微企业的专属金融产品，依靠专业机构、专业人员来从事专业金融服务，扶持科技型企业发展壮大。三要大力发展互联网金融，建设股权众筹等多渠道众筹融资平台，减少融资中间环节，提升社会资金的筹集规模和效率。四要鼓励企业在新三板市场挂牌上市，不仅为中小企业提供新的融资渠道，还可以在带来资金的同时，引入规范的公司管理，助力企业做大做强。

2017 年山东省高新技术产品进出口情况分析

王 静　　朱 文　　贾辛欣

摘要： 2017 年，山东省高新技术产品进出口额在连续 2 年同比下降的情况下出现同比增长态势，在国际市场中的综合竞争力逐步增强；高新技术产品进出口额在全省对外贸易中占比呈逐年下降趋势，保持在 10% 上下浮动；高新技术产品出口对全省出口的贡献率较上年有了明显提升，出口竞争力稳步增强；与江苏省高新技术产品进出口情况进行横向对比发现，无论是绝对值还是占比，无论从贸易竞争指数还是从出口贡献率来看，山东省与江苏省之间均有不小的差距。最后根据山东省高新技术产品现状，发现了存在的一些问题并给出了相关建议。

关键词： 高新技术产品进出口；出口贡献率；贸易竞争指数；对比；存在问题；相关建议

2017 年，山东省高新技术产品进出口额达到 1966.71 亿元，其中，出口额 990.06 亿元，比去年同期增长 1.6%；进口额 976.65 亿元，同比增长 1.4%。高新技术产品进出口额在连续 2 年同比下降的情况下，今年出现增长趋势，成为拉动全省商品外贸增长的新生力量。

一、进出口额呈现 V 型增长态势

高新技术产品进出口规模的大小，是技术装备水平、产品技术含量和国际市场竞争力的体现，是一个省市经济质量、经济实力的重要体现。自 2015 年以来，山东省高新技术产品进出口额呈现 V 型发展状态（图 1）。2015 年，山东省高新技术产品进出口额出现负增长，同比下降 10.10%；2016 年高新技术产品进出口额达到 1939.99 亿元，同比下降 9.4%。经过两年的下降，2017 年山东省高新技术产品进出口额出现反弹，同比增长 1.5%。

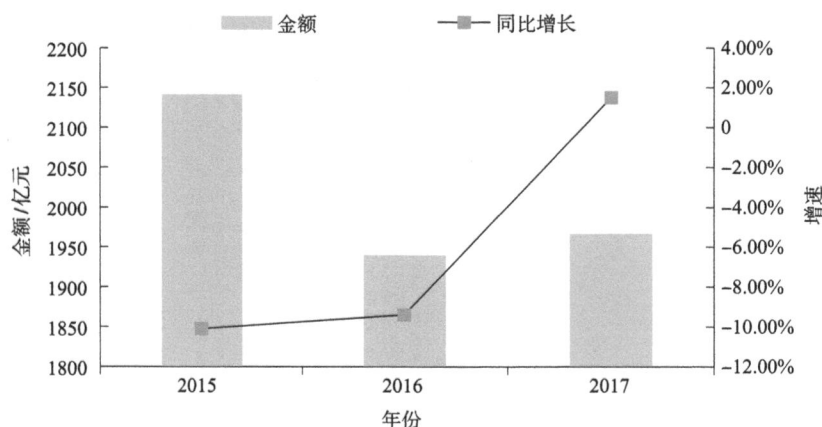

图 1　高新技术产品进出口额变化情况

2017 年除 2 月和 10 月进出口额出现总额下降以外，其他各月份均呈平稳增长趋势；出口、进口额基本上趋于平衡；2 月、6 月、7 月、8 月、9 月和 11 月出现了贸易逆差，9 月贸易逆差达 10.2 亿元；1 月、3 月、4 月、5 月、10 月和 12 月为贸易顺差（图 2）。

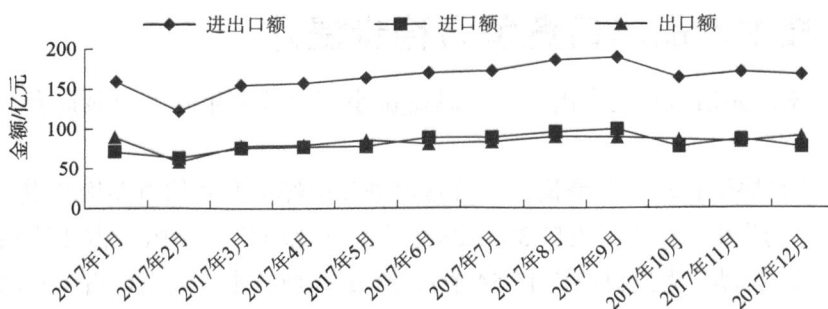

图 2　2017 年各月份高新技术产品进出口情况

自 2015 年以来，山东省高新技术产品对外贸易累计进出口额均为贸易顺差，2015 年贸易顺差额达 57.26 亿元；2016 年高新技术产品累计进出口额贸易顺差额有了一定幅度的下降，贸易顺差额为 12.29 亿元；2017 年高新技术产品累计进出口额贸易顺差额有小幅度上升，达 13.42 亿元，说明山东省高新技术产品由于高新技术产业的创新，在国际市场中的综合实力逐步增强，抵挡外来风险的能力亦在逐步提高。

二、高新技术产品出口、进口额占比呈逐年下降趋势

自 2015 年以来，山东省高新技术产品出口、进口额占全省对外贸易出口、进口额的比重呈逐年下降趋势，但均保持占比 10% 上下浮动（图 3）。从大类商品来看，2017 年高新技术产品进口额占比仅次于机电产品，列第 2 位，而高新技术产品出口额占比排在机电产品、纺织品、农产品之后，列第 4 位，在大类商品中高新技术产品出口额占比较低（图 4）。这些说明山东省高新技术产品进出口额在全省对外贸易中的份额呈缩小趋势，高新技术产品进出口存在着问题。

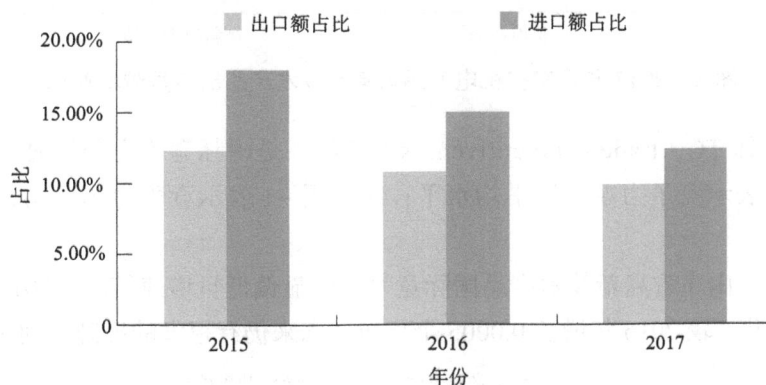

图 3　高新技术产品出口、进口额占比情况

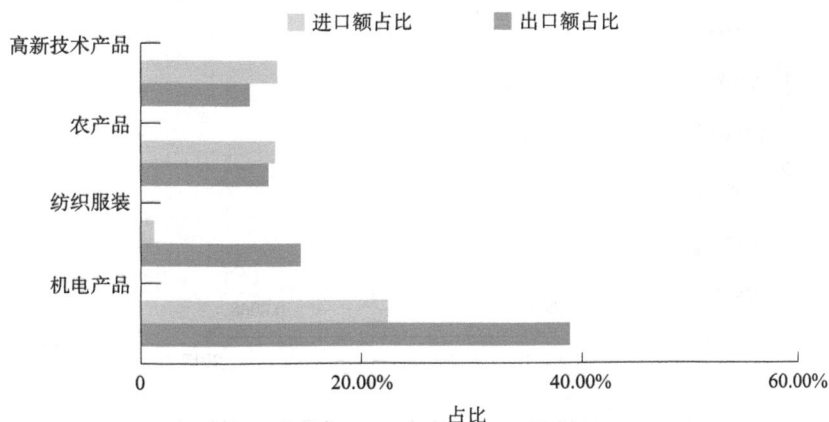

图 4　2017 年大类商品出口、进口额占全省对外贸易的比重

三、高新技术产品出口竞争力稳步提升

2017 年高新技术产品出口对全省出口的贡献率虽小，但较上年有了明显提升，出口竞争力稳步提升。

投资、消费、出口协调拉动经济增长，出口是促进我国经济发展的重要增长点。从全省对外贸易看，2017 年机电产品仍为出口主力，出口 3877.28 亿元，同比增长 11.90%，占比达到 38.90%，对全省出口贡献率为 45.10%，拉动全省出口增长 17.54 个百分点；高新技术产品出口占全省出口总额的 9.90%，对全省出口贡献率为 1.71%，较上年提升了 100 多个百分点，贡献率增长迅速（图 5）。较机电产品，山东省高新技术产品对全省出口的贡献率仍较低，说明其出口尚未形成规模，高新技术产业有待进一步发展。

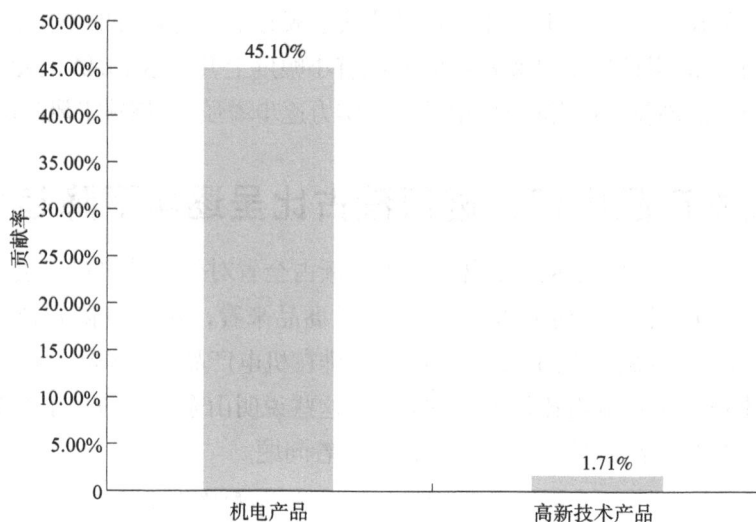

图 5　2017 年山东省机电产品与高新技术产品出口贡献率对比

贸易竞争指数，即 TC（trade competitiveness）指数，是国际竞争力分析时比较常用的测度指标之一，其值越接近 0 表示竞争力越接近平均水平；越接近 –1 表示竞争力越薄弱；越接近 1 则表示竞争力越大。

与机电产品相比，山东省高新技术产品国际竞争力明显偏低且增速较缓。2017 年山东高新技术产品国际竞争力稳中有升，较 2016 年增长 0.0005 个指数，未来仍有很大的提升空间（图 6）。

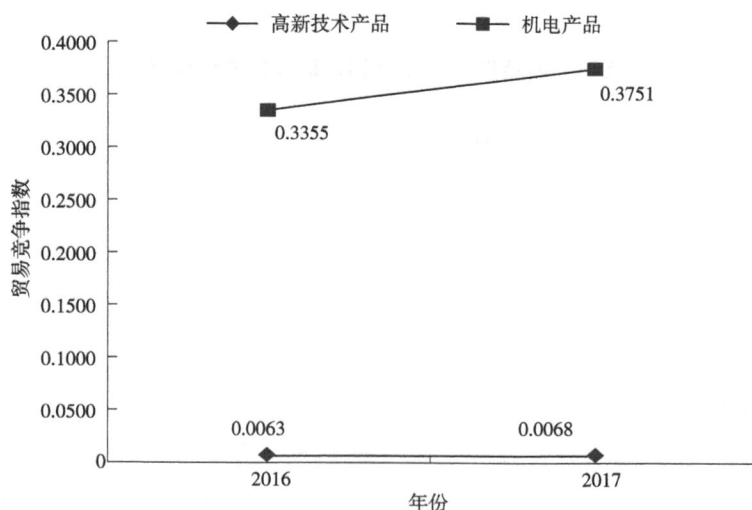

图 6　高新技术产品与机电产品贸易竞争指数比较

四、与江苏省高新技术产品进出口比较

得益于各级政府出台有关扶持高新技术产业发展的政策，大量国内外资本投向高新技术产业，江苏省 IT 产业链的形成增强了国际竞争力等优势，江苏省高新技术产业发展势头强劲。

（一）从高新技术产品进出口额来看

江苏省 2017 年高新技术产品出口达到 13 563 651 万美元，同比增长 16.1%，占全省出口额比重 37.33%；进口额 9 488 286 万美元，同比增长 20.5%，占全省进口额比重 41.64%。从 2015 年以来的情况看，高新技术产品出口额均保持在进口额的 1.45 倍左右，出口、进口额占比呈 V 型变化趋势，且占比较高，出口额占比在 30% ~ 40% 波动，而进口额占比则在 40% ~ 50% 徘徊，均高于山东省高新技术产品进出口额占比 20 多个百分点（图 7）。在大类商品中，高新技术产品占比排在机电产品之后居第 2 位，远超纺织品和农产品在全省对外贸易中的占比。江苏省高新技术产品占比明显高于山东省。

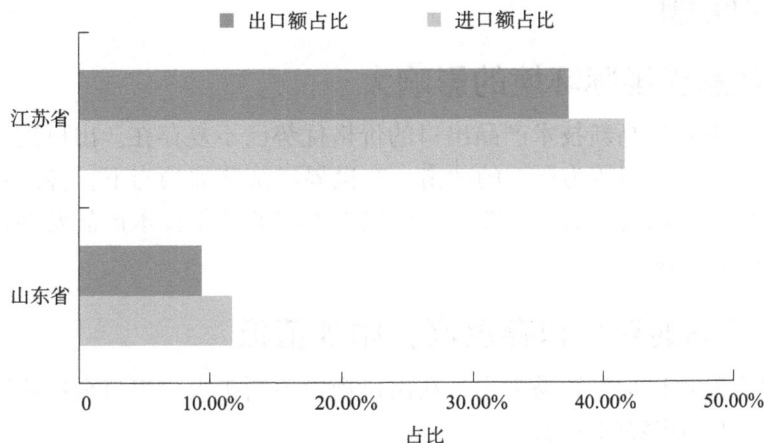

图 7　2017 年山东省与江苏省高新技术产品进出口占比情况

（二）从高新技术产品贸易竞争指数和贡献率来看

如图 8 所示，自 2015 年以来，江苏省高新技术产品的贸易竞争指数在 0.15 ~ 0.2 波动，2017 年较上年有些下降。2017 年江苏省的贸易竞争指数是山东省的 25.9 倍，其国际竞争力远超山东省。

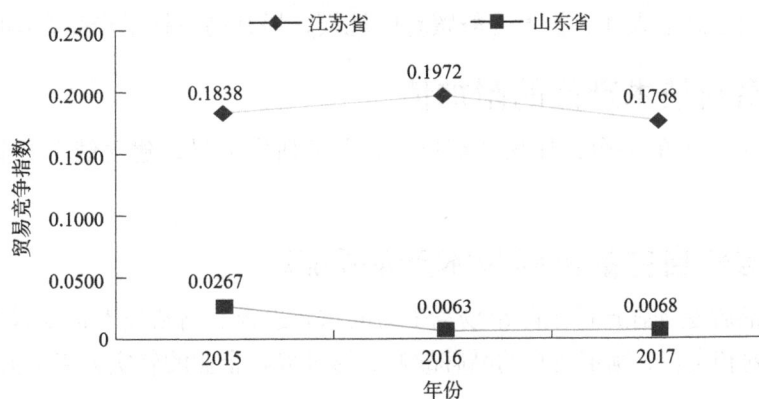

图 8　2017 年山东省与江苏省高新技术产品贸易竞争指数比较

从两省高新技术产品出口对全省对外贸易的贡献率来看，江苏省 2016 年贡献率达到 33.14%，2017 年有所上升，达到 37.68%；山东省高新技术产品出口 2017 年虽较上年有较大上升，但贡献率仅为 1.71%，比江苏省低近 36 个百分点（图 9）。

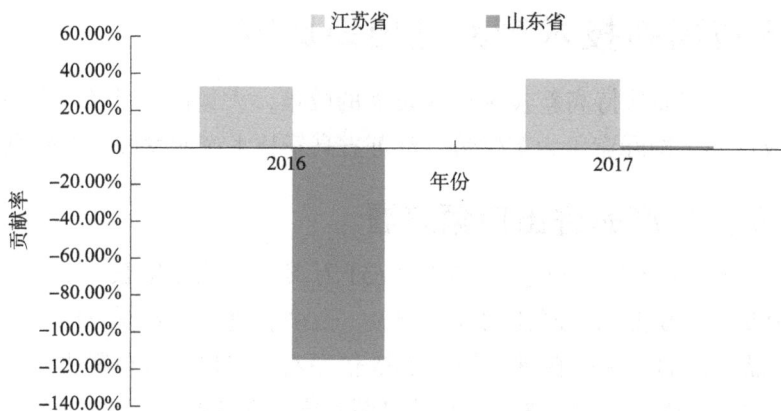

图9 山东省与江苏省高新技术产品出口贡献率对比

五、存在的问题

（一）出口产品受国际环境的影响大

随着经济的发展，山东省高新技术产品出口的价格优势已不复存在。出口国家单一，随着金融环境和政策发生变化，出口会受到较为严重的冲击；在世界经济萎靡的当下，各国贸易保护主义的不断抬头，必然会对进口贸易采取更多的贸易壁垒，以保护本国的高新技术产品发展，使得山东省高新技术产品出口形势变得更加严峻。

（二）出口产品的对外依存度高，附加值低

山东省高新技术产品仍以加工贸易为主，在出口规模不断扩大、出口金额不断增加的情况下，产品的附加值却一直没有得到很好的提升。

六、相关建议

（一）加强自主创新能力，促进产业结构的优化升级

调整高新技术产品的出口结构，达到产品出口的均衡化。按照国际标准，研究新产品、新工艺，扩大高新技术产品的出口额，提高山东省高新技术产品在国际市场的份额。鼓励有条件的企业对海外企业进行并购，整合国际高端人才，扩大一般贸易的规模，提升高新技术产品在国际市场中的地位。

（二）提高高新技术产品的附加值

借助高新技术产业发展的平台，加强高新技术企业的研发力量，建立健全企业研发机制，提高高新技术产品的附加值。

（三）努力培养自主的高新技术产品品牌

培养知名的产品品牌是加强产品国际市场竞争力的重要途径。高新技术企业需要深入了解国际市场需求并做好产品的规划和定位，制定适宜的品牌战略，通过提高企业的软实力来提升产品的市场竞争力。

参考文献

[1] 杨小忠. 我国高新技术产品对外贸易的现状分析和政策建议 [J]. 中国集体经济，2010（36）：20-21.

[2] 贺骁. 我国高新技术产品进出口实证分析 [J]. 商讯商业经济文荟，2005（3）：62-67.

[3] 王晓涛. 2015年高新技术产品进出口增速基本持平 [N]. 中国经济导报，2015-01-29（B02）.

基因编辑技术综述

刘　洁　　姜中国　　蔡馨燕

摘要：基因编辑技术是一项对基因组进行精确定点修饰的技术，可对特定 DNA 序列或片段进行插入（增加）、敲除（删除）、替换（修改）等操作，与人工诱导、随机插入失活等其他遗传操作相比，基因编辑更加侧重于对 DNA 序列的精确修饰，既能实现基因插入、基因敲除、定点替换，又可基因重排或重新编程，从而在基因组水平上进行精确的基因编辑。基因编辑技术在科研、工农业、医疗等领域都具有极其广泛的发展前景和应用价值。在科研领域，基因编辑可用于对模式生物基因的定点修饰，从而快速构建实验材料；在工农业生产领域，基因编辑技术可用于定向改造工业生产菌株或农作物，实现增产或按人的意愿产生新的功能；在医疗领域，基因编辑技术有助于深入研究疾病发病机制，通过改造人类基因实现基因治疗。本文主要就基因编辑技术研究历程、应用现状及发展前景进行概括和探讨，也归纳了一些当前针对基因编辑技术存在的争议和思考。

关键词：基因编辑；ZFN；TALEN；CRISPR/Cas9

一、研究历程

广泛意义上的基因编辑起步于 20 世纪 70 年代。1973 年，斯坦利·N. 科恩（Stanley N. Cohen）和赫伯特·W. 博耶（Herbert W. Boyer）找到了改变生物体基因组的方法，成功将蛙的 DNA 插入到细菌中，重组大肠杆菌质粒成为人工定点修饰基因序列的开端。20 世纪 70 年代末 80 年代初，博耶的基因泰克（Genetech）公司对大肠杆菌进行基因改造，使其带有一个人源基因（人工合成），最后生产出治疗糖尿病的胰岛素，1983 年基因泰克公司成为价值 500 亿美元市值的生物技术公司。

20 世纪 90 年代，锌指核酸酶（ZFN）技术诞生，锌指核酸酶包括锌指蛋白（ZFP）和核酸内切酶两个组成部分，前者负责识别基因组 DNA 中的特异序列，后者则负责将 DNA 切断，利用细胞自身 DNA 的损伤修复功能，实现对目的基因的修饰；由于 ZFN 技术能像 Word 软件编辑文字一样对目的基因进行修改，较之前的同源重组技术大幅提高了基因敲除的效率，从而被称为第一代基因编辑技术。

由于 ZFN 技术并不能对基因组中任何位点进行修改，脱靶效应较高，也就是存在较多的非特异编辑，而且构建成本高且费时费力。到 2009 年，科学家们又开发出另一种与其类似的基因编辑技术体系，即类转录激活样因子效应物核酸酶（TALEN）技术，是第二代基因编辑技术。该技术只是将识别 DNA 序列的元件改为 TALE 蛋白，虽然 TALEN 构建起来比 ZFN 容易得多，但是针对特定靶基因订制核酸酶难度极高，同样也存在较高的脱靶效应。

2012 年，劳伦斯·伯克利国家实验室（美国加州大学伯克利分校）的科学家（Jennifer Doudna 和 Emanuelle Charpentier）开发出一种全新的基因编辑技术，即 2015 年被美国《科学》杂志评为十大年度科学突破之首的 CRISPR/Cas9 技术，也是第三代基因编辑技术，是目前最主要的基因编辑技术。该基因编辑技术与 ZFN、TALEN 技术相比成本低廉、制作简便、快捷高效，具有优异的指向性和特定性，通过 RNA 来寻找目标序列，就像一个 DNA 剪刀手，剪开特定 RNA 序列指向的地方，可以精确到单个碱基，脱靶效应也大大改善，开启了细胞 DNA 的高效率修饰时代，是 DNA 编辑技术的重大革新。

二、基因编辑技术的基本原理

（一）锌指核酸酶

每个 ZFN 单体都是由 ZFP 与非特异核酸酶结合的人工合成酶。此酶的 N 端部分是能识别含有特定 DNA 序列的 ZFP，C 端部分则由非特异性切割结构域 Fok I 及连接 DNA 结合结构域和内切酶的肽段组成。ZFN 的特异性取决于 ZFP，因此筛选高质量的 ZFP 是获得高效、特异性的 ZFN 的前提。ZFP 通常由 3～6 个锌指组成，每个锌指识别基因组中连续的 3 个碱基。ZFP 一旦与基因组中的特定序列结合，Fok I 核酸内切酶便会形成二聚体发挥内切酶活性，产生 DNA 双链断裂的缺口，继而通过细胞内修复机制对断裂部位的基因进行修饰。ZFN 的基因打靶效率一般能够达到 30%，可以做到针对特定序列设计 ZFN 来实现对靶基因的修饰。然而，ZFN 识别结构域存在的上下文依赖效应大大降低了 ZFN 的设计和筛选效率。目前尚不能针对任意一段序列均可设计出满足要求的 ZFN，也不能在每一个功能性染色体区段都能够顺利找到适合的 ZFN 作用位点。在 ZFN 的筛选和设计方面存在较大的技术困难之外，其制备价格也比较昂贵。此外，ZFN 的脱靶切割也往往会导致细胞毒性。综上这些因素使得 ZFN 在基因治疗领域的应用有一定的局限性。

（二）类转录激活样因子效应物核酸酶

TALEN 是植物病原菌黄单胞杆菌 Xanthomonas sp. 产生的 TALE 蛋白的中央区域结构域与 Fok I 核酸内切酶结构域组合而成的一类重组核酸酶。TALE 蛋白的中央区域结构域是该蛋白识别特异 DNA 序列的结构域。它包含了 15.5～19.5 个蛋白单元模块，每个模块单元有 34 个氨基酸残基，其中除第 12 位和第 13 位氨基酸可变外，其他氨基酸都是保守的。因此，这第 12 位和第 13 位氨基酸被称作重复可变的双氨基酸残基（repeat variable di-residues，RVDs）位点，是靶向识别的关键。由于 TALEN 存在多种变体，所以可以构建出靶向基因组中预设 DNA 靶位点的多种 TALEN。相比 ZFN 技术，TALEN 使用了 TALE 蛋白的中央区域结构域代替 ZFP 作为人工核酸酶的识别结构域，更好地解决了 DNA 序列识别特异性低的问题。TALE 蛋白中央区域结构域对碱基的识别只由 2 个氨基酸残基决定：组氨酸–天冬氨酸特异识别碱基 C，即 HD（His Asp）–C；天冬酰胺–异亮氨酸识别碱基 A，即 NI（Asn Ile）–A；天冬酰胺–甘氨酸识别碱基 T，即 NG（AsnGly）–T；天冬酰胺–天冬酰胺识别碱基 G 或 A，即 NN（AsnAsn）–G 或 A；天冬酰胺–赖氨酸识别碱基 G，即 NK（Asn Lys）–G；天冬酰胺–丝氨酸可以识别 A、T、G、C 中的任意一种 NS（AsnSer）–A，T，C，G。这种与 DNA 碱基一一对应的方式在设计上相对于 ZFN 要简单得多。然而，在实际构建过程中，TALE 分子的模块组装和筛选过程也比较繁杂，通常需要大量的测序工作。这使得该技术的使用成本较高，对于普通实验室的可操作性较低。此外，TALEN 分子比 ZFN 大得多，因而在不能高效导入细胞方面也限制了它的应用。

（三）CRISPR/Cas9 系统

CRISPR 是细菌和古细菌为应对病毒和质粒不断攻击而演化来的获得性免疫防御机制。细菌在 CRISPR 和 Cas9 的帮助下，可以经由小 RNA 分子的引导，靶标和沉默入侵者遗传信息的关键部分。在该系统中 crRNA（CRISPR-derived RNA）通过碱基配对与 tracrRNA（trans-activating RNA）结合形成双链 RNA 复合物能特异性识别靶基因序列，此 tracrRNA/crRNA 二元复合体指导 Cas9 蛋白在 crRNA 引导序列靶定位点切断双链 DNA（图 1），随后，细胞的非同源末端连接修复机制（NHEJ）重新连接断裂处的基因组 DNA，并引入插入或缺失突变。在基因组编辑过程中，tracrRNA 和 crRNA 可以融合成为 1 条 RNA（sgRNA）表达同样可以起到靶向剪切的作用。CRISPR/Cas9 需要对某一个靶位点进行编辑的时候，只需要表达相应的 sgRNA 即可，不需要对 Cas9 核酸酶进行改造。通过提供一个外源双链供体 DNA 片段（Donor）通过同源重组（HR）整合进断裂处的基因组，从而达到对基因组 DNA 进行修饰的目的。优点是操作简单，对基因组的效率高，可对任何物种的基因组进行高效率的定向编辑。

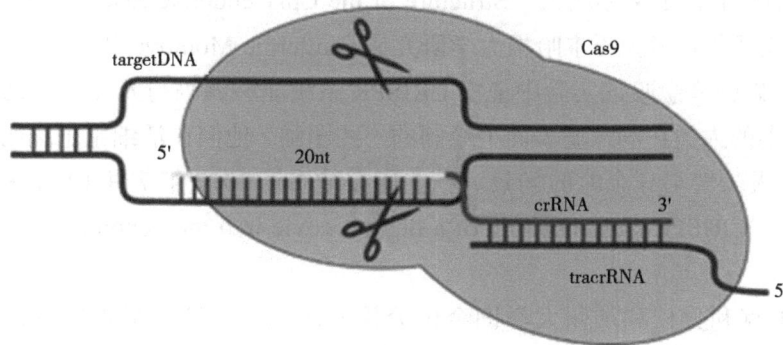

图 1　切断双链 DNA

三、应用现状

由于 CRISPR/Cas9 技术具有靶向准确、成本低廉、高效简便等优点，已取代 ZFN、TALEN 技术，成为目前最主要的基因编辑技术。

2013 年，麻省理工学院-哈佛大学博德研究所的张锋等科学家首次报道了 CRISPR/Cas9 系统在哺乳动物基因编辑中的应用。

2015 年 7 月，一个韩国科学小组利用 CRISPR RNA 引导的工程核酸酶修复了两个频发的大的染色体倒位——它们导致了近一半的重症血友病 A 病例。这是第一次证实可以用可编程核酸酶纠正患者染色体倒位和其他大型的染色体重排。

2015 年 10 月，哈佛大学医学院遗传学家 George Church 应用 CRISPR/Cas9 技术成功编辑和敲除了猪胚胎中的 60 个基因，超过了在其他任何动物中进行的编辑量的 10 倍以上，该研究成果有望使家猪成为稳定的器官移植供体。

2015 年年底，张锋博士在《细胞》杂志上宣布其找到了一个新的内切酶 Cpf1，可以替代 Cas9，因为与 Cas9 相比，该内切酶只需要一个 RNA 分子，分子量小更易于进入细胞，基因编辑效果更好，与 Cas9 剪切位置不同能提供更多的选项。

2016 年 5 月和 12 月，张锋团队又在《细胞》和《自然生物技术》上连续发表两篇文章，分别介绍这个新内切酶的晶体结构，以及同时编辑多个基因的威力。

2017 年 2 月 15 日，美国国家专利局正式宣布，张锋团队拥有其开发的 CRISPR/Cas9 基因编辑工具的专利权。两个团队的专利保护内容并不完全相同，Jennifer 和 Emanuelle 是 CRISPR/Cas9 技术最早的开发者，张锋和 George Church 实现了 CRISPR 在哺乳动物细胞的基因编辑。张锋的专利重点在首次将 CRISPR 技术用到哺乳动物上，而不是首先发现 CRISPR 技术。基因编辑技术不断创新使得 CRISPR/Cas9 技术逐步发展完善起来。

2017 年 4 月，功勋科学家 Emmanuelle Charpentier 博士团队在《自然》杂志上发表论文，揭示了该内切酶除对 DNA 起作用外，还能对 CRISPR RNA 进行修饰，这正是该基因编辑新系统能轻松实现多基因编辑的重要原因。

丹麦哥本哈根大学的研究人员发现了一种新的被称作 Cpf1 的分子剪刀能让 DNA 解链，并对它进行切割。这个 CRISPR/Cas 家族成员表现出较高的准确性，能够像全球定位系统（GPS）那样发挥作用，以便鉴定出基因组中的靶位点。Cpf1 的高精准度将会改进这种技术在修复基因损伤、其他医学应用和生物技术应用上的使用。这些研究人员成功地可视化观察和描述了 Cpf1 的工作方式。这种蛋白属于 Cas 家族，能够切割双链 DNA，因而允许启动这种基因组修饰过程。相关研究结果发表在 2017 年 6 月 22 日的《自然》期刊上，论文标题为 "Structure of the Cpf1 endonuclease R-loop complex after target DNA cleavage"，论文通信作者为哥本哈根大学研究员 Guillermo Montoya 和 Stefano Stella。

Church 团队在基础的概念验证实验中证实 CRISPR 系统能够编码与人类数字化视频一样复杂的信息，这就让人想起早期的人类在洞穴壁表面上绘制的一些图画。他们在活细胞中编码了一部视频短片，该短片的内容是一个人骑着马狂奔时的场景。相关研究结果于 2017 年 7 月 12 日在线发表在《自然》期刊上，论文标题为 "CRISPR-Cas encoding of a digital movie into the genomes of a population of living bacteria"。

美国加州大学伯克利分校和加州大学旧金山分校的研究人员证实最近发现的抗 CRISPR 蛋白降低脱靶效应多达 4 倍，就像一种切断开关那样让 CRISPR/Cas9 完成它的任务之后失去功能。相关研究结果发表在 2017 年 7 月 12 日的 Science Advances 期刊上，论文标题为 "Disabling Cas9 by An Anti-CRISPR DNA Mimic"。论文通信作者为加州大学伯克利分校创新基因组学研究所研究员 Jacob Corn 博士和来自加州大学伯克利分校的作为 CRISPR/Cas9 基因编辑发明人之一的 Jennifer Doudna。

澳大利亚新南威尔士大学、日本理化学研究所生物资源中心和日本红十字会的研究人员利用基因编辑技术 CRISPR 将一种有益的自然突变引入血细胞中，能够开启胎儿血红蛋白（foetal haemoglobin）产生，这一进展可能最终导致人们开发出治愈镰状细胞性贫血和其他血液疾病的方法。相关研究结果于 2017 年 7 月 18 日在线发表在《血液》期刊上，论文标题为 "KLF1 drives the expression of fetal hemoglobin in British HPFH"。

美国达纳－法伯癌症研究所和波士顿儿童医院癌症与血液疾病中心等研究机构的研究人员开发出一种新的筛查方法，即利用 CRISPR/Cas9 基因组编辑技术在小鼠体内测试上千个肿瘤基因的功能。他们利用这种方法揭示出新的药物靶标，从而可能潜在地改进 PD-1 检查点抑制剂（一类新的有前景的癌症免疫疗法）的疗效。相关研究结果于 2017 年 7 月 19 日在线发表在《自然》期刊上，论文标题为 "In vivo CRISPR screening identifies Ptpn2 as a cancer immunotherapy target"。论文通信作者为小儿科肿瘤学家 W. Nick Haining 博士。

瑞士苏黎世大学的 Martin Jinek 领导的一个国际研究团队史无前例地发现细菌保护自己免受侵入性病毒攻击的一种新的防御机制。当遭受入侵时，作为细菌免疫系统的 CRISPR/Cas 系统产生一种化学信号来激活第二种酶，从而协助降解这些入侵者的遗传物质。这一过程非常类似于人先天性免疫系统的一种抗病毒机制。相关研究结果于 2017 年 7 月 19 日在线发表在《自然》期刊上，论文标题为 "Type III CRISPR–Cas systems produce cyclic oligoadenylate second messengers"。

四、我国基因编辑技术现状

中国是基因编辑技术研究和应用大国，由于受国外专利限制，迫切希望研究出新的基因编辑工具。

2016 年 5 月 2 日，来自河北科技大学的韩春雨博士研究团队在国际顶级学术杂志《自然生物技术》在线发表一篇研究论文，声称在一种嗜盐碱环境的细菌中发现了一种核酸内切酶，能在单链 DNA 介导下，识别基因组特异序列，引发人体细胞基因编辑，并认为是一种全新的基因编辑工具——NgAgo-gDNA 技术，在一些性能上甚至优于 CRISPR/Cas9，有望取代后者，成为新一代基因编辑技术，给中国乃至全世界带来莫大的惊喜。该论文一发表，就被中国媒体冠之以 "诺奖级" 成果，并称韩春雨博士有望冲击诺贝尔奖，加上韩春雨来自不知名大学，没有高级职称，也没有留学经历的背景，被国内外媒体持续报道后，引起极大轰动。随后不久，河北科技大学在相关部门的资助下，火速成立基因编辑技术研究中心，总投资 2.24 亿元，前期已在中国政府采购网发布 1958 万元仪器设备招标公告。韩春雨本人也因此获得一些个人荣誉和国家经费资助。

不过两个月后，关于 NgAgo-gDNA 技术无法重复实验的质疑声率先由打假人士方舟子在网络上发出，之后北京大学饶毅教授等先前力挺韩春雨的知名科学家也督促河北科技大学调查此事。2016 年 11 月 16 日，美国和中国 20 位基因编辑研究专家联合署名，在《蛋白质与细胞》杂志上质疑表示无法重复韩春雨论文结果。同月 28 日，由来自韩国首尔大学、德国弗莱堡大学和美国梅奥研究生院的 10 位学者在《自然生物技术》上联合发表质疑文章，同样表示未能检测出 NgAgo-gDNA 的基因编辑效果。

随后，《自然生物技术》杂志发表声明，正与韩春雨团队积极沟通，将在 2017 年 1 月底公布最终调查结果。韩春雨方面则坚称实验可重复，并表示将给《自然生物技术》提供进一步实验数据，但是到了 2017 年 8 月 2 日，《自然生物技术》突然发布声明，决定撤回韩春雨团队的基因编辑论文。

2015 年 4 月，我国中山大学黄军就研究员团队公布了对人类胚胎进行 CRISPR/Cas9 基因编辑的消息，研究人员采用医院丢弃的问题胚胎，对导致 β 型地中海贫血的致命基因进行了基因编辑，以研究治疗或根除 β 型地中海贫血的可能性。2016 年 4 月，广东医科大学附属第三医院范勇博士领导的团队公开了第二例基因编辑人类胚胎的研究进展，研究人员收集一些志愿者捐献的三原核受精卵，采用 CRISPR/Cas9 技术，对这些不能发育成正常胎儿的三原核受精卵中的基因 CCR5 进行编辑，共获得 4 枚对 HIV 病毒抵抗力显著增强的突变型胚胎，并在 3 天内对这些胚胎进行了销毁。尽管这两项研究均经过当地伦理委员会的批准，但由于争议较大，均没能被顶级期刊所接受，第一篇发表在《蛋白质与细胞》上，第二篇发表在《辅助生殖与遗传学期刊》。

2016 年 9 月 15 日，来自中国南京大学的研究人员在国际知名期刊《基因组生物学》上报道了一个基于结构引导的核酸内切酶的基因编辑新技术，其最大的特点就是可以实现体内外 DNA 任意序列的靶向和切割。不过这一研究成果在学术界并没有引起像 NgAgo-gDNA 技术那样的应用热潮，其实际应用效果还有待进一步观察。

2016 年 10 月 28 日，中国率先开展世界首个人类 CRISPR 临床试验。四川大学华西医院肿瘤学家卢铀教授利用 CRISPR/Cas9 编辑过的细胞开展人体临床试验，其涉及一名已接受注射的患者和 9 名其他的志愿者，该试验为世界首次。全世界其他的团队，包括美国的一个团队（宾州大学、加州大学旧金山分校与得州大学安德森癌症中心合作团队），仍然处于开展类似的临床试验的规划阶段。

我国科学家致力于对现有技术进行改进，力图使其更便宜、更高效、操作更简便，其中有失败、有禁区，要找到全新的基因编辑工具绝非易事。由于现有基因编辑技术的专利限制作用将日益凸显，探寻新的基因编辑工具和改进现有基因编辑技术势在必行，在不久的将来，必将出现更多、更有效的基因编辑技术。

参考文献

[1] MARTIN JINEK1，KRZYSZT CHYLINSKI. A programmable dual-RNA-guided DNA endonuclease in adaptive bacterial immunity[J]. Science，2012，337（6096）：816–821.

[2] ABUDAYYEH，SLAYMAKER，MINAKHIN，et al. C2c2 is a single-component programmable RNA-guided RNA-tar-geting CRISPR effector[J]. Science，2016，353（6299）：aaf5573.

[3] BARRANGOU R. CRISPR-Cas systems and RNA-guided interference[J]. Wiley interdisciplinary reviews：RNA，2013，4（3）：267–278.

[4] BARRANGOU R，FREMAUX C，DEVEAU H，et al. CRISPR pro-vides acquired resistance against viruses in prokaryotes[J]. Science，2017，315（5819）：1709–1712.

［5］BI Y，HUA Z，LIU X，et al. Isozygous and selectable marker-free MSTN knockout cloned pigs generated by the combined use of CRISPR/Cas9 and Cre/Lox P[J]. Scientific reports，2016（6）：31729.

［6］BOETTCHER M，MC MANUS M T. Choosing the right tool for the job：RNAi，TALEN，or CRISPR[J].Molecular cell，2015，58（4）：575-585.

［7］BOGDANOVE A J，VOYTAS D F. TAL effectors：customiz-able proteins for DNA targeting[J]. Science，2011，333（6051）：1843-1846.

［8］BOGERD H P，KORNEPATI A V，MARSHALL J B，et al. Specific induction of endogenous viral restriction factors using CRISPR/Cas-derived transcriptional activators[J]. Proceedings of the National Academy of Sciences of the USA，2015，112（52）：E7249-E7256.

［9］BOLUKBASI M F，GUPTA A，OIKEMUS S，et al. DNA-bind-ing-domain fusions enhance the targeting range and pre-cision of Cas9[J]. Nature methods，2015，12（12）：1150-1156.

［10］ADLAIN J，DURAND E M，YANG S，et al. A CRISPR/Cas9 vector system for tissue-specific gene disruption in ze-brafish[J]. Developmental cell，2015，32（6）：756-764.

科技期刊与新媒体融合发展双驱动的改革探索
——以《落叶果树》为例

王晓芳　　崔冬冬　　孙　岩

摘要：近年来新媒体强势来袭，传统纸媒的市场空间被迅速压缩，无论是订户还是广告市场，都在向新媒体尤其是移动端市场转移，形成移动端新媒体商业化运营模式。通过探索与实践，《落叶果树》逐步形成期刊与新媒体双转型的理念，并通过实施从传统纸媒到新媒体的双转型战略，取得了阶段性成果。笔者总结了这一过程与心得，以期为广大科技期刊实现新媒体转型提供借鉴与思路。

关键词：《落叶果树》；科技期刊；新媒体；双驱动；融合发展

随着新媒体的不断发展，科技纸质期刊面临前所未有的挑战，"拐点论""衰亡论"等说法不断袭来，期刊出版业急需变革和转型升级[1]。如何保持、培育和提高竞争力以寻求更大的发展空间，是期刊界在当下必需认真思考和回答的重要课题[2]。《落叶果树》期刊近5年不断探索纸质期刊改革并与新媒体融合发展之路，形成期刊品牌，实现双轮驱动创新发展。现将融合发展经验介绍如下，为广大科技期刊实现新媒体转型提供借鉴与思路。

1　背景及改革必要性

《落叶果树》创刊于1969年，时为手写刀刻的《果树生产简讯》。1977年更名为《山东果树》，定为季刊，内部发行。1985年，经中共山东省委宣传部批准，《山东果树》与山东农业大学园艺系主办的《园艺》合刊为《落叶果树》，同年12月创刊号。《落叶果树》在世事变迁中坚持出版并不断发展，成为我国果树发展和进步的见证和记录。21世纪初期，随着社会经济的日趋进步及信息网络技术的快速发展，电子媒介蒸蒸日上。受此影响，传统纸媒日渐势微，发行量下滑、利润下降、读者减少、影响力减弱[3]。《落叶果树》的发展也深受影响，一度发展低迷。如何才能焕发新的生机，不被新媒体时代所淘汰？走出困境唯一的出路是转型升级，融合发展。

2　《落叶果树》双转型实践之路

《落叶果树》双转型策略：一是对传统纸媒的核心进行重新定位，使现有的经营模式适应已经变化的市场；二是开发利用新媒体，创造新的机会，与期刊紧密结合，选载优质文章进行推送。关注传统媒体业务和全新的数字业务，实现双轮驱动[4]。力求在原有的基础上，根据当前传媒行业的发展潮流，结合本刊的学科特色、团队技术特色、期刊经济实力等实现创新发展。

2.1　传统纸媒的重新定位与创新发展成绩斐然

"十二五"期间，《落叶果树》开始从多方面探索创新，秉持真实性、科学性、艺术性有机结合的宗旨，对纸质期刊逐步进行改版。

首先是定位。坚持"内容为王",加强栏目建设,做强做优主业。明确各栏目功能与目标,采取约稿＋投稿相结合的方式组织栏目。根据设置的主题,每个栏目的首篇主要刊登与生产紧密相关的新成果、新技术、新点子,要求文图结合,确保文章更立体、更易懂,更有效地服务于三农。

其次是装帧设计。科技期刊封面是科学创新成果展示的重要视觉媒体要素,是决定期刊发行量和影响力的重要名片[5]。《落叶果树》2014年开始对期刊封面进行改革,每期期刊设置一个主题,根据主题拍摄照片作为封面(图1),在封面之后的封2和插1是让读者有视觉享受的唯美公益彩图,搭配科普性文字说明,彩图之后是正文,正文之后统一放置广告,封底也放置广告。秉持期刊封面不做广告、论文之前不放广告的原则,体现期刊的学术主体地位。2018年期刊创刊50周年之际,内文全铜版纸印刷,使期刊的印刷质量上了一个新台阶,体现出期刊的个性和特色。

图 1　《落叶果树》封面的变更之路

最后是内文质量及版式。内容是期刊品牌的核心竞争力,这是期刊的基本生存法则[6]。《落叶果树》论文的选择多角度、全方位,首先从产业宏观发展的高度出发,期刊"走出去"与业内著名专家、产业首席专家深度合作,约稿专家撰写具有指导性的专家论坛文章;追踪实用新型技术,及时刊登,力求把刊物办到产区去、办到果园里、办到果农中间来;针对山东省主栽果树(如苹果、桃、梨、葡萄等)、新兴发展的高产值、高效益的果品(如甜樱桃、蓝莓等)和模式(设施栽培技术)等,把中青年专家"请进来",撰写接地气的文章,为果农提供指导,共促中国果业乡村振兴计划。

版式由通栏式改成分栏式,文中插图使文章更易懂、更立体,提高了读者的阅读兴趣。纸媒能够应用好图片,不仅有助于缓冲网络等新媒体的冲击,还能够满足受众对"快餐式"阅读方式的需求[7]。改版后的期刊得到了专家、同行、读者和作者的认可和高度评价。在2015年、2016年、2017年中国知网中国学术期刊影响因子年报(自然科学与工程技术类)中,《落叶果树》在同类期刊中排名分别为第二、第一、第二。这说明我们的改革是成功的,对于树立科技期刊品牌,提升期刊传播影响力具有重要作用。

2.2　新媒体的创新性探索突破瓶颈

中央全面深化改革领导小组第四次会议审议通过的《关于推动传统媒体和新兴媒体融合发展的指导意见》强调:"坚持先进技术为支撑,内容建设为根本,推动传统媒体和新兴媒体在内容、渠道、平台、经营、管理方面的深度融合。"[8]《落叶果树》在做好纸媒内容建设的同时,积极尝试信息网络、电子期刊、微信公众平台多元发展,在融合发展过程中坚持对新媒体统一管理,确保正确导向;严格坚持"一个标准、一把尺子、一条底线",严格审核把关[9],使传统纸质期刊与新媒体全面融合,品牌化发展初见成效。

2.2.1 改版期刊门户网站

2014年5月28日，对期刊的门户网站（www.luoyeguoshu.com）进行全新改版，实现作者在线投稿。网站及时发布果树行业的最新信息、期刊的最新动态，介绍果树专家风采。做到期刊与网站相互依托、相辅相成，目前网站浏览人数达109 526人。

2.2.2 创建电子期刊

随着社会经济的不断发展，互联网在人们日常生活中的应用也越来越广泛，电子书籍迅速发展成为一种新型的传媒方式和一种全新的阅读方式，电子期刊就是其中一种[10]。2015年，与博看网合作创建《落叶果树》电子期刊。传统纸媒通过建立电子期刊，一方面拓展了纸媒的信息传播途径，吸引习惯于移动阅读的年轻受众，打造多元媒体形象；另一方面延续了纸媒的品牌影响力，使其成为期刊品牌宣传的新途径。

2.2.3 创建《落叶果树》微信公众平台

微信的出现改变了信息的接受和传播方式[11]。传统纸媒通过建立微信公众平台，一方面拓展了纸媒的信息传播途径，打造多元媒体形象；另一方面延续了纸媒的品牌影响力，使其成为品牌宣传的新途径。2016年，《落叶果树》创建并维护《落叶果树》微信公众平台（lygs2016），确定以期刊为基础，聚焦内容，传播正能量，做有温度、有态度、有深度的果树交流平台。两年多来，不断摸索创新，成功打造了科技期刊的另一种创新服务模式。

微信公众平台推送的文章注重原创，内容做到独家、不可替代。《落叶果树》清醒地认识到新媒体不能简单地被作为传统媒体的"搬运工"，内容整合不是对既有内容的简单复制，仅仅把科技期刊论文经新媒体传播出去并不是真正意义上的融合，最多也只是多了一种传播途径而已[12-13]。只有提供优质的内容才能实现科技期刊与新媒体真正的融合，《落叶果树》微信公众平台发布的诸如中国工程院院士束怀瑞"土壤健康和植株健康是果园发展的根本（珍藏版，且读且体会）"等专家论坛文章，经过二次加工，用图片充实了纸质版专家论坛的内容，突出文章的创新点与重点，反响巨大；注意果树物候期及时效性，在发生突然低温冻害后及时发布的"天灾无情，人有情——四大树种灾后精准补救措施（专家倾情奉献）"生产技术类信息，文风通俗，受到广泛关注和转发，被读者誉为史上最全的灾后补救措施，这是传统纸媒所不能达到的。微信公众平台除了对纸媒上的重点内容进行整合传播外，还原创了更多适应新媒体平台传播的内容，参加国内外行业内大型会议，深度挖掘会讯热点，以新的视角在微信公众平台发布。如发布的"桃王争霸，谁为王者？"直击产业焦点，引起强烈共鸣。

2.3 多渠道开拓发行与广告业务

首先是宣传。《落叶果树》在新媒体条件下采取多种手段进行宣传，扩大了期刊发行量及广告刊载量。参加学术交流会、苗木展销会等积极宣传期刊；与会议会务组联系，将期刊作为会议资料；借助所内专家下乡培训机会免费赠阅刊物，让农村读者了解刊物，充分挖掘发行市场；通过新媒体的力量宣传刊物，以提高刊物的知名度。

其次是开辟发行渠道。《落叶果树》积极拓宽发行渠道，将传统期刊发行与新媒体结合，进行新媒体时代的期刊出版与营销，如依靠书店、淘宝、当当等网站资源，微信公众平台扩大销售。

最后是确保读者售后服务水平。利用新媒体实现与读者的双向互动，及时高效地与作者、读者沟通，根据反馈意见，及时刊登作者和读者需要的内容，改善出版质量，实现读者最大限度地满意，实现良性可持续发展。

3 期刊整合营销传播效果

3.1 多渠道多形式发行

《落叶果树》纸质期刊通过邮局订阅发行占 80.9%，还有自办发行和赠阅等方式。新媒体时代，传统的邮局订阅发行不但邮发费用高于新媒体推广费用，而且难以建立与读者密切的互动联系[14]。以新媒体为主导的网络整合营销传播不仅直接面向受众提供信息和互动，而且还可实现多个新媒体平台的相互联动，增强营销传播的覆盖面[15]。《落叶果树》对各个传播渠道进行整合，在发行、广告刊载、新媒体传播等方面都有显著成效。

统计《落叶果树》2008—2017 年的发行量可看出，随着新媒体的强力冲击，《落叶果树》发行量逐年走低，2013 年至最低谷，比 2008 年下降了 45.6%；随后，随着传统期刊与新媒体的融合发展，发行量渐渐回暖，2017 年比 2013 年增加了 67.1%，效果显著（图 2）。

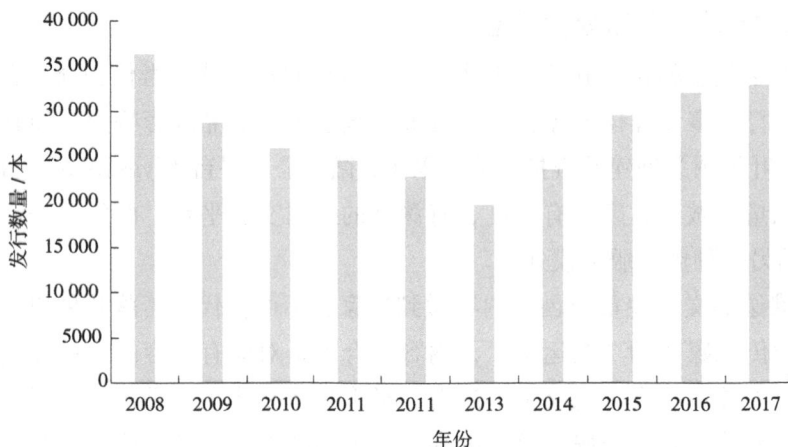

图 2 2008—2017 年发行数量变化情况

3.2 广告刊载量大幅攀升

《落叶果树》着力改变传统广告廉价而信誉度差的弊端。首先严把广告质量关，严格把关广告主的资质及广告质量，时刻关注果农利益。其次由专业人员进行广告设计、装帧，使广告页面更加"养眼"，充分体现其广告的品位和价值。

统计 2008—2017 年的广告刊载量（图 3），黑白广告数量起初呈减少趋势，自 2011 年开始有所增加，但变化不规律，有的年份有所减少，有的年份略有增加。而彩色广告刊载量变化幅度较大，2008—2011 年均不超过 20 个，自 2012 年开始呈明显的上升趋势，2017 年的刊载量比 2008 年增加了 850%。

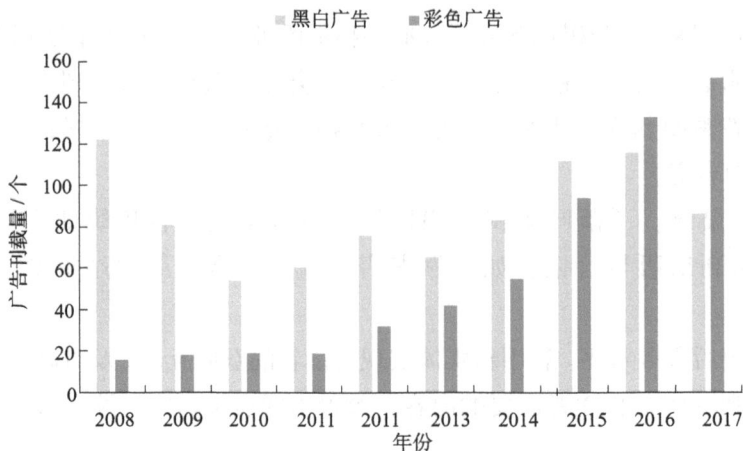

图 3 2008—2017 年广告刊载量变化情况

3.3 新媒体的传播力量

自 2016 年微信创建以来，累积关注人数快速增长。2016 年当年关注人数增长趋势比较平缓，到年底为 1751 人。2017 年全年关注人数急速增长，7 月呈直线上升趋势，到年底达 7484 人，比 2016 年年底增加 5733 人，增长 327.4%。截至 2018 年 4 月 18 日，关注人数达 9572 人，3 个多月比 2017 年年底增加 2088 人，增长 27.9%（图 4）。

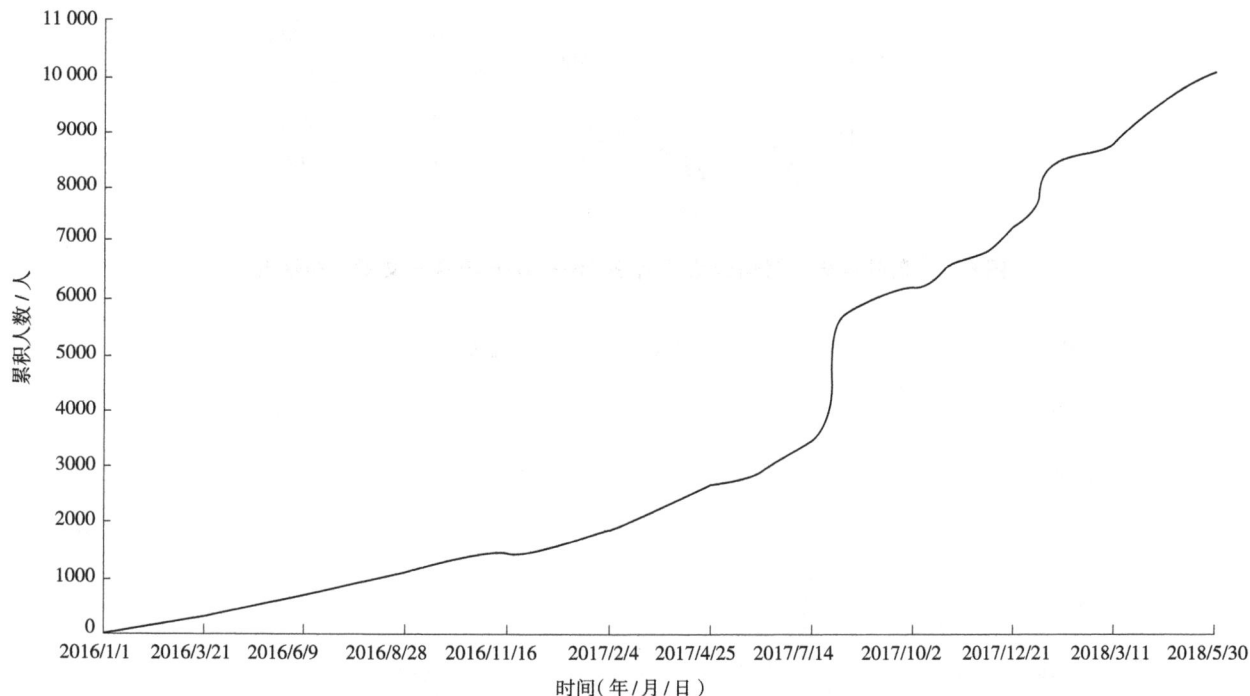

图 4　《落叶果树》微信公众平台 2016—2018 年累积关注人数

统计阅读来源发现，2016 年由于平台建成时间短，关注人数不多，阅读总量为 79 582 次，阅读人数为 45 320 人。2017 年关注人数快速增长，阅读总量达 286 235 次，阅读人数 198 844 人，分别比 2016 年增长 259.7%、338.8%。截至 2018 年 4 月 18 日，阅读人数达 127 824 次，人数达 89 510 人（图 5）。

图 5　《落叶果树》微信公众平台 2016—2018 年阅读来源

推送文章得到读者广泛认可，从最初的每篇七八十的阅读量增长到七八千的阅读量，单篇阅读人数最高达到 15 000 多人。分析微信创建以来的推送文章情况发现，樱桃方面的文章推送最多，其次是专家论坛栏目，苹果和葡萄方面的文章次之，其他树种文章较少。平均浏览量以桃方面的文章最高，其次是榛子方面的文章（推送文章仅 1 篇），单篇浏览量以专家论坛的最高（图 6、图 7）。

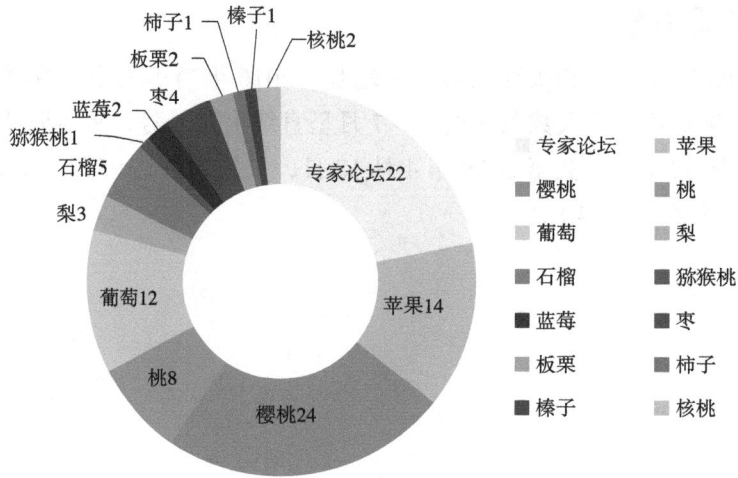

图6 《落叶果树》微信公众平台 2016—2018 年推送文章分布情况

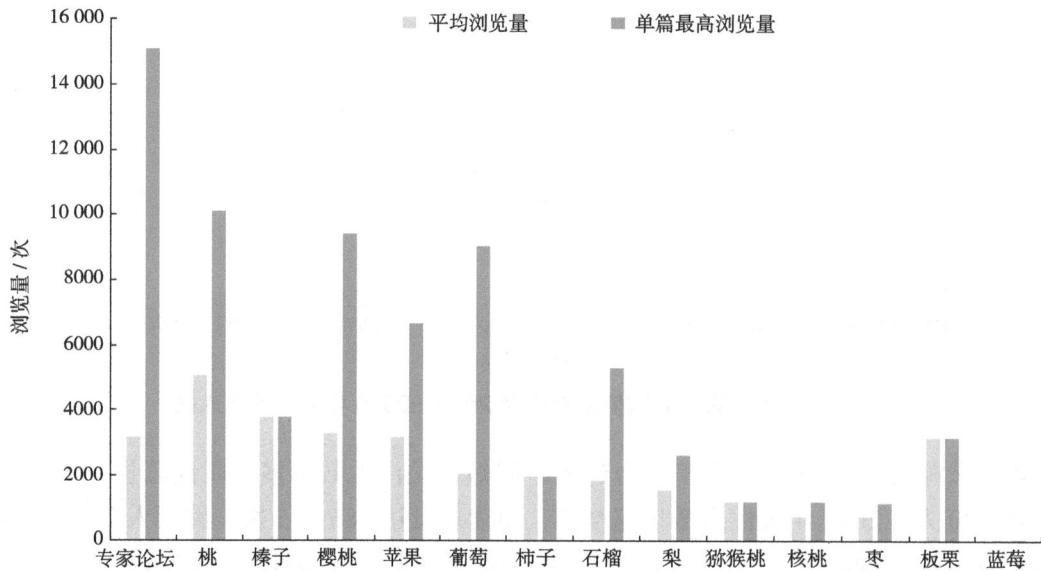

图7 《落叶果树》微信公众平台 2016—2018 年推送文章浏览量

4 新时代农业科技期刊转型的未来与展望

在"十三五"期间，网络出版将被真正置于优先地位，中国科技期刊都要科学谋划，加快发展，实现新跨越，进行新旧动能转化，大力加强科技期刊质量建设和品牌建设，加强宣传策划和推广，争取优质稿源。同时，也要加强传统纸媒与新媒体的融合，注重编辑技能的多元化，加强科技期刊的人才队伍建设，充分发挥科技期刊的社会责任。推动转型升级、融合期刊产业平台，进行品牌化延伸，促进期刊业共同发展。

参考文献

[1] 李强斌.突出重围须在体制机制上创新：以临沧传媒集团为例论道 [J].中国地市报人，2016（10）：47-48.

[2] 马体娟.论新媒体环境下传统期刊竞争力的提升 [J].出版广角，2012（12）：70-71.

[3] 骆艺娴.网络媒体时代纸媒的另类出路 [J].新闻世界，2015（4）：13-14.

[4] 吕冬梅,李禾.从传统纸媒到新媒体的另辟蹊径:《中国中药杂志》的"双转型"战略[J].科技与出版,2016,15(6):8-12.

[5] 罗向阳,李辉.科技期刊封面设计的实践与创新[J].中国科技期刊研究,2011,22(6):980-982.

[6] 李兴昌.随想:内容为王·质量第一·期刊永存·编辑万岁[J].编辑学报,2016,28(2):103-105.

[7] 王静.报纸版面中图片的作用[J].活力,2014(3):77.

[8] 张强,田旭,郑小光,等.学术期刊与新媒体融合发展实践探索[J].编辑学报,2017(6):571-573.

[9] 白瀛,史竞男.新闻出版广电总局:规范新媒体采编　抵制假新闻严防"标题党"[J].新闻采编,2017(5):35.

[10] 彭涌,滕堃玥.新媒体时代电子杂志的视觉呈现[J].新闻战线,2017(20):143-144.

[11] 孟翀,段振楠.传统纸媒微信公众平台的发展研究[J].出版广角,2017(17):72-74.

[12] 邓航.盯准移动互联网　做成做强新型主流媒体:参加贵州省网络新媒体赴北京学习交流的三点感受[J].新闻窗,2015(6):7-8.

[13] 张学颖,罗萍.科技期刊微信订阅号的规划设计与运营推广[J].出版发行研究,2015(12):48-51.

[14] 黄桂萍,王安获.从《博物》的新媒体运营看科普类杂志的品牌塑造策略[J].中国科技期刊研究,2016,27(12):1334-1338.

[15] 张斯惠.学术期刊与新媒体融合营销研究[J].科技通报,2017,33(8):264-267.

青岛市可再生能源发电推广现状及建议

厉　娜　蓝　洁　刘　瑾　初志勇

摘要：青岛市作为一个能源输入型城市，经济发展与能源供应的矛盾已日渐明显，经济、能源、环境的协调发展是青岛市亟须解决的重要问题。在此背景下，开发利用推广可再生能源成为青岛市解决这些问题的必要途径。在对青岛市相关可再生能源发电企业实地调研的基础上，从区位优势、产业概况等方面探讨青岛市推广可再生能源发电的现状，分析推广过程中存在的问题，并提出对策建议。

关键词：可再生能源；发电；推广；青岛市

1　引言

在当前的国际形势下，开发利用可再生能源已经成为世界各国应对气候变化、保证能源安全、实现可持续发展的共同行动和举措。青岛市是典型的能源输入型城市，随着社会经济的不断发展，传统能源资源持续供应能力受限，可持续发展面临严峻挑战，作为一条节能与环保并重的途径，发展可再生能源产业是应对能源危机、保护生态环境的重要举措之一。

近年来，青岛市在可再生能源产业领域采取的主要措施有：一是加强政策环境建设，制定出台了《青岛市新能源和可再生能源"十三五"发展规划》《青岛市民生科技计划实施方案》，明确将可再生能源作为重点研发支持方向；二是加大关键共性技术攻关力度，开展应用示范工程建设，重点支持了光伏太阳能、风力发电、海洋潮流发电、生物质能发电等项目，取得了良好效果；三是注重平台和体系建设，目前在该领域组建成立了工程技术研究中心 11 家、重点实验室 3 家和产业技术创新联盟 5 家。

2　青岛市可再生能源发电发展现状

青岛市可再生能源发展的关键领域为太阳能、风能、生物质能和其他可再生能源（包括地热能和海洋能等）。

2.1　区位资源条件相对优越

2.1.1　太阳能

青岛市太阳能资源在山东省内处于中游水平，属于全国太阳能资源三类地区，年平均日照时数为 2500 小时，全年太阳辐射总量约 5079 兆焦 / 平方米，具有利用太阳能的良好天然条件。根据太阳能赋存条件和利用技术水平，太阳能资源可实现装机容量约 50.8 吉瓦，理论年发电量为 650 亿千瓦时，折合标准煤 2336 万吨。

2.1.2　风能

青岛市属海洋性季风气候，风能资源较丰富的区域主要分布于即墨、胶南、黄岛和胶州的近海陆域、海岛和浅海，以及平度、莱西的山丘、河口地区。全市可利用风资源储量约 1305 万千瓦，风能资源年发电量可达 235 亿千瓦时，折合标准煤 850 万吨。

2.1.3 生物质能

青岛市的生物质能资源主要来源于生产和生活的废弃物，如以农作物秸秆为主的农林废弃物、畜禽粪便、城市生活垃圾、城市污水污泥等，利用空间大。

2.1.4 其他可再生能源

青岛市地热能、海洋能资源丰富，地热、海浪、潮汐、海风、海水温度差都具有较好开发价值。

2.2 产业发展具有一定基础

青岛市在可再生能源领域具有较强的科研力量，中科院青岛生物能源与过程研究所、青岛海洋地质研究所、中国海洋大学、青岛理工大学、中科院海洋研究所等科研院所在生物质能、太阳能、风能等方面均有着深厚的技术基础和学术积累。

随着可再生能源利用技术的日益成熟，青岛市的可再生能源利用产业也逐步发展起来，光伏发电示范项目成功推进，一批风电场陆续建成投产，生物质能发电有序推进。其中，青岛昌盛日电太阳能科技股份有限公司项目遍及全国 28 个省、87 个地市，光伏总装机规模突破 150 万千瓦；大唐（青岛）风力发电有限公司建设大唐宝山（250 兆瓦）风电场一处，安装单机容量为 2000 千瓦的风力发电机组 125 台；青岛沃尔新源风力发电一期项目 10 万千瓦风电场正式投产，全部风机完成并网发电；青岛西海岸生物质热电有限公司 2×15 兆瓦的直燃发电项目 2016 年上网电量为 1.24 亿千瓦时；青岛琦泉生物质发电有限公司 2×40 兆瓦直燃发电项目于 2017 年 6 月实现一次并网成功，年发电量可在 3 亿千瓦时以上。但波浪能、潮汐能、温差能等尚未并网产业化。

3 青岛市可再生能源发电推广中存在的问题

3.1 补贴不能及时到位，影响企业积极性

可再生能源产业在高速发展的同时面临补贴拖欠的掣肘，产业发展速度与补贴资金缺口的矛盾十分突出，且现行可再生能源补贴申报和审批流程过于烦琐，补贴拖欠甚至有成为行业"新常态"之势，在一定程度上制约了产业的持续健康发展。青岛昌盛日电太阳能科技股份有限公司等多家公司均反映，我国可再生能源补贴延迟时间普遍长达两年以上，在补贴拖欠和限电的双重压力下，已严重影响了新能源发电企业的现金流、收益率和投资积极性。其中，青岛昌盛日电太阳能科技股份有限公司累计应享受可再生能源补贴资金 5.3 亿元，但至今所有项目均未获得补贴资金。

3.2 生物质原料收集难，发电成本增加

与常规能源相比，可再生能源开发利用成本偏高，价格不具有优势。例如，青岛西海岸生物质热电有限公司年原料需求为 17.15 万吨，但实际运行中，却只能收购 1 万吨左右秸秆，不足总量的 5%，发电原料不得不转为花生壳和林木废弃物。造成这种状况的原因可能有以下几点：一是离田难。在国家政策引导下，部分区市对秸秆还田每亩补贴 20～25 元，并免费安装秸秆切碎器，导致秸秆大多直接切碎还田，产生过量还田问题。二是收储难。目前，政府对秸秆收购的支持性政策太少，农户送秸秆的积极性调动不起来，秸秆收储运公司在农户和电厂中间的桥梁作用未能有效发挥，所产出的经济效益又不能保证企业的相对利润，几乎都挣扎在盈亏平衡线上，没有扩大再生产的积极性。三是竞争大。多种利用方式进行原料竞争，且生物质发电布点不规范，生物质电厂相邻半径太小，秸秆收购市场恶意竞争现象越来越严重，低值化的发电利用方式在竞争中处于劣势。据青岛西海岸生物质热电有限公司反映，秸秆到厂价格已上升至 310～320 元 / 吨，导致生物质电厂发电成本增加。

3.3 政策法规落实难，体制机制需完善

可再生能源进一步规模化发展受到现行相关体制机制的制约，如在电网接入、管理模式创新等方面配套支持相对较少，仍存在可操作性不强、信息缺乏及时公开、监督评估机制欠缺等问题；市场上存在特许经营等机制，还需进一步完善；财政补贴、税收减免、多元化融资等激励政策尚不健全，如在生物质沼气利用方面，目前建设运营、发电上网等方面政策落实不到位，导致农户积极性不高；在产、学、研、资方面还缺乏有效联动和引导。

4 关于进一步推广可再生能源发电的建议

4.1 完善配套政策

积极落实国家对可再生能源发展的财税优惠政策，完善和实施关于价格、土地、财政、税收、融资等符合青岛市特点的配套扶持政策和激励办法，出台相关实施细则，有计划、有步骤地加快推进新能源示范城市（产业园区）建设。围绕"一园"（中德生态园）、"一区"（高新区）、"一市"（即墨市）、"一谷"（蓝色硅谷）等重点区域，积极推动可再生能源发电政策先行先试。采取差别化用地政策支持新业态发展，对不占压土地、不改变地表形态的用地部分，按原地类认定。将农作物秸秆收储运体系纳入农业配套基础设施建设规划，规范并统一调度行业市场。适时启动可再生能源电力配额考核和绿色电力证书交易机制，强化配额制度的执行力度，完善可再生能源支持政策和创新发展机制，促进清洁能源高效利用。

4.2 简化补贴资金征收和拨付程序

完善可再生能源补贴机制，提高补贴资金管理效率，简化、优化可再生能源电价附加的征收和补贴申报、审批、拨付方式，可再生能源电价附加收支均由电网公司代为完成。电网公司根据上网电价水平直接与可再生能源发电企业结算，可再生能源电价附加征收上来直接拨付电网，同时免除可再生能源电价附加在征收、发放过程中的各种税费。政府主管部门负责对电网企业进行检查和监督，确保可再生能源发电企业的利益不受损害。

4.3 加强发电价格服务和行业补贴力度

按照现行价格管辖权限，电价政策属于国家和省两级价格主管部门管理，进一步加强可再生能源发电项目价格服务工作，对新建可再生能源发电项目，积极争取符合青岛市实际情况的电价优惠政策，运用价格杠杆提高企业积极性，为项目的规划、建设和落地创造条件。加大可再生能源发电行业补贴力度，改生产集中补贴为多环节分散补贴，生物质能发电改发电量的单一指标补贴方式为秸秆处理量、秸秆消耗量和绿色电能利用量等多指标综合补贴方式。

4.4 设立重大科技专项

发挥政府的引导扶持作用，不断加大可再生能源发电产业链技术研发力度，进一步降低发电成本，支持可再生能源示范工程建设，采取"拨、贷、补"等方式予以支持。加快培育创新型企业、企业技术创新联盟、技术创新平台等，推动可再生能源企业转型升级。支持科技产业基地、重点实验室、企业技术研发中心等的建设，加快科技成果的转化和应用。加快储能研究和储能基地建设，将优质清洁电力能源有效储存，提高电力系统的稳定性、电能质量和运行经济性问题。

4.5 重视生态环境保护

重视可再生能源发电的环境保护、生态治理和社会民生等方面的效益，要做到可再生能源发电发展与生态环境同步规划、同步建设、同步运行，以综合效益明确定位。

参考文献

[1] 厉娜，管泉，王淑玲，等. 青岛市热泵技术发展现状及对策 [J]. 中国科技信息，2015（22）：99-100.

[2] 山东省发展改革委. 山东省新能源和可再生能源中长期发展规划（2016—2030 年）[A/OL].（2017-05-03）[2017-12-15]. http：//www.sdfgw.gov.cn/art/2017/5/3/art_4452_166761.html.

[3] 于娟. 完善可再生能源发电上网定价及补偿机制 [J]. 宏观经济管理，2015（4）：71-72.

日照市"1+N"科技创新政策评估报告

张同对

摘要： 本文对日照市 2017 年密集出台的"1+N"科技创新扶持政策兑现落实情况做了全面梳理，同时结合区县政策的配套及落实情况，对政策的实施效果进行系统的分析与评估，指出了政策制定及实施过程中存在的问题，并提出了对策建议。

关键词： 科技；政策；评估

2017 年，日照市将完善布局科技创新政策作为全市科技工作的重点，相继出台了《关于加快推进科技创新驱动发展的实施意见》《日照市科技创新扶持政策》《日照市企业研究开发财政补助资金管理暂行办法》等一系列科技创新政策，形成了覆盖科技创新全链条的政策体系，在助力新旧动能转换，引领全市经济社会发展方面起到了重要推动作用。为进一步修订完善政策措施，增强政策的针对性和实用性，现对政策实施效果进行评估，形成报告如下。

一、主要政策的贯彻落实情况及实施效果

《关于加快推进科技创新驱动发展的实施意见》是市委、市政府为深化科技体制改革，实施创新驱动发展战略，推动日照市新旧动能转换工程而做出的战略安排，是今后一个时期全市科技工作的基本遵循。政策出台一年的时间里，全市科技系统以此为行动纲领，提高政治站位，创新工作思路，大胆探索，锐意进取，科技工作实现了"开门红"：主动作为，积极开展研发投入统计试点工作，成为全省首家开展科技统计调查与检测的地市；山东省知识产权局在日照市设立全省首家新旧动能转换"专利池"；推动高新区积极争创国家级，并取得实质进展；实施高新技术企业培育工程，全年新增 40 家高新技术企业，11 家小微企业获升级高新技术企业财政补助资金扶持，188 家企业进入市科技型企业信息库；开展科技大合作战略，重点建设了青岛科技大学日照工程技术研究院、山东钢铁研究院和日照深远海养殖技术创新中心，新增 9 家院士工作站。

《日照市科技创新扶持政策》是日照市科技领域一项普惠性政策，在"1+N"政策体系中居于核心地位，该政策聚焦"短板"发力，对企业加大研发经费投入、转型升级、发明创造加大了扶持力度，并将科技服务机构、科技研发机构建设、科技合作纳入政策扶持范围，支持力度大、覆盖范围广，基本覆盖了除基础研究外的科技创新全领域。为贯彻落实好该项政策，组织评审认定了 2016 年日照市科技创新扶持政策项目，共有 229 项符合规定，扶持资金 2420.05 万元。扶持政策的及时兑现，在社会上引发了强烈反响，不仅密切了科技系统与服务对象之间的联系，也极大地宣传了科技工作，在潜移默化中提高了科技工作的社会显示度和群众认可度，为下一步开展高新技术企业培育、专利质量提升、公共科技服务平台建设、高水平研究院布局、与大院大所科技合作等重点工作创造了有利条件。

《日照市企业研究开发财政补助资金管理暂行办法》为我市出台的《山东省企业研究开发财政补助资金管理暂行办法》的配套文件，其主要目的是通过财政资金补助的形式鼓励和支持企业切实加大研发投入，从源头上重视科技创新，引导企业建立面向市场的新型研发机构和研发准备金制度，从根

本上保证企业具有持续创新能力和市场竞争力。规定补助资金由省级、市级、区县级财政按一定比例承担，其中，省级财政承担 50%，市级财政承担 30%，区县级财政承担 20%。2017 年，组织日照市 15 家企业申报了省企业研究开发财政补助资金，申请省财政研发投入补助资金 488 万元。企业研发资金补助政策的建立，极大地激励了企业加大研发投入的积极性，对 R&D 统计指标将起到积极的正面作用，同时对发明专利产出、高新技术企业培育、科技人才培养等各项工作起到源头上的推动作用。

修订后的《日照市科学技术奖励办法》，精简了奖励数量，细化了推荐选拔程序。日照市科学技术进步奖奖励项目数量由原来的不超过 80 项修改为不超过 60 项。2017 年科技进步奖，市科学技术奖励评审委员会办公室共评出授奖项目 58 项，其中一等奖项目 8 项，二等奖项目 20 项，三等奖项目 30 项。其中，工业机电类项目授奖 24 项，农业海洋类项目授奖 13 项，医疗卫生类项目授奖 21 项。

《日照市专利奖励办法》是根据《山东省专利条例》和市委、市政府《关于加快推进科技创新驱动发展的实施意见》而制定的知识产权领域的激励性措施，设立目的是鼓励发明创造，提高日照市专利的质量与效益，推进国家知识产权试点城市建设和创新驱动发展战略的实施。专利奖的奖励范围是日照市最优秀的原创性、基础性专利及转化率高、对经济社会发展产生重大影响或重大经济效益的专利，以充分发挥奖励激励机制的引导作用。2017 年，日照市首届专利奖共评出 29 项建议授奖项目，其中特等奖 1 项，一等奖 6 项，二等奖 9 项，三等奖 13 项。通过首届专利奖的实施可以看出，企业越来越重视知识产权保护和管理工作，知识产权的社会关注度和参与度正逐年提高，预计 3 年内专利奖将发展成与科技进步奖并驾齐驱的一大奖项，数量和质量上将有明显提升。

应该说，科技创新政策体系的建立，规范了日照市科技创新活动，支持了企业持续加大研发投入，在高新技术产业发展、专利成果产出、创新平台建设、科技合作推进等方面效果明显，已成为推动日照市新旧动能转换，推动经济社会高质量发展的主要动力。

二、区县政策落实及配套情况

2017 年以来，各区县及园区加大了对"1+N"科技创新政策的宣传力度，广泛开展科技宣传月活动，通过在网站公布、印制手册、举办培训班等形式，在基层企业建立科技信息联络员制度，宣传科技创新政策，尤其是科技创新扶持政策、高新技术企业所得税优惠、企业研发经费财政补助等政策，提高政策知晓率，力争做到政策宣传到底到边。同时积极进行企业走访活动，排查线索，整理出工作台账，制定出工作路线图，详细解答疑惑，指导跟进督促，辅导企业运用政策，政策实施效果显著。

一是促进了高新技术企业发展。东港区上半年实现高新技术产值 16.79 亿元，同比增长 67.55%；占规模以上工业总产值的 20%，比年初提高了 2.53 个百分点。兴业汽配、裕鑫动力等高新技术企业产值同比增长超过 50%，发展势头强劲。日照高新区组织 2017 年高新技术企业培训班、座谈会各一期，培训高企后备企业 30 余家，海大机器人、东方电机、亿佰传媒、蓝鸥信息等 16 家企业完成高新技术企业认证工作，其中，新申报 13 家，复核 3 家。岚山区培育高新技术企业 26 家，新上报高新技术企业认定 10 家，省科技型中小微企业入库 10 家。

二是有力推动了招科引技工作开展。岚山区大力开展招科引技工作，有 16 家单位进行了技术备案和入股，新建科技服务机构和科技研发机构 20 家。日照高新区引进先进技术 13 项（其中技术入股 5 项）；迈尔口腔、贝诺斯医疗被山东省经信委认定为省级企业技术中心；日照格朗众创空间获省级众创空间备案，引进山东中科合创日照分公司、合一知识产权服务有限公司等科技中介服务机构。东港区海卓液压与上海交大、山东大学等 6 所 985 高校合作共建联合试验室，成立了山东海卓电液控制研究院，凝聚了行业内一批顶尖专家，开展电液控制领域关键共性技术攻关。悦一生物与大连工业大学朱蓓薇院士团队合作建设企业院士工作站，已通过省科技厅备案。

三是刺激带动了企业研发投入的持续增长。东港区上半年全区投入研发经费1.77亿元，占GDP的0.72%，比2015年翻了一番。兴业汽配、检验认证公司等2家高新技术企业落实所得税优惠400余万元，比特智能科技有限公司等6家企业享受技术研发费用加计扣除700余万元。高新区"四上"企业实现研发经费投入1.36亿元，华仁药业、五征电动车、海达尔加气、领信信息4家企业争引省、市研发经费补贴295万元。

四是促使区县制定出台了相关配套政策。2017年，高新区先后制定出台了《日照高新区企业研究开发财政补助资金管理暂行办法》《日照高新区科技成果转化贷款风险补偿资金管理办法》《日照高新区关于聚力推进全区"三招三引"工作的实施办法》等系列科技创新扶持政策，设立高新技术产业发展投资基金，拓宽项目建设融资渠道，通过厂房、设备先租后买、股权投资等方式，为高层次创新创业人才提供资金支撑；建立健全创新创业容错、纠错机制，设立园区成果转化风险补偿资金，降低了企业创新驱动风险，帮助解决银行放贷的后顾之忧。东港区出台了《科技创新扶持政策》《东港区研究开发财政补助资金管理暂行办法》，重点对企业研发投入、高新技术企业、省级以上科技创新平台、研发投入、技术引进等给予财政资金支持。岚山区配套出台了《日照市岚山区科技创新扶持办法》《日照市岚山区科学技术奖励办法》。五莲县在贯彻落实省、市有关科技扶持政策的基础上，结合本县实际出台了《五莲县贯彻落实〈日照市科技创新扶持政策〉的补充规定》《五莲县科学技术奖励办法》《五莲县企业研究开发财政补助资金管理暂行办法》《关于转发〈日照市科技成果转化贷款风险补偿资金管理办法〉的通知》一系列政策。莒县出台了《莒县科技创新扶持政策》《莒县科学技术奖励办法》两个文件，进一步完善政策配套体系，加大对科技创新的支持力度。开发区出台了《日照经济技术开发区企业研究开发财政补助资金管理暂行办法》。

三、企业对政策的反馈情况

一方面，一系列科技创新政策的出台，让企业切实体会到了科技创新的甜头，企业纷纷表示日照市科技政策实、接地气，体现了科技部门对推动企业创新的高度重视，使企业开展自主创新的信心达到了前所未有的高度，同时也成为科技管理部门服务企业、促进科技创新的有效手段。另一方面，少数企业反映，政策兑现条件较高，很多中小企业难以达到要求。表现在外部环境上，科技创新日新月异，呈现多领域、跨学科发展态势，企业管理层对科技创新驱动发展认识不到位；表现在内部管理上，一些企业缺乏科技创新、激励奖励等各项制度，重销售轻研发，试验发展基础薄弱，科研人才匮乏，依然停留在来料加工、订单式生产方式，经济发展驱动力不足，可持续发展能力令人担忧。

四、科技创新政策存在的问题

一是科技政策出台缺乏不同部门间的沟通、协调、融合，特别是分管科技、经济发展的各个部门之间缺乏必要的沟通和协调。经济管理部门侧重于从技术引进和技术改造方面来开展扩大再生产，其政策目标更多的关注增长速度，关注短期商业利益；而科技管理部门更多地侧重于强调自主创新，其政策目标主要在于鼓励企业自主研发，鼓励企业自主知识产权工作，这在政策操作上犹如被分割开的"两条平行线"，难以发挥产业与科技政策结合的效力。例如，财政资金的使用存在分散，条块分割，没有形成合力；培育自主知识产权产品，不仅需要科技部门通过科技计划加强科技研发，而且需要产业部门制定相关的产业指导政策，贸易部门提供配套的技术引进政策等。因此，科技与经济、社会活动日益融合的现实趋势，要求在政策层面上加强政策制定部门间的协调和合作，打"组合拳"，形成政策合力。

二是新出台的部分政策正处于普及和消化期，效果还未显现。例如，《科技成果转化贷款风险补偿资金管理办法》和《知识产权质押融资风险补偿资金管理办法》，政策出台才几个月的时间，还有很多企业不知道或不理解政策，需要进一步加强政策宣传和引导，帮助企业把政策学懂弄通用好。

五、有关建议

一是加强科技政策的顶层设计。首先要在宏观层面上制定推进自主创新的科技政策，并促进形成的科技政策与产业政策、贸易政策更加协调和一体化。在中观和微观领域，要加大政策的差别化，针对不同的产业层次和区域层次，制定更具有针对性的政策，使政策效果精细化，并且政策措施要具体化、具有操作性，不能仅为笼统的、方向性的政策。

二是加强科技创新立法工作。科技创新立法，是把经过实践检验而逐步成熟的科技创新政策升华为法律，以增强科技创新政策的稳定性、可靠性、权威性和有效性，更有利于科技创新活动的开展。因此，有必要制定科技创新促进条例，从法律的层次来规范全市科技创新活动。

三是科技创新政策的制定和修改要同步进行。建立推动自主创新政策落实的部门联席会商制度和部门之间的联络员制度，及时修订、补充和完善科技创新的政策、法规体系。具体来说，就是在制定新的科技创新政策的同时，加强政策需求研究和跟踪落实，建立动态调整机制，及时改善政策落实中的各种问题，对于操作性不强和制定过程缺失的政策，增补操作措施和相关实施细则。对于企业提出的政策要求，加强反馈机制和政策研究，争取在新出台的政策中有所体现。

四是强化政策执行的监控机制。科技创新活动本身就具有风险性和诸多不确定性，政策执行又是一个动态过程，在政策的执行过程中还会出现许多新问题和新情况，预期效果和执行结果之间的误差是一种客观存在。因此，为了确保各项政策能够落实到实处，必须重视执行的监控反馈机制，对政策实施过程进行动态监测，督促和引导企业用好政策，加强创新。

参考文献

[1] 匡跃辉. 科技政策评估：标准与方法 [J]. 科学管理研究，2005，23（6）：64-70.

[2] 王庆波. 浅谈美国政府绩效法与国家科研机构兼论对我国科技政策的启示 [J]. 中国科技信息，2005（5）：38.

[3] 武夷山. 科技政策制度的新机制 [J]. 科学学与科学技术管理，2002，23（6）：5-6.

[4] 刘永林，傅正华，刘泽政. 美日韩三国科技政策的演变及对我国的启示 [J]. 科技管理研究，2013（2）：31-35.

[5] SCHOT J. Transforming innovation policy, keynote address at edges, horizons and transformations：the future of innovation policy[R]. London：The Royal Society of Art，2014.

山东省高新技术发展现状研究
——以威海、烟台、潍坊和日照为例

林慧芳　　姜　媛　　蔡馨燕

摘要： 近年来，山东省紧紧围绕重点技术领域，实施重大科技专项和重点高技术产业化专项，做大做强高技术产业，高新技术产业蓬勃发展，全省高新技术产业规模始终保持持续快速增长态势。本文以威海、烟台、潍坊和日照沿海四市高新技术发展现状为例，主要分析了四市高新技术发展的主要特点，查找四市在高新技术创新发展过程中存在的主要困难和问题，并提出具体对策和建议。

关键词： 高新技术发展；威海；烟台；潍坊；日照；分析研究；对策建议

改革开放以来，山东省立足当前，着眼长远，紧紧围绕重点技术领域，实施重大科技专项和重点高技术产业化专项，做大做强高技术产业，在国家和省重大科技计划的配套支持下，一批关键技术取得重大突破，科技活动日益活跃，总体实力显著增强，高新技术产业蓬勃发展，多年来，全省高新技术产业规模始终保持持续快速增长态势。为全面准确掌握全省产业技术发展情况，笔者于2017年8月7—11日，会同山东省科技厅海洋科技处相关负责同志对威海、烟台、潍坊和日照四市高技术发展情况进行了摸底调研，调研组分别听取了四市科技部门关于高技术发展总体情况和规划布局情况汇报，实地调研了威海（荣成）海洋高新技术产业园、碳纤维产业园、山东省海洋化工科学研究院及好当家集团、威高集团、拓展纤维、烟台中集来福士、东方海洋科技公司、潍坊康科润生物科技有限公司、天维膜新材料、新和成药业、润科化工、万泽丰渔业、山东洁晶集团、山东荣信集团等12家骨干企业，分别召开了4个座谈会，与荣成泰祥食品、鸿德海洋生物、黄海造船、东方分析仪、杰瑞集团、山东深蓝渔业、山东美佳集团等24家企业进行了座谈，对威海、烟台、潍坊、日照四市高新技术发展进行了全面深入细致的调研。

1　威海、烟台、潍坊、日照四市高新技术发展的主要特点

1.1　紧紧围绕新旧动能转换，加强统筹规划和战略布局

威海、烟台、潍坊和日照四市政府和科技部门紧紧围绕推动新旧动能转换，紧密结合传统产业特点和区位优势，不断加大高新技术产业发展力度，先后制定一系列优惠配套措施文件，对未来高新技术发展都做了总体布局规划，高新技术呈现快速增长趋势，质量效益稳步提升。

威海市始终把科技创新作为推动经济社会发展的重要抓手，先后出台了《关于鼓励支持企业创新发展的意见》《关于深入推进科技创新发展的实施意见》《关于建设威海高端产业聚集区的实施意见》等一系列政策措施文件，企业研发费用税前加计扣除、高新技术企业税收优惠政策都得到充分落实。建有工信部电子信息技术综合研究中心、碳纤维产业研究院等26个公共创新平台，建成省级以上重点实验室、工程实验室、工程（技术）研究中心、企业技术中心等研发平台282个，其中国家级22个。未来5年，威海市将重点实施好"123456"创新工程：加快山东半岛国家自主创新示范区这一个核心

区域突破；突出国家区域创新中心和高校院所创新源头聚集高地两大重点支撑；实施军民科技融合成果转化应用、千帆计划企业培育、创新人才汇聚三大示范工程；打造国际技术转移、产学研合作、科技金融、成果转化综合服务四大服务平台；建设碳纤维、医疗器械与生物医药、电子信息与智能制造、海洋高新技术、软件和服务外包五大重点创新产业园区；发展海洋生物与制品、现代医药、先进复合材料、电子信息、智能制造、运输装备六大产业集群。

烟台市成立创新驱动推进委员会，制定了《烟台市加快实施创新驱动发展战略行动计划（2016—2020年）》《烟台市创新型产业集群建设与发展规划（2016—2020年）》等，以加快高新技术产业发展为目标，积极推进创新型产业集群建设，以产业链布局创新链，促使企业向价值链高端迈进。2017年，确定东方海洋精准医疗科技园、鲁花生物科技项目、山东生物科技园等57个科技类重点项目建立跟踪服务制度，先后引进中科院烟台海岸带研究所、中集海洋工程研究院、中国机械科学研究总院先进制造技术研究中心、中科院计算技术研究所分所、中科院上海药物研究所分所、中科院沈阳计算所烟台分所等高层次科研机构，形成了多元主体之间"零距离"的大联合、大协作、大创新新局面，全市形成以南山铝业、冰轮集团、玲珑橡胶等为代表的一批致力于产学研合作的集成创新企业群体，以万华集团、氨纶集团、正海集团等为代表的一批敢于面对国际寡头技术封锁和垄断、致力于引进消化吸收核心技术再创新的企业群体，高新技术企业达到370家，经认定的科技型中小企业达到691家，全市拥有国家级工程技术研究中心5家、国家企业重点实验室1家、国家级产业技术创新战略联盟2家，国家级科技企业孵化器8家。

潍坊市始终把高新技术企业培育作为发挥企业自主创新主体作用，引领转方式、调结构的重要工作来抓，遴选出一批符合高新技术产业发展方向、创新基础好、有发展潜力，主要从事高新技术产品开发、服务的企业，作为高新技术企业的后备力量，深入实施小微企业"小升高"计划，重点支持半导体发光创新型产业集群发展，加快壮大骨干龙头企业，加快生物工程创新产业集群建设，积极吸引国内外重点高校院所、研发机构来潍设立研究院、技术转移中心，在以色列、美国，以及我国台湾等地区设立技术转移窗口，联合设立科技合作基金，充实完善科技成果项目数据库。2016年，在潍柴动力、歌尔、福田等骨干企业的带动下，高新区高新技术产业产值占规模以上工业总产值的比重达到72.9%，科技创新能力显著增强。潍柴加快建设行业内唯一的内燃机可靠性国家重点实验室。

日照市始终坚持把科技创新作为推动经济社会发展的重要抓手，先后制定出台《日照市科技创新扶持政策》《日照市科学技术奖励办法》《关于举全市之力加快日照高新区发展的意见》等政策文件。目前，全市共建有国家级企业技术中心4家，省级工程技术研究中心22家，省级企业技术中心56家，省级（工程）实验室14家，重点实验室1家。未来5年，日照市将围绕产业链部署创新链，在生物医药、高端装备、智能装备、新一代信息技术、新材料、节能减排低碳、海洋渔业、特色农业等领域，组织实施一批重点创新发展工程，加快培育钢铁、电子信息、高端装备制造、航空产业等新兴产业集群。到2020年，建成国家碳素结构钢质检中心、钢铁研究院、化工研究院、黄海冷水团海洋工程研究院、生物医药研究院等10个高水平的产业技术创新研究院，积极推进日照深远海养殖技术创新中心建设，加快黄海冷水团绿色养殖技术开发，实施"深远海优质鱼类绿色养殖技术研究与示范"等重点技术研发项目。

1.2　大力引才引智，高度重视创新人才引进培养

四市坚持把人才作为创新驱动的关键要素，优化引才、育才、用才生态环境，加快人才向产业集聚。威海市建有哈工大（威海）、山大（威海）、北交大（威海）等高校9所，拥有"国家重大人才工程"等专家12人，泰山学者（海外）特聘专家62人次，山东省泰山学者蓝色产业领军人才团队11个，享受国务院特殊津贴专家和市级以上有突出贡献的中青年专家等各类高层次专家278人。

在实地调研的好当家集团、威高集团及交流座谈的威海百合生物、泰祥食品公司等都高度重视高端人才引进。烟台市积极引进人才与激发本土人才创新并重，电子显示材料、电子封装材料、高性能磁性材料、煤粉点火稳燃、蛋白药物、光电传感器等新兴产业就是外来科技人才创新创业的结果，这些新兴产业正在改变着烟台市的产业结构，中节能万润、德邦科技、正海磁材、龙源电力、先声药业、艾睿光电等是这一模式的代表企业；同时烟台市本土人才的创新创业壮大推动了产业升级，一大批在高新技术产业具有影响力的民营企业都是由本土人才创新创业发展而来，比较典型的有绿叶制药、荣昌制药、喜旺食品、欧瑞传动、杰瑞集团等企业。潍坊市不断加大科技人才引进培养力度，已有 7 人入选国家"万人计划"，6 人入围山东省泰山产业领军人才，6 人被评为鸢都产业领军人才工程生物医药领域人才。

1.3 加大科技投入，全面提升公共服务能力

威海市"十二五"以来，财政科技投入持续加大，年均增长 16.7%，带动全社会研究与试验发展（R&D）投入由 2012 年的 40.15 亿元，增至 2015 年的 68.15 亿元，平均增速 23.23%，占 GDP 的比重从 1.72% 增至 2.27%，年均增长 0.18 个百分点，设立了每年 2000 万元的科技成果转化先导资金，在全省率先出台《关于加快推进企业利用资本市场直接融资的意见》，成立了全省首家民营银行——威海蓝海银行，面向蓝色经济区，耕耘"深蓝"产业，2016 年销售收入过亿元的高新技术企业达到 79 家，科技型中小企业达到 1523 家，带动全市高新技术产业产值由 2012 年的 2024.13 亿元，增至 2016 年的 2827.05 亿元，年均增长 9.9%。潍坊市 2016 年年底高新技术企业总数达到 468 家，居全省第 2 位。全市实现高新技术产业产值 3123.78 亿元，占规模以上工业总产值的比重达到 32.77%，比年初提高 0.92 个百分点，2016 年为高新技术企业减免税收 8.74 亿元。日照市科技创新投入进一步增加，2011—2015 年，全社会研究与试验发展（R&D）经费支出由 8.3 亿元增长为 20.5 亿元，年均增长 24.6%，2011—2016 年，全市高新技术产业产值占规模以上工业总产值的比重由 14.62% 增长到 23.27%，提高了 8.65 个百分点，高于全省平均 2.21 个百分点。

1.4 产学研协同创新，加速科技成果转化

威海市成立产学研战略联盟 16 个，组建产业技术创新战略联盟 21 个，与全国 176 家高校院所建立紧密合作关系，达成合作协议 1000 多项，转化成果 300 多项，实现经济效益 53.2 亿元，国际合作方面，举办了"中国威海·国际英才创业峰会"等高层次人才项目推介活动，与 32 个国家和地区的 70 多所高校和研究机构建立了国际科技合作关系，建成对外科技合作平台 24 个，连续 13 年举办中欧膜技术应用研讨会。此次在威海实地调研的碳纤维产业园，依托威海拓展纤维有限公司，山东省碳纤维技术创新中心于 2016 年 11 月成立，创新中心以提高企业自主创新能力和核心竞争力为宗旨，围绕国家重大战略任务、重点工程对碳纤维技术进步的迫切需求，为突破我国碳纤维及复合材料相关产业发展中的瓶颈技术、关键共性技术、装备制约而建立的政、产、学、研相结合的研究开发平台，致力于搭建面向行业的产业生态系统，推进碳纤维上下游产业链的协同发展。潍坊市坚持以企业为主体，产学研协同创新，自 2006 年 8AT 项目启动伊始，就采取"以企业为主体，整合世界资源为我所用"的创新研发模式，携手北京航空航天大学，整合了国际前沿的设计理念、世界一流的工程化技术和精细化管理流程并形成长期稳定的战略合作关系，先后建立了德国分中心、英国分中心、北京分中心、青岛分中心，构建形成"三国五地"的研发布局，同时建有山东省工业设计中心、山东省 AT 自动变速器企业重点实验室、山东省车辆自动传动工程实验室，打造了从概念设计到仿真分析、硬件设计、软件开发及匹配标定，再到产业化的完整创新链条，具备了国际前沿自动变速器技术的持续创新能力。日照市不断增强自主创新能力，完善科技创新链条，搭建科技平台，推进重点领域高科技成果的研发、孵育、

转化及产业化，加强与中国科学院、中国工程院、清华大学、北京大学、山东大学、北京科技大学、中国海洋大学、沈阳航空航天大学、青岛科技大学等高校、科研院所合作，建设高水平研发机构，提高优势和新兴产业技术创新和成果转化能力。

1.5 强化原始自主创新能力，提高企业核心技术竞争力

重大关键技术是经济新动能的核心支撑，创新平台不断催生发展新动能，调研中发现，威海、烟台、潍坊、日照四市布局的一些重大关键技术和重大创新平台，打破了日、美等发达国家对我国的技术壁垒和产品封锁，多项技术处于全国领先位置，甚至世界前列。威海拓展纤维降低了国外碳纤维产品的依赖，有效提升了我国碳纤维产业的核心竞争力，依托威海拓展纤维有限公司，山东省碳纤维技术创新中心于 2016 年 11 月成立，创新中心立足山东辐射全国，以提高企业自主创新能力和核心竞争力为宗旨，围绕国家重大战略任务、重点工程对碳纤维技术进步的迫切需求，为突破我国碳纤维及复合材料相关产业发展中的瓶颈技术、关键共性技术、装备制约而建立的政、产、学、研相结合的研究开发平台，致力于搭建面向行业的产业生态系统，推进碳纤维上下游产业链的协同发展。烟台万华成功突破了"MDI 制造技术"，年产能由最初的 1 万吨增加到 164 万吨，规模全球第一，产品质量达到国际领先水平，国内市场占有率连续 10 年位居第一；中集来福士的"半潜式海上石油钻井平台"；中节能万润股份有限公司的"有机太阳能薄膜"和"欧 6 汽车尾气沸石基纳米催化材料"等技术优势明显；烟台台海玛努尔核电设备有限公司已经成为世界上核电主设备领域研发、生产的中坚力量。潍坊盛瑞传动股份有限公司先后联合北京航空航天大学、江铃汽车集团公司，截至 2016 年 11 月，累计生产 10 万台，使我国汽车自动变速器技术由 10 年前的空白一举跃居世界前沿，推动了我国汽车工业正式迈进"8 速时代"。

1.6 充分发挥海洋资源优势，以海洋高新技术促进新旧动能转换

山东省作为海洋大省，海岸线长达 3345 千米，海洋资源丰富，区位优势明显，目前已聚集全国一半以上的海洋科技人员，凭借雄厚的科研优势，山东省用技术创新打通制约海洋产业发展的瓶颈，以海洋高新技术促进了新旧动能转换，推动蓝色经济加快发展。在海洋化工方面，潍坊的山东润科化工股份有限公司，充分发挥国内最大的地下卤水资源优势，发展成为一家集卤水提溴、环保新型卤系阻燃剂、溴系医药中间体等精细化工品技术研发、生产经营为一体的国家级高新技术企业。在海洋工程装备制造方面，威海市深化与哈工大、哈工程、中国航天集团五院等高校院所合作，依托山东船舶技术研究院、国家海上浅海试验场、海洋油气装备实验室等创新平台，重点突破大型远洋捕捞渔船、特种船舶设计，大型船用曲轴，浮式、潜式、半潜式海上作业及仓储平台，海上勘探和采输等关键技术与产品，打造国内重要的船海装备研发和制造基地。中集来福士已经能够生产 100% 自主知识产权的半潜式起重生活平台，代表未来发展方向的高端海洋钻井船也正在全力攻关，在设计能力上达到了世界领先水平。在海洋食品加工方面，烟台的好当家集团是国内唯一一家实现从种苗培育、自然放养、捕捞加工、海洋功能食品研发生产、食品检测、销售服务完整产业链覆盖的海参企业。山东东方海洋科技股份有限公司海参产量位居全国前三位，水产品加工出口量居全国前五位，建设了年产 200 吨的国内首条具有国际先进水平的鱼皮胶原蛋白高效利用智能化生产线，提高了资源利用率。在深远海养殖方面，2015 年，中国海洋大学与日照市万泽丰渔业有限公司等单位合作，开始实施"黄海冷水团绿色养殖工程"，该项目目标是构建海陆接力、企业＋合作社＋农户的养殖模式，研发具有自主知识产权的养殖工船、大型深远海智能网箱、半潜式清洁能源平台、多功能船舶等深远海养殖装备，创建养殖设施、海洋能发电设备、水产品加工、冷链物流等产业链集群，催生数千亿效益的深远海养殖产业和海洋经济新增长点。

2　存在的突出困难和问题

从调研情况看，威海、烟台、潍坊、日照四市也反映了在高新技术创新发展过程中也存在着一些困难和问题。

2.1　一批重大关键技术和创新平台亟待梳理储备

部分核心技术上受制于人，无法实现规模化、产业化生产，亟须加大重大关键技术攻关力度，加快产学研合作步伐。中集来福士生产大型钻井平台的二级核心技术仍依赖引进，受制于人，比如世界最大的 2 万吨级的龙门吊的控制技术完全从德国进口；威海海之宝食品有限公司提出，当前海带漂烫废水一直没有得到很好的处理；日照作为山东省最大、国内重要的钢铁产业基地，亟须高端钢铁产品先进制造技术；日照资源增殖站相关负责同志指出，当前亟须养殖新品种，东方海洋也建议在保种育种方面加大投入，建议政府部门做好综合统筹，协调组织攻关力量，加大攻关力度。

2.2　配套政策和经费支持力度待进一步加大

威海市世代海洋指出技术创新、经济转型升级是企业可持续发展的唯一出路，但企业在转型中要冒着巨大的风险，包括技术研发能否成功，研发的成果能否转化，技术产品能不能打开市场、占领市场等，一个环节出现问题，企业就要面临危机，因此建议在创新项目政策扶持上不仅要对那些技术先进、社会带动力强的项目给予研发资金、成果转化资金的支持，更应该在技术产品推广应用上给予相应的宣传推广、资金政策扶持，起到扶上马、顺利发展的作用，尤其对那些有利于大健康产业发展、能够促进海陆一体化发展的好项目，要加大扶持力度，提高效益。

2.3　海洋化工产业高新技术亟须省市联合推动

山东半岛尤其是莱州湾沿岸地下卤水资源得天独厚，蕴藏量居全国首位，目前，该地区以两碱、一盐、一溴为支柱的传统海洋化工产业规模和产值都稳居全国海洋化工产业的半壁江山，以卤（海）水资源综合利用为主体的海洋化工产业已成为新的经济增长点。据不完全统计，该集群内拥有规模以上大型工业企业 60 余家，中小企业超过 400 家，年工业产值超过 600 亿元。潍坊市海洋化工企业虽然在国内起步较早、产能占比较大，但由于受历史原因影响，这些海洋化工企业在运行过程中仍存在许多制约产业发展的诸多问题。一是集群内企业大多以中小企业为主，与其他行业相比，普遍存在企业规模小、技术含量低、管理松散、产品质量不高、竞争力不强等特点，且有相当部分的项目存在重复建设的问题；二是由于是新兴产业，粗放型的增长所占比重较大，除少数大型企业拥有技术中心或工程实验室，具备较强的信息获取和技术攻关能力外，大部分中小企业普遍缺乏技术研发创新能力，产品更新换代慢；三是由于受行业所处地域限制，企业获取高层次人才的能力不强，不能吸收到国内外高层次人才，使企业在人才竞争过程中处于下风，导致企业的技术、管理方面人才匮乏，进而导致先进科技成果落地速度较慢，使企业丧失诸多竞争机遇。

2.4　深远海养殖技术发展和应用任重道远

"黄海冷水团"项目将养殖区移到 130 海里以外的海域开展养殖工作，对减缓海水养殖对近岸、浅海海域的压力，避免与其他产业的矛盾等具有示范意义。中国海洋大学与日照市万泽丰渔业有限公司、山东省海洋生物研究院、中国水产科学研究渔业机械仪器研究所等单位组成了协同创新团队，开始实施黄海冷水团鱼类养殖模式研发与示范。在深远海养殖过程中，适养鱼类制种关键技术、养殖大型抗风浪越层式网箱和可升降式网箱研发关键技术、养殖工船在深远海中的应用技术、半潜式绿色能源与环境实时监测平台、深水投饵关键技术、远程信息传输技术、深远海网箱附着物清理及防鲨攻击网箱应用研究等技术难题还需进一步攻克解决，针对深远海规模化养殖关键技术的研发，还需实现深远海工厂化养殖及装备、渔获捕捞、加工等方面关键技术突破，建设整船平台与深水网箱、幼苗孵化与养殖、物流加工、营销和数字信息管控五位一体的深远海大型养殖平台，研创陆海一体化养殖模式，形成面向深远海的工业化海洋农业生产技术体系。

2.5 全省海洋技术创新联盟亟待组建成立

山东省海洋食品精深加工、海洋装备制造等领域很多技术已经达到了国际领先水平，养殖、加工等各个环节之间需要全面协同发展。日照荣信集团在海洋食品加工方面产生了很多下脚料，但是下脚料多用于生产鱼粉饲料，综合利用率低，东方海洋及荣成鸿德海洋生物有限公司对下脚料综合利用开发得比较好，但由于没有一个交流平台，彼此之间了解太少。日照荣信集团和美佳集团主要从事海产品加工，但加工的三文鱼原料70%从挪威进口，如果黄海冷水团养殖三文鱼成功的话，将会大大解决原料问题。因此，当前建立一个全省海洋产业技术创新联盟，加大产学研联动合作，非常有必要。

3 对策建议

3.1 统筹布局全省重大关键技术和重大创新平台

做好全省创新资源统筹，构建高层次人才队伍，跟踪国内外前沿关键技术，强化企业技术需求调研，全面梳理山东省产业链条上下游所配套的技术和企业，加大支持研发力度，协调组织攻关力量，突破制约产业发展的一系列重大技术瓶颈问题，全省一盘棋统筹管理，做好技术创新项目库储备工作，对各市统计上报的重大技术和重大平台进行认真梳理，随时跟踪重大关键技术研发情况及遇到的难题，以便组织智库专家能及时解决。强化省重大创新工程实施过程的动态管理，建立任务进度、经费支出等年度报表制度、项目实施中期检查制度等，强化过程管理，以提高项目实施质量和水平。

3.2 加大政策和经费支持力度

调研发现，威海、烟台、潍坊和日照这四个沿海市都认真做好本市优势特色产业技术创新布局，对山东省正在争创国家级技术创新中心的企业建议省里加大支持力度，对那些有利于大健康产业发展、能够促进海陆一体化发展的好项目，要加大扶持力度，对山东省已形成和有望形成国内外领先优势的技术加大支持力度，借鉴先进省市留住人才政策，确保引进山东省的人才充分发挥作用。另外，各市拟布局建设的重点科技创新平台，如日照市科技部门提出的山东（日照）钢铁技术创新中心、山东（日照）深远海养殖技术创新中心、日照工程研究院、日照市茶叶重点实验室等，建议省政府部门统筹考虑支持。

3.3 加快山东省海洋化工产业宏观布局

经调研发现，潍坊当地科技主管部门积极整合集群内的企业技术中心、科研院所等的技术力量，并引进国内外高水平大学和研发机构进驻产业群，加大集群内部研发技术投入力度，扶持和培育新型研发机构，开放大型仪器设备共享，显著提升了集群的协同创新优势。建立下一步省市联动，加大支持力度，做好宏观布局，形成以海水淡化及综合利用、海洋精细化工产品及产业链加工、海洋生物制药及医药中间体、海洋产业节能环保装备、海洋新材料等五大特色板块的生态海洋化工产业群，并使之成为山东省乃至全国的样板示范产业群，打造国内一流、国际知名的海洋化工产业创新创业基地，引导我国海洋化工产业走上创新驱动、内生增长的良性发展轨道。

3.4 着眼深远海，为蓝色经济发展持续注入新动能

黄海冷水团绿色养殖工程项目，构建海陆接力、企业＋合作社＋农户的养殖模式，研发具有自主知识产权的养殖工船、大型深远海智能网箱、半潜式清洁能源平台、多功能船舶等深远海养殖装备，创建养殖设施、海洋能发电设备、育种、饲料加工、疫苗生产、水产品加工、冷链物流、物联网等产业链集群，将催生数千亿效益的深远海养殖产业和海洋经济新增长点，黄海冷水团绿色养殖不仅仅是一个养殖工程，它还是一个通贯三产的新业态，可带动鱼类苗种繁育、水产动物饲料、疫苗生产、渔业装备与设施制造、绿色能源装备制造、水产品加工、冷链物流、海洋旅游、物联网等完整产业链的融合和发展，形成千亿元效益的产业集群。建议省里多部门联合加大资金支持和技术攻关力度，强化基础研究，不断解决遇到的黄海冷水团养鱼负载力评估技术、苗种培育用水处理、深远海养殖工船、冷水团养殖用大型智能网箱、半潜式自动化养殖平台、鱼下脚料综合利用、远程信息传输等各种技术难题，实现深远海工厂化养殖及装备、渔获捕捞、加工等方面关键技术突破，建设整船平台与深水网箱、幼苗孵化与养殖、物流加工、营销和数字信息管控五位一体的深远海大型养殖平台，研创陆海一体化养殖模式，形成面向深远海的工业化海洋农业生产技术体系，为蓝色国土资源高效开发利用提供理论、技术和装备支撑，为山东省海洋发展积极培育新动能。

3.5 组建成立海洋技术产业创新联盟

构建包括国内外专家学者、大学、科研机构和企业多层面协同发展的创新联盟，实施产业链相关（保种、苗种、养殖、加工等）、技术相关（生态养殖技术、精深加工产品如保健食品等高附加值产品）、市场相关（鲜活产品、方便食品、休闲食品、保健食品）多维度发展，通过加大技术开发、引进先进技术和科技人才，实现向上突破资源的天花板，向下发展高技术、高附加值的下游产品的战略目标。通过构建海洋产业技术创新战略联盟，实施一批海洋重大科技创新工程，建立一批科技产业化示范基地，培育多层级的海洋产业聚集的功能载体。建设全省水产品精深加工示范区，带动海水养殖、水产品精深加工、海洋设备制造等产业发展，辐射带动相关产业，推动海洋经济提质增效。

参考文献

[1] 高天辉.高新技术产业发展中的政府支持模式研究 [D]. 大连：大连理工大学，2013.

[2] 余珮，程阳.我国国家级高新技术园区创新效率的测度与区域比较研究：基于创新价值链视角 [J]. 当代财经，2016（12）：3-15.

[3] 徐维祥，方亮.华东地区高新技术园区创新对区域经济增长影响的实证研究 [J]. 经济地理，2015（2）：30-36.

[4] 杨国忠，颜鹫.中国高新技术产业的区域创新能力评价研究 [J]. 工业技术经济，2015（9）：115-122.

[5] 李楠.高新技术产业集聚对山东省经济增长影响研究 [D]. 贵阳：贵州大学，2015.

[6] 曲婉，冯海红，李铭禄.中国企业发展的范式转换：基于中国高新技术企业的事实证据 [J]. 科学学与科学技术管理，2016（12）：3-17.

山东省科技文献共享服务平台建设现状及服务模式思考

姜　媛

摘要：随着我国科学技术不断发展，科技文献资源已经成为科技创新不可或缺的资源。随着互联网技术的迅猛发展，信息在我们生活中越发重要，科技文献服务共享平台作为科技文献服务的公益性平台在科技创新过程中起着举足轻重的作用。本文简要总结了山东省科技文献共享服务平台运行现状及成效，并提出了平台服务方式发展建议。

关键词：科技文献；服务模式；山东

随着互联网技术的迅猛发展，手机、电脑已经成为生活的必需品，电子产品增加了我们获取信息的渠道，信息在我们生活中越发重要。在科技创新的重要性日益凸显的当今社会，科技信息更是一种重要的信息资源，而科技信息获取的最便捷、最直接的渠道就是科技文献。科技文献是指用文字、图形、符号、声像等手段记录下来的科学技术活动或科学技术信息，它不仅指信息，还包括其载体。通俗地说，科技文献就是除了社会科学文献以外的一切文献。

科技文献有不同的分类方式。根据出版形式不同，科技文献可划分为科技图书、科技期刊、专利文献、会议文献、科技报告、政府出版物、学位论文、标准文献、产品资料和其他文献十大类型文献。根据加工深度不同，可分为零次文献、一次文献、二次文献和三次文献。根据存储载体不同，又可划分为印刷型文献、缩微文献、声像文献、电子文献等。

2000年6月，根据国务院领导批示，科技部会同经贸委、农业部、卫生部和中国科学院组建国家科技图书文献中心，开始国家科技文献共享平台的建设，此后各省市也陆续开始地方科技文献共享平台的建设。科技文献共享平台的建设目的就是实现各地区文献资源的共建共享，为用户提供科技文献服务。

一、山东省科技文献共享服务平台相关情况

科技文献是科技知识的最基本、最重要的表现形式，是科技创新的第一要素，由于社会生产和科学技术的迅速发展，现代的科技文献在人们的生产、科技活动中起着越来越重要的作用。因此，各学科领域的科技创新成果的产生离不开科技文献资源的高度利用，科技文献为国家科技创新提供了有力保障和重要支撑。2006年，山东省政府印发《山东省中长期科学和技术发展规划纲要（2006—2020年）》，针对科技条件平台与基础设施建设明确指出："以重点实验室、大型科学仪器设备、科技文献、实验动物、网络资源和科学数据、重要种质资源、标准计量、科技成果转化等科技基础设施条件建设为重点，统筹发展布局，完善、整合和优化科技条件资源配置，加强管理，提高科技创新能力。"

山东省科技文献共享服务平台作为山东省科技基础条件平台建设的重要组成部分，于2010年建成并试运行。为了完善平台功能，提升平台使用效率，根据用户需求，分别于2011年和2015年两次对平台进行升级改造工作。平台元数据覆盖了万方、维普、超星、全球样本数据库、尚唯

科技报告资源库等主流数据厂商的数据资源，涵盖了包括期刊、图书、学位论文、会议文献、科技成果、标准、专利、产品样本、科技报告等文献数据类型。目前，平台访问量近93万次，注册用户4800余人，资源总量达到8亿多条。但是，从注册用户数量及用户使用情况来看，平台访问量明显偏低。

二、山东省科技文献共享服务平台服务开展工作情况

山东省科技文献共享服务平台建设的基本思路是以"整合科技资源、提升创新能力"为目标，为用户提供各种专业化的文献服务，建成功能强大的"一站式"科技文献信息与服务网站；使用户可以无障碍地获取科技文献信息和各种配套服务的信息，服务平台的开放资源与配套服务能基本满足山东省从事科技创新活动的用户需求。山东省科技文献共享服务平台自建成以来，利用最新的因特网技术，将各种载体、各种来源的科技文献资源，根据用户一定的需要，组合成了一个效能更高的信息资源体系，实现了跨平台、跨数据库的信息检索，使用户能够通过统一的检索平台查找和获得相关的信息资源，有效地利用信息资源。

1. 推广宣传工作

自平台运行以来，我们积极做好各种科技文献资源的保存、维护、更新、完善文献平台功能和加强自身队伍建设的同时，通过多种方式大力开展了科技文献推广服务。2011年至今，山东省科学技术情报研究院联合山东省科技厅相关处室分别以"科技文献服务山东科技创新""科技文献助推山东高新技术跨越发展""科技文献助推山东科技型小微企业创新发展"为主题，面向山东省自主创新成果转化重大专项承担单位、工程技术研究中心建设单位、省内高新技术企业、科技型中小企业创新基金承担单位、生产力促进中心、科技孵化器等有关企事业单位的科研人员开展科技文献培训活动，培训3000余人次；为了增强培训效果，按区域到17地市分别进行培训，受到科技型企业的科研人员一致好评。近几年，在济宁医学院、山东财经学院、胜利油田等相关高校师生及企业的科研及科技情报工作者举办专题文献培训活动；在培训过程中，平台工作人员为参会学员介绍山东省科技文献共享服务平台及应用，并围绕科技文献检索分析方法、专利文献在企业中的应用，结合具体实例进行现场讲解、操作，受到与会科技人员的普遍好评。

2. 升级改造工作

平台自开通运行以来，分别于2011年和2015年进行了两次升级改造。平台以用户需求为主要依据，完善优化平台功能，整合了购买的信息资源，提供更便捷的检索方式，对检索数据提供多主题对比分析，开展个性化信息服务，完善后台的系统功能，增加多种功能进而提升平台的服务效能。注册用户可通过平台进行一站式检索，在检索结果中自动定位与下载镜像系统中的原文资源，对于没有原文的资源，平台提供云传递服务，多方式确保用户文献获取率；增加高级检索方式，满足专业人员的检索需求，提高用户进行文献检索的效率和准确度。

3. 资源采购工作

平台重视资源结构优化，从用户角度出发，结合文献专项经费情况，资源购置以国内资源为主，不断调整平台资源结构，丰富平台资源类型。近年来，为方便用户查阅、分析工业产品的品种、特点、性能、结构、原理、用途、维修方法和价格，了解产品的水平、现状和发展动向，增订了全球样本数据库。以原始开放数据形式引进"科技报告数据库"，涵盖了美国四大报告（国防部的 AD 报告、商业部的PB 报告、国家航空及宇航局的 NASA 报告、能源部的 DOE 报告）。2018年，为推进山东省新旧动能转换重大工程实施，服务经济建设，增订了"工程技术数据库"，面向工程设计人员提供经验性数据处理方法及设计问题解决方案。

三、科技文献服务平台发展建议

1. 加强平台宣传推广，打造山东省科技文献服务品牌

根据之前文献培训调查问卷情况汇总，显示省内绝大多数地区没有听说过文献平台或者听说但没有使用过文献平台，调查中了解使用过平台的所占比例大部分在10%左右，有的地区甚至为0，因此，文献平台的宣传尤为重要。宣传主要面向对象是企业科研人员，尤其要注重中小微企业科研人员范围内的推广，扩大受众面，首先要让用户了解平台，提高企业科研人员的文献使用意识，后期结合用户群体的不同需求，开展有针对性的专题培训，为用户重点讲解检索与应用技巧。

2. 优化平台结构，合理配置文献资源

由于平台定位是为全省科技人员提供公益性服务，因此，前期订购的文献资源多为基础性文献，仅能满足省内科研用户的基本需求，缺乏专业性数据库。在满足基本文献需求的同时，根据山东省的经济发展水平和产业特色，以及用户的不同需求，合理布局科技文献资源，注重专利、标准、科技创新成果及技术等用户需求较多的科技文献，提高平台的查全率和查准率。加强自建数据库、特色数据库建设，如地域行业、科技成果等数据库。

3. 开展特色服务，提高服务质量

每个文献数据好比是一个单位，无数的小单位构成了庞大的文献体系，数据只是文献平台基础，服务才是平台发展的真正方向。平台不仅仅要提供文献资源的检索、文献下载、原文传递、代查代借等基础性服务，更要注重高质量的科技文献增值服务，对现有数据资源深层加工，形成针对产业领域的资源产品，面向企业、政府的决策需求，提供有针对性的一对一个性化信息咨询服务。服务方式由被动变为主动，不要等用户"上门"，而要请用户"进门"，定期回访用户，知用户之忧，解用户之难，提供便捷、优质的科技文献服务。

4. 推动科技文献资源共建共享，构建科技文献共享服务体系

近年来，各级政府投入了大量经费用于建设科技基础设施，我们应充分利用互联网优势，实现科技文献跨行业跨部门间的资源共享，不仅仅能够节约经费，避免资源重复购买资源的情况，更能够对不同机构、不同行业科技文献资源整体布局进行合理配置，丰富文献机构资源内容，突出主题特色，提高文献资源使用效率。科技文献资源要以开放的心态，建立资源合作共享机制，提高文献信息的服务能力。

参考文献

[1] 曾兰英，贺明. 建立科技文献资源共建共享机制 [J]. 科技经济导刊，2017（10）：204-206.

[2] 袁红军. 省级科技文献共享服务平台特色资源服务评价体系探究 [J]. 中国科技资源导刊，2015（7）：14-20.

新旧动能转换背景下现代农业领域技术预见分析

谢　峰　　刘妹娟　　牛其强　　姜　媛

摘要： 当前，新一轮科技革命和产业变革呈现多领域、跨学科、群体性突破新态势，以新技术、新产业、新业态、新模式为核心，以知识、技术、数据等新生产要素为支撑的经济发展新动能，正在成为引领全球经济复苏和增长的主导力量。本文围绕山东省现代农业领域，组织分析国际国内发展现状和趋势，结合山东省基础和实际，对未来 5 ～ 10 年现代农业领域需要重点攻关的前沿关键技术方向和技术链条进行了预见分析。

关键词： 新旧动能；现代农业；技术预见

当前，新一轮科技革命和产业变革呈现多领域、跨学科、群体性突破新态势，尤其云计算、物联网、移动互联网、大数据、3D 打印等信息技术及其创新应用层出不穷，以新技术、新产业、新业态、新模式为核心，以知识、技术、数据等新生产要素为支撑的经济发展新动能，正在成为引领全球经济复苏和增长的主导力量。准确把握新一轮科技革命和产业变革的趋势，科学预见和高度重视重大关键技术尤其是颠覆性技术带来的变革性影响，加强前沿领域的前瞻部署，通过新技术突破催生新产业、新业态和新模式，推进产业智慧化、智慧产业化、跨界融合化、品牌高端化，是山东省在重点领域打造先发优势、加快新旧动能转换的必经之路。

一、当前现代农业领域国际现状与趋势

（一）现代农业领域国际发展现状

与传统农业科技相比，现代农业科技具有智能化、生物化、产业化和企业化等 4 个显著的特征，农业高技术是发展现代农业的核心。随着生物技术、信息技术、新材料技术等高技术的不断发展，现代农业高技术发展迅速，以生物技术、信息技术为代表的高技术不断向农业科技领域渗透和融合，逐渐形成了分子育种技术、转基因技术、数字农业技术、节水农业技术、食品加工技术、航天育种技术等农业高技术体系。农业生物技术发展迅速，成为经济发展新的制高点，以转基因为核心的现代生物技术产业成为当今世界发展最快、最活跃的农业高技术产业领域之一。农业生物药物技术研究取得了一批重大突破，成为农业高技术研究领域角逐的重点领域，目前，以基因重组技术为代表的生物技术是农业生物药物研究的核心技术。工厂化农业是农业现代化发展的重要标志之一，现代计算机控制技术、传感器技术等是工厂化农业研究的核心技术，并成功运用到生产中，使工厂化农业初步实现了数字化、智能化。

（二）世界现代农业高技术发展趋势

当前，世界现代农业高技术发展主要呈现以下趋势：①基因资源竞争将越来越激烈，分子育种技术正在成为现代育种技术体系发展的重要标志和主要方向；②农业信息技术与数字化、网络化、智能机、

标准化技术将被广泛应用；③农业有害生物预防与控制研究向有害生物监测预警自动化、防止决策信息化、高效安全友好化、灾害风险最低化和治理效益最大化方向发展；④农业资源利用趋向循环化和综合化，资源管理趋向精准化，循环农业技术产业成为全球关注的热点和经济增长点；⑤动物疫苗、农业生物制品等农业药物技术将成为国际产品竞争的新领域，农业生物药物研究向基因工程化、发酵工程化趋势发展；⑥农业现代装备高技术向智能化、高效化、多功能化和大型化方向发展，工厂化农业技术与资源高效利用、生态保护剂节本增效技术的集成应用越来越受到重视；⑦生物质能源产业将成为清洁能源经济发展的新亮点，农业生物质能源技术向生物质能源转化技术和能源生物技术的趋势发展。

二、国内现代农业发展现状

现代农业技术与常规技术不断结合，促进农业生产发展，农业整体科技进步贡献率达到48%；建立了生物技术与杂交育种技术为代表的新品种培育体系，生物技术及种养、机械化和病虫害防治等技术的应用，大大提高了农业生产效率；建立了畜牧水产等良种繁育、集约化养殖和疾病防治技术体系。当前，国内农业科技领域发展态势主要有：①种源农业技术研究进展明显；②高效农业装备技术亟须提高；③农产品加工与食品安全受到全社会广泛关注；④农业生态需保持持续关注。《"十三五"国家科技创新规划》中将生物育种研发、粮食丰产增效技术、海洋农业与淡水渔业科技创新、农业污染防治、农机装备、盐碱地治理、智慧农业技术等作为现代农业技术的发展重点。

三、山东省现代农业领域现状

作为农业第一大省，山东省现代农业技术发展取得了长足的进步，农业科技进步贡献率已经达到61.8%。①育种技术不断取得突破，由原来的以常规育种为主，逐渐过渡为常规育种与高新技术育种相结合、以高新技术为主；②工厂化设施农业技术发展迅猛，在设施蔬菜、果树、林木种植和海产品工厂化生产及其综合配套技术体系方面，都取得了大批研究成果；③农业信息技术有了新的进展，已经在利用农业技术软件、决策支持系统进行农业资源管理和动态监测、决策咨询。围绕着节水、节地、土壤改良修复、农药残留治理、地膜污染防治实现了技术突破。

以种源农业技术促进农业生产发展，以农产品加工与食品安全相关技术提高生活水平，以农业生态与安全相关技术提高区域生态环境，是未来山东省农业科技发展的3个重要领域。

四、未来5～10年山东省现代农业领域需要重点攻关的前沿关键技术方向和技术链条

以发展农业高新技术产业、支撑农业转型升级为目标，围绕现代农业发展方向和市场需求，加强重点农业技术研发，着力突破良种培育关键技术，开发丰产栽培、作物生长辅助产品技术、智能化农业设施与装备，研发推广现代农业管理和生产技术、农业生物技术，建立信息化主导、智能化生产、生物技术引领、可持续发展的农业现代化技术体系，加强现代农业产业技术体系创新团队建设，支撑全省高效安全生态现代农业发展。依托主要农作物种质创新国家重点实验室，养分资源高效开发与综合利用国家重点实验室，玉米、花生、马铃薯、苹果等国家工程技术研究中心，国家农产品现代物流工程技术研究中心等国家级平台作用，紧紧围绕"新六产"，组织实

施"精准农业""良种工程""盐碱地绿色开发"等重大科技创新工程，重点突破制约山东省农业发展的关键技术。

（一）现代育种

围绕农业绿色增产、提质，在发展常规育种技术如种质改良与创新、试验组合测试技术、基因型与环境互作及控制技术的基础上，重点发展分子标记辅助育种技术、转基因育种技术等现代生物技术，丰富农业种质资源。

（二）盐碱地开发与粮食增产

开展盐碱地绿色开发技术攻关，促进盐碱地的开发利用；开展粮食绿色增产技术、丰产栽培、作物生长辅助产品技术，提升粮食产能。

（三）农产品和生态安全

积极推进农产品和生态安全技术研究，实现重大农林生物灾害监测预警和控制技术、农业资源高效利用技术、农产品安全检测技术、农产品安全追溯技术、农业环境监测和修复技术、农业废弃物综合治理技术等，推出一批农业技术标准。

（四）智慧农业

着力提升农业装备的智能升级改造，围绕农产品贮藏、流通和加工，重点开发现代智能设施、农产品贮藏、加工和冷链中的装备和设施、新型农机具，打造智慧农业系统。

（五）精准农业

充分利用大数据、云计算、物联网技术，着力发展农情数据采集的传感器技术、农田信息空间变异研究的地统计学技术、3S 空间技术、智能化变量投入技术，推进精准农业发展。加快推进"互联网+"与现代农业的融合，全面构建农业智能决策系统。

结合山东省实际，应优先部署以下 29 项关键技术研发（图 1）。

现代种业（围绕抢占种源制高点、促进农业增产增效等现代种业前沿方向技术）

现代育种
- ◆ 种质资源挖掘与利用
- ◆ 新品种创制
- ◆ 高效繁殖（育）
- ◆ 种子加工与检测

新品种选育
- ◆ 高产、优质、多抗及适宜轻简化、机械化、规模化作业的农业新品种（系）研发
- ◆ 油用牡丹、冬枣等名特优稀品种提纯复壮及新品种选育技术研究

精准农业（围绕发展智能化、精准化现代农业。构建信息技术支撑、农机农艺相结合的精准农业标准化技术支撑体系）

农情数据采集与管理实施
- ◆ 全球定位系统、农田信息采集系统、温感监测系统等传感器技术
- ◆ 农田信息空间变异研究的地统计学技术
- ◆ 3S空间技术、智能化变量投入技术

精准农业与绿色增产
- ◆ 精准耕种控制、设施农业精准管理、家禽水产精准养殖等核心技术研究
- ◆ 绿色增产技术体系研发

智慧农业（围绕提高农业生产效率和引领农业现代化。加快国家农业农村信息化示范省建设。发展智慧农业）

农机装备智能化
- ◆ 实施农业自动化、智能化关键技术
- ◆ 智能化农机装备开发
- ◆ 决策监控、先进作业装置及其控制器、传感器、基础件等关键技术

农业信息化关键共性技术
- ◆ 农产品物流过程品质动态监测与跟踪技术
- ◆ 农业大数据采集、存储、处理、分析挖掘等技术
- ◆ 农业数据资源优化整合技术
- ◆ 生鲜农产品现代物流保鲜技术

农产品和生态安全（围绕提升农产品附加值。保障农产品质量安全，推进农业安全、环保、高效。农业环境修复与资源高效利用。实现农业生态系统可持续发展与高效利用）

农产品加工与质量安全
- ◆ 有害残留快速检测及农产品全产业链质量安全管控技术
- ◆ 盐分、品质与营养功能成分识别鉴定技术

农业环境修复与资源高效利用
- ◆ 农田水土环境污染和土壤重金属污染的监测预警与综合防控技术
- ◆ 区域农业生态系统生物调控与修复技术
- ◆ 盐碱地绿色改造关键技术
- ◆ 面源污染控制技术
- ◆ 耕地质量提升与障碍因子修复障碍性土壤治理技术
- ◆ 农业废弃物资源化清洁利用技术

农业灾害与动物疫期防控
- ◆ 农作物病虫草害绿色防控技术
- ◆ 病源检测与疫情预警、诊断、综合防控和净化技术
- ◆ 新型疫苗与兽药创制技术

现代农业领域

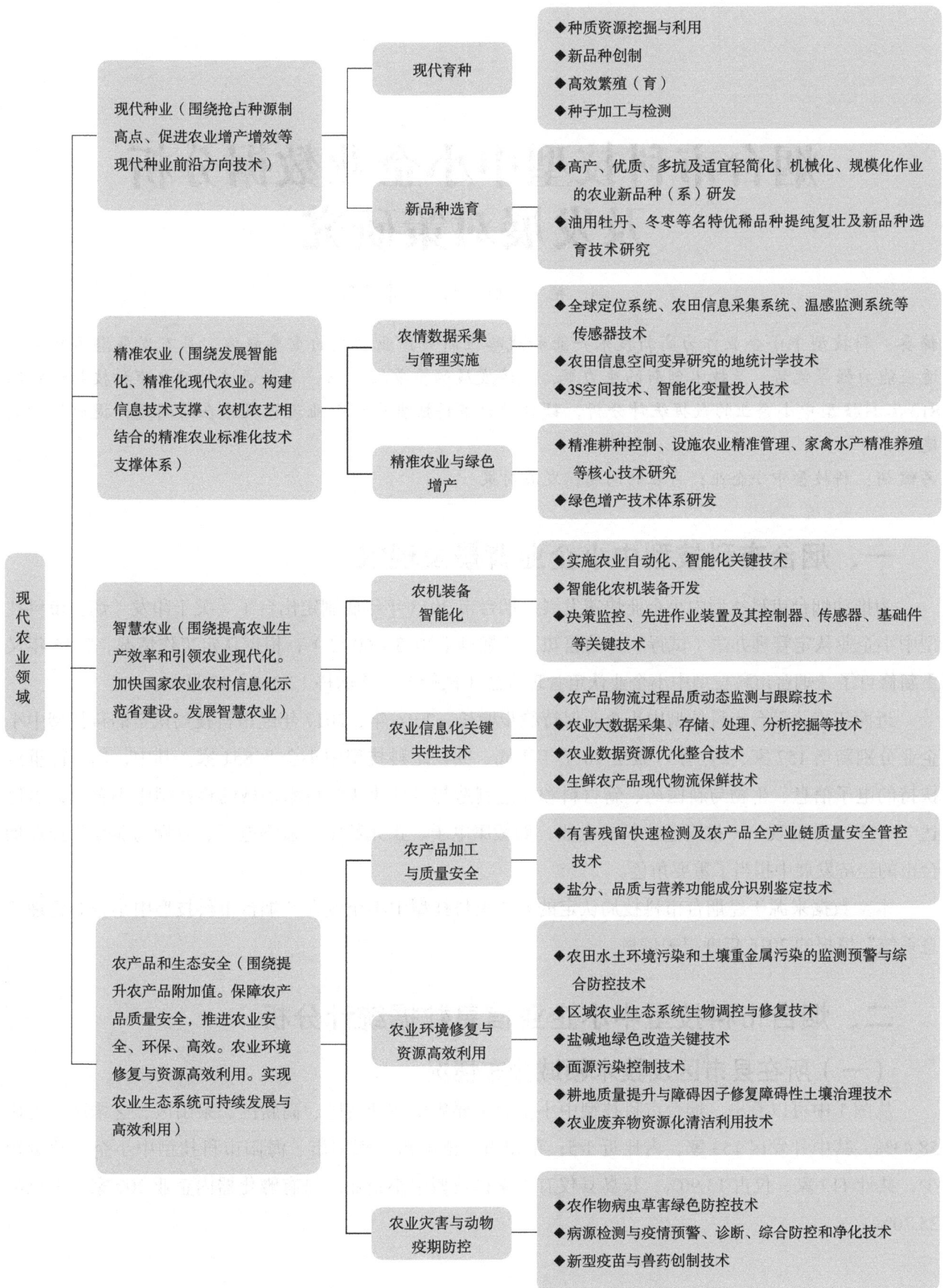

图 1　未来 5 ~ 10 年山东省现代农业领域需要优先部署的关键技术

烟台市科技型中小企业数据分析
及发展对策研究

郭艳　戚鹏　车倩倩

摘要：科技型中小企业作为高新技术产业和战略性新兴产业发展的重要载体，具有发展潜力巨大、适应能力强等优势，是技术创新的生力军，经济发展的重要增长点。本文通过对烟台市科技局认定的813家科技型中小企业的数据统计分析，针对烟台市科技型中小企业现状及存在的问题，提出了对策建议。

关键词：科技型中小企业；存在的问题；发展对策

一、烟台市科技型中小企业背景及现状

为推动烟台市科技型中小企业快速发展，烟台市2013年年底制定出台了《关于印发〈烟台市科技型中小企业认定管理办法（试行）〉的通知》（烟科〔2013〕60号），根据认定工作情况，2015年又重新修订了《烟台市科技型中小企业认定管理办法（试行）》（烟科〔2015〕48号）。

近两年来，烟台市科技型中小企业保持稳步增长，2016年、2017年经市科技局认定的科技型中小企业分别新增157家、291家。截至2017年年底，共认定科技型中小企业851家。其中，烟台市重点扶持的电子信息、生物与新医药、新材料和先进制造与自动化4个技术领域的科技型中小企业，占比达78.11%，并涌现出一批高速成长的企业，如毅康电子、正元数字、盛华电子、万润药业等已经在烟台市的经济发展中担当了重要角色。

本文数据来源于经烟台市科技局认定的813家科技型中小企业在"烟台市科技型中小企业管理信息系统"填报的2016年度报表信息。

二、烟台市科技型中小企业信息数据统计分析

（一）所在县市区及技术领域分布情况

从图1中可以看出，烟台市科技型中小企业主要集中在开发区、高新区、莱山区、芝罘区，占比58.43%，其中开发区153家，占比近1/5；莱州市、栖霞市、莱阳市、海阳市科技型中小企业数量较少，共计113家，仅占13.90%；长岛县仅有1家科技型中小企业。另有孵化器内企业209家，占比为25.70%。

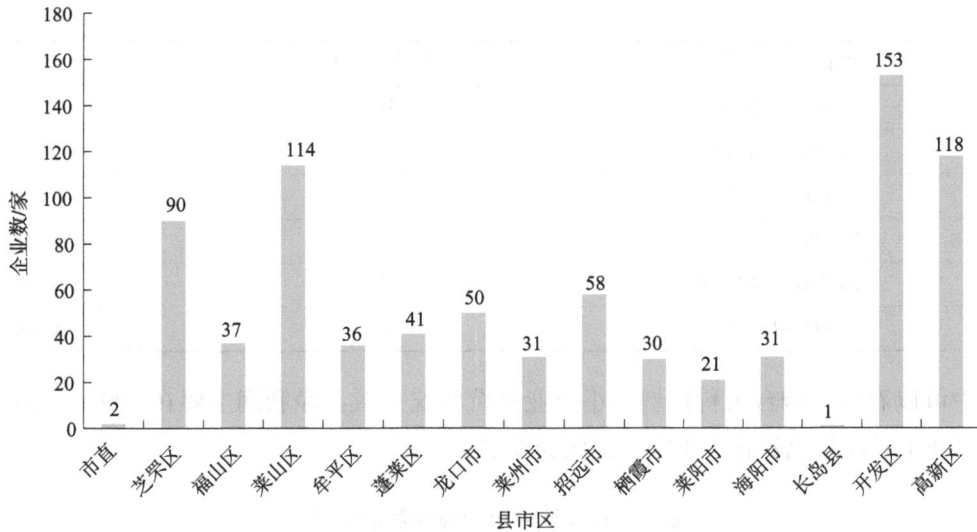

图1 科技型中小企业各县市区分布情况

从图2中可以看出，烟台市科技型中小企业主要集中在电子信息、生物与新医药、新材料和先进制造与自动化领域4个领域，占比达78.11%，尤其是电子信息和先进制造与自动化领域占比达到了43.54%。

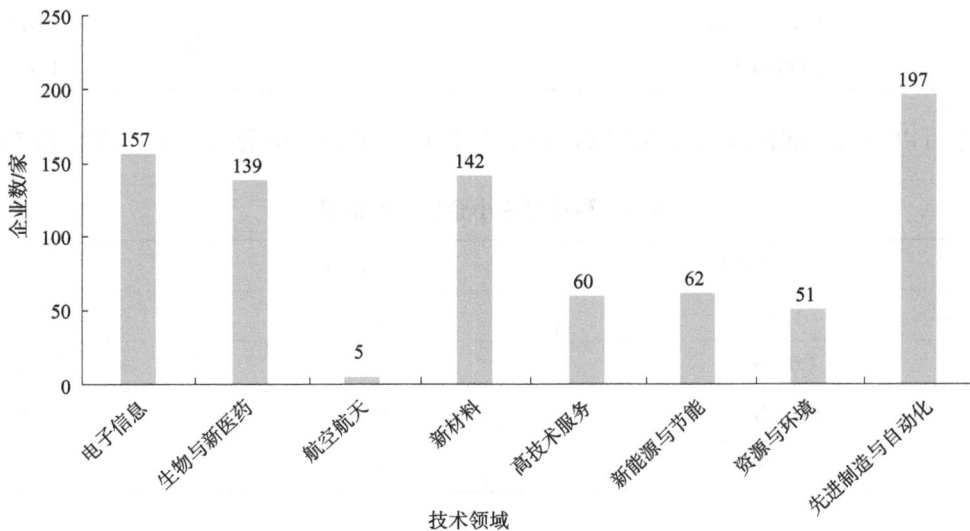

图2 科技型中小企业所属技术领域分布情况

（二）企业经营情况

从表1中可以看出，烟台市科技型中小企业年销售收入主要集中在2000万元以下，共有522家企业，占比64.21%，尤其是销售收入在500万元以下的，占比达43.30%。2亿元以上仅有54家，占比为6.64%。

表1 科技型中小企业销售收入情况

序号	销售收入/万元	企业数/家	占比
1	100以下	195	23.99%
2	100～500	157	19.31%
3	500～1000	69	8.49%

序号	销售收入 / 万元	企业数 / 家	占比
4	1000 ~ 2000	101	12.42%
5	2000 ~ 5000	112	13.78%
6	5000 ~ 10 000	66	8.11%
7	10 000 ~ 20 000	59	7.26%
8	20 000 ~ 40 000	43	5.29%
9	40 000 以上	11	1.35%

从表 2 中可以看出，烟台市科技型中小企业经营状况一般，净利润主要在 500 万元以下，占比为 82.90%，其中处于亏损状况的有 323 家，占比为 39.73%。

表 2　科技型中小企业净利润情况

序号	净利润 / 万元	企业数 / 家	占比
1	≤ 0	323	39.73%
2	0 ~ 500	351	43.17%
3	500 ~ 1000	60	7.38%
4	1000 ~ 2000	28	3.44%
5	2000 ~ 5000	38	4.67%
6	5000 以上	13	1.60%

从表 3 中可以看出，烟台市共有 447 家科技型中小企业纳税在 30 万元以下，占比为 54.98%。

表 3　科技型中小企业纳税情况

序号	纳税额 / 万元	企业数 / 家	占比
1	0	157	19.31%
2	（0，6]	173	21.28%
3	（6，30]	117	14.39%
4	＞ 30	366	45.02%

（三）研发投入及创新能力情况

从表 4 中可以看出，烟台市科技型中小企业重视技术创新，均开展了研发活动，研发投入占比 6% 以上的达到了 60.27%，3% 以上的达到了 92.62%，不足 3% 的仅有 60 家。

表 4　科技型中小企业研发投入占比情况

序号	研发投入占销售收入百分比	企业数 / 家	占比
1	＜ 2%	52	6.40%
2	[2%，3%）	8	0.98%
3	[3%，4%）	96	11.81%
4	[4%，5%）	74	9.10%
5	[5%，6%）	93	11.44%
6	≥ 6%	490	60.27%

从图 3 中可以看出，烟台市共有 466 家科技型中小企业与高校、科研院所开展了产学研合作。

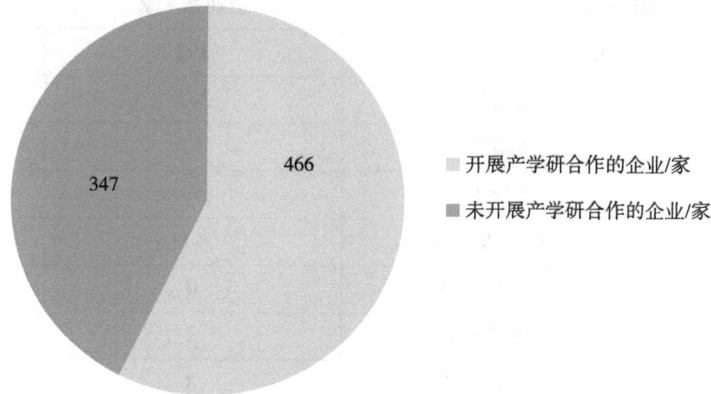

图 3 科技型中小企业产学研情况

从图 4 中可以看出，288 家科技型中小企业近 3 年承担过国家、省、市级科技计划项目。

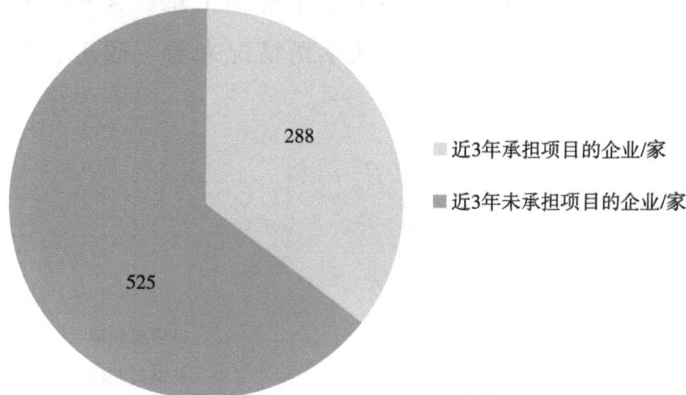

图 4 近 3 年承担国家、省、市级科技项目计划情况

从表 5 中可以看出，烟台市科技型中小企业共拥有知识产权 8637 项，平均每个企业拥有近 11 项知识产权。专利 6407 项，外观专利占 66.10%，发明专利占 24.50%，另还有 3912 项发明专利正在申报中。

表 5 科技型中小企业拥有的知识产权情况

序号	知识产权类型		数量
1	专利	发明授权	1570
		实用新型	602
		外观专利	4235
2	动植物新品种		65
3	计算机软件著作权		2147
4	集成电路布图设计		18
小计			8637

（四）融资需求情况

从表 6 中可以看出，烟台市科技型中小企业半数以上有融资需求，其中大部分为银行贷款。

表6 科技型中小企业融资需求情况

序号	融资需求		企业数/家	占比
1	无		392	48.22%
2	有	银行贷款	372	45.76%
		风险投资	52	6.40%
		主板上市	6	0.74%
		新三板上市	11	1.35%
		债券融资	0	0
		融资租赁	2	0.25%
		其他需求	8	0.98%

（五）人力资源情况

从图5、图6中可以看出，烟台市科技型中小企业职工总数为64 497人。从职称情况看，中级、高级职称占比分别为4.95%、2.12%。从学历情况来看，硕士、博士占比分别为3.69%、0.65%。

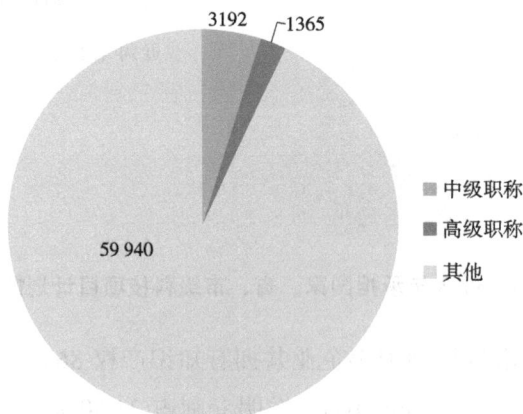

图5 科技型中小企业人员职称情况

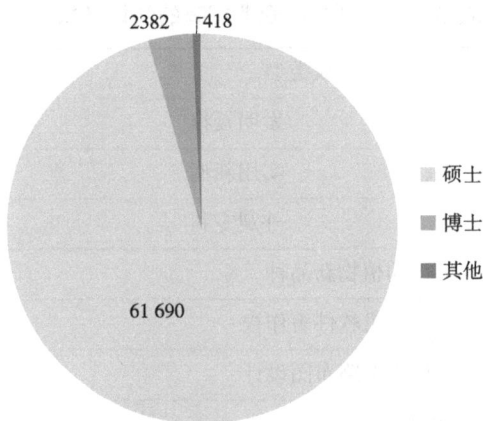

图6 科技型中小企业人员学历情况

从表7中可以看出，烟台市科技型中小企业从业人数20人以下的占比近1/3，100人以下的达到了77.86%。

表 7　从业人员数量

序号	从业人数	企业数/家	占比
1	< 20	267	32.84%
2	[20，100）	366	45.02%
3	[100，300）	136	16.73%
4	[300，1000）	41	5.04%
5	1000 以上	2	0.25%

注：因有一家企业未填写企业人员数量，故表中统计的是812家企业的从业人员情况，占比是按813家企业来计算的。

三、烟台市科技型中小企业存在的问题

（一）烟台市科技型中小企业地域及领域分布不均衡

813 家已认定的科技型中小企业中，开发区、高新区、莱山区、芝罘区科技型中小企业占比超过 58.43%，其他县市区较为薄弱，尤其是莱州市、栖霞市、莱阳市、海阳市、长岛县 5 个县市仅占14.02%。电子信息、生物与新医药、新材料和先进制造与自动化 4 个技术领域的科技型中小企业，占比达 78.11%，尤其是电子信息和先进制造与自动化领域占比达到了 43.54%。这与烟台市产业引导扶持政策，以及各县市区不同的招商引资、土地税收方面的扶持政策有极大关系。

（二）高学历、高层次人才短缺

全市 813 家科技型中小企业共聘用 64 497 人，大专以上的科技人员占比为 47.89%，硕士、博士仅占企业总人数的 4.35%，高级职称、中级职称占企业总人数的 7.07%。由此可见，高学历、高层次人才在从业人员中所占比例较少，与以创新生存发展的科技型企业的人才素质要求尚有差距，这一问题将直接导致企业的研发力量薄弱、创新能力不强，制约烟台市科技型中小企业的发展。

（三）小微型企业占比较大

全市 64.21% 的科技型中小企业年销售收入在 2000 万元以下，尤其是 43.30% 的企业销售收入在500 万元以下；全市 25.70% 的科技型中小企业处于孵化器内，孵化器内的企业大多为软件开发公司或无生产能力，处于种子期阶段；绝大部分企业人员总数低于 300 人，低于 20 人的占到了企业总数的近1/3，充分可以说明烟台市科技型中小企业普遍规模偏小，小微型企业占比较大。

（四）企业经营效益一般

烟台市 82.90% 的科技型中小企业净利润低于 500 万元，尤其是 39.73% 的企业尚处于亏损状况。烟台市科技型中小企业很重视技术创新，研发投入较高，科技成果也不少，但企业经营管理存在一定的问题，对资本运营存在一定程度的偏见。烟台市 421 家企业有融资需求，只有 79 家接受银行贷款以外的融资方式，占比不足 19%。企业发展离不开资本，科技成果的转化一刻也离不开资本的支持，对资本的任何偏见或处理不当，会导致融资的失策或延误，技术成果在产业化过程中处境尴尬，延误了市场机遇，企业投入得不到回报。

四、烟台市科技型中小企业发展对策

（一）加大对科技型中小企业的政策导向

制定差异化的科技型中小企业科技创新扶持政策。现有部分政策门槛过高，大部分小微企业难以达到申请条件，需进一步梳理和评估已经出台的政策法规，针对处于不同阶段的科技型中小企业进行

分类施策。例如,对初创期的,重点给予种子资金、天使引导基金、创业孵化、创业培训等方面的帮扶。对成长期的,重点给予信贷风险补偿等方面的帮扶。对壮大期的,重点帮助企业建立或扩大研发机构,在财税、土地等方面实施帮扶。对腾飞期的,重点给予完善企业管理制度、股权投资等方面的帮扶。

另外,针对科技型中小企业地域分布不均衡的情况,建议将科技型中小企业数量和增长幅度纳入县市区的科技进步考核之中,激励县市区制定扶持科技型中小企业的相关配套政策。

(二)加强人力支撑体系建设

针对烟台市科技型中小企业高层次人才短缺的问题,建议参照烟台市《支持重点企业(园区)加快引进高层次人才实施办法》,制定支持科技型中小企业引进高层次人才的实施办法,并在引才用才上向科技型中小企业倾斜,对科技型中小企业申报引进的国家重大人才工程、创新人才推进计划、泰山系列工程人才、市双百计划人才等高层次人才给予优先推荐、支持;通过不断完善聚才引才政策,为引进的技术创新人才提供较好的工作条件和生活条件,如帮助企业解决技术人才引进、职称评定、科技人才评选、奖励、住房及子女教育等实际问题,以留住高层次人才。

(三)加大创业培训和科技成果转化力度

一是加大创业培训宣传力度。很多企业对税收政策、金融产品、市场信息等了解不多,信息不对称现象普遍存在,导致企业在经营过程中与很多优惠政策擦肩而过。可通过政策宣讲、信息推送方式,帮助企业尽快融入市场、充分利用金融手段融资,提高企业经营管理水平。

二是科技成果转化方面,根据山东省人民政府办公厅《关于进一步促进科技成果转移转化的实施意见》(鲁政办字〔2017〕221号)的精神,优化创新券顶层设计与推广使用,鼓励研发机构、高等院校、企业购买专利管理、检验检测、技术经纪等专业服务,进一步降低企业研发成本、撬动科技服务市场需求。通过举办项目路演、发布会、网上展示等线上线下结合的方式,推介高校、科研院所的成果与企业对接,加快科研成果转化。加快推进烟台市科技成果转移转化市场化服务机构培育,积极引导具有丰富科技成果转移转化服务经验的人员或团队创办市场化、专业化服务机构。加快技术交易市场建设,搭建以企业技术创新需求为导向、以商业化市场交易为机制、以中介服务机构为支撑的科技成果转移转化市场体系。

(四)促进多方合作,拓宽科技型中小企业融资渠道

一是完善融资对接平台的建设。修改并完善产业导航服务平台中科技金融版块的功能,建立科技型中小企业融资对接平台,拓宽中小微企业的融资渠道,便利银行了解企业的经营状况,提高审贷效率,解决企业、银行信息不对称等情况。

二是加快推进科技融资担保公司筹建工作。财政资金和市再担保公司联合出资1亿元,筹建以科技型中小企业为主要服务对象的专业化科技融资担保公司,坚持商业化运作为主导,在有效控制风险管理的基础上,提高公司担保率和代偿率,将注册资金的杠杆率放大10倍,撬动银行10亿元贷款,能够满足200多家小微企业发展迫切需要的资金需求。同时,坚持政策引导,建立政策性风险补偿与补助机制,出现不良,给予担保公司一定比例的风险补偿,并根据担保公司担保额度给予一定比例的担保费奖励。积极探索应收账款质押、股权质押等多种贷款担保模式,为科技型中小企业提供专业化、个性化融资担保服务。

浅谈创新驱动发展战略背景下
我国核电发展思路

吴艳艳

摘要： 核电是对人类发展意义重大的高技术工业产品，也是国家能源战略的重要支撑。我国核电起步时间较晚，最初也以吸收引进技术为主。经过不断学习，我国核电人坚持自主创新，一直为打造自主核电技术不懈努力。如今，在创新驱动发展战略的宏观背景下，我国核电的发展日新月异，但在自主化和安全性等方面还存在明显不足。本文从核电的发展历程和国内外核电现状出发，结合核电发展中存在的问题，初步分析了我国核电的创新驱动发展方向。

关键词： 核电；安全性；自主化；创新驱动发展

0 引言

核电是对人类发展意义重大的高技术工业产品，也是国家能源战略的重要支撑。20世纪80年代，我国核电确定走引进、消化、研发、创新的技术路线。我国核电虽然起步晚，但一直坚持自主创新，并为打造自主核电技术不断努力。经过30年的努力，我国核电取得了巨大的进步和发展，但是存在的问题仍然不容忽视。

2018年4月28日，国务院发展研究中心研究员王亦楠在《中国经济周刊》发表一篇题为《不只是芯片，核电站"控制系统受制于人"隐患更大》的文章，披露了美国西屋公司违反约定，在浙江三门、山东海阳第三代核电站中隐藏核心技术的情况。文中提到：美国西屋公司将AP1000核电站数字化仪控系统的软件设计、硬件采购全部控制在自己手中，不让中方介入；在安全"命门"全盘由西屋掌控的情况下，业界一些人却仍简单地认为"控制系统出现问题时操纵员肯定会感觉到，就像开车时刹车坏了人自然会有感觉那么简单"，"核电站设有几层网络防护隔离措施，切断外部网络攻击路径就可以高枕无忧"等。殊不知，核电站的网络安全风险，不仅是防范来自互联网的外围攻击，更要防止控制系统本身被人开了后门，做了手脚，设定了后期突发场景。如果仪控系统被嵌入了恶意元器件或程序，完全可在特定条件下，通过非常规渠道实现远程操控或激活，这比外围攻击更难以鉴别和防范。

此文一出，激起千层浪。这不禁又让人想国际核安全专家佩奇·斯托特兰德（Page Stoutland）在2017年说过的话："目前核电站安全体系考虑的都是比较理想化的状态，而实际上系统复杂，上万数据节点很难管理，网络防御能力堪忧。"与严峻的国际形势相比，我国核电业对网络安全风险的认知水平和防范能力还相对滞后。

本文将梳理核电发展的历史和现状，并为我国核电的未来发展提出初步设想。

1 国内外核电发展历程

1.1 世界核电技术的发展

1954年6月，苏联建成了世界上第一座核电机组——5000 kW石墨水冷堆奥布涅斯克核电站，这标志着人类进入和平利用核能的时代，也翻开了核能用于发电的历史新篇章。经过半个多世纪的发展，核电技术主要经历了 3 个阶段的变革。

第一代核电技术是和平利用核能研发阶段的试验堆和原型堆。20 世纪 50 年代起开发建设的实验性原型核电站除了苏联奥布涅斯克实验性核电站，还有 1956 年英国建成的卡德豪尔石墨冷气堆原型核电站，1957 年美国建成的希平港压水堆原型核电站，1962 年加拿大建成的重水堆原型核电站等。

第二代核电技术被广泛应用于 20 世纪 70 年代至今仍在运行的大部分商业核电站，它们大部分已实现标准化、系列化和批量建设，主要种类有压水堆（PWR）、沸水堆（BWR）、重水堆（CANDU）和苏联设计的压水堆（VVER）和石墨水冷堆（RBMK）等。但是苏联切尔诺贝利核电站和美国三里岛核电站严重事故的发生，引起了公众对核电安全性的质疑，同时也让人们意识到第二代核电技术的不完善性，许多国家的核电发展也因此一度停滞。美国电力研究院对发展核电进一步进行了可行性研究，制定了《美国用户要求文件（URD）》，对新建核电站的安全性、经济性和先进性提出了要求。随后，欧洲也出台了《欧洲用户要求文件（EUR）》。在此基础上发展出第三代核电技术。

第三代核电技术是指满足 URD 或 UAR，具有更好安全性的新一代先进核电站技术。第三代技术与第二代技术最为根本的一个差别，就是第三代核电技术把设置预防和缓解严重事故作为设计核电站必须要满足的要求。

1.2　我国核电的发展阶段

我国核电发展主要经历了起步阶段、适度发展阶段、积极发展阶段和安全高效发展阶段。

1.2.1　起步阶段

20 世纪 70 年代初，我国大陆核电开始起步。1984 年，第一座自主设计和建造的核电站——秦山核电站破土动工，1991 年 12 月 15 日成功并网。

1.2.2　适度发展阶段

2000 年，中共十五届五中全会上提出了"适度发展核电"的方针。在此方针指导下，我国相继建成了浙江秦山二期核电站、广东岭澳一期核电站、浙江秦山三期核电站等。至此，我国核电设计、建造、运行和管理水平得到了很大提高，为我国核电加快发展奠定了良好的基础。

1.2.3　积极发展阶段

随着技术的创新，我国核电迈入批量化、规模化的快速发展阶段。截至 2013 年 8 月底，共有 28 台机组在建，装机容量为 3051 万千瓦，在建核电规模居世界第一。截至 2014 年，我国投入商业运行的核电机组共达 22 台，总装机容量为 20 305.58 MWe，约占全国电力总装机容量的 1.49%。

1.2.4　安全高效发展阶段

福岛核事故发生后，我国政府重新审视了我国核电发展的政策，变积极发展核电为安全高效发展核电。2014 年 3 月，习近平主席在海牙国际核安全峰会上首次阐述"中国核安全观"时提到"发展与安全并重，以确保安全为前提发展核能事业"。

2　核电发展现状

2.1　国外核电发展现状

由于核能的特殊性，核电的安全性和可靠性越来越引起人们的重视。现在，核电技术已经发展到第三代。相比验证性的第一代和标准化系列化的第二代,第三代核电安全性更高,防范措施更完善。如今,第三代核电技术已成为国际上核电发展的主流,核电发达国家已经开工建设和已向核安全当局申请建设许可证的核电机组几乎都是第三代。

由于第三代核电站的安全性和经济性都明显优于第二代核电,世界各国除了对正在运行的第二代机组进行延寿与补充性建一些二代加的机组外,接下来新一批的核电建设重点是采用更安全、更经济、更先进的第三代核电机组。我国引进的美国非能动 AP1000 核电站及广东核电集团公司引进的法国 EPR 核电站都属于第三代核电站。

2.2 我国核电发展现状

我国核电虽然以吸收引进技术为起步,但一直坚持自主创新,为打造自主核电技术而不懈努力。党的十八大以来,中国核电已经迈入全新阶段。目前,我国大陆在用核电机组 36 台,排名世界第四;在建核电机组 20 台,其中 10 台采用的是最新的第三代核电技术,是世界上在建核电机组数量最多的国家。

2.2.1 秦山核电基地

秦山核电基地是中国自行设计、建造和运营管理的第一座 30 万千瓦压水堆核电站,地处浙江省嘉兴市海盐县,是目前我国规模最大的核电基地,它正在以每年约 500 亿度电的发电量稳定地为华东电网提供能源(图 1)。

图 1　秦山核电基地

2.2.2 大亚湾核电基地

大亚湾核电基地是我国大陆第一座大型商用核电站,位于广东省深圳市大鹏新区。目前,整座基地每年为广东、香港等地输送约 450 亿度电,至今总发电量超过 6000 亿度(图 2)。

图 2　大亚湾核电基地

2.2.3 三门核电基地

三门核电基地拥有世界上首座第三代核电机组 AP1000。这座核电基地总投资超过 1000 亿元，是中美两国最大的能源合作项目，也将成为世界上第一个完成建设的第三代核电机组（图 3）。

图 3 三门核电基地

3 创新驱动发展战略下的中国核电发展思路

3.1 创新驱动发展战略

2012 年年底召开的党的十八大明确提出："科技创新是提高社会生产力和综合国力的战略支撑，必须摆在国家发展全局的核心位置。"强调要坚持走中国特色自主创新道路，实施创新驱动发展战略。这是放眼世界、立足全局、面向未来的重大决策。

创新驱动发展有两层含义：一是中国未来的发展要靠科技创新驱动，而不是传统的劳动力及资源能源驱动；二是创新的目的是为了驱动发展，而不仅仅是为了学术研究。

实施创新驱动发展战略，将科技创新摆在国家发展全局的核心位置，对我国形成国际竞争新优势，增强发展的长期动力具有战略意义；对我国提高经济增长的质量和效益，加快转变经济发展方式具有现实意义；对降低资源能源消耗，改善生态环境，建设美丽中国具有长远意义。

3.2 我国核电的创新驱动发展思路

3.2.1 发展自主产权

我国核电起步较晚，1985 年才开工建设第一座核电站（秦山核电站）。但在接下来的 30 多年里，我国核电发展迅猛，目前在建核电总装机容量已占全球总量的 40%。

最初，我国不仅核电技术需要引进，核电站关键设备和高级别核电钢也不能自主生产建造，大部分依赖进口。1973 年，我国启动研制核电钢，实现重大突破。2008 年，国产核岛级蒸汽发生器用钢 18MND5、16MND5 等成功应用于福建福清核电站项目建设，结束了我国不能生产高级别核电钢的历史。2010 年，核电蒸汽发生器的核心部件 690 U 形管成功实现国产化，我国成为全球第四个能生产该产品的国家。

目前，我国已经具备了第二代改进型和第三代核电站安全壳、压力容器、蒸汽发生器、主管道、堆内构件等关键用钢的生产制造能力。"华龙一号"六台机组的开工建设，包括福建福清 5 号、6 号机组，广西防城港 3 号、4 号机组，巴基斯坦卡拉奇 2 号、3 号机组，标志着我国核电技术自主创新的巨大进步。

在这短短的 30 年里，我国核电的迅猛发展与发展自主产权息息相关，打造自主技术是发展核电的决定性因素。但是也要看到，即使在今天，我国仍然不能实现核电的完全自主化生产建设，所以才有了贸易战阴霾下更大的担忧。

核电站的安全意义重大，核电广泛应用以后甚至可以关系到整个国家和民族的生死存亡，就像日本核电资深专家小仓志郎(曾参与福岛核电站设计、维护)反思福岛核电站事故时说的那样："拥有核电,等于自己装了核弹,而按钮却在敌人手里。你想要防卫的敌人难道都是超级善心人士、故意不去攻击核电厂弱点?这道理普通人都懂。"因此,核电创新驱动发展的重中之重是实现全部关键技术自主化,把"命门"牢牢把握在自己手里,否则整个国家的安全都会受到巨大的威胁。

3.2.2 提高安全性

核电发展历史上发生过几次严重的核事故,其中切尔诺贝利核事故和福岛核事故造成了放射性物质向环境的大量释放。这两次事故对世界核电的发展产生了巨大的影响,也使对安全的担心成为公众关注核电的焦点。福岛核事故发生后,我国政府重新审视了我国核电发展的政策,变积极发展核电为安全高效发展核电。

为防止核反应堆中的放射性物质外泄,包括"华龙一号"在内的第三代核电站反应堆一般都设置三道防护钢甲:核燃料棒包壳、一回路承压边界、安全壳,三道防护里应外合,交叉防御,对反应堆形成严密保护。

然而,核电站的风险不仅来自材料和设备本身的可靠性,还有更多来自网络的风险。而维护网络安全也不仅仅是防范来自互联网的外围攻击,更重要的是要防止控制系统本身被人做手脚。就像上文提到的王亦楠说的那样:如果仪控系统被嵌入了恶意元器件或程序,完全可在特定条件下,通过非常规渠道实现远程操控或激活,这比外围攻击更难以鉴别和防范。

可见,在核电未来的发展中,新技术新材料的运用固然可以提高核电安全性,来自网络的风险特别是恶意嵌入系统本身的风险,才是更加致命的安全隐患。如何提高核电站的网络安全是提高核电安全性亟待解决的大事。

3.2.3 提升经济性

提升核电经济性主要是控制成本,增强竞争力。当核电的电价低于联合循环的燃气机组的电价时,核电才更具有竞争力。

(1)持续优化设计

持续改进和优化是提高核电经济性的重要途径。例如,控制棒驱动机构已研制出耐高温的线圈,从而提高驱动机构工作的可靠性,并为简化堆顶结构创造了条件。

(2)材料和工艺创新

材料和工艺的发展也可以提高经济性。例如,利用纳米技术提高堆腔注水系统冷却水的导热性能和临界热流密度,从而使大容量的反应堆可以采用堆腔注水方式,万一发生严重事故时堆芯熔融物能保持在压力容器内,这样就可以简化严重事故缓解措施的设计和建造,大大节省投入的资金。

(3)新机组的研发

根据压水堆标准化设计的理念,建设四环路 1500 ~ 1600 MWe 的大型核电机组,将极大地提升核电的经济性,大容量的核电机组单位造价将降低 20% 左右。

4 总结

经过几十年不断努力,我国核电积累了不少经验。"华龙一号"作为我国核电走出去的旗舰,以其成熟而优秀的技术水平受到全球关注。目前,我国已与英国、阿根廷、埃及、巴西等近 20 个国家达成了合作意向。

但是,在取得的成绩面前,我们更应该清醒地认识到,相比美国、俄罗斯、法国、加拿大等传统核电技术大国,我国的核电发展仍然落后,特别是在掌握核心技术和防范网络风险等方面任重而道远。

坚持技术创新，尽快实现核电技术完全自主化，进一步优化设计，降低各类风险，这是新形势新环境下的迫切要求。在创新驱动发展战略的推动下，中国核电人应一如既往不遗余力地努力，相信砥砺奋进终会迎来崭新的发展和辉煌的未来。

参考文献

[1] 王亦楠. 不只是芯片，核电站"控制系统受制于人"隐患更大 [J]. 中国经济周刊，2018（17）：76-77.

[2] 张海. 第三代核电技术成为发展主流 [EB/OL]. [2017-05-03]. https：//www.81tech.com/news/zhongguohegongye/17405.html.

[3] 陈方强，王青松. 新时期我国继续发展核电的必要性 [J]. 能源技术经济，2012（6）：1-6.

[4] 许英明，王文娟. 我国核电产业链优化路径探讨 [J]. 工业技术经济，2010（2）：45-47.

[5] 丁其华，王海丹. 2009 年世界核电发展回顾 [J]. 国外核新闻，2010（1）：13-18.

[6] 吴运声. 浅析我国核电业发展面临的问题 [J]. 商业经济，2010（4）：53-54.

青岛市被动房建筑产业链
供给侧改革的转型升级新机遇

初　敏

摘要："被动房"是一种全新的节能建筑，通过利用可再生能源降低建筑能耗，对于推动建筑节能发展、推进供给侧改革转型升级，提供了重要机遇和平台。本文结合当前青岛市被动房建筑产业链建设现状提出了对策建议。

关键词：被动房；供给侧；转型

产业链是指各个产业部门之间基于一定的技术经济关联，包含价值链、企业链、供需链和空间链4个维度的概念。这4个维度在相互对接的均衡过程中形成了产业链，作为一种客观规律，它像一只"无形之手"调控着一个产业的兴盛与没落。"被动房"又称"被动式超低能耗绿色建筑"，是一种环保自然、采用现代保温隔热技术手段建造的新一代节能住宅。当前，被动式超低能耗建筑在世界范围内已经被广泛接受，在我国方兴未艾。被动式超低能耗建筑的发展将引领我国建筑节能发展的新方向，促进我国建筑行业供给侧改革的产业转型升级。因此，着力打造青岛市被动房建筑产业链，抢抓供给侧改革转型升级新机遇，是建筑行业乃至整个城市建设迫切需要解决的课题。

一、被动房建筑产业链的构成环节

产业链的本质是一个具有某种内在联系的企业群结构，产业链中大量存在着上下游关系和相互价值的交换，上游环节向下游环节输送产品或服务，下游环节向上游环节反馈信息。每个节点即是链上的一个环节。被动房建筑产业链包括建筑方案设计、标准，建材研发、生产，施工、验收认证，运营管理等构成环节。

1. 标准化的建筑方案设计产业

确立科学的建筑节能设计理念，在源头上把好关。设计策略可划分为两大部分：需求最小化策略和供给最优化策略。通过创新研究，科学设计规划，达到"被动房"建筑技术标准，提高"被动房"建筑的性价比，使之成为对普通城市居民具有吸引力并可以负担的建筑。

2. 工厂化的建筑材料及建筑产品产业

建筑材料及建筑产品是指主要为建筑工程生产产品、材料与部件的产业。主要是指对水泥、砂、石材料进行加工制作预拌混凝土，预制装配式标准化的构配件、制品；对各种型材和玻璃等进行加工制作建筑门窗；成品化卫生间等。还包括其生产线投资、建设厂房及配套的安装和施工器具，如模板、脚手架及其对应的生产线投资均涵盖于本产业链。

3. 装配化建筑制造产业

建筑制造产业是指施工阶段，是被动房建筑产业链的重要关键环节。传统粗放型的施工很难达到"被动房"建筑技术标准，也给人们的生命财产安全带来了隐患，精心施工才能达到被动式房屋强制性指标要求。按国务院办公厅印发的《关于大力发展装配式建筑的指导意见》，被动房建筑要创新研究，大力发展装配建筑方式。施工完成，需经权威机构验收，获得被动房标准认证。

4. 信息化的物业服务产业

物业服务产业是指咨询、监理、检测等传统行业及软件开发、新型城市基础设施管理等新型行业。被动式建筑遵循"可持续发展"的原则，由于被动式建筑产生而新增加的技术咨询服务行业、智慧节能运营管理行业、宣传行业，其涉及的所有软件设备、研发的新技术、专业化能源服务管理、环境服务管理、能源管理平台、各种宣传媒介等都应包含在技术服务产业中。

二、青岛市被动房建筑产业链现状分析

打造被动房建筑产业链，青岛市已有一定的基础和优势。在设计标准规范方面，青岛经济技术开发区内的"中德生态园被动房技术体验中心"是山东省首个被动式建筑示范项目。2016年9月22—23日，第一届亚洲被动房大会在中德生态园被动房技术体验中心顺利举行。体验中心不仅是严格按照国际被动房研究院PHI技术标准打造出的"亚洲样板"，也是集被动式建筑技术展示、交流和培训、办公、试体验居住等多功能于一体的综合性建筑。在新型环保建筑材料创新研究方面，青岛科瑞集团引领行业新潮，新型环保材料率先在国际上提出了STP超薄绝热（保温）板概念，克瑞克STP超薄绝热板（建筑保温系统）通过住建部成果评估，并通过国家检测中心检测：是目前国际上先进的外墙保温材料；该技术体系获得140余项国家专利，处于国际领先水平。在第一届亚洲被动房大会上作了主题发言。在建筑施工方面，青岛经济技术开发区内的"中德生态园被动房技术体验中心"，由青岛莱西建总承建，2016年9月顺利通过了中国建筑科学研究院及青岛被动屋工程技术有限公司实施的建筑整体最终气密性测试。另外，中德生态园还以被动房技术体验中心实时能耗数据作为参考，推动适宜中国的被动式建筑标准制定，探索被动式建筑在中国发展的新模式。其中，结合德国被动房研究院PHI的官方标准，中德生态园参与编制了中国被动式超低能耗绿色建筑部分设计准则，住建部已经发布。

被动房建筑在青岛的发展还处于初步阶段，目前存在的主要问题包括：一是建筑产业及建材生产制造现代化水平不高，建设周期较长，资源能源消耗较高。二是生产效率、科技含量、标准化程度偏低，尚无被动房设计及新型环保材料技术标准。三是参与被动房建筑及新型环保材料的厂家企业少。四是被动房建筑宣传不够及融资较难等。

三、打造青岛市被动房建筑产业链的对策与建议

1. 制订青岛市推动超低能耗被动房建筑产业链发展行动计划，抢抓供给侧改革转型升级新机遇

为推进青岛市超低能耗被动房建筑发展，需制定市级推动超低能耗被动房建筑产业链发展行动计划。计划应阐明超低能耗建筑节能减排，显著提高建筑质量，提升市民生活品质的重要意义；明确坚持政府推动、市场主导的基本原则；确定3年内建设不少于50万平方米的超低能耗示范建筑发展目标；主要任务和保障措施等，抢抓供给侧改革转型升级新机遇。

2. 尽快出台青岛市被动房建筑及新型环保建筑材料标准，健全标准规范体系

制定超低能耗建筑及新型环保建筑材料技术标准和规范，推动标准化、规模化发展。编制超低能耗建筑相关设计、施工、验收及评价标准，超低能耗建筑工程设计、施工标准图集，形成完善的超低能耗建筑设计施工标准体系及相关材料应用技术标准和施工技术规程。提供设计、工程、技术、材料等咨询服务，逐步形成在被动房建设、节能建筑技术研发等方面的核心竞争力。

3. 设立建筑材料产业园，引导供给侧改革转型升级

从供给侧结构性改革的角度看，建筑材料工业化是传统建筑业转型升级的开端。在高新区设立新型环保建筑材料产业工业园，加强超低能耗建筑材料技术研究和集成创新，鼓励开展超低能耗建筑相关技术和产品的研发，开展一批新技术、新材料、新设备、新工艺研究项目，通过资源整合、开放和共享，提升自主创新能力，降低成本，引导建筑材料供给侧改革转型升级。

4. 贯彻国务院办公厅《关于大力发展装配式建筑的指导意见》，推广装配式建筑方式

国务院办公厅《关于大力发展装配式建筑的指导意见》指出，发展装配式建筑是建造方式的重大变革，是推进供给侧结构性改革和新型城镇化发展的重要举措。装配式建筑是指在工厂化生产的部品部件，在施工现场通过组装和连接而成的建筑，像搭积木一样建房子，使建筑方式从手工业生产转向社会化大生产。达到建筑设计标准化、构件部品化、施工机械化、管理信息化为特征的"建筑工业化"的新型生产模式。要求 2018 年起全市符合条件的新建民用建筑原则上将全部采用装配式建筑。建筑工业化可以拉动上下游的一系列制造业，比如太阳能、光伏、一体化、地暖和厨卫等，促进冶金、建材、装饰等行业的发展，促进防火、防腐、保温、墙材和整体厨卫产品与技术的提高，对地方经济促进作用十分明显。

5. 加快人才队伍建设，促进建筑人才转型

加强对开发、设计、施工、监理人员相关业务的培训，改变传统劳动密集型、粗放式的生产方式，推行建筑工业化和生产经营集约化。建筑人才转型，优化业务结构，培育新的业务增长点，增强企业设计、勘察、施工、安装、装修一体化的施工总承包能力。鼓励相关领域的专家和科研人员投入到被动式建筑领域里来；鼓励有实力的高校和职业院校引进被动式建筑课题，注重硕士、博士等高级专门人才和各类技能型人才关于被动式建筑技术的教育与培训；引入更多技术型人才，促进建筑产业和建筑企业转型升级的实现。

6. 出台金融配套政策，引导社会资金参与

统筹市级财政资金，发挥政府资金杠杆作用，拓宽被动房建设产业融资渠道。建议通过减少土地出让金收益、减免营业税、低息贷款和财政补贴等多元化手段，切实保证被动房建设产业资金的投入。引导社会资金积极参与，推动市场化运作机制的形成，借鉴重庆市运用 PPP 模式积极推进棚户区改造的成果经验，争取国家开发银行贷款，并通过向商业银行借贷、发行债券等方式补充产业建设资金。在投资项目合作过程中，政府采取放弃部分早期收益、率先承担项目风险等方式，提升社会资金参与融资的积极性。对政府投资的项目，增量投资由政府资金承担；社会投资的项目由市级财政给予一定的奖励资金。

四、小结

综上所述，我们认为，打造青岛市被动房建筑产业链可行急需，抢抓供给侧改革转型升级新机遇机不可失。热切期盼有关部门大力推动，相关企业积极参与，共同促进青岛市建筑产业的可持续发展。

参考文献

［1］黄晓研，黄从运，黄启有. 国内被动房及相关产业的前景分析 [J]. 建材世界，2015，36（6）：55-58.

［2］丁枫斌. 基于青岛气候条件下被动房主要技术指标研究 [J]. 科技成果管理与研究，2014（12）：45-48.

［3］刘思奇，许鹏程. 被动房在中国发展的几点探讨 [J]. 居业，2015（8X）：66-67.

［4］黄晓研，杨再银. 试论我国被动房与节能窗的产业发展 [J]. 玻璃，2015，42（6）：33-38.

［5］国贤发，戴占彪. 浅析中国"被动房"中节能建筑的关键技术 [J]. 中国建筑金属结构，2013（4X）：179.

互联网+科技情报
研究与应用

"互联网+"在科技服务中的应用与实践
——烟台市科技服务云平台

刘晓娜　　王　媛　　郑学通

摘要：随着移动互联网、大数据、云计算、物联网与人工智能等新技术、新业务和新生态的发展，各行各业正在以互联网为平台进行融合创新，进入到了"互联网+"快速发展的时代。烟台生产力促进中心牢固树立"创新是引领发展的第一动力"的理念，聚焦国家创新型城市和制造业强市建设，聚力打造"互联网+科技服务"新业态，创新建设集科技管理、科技数据、科技资源和科技服务四大功能于一体的"烟台市科技服务云平台"。及时全面掌握科技数据，提高科技管理效率，使科技主管部门真正实现从科技管理向创新服务的转变。

关键词："互联网+"；科技服务

一、"互联网+"

在全球新一轮科技革命和产业变革中，互联网与各领域的融合发展具有广阔前景和无限潜力，已成为不可阻挡的时代潮流，正对各国经济社会发展产生着战略性和全局性的影响[1]。随着移动互联网、大数据、云计算、物联网与人工智能等新技术、新业务和新生态的发展，各行各业正在以互联网为平台进行融合创新，进入到了"互联网+"快速发展的时代[2]。

1. "互联网+"概念的提出

2012年11月，易观国际董事长兼首席执行官于扬在易观第五届移动互联网博览会首次提出"互联网+"理念。他认为在未来，"互联网+"公式应该是我们所在行业的产品和服务，在与我们未来看到的多屏全网跨平台用户场景结合之后产生的这样一种化学公式。

2014年11月，李克强出席首届世界互联网大会时指出，互联网是大众创业、万众创新的新工具。

2015年3月，全国两会上，全国人大代表马化腾提交了《关于以"互联网+"为驱动，推进我国经济社会创新发展的建议》[2]的议案。他认为我们需要持续以"互联网+"为驱动，鼓励产业创新、促进跨界融合、惠及社会民生，推动我国经济和社会的创新发展。他希望这种生态战略能够被国家采纳，成为国家战略。

2015年3月5日上午，十二届全国人大三次会议上，李克强总理在《政府工作报告》中首次提出"互联网+"行动计划，推动移动互联网、云计算、大数据、物联网等与现代制造业结合，促进电子商务、工业互联网和互联网金融健康发展，引导互联网企业拓展国际市场。

2015年7月，国务院印发《关于积极推进"互联网+"行动的指导意见》[1]，这是推动互联网由消费领域向生产领域拓展，加速提升产业发展水平，增强各行业创新能力，构筑经济社会发展新优势和新动能的重要举措。

2. "互联网+"的内涵与意义

"互联网+"代表一种新的经济形态，即充分发挥互联网在生产要素配置中的优化和集成作用，将互联网的创新成果深度融合于经济社会各领域之中，提升实体经济的创新力和生产力，形成更广泛的以互联网为基础设施和实现工具的经济发展新形态[1]。

通俗来说，"互联网+"就是"互联网+各个传统行业"，但这并不是简单的两者相加，而是利用信息通信技术及互联网平台，让互联网与传统行业进行深度融合，创造新的发展生态。

"互联网+"正在大力促进着我国经济社会的发展。

（1）"互联网+"成为产业转型升级和融合创新的重要平台

互联网正在重塑传统产业，推动信息通信技术与传统产业的全面融合。在广度上，"互联网+"正在以信息通信业为基点全面应用到了第三产业，并正在向第一和第二产业渗透。在深度上，"互联网+"正在从信息传输逐渐渗透到销售、运营和制造等多个产业链环节，并将互联网进一步延伸，形成人与物、物与物的全面连接，促进产业链的开放融合。

（2）"互联网+"推动产业生态共赢，促进大众创业、万众创新

创新是互联网发展的生命线，如以微信为代表的"快速迭代式"创新模式，迅速满足用户需求、解决用户痛点，同时通过开放接口和开放平台，推动了"生态协同式"的产业创新，带来了新产品、新模式与新生态，促进了大众创业、万众创新。

（3）"互联网+"整合并优化公共资源配置，极大地惠及民生

"互联网+"通过打破信息不对称、减少中间环节，提升劳动生产率，从而提升资源使用效率。通过"互联网+"的发展，将公共服务辐射到更多有需求的群体中去，提供跨区域的创新服务，为实现教育和医疗等公共稀缺资源均等化提供全新平台。

（4）"互联网+"促进共享经济发展，提高资源使用效率

共享经济的核心是提倡互利共享，高效对接供需资源，提升闲置资源利用率，提供节能环保与资源再利用的创新模式。

二、科技服务业

科技服务业作为新兴产业已经逐渐成为现代服务业的重要内容，其主要包括研究开发、技术转移、检验检测认证、创业孵化、知识产权、科技咨询、科技金融、科学技术普及等方面的内容，具有人才智力密集、科技含量高、产业附加值大、辐射带动作用强等特点。经济新常态下，加快发展科技服务业，对科技成果转化，促进科技经济深度融合，对调整优化产业结构，培育新经济增长点，对实现科技创新引领产业升级，推动经济向中高端水平迈进，对深入创新驱动发展战略，推动经济提质增效都具有重大的现实意义[3]。

烟台科技服务业发展还处于初级阶段，与先进城市相比还有较大差距。适应经济新常态、科技创新发展的需求，以及弥补烟台服务业发展"短板"的需求，烟台必须着力推动科技服务业加快发展。

1. 烟台科技服务业发展的现状

近年来，烟台根据国家实施创新驱动发展战略，立足产业发展科技服务需求，以加快科技成果转化为主线，积极集聚各类创新要素，着力推进科技服务业发展，科技服务能力和水平稳步提高，科技服务内容和模式不断深化，新型科技服务组织和服务业态不断涌现，在推进自主创新、加快转方式调结构的进程中发挥了重要作用。

科技服务业产业规模持续扩大、产业体系不断优化、科技服务新模式不断创新。烟台科技服务业发展虽然取得了一定成就，但是与国内科技服务业先进城市相比，仍面临产业规模少、服务体系不健全、链条不完善、模式不清晰、高端人才匮乏、政策相对滞后等实际问题。

2. 科技服务业面临的机遇

（1）科技服务业正成为全球新兴产业

科技创新已经成为推动经济发展的主要动力。随着技术的不断进步和科技创新需求的逐渐多样化，科技创新服务链条开始不断细化分解，各创新要素不断进行重组和对接，社会上涌现出了一批新的创新服务模式和业态，对全社会科技创新发展的带动和提升效应也日益凸显。

（2）新技术极大丰富了科技服务的手段和业态

随着云计算、物联网、移动互联网、大数据等新技术在科技服务领域应用的不断深入，催生出许多基于互联网的各类新兴服务业态，从技术、服务内容、商业模式等方面挑战与颠覆了现有的服务业产业链格局，并产生新的商业运作模式，极大地拓展了科技服务机构的服务范围和半径，服务效率显著提升。

（3）烟台创新驱动发展亟须科技服务业支撑

科技服务业是围绕创新的全链条来发展的。科技服务的一个重要任务，就是要对科技创新提供可靠的支撑，在整个创新驱动过程中，普遍的难题是创新资源的有效整合，特别是科技创新成果的转化，科技服务是破解科技创新和科技成果转化难题的关键一环。

（4）政策环境正日趋优化

目前，从国家到省级，科技服务业发展的政策正日趋完善，科技服务业大发展的环境正在形成。

三、"互联网＋科技服务"——烟台市科技服务云平台

为贯彻落实山东省委、省政府《关于深化科技体制改革加快创新发展的实施意见》和烟台市委、市政府《关于进一步加快创新驱动发展的意见》，烟台生产力促进中心与科技局牢固树立"创新是引领发展的第一动力"的理念，聚焦国家创新型城市和制造业强市建设，聚力打造"互联网＋科技服务"新业态，创新建设"烟台市科技服务云平台"（网址：http：//www.ytstc.cn/）。

烟台市科技服务云平台是服务于政府、企业、高校、院所和创新机构（科技中介、金融服务等）5类创新主体，集科技管理、科技数据、科技资源和科技服务四大功能于一体的"互联网＋科技服务"云平台。

1. 平台背景与目标

平台的打造是科技主管部门从科技管理向创新服务转变的重要手段之一，有利于及时全面掌握科技数据、提高科技管理效率；有利于促进科技成果转化，降低科技创新创业成本。通过平台的打造，进一步促进烟台科技服务实现精准化、便捷化和网络化。目标如下：

（1）科技服务精准化

按照公众和企业办事需求，让数据"多跑路"，让群众"少跑腿"，实现科技服务精准供给。

（2）科技服务便捷化

以用户为中心，应用云计算、大数据、移动互联网等新技术，整合科技服务资源和流程，提供Web端、PC客户端、移动客户端服务，实现全天候、全方位、便捷化服务。

（3）科技服务网络化

打造线上线下融合、市区两级联动的科技服务平台体系，着力破解"信息孤岛"，建成网上统一身份认证体系，推动科技服务平台向基层延伸，促进实体办事大厅规范化建设，公众和企业办事网上直办、就近能办、异地可办。

2. 平台服务功能

平台采用互联网、大数据、云计算等技术手段，通过"一厅三库"建设即"网上办事大厅""科技数据库""资源共享库""特色服务库"，实现科技管理一站式服务、科技数据一网打尽、科技资源实时共享和科技服务更具特色。

（1）科技管理一站式服务

搭建"网上办事大厅"，便捷科技管理。通过梳理办事指南，简化办事流程，整合科技计划、成果奖励、技术合同登记、高新技术企业认定等业务系统，将科技管理工作流程信息化、网络化、集成化，实现通知、申报、评审、动态数据填报、事项进度查询等"一站式"网上服务，提高了办事效率和透明度，变"群众跑腿"为"信息跑路"。

（2）科技数据一网打尽

打造"科技数据库"，形成数据仓储。建设企业、专家、成果、政策、技术交易、创新平台等数据库，用真实、动态、完整的数据及时反映全市科技创新现状，做到有据可查、有据可依。

（3）科技资源实时共享

建立"资源共享库"，共享科技资源。对科技报告、查新报告、《烟台科技》、《科技参考》等文献资源提供网络阅读；将《科技合作情况简报》《大型仪器共享月报》等工作简报进行网上公开，符合政务信息公开的要求，同时扩大了受众面，拓展了共享共用范围，使资源利用更加高效。

（4）科技服务更具特色

开拓"特色服务库"，提升服务水平。利用大数据优化分析技术，深挖数据价值，推出大型仪器共享、科技政策服务、成果评价与展示、创新创业服务、技术供需撮合、科技成果交易、科技金融、产业数据统计与分析、即时资讯推送、创新地图展示、政务通和会务活动等科技创新服务系统，使科技服务更加精准、更具特色和更有价值。

除 Web 端之外，平台还建成了微信公众号及移动 APP 端。其中，烟台科技微信公众号，每天推送全国重要科技政策信息及平台活动动态，充分整合利用第三方服务平台开放、闲置的创新创业资源，建立创新资源分享平台，实现在全市范围内的共享共用，使资源利用更加便捷高效。

烟台科技 APP 既是科技服务云平台的移动端，也是移动互联时代搭建科技服务云平台不可或缺的一环。烟台科技 APP 以科技服务云平台为资源支撑，与网站进行资源共享、用户同步，并利用移动端的便捷性优势，让用户可随时随地获取内容服务，强化与其他要素的互联互通，实现待办事项的及时处理。

四、结语

烟台市科技服务云平台利用云计算、大数据等新技术手段，真正实现了集科技管理、科技数据、科技资源和科技服务于一体的"互联网＋科技服务"。平台已于 2018 年 2 月 1 日正式上线运行。其实现了市、区两级科技服务大数据的互联互通，及时全面掌握科技数据，提高科技管理效率，可以帮助政府洞悉产业、优化资源、科学决策；帮助企业简化办事流程、及时获取信息、技术攻关、创新发展；帮助高校转化成果、促进合作、服务地方。打造引领鲁东、示范全国的科技服务云平台，营造资源聚集、开放共享、面向人人、信息畅通、对接便捷、富有活力、持续发展的创新氛围，构建创新创业生态圈。

参考文献

[1] 马化腾.关于以"互联网＋"为驱动，推进我国经济社会发展的建议 [J]. 中国科技产业，2006（3）：38-39.

基于山东省轻工集体行业经济运行及预测预警系统定制网络爬虫抓取信息的设计与实现

黄新华　　黄玮　　于洪宽

摘要：运用网络爬虫对网页进行抓取的技术，把中国轻工集体行业经济运行及预测预警系统中大量的、多年的、各行业的各种经济运行分析数据，自动抓取到山东省轻工集体行业经济运行及预测预警系统中。基于山东省轻工集体行业经济运行及预测预警系统定制开发了山东轻工经济信息抓取数据专用系统。

关键词：网络爬虫；网页自动抓取；预测预警系统；经济运行分析数据

1　系统开发背景

中国轻工集体行业经济运行及预测预警系统有大量的、多年的、各行业的各种经济运行分析数据。这些数据的展示都是以网页和表格形式进行展示，不利于手工抓取到山东省轻工集体行业经济运行及预测预警系统中，目前山东省轻工集体行业经济运行及预测预警系统主要的数据来自中国轻工集体行业经济运行及预测预警系统。山东省轻工集体行业经济运行及预测预警系统当初设计的思路是：采集数据的方式是手工复制、粘贴、提交，发布到山东省轻工集体行业经济运行及预测预警系统中。山东省轻工集体行业经济运行及预测预警系统未来也有对行业数据进行分析的需求，由于手工发布数据的重复、烦琐，选择一种新抓取技术很有必要。

开发抓取中国轻工集体行业经济运行及预测预警系统行业数据程序，是运用了网络爬虫对网页进行抓取的技术。使用程序把中国轻工集体行业经济运行及预测预警系统中，大量的、多年的、各行业的各种经济运行分析数据，自动抓取到山东轻工集体行业经济运行预测预警系统中。针对中国轻工集体行业经济运行及预测预警系统的数据，基于山东省轻工集体行业经济运行及预测预警系统定制开发了山东轻工集体行业经济信息自动抓取程序及发布系统。

系统实现的功能：按经济指标、分行业在本地数据库中设置抓取中国轻工集体行业经济运行及预测预警系统的链接信息；按经济指标、分行业、按年、月把中国轻工集体行业经济运行及预测预警系统中大量的、多年的、各行业的各种经济运行分析数据，通过手工干预自动抓取到山东省轻工集体行业经济运行及预测预警系统中。

2　网络爬虫

网络爬虫，是一种按照一定的规则，自动的抓取万维网信息的程序或者脚本。网络爬虫为搜索引擎从 Web 上下载网页，是搜索引擎的重要组成部分。通用网络爬虫从一个或若干个初始网页的 URL 开始，获得初始网页上的 URL 列表；在抓取网页的过程中，不断从当前页面上抽取新的 URL 放入待爬行队列，直到满足系统的停止条件。

主题网络爬虫，是根据一定的网页分析算法过滤与主题无关的链接，保留主题相关的链接并将其放入待抓取的 URL 队列中；然后根据一定的搜索策略从队列中选择下一步要抓取的网页 URL，并重复上述过程，直到达到系统的某一条件时停止。所有被网络爬虫抓取的网页将会被系统存储，进行一定的分析、过滤，并建立索引，对于主题网络爬虫来说，这一过程所得到的分析结果还可能对后续的抓取过程进行反馈和指导。

网络爬虫种类繁多，如果按照部署在哪里分，可以分成以下两种。

（1）服务器端：一般是一个多线程程序，同时下载多个目标 HTML，可以用 PHP、Java、Python 等做，一般综合搜索引擎的爬虫这样做。但是，如果对方讨厌爬虫，很可能封掉服务器的 IP，服务器 IP 又不容易改，另外耗用的带宽也较贵。

（2）客户端：很适合部署主题网络爬虫，或者叫聚焦爬虫。这类爬虫不是什么页面都取的，而是只取关心的页面，而且只取页面上关心的内容。例如，提取黄页信息、商品价格信息，还有提取竞争对手广告信息的。这类爬虫可以部署很多，而且可以很有侵略性。可以低成本大量部署，由于客户端 IP 地址是动态的，所以很难被目标网站封锁。

山东轻工经济信息自动抓取及发布系统基于主题网络爬虫的客户端方式进行开发。主题网络爬虫的基本思路就是按照事先给出的主题，分超链接和已经下载的网页内容，预测下一个待抓取的 URL 及当前网页的主题相关度，保证尽可能多地爬行、下载与主题相关的网页，尽可能少地下载无关网页。

3　实现方法

利用 VB 的网页抓取技术，通过中国轻工集体行业经济运行及预测预警系统行业分析的某个链接，抓取某个行业分析的数据和图片链接。通过程序自动保存到山东省轻工集体行业经济运行及预测预警系统服务器上。

利用 VB 技术，开发网页抓取数据程序。通过程序已经实现抓取中国轻工集体行业经济运行及预测预警系统中产量分析、进出口分析、资产 / 利润 / 主营业务收入三部分数据，通过程序自动保存到山东省轻工集体行业经济运行及预测预警系统上。

抓取数据分为按大类抓取（如产量月度及增速情况）和按小类抓取（如产量月度及增速情况——家用电冰箱）两种方法。

3.1　产量分析

按大类分包括：产量月度及增速情况、产量地区分布情况。

按小类分包括：

家用电冰箱（台）、房间空气调节器（台）、家用吸排油烟机（台）、电饭锅（个）、家用电热烘烤器具（个）、微波炉（台）、家用洗衣机（台）、家用电热水器（台）、家用燃气灶具（台）；

家具（件），其中：木质家具（件）、金属家具（件）、软体家具（件）；

轻革（平方米）、皮革服装（件）、天然毛皮服装（件）、皮革鞋靴（万双）；

塑料制品（吨），其中，塑料薄膜（吨）[其中，农用薄膜（吨），其他塑料薄膜（吨）]，泡沫塑料（吨），塑料人造革、合成革（吨），日用塑料制品（吨），其他塑料制品（吨），不锈钢日用制品（吨）。

3.2　进 / 出口分析

按大类分包括：出口贸易国分布及增速情况、出口贸易方式分布情况、出口地区分布情况、进口贸易国分布及增速情况、进口贸易方式分布情况、进口地区分布情况。

按小类分包括：

皮革、皮革及其制品、毛皮及其制品、鞋类制品；

家具、木家具、金属家具、塑料家具、竹／藤／柳条及类似材料制家具、其他材料制家具及家具零件、坐具及其零件、牙科、理发椅及其零件、医用家具、弹簧床垫；

塑料、塑料单／丝／条／杆型材及异型、塑料管及其附件、塑料板／片／膜／箔／带及扁条、塑料人造革、合成革、塑料包装箱及容器及其附件、塑料零件、建筑用塑料制品、日用塑料制品、其他塑料制品；

五金、金属制手工工具、刀剪及类似日用金属工具、金属包装容器及其附件、锁及其附件、金属制洗涤／卫生器具、金属制餐厨类用具及家用器具、家用炉灶和类似器具及其零件、燃气热水器、非电热供暖散热器及其零件、金属制厨用手动机械器具、金属制其他轻工行业相关产品；

家电、洗衣／干衣及类似机器及零件、冷藏冷冻箱、电风扇、空气调节器、冷藏冷冻箱及空调用压缩机、家用厨房电器具及其零件、家用电热水器、家用美容／保健电器具及零件、真空吸尘器及其零件、电熨斗、其他家用电器；

工美、雕塑工艺品、珠宝玉石制品及半成品、首饰及仿首饰、抽纱刺绣工艺品、地毯、挂毯类工艺品、金属工艺品、天然植物纤维编织工艺品、花画工艺品、发制品、其他工艺品；

轻工机械、制浆和造纸专用设备、食品饮料制造及加工机械、皮革毛皮及制品加工专用设备、塑料加工专用设备、其他轻工机械、轻工机械零件；

轻工全行业。

3.3 资产／利润／主营业务收入

按大类分包括：利润总额月度及增速情况、利润总额地区分布情况、资产负债率月度及增速情况、资产负债率地区分布情况、主营业务收入月度及增速情况、主营业务收入地区分布情况。

按小类分包括：

皮革、皮革鞣制加工、皮革制品制造、毛皮鞣制及制品加工、羽毛（绒）加工及制品制造、制鞋业；

家具、软木制品及其他木制品制造、木质家具制造、竹／藤家具制造、金属家具制造、塑料家具制造、其他家具制造；

塑料、塑料薄膜制造、塑料板／管／型材的制造、塑料丝、绳及编织品的制造、泡沫塑料制造、塑料人造革、合成革制造、塑料包装箱及容器制造、日用塑料制造、塑料零件制造、其他塑料制品制造；

工艺美术、竹、藤、棕、草制品制造、乐器制造、工艺美术品制造、玩具制造、陶瓷制品制造；

家电、家用电力器具制造、非电力家用器具制造；

五金衡器、手工具、农园林及日用金属工具制造、金属包装容器制造、建筑、安全用金属制品制造、金属制日用品制造、轻工通用设备制造、日用杂品制造；

室内装饰、照明器具制造；

机械制造、轻工生产专用设备制造；

体育用品、体育用品制造；

轻工全行业。

产量分析中某大类下的小类共 26 个，进／出口分析中某大类下的小类共 67 个，资产／利润／主营业务收入中某大类下的小类共 46 个。把产量分析中的大类和小类按系统编码要求，预先保存在数据库中，表中共有 2×26=52 行数据；把进／出口分析中的大类和小类按系统编码要求，预先保存在数据库中，表中共有 6×67=402 行数据；把资产／利润／主营业务收入分析中的大类和小类按系统编码要求，预先保存在数据库中，表中共有 6×46=276 行数据（图 1）。

图1 产量分析中按系统编码要求设计形成的数据库界面

4 实现步骤

4.1 登录系统

通过抓取程序，分两次登录中国轻工集体行业经济运行及预测预警系统、山东省轻工集体行业经济运行及预测预警系统。

中国轻工集体行业经济运行及预测预警系统分普通用户和证书用户，证书用户是通过数字认证的证书（U盘）赋予用户查看浏览中国轻工集体行业经济运行及预测预警系统信息数据的权力；山东省轻工集体行业经济运行及预测预警系统分普通浏览者和管理用户，管理用户是通过用户名和密码赋予用户查看浏览山东省轻工集体行业经济运行及预测预警系统信息数据的权力。

抓取程序作为客户端的网络爬虫，在不影响中国轻工集体行业经济运行及预测预警系统、山东省轻工集体行业经济运行及预测预警系统的前提下，作为一个桥梁实现了自动抓取和自动上传数据的任务。

一是登录中国轻工集体行业经济运行及预测预警系统为程序抓取数据做准备（图2）。二是登录山东省轻工集体行业经济运行及预测预警系统为程序上传抓取数据做准备（图3）。

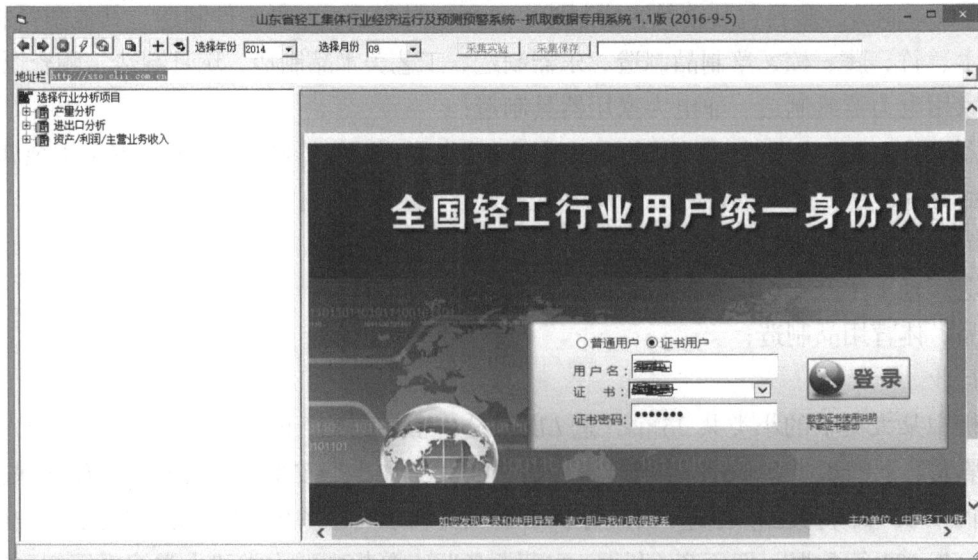

图2 山东省轻工集体行业经济运行及预测预警系统的抓取数据专用系统准备界面

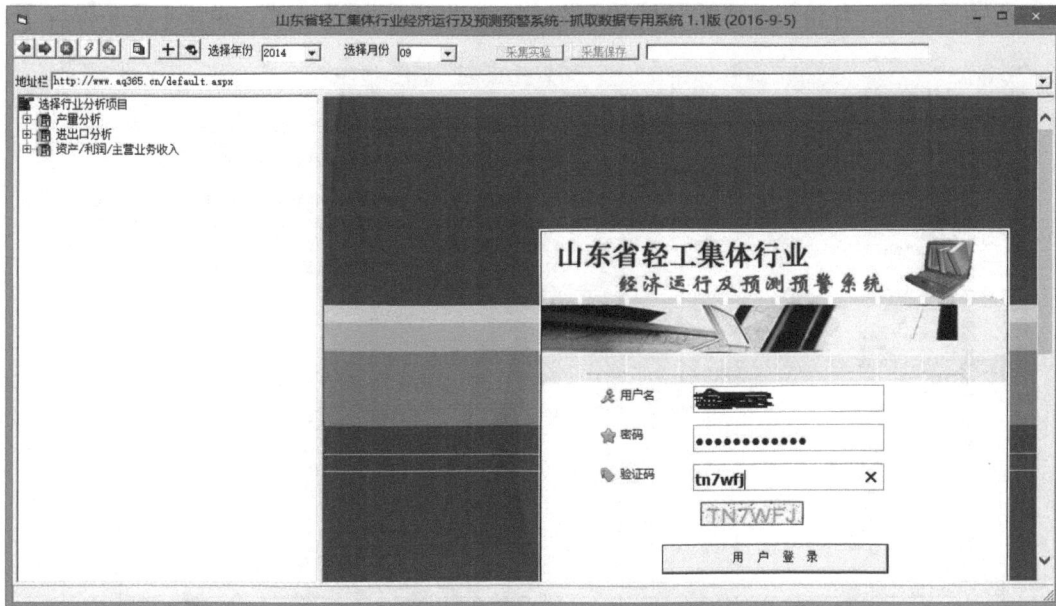

图3 山东省轻工集体行业经济运行及预测预警系统的登录界面

4.2 数据采集实验

为保证数据采集的准确、有效,防止采集到过多的无效数据(如当月无新的数据)和上传数据的混乱。为方便管理人员使用,系统设计了数据的采集实验模块。输入年份、月份,选择某分析的大类下的小类,单击【采集实验】。系统按要求自动抓取中国轻工集体行业经济运行及预测预警系统数据信息,并把抓取的数据显示给管理人员。管理人员根据抓取的数据,决定是否进行下一步操作,即数据【采集保存】的操作(图4)。

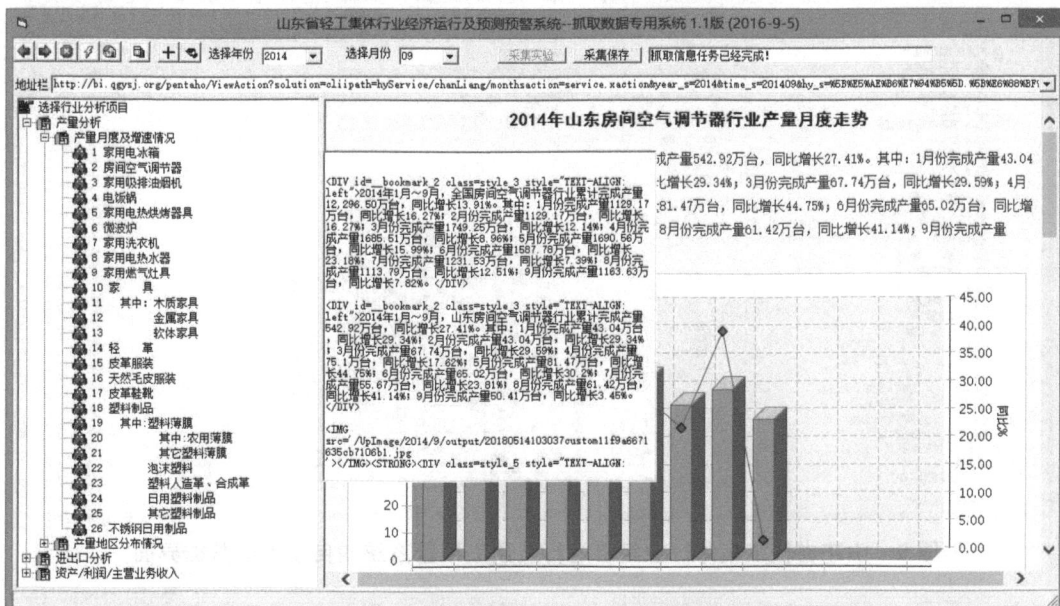

图4 山东省轻工集体行业经济运行及预测预警系统的抓取数据操作界面

4.3 数据采集保存

根据输入年份、月份,选择某分析的大类或小类,采集中国轻工集体行业经济运行及预测预警系统数据信息,上传保存到山东省轻工集体行业经济运行及预测预警系统中。

管理人员输入年份、月份,选择某分析的大类,该大类下有26个小类,单击【采集保存】(图5)。

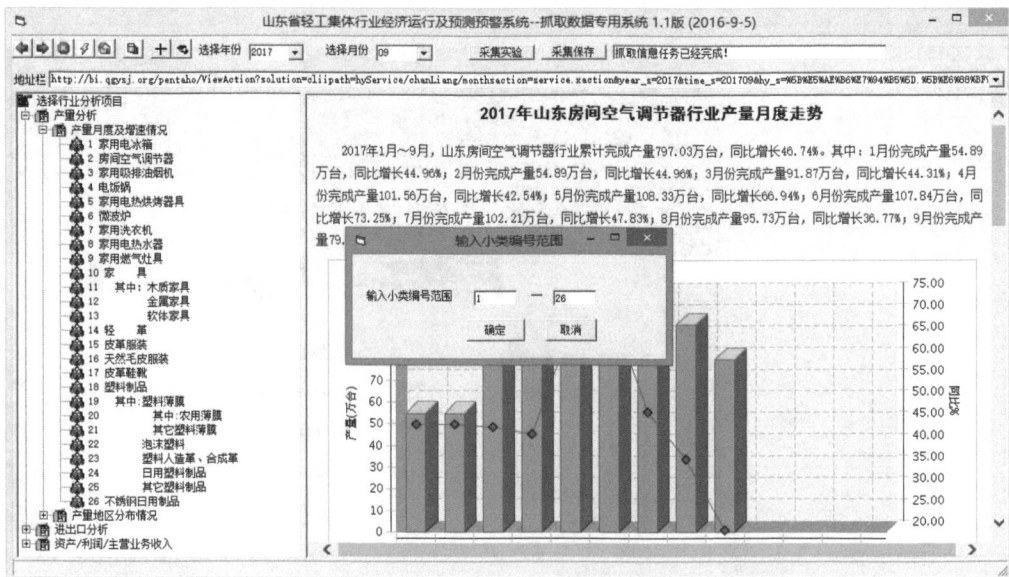

图5 山东省轻工集体行业经济运行及预测预警系统的数据选择界面

第一步,抓取。

系统按要求自动抓取中国轻工集体行业经济运行及预测预警系统某分析大类下的小类,程序按管理人员的要求自动抓取数据。程序通过时间控件的功能,模拟人工采集数据的方式,在一个固定的时间段内抓取一次数据(图6)。

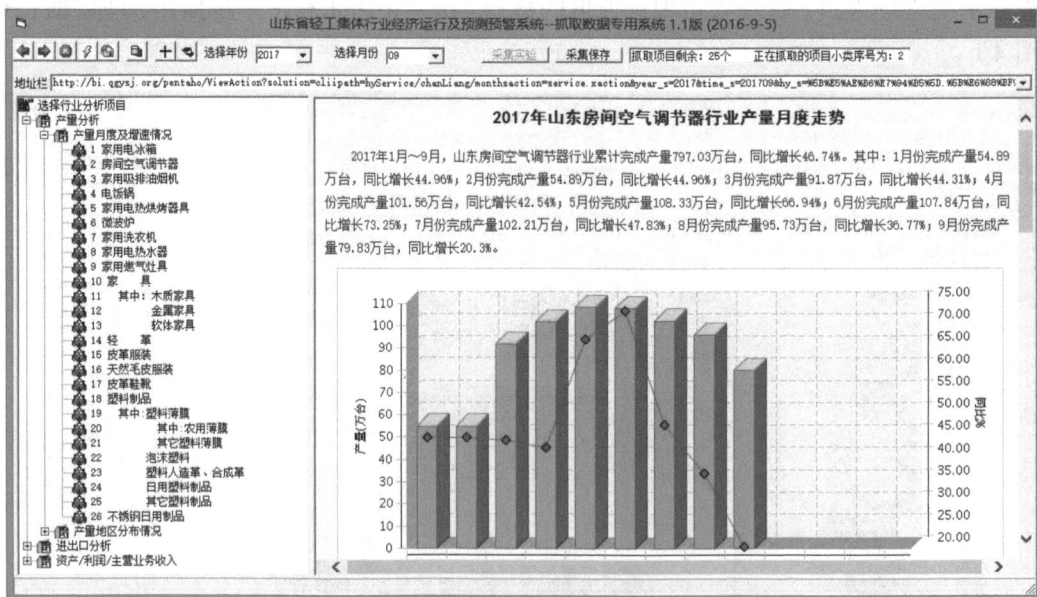

图6 山东省轻工集体行业经济运行及预测预警系统的自动抓取数据界面

第二步,保存。

程序完成一次抓取数据后,调用山东省轻工集体行业经济运行及预测预警系统的上传程序。一是程序通过分析把编号、所属类、年份、月份自动填写到上传程序中;二是程序通过分析把中国轻工集体行业经济运行及预测预警系统中显示图片的源文件路径和名称填写到上传程序中,在山东省轻工集体行业经济运行及预测预警系统上自动生成新的图片文件名称;三是程序模拟人工单击上传程序的【增加】按钮,在程序设定的一个固定时间段内,把中国轻工集体行业经济运行及预测预警系统中显示的数据信息和图片上传到山东省轻工集体行业经济运行及预测预警系统上（图7）。

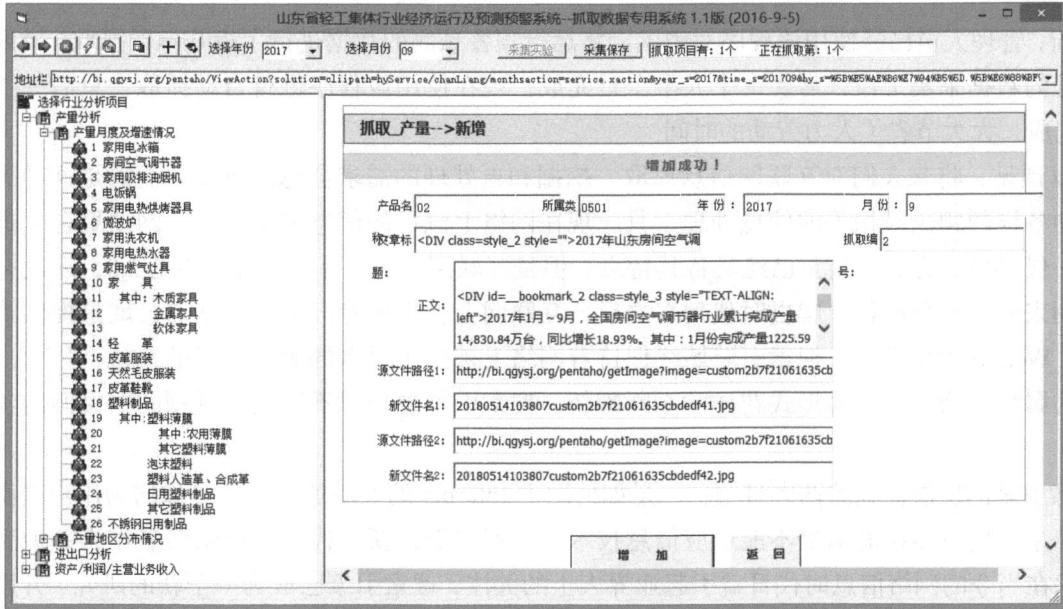

图7　山东省轻工集体行业经济运行及预测预警系统的自动抓取新增数据界面

第三步，循环。

数据信息上传成功，程序显示"增加成功"。接着下一步，程序会根据管理人员选择的某分析的大类所属小类（26个）显示"抓取项目总数减少一个"，然后抓取下一个小类的中国轻工集体行业经济运行及预测预警系统数据及图片，上传到山东省轻工集体行业经济运行及预测预警系统上。依次循环往复，直到抓取最后一个小类后，程序显示"抓取信息任务已经完成"。

4.4　管理抓取上传数据和图片信息

对于程序自动抓取到的"产量分析、进/出口分析、资产/利润/主营业务收入"数据信息和图片，然后上传到山东省轻工集体行业经济运行及预测预警系统上，山东省轻工集体行业经济运行及预测预警系统的发布系统可以预览和查看。发现不正确的数据信息和图片可以删除，正确的数据信息和图片可通过"多选"后"一键审核"通过。审核通过的数据信息和图片，可供用户浏览使用；审核没有通过的数据信息和图片，删除后可重新抓取再上传（图8）。

图8　对抓取的数据进行审核、删除的界面

5　结束语

目前，管理人员已经使用该程序对中国经济运行预警预测的数据进行了近几年的抓取，效果不错。原先每月的数据采集工作，需要一个人半个月完成，现在使用该程序进行自动抓取，只需一个人 1 天就可以完成，大大节省了人力劳动的时间。

可以预见，将来人们对互联网信息抓取、挖掘和再处理的需求会越来越多，而满足这种需求的，就是各种各样的爬虫与相关的信息处理工具。现在网络上流行的信息采集工具、网站聚合工具，都是未来新一代爬虫的先驱，甚至已经具备其特点。但是互联网本身，不管是 1.0 还是 2.0，还没有为爬虫时代的到来做好充分准备。爬虫时代到来之后，互联网上会出现专门的信息站点，就是提供给爬虫看的站点。Web 商业化至今，搜索引擎始终保持着网络上被使用最多的服务项目的地位，然而，随着网上内容的爆炸式增长和内容形式花样的不断翻新，搜索引擎越来越不能满足挑剔的网民们的各种信息需求。

搜索引擎的发展面临着两大难题：一是如何跟上 Internet 的发展速度；二是如何为用户提供更精确的查询结果。所以传统的引擎不能适应信息技术的高速发展，新一代智能搜索引擎作为一种高效搜索引擎技术在当今的网络信息时代日益引起业界人士的关注，搜索引擎已成为一个新的研究、开发领域。因为它要用到信息检索、人工智能、计算机网络、分布式处理、数据库、数据挖掘、数字图书馆、自然语言处理等多领域的理论和技术，所以具有综合性和挑战性。又由于搜索引擎有大量的用户，有很好的经济价值，所以引起了世界各国计算机科学界和信息产业界的高度关注。

情报学研究的创新发展模式

韩立根　李强

摘要： 对于情报学创新体系的相关研究状况进行了总结，重点评述了情报学研究的创新发展模式，在新的社会经济形势下，情报事业发展战略研究主要在研究方法的多元化、情报信息的资源化、学科体系的完善化、情报研究的高层次化、情报意识的现代化和情报处理手段的多样化等方面呈现。目前，针对情报学结构的研究尚存在基础资料不足、理论探索不深、缺乏统一领导等不足，因此，寻求一种新的情报学结构的研究方法，以实现当代情报学结构的体系重组。以期待情报学在新时代的发展有一个整体性的认识，并对情报学的发展起到一定的作用。

关键词： 发展模式；情报学；创新

情报学是一门以人类情报活动和社会情报现象作为研究对象，是研究情报的产生、表述、组织、传播和使用等智能过程和社会过程的原理和普遍规律的科学。情报学创新发展模式的研究有助于我们更好地指导人们的情报实践，以及把握情报的生产、利用和交流，在宏观上解释情报学知识体系的发展。

我国的情报事业已经走过了半个多世纪的历程，为了实现情报学学科与理论创新体系重组，促进情报事业的发展，下面从几个方面对情报学创新发展的模式进行简单描绘。

一、情报事业发展战略研究

情报学习惯从检索系统、与用户需求的角度来认知问题，情报学的基本任务和目标就是在提供服务的基础上，组织好知识和信息，这在微观上需要解决两个关键问题，知识信息的表达和组织必须从物理层次的文献单元过渡到认识层次的情报单元，知识信息的计量也必须从语法层次发展到语义和语用层次。

在新的社会经济形势下，情报事业发展战略研究主要在研究方法的多元化、情报信息的资源化、学科体系的完善化、情报研究的高层次化、情报意识的现代化和情报处理手段的多样化等方面呈现。

二、情报学结构的研究

目前，针对情报学结构的研究尚存在基础资料不足、理论探索不深、缺乏统一领导等不足，因此，寻求一种新的情报学结构的研究方法，以实现当代情报学结构的体系重组。

情报学要发展壮大，必须夯实学科基础，这就要求不仅要对情报学的基础理论、研究方法及研究对象等进行分析，还必须分析其研究对象的结构。研究对象结构是否均衡、合理，决定着情报学是否能够健康、持续地发展。对情报学研究对象体系的结构的分析，能够认清学科当前发展的现状，从而形成务实的研究氛围。同时，针对情报学结构研究的不足之处，加强这一方面的研究，为未来的发展奠定坚实的学术基础。

情报学是一门介于自然科学、工程技术科学和人文社会科学之间的综合性学科。因此，学科体系结构各要素之间相互促进、相互联系。情报学结构的特点主要表现在客观规律性和系统性两个方面，情报学在自身的发展过程中，不断吸取相关学科及相近学科的特点，不断充实着自己的学科结构和体系，最终形成了拥有自身特色的学科体系结构。

情报学体系结构的功能主要体现在认识功能、理论功能和继承与创新功能3个方面。

情报学体系结构的认识功能能够对社会发展过程中所产生和形成的客观的、现实的情报实践和现象进行解释和说明。此外，情报学的认识功能还能增强人们对情报学理论体系结构的见解，增强对情报学理论体系的客观规律性和系统性的认识，同时，能够促进情报学学科的发展及相关边缘学科的发展，使人们更加深入地认识社会情报实践活动和情报现象，从而更加有效地丰富和开发情报资源。

情报学体系结构的理论功能主要在于情报学发展的内在规律性及对理性思维的价值，在用理论观点来阐述各种情报现象及社会情报流的运动轨迹，情报学的理论功能反过来能够进一步指导和解释社会情报实践活动，使情报事业发展更具方向性。

情报学体系结构的继承功能主要体现在理论体系思想、方法论、理论体系、基础理论结构事实资料等方面；情报学体系结构的创新功能主要体现在发现新的学科创新点、工具和方法，创新情报学的理论方法，借鉴其他学科的理论思想完善自己的理论体系等。情报学体系结构的继承与创新功能是通过情报流矛盾运动无限循环和上升的过程，在原有结构的基础上创造出新型的结构模式，这是情报学体系构筑情报学体系大厦的一条重要途径，也是情报学体系结构发展的一条极其重要的规律。

从学科发展角度来看，仅仅是情报活动的实践经验不足以上升为情报学的理论体系，因为实践经验的总结不足以解释其内在的、本质的和必然的联系，因此，感性认识到理性认识的上升，必须要运用系统的理论加以挖掘和总结，才能使情报学科本身的理论结构成为一个具有内在系统性的体系。

对情报学体系结构的研究和探讨，只有对情报学体系结构认识的进一步深化，才能使情报学体系结构更加趋于完善和成熟的发展，并向更高一级的层次推进。

三、情报学发展的人才保障

社会经济的发展带动社会对人才需求的快速发展，教育模式的变革往往具有滞后性，人才教育与社会需求之间的反应机制还有所欠缺。长期以来，针对情报学研究的教育偏重培养教学和科研型专业技术人才，而企业经营管理人才和党政管理人才的培养得不到足够的重视，对多样化高层次人才的需求缺口较大。

就情报学专业的教育而言，不仅要重视面向知识经济、和谐社会、经济全球化的构建，更要重视能适应经济信息化需要的信息资源开发与管理人才的培养，造就大量的为信息化建设服务的专家。目前，情报学专业尤其是高层次人才与情报学本身发展的要求有很大的差距，也不能适应社会主义市场经济发展的需要。我们应不断创新情报学人才的教育模式，从创新教育理念、创新理论体系、创新教学方式、创新课程体系、创新方法论等方面着手，加大对情报学人才培养的研究，并在适合我国研究教育的基础上，借鉴西方人才培养的先进经验，大胆探索，加大对教育的投入力度，不断提高研究生教育的社会经济效益。

在新的时代，情报学将会以更新的模式、创新的发展、全新的面貌，展现在我们面前，并发挥更大的作用。

参考文献

[1] 符福桓.论情报学体系结构的形成、演化与发展研究 [J]. 情报科学，2003（12）：1233-1239.

[2] 陈亚利.情报学的发展研究与哲学思考 [J]. 湘潭师范学院学报（社会科学版），2008（3）：240-242.

[3] 肖勇.国外情报学（资讯学）学科基础理论建设现状 [J]. 情报资料工作，2008（4）：34-38.

[4] 许志强，郭晓俊.情报学理论大厦构建：刘植惠教授情报学思想研究 [J]. 情报科学，2008（10）：1455-1460.

[5] 梁战平.情报学和情报工作的发展趋势 [J]. 图书情报工作，2009（2）：5-7.

我国科技情报事业的回顾与展望

杨 信　孙妍妍　王 昆

摘要： 1956年我国第一家综合性的科技情报机构——中国科学院科学情报研究所的成立，拉开了我国科技情报事业发展的序幕。时至今日，我国科技情报事业经历了60多年的变革与发展，为国家经济与社会发展做出了突出的贡献。在回顾60多年发展历程的同时，结合大力实施创新驱动发展战略、科技不断创新和进步的大背景，提出未来科技情报事业的重点发展方向。

关键词： 科技情报；发展历程；创新

科技情报是对通过公开渠道和合法手段获得的信息进行有效分析得到的，其功能是为战略决策和战术选择提供信息支撑服务，包括科学研究、技术创新、科技管理、科技成果转化及企业经营等方面。党的十八大明确提出要坚持走中国特色自主创新道路，实施创新驱动发展战略。自主创新要求科研人员在进行研发之前，必须把握前人已经积累的经验与知识，同时还要获得别人正在从事的有关研究情况，充分利用科技情报，才能确定合适有价值的研发目标。这对我们的科技情报工作提出了更严格的要求，也为科技情报事业创新性的发展带来了更大的机会。因此，应该充分了解科技情报事业的发展历程，并积极探索科技情报事业未来的发展方向。

1　发展历程

1956年，在时任国务院总理周恩来等老一辈革命家的关怀和帮助下，中国科学院科学情报研究所（现中国科学技术信息研究所前身）成立，这是我国首家综合性的科技情报机构。随着经济社会的发展和需要，各种行业性科技情报机构和区域性科技情报机构相继建立，逐步组建了我国科技情报组织体系[1]。至计划经济时代结束的30年左右的时间，我国科技情报行业为国家科技、经济与社会发展做出了突出的贡献。这一时期，开展了大规模的对外科技情报获取与研究工作，改变了当时西方技术垄断、我国科技资料一穷二白的局面，为我国以"机械、化工、电子"等为代表的工农业经济建设和以"两弹一星"为代表的国防工业建设，发挥了"耳目、尖兵、参谋"的战略作用。

改革开放以来，我国的经济体制由计划经济向社会主义市场经济转变，科技情报事业逐步由为国家工作转变为为市场服务。科技情报部门的角色基本转型为市场经济中科技信息产品的供应者，除承担部分政府规划与咨询职能外，主要面向政府部门、高校院所的科技研发部门、各类企业科技研发单位等提供公开科技信息的获取、检索、存储服务，以及相应的科技文献数据库建设、数据分析技术与信息组织技术研究、科技推广与人才培养等经营性服务[2]。社会主义市场经济的建立，为科技情报事业的发展创造了良好的契机，同时也提出了严峻的挑战。科技情报行业的管理体制与运行机制发生了重大变化，在经费管理、人事管理、绩效考核、分配方式等体制和机制方面不断改革和创新，逐渐建立起适应市场竞争的体制机制。

在信息技术高速发展的情况下，各种数据信息井喷式增长，大数据时代向我们走来。在大数据背景下，科技情报不再只是来源于科技文献资料，而是涉及多个领域的多种数据源。巨大的信息量让科技情报的价值不断提升，人们对科技情报服务的精准性要求越来越高，服务对象从原来模糊笼统的某个区域或某个行业转变为精确定位到某个人、某种技术。此外，情报需求正在快速增长[3]。数据信息的快速增长极大程度上加剧了社会各界对情报的需求，使得情报工作的价值更加重大。庞大的数据信息处于不断的变化状态当中，对科技情报机构反应能力的快速性和情报分析能力的可靠性提出了更加严格的要求，同时情报研究方法及工具变得越来越复杂。

2 科技情报事业的发展方向

科技情报未来的重要发展方向是为科技创新服务。党的十八大明确提出，科技创新是提高社会生产力和综合国力的战略支撑，必须摆在国家发展全局的核心位置，科技创新离不开科技情报。科技创新的重大意义可以用 3 个破解来诠释，科技创新有助于破解结构不合理和增长方式粗放等国民经济重大瓶颈难题，有助于破解生产制造领域关键技术受制于人的难题，有助于破解提升国家综合竞争力的难题[4]。创新是一种新探索，这就决定了它的难以预测性和风险性，获取及时、全面、准确的科技情报对于降低风险、减少损失是至关重要的因素。

科技情报对科技创新的作用体现在以下几个方面：一是科技情报满足科技创新信息需求。随着大数据时代的到来，信息的共享程度越来越高，人们可以更加便捷更加快速地获取到信息，但是面对海量的信息极其难以辨别真伪，科研工作者要想从其中获得有价值的信息势必需要花费大量的时间和精力。而科技情报工作正是对烦琐杂乱的信息进行搜集、加工、整理从而为科学研究提供精准的信息，因而它有效保障了科技创新对信息资源的需求。二是科技情报指引科技创新方向。科技情报工作中的科技查新、科技评估等业务都是为科技创新与发展指引方向的。利用科技查新，可以防止低水平的重复研究，减少各种成本浪费，还可以掌握竞争对手的最新研发动态，预计未来科技发展方向，引导科研人员攻克科技发展的空白领域[5]。利用科技评估可以对科技创新活动进行专业性的评判，对科技创新活动的事前、事中、事后评估可以为立项决策的科学性、项目及时调整、科技成果转化提供依据。三是科技情报支撑科技创新战略决策。科技情报工作者可以使用情报学理论与方法开展战略情报研究，分析研究搜集到的战略情报内容，进而探索战略研究对象的发展规律及未来的发展前景，从而为战略决策提供支撑。科技情报工作者在进行分析研究的同时也直接参与咨询决策，为科技创新建言献策，指引创新方向。因此，科技情报工作能够为科技人员创造性地开展工作提供支撑，能够为企业创新发展决策和政府部门制定战略决策提供支撑。

"科技创新，情报先行"是创新时代给予情报工作的重要使命。实施创新驱动发展战略，需要科技情报工作者牢牢把握"自主创新"这个关键点，才能充分发挥科技情报工作支撑和服务科技创新驱动发展的作用。一是完善科技条件平台建设，建立创新服务的桥梁。改进科技条件平台建设，要满足科学性、实用性、系统性、前瞻性相结合的原则，搭建协同创新服务桥梁，又要探索建立支撑行业、产业发展的特色平台和各平台之间进行有效联系对接的运行机制，做好平台建设的综合协调工作，服务能力和水平进一步提高。二是提高数据信息分析应用的效率，提升创新服务能力。要应用云技术等新一代信息技术，建设事实型数据资源库，研究基于大数据网络的服务理念和服务机制，加强数据和信息的集成、分析处理，使其更及时、更准确地服务于国家决策、企业创新，从而不断提升科技创新服务能力。三是实现科技信息资源高度共享，强化协同创新能力。要按照"整合、共享、服务、创新"的要求，打破行业壁垒，全面整合现有科技创新服务平台、科研院所等的科技信息资源，打造科技资源共享的绿色通道，才能形成协同创新的整体合力。

3 结语

科技情报是推动科技发展、社会进步的一支重要力量。面对社会信息化进程加速、世界新技术革命来袭，我国大力实施科教兴国、创新型国家战略，我们更应该充分认识到现代科技情报的重要价值，充分认识到科技情报信息在科技创新中的战略地位。

参考文献

[1] 曾建勋. 花甲之年的惆怅：科技情报事业 60 年历程反思 [J]. 情报理论与实践，2017（11）：1-4.

[2] 赵冰峰. 迎接我国科技情报事业的第二个春天 [J]. 情报工程，2016（4）：8-13.

[3] 董克，邱均平. 论大数据环境对情报学发展的影响 [J]. 情报学报，2017（9）：886-893.

[4] 谢宗鹏. 试论科技情报在科技创新中的引领作用 [J]. 甘肃科技纵横，2012（3）：77-78.

[5] 徐露萍，郑亚宁，王振宇. 如何发挥科技情报研究在科研生产工作中的指导作用 [J]. 图书情报工作，2013（S1）：248-250.

新时代的公共图书馆发展与建设

张帆　庞怡　刘霞

摘要： 在习近平新时代中国特色社会主义思想指导下，公共图书馆要以满足各种读者类型的阅读需求，作为共享空间建设和服务的出发点。本文分析了新时代读者类型及划分，提出丰富和发展阅读共享空间建设是服务读者的着力点。要致力于提升读者的现代化素质培养、文化修养，秉承公益性原则，发挥公共阅读空间阅读推广作用，把握主流业务，利用先进科学技术，使传统与数字图书馆相结合，成为社会文化发展推动的动力与源泉。

关键词： 新时代；公共图书馆；发展；建设

习近平总书记指出，博大精深的中华优秀传统文化，是我们在世界文化激荡中站稳脚跟的根基，优秀的传统文化对民族复兴有着极其重要的作用和意义，图书馆肩负着保存文化，传承文明的历史重任。

2018年1月1日实施的《中华人民共和国公共图书馆法》第一章总则第三条明确指出，公共图书馆是社会主义公共文化服务体系的重要组成部分，应当将推动、引导、服务全民阅读作为重要任务。

1 满足各种读者类型的阅读需求，是公共图书馆共享空间建设和服务的出发点

公共图书馆要树立以读者为中心的工作导向，把服务读者同引导读者结合起来，把满足需求同提高素质结合起来，建设阅读共享空间，多方位阅读推广，传播正能量，丰富读者精神世界，满足读者精神需求。

读者的精神文化需求牵引着公共图书馆阅读共享空间建设和服务理念的发展。增强了公共图书馆的使命感和责任感。为读者找好书，为好书找读者，这不单单是书与读者的关系，也是社会和谐的一个重要组成部分。

读者是阅读共享空间的接受主体，是公共文化服务体系的受益者。公共文化服务体系，是指以各级政府为主体建立的保障公民的基本文化权益，满足公民基本文化需要为目的的一整套组织和制度的总称。

2 新时代读者类型的划分

读者是阅读共享空间建设和服务的主体，根据阅读需要可分为3个类型。

2.1 知识型读者

知识型读者是阅读共享空间的核心力量，代表着读者的最高水平，体现读者特色，引领阅读共享空间的发展，对一般读者的成长有着很强的引导和示范作用。知识型读者是阅读共享空间建设的核心力量，知识型读者的数量多少、质量高低，关系到公共图书馆阅读共享空间是否能繁荣发展，在公共

图书馆阅读共享空间建设过程中，应邀请他们参与图书馆的各项业务、理事会诸事项的研究，请他们建言献策。发现并培养壮大此类读者群，将为阅读共享空间提供强大的支撑。

2.2 学生型读者

学生型读者是阅读共享空间的中间力量，他们的素质水平体现着阅读共享空间的发展水平，他们是阅读共享空间建设的主要力量。这类读者人数最多、发展最快，参与性活跃，积极性、志愿性最高，成长的效果明显，但目的性及功利性较强，需要公共图书馆进行引导。在阅读空间建设过程中，可在不同的时间段，根据他们的需求打造各种阅读活动、志愿活动、读书活动，所以，整体的素质决定着阅读共享空间发展的整体水平。要推动阅读共享空间建设的整体进步，必须立足于广大学生读者。学生型读者的培养对阅读共享空间建设的拓展和延伸具有重要意义，在正确的引导下学生型读者将越来越壮大，为阅读共享空间建设和服务做出更大贡献。

2.3 普通型读者

广大普通型读者是阅读共享空间的根本对象。职业、年龄分布广，是阅读共享空间的基础需求者，为普通型读者提供各式各样的普及性阅读的方法，提高阅读积极性，从而提高整体的文化素质，他们的基本需求又反推阅读共享空间的建设进程。广大公民是公共文化推广的受益者，只有整体文化水平提升，方能体现阅读共享空间建设和服务的重要意义。

3 丰富和发展阅读共享空间建设是服务读者的着力点

习近平总书记强调，培育和弘扬社会主义核心价值观，必须立足中华民族优秀传统文化，关注对读者现代化素质的培育，立足于读者的发展这个基本点，着力培育读者的现代化素质。源于个体的创意和才能，通过知识共享的方式，能够达到提高公众美学素养，并提升综合生活质量的目标。

3.1 致力于提升读者的现代化素质培养

逐步引导克服信仰缺失、道德滑坡、诚信危机、人文精神的失落、科学精神的贫瘠、创新意识的缺乏等，任重而道远，润物细无声。从观念、思维、人格、行为4个方面实现人的现代化。维护坚定的马克思主义信仰，维护践行社会主义价值观，且有人文主义精神和科学理性精神。

3.2 致力于提升读者的文化修养

阅读要以完善人格，提高生活品质，改善生活环境为目标，提升文化修养，引导社会发展的建设。强化对传统文化与外来文化的判析继承，把继承和创新结合起来，切实落实中国特色现代化文化。

3.3 秉承公益性原则，发挥公共阅读空间建设

秉承公益性、均等性、基本性、便利性、先进性的原则，是阅读共享空间建设和服务平台的基本要求。依托书，依托传统，致力于促进知识流通，创新交流环境，注重多元修养，激发社群活力，扮演知识中心、学习中心和交流中心的角色。保障数字化、信息化、网络环境下公共文化服务，提高公民的思想道德和科学文化素质。

3.4 把握主流业务，做好阅读推广

阅读推广已发展成为公共图书馆的主流服务，是图书馆核心的不可或缺的业务工作，不仅提供书目，还要引导读者正确阅读，为读者培育一个阅读的氛围。友好沟通，从读者需求出发提供服务，鼓励读

者参与图书馆活动，对于读者的不文明、不恰当行为，善于引导，提高其素质。

阅读共享空间是虚拟与现实融合的一种必然，满足多元文化需求，实现空间再造的功能化整合，是联动的启程转合和创新体现，不同的要素在同一空间中流转，核心是完善阅读共享空间，真诚服务读者。

4　新时代下公共图书馆的发展与建设

随着知识和文化在当前社会中凸显的重要性，越发突现出图书馆作为公共文化服务体系当中不可或缺的构建平台的重要性，在这个大背景下，阅读推广的空间很大，所以图书馆工作者或者是图书馆人，必须搭建阅读共享空间的平台，方显图书馆人独特的职业技能和社会贡献。

4.1　时代的发展赋予了图书馆人新的历史使命与职责

图书馆人应具有丰富的想象力和创新思维，为读者打开知识的大门，为读者打造一个舒适的阅读共享空间，让读者享受到读书的魅力与快乐。城市的发展和社会的发展与文化自信密不可分，图书馆是不可或缺的组成部分，这就要求图书馆人提高对空间价值和服务能力的新认识。

4.2　新时代的图书馆要做好信息中介

公共图书馆是信息服务者，是读者和信息资源之间具有公益性质和社会责任的中介，既要为读者提供信息，也要保障读者的权益，保护其隐私。以读者为本，不断提高自身素质和修养，做读者需求的主动引领者，而不是需求的被动响应者。在传统的图书馆空间利用上，通过通借通还业务与各区县图书馆联动，半小时读书圈让书就在读者身边，"你读书，我买单"让读者第一时间在书店里找到自己需要的图书，将自己的闲置图书放到漂流区，提高读者参与阅读共享空间建设和服务的积极性。

4.3　充分利用先进科学技术，发挥数字图书馆优势

公共图书馆除了要做好文本阅读，还要充分发挥数字图书馆的优势，做到互联互通，打破信息孤岛壁垒，真正实现"互联网 +"。利用读者查询信息行为，预测阅读兴趣，提升服务主动性。利用大数据整合，提高大数据存储、分析及挖掘的能力。关注普通读者的阅读习惯，充分开启手机图书馆和移动的数字图书馆，推广应用跨界整合，不再提供简单的阅读。根据读者的年龄、职业、教育程度来区分服务需求，有针对性地提供个性化公共图书馆服务，通过多元化服务提高满意度，并有意培养读者的素养。以人为本，服务第一，读者至上，让读者体会到先进的图书馆文化、素质和品质。

5　结语

新时代下公共图书馆要本着立足主业、保存文明、传承文化为根本宗旨，在这个技术飞速发展、影响日益深刻的时代，公共图书馆在接纳、利用现代技术的同时，有效发挥自己在文化传承方面的功能和作用，充分发挥能动性，多方面开展活动，始终秉承以人为本、服务立馆、科技兴馆的办馆理念，成为各项工作发展的不竭动力和源泉。

参考文献

[1] 陈辉吾. 中国特色社会主义文化发展道路研究 [M]. 武汉：武汉大学出版社，2017.

[2] 徐常宁，刘锦山. 城市图书馆发展模式研究：以铜陵市图书馆为例 [M]. 北京：国家图书馆出版社，2016.

[3] 党的十九大报告辅导读本 [M]. 北京：人民出版社，2017.

区块链技术应用于山东省科技管理工作的探讨与研究

刘长　赵林　宫明永

摘要： 随着近两年来区块链技术的发展，该技术已经引起全球范围内的广泛关注和各国政府的高度重视。区块链实现了从信息交换到价值交换的升级换代，进而从解决信任问题入手加快推动数字化生活的发展，破解了数据资源流通与安全保护难题。区块链应用以便捷、流动、互认为特征和标尺，重构社会在互联网上和互联网下的价值体系和信用体系。科技管理工作需紧跟时代的技术潮流，在面对管理过程执行烦琐、管理要求精度高、管理持续时间长、形成的科技档案资料庞杂且重要等难题时，运用区块链技术可将其一并解决。故本文尝试探讨与研究如何运用区块链技术来优化、提升科技管理工作。

关键词： 区块链；科技管理；应用

一、区块链技术及其产生背景

区块链技术的发展及其广阔前景，已经引起世界范围内的广泛关注和各国政府的高度重视。作为一个具备革命性理念的重大创新技术、一种全新的网络软件构建模式，区块链将把当前的互联网升级为 2.0 版，实现从信息交换到价值交换的升级换代，进而从解决信任问题入手加快推动数字化生活的发展，从共识、共治、共享着手加快推动网络治理变革，从破解数据资源流通与安全保护难题着手加快推动大数据发展。深入地讲，区块链应用将重构社会在互联网上和互联网下的价值、信用体系，以便捷、流动、互认为特征和标尺，通过广泛共识和价值分享，推动形成人类社会在信息文明时代新的价值度量衡，构建一套适应经济社会发展及人们生产生活的新的诚信体系、价值体系、秩序规则体系。

在区块链的支撑和推动下，互联网的发展将经历以下 3 个阶段：信息互联网、价值互联网和秩序互联网。

（1）信息互联网已经让全人类体验到了信息沟通、减少信息不对称方面的价值。

（2）价值互联网将让人类看到区块链对于物质和服务增值、数据资产增值、社会价值体系重构的潜力。

（3）秩序互联网将让人类看到借由区块链等技术手段创新社会组织方式、治理体系、运行规则的前景。

这后两步重大提升和演进过程是由区块链技术自身所具有的分布式数据存储、去中心化、不可篡改、可追溯、可信任等特性所决定的。尽管从目前来看，区块链技术应用还需要一段时间的探索、发展和完善，但是这一趋势已经变得不可阻挡。

互联网让世界变成了地球村，推动国际社会成为你中有我、我中有你的命运共同体。构建这种网络空间命运共同体，必须以尊重网络主权背后的国家主权为前提，因为随着互联网升级换代，命运共同体的行为规则也将随之发生深刻变革，必然会出现技术引领者试图充当理念引领者和规则制定者，希望独占全球互联网治理议程设定、规则制定和基础性资源分配权。这是主权经济体和经济联合体所不可接受的。共识基于尊重，共享源于包容，全球互联网发展治理应当尊重网络主权，这种尊重需要从区块链本身作为价值互联网的推动者和支撑者这个层面加以构建。同时，在主权经济体范围内，区块链凭借其去中心化、过程高效透明且成本低、数据高度安全等独特秉性，引领着人们主动自愿地成为数据和价值的提供者与使用者，进而共享整个数据体系，由此区块链可以实现分散多中心的社会认同，形成网络主权构架下的公有价值交互。我们可以预料到，未来在主权区块链构架下，互联网将形成一种全新的生态，人类可以凭借线上线下统一的诚信支撑，推动数据资源、信息和知识像现实中交易性资源一样自由流通，实现共识价值跨主权、跨中心的流通、分享及增值，最终形成一个"主观为人、客观为己"的社会价值形态，推动全球秩序互联网真正到来。

形象地讲，区块链是一个个区块按照时间戳顺序形成的链，每个数据区块具有彼此连接的现实需要和内生动力。把不同区块链相互连接，能够实现链与链之间的数据流通、业务交互和价值交付，进而形成跨区域、跨场景、跨部门区块链应用的立体空间。块数据的形成和作用的发挥有赖于开放、共享和连接的基本机制，区块链未来的发展方向是数据在"块"上的融合，各种块与链之间的数据连接、汇聚、融合必定产生超乎想象的能量和魔力。该技术原理是使用区块链技术提高山东省科技管理绩效的基础理论支撑。

近几年，山东省科技管理部门抓住大数据时代的历史机遇，全力推进大数据商用、政用、民用创新，并将其应用于具体实践。在加快应用大数据技术特别是优化科技管理工作的过程中，我们充分认识到，区块链的应用尽管起始于比特币，人们对其价值的认识也首先集中在金融领域，但区块链的应用一定不是仅仅在金融等层面，它将与"块数据"一道在政用、商用、民用方面拥有广泛的应用前景和巨大的应用价值。

本文基于区块链相关理论和现有发展基础，尝试提出使用区块链技术构建山东省科技管理系统，特别是在总体设计、总体思路、应用场景和支撑体系方面进行了阐述举例，希望对科技工作人员认识区块链技术的发展、应用有所裨益。

二、区块链技术应用于山东省科技管理工作的规划

依据前文对区块链技术的介绍，结合当前科技管理工作现状，区块链技术应用于山东省科技管理工作，可以分为 3 个阶段来实现。

第一阶段：系统的总体架构建设和试点启动

制定山东省科技管理系统的区块链发展和应用的顶层设计，明确以区块链技术来优化系统的目标任务、技术路径、工作计划、行动方案和保障措施等。

推进区块链在科技管理工作中某些重点场景的试点应用。其中，在项目申报、成果鉴定、成果奖励等方面运用区块链技术实施数据开放共享、数据监管、金融监管等。在科技扶贫、农村农业数据服务、科技政策调研与制定、科技园区管理等方面应用区块链技术，达到精准、高效、切实、有效的管理目的。在科技金融、科技资金的发放和监管等领域，实施各种资金自源头至实销等各环节的最细化调配、管理、监督、验收等，探索科技资金区块链应用示例，积累区块链技术的应用经验。

第二阶段：应用推广阶段

编制区块链在更多科技管理领域和场景的应用方案，制定区块链技术在不同科技管理部门的应用标准与规范，探索规则与共识形成机制，围绕科技金融、项目管理、科技政策等领域开辟多个应用场景，全面开展区块链在科技管理各子部门的推广应用，初步建立区块链的科技管理生态，形成较为成熟可复制的科技管理模式。

基于区块链技术在多个科技管理场景下的应用成效，进一步完善基于区块链技术的科技管理系统发展的总体架构和推广工作机制；争取国家各部门支持，探索在重点区块链应用场景下科技创新券或科技积分制的数字化代币的先行先试。

第三阶段：体系形成阶段

全面总结区块链发展经验，在科技项目管理、科研资金管理、科技政策调研制定实施等方面，全方位推广应用区块链技术。基本形成基于区块链技术的科技管理创新生态体系。

三、具体应用场景的举例

1. 科技数据及设备的共享

开放的区块链应用有助于构建一个合理、合规、合法、公开、公平、公正的科技数据及设备共享开放平台，能为政府提供可信、可靠、可执行的数据共享开放监管措施，为拥有、使用、传播科技数据保驾护航，助力各产业发展、降低科研成本，进而为省级层面的科技数据资源共享开放试验积累经验。

参与科技数据及设备共享开放的各方都可在所属权限内使用科技数据、设备，同时受大数据监管智能合约的约束，追溯与举证维权机制保障数据不会轻易流失到其他领域。获得科技数据的第三方社会机构，将产生更大的数据应用价值。为获取更多新的科技数据，第三方社会机构也会积极拓展更多的数据应用方向，公开科技数据的应用价值，保证科技数据资源源源不断地向山东省科技管理部门汇聚。

区块链的记账系统内容应通过法律权威部门鉴定，形成具有法律依据的电子证据。对于"科技数据及设备的使用、付费、资产评估、权属、溯源与追责"等方面，形成支撑性电子凭证。

2. 科技扶贫

当前科技扶贫工作重心已转变为全面提高城乡低收入困难群体的收入和生活保障水平的新阶段，但科技扶贫仍面临一些问题：一是个别地区仍存在低收入对象识别不准的现象；二是帮扶对象难以全面了解科技扶持政策，缺乏全程监管技术手段，在科技扶贫资金使用过程中出现优亲厚友，甚至套取、侵占和挪用扶贫资金等违法违规行为；三是对科技扶贫的对象动态信息掌握不及时、不完整，未能完全达到有效退出；四是科技专项、行业和社会三位一体大扶贫格局的构建，还需要引导社会各方面力量积极参与。

在现有大数据精准帮扶平台基础上建立科技扶贫区块链应用，形成科技专项扶贫、行业扶贫和社会扶贫区块链，并联结成有效的工作网、监管网，加强扶贫工作的全生命周期管理和建立扶贫诚信积分系统。

利用区块链、大数据和指纹识别加强精准扶贫的全生命周期管理。一是扶贫对象精准识别。利用区块链防伪造性，结合指纹识别，在帮扶对象识别中进行扶贫对象和扶贫干部双指纹确认并记录在区块链，保证扶贫对象的精准识别。二是扶贫资金精准管理。利用区块链的智能合约技术，匹配帮扶项目和帮扶资金，保障帮扶资金真正用到帮扶对象上，实现扶贫资金流动的全程跟踪。三是扶贫对象精准退出。利用区块链可追溯性，精准记录帮扶行动和效果，确保帮扶对象精准退出。四是社会扶贫资金全流程管理。利用区块链共识机制，对社会扶贫资金的募集、申请、使用、效果评估全流程管理，让更多的社会资源帮扶真正需要帮扶的对象，提高资源的效益。

建立区块链科技扶贫诚信积分系统。利用区块链和智能合约，设定影响诚信积分的因素、权重和匹配规则，通过对科技扶贫工作中形成的过程数据进行自动监控和交叉验证，用诚信积分和失信积分综合评价科技扶贫对象和科技工作人员。

3. 科技金融

科技金融是为高新技术企业获得科技资金扶持、融资、提高资产流动性、规避研发风险的重要途径。但科技金融工作也存在诸多问题：一是存在科技扶持资金无法完全准确地用在难点、痛点上；二是资金监督方法不完善、不专业，信息交流不畅，政企对资金使用的标准不统一；三是对科技金融工作缺乏灵活有效的管控手段，审查流程、监管规则无法标准化，监管成本居高不下；四是科技金融工作的资金流向环节复杂，边界摩擦系数高。

通过建立科技金融区块链平台，连接企业、银行、科研院所和科技管理部门，提升科技金融应用的安全性和可追溯性，建立互信，降低科技金融交易成本，提升风险管控能力和监管能力，实现传统科技金融市场向数字科技金融市场的跨越式发展。遵循业务流程实现金融资产的链上流转，相关各方在区块链账本上共同记录科技金融数据信息和交易信息，可追溯、无法篡改，保证资金流向安全透明，实现资金流闭环。科技管理部门与其他监管机构可获得监管节点，可对科技金融全部资金流程进行监管。

四、总结

区块链用加密和共识算法建立了信任机制，避免了抵赖、篡改和欺诈行为，从而保证了科技管理工作中所有数据的不可篡改和不可伪造，实现了科技管理数据的完整性、真实性和一致性。依托区块链技术有助于建立起可信安全的科技管理工作规则与秩序，为科技促进经济发展营造更加可信、安全的环境。

未来，随着区块链技术的深入应用，将推动建立更加开放共享的科技管理系统。这将实现跨机构、跨组织、跨个体、跨智能体的平等开放的科技管理协作系统，让科技更好地服务于经济发展和社会民生。通过区块链将进一步建立平等开放的科技发展空间，不同机构、不同行业之间进行平等合作，形成紧密的合作伙伴关系，更好地分享数字技术和数字经济发展成果。

本文作为探索科技管理与区块链关系的探路者，首先意识到区块链在科技管理方面的巨大潜力，并讨论如何着手积极推进区块链在科技管理工作中的应用进程，为科技管理工作更加有效、有力地促进经济发展和改善科技创新环境进行了一次深入的探讨和研究。

参考文献

[1] 唐塔普斯科特，亚力克斯·塔普斯科特．区块链革命：比特币底层技术如何改变货币、商业和世界 [M]. 凯尔，孙铭，周沁园，译．北京：中信出版社，2016.

[2] 朱建明，高胜，段美娇，等．区块链技术与应用 [M]．北京：机械工业出版社，2017.

我国科技情报研究的市场应用及前瞻

潘　颖　　张爱霞

摘要： 科技情报研究在当前经济发展中发挥着重要的作用，文章先是论述了科技情报研究的特点，继而又论述了科技情报研究在科研活动、战略决策、企业创新、知识传播中的重要作用，从而指出了科技情报研究与经济发展的联系。最后从服务平台和业务内容两个方面探讨了科技情报行业未来的发展方向，希望其在今后能够成为经济发展重要的助推器。

关键词： 科学技术；创新；科研；企业

当今世界科学技术发展日新月异，每时每刻都有大量的科技情报资料呈现在公众面前。在计划经济时代，我国科技情报行业为国家科技与社会发展做出了突出的贡献。改革开放以来，在社会主义市场经济环境下，经济发展成为我国的主要目标，科技情报研究仍然发挥了重要作用。

1　科技情报研究的特点

信息，泛指在人类社会中传播的一切内容。人通过获得、识别自然界和社会的不同信息来区别不同事物，得以认识和改造世界。在一切通信和控制系统中，信息是一种普遍联系的形式。情报是指被传递的知识或事实，是知识的再激活，是运用一定的媒体，越过空间和时间传递给特定用户，解决科研、生产中的具体问题所需要的特定知识和信息。所以说，情报是信息的增值，而科技情报则是对科技信息进行有效分析而得到的。

科技情报研究的基本流程是规划定向、信息收集、加工整理、信息分析、服务利用，运用当前信息手段，为科研机构、政府部门、企业提供快速、有效的信息服务和情报服务，帮助科研人员了解国内外科技发展的信息，从而有助于战略决策，进而推动科技进步。

规划定向是通过明确要求，确定情报研究的主题，以及能得到这些情报的信息源。信息收集是根据特定的要求将分散的相关信息挖掘和积聚起来。加工整理是对收集到的信息进行选择、组织、整理，使信息由无序变为有序。信息分析是对信息进行深层次的加工，形成有助于问题解决的新信息。服务利用则是将情报产品传递给用户，最终实现了科技情报的价值。

其中，关键环节是信息收集和信息分析，耗时最长。情报工作的开始是信息收集，整理与分析都是在这一基础之上，最终情报产品是否全面也与这一环节有关。信息分析是情报循环中收获结论的环节，也是最重要的，这一环节既解释某种现象出现的原因，也会提出解决问题的各种方案[1]。

随着信息技术的高速发展和广泛应用，科技情报研究也有了新的挑战，网络已成为科技情报研究人员获取信息的重要手段。通过网络能够大范围地获取科技信息，但是在浩如烟海的资料中要快速定位自己急需的信息，及时准确地获取最新的研究进展[2]，是当前科技情报研究人员所要面对的最大挑战。

2　科技情报研究与经济发展的关系

经济发展不仅指经济增长和国民经济规模的扩大，而且是在此基础上一个国家或地区经济结构和社会结构持续高级化的创新过程或变化过程，是经济和社会及生活素质的提高，既包括经济总量的增长，也包括经济结构的改进和优化，还包括经济质量的改善和提高。当前我国进入改革的深水期，转变经济发展方式已成为重要的内容，经济发展方式的内容既包括经济增长方式的内容，还包括产业结构、收入分配、居民生活，以及城乡结构、区域结构、资源利用、生态环境等方面的内容，转变经济发展方式既要求从粗放型增长转变为集约型增长，又要求从单纯追求速度的增长方式转变为全面、协调、可持续的发展。在这一背景下，作为第一生产力的科学技术成为推动社会经济发展的决定性力量。因此，科技情报研究则在经济发展中发挥了重要的作用。

2.1 有助于科研活动

科技情报研究对于科研活动的作用主要有以下几个方面。

一是为科研人员提供全世界范围内的、最新的、准确的科技文献，为科研人员进行科研工作提供保障。同时科技情报人员可以进行动态监测和分析技术发展状态，从而为科研人员把握当前所研究内容在领域内的发展状态和趋势及当前的研究热点和发展方向提供依据 [3]。

二是通过科技查新为科研立项提供客观依据，通过查新可以了解国内外有关科学技术的发展水平、研究开发方向，是否已研究开发或正在研究开发，研究开发的深度及广度，已解决和尚未解决的问题等，对所选课题是否具有新颖性的判断提供客观依据。这样可防止重复研究开发而造成人力、物力、财力的浪费和损失。同时为科技人员进行研究开发提供可靠而丰富的信息，通过专业查新人员查新，可以大大节省科研人员查阅文献的时间，从而提高科研人员的工作效率。

三是为科研人员的科技成果的鉴定、评估、验收、转化、奖励等提供帮助。通过高质量的查新，结合专家丰富的专业知识，不仅为其提供客观的文献依据，还能保证其科学性和可靠性及权威性 [4]。

科学技术改变了我们的生活，改变了我们的社会，只有提高我们国家的科研水平，并将更多的科技成果应用于实际生活和生产之中，我们才能实现经济的可持续发展。

2.2 有助于战略决策

科技情报研究为党委、政府和科技管理部门提供决策依据和咨询服务，尤其是为制定科技发展政策与措施提供重要依据。通过了解当前科技各个领域的发展状况，结合区域内经济发展状况，并全方位考虑到国家经济发展的方针政策，做出既适合自身又符合大局的战略决策，使区域内经济得到良好发展。同时，科技情报对国家经济、社会发展，甚至于国家安全具有战略性、全局性、长远性和前瞻性的作用，从宏观层面上讲，国家根据科技情报制定合适的方针政策，做好经济的舵手，从而使我国经济更好更快发展。

2.3 有助于企业创新

企业是经济发展的主体，在"大众创业、万众创新"的背景下，企业只有通过创新才能获得持续发展的力量。而科技情报可以为企业的技术创新及核心竞争力的提升提供翔实可靠的参考数据，给企业决策者以极大的启示和帮助，让企业了解当前的经济、政治、科技信息等相关的内容，促使企业有针对性地预先采取相应的措施规避风险，同时把握机遇，赢得竞争优势 [4]。所以，科技情报能够满足企业决策者的需求，制定有助于企业技术创新，提升核心竞争力的战略规划，是企业技术创新、核心竞争力增强的助推器。只有企业发展好了，我们的经济才会发展得更好。

2.4 有助于传播知识

科技情报研究中重要的内容是对科技信息进行搜集和加工，对知识进行组织和序化，并开发建设知识传播的手段和媒介，从而社会各界才能方便、快捷和有效地获取知识并进一步利用知识。因此，在知识经济时代，科技情报研究对知识传播具有重要的作用。

3 科技情报行业未来发展方向

当前，我们正处于信息时代，科技情报工作具有重要的地位，在经济发展中有着不可替代的作用。在全球化科技迅速发展的背景下，我国政府做出走自主创新道路、建设创新型国家的重大决策。在创新的浪潮中，科技情报行业也不能落后。

3.1 创新服务平台

服务平台即按照服务流程把需求转换为系统内各个工作阶段，从而便捷地提供科技情报服务的过程，主要环节包括确定服务主体、系统运行及反馈工作状态、产生服务绩效 [5]。

确定服务主体是指通过明确一定区域和行业范围内的服务主体，有助于提高科技情报服务的针对性，提高服务效率，同时记录情报服务运行轨迹，将不再有实质意义的情报信息进行及时调整。由于强化了与创新主体之间的联系，从而使科技情报服务从被动走向主动，从封闭走向开放。

系统运行及反馈工作状态是指通过接收用户提出的服务请求，并对其进行分析，及时提交科技情报服务体系进行科技情报资源配置、加工后向用户传递，消除创新过程获取所需信息资源的障碍。

产生服务绩效是指科技情报实施取得预期的效果，强有力的情报服务及服务方式与情报用户接受度达到了必要的契合，服务对象与科技情报服务体系产生互动作用，科技情报的核心业务和多元化服务得以稳步推进和拓展。

通过创新服务平台，能够使科技信息更快、更方便地传递给需求者，密切科技情报研究机构与科研机构、企业、政府的联系，缩短办事时间，简化办事流程，从而有助于科技成果更快地应用于实践，更好地实现将科技转化为生产力，成为经济发展的助推器。

3.2 拓展当前业务

在当前市场经济条件下，为更好地助推经济发展，科技情报行业应根据自身条件和优势拓展业务，适当开展面向企业自主创新和市场经营的咨询和情报服务等 [6]。例如，为企业开展各种专题研究，让企业实时把握竞争环境的变化，增强核心竞争力；开通咨询服务，为中小企业提供申报培训、项目评估论证、格式审查、编制和修改可行性研究报告的服务，以及完成全部标准申报材料的咨询服务；还可以提供公益情报研究，主要以理念层、产业面、技术点等共性内容为主，解析产业和行业动向，如产业政策、产业预测、产业动态、行业分析报告等，使企业掌握产业和行业的发展新动态。科技情报行业还可以通过开展企业诊断、解决技术难题、人才培训、成果交流等形式向企业提供全方位综合服务。

4 结语

总之，未来竞争日益激烈，科技情报研究工作在未来大有用武之地，同时，也面临着巨大的挑战。科技情报研究行业也要抓住时机，勇于探索，积极创新，不断提升自身竞争力，只有这样才能在经济发展中更好地贡献自己的力量。

参考文献

[1] 盖敏慧，康敏 . 浅谈科技情报的质量管理 [J]. 科技情报开发与经济，2009，19（18）：101-103.

［2］姜慧德.浅析科技情报研究中开题论证方法 [J].科技资讯，2010（7）：226-227.

［3］贺德方.我国科技情报行业发展战略与发展路径的思考 [J].情报学报，2010，26（4）：483-487.

［4］周斐.试论企业如何利用科技情报开展技术创新 [J].江苏科技信息，2009（3）：38-40.

［5］胡景荣.科技情报的创新服务体系建设与思考 [J].科技管理研究，2010，30（12）：20-22.

［6］王萍.地方科技情报机构服务科技创新对策建议 [J].科技资讯，2015，13（8）：252-253.

以"互联网 +"思维构建智能型行政机关

何忠葵　　刘颖莹　　张　峰

摘要： 当今时代，互联网已经不单单是一种工具和技术，它正在演变成一种思维理念，而"互联网 +"的思维理念不再局限于促进国民经济的增效升级，它已延伸至推进国家治理体系与治理能力现代化的各个层次，所以，借助"互联网 +"推动行政机关智能转型俨然成为当今时代的主题。智能融合时代的来临，"智能"与"融合"演化为新时期互联网发展核心特征，智能服务成为互联网下一个演进阶段周期的核心要义。因此，将"互联网 +"与政务服务相融合，对行政机关智能转型具有重要意义。本文认为，面向公众服务的智能化和面向行政主体本身的智能化是构建智能型行政机关的主要内容。本文在阐述两者关系的基础上深入分析了各自的发展现状，指出当前行政机关智能转型的短板在于行政主体本身智能化建设的滞后性，应补齐短板，实现两者的协调、平衡发展，并提出了智能型行政机关的宏观实现路径和技术方法，为推进行政机关的智能转型提供参考。

关键词： "互联网 +"；智能型行政机关；政务服务；智能融合；新型政务协同；钉钉 + 政务

0　引言

随着互联网技术的不断提高，"互联网 + 政务服务"作为一种新型治理方式在推进政府治理现代化的实践中发挥着越来越重要的作用。习近平总书记在全国网络安全和信息化工作会议上强调领导干部学网、懂网、用网的重要意义——"各级领导干部特别是高级干部要主动适应信息化要求、强化互联网思维"[1]。当前，全球互联网加速迈入智能融合新时代，虚拟与现实边界全面消失，精准的智能融合服务成为关键。

本文从智能融合新时代趋势下构建行政机关智能决策支持系统的重要意义出发，依据行政机关的服务对象指出公共服务智能化与内部协同智能化是构成行政机关智能转型的主要内容。两者的协调、均衡发展，将全面推进行政机关的智能转型。

1　智能融合时代正在来临，精准的智能融合服务成为关键

智能融合时代的来临，"智能"与"融合"演化为新时期互联网发展的核心特征，定义了全球互联网产业的总体战略方向，原有互联网业务面向智能融合要素特征全面升级演进，智能服务成为互联网下一个演进阶段周期的核心要义。当今时代，互联网已经不仅是一种工具和技术，它正在演变成一种思维理念，而"互联网 +"的思维理念不再局限于促进国民经济的增效升级，它已经延伸至推进国家治理体系与治理能力现代化的各个层次，借助"互联网 +"进一步推动行政机关智能转型俨然成为当今时代的主题。因此，将"互联网 +"与政务服务相融合，助力行政机关智能转型具有重要意义。

2　智能型行政机关的构成

智能型行政机关从受众对象来看，由两个部分组成：一是面向公共服务的智能化；二是面向行政

主体本身的智能化，如图1所示。两者构成了行政机关智能转型的主要内容，后者是前者的基础和制约，前者是后者的延伸和督促，两者的协调、均衡发展，将全面促进行政机关的智能转型。

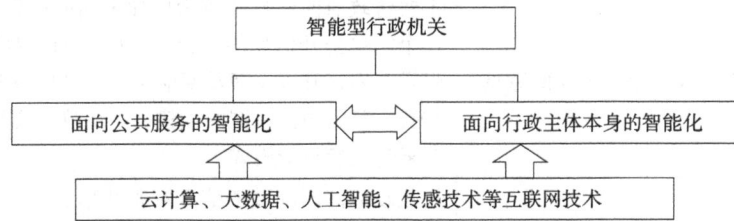

图 1　智能行政机关的构成

3　我国行政机关智能化现状分析

当前，由于互联网技术的高度发展和深度渗透，"互联网＋"作为一种新的经济形态不断冲击着行政机关的管理理念和治理模式，推动其向更高效、更透明、更民主及无缝隙化发展，加快了行政机关智能服务的转型，极大促进了行政机关的智能化强度和质量。

3.1　面向公共服务的智能化情况

近年来，我国政务服务线上化速度明显加快，网民线上办事使用率显著提升，政务服务向智能化、精细化发展，大数据、人工智能技术与政务服务不断融合，服务不断走向智能化、精准化和科学化，重塑政务服务体验。

3.1.1　全民互联网化促进了公共服务智能化的发展

数据显示，截至2017年12月，我国网民规模达7.72亿，互联网普及率为55.8%。其中，在线政务服务用户规模达到4.85亿，占总体网民的62.9%。互联网的普及改变了人类生产和生活方式，网民规模的快速增长加大了公众对政务服务线上化的需求。

3.1.2　各级行政机关高度重视公共服务的智能化建设

从政策的驱动、服务模式的改变来看，政府在推进信息化建设的进程中，始终坚持积极探索和创新，并取得了长足的发展，有效地促进了公共服务智能化发展。

3.1.2.1　政策层面合规性和强制性驱动并重，促进"互联网＋政务服务"的科学发展

当前，我国互联网领域的法律法规逐步完善和健全，中央和地方各级政府先后发布了多项管理办法和规定，对于规范互联网内容和信息的传播，促进互联网新技术和新领域的发展发挥了积极的作用。表1列出了关于政务服务线上化工作的部分政策。政策层面合规性和强制性的并重驱动，将极大促进我国"互联网＋政务服务"的科学发展。

表 1　政策支持推进轨迹

年份	政策名称	要点内容
2013	《关于进一步加强政府信息公开回应社会关切提升政府公信力的意见》	充分发挥政府网站在信息公开中的平台作用，积极回应社会关切的热点问题
2014	《关于加强政府网站信息内容建设的意见》	要进一步提升政府网站的传播能力，加强政府信息内容建设，加强政民互动交流，将政府网站真正融入互联网生态
2015	《关于规范国务院部门行政审批行为改进行政审批有关工作的通知》	要改进跨部门审批工作，对审批流程进行优化，以实现一个窗口受理、一站式审批的高效服务；要善于运用互联网思维使更大范围内的业务领域实现互联网化，创造条件推进网上审批，积极推行网上集中预受理和预审查，真正实现行政审批"O2O"化

年份	政策名称	要点内容
2016	《关于全面推进政务公开工作的意见》	①要将政府网站打造成为更加全面的信息公开平台，它不仅仅是一个简单公开信息的平台，还应该加入对权威政策的解读、舆论引导等内容升级反馈及回应渠道，开启政务 2.0 的时代。 ②要充分利用互联网的优势，要在政务公开文件中加强用户体验，探索公众参与新模式
2016	《政务信息资源共享管理暂行办法》	规范政务部门间政务信息资源共享工作，包括因履行职责需要使用其他政务部门政务信息资源和为其他政务部门提供政务信息资源的行为
2016	国务院常务会议	规划了具体的"互联网＋政务服务"实现路径，要求大厅各部门、各层级、各业务系统之间的数据壁垒，实现互联互通，优化再造服务流程与平台，明确提出 3 个"凡是"——"凡是能实现网上办理的事项，不得要求群众必须到现场办理；凡是能通过网络共享的资料，不得要求群众重复提交；凡是能通过网络核验的信息，不得要求其他单位重复提供。"
2017	《政府网站发展指引》	适应互联网发展变化，推进集约共享，持续开拓创新，到 2020 年，将政府网站打造成更加全面的政务公开平台、更加权威的政策发布解读和舆论引导平台、更加及时的回应关切和便民服务平台，以中国政府网为龙头、部门和地方各级政府网站为支撑，建设整体联动、高效惠民的网上政府

3.1.2.2 服务模式转变，各类互联网政务平台蓬勃发展，政务信息线上化工作成效显著

在公众需求、政策层面和信息技术的多重驱动下，我国行政机关的政务服务模式从早期的"政府上网"工程及前期的"两微一端"，到近期的"让信息多跑路，让群众少跑腿""最多跑一次"的"互联网＋政务服务"的模式，服务模式不断发展、创新和演变。各级行政机关都高度重视各自互联网政务平台的建设，并不断通过优化功能，深度融入互联网生态。目前，互联网政务平台已成为行政机关发布权威信息、回应关切、热点的重要平台，包括 gov.cn 政务网站、微信城市服务、政务微博、政务头条号等。2017 年，我国已实现了大陆 31 个省、自治区、直辖市的政务信息线上化全面覆盖。数据显示[1]，截至 2017 年年底，我国共有 gov.cn 域名 47 941 个；微信城市服务可办理的服务达到 9930 项，累计用户数达 4.17 亿，涉及公安、人社、教育等 30 个类别；认证的政务微博和政务头条号分别为 134 827 个和 70 894 个。

公共服务智能化的蓬勃发展，对行政主体本身的智能化提出了更高的要求，迫使行政主体本身必须转变服务方式，提高服务能力，以提高智能服务保障。

3.2 面向行政主体本身的智能化情况

近年来，我国行政机关智能化建设取得了较大成就，但仍需看到，各自为政、分散建设模式依然存在，形成了一些阻碍行政机关智能化发展的瓶颈问题，导致了行政主体本身智能化发展滞后、创新力不足，应尽快采取有效措施予以解决。瓶颈问题主要体现在以下 4 个方面。

3.2.1 思想认识不到位，互联网思维意识薄弱

这些年来，善用新平台、会用新话语的行政单位越来越多。干部观念升级，让工作不断打开新局面。然而，也还有些干部尽管身处网络时代，仍对"互联网＋"思维一知半解甚至误解，将"互联网＋政务"等同于信息技术简单转移到行政机构运作的过程，忽视深层次的互联网融合思维，严重阻碍了"互联网＋"与政务服务的深度融合，成为行政机关智能转型的深层次障碍。

3.2.2 管理模式陈旧，传统的行政思维与"互联网＋"思维脱节

传统的行政思维与"互联网＋政务服务"的要求存在严重脱节[3]。当前，传统的自建自管自用模式依然是行政机关主体普遍采用的主流模式。以单个部门为实施主体的分散建设模式，其缺陷从管理角度来讲缺乏外部的监督与促进，从技术角度来讲缺乏统一构建标准，导致行政机关各级、各部门之间信息不对称，制约了信息共享与交流，与"互联网＋政务"思维出现脱节。

3.2.3 政策驱动力不足，缺乏法律法规等相关配套制度

思想认识不到位，满足于现状，缺乏创新精神等，势必导致重视程度不足，因而缺乏法律法规等相关配套制度成为必然。虽然在行政主体内部，有些部门制定了一些规章[3]，但这些规章是在传统的行政思维模式下建立的，同样与"互联网＋政务"思维存在严重脱节。同时，由于重视度不足，必将导致政策的执行力不够，往往形成摆设，使得行政主体智能化缺乏政策驱动力。

3.2.4 技术创新性不强，安全问题突出

思想认识、管理模式和政策驱动的不到位，在行政主体内部智能转型升级进程中必将导致投入不足、创新性不强的情况，因而产生功能性缺陷、技术保障力量薄弱、安全问题突出等问题。

3.2.4.1 自建系统存在功能性缺陷，各类应用参差不齐

行政主体在智能化方面普遍存在自建应用与其他应用并存的现象，功能不完善，管理混乱。

自建系统存在功能性缺陷，无法满足需求。当前，自建系统"政务内网""政务邮箱""政务专网"等几乎成了每一个行政机关的标配，起到了积极的内部协同作用，但由于投入不够，无法与时俱进地实现与实际业务的及时同步和更新，造成功能性缺陷。

各类应用繁多不一，沟通复杂。"互联网＋"时代，面对万物互联化、信息数据化的发展趋势，自建系统由于功能不完善，无法满足行政主体日益繁重的业务需求，只能谋求其他外部应用的补充方式，如QQ、微信等即时通信工具的应用，来拓展内部信息沟通的渠道，以弥补自建系统的不足。多种沟通工具的应用，沟通过程复杂，造成管理混乱，沟通成本高，效率低下。

3.2.4.2 标准不统一，人才储备不足，信息安全缺乏保障

不同平台的应用由于开发环境、应用场景的差异，无法统一标准，加大了信息互通的难度。再者由于行政机关本身信息技术人才储备不足，技术力量薄弱，无法有效提供安全保障。

标准不统一，互联互通难度大。自建系统、QQ、微信等不同平台下的应用工具，由于缺乏统一的构建标准，无法有效支持行政主体内部复杂的信息权限管理，难以实现互联互通。在多个系统下，行政主体无法对内部的信息数据进行有效的统一管理，各层级行政部门的信息无法得到有效保护，极易造成信息泄露，引发信息安全问题。

专业技术创新性人才匮乏，技术保障力量不足。当前，行政机关内部既熟悉本部门业务，又掌握大数据等新兴技术和应用的复合型管理人才并不是很多，技术保障力量不足，导致网络信息安全责任落实不到位、安全保障体系建设薄弱、安全监控、预警与应急能力不足等问题。

4 智能型行政机关的宏观实现路径

行政主体本身的智能化进程的滞后性，无法充分发挥行政主体的基础性作用。行政机关在继续加强公共服务智能化的同时，应加大行政主体本身的智能化建设力度，实现两者的协调、均衡发展，以推动行政事业智能化的全面发展。关于行政主体的智能化建设，本文提出4个方面的解决方案。

4.1　提高思想认识，培养出"互联网+"行政文化

构建智能型行政机关要有与之相适应的重视服务与沟通的行政文化基础。须建立以"为人民服务"为核心的行政文化，以变革者心态改变传统的行政思维，强化互联网思维行政理念，用扁平化思维连接群众，以群众需求为导向，全心全意为群众提供全方位的、高质量的服务。摆脱传统的管制型行政思维，建立全新的、完全区别于传统的管制型的定位于服务的"互联网+"行政文化，以群众为服务对象，以为群众追求价值和实现价值为服务宗旨，把"为人民服务"作为行政机关自身行政的最高行为准则。

构建智能型行政机关应确立创新与精准思维。在"互联网+"时代下，社会经济活动的多元化必然导致公民需求的多样化和行政事务的动态化，需要政府具备精准思维，学会借助云计算、大数据等技术去发现、认识问题，进而对公民的一系列服务需求做出分析，认真探索服务对象、群体特征和个性需求，实时监控社会事务的动态情况，精准地挖掘出有价值的内容，有针对性地提供服务，精准地做出相关决策。

4.2　健全和完善与行政主体本身智能化相配套的法律法规，为行政机关智能转型提供政策驱动力

随着"互联网+"与政务服务的深度融合，行政机关各部门、各层级将行政事务由线下转移到线上，对信息安全性提出了更高的要求。现阶段，我国虽有《中华人民共和国政府信息公开条例》《中华人民共和国网络安全法》等[3]，但仍无法满足"互联网+"时代行政机关治理模式转变的需要。所以，要加速修订、完善与健全相关法律法规，制定出一套适应"互联网+"时代的行政机关智能转型法律法规体系。

4.3　加强人才队伍建设，培养具有互联网思维的人才

互联网作为当今时代的基础设施，互联网思维应该成为一个合格领导干部的标配，各级领导干部特别是高级干部要主动适应信息化要求、强化互联网思维。当前，行政机关内部既熟悉本部门业务，又掌握大数据等新兴技术和应用的复合型管理人才并不是很多，在云计算、大数据和移动互联网等新技术的规划设计和实施方面，相关的创新性人才仍然匮乏。因此，培养具有互联网思维的人才对于构建智能型行政机关具有极其重要的意义。

4.4　利用互联网技术，提升行政机关整体运行效率

目前，行政机关内部沟通、信息管理手段仍过于陈旧、狭隘。因此，通过互联网技术，创新服务方法、服务工具和手段，优化行政主体组织结构和流程，实现"互联网+"与政务服务的全面融合，有助于实现行政机关与公众之间及时快速的良性互动、打破信息壁垒、消除数字鸿沟；有助于内部系统之间的整合，实现信息共享与业务的协同合作，降低行政成本，对全面提高行政机关的决策和管理具有重要意义。

5　智能型行政机关的技术实现——"钉钉+政务"模式

"钉钉+政务"的新型政务协同模式可实现组织各类业务的无缝集成，打通整个组织的业务流程，建立有效沟通、创建敏捷组织、提高执行能力、规范管理行为和整合内部资源。

5.1　"钉钉+政务"开创政务协同新模式

集云计算、大数据、移动互联网等技术手段于一身的"钉钉+政务"，突破了传统的协同模式，开创了新型政务协同模式。

"钉钉＋政务"的政务协同模式具有安全性高、扁平化广、扩展性强、反应性快等特点，为行政机关打造统一沟通、协作、办公的新型服务平台，助力行政主体实现管理体系的在线化、沟通联络的高效化、信息联动的智能化、移动办公的便捷化、数据管理的留痕化、跟踪监督的全程化、组织沟通的顺畅化等。

"钉钉＋政务"采用业界流行的"微服务"架构方式，将组织的需求划分成一个个微服务，以微服务为基础组合构建系统。这种构架方式，一方面便于各个功能的并行开发，提高开发效率；另一方面可以更好地应对需求的复杂多变，同时可将需求变更影响的范围控制在微服务内部，同时还可以有效地对系统内部各个功能进行解耦，优化系统结构。

5.2 "钉钉＋政务"模式实践应用效果

"钉钉＋政务"在实践应用中表现出了强大的"全向沟通"和"讯息必达"的能力，能满足行政主体错综复杂的组织架构管理，具备更高安全性和更强大的微服务集成能力，提升了行政效率，深化了"互联网＋政务服务"，有效地促进了行政机关的智能转型。当前，"钉钉＋政务"已成为诸多行政机关的标配。

①浙江省作为全国"最多跑一次"改革实践先行者，基于"钉钉＋政务"的新型政务协同模式，开展了协同办公、基层治理及政企服务等多层面政务业务，实现了各级行政部门的高效沟通和扁平化管理，增强了行政执行力和服务能力。

②"钉钉＋政务"助力滨州市"放管服"改革，提升了该市行政服务效能，并为该市电子政务和大数据发展提供了新方式，实现了"钉钉＋政务"平台在市、县（区）、街道（乡镇）、社区（村）四级全面覆盖和互联互通。

③雄安新区、海南全省和国家气象局等，均通过"钉钉＋政务"，实现在线工作与协同办公。贵阳市委等多个党政单位也会通过钉钉助力政府信息化建设。乌镇互联网大会、杭州G20峰会、厦门金砖会议组织等重大会议，也以钉钉作为官方沟通平台，实现安全、高效的沟通。

"钉钉＋政务"作为一种"互联网＋"时代下的产物，从"钉钉＋政务"的技术特点和应用效果可以看出，作为一种新型政务协同模式，"钉钉＋政务"对于提高行政机关的沟通协同能力，破解行政主体本身智能化的滞后性，为公共服务智能化和行政主体本身智能化的协调、平衡发展，全面推进行政机关的智能转型具有积极的助力作用，为行政事业智能转型的全面发展提供了很好的示范效应。

6 结语

互联网的高速发展，带给我们的不仅仅是生产和生活中方方面面翻天覆地的变化，它也在一定程度上改变着政治生态，不断冲击着行政机关本身的发展模式。可以说，互联网的出现，将人类的政治活动推向了一个更开放的时代，互联网对行政机关治理变革的力量势不可挡，我们应思考如何更好地来适应和应对新形势所带来的诸多机遇与挑战。

构建智能型行政机关，需要公共服务智能化和行政主体本身智能化的协调、均衡发展。技术上须借助"互联网＋"的浪潮，依托于大数据、云计算、移动互联网、人工智能等现代信息技术；思想上须彻底打破传统的管制型行政思维，树立融合开放与创新的"互联网＋"行政思维理念；行动上须革新服务方式，创新服务方法和手段，优化服务流程，实现"互联网＋"与政务服务的深度融合；制度上须依靠法律法规的保障及人才培养机制的完善，确保行政机关服务做到智能化、精准化，如此才能适应"互联网＋"生态环境，推进智能型行政机关建设全过程。

参考文献

[1] 本报评论部 . 领导干部要多点互联网思维 [N]. 人民日报，2018-05-08（5）.

[2] 中国互联网信息中心 . 第 41 次中国互联网络发展状况统计报告 [EB/OL].（2018-03-05）[2019-10-11]. http：//www.cnnic.cn/hlwfzyj/hlwxzbg/hlwtjbg/201803/t20180305_70249.htm.

[3] 谭家乐 . "互联网＋"时代下服务型政府建设研究 [D]. 南京：中共江苏省委党校，2017.

[4] 王惠 . "互联网＋政务"在推进政府治理现代化中面临的困境及对策 [J]. 行政与法，2018（2）：27-34.

[5] 蔡其灿 . 浙江省政务移动办公系统的设计与实现 [D]. 南京：南京大学，2017.

[6] 陈兰青 . 信息技术对组织内部信息沟通的影响 [J]. 企业改革与管理，2009（1）：22-23.

[7] 王华 . 我国政府信息化及其面临的实践问题 [J]. 科学之友，2007（9）：137-138.

[8] 单连伟 . 论政府机关内部信息化管理 [J]. 黑龙江科技信息，2008（33）：118.

[9] 潘宏筠 . 论沟通型政府的构建 [D]. 北京：首都经济贸易大学，2006.

浅谈情报学与生物信息学之间的交叉和联系

陈 维

摘要：情报学和生物信息学都是一门新兴的边缘学科，二者看似是两个独立的学科，但是彼此之间也存在一定的联系。本文在简述情报学和生物信息学发展历程的基础上，对这两个学科之间的关系和交叉渗透进行了探索。

关键词：情报学；生物信息学；交叉

0 引言

情报学是介于自然科学、社会科学之间的综合性边缘学科，情报学有着独特的研究，与图书馆学、文献学等学科不尽相同 [1]。追根溯源，情报学起源于人类的情报活动和咨询活动，与人类的竞争和决策相伴而生，从情报学的理论体系可以看出，情报学是一门综合性的科学学科，其中应用情报学偏向于自然科学，理论情报学则属于社会科学范畴 [2]。生物信息学也是一个代表生物学、数学和计算机的综合力量的新兴学科，它是生命科学与信息科学、数学、统计学、物理学和化学等学科相互渗透而形成的交叉学科。表面看来，情报学与生物信息学联系不大，但是经过深层次分析，情报学和生物信息学之间也存在一定的联系，彼此之间相互渗透，有助于各自领域的突破和发展 [3]。

1 我国情报学的发展

情报学起源于文献学，1895 年比利时学者拉封丹和奥特莱等人创立了国际目录学会，该学会的主要职责是对人类社会所创造的科学知识进行加工整理，这是情报学的前身 [4]。我国最早的情报学专业可以追溯到 1958 年中国科学技术情报研究所创办的科技情报大学，之后情报学的研究也开始兴起 [6]。起步之处，情报学的发展是借鉴苏联米哈伊洛夫的科学交流思想，之后又吸收了英美情报学发展的先进理论，直至目前，我国情报学的发展依然是借鉴西方发达国家的情报学理论 [5]。1978 年在武汉大学创立了我国最早的情报学专业，从此情报学进入了逐步繁荣的局面。随着科技进步突飞猛进，各行各业之间的竞争日趋激烈，决策科学化的推进要求我们必须在传统的情报研究中赋予情报学"耳目、尖兵、参谋"的内涵。竞争情报的崛起、总体国家安全观的提出、智库建设的推进、大数据与"互联网＋"战略的实施，都预示着情报界的历史性时刻即将到来。未来情报学的发展应该汲取各个领域的不同学科的方法优势，开创更多新型的研究方法，迎来情报学崭新的发展阶段 [6]。

2 我国生物信息学的研究现状

生物信息学起步于 20 世纪 90 年代，它是伴随着人类基因组计划发展而产生的交叉学科，生物信息学在医药、食品等领域产生巨大的影响，对相关基础学科起到了巨大的推动作用。近几年，国内对生物信息学的研究方向涉及基因组、转录组、蛋白组、疾病表型组及进化组等各个方面，可见，随着对基因结构及基因功能在整体水平认识的深入，生物信息学的研究已经到了多元化发展的阶段 [7]。

3　情报学与生物信息学之间的交叉渗透

情报学和生物信息学看似两个分离的学科，但是二者之间也存在内在的联系。基因信息通常被看作两代之间信息的通信，而情报学关注系统的信息的通信。这两种通信在理论上是存在相似性的。情报学的鼻祖 Shannon 在提出通信数学理论之前就指出了情报学信息与基因信息的关联。二者起源相似："信息爆炸"促进了情报学的阐述和发展，庞大的基因组信息促使了生物信息学的产生。二者的最终目的都是将杂乱无章的数据信息进行有效整理变成有序的信息和知识。同时二者的发展都要借助于先进的科学技术，功能逐渐强大的计算机技术是二者发展的必要工具[3]。

4　生物信息学对情报学的影响

生物信息学在推动生命科学发展的同时，其研究成果将大大促进其他学科的发展和进步。情报学便是其中的受益者，生物信息学研究中的新思路，生物信息学与计算机技术、网络技术之间的利用，将为情报学的发展提供一定的指导作用。海量的生物学数据，与海量的情报数据之间也有很大的相似性，一些成熟的生物信息学手段必将为情报数据的收集、分析和整理提供灵感。

参考文献

[1] 于洋，张睿军，杨亚楠. 以情报学为视角的学科交叉研究 [J]. 情报杂志，2013，32（2）：1-5.

[2] 李庆华，李亮. 生物信息学：我们能做什么？ [J]. 情报理论与实践，2006，29（4）：419-422.

[3] 包昌火，王秀玲，李艳. 中国情报研究发展纪实 [J]. 情报理论与实践，2010，33（1）：1-3.

[4] 马费成. 情报学发展的历史回顾及前沿课题 [J]. 图书情报知识，2013，2：4-12.

[5] 翟小乐，张帅. 我国情报学发展的内在动力因素浅析 [J]. 科技情报开发与经济，2013，23（3）：120-123.

[6] 江俞蓉，张天明. 大数据时代情报学面临的挑战和机遇 [J]. 现代情报，2013，33（8）：58-60.

[7] 赵屹. 生物信息学研究现状及发展趋势 [J]. 医学信息学杂志，2012，33（5）：2-6.

基于"互联网+"思维的科技文献资源共享建设

张志敏　　李瑞兰　　张冠南

摘要："互联网+"开启了文献资源共享的一次重大时代转型。笔者以山东省科技文献共享服务平台为例，以"互联网+"思维看待文献共享服务平台发展过程中的变化，从平台框架、资源整合、客户服务模式等角度分析了文献共享服务平台下一步的发展方向，提出拓展文献共享服务平台资源整合的深度、加强文献共享服务平台的服务功能等多项建议。

关键词："互联网+"；文献平台；数字资源

在"互联网+"时代，网络数据资源建设发展迅速。"互联网+"开启了文献资源共享平台的重要时代，将提升文献共享平台的服务能力，丰富文献共享平台的功能和产品，拓展文献共享平台的数据资源。文献共享的新时代将会出现在大家面前，在这样一个新的环境下，我们应该从平台框架、资源整合、客户服务方式等多角度对文献共享平台有一个全新的思考和认识，并用"互联网+"的思维看待文献共享平台的变化，使未来文献共享平台在"互联网+"环境下，能更好地扩展数据资源，为企业提供更好、更专业化的服务。

一、"互联网+"时代文献资源的变化

（一）"互联网+"的概念

最近几年"互联网+"这个词广为流行，但是很多人对"互联网+"的概念却不是很清楚。2015年，腾讯董事会主席马化腾在其人大议案中提出"互联网+"的概念。同年3月，李克强总理在政府工作报告中首次提出"互联网+"行动计划，7月，国务院发布《关于积极推进"互联网+"行动的指导意见》，至此，"互联网+"概念真正走进中国的千家万户，"互联网+"时代正式来临。

对"互联网+"的内涵，不同专家、不同领域有着不同的解读与认识。例如，阿里研究院认为，"互联网+"的本质是传统产业的在线化、数据化和信息化，旨在通过信息、数据的流动、分享、创造性使用来实现经济社会运行效率。百度百科将"互联网+"定义为互联网思维的进一步实践成果，推动经济形态不断地发生演变，从而带动社会经济实体的生命力，为改革、创新、发展提供广阔的网络平台。通俗地说，"互联网+"就是"互联网+各个传统行业"，但这并不是简单的两者相加，而是利用信息通信技术及互联网平台，让互联网与传统行业进行深度融合，创造新的发展生态。

（二）"互联网+"环境下文献资源的变化

随着互联网的迅猛发展，互联网上有用的文献信息和数据库得到迅速丰富。互联网已成为世界上最大的信息载体，以丰富的信息资源和便捷的沟通手段，促进了科技进步和经济发展，也给文献资源共享工作带来了新的机遇。

目前，数据库资源建设商发展迅速。传统的数据厂商，如中国知网（CNKI）知识管理平台、万方数据知识服务平台均由单一的国内期刊论文，逐步拓展到国内外期刊论文、学位论文、专利、标准等学术资源。另外维普期刊服务平台、尚唯数据、超星数字图书馆等在学术资源建设方面也都取得了非常不错的成绩。另外，一些网络资源服务商也开始涉足文献资源，如百度学术搜索就是提供海量中英文文献检索的学术资源搜索平台，除百度文库、百度百科等学术资源外，还提供数十万本书籍供阅读。这些资源建设商的资源开发仍在不断深化和拓展，服务形式将更加多元化。

二、山东省文献共享服务平台的基本情况

山东省科技文献共享服务平台（以下简称文献平台）是山东省重点建设的科技基础条件平台之一，该平台的建设是以信息资源的共享共建为宗旨，以"整合科技资源、提升创新能力"为目标。

平台整合了国内外优良的大型综合性的科技文献服务系统资源，截至 2017 年年底，该平台已全面实现了中国知网（CNKI）、VP 期刊数据库、国研网数据库、万方数据、全球产品样本数据库等镜像资源的全省开放服务。由国家科技图书文献中心与山东省科学技术情报研究院联合成立的"NSTL 济南服务站"也已于 2011 年正式开通。平台集成的文献资源涵盖各类期刊、视频、专利、标准、会议学位论文、研究报告、统计数据、企业信息、产品样本、政策法规等，文献资源类别涉及理、工、农、医等各领域的一次文献和二次文献。

平台自运行以来，山东省科技情报研究院订购的信息资源访问人数达 360 万余次，下载量 260 万余篇。平台自运行以来订购的各数据厂商数据资源及使用情况：维普数据库访问人数 523 029 次，检索数 234 532 次，下载量 612 052 篇；尚唯科技报告登录次数 44 856 次，检索数 69 048 次，下载量 39 186 篇；尚唯全球产品样本登录次数 36 732 次，检索数 48 438 次，下载量 32 767 篇；国研网访问人数 63 479 次，检索数 16 521 次，下载量 41 256 篇；万方数据访问人数 87 635 次，检索数 654 892 次，下载量 469 457 篇。

平台提供元数据快速检索、自定义检索和高级检索 3 种方式，万方、维普、尚唯等多家数据厂商的数据资源可通过一站式检索进行查找、文摘在线浏览、全文直接下载；NSTL 济南服务站、部分外文期刊等的全文获取，需要通过原文传递的方式。

三、科技文献共享服务平台建设的下一步思考

（一）拓展文献共享服务平台资源整合的深度

长期以来，山东省科学技术情报研究院对文献共享服务平台的资源建设都非常重视，但平台目前基本局限在中文期刊、专利、标准、科技成果、会议论文、科技报告、学位论文等文献资源的数据积累上。

"互联网+"时代，必须开拓思维，文献共享不再局限于上述文献的数据库资源，还要根据用户需要，将一些政府决策信息、科技前沿动态、网络热点信息等都要囊括其中。另外，在对文献资源的深度加工方面，应加大特色文献数字化建设力度，开发地方文献数据库，拓展产业链的数据追踪。

（二）深度了解用户的多元化需要

文献共享服务应深入调研平台用户的需求，让用户参与其中，采取线上、线下相结合的方式。深入挖掘平台用户的行为信息，将其作为文献共享服务平台的宝贵资源，有目的、有计划、系统地收集、整理，使其成为平台提供知识服务的高效资源，如根据某一特定用户的行为有针对性地推送信息等。

"互联网+"环境下，信息的简单积累和分类很难满足用户的需求，我们应根据用户的多元化需要，加强资源整合，深耕数据，才能真正满足用户需求。依靠发达的文献传递网络构建文献资源的共享服务体系。

（三）加强文献共享服务平台的服务功能

"互联网 +"时代，在文献平台建设的过程中，除了抓好数字资源建设这一基础性工作外，还要注重移动客户端、微信公众号等的开发，提升平台的服务能力和方式，加强与客户的交流。

"互联网 +"环境下，用户对文献平台的要求，不再局限于文献的查找和下载，更希望文献平台面能够帮助他们解决科研过程中的实际问题，并且能提供解决这些问题的方案。因此，平台除了持续做好常规的文献下载及文献传递的服务以外，还需提供一些高端服务，如密切关注科技前沿信息；对重大科技领域进行技术跟踪，并提供科研跟踪报告；对企业技术咨询、竞争情报分析等提供数据支持。

（四）加大文献共享服务平台的宣传力度

为提高平台资源利用效率，提升平台社会知晓度，应多渠道、多层次地广泛宣传科技信息资源共建共享的理念，变被动服务为主动服务。平台要主动对接众创空间、小微企业孵化器、大学生创业园区等，为科技型企业和一线科研人员提供企业急需的数据库资源、科技咨询服务等，提高企业创新能力。针对不同的企业需求，开展形式多样的培训和辅导，树立平台应用示范企业，形成良好的使用体验，以此带动平台在全省范围的推广和应用。

参考文献

[1] 苏新宁 . 大数据时代数字图书馆面临的机遇和挑战 [J]. 中国图书馆学报，2015（6）：4-12.

[2] 吴海媛 . 互联网思维下图书馆服务创新体系的构建 [J]. 图书馆学研究，2017（1）：67-70.

[3] 阿里研究院 . 互联网 +：从 IT 到 DT[M]. 北京：机械工业出版社，2015.

[4] 百度百科 . 互联网 +[EB/OL].[2019-07-11].https：//baike.baidu.com/item/ 互联网 +/12277003.

[5] 王洪波，黄倩，张鹤 . 基于服务创新视角的科技文献共享平台建设研究 [J]. 中国科技资源导刊，2017，49（1）：38-41.

基于大数据的多领域数字信息资源整合研究

徐蓓蓓　　朱世伟　　于俊凤

摘要：文章介绍了传统多领域数字信息资源整合方式和相关技术及大数据的处理过程，分析了大数据应用于多领域数字信息资源整合方面的处理过程，探讨了大数据应用于多领域数字信息资源整合时主要需要解决的问题：异构数据的处理，采用 ETL 的方法对异构数据进行提取、转换和加载，并研究了大数据在多领域数字信息资源用户服务层面的应用。

关键词：多领域数字信息资源整合；大数据处理；异构数据；用户服务

一、引言

数字信息资源是指所有以数字形式把文字、图像、声音、动画等多种形式的信息存储在光、磁等非纸介质的载体中，通过网络通信、计算机或终端再现出来的信息，现阶段，在整个社会资源中，图书馆、博物馆、档案馆、美术馆、文化馆等占据了绝大多数的信息资源，而这些领域的信息资源目前多处于相对独立的状态，随着数字资源利用率的提高，人们对数字资源的依赖程度也逐渐提高，由原来去存储机构查阅转变为登录平台获取，这些独立的信息资源给社会群体的使用带来了极大的不便，多领域文化机构的合作共建及多领域数字信息资源的整合成为了大势所趋。信息资源数据结构和形式的复杂与多元性，给跨领域跨平台信息资源的整合与共享带来了较大的难度，而大数据是数据集之间的交换，对大数据的处理方法给多领域数字信息资源整合提供了新的方法和启示，而随着多领域信息资源数字化进程的加快，数字信息成指数级增长，海量级数字化信息资源的存储、获取及应用成为整合的一大挑战，使用大数据存取、处理数据的方式来管理数字信息资源成为必然趋势。本文对多领域数字信息资源的整合方式和技术进行研究，对基于大数据的多领域数字资源信息整合特点进行分析，提出基于大数据的多领域数字信息资源整合架构，意在研究大数据在多领域数字信息资源整合方面的应用。

二、大数据与多领域数字信息资源整合

1. 传统多领域数字信息资源的整合方式及相关技术

多领域数字信息资源整合是指利用数字资源整合技术及网络技术等对相对独立的单领域数字资源进行融汇、组合和重聚，这些相对独立的单领域数字资源一般是异构的，经过重组后会形成一个跨领域、跨学科无缝链接的知识平台向用户提供访问、检索等服务。整合方式主要包括资源获取、资源重构、资源保存和用户服务，整合过程如图 1 所示，其中，资源获取主要是针对元数据的获取，资源重构主要涉及元数据的互操作，由于不同领域数字资源在保存格式上有所不同，所以元数据标准和描述方式上也有所不同，这就需要对元数据进行标准的统一以实现数据的融合。常见的元数据互操作方式包括：映射、复用与集成、统一互操作协议、API、关联数据等。

（1）元数据映射

元数据映射即不同元数据元格式之间的相互转换，根据元数据格式的复杂程度及特点选择一对一、一对多、多对一及多对多等不同的转换形式来实现元数据互操作和统一检索。

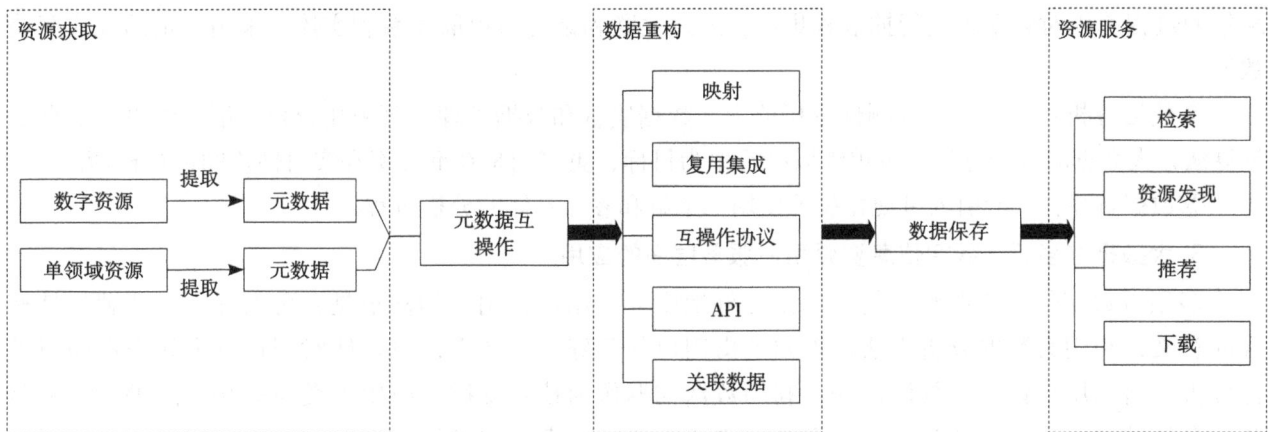

图 1　多领域数字信息资源整合过程

（2）复用与集成

元数据复用指通过在 1 个元数据格式中复用另 1 个元数据格式的部分元素，利用不同元数据格式共同描述复杂资源。

（3）统一互操作协议

采取统一互操作协议可以对不同领域数字信息资源元数据进行统一采集整理，以实现跨平台跨库检索。目前被广泛采用的互操作协议有 OAI-PMH、Z39.50、ZING（SRU/SRW）等。

（4）API

API（application programming interface）即应用程序接口，它封装了原有系统的登录、数据管理、检索、浏览等操作信息，通过调用已有资源的 API 可以实现对相关资源的链接。

（5）关联数据

关联数据采用 RDF 三元组的形式在数据层面对数字资源进行描述，打破了元数据描述标准的局限，细化了信息资源整合的粒度，能够实现不同领域异构资源的链接，是信息资源整合的新技术。

2. 大数据的主要处理过程

对于大数据，研究机构 Gartner 给出的定义是需要新处理模式才能具有更强的决策力、洞察发现力和流程优化能力的海量、高增长率和多样化的信息资产。现阶段，众多领域的数字信息资源因存在于不同的机构，数据分散、数量巨大，且存储格式多样，对外接口标准不统一，很难有效地将这些数据汇集在一起，对于这些异构数据的处理与整合，学术界已有一些相关的研究工作（以上提到的传统数据整合方式），但是在准确率和实时性上都不是很理想，而大数据所具有的 4V 特性：规模性（volume）、多样性（variety）、高速性（velocity）和准确性（veracity）正适应了这些异构数据的处理和整合，它所依托的云计算技术也给海量数字信息资源的存储提供了广阔的应用空间，且在处理异构数据和基于用户的信息服务方面的优势使得大数据必将成为解决多领域数字信息资源整合问题的趋势。

多领域的数字信息资源包含结构化数据和非结构化数据，面对众多领域的异构数据，大数据可通过处理和批处理等信息组织方式进行处理，使数据呈现一定规律，对异构数据的处理过程也是基于大数据的信息资源整合重点与难点。大数据的处理过程主要有：数据采集、数据分析和数据解释。

①数据采集：又称数据获取，是指从传感器和其他待测设备等模拟和数字被测单元中自动采集信息的过程，其区别于传统数据采集的方面包括来源广泛、数据量巨大、数据类型丰富及取自分布式数据库。因此，其采集方式也有所不同，主要有系统日志采集、网络爬虫、API 及特定系统接口等方式，

采集的过程首先对数据源进行抽取和集成，通过关联和聚合后提取关系和实体，采用一定的方式存储数据。

②数据分析：主要包括预测性分析能力、数据质量和数据管理、可视化分析、语义引擎及数据挖掘算法，大数据时代的算法不再单纯以准确率为目标，更多的是在准确率和实时性之间进行权衡。

③数据解释：一般引入可视化技术使用户了解和参与具体的分析过程。

3. 大数据在多领域数字信息资源用户服务层面的应用

多领域数字信息资源整合的目的是更好地服务于用户，用户的需求是否更大程度得到满足是整合的意义，利用大数据分析方法可以归纳出用户的喜好、关注点，更好地对用户行为和用户期望进行分析，增强用户体验。具体过程：利用数据挖掘作为技术支撑，应用聚类与关联算法等方法将整合的多领域数字信息资源与用户模型及用户所需要的检索数据进行挖掘匹配，将匹配好的相关资源反馈给用户，形成用户推荐，将更多领域、更广泛的知识提供给用户，方便用户浏览查阅，结构如图 2 所示。

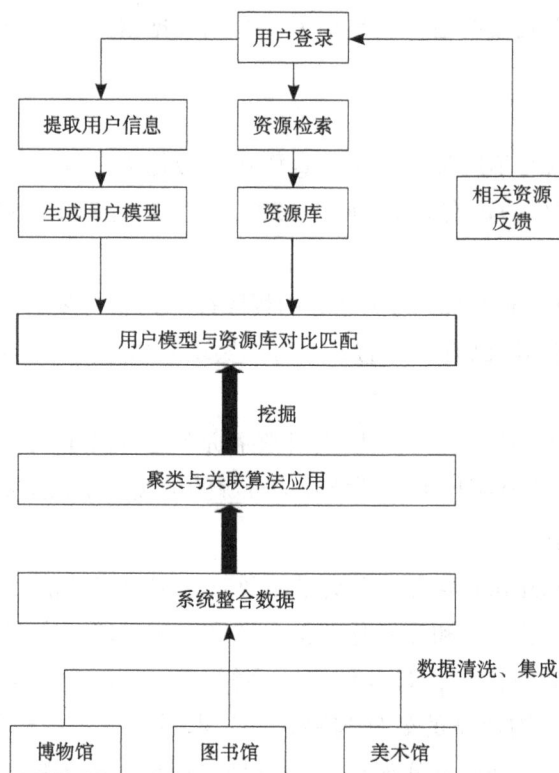

图 2　多领域数字信息资源面向用户整合过程

三、基于大数据的多领域数字信息资源异构数据处理

上文在用户层面对大数据在多领域信息整合方面的应用进行了分析，由于异构数据的复杂性，利用大数据整合多领域数字信息资源有着更为广阔的应用空间，基于大数据对多领域数字信息资源的异构数据进行处理主要体现在数据采集的过程，最常用的方法为 ETL（extract 提取、transform 转换、load 加载），将分散的、异构数据源中的数据，如关系数据、平面数据文件等抽取到临时中间层后，进行清洗、转换、集成，最后加载到数据仓库或数据集市中，成为联机分析处理、数据挖掘提供决策支持的数据。具体过程如图 3 所示。

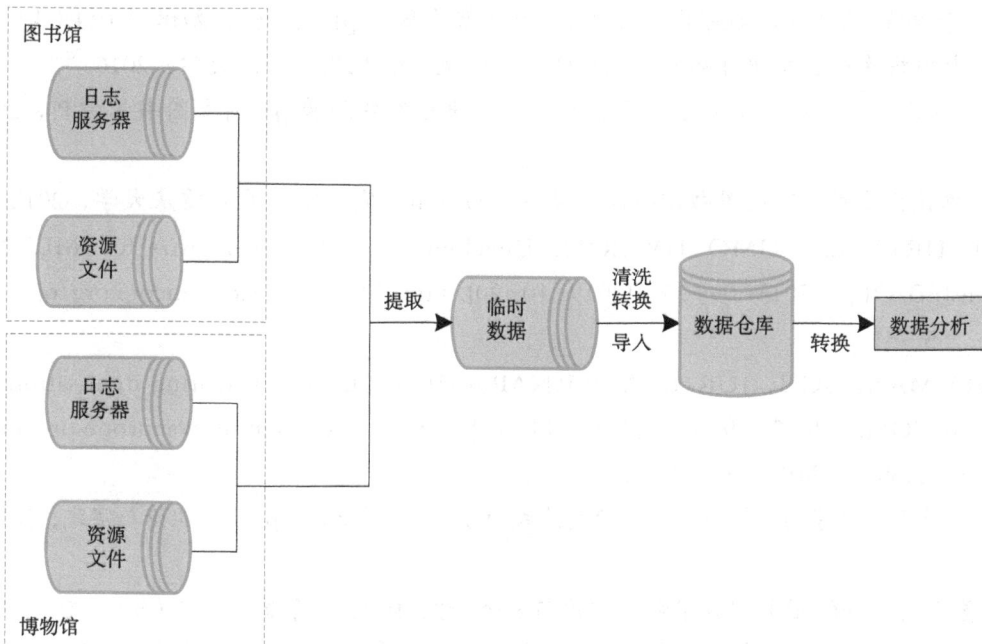

图 3　基于大数据的多领域数字信息资源异构数据处理过程

①数据清洗：主要包括数据补缺、替换、格式规范化及主外键约束，对空数据、缺失数据进行数据补缺操作，无法处理的做标记；对无效数据进行数据的替换。将源数据抽取的数据格式转换成为便于进入仓库处理的目标数据格式。建立主外键约束，对非法数据进行数据替换或导出到错误文件重新处理。

②数据转换：主要包括数据合并、拆分、验证等。合并时多用表关联实现，大小表关联用 lookup，大大表相交用 join；拆分时按一定规则，用 loolup、sum、count 进行数据验证。

③数据加载：主要有时间戳方式、日志表方式、全表对比方式及全表删除插入方式。

时间戳方式：在业务表中统一添加字段作为时间戳，当 OLAP 系统更新修改业务数据时，同时修改时间戳字段值。

日志表方式：在 OLAP 系统中添加日志表，业务数据发生变化时，更新维护日志表内容。

全表对比方式：抽取所有源数据，在更新目标表之前先根据主键和字段进行数据比对，有更新的进行 update 或 insert。

全表删除插入方式：删除目标表数据，将源数据全部插入。

四、结论

多领域数字信息资源的整合可以实现用户资源"一站式"获取，对于社会公众信息服务机构来说是一个发展趋势，随着大数据技术越来越成熟，更多的领域开始结合大数据进行分析和预测，将大数据应用于多领域的数字信息资源整合还处于起步阶段，但是大数据的优势及多领域数字信息资源的特点决定了其广阔的应用前景。本文对基于大数据的多领域数字信息资源的整合方式及技术进行了研究，有助于未来大数据应用于信息资源整合的发展，意在为我国数字资源的整合提供借鉴。

参考文献

[1] 张小芳 . 数字信息资源长期保存体系研究 [J]. 四川图书馆学报，2011（5）：44-46.

[2] 苏蓉 . 基于大数据的数字图书馆信息服务研究 [D]. 武汉：华中师范大学，2011.

［3］宋琳琳，李海涛. 大型文献数字化项目的信息资源整合研究［J］. 图书情报知识，2014（4）：94-105.

［4］叶茂伟. 大规模异构数据即时整合系统的研究与发现［D］. 杭州：浙江大学，2016.

［5］肖希明，田蓉. 国外公共数字文化资源整合的现状与发展趋势［J］. 国家图书馆学刊，2014（5）：48-56.

［6］王哲. 数据挖掘技术在高校图书馆个性化服务中的应用研究［D］. 重庆：重庆大学，2012.

［7］SARAH SHREEVES，TIMOTHY COLE. Developing a collection registry for IMLS NLG digital collections[EB/OL].（2013-09-23）[2019-10-20]. http：//dcpapers.dublincore.org/ojs/pubs/article/viewFile/755/751.

［8］ZINAIDA MANZUCH，JURGITA PERNARAVICIUTE. Coordinating digitisation in Europe. Lithuania[R/OL].（2013-09-18）[2019-11-12]. http：//www.minervaeurope.org/publications/globalreport/globalrepdf06/Lithuania.pdf.

［9］张兴旺，李晨晖. 数字图书馆与大数据研究范式的分析比较与融合［J］. 情报理论与实践，2015（12）：37-42.

［10］陈臣. 基于大数据的图书馆数字资源重构与融合研究［J］. 现代情报，2016（8）：10-13.

［11］陆泉，韩雪，韩阳，等. 我国数字信息资源长期保存研究综述［J］. 图书馆学研究，2015（4）：2-8.

［12］张斌，马费成. 大数据环境下数字信息资源服务创新［J］. 情报理论与实践，2014（6）：28-33.

［13］刘金玲，默蓉. 基于元数据整合的信息资源共知体系建设［J］. 成都理工大学学报（社会科学版），2013（6）：114-117.

［14］杨蕾，李金芮. 国外公共数字文化资源整合元数据互操作方式研究［J］. 图书与情报，2015（1）：15-21.

基于文献分析的人工智能发展态势研究

于俊凤　　魏墨济

摘要：本文以 CSCD 数据库和 SCIE 数据库作为数据来源，对人工智能相关技术发展现状进行研究。主要运用统计分析方法和社会网络分析方法，从人工智能发文趋势、发表机构、主要作者、主要国家、研究方向等角度对 CSCD 数据和 SCIE 数据进行统计分析，全面揭示人工智能的研究现状和趋势，旨在为相关领域科研人员了解人工智能发展态势提供参考。

关键词：人工智能；计算机科学；统计分析

人工智能（artificial intelligence），英文缩写为 AI，是指计算机像人一样拥有智能能力，是一个融合计算机科学、统计学、脑神经学和社会科学的前沿综合学科，可以代替人类实现识别、认知、分析和决策等多种功能。[①] 它是研究、开发用于模拟、延伸和扩展人的智能的理论、方法、技术及应用系统的一门新的技术科学。人工智能是计算机科学的一个分支，它企图了解智能的实质，并生产出一种新的能以人类智能相似的方式做出反应的智能机器，该领域的研究包括机器人、语言识别、图像识别、自然语言处理和专家系统等。

美国斯坦福大学人工智能研究中心尼尔逊教授对人工智能下了这样一个定义："人工智能是关于知识的学科——怎样表示知识及怎样获得知识并使用知识的科学。"而美国麻省理工学院的温斯顿教授认为："人工智能就是研究如何使计算机去做过去只有人才能做的智能工作。"这些说法反映了人工智能学科的基本思想和基本内容。即人工智能是研究人类智能活动的规律，构造具有一定智能的人工系统，研究如何让计算机去完成以往需要人的智力才能胜任的工作，也就是研究如何应用计算机的软硬件来模拟人类某些智能行为的基本理论、方法和技术。

AI 在 20 世纪五六十年代时正式提出，20 世纪 90 年代，国际象棋冠军卡斯帕罗夫与"深蓝"计算机决战，"深蓝"获胜，这是人工智能发展的一个重要里程碑。而 2016 年，Google 的 AlphaGo 赢了韩国棋手李世石，再度引发 AI 热潮。

AI 不断爆发热潮，是与基础设施的进步和科技的更新分不开的，从 20 世纪 70 年代个人计算机的兴起到 2010 年 GPU、异构计算等硬件设施的发展，都为人工智能复兴奠定了基础。

互联网及移动互联网的发展也带来了一系列数据能力，使人工智能能力得以提高，而且，运算能力也从传统的以 CPU 为主导到以 GPU 为主导，这对 AI 有很大变革。算法技术的更新助力于人工智能的兴起，最早期的算法一般是传统的统计算法，如 20 世纪 80 年代的神经网络，90 年代的浅层，2000 年左右的 SBM、Boosting、convex 的 methods 等。随着数据量增大，计算能力变强，深度学习的影响也越来越大。2011 年之后，深度学习的兴起带动了现今人工智能发展的高潮。

1　基于 CSCD 数据的文献分析

1.1　数据来源与分析方法

本文所用数据是中国科学引文数据库（Chinese science citation database，CSCD），创建于 1989 年，

---

① https://www.qcloud.com/community/article/666041。

收录我国数学、物理、化学、天文学、地学、生物学、农林科学、医药卫生、工程技术和环境科学等领域出版的中英文科技核心期刊和优秀期刊千余种。本文采用摘要检索，检索策略为人工智能 +artificial intelligence，检索时间为 2018 年 4 月 24 日，共检索出 2473 篇。

1.2 论文数量年度变化趋势

由于 CSCD 数据建于 1989 年，从发文趋势可以看出人工智能相关技术研发在 1990 年后开始起步，2002 年和 2003 年有了突飞性的发展，发文量达到 200 篇左右。随后的十几年间发展增速变缓，到 2016 年和 2017 年发展比较迅速，呈上升趋势（图 1）。

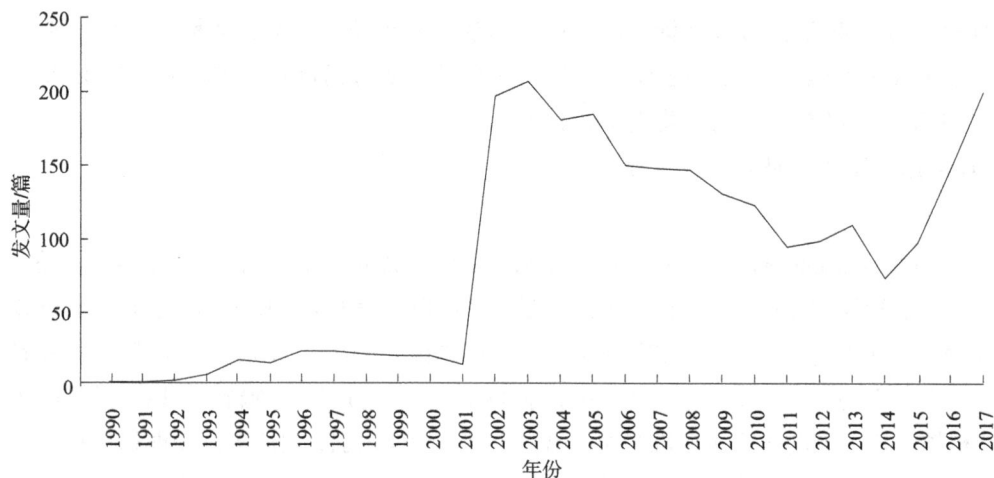

图 1　论文数量变化时间趋势

1.3 主要发文作者

在 Top10 发文作者中北京科技大学的涂序彦发文量最多，为 17 篇，其次是南京大学的陈世福，发文量 15 篇，在 Top10 发文作者中，吉林大学有 3 人，分别是刘大有、欧阳丹彤、孙吉贵，发文量分别是 13 篇、10 篇、10 篇（图 2）。

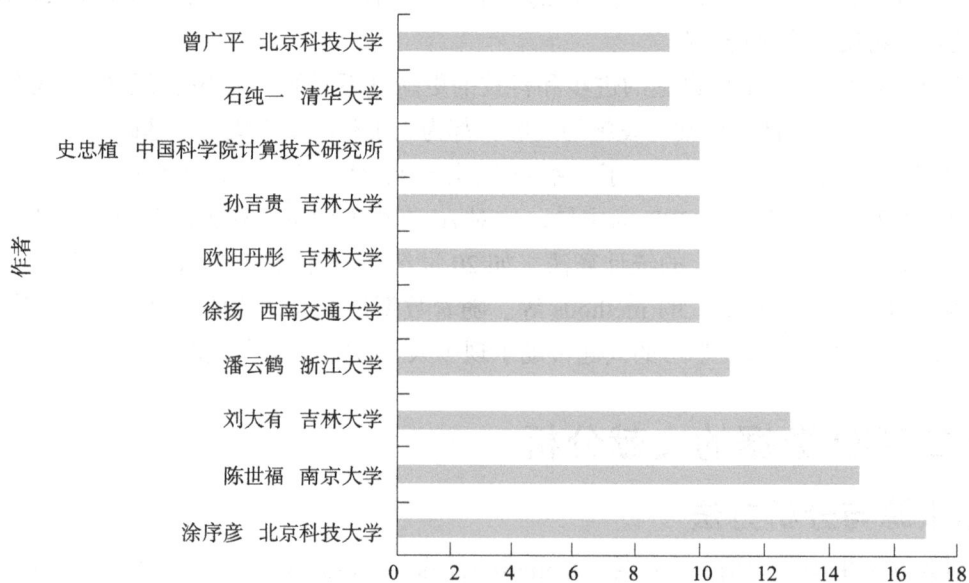

图 2　Top10 发文作者

1.4　学科分布

自动化技术、计算机技术这个学科占到 60% 左右，发文量 1454 篇。其他学科发文量均在 100 篇以下（表 1）。

表 1　主要学科分布情况

其他学科名称	发表论文数 / 篇	其他学科名称	发表论文数 / 篇
自动化技术、计算机技术	1454	化学工业	29
电工技术	97	轻工业、手工业、生活服务业	27
社会科学总论	89	一般工业技术	26
机械、仪表工业	65	水利工程	26
电子技术、通信技术	55	安全科学	24
数学	53	中国医学	23
金属学与金属工艺	43	石油、天然气工业	22
建筑科学	43	航空	22
公路运输	41	系统科学	21
测绘学	38	其他	240
地质学	35		

1.5　高被引论文

表 2 为 Top20 高被引论文。从被引频次上看，中国电子工程系统研究所的李德毅等人于 2004 年发表的不确定性人工智能被引用次数最高，高达 125 次。该文章研究了随机性和模糊性之间的关联性，统一用熵作为客观事物和主观认知中不确定状态的度量，用超熵来度量不确定状态的变化，并利用熵和超熵进一步研究了混沌、分形和复杂网络中的不确定性，以及由此带来的种种进化和变异，为实现不确定性人工智能找到了一种简单、有效的形式化方法，也为包括形象思维在内的不确定性思维的自动化打下了基础。中科院自动化所的王珏等人于 1996 年发表的关于 Rough Set 理论与应用的综述，被引频次达到 114 次，排第 2 位。该文章介绍了 Rough Set 的理论基础，并对这个理论的研究进展与应用作了较详细的评述。

表 2　Top20 高被引论文

序号	题名	作者	来源	出版年	被引频次 / 次
1	不确定性人工智能	李德毅，刘常昱，杜鹢	软件学报	2004	125
2	关于 Rough Set 理论与应用的综述	王珏，苗夺谦，周育健	模式识别与人工智能	1996	114
3	深度学习的昨天、今天和明天	余凯，贾磊，陈雨强	计算机研究与发展	2013	83
4	可拓论及其应用	蔡文	科学通报	1999	81
5	情感词汇本体的构造	徐琳宏，林鸿飞，潘宇	情报学报	2008	81
6	复杂产品虚拟样机工程	李伯虎，柴旭东	计算机集成制造系统	2002	59
7	移动机器人路径规划技术综述	朱大奇，颜明重	控制与决策	2010	47
8	基于数据驱动的故障诊断方法综述	李晗，萧德云	控制与决策	2011	47
9	最小二乘支持向量机的算法研究	顾燕萍，赵文杰，吴占松	清华大学学报（自然科学版）	2010	44
10	"认知革命"与"第二代认知科学"刍议	李其维	心理学报	2008	43

序号	题名	作者	来源	出版年	被引频次／次
11	遗传算法理论及其应用研究进展	边霞，米良	计算机应用研究	2010	35
12	基于应力场的土坡临界滑动面的蚂蚁算法搜索技术	王成华，夏绪勇，李广信	岩石力学与工程学报	2003	33
13	地理空间中的空间关系表达和推理	刘瑜，龚咏喜，张晶	地理与地理信息科学	2007	33
14	基于符号定向图（SDG）深层知识模型的定性仿真	吴重光，夏涛，张贝克	系统仿真学报	2003	32
15	自主交会对接若干问题	吴宏鑫，胡海霞，解永春	宇航学报	2003	32
16	边坡位移非线性时间序列采用支持向量机算法的智能建模与预测研究	刘开云，乔春生，滕文彦	岩土工程学报	2004	30
17	基于 BP 神经网络的波阻抗反演及应用	杨立强，宋海斌，郝天珧	地球物理学进展	2005	30
18	模糊 Petri 网络知识表示方法及其在变压器故障诊断中的应用	王建元，纪延超	中国电机工程学报	2003	29
19	基于视觉的人体动作识别综述	胡琼，秦磊，黄庆明	计算机学报	2013	29
20	粒度计算研究综述	李道国，苗夺谦，张东星	计算机科学	2005	27

2　基于 SCIE 数据库的文献分析

2.1　数据来源与分析方法

本文所用数据是利用 SCIE 数据库，采用主题 artificial intelligence 检索，检索时间为 2018 年 4 月 18 日，检索的时间范围为 1991 年 1 月 1 日至 2018 年 4 月 18 日，共检索出 15 509 篇相关文献。

2.2　发文量

由于检索的数据从 1991 年开始，从发文趋势可以看出人工智能相关技术研发在 1991 年后一直稳步增长，直到 2010 年左右开始增速明显，到 2016 年已经突破年发文量超 1000 篇，2017 年达到一个峰值，2018 年的数据不全，在本图中没有显示（图 3）。

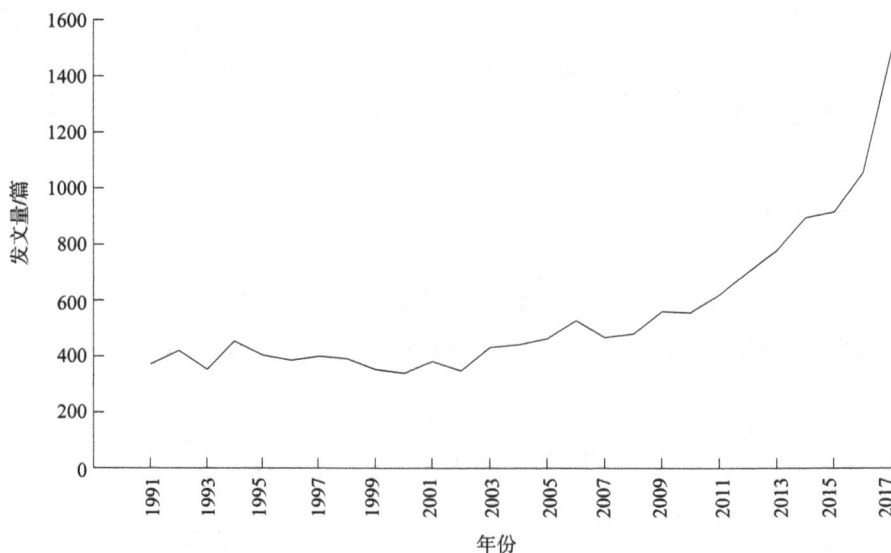

图 3　发文量时间趋势

2.3 发文机构

排名前十的机构分别是南洋理工大学、法国国家科学研究中心、加利福尼亚大学、中国科学院、伊斯兰阿扎德大学、印度理工学院、伦敦大学、宾夕法尼亚联邦高等教育、佛罗里达州立大学、麻省理工学院。其中，南洋理工大学、法国国家科学研究中心发文量都是 224 篇，加利福尼亚大学发文量是 208 篇，中国科学院发文量为 171 篇（图 4）。

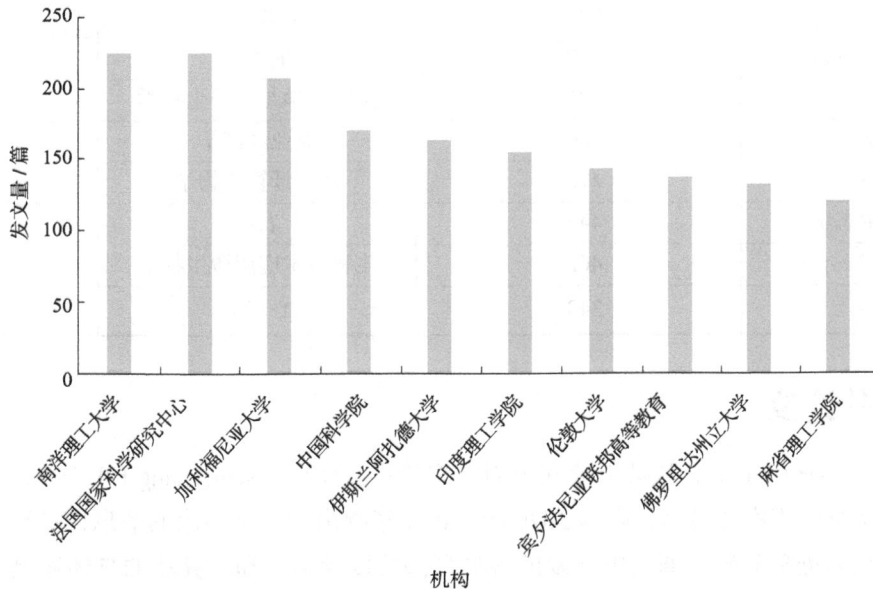

图 4　发文机构排名

2.4 各国（地区）发文情况

美国最多 3722 篇，其次是中国 1514 篇，英国、西班牙和加拿大，分别是 1281 篇、966 篇和695 篇（图 5）。

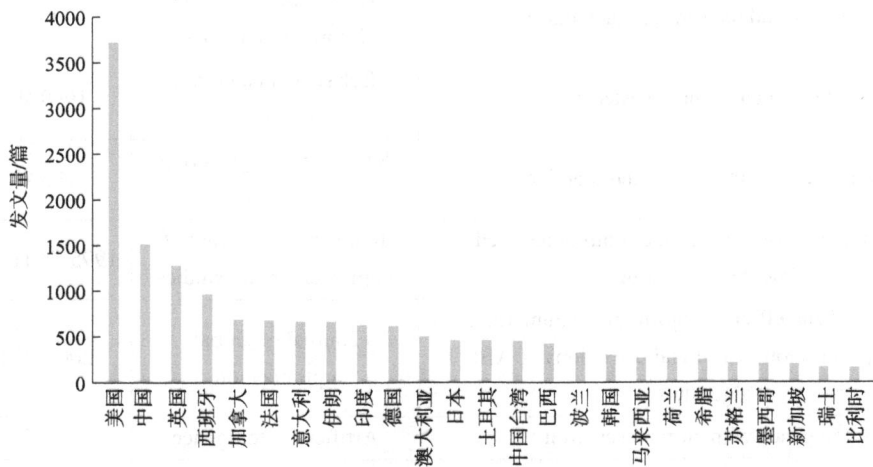

图 5　各国（地区）发文情况

2.5 研究方向

计算机科学和工程学这两个方向所占比重很大，合计超过了 50%，可以看出，人工智能主要的研究方向集中在这两个方向（表 3）。

表3　主要研究方向

学科名称	发表论文数／篇	学科名称	发表论文数／篇
计算机科学	7655	医学信息学	323
工程学	5187	水资源	315
运筹管理学	1057	仪器仪表	299
自动控制系统	763	电信	295
数学	732	机器人学	282
其他科学技术专题	677	地质学	256
化学	581	生物化学与分子生物学	233
材料科学	486	商业经济学	228
能源燃料	475	数学计算生物学	213
环境科学与生态学	443	农业	186
物理学	402	生物技术应用微生物学	179
神经科学	349	心理学	174

2.6　高被引论文

表4为Top10高被引论文。从被引频次上看，多伦多大学的Kschischang F R等人于2001年发表的因子图与和积算法被引用次数最高，高达2629次。该文章提出了一个通用的消息传递算法与和积算法，并在人工智能、信号处理和数字通信中开发的各种算法可以导出为和积算法的具体实例。埃默里大学的Barsalou L W于1999年发表的感知符号系统，被引频次达到2567次，排第2位。该文章在认知科学和神经科学的背景下，发展了一种感性的知识理论，并探讨了认知、神经科学、进化、发展和人工智能的含义。

表4　Top10高被引论文

序号	篇名	刊名	时间	被引频次／次
1	Factor graphs and the sum-product algorithm	IEEE transactions on information theory	2001 年 2 月	2629
2	Perceptual symbol systems	Behavioral and brain sciences	1999 年 8 月	2567
3	Intelligent agents-theory and practice	Knowledge engineering review	1995 年 6 月	2139
4	Toward principles for the design of ontologies used for knowledge sharing	International journal of human-computer studies	1995 年 11—12 月	2000
5	A powerful and efficient algorithm for numerical function optimization：artificial bee colony（ABC）algorithm	Journal of global optimization	2007 年 11 月	1868
6	Intelligence without representation	Artificial intelligence	1991 年 1 月	1611
7	On the performance of artificial bee colony（ABC）algorithm	Applied soft computing	2008 年 1 月	1382
8	Ant algorithms for discrete optimization	Artificial life	1999 年	1312
9	A comparative study of artificial bee colony algorithm	Applied mathematics and computation	2009 年 8 月	1138
10	A review of process fault detection and diagnosis part I: quantitative model-based methods	Computers & chemical engineering	2003 年 3 月	1057

3 小结

①从 CSCD 发文趋势看，2015 年以后，我国人工智能发展迅速。2015 年后我国先后发布了《中国制造 2025》《国务院关于积极推进"互联网＋"行动的指导意见》《"互联网＋"人工智能三年行动实施方案》等，对我国人工智能的发展提供了有力支撑。

②美国的发文数最多。美国一直在人工智能领域占据全球主要地位，政府也在支持人工智能、智能机器人方面发挥了重要作用。

③人工智能的研究方向主要集中在计算机科学和工程应用。

④南洋理工大学、法国国家科学研究中心、加利福尼亚大学、中国科学院等研究机构在人工智能研究方面发挥着重要作用。

2016 澳大利亚创新体系年度报告分析研究

张　勐　　朱国栋

摘要： 对 2016 年度澳大利亚创新系统报告（AIS）进行分析研究，从主要内容和相关指标分析入手，为济南市创新体系建设提供有益的参考和借鉴，为加快济南市科创中心建设提供借鉴。

关键词： 澳大利亚；创新体系；年度报告

一、创新体系年度报告前言

随着旷世难逢的矿业繁荣的席卷，创新重新成为政治的主要焦点，这个国家的决策者们开阔视野去界定新的增长源。为了实现这个任务，本报告从澳大利亚创新体系的状态和性能获得关键的信息。本报告表述了由人类创造力所实现的卓越技术和社会成就，值得你驻足一看。

人类历史的大部分时期，经济发展实际是不存在的。引用 Thomas Hobbes 对人类自然环境的至理名言是：肮脏，野蛮和短缺（nasty，brutish，and short），这也是对人类经济价值和社会发展的提醒。仅仅在近 200 年的时期里，随着生活环境的显著改善，人类的预期寿命就翻了一番。贯穿整个人类努力的光谱中，创新支撑着这些伟大的进步。

经济文献中一个很重要的发现是：持久的经济增长依赖于不断的技术进步，并由知识的积累和应用所支撑。一大批开拓性的发明，以及浩如烟海的后续应用不断改良，促使人类由几世纪以前的农业社会转型为当今经济快速增长的高科技社会。

在探索的道路上，我们披荆斩棘，公平地说，我们的成功是建立在失败的基础上的。纵然，失败让我们吸取教训，不至深陷其中。在这个幸运的国家里，我们将继续走在探索的道路上，并提醒自己澳大利亚的生活水平居于世界前列。

我们现在知道知识是驱动生活水平增长的基础，创新体系传输和扩散新的知识。许多产品发展得越来越知识密集化、网络化和数字化。企业将大量资源投资于建立他们的知识资本并形成竞争力。在一些经济合作与发展组织（OECD）成员里，企业投资在无形资产的份额显著超过机器、设备和厂房。

显然，无形的东西（如知识和理念），传输和扩散的效果很难测量，就像 Alfred Marshall 著名的说法是将其"放在空气中"。通过对企业主和经理人的调查，我们试图发现企业内部的创新效果。作为延伸，我们使用企业经营业绩记录并检验企业主口头表达和随后运营之间的联系。

随着更多信息的可获得性，我们能更进一步洞悉社会，面对机遇，迎接挑战。这些信息的价值不仅仅是为了更好地理解我们的世界，而且还要和未来的重要决策产生联系。本年度报告重点介绍了一些前期难以获得的，基于数据的新指标。

一个完善的创新体系需要包括企业、政府、学术界和社会各个阶层的参与。本年度报告延续了前期年度报告的传统，为澳大利亚关于经济发展的全国性讨论，提供了高质量、最新的信息，并为政策的制定提供依据。

二、2016 创新体系年度报告主要内容

创新是企业竞争和经济增长的主要驱动，并最终提高生活水平。根据经济合作与发展组织（OECD）所提供的数据，其成员中长期经济增长的 50% 由创新引发。

2016 创新体系年度报告使用了业务纵向分析数据环境（BLADE）所衍生的新指标。新的指标详述了创新所引发的经济增长的证据。在一定的测算范围内，积极创新的企业业绩超过无创新企业的业绩。澳大利亚积极创新的企业只占所有用人企业的 45%，对销售和就业却做出了 60% 的贡献。同无创新企业对比，积极创新的企业对收入和利润的增长做出 40% 的贡献，对出口做出大约 2 倍的贡献，对提高产量、就业和培训做出 2 ~ 3 倍的贡献。

由业务纵向分析数据环境（BLADE）所衍生的新的分析方法表明了创新频率的重要性，当企业的创新频率增加时，其创新的影响更加显著。持续的创新可显著提高企业的销售额、增加值、就业和利润增长。数据显示，2008—2011 年，持续创新的效果如下：①持续创新所带来的增加值增长是间歇性创新的 18 倍；②持续创新所带来的就业增长是常规创新的 4 倍；③持续创新所带来的销售额增长是常规创新的 5 倍。

30 个经济合作与发展组织（OECD）成员中，澳大利亚积极创新企业的总体比例排第 15 位，这个排名反映了澳大利亚创新型中小企业（SMEs）的巨大贡献，澳大利亚大型企业的这个指标相对较差，在经济合作与发展组织（OECD）成员中排第 18 位。在投资方面，2014 年度澳大利亚的整个创新支出是 26 亿 ~ 30 亿美元。在创新新颖性方面，澳大利亚企业的创新类型中，新业务创新和采纳式创新是主要的创新形式。

创新为企业提供竞争优势，高效的创新体系支撑整个经济的竞争发展。2014 年，澳大利亚创新产品和服务的收入占销售总额的 7.2%，在经济合作与发展组织（OECD）排第 23 名，前 5 名国家该指标的平均值为 19.1%。澳大利亚积极创新企业的总体比例和该指标出现了矛盾，其可能的原因有两点：第一，澳大利亚大型企业中积极创新企业的总体比例相对较小，造成销售总额中创新产品和服务收入的比例较小；第二，澳大利亚许多企业采用的是工艺创新，造成生产成本的减少或提高效率取代了新产品的研发销售。

研究和试验发展（R&D）是重要的创新活动。在考虑外部效应的前提下，相关文献指出研究和试验发展（R&D）活动可以解释 75% 以上的全要素生产力增长。相关文献还指出 R&D 有显著的收益率，达到 10% ~ 30% 的私人收益和超过 40% 的社会收益。2013 年，澳大利亚 R&D 国内支出总额占 GDP 的比例是 2.1%，高于经济合作与发展组织（OECD）的平均值 2%，远低于经济合作与发展组织（OECD）前 5 名的平均值。经过一段时间的强劲增长后，从 2008 年开始，澳大利亚企业 R&D 占 GDP 的比例大幅下降，造成 R&D 国内支出总额占 GDP 的比例下降，其中采矿业 R&D 支出由 2008 年的 43 亿美元下降到 2013 年的 28 亿美元。

相对于高比例的积极创新的企业，澳大利亚积极从事研究和试验发展（R&D）的企业比例相对较少。研究和试验发展（R&D）净支出中，制造业占比较大，但是也从 2005 年的 36% 下降到 2013 年的 26%。尽管研究和试验发展（R&D）在经济活动中的比例在下降，制造业研究和实验发展（R&D）强度从 2005 年的 3.5% 上升到 2013 年的 4.8%，其数值增加了 11 亿美元。专业、科学和技术服务业研究和试验发展（R&D）支出居制造业之后的第 2 位，2013 年达 37.5 亿美元，5 年增长 45%。在专业、科学和技术服务业中研究和试验发展（R&D）的支出主要产生于中小企业。

三、澳大利亚创新指标分析

从图 1 可以看到，澳大利亚的创新投入是 30 亿美元，产生创新销售额 60 亿美元，在创新方面平均 1 美元的投入能带来 2 美元的销售额。

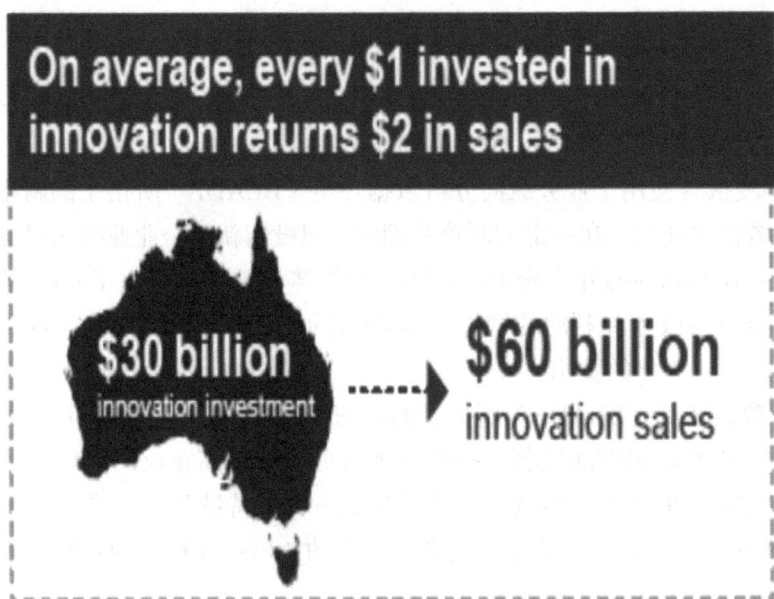

图 1　澳大利亚创新投入及产出

澳大利亚研究和试验发展（R&D）支出为 33 亿美元，这个数值相当于爱沙尼亚的 GDP，包括基础研究 7 亿美元、应用研究 13 亿美元、试验发展 13 亿美元（图 2）。

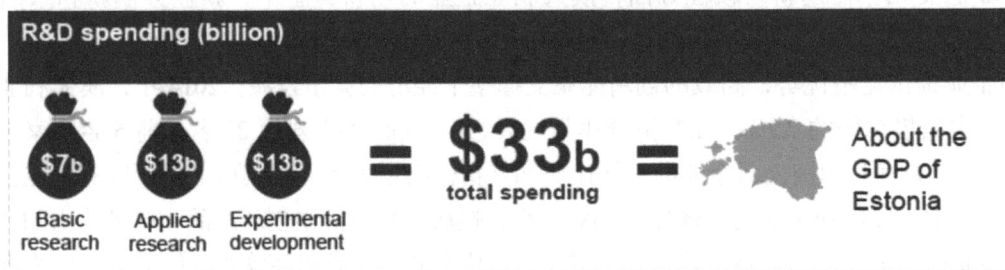

图 2　澳大利亚 R&D 支出

对于澳大利亚的企业来说，18% 的创新阻碍来自额外资金的获得，16% 的创新阻碍来自专业技术人员的缺乏，13% 的创新阻碍来自发展革新成本（图 3）。

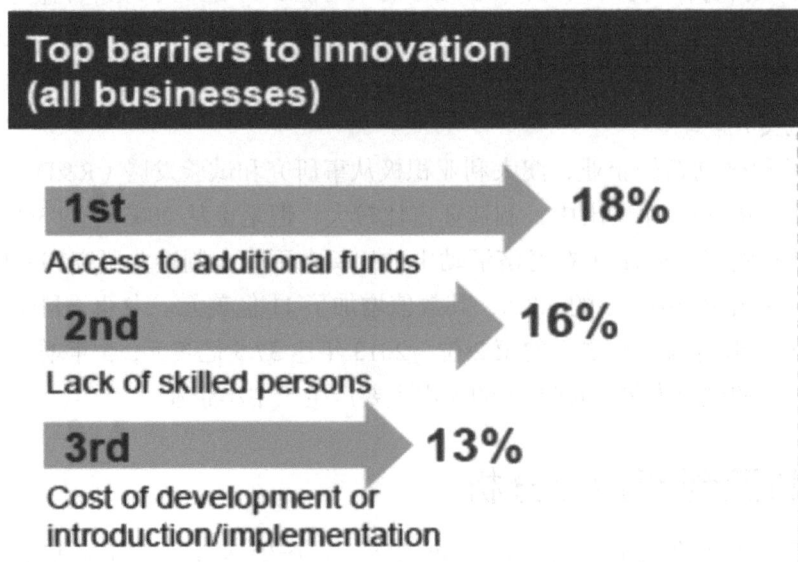

图 3　澳大利亚企业的创新阻碍来源

由创新和新颖度所产生的平均经营利润总额为：无创新的经营活动产生了大概平均 10 万美元的利润，新业务创新的经营活动产生了超过平均 35 万美元的利润，新市场创新的经营活动产生了 70 万美元的利润（图 4）。

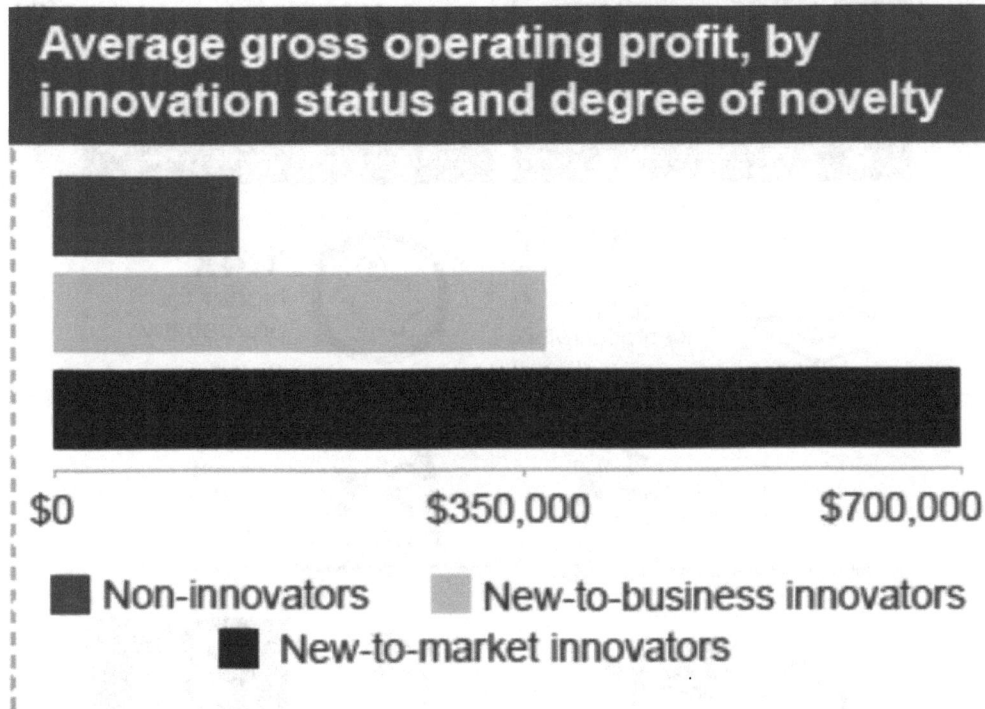

图 4　创新和新颖度产生的平均经营利润

创新积极经营活动的合作对象包括：37% 来自客户、消费者和购买者，23% 来自竞争对手和相同产业的其他经营活动，7% 来自政府中介，5% 来自综合大学和其他高等教育机构（图 5）。

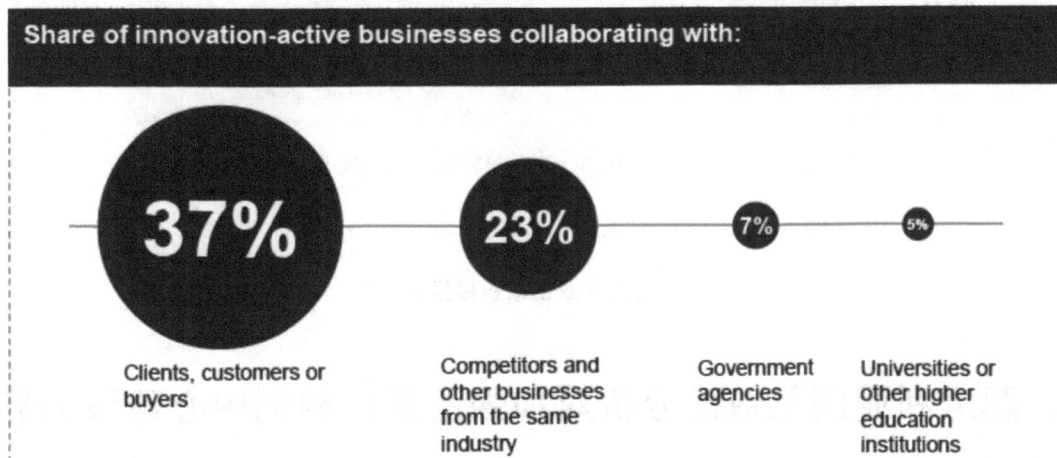

图 5　创新积极经营合作对象

澳大利亚创新积极经营活动所创造的业绩同无创新经营活动的比值为：产品和服务的销售收入是无创新经营活动的 1.4 倍；所提供产品和服务的类别是无创新经营活动的 4 倍；生产率是无创新经营活动的 2 倍；盈利能力是无创新经营活动的 1.4 倍；提高就业总量是无创新经营活动的 3 倍；出口目标市场是无创新经营活动的 5 倍；合同和外包是无创新经营活动的 3 倍；结构性和常规在职人员培训是无创新经营活动的 3 倍；信息技术的支出是无创新经营活动的 3 倍；社会贡献是无创新经营活动的 5 倍（图 6）。

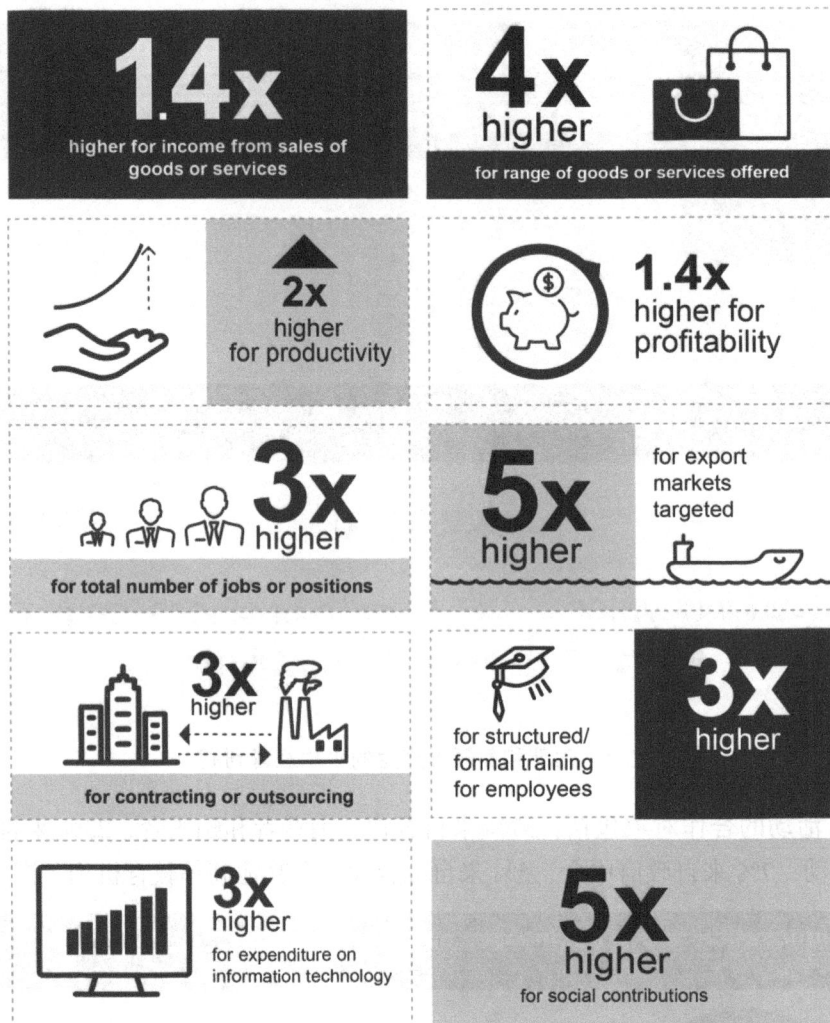

图6　澳大利亚创新积极经营活动

四、澳大利亚创新数据分析对加强济南市科创中心建设的启示

澳大利亚创新数据分析反映了创新在提高生产力和国际竞争力方面所起的至关重要的作用，进一步落实了澳大利亚政府所作出的承诺，即在经济领域培育创新，并确保全面发挥澳大利亚作为一个生机勃勃、富有国际竞争力和美好前景的国家所具有的潜力。

在本文临近结尾之时，2017年5月上旬济南市委书记王文涛带领济南市党政考察团先后考察了杭州、合肥、郑州3个城市，并随后召开全市领导干部会议，分享赴三市考察城市建设管理、经济发展、企业创新等方面的先进经验、先进理念。济南市目前正处于新旧产能交替的关键时刻，也是变道换向、弯道超车的重要窗口期，加快发展大数据产业、加快推动企业上"云"、加快发展新兴产业，借鉴澳大利亚创新体系建设，把量子通信、人工智能、智能制造等产业发展起来，加强中小企业的创新意识，是强化创新平台建设的重点，相关对策建议如下。

①实施企业技术创新提升行动，建设技术研发平台，构建完善以企业为主体、市场为导向、产学研相结合的技术创新体系，不断提高自主创新能力。在重大创新领域组建国家级重点实验室、国家级工程技术中心、企业技术中心等研发机构。

②实施科技创新人才聚集行动，建设人才支撑平台，强化创新智力支撑，完善人才保障体系，全面激发人才创新创造活力。突出"高精尖缺"导向，大力引进集聚高层次创新创业人才和急需紧缺人才。完善人才引进、培养、评价、激励机制和服务保障体系。

③深化科技和金融结合，拓宽科技创新融资渠道，形成政府、银行、担保机构、投资机构等共同参与的多层次、多渠道科技金融投融资体系。

④加快成果转移转化，聚焦科技创新创业，整合各类科技服务资源，形成集约化、系统化、规范化、便捷化服务体系，打造在全国有影响力的区域性成果转化、孵化、交易中心。

参考文献

[1] Australian Innovation System Report 2016[R/OL] . （2016-11-30）[2019-09-20]. http://www.industry.gov.au/Office-of-the-Chief-Economist/ Publications/Pages/Australian-Innovation-System.aspx#.

[2] 章一文. 澳大利亚创新体系建设的启示 [J]. 经贸实践，2012（12）：12-15.

科技报告数据挖掘在科技管理中的作用研究

高 巍

摘要： 2018 年 3 月 17 日，国务院办公厅印发了《科学数据管理办法》，对科学数据的内涵、采集保存、共享利用等进行了规定。根据该规定，科技报告属于科学数据的范畴，对科技报告信息资源的收缴、利用、共享、服务即为对科学数据的挖掘活动。因此，本文先是介绍了数据挖掘的内涵，以及科技报告作为一种特殊的文献所具有的原始科学数据积累的意义，然后阐述了科技报告数据在科技管理中的作用，分析了目前所提交的科技报告数据中存在的问题，探讨了如何更好地发挥科技报告数据挖掘在科技管理中的价值，并提出相关建议。

关键词： 科技报告；特殊文献；数据挖掘；科技管理

1 引言

2018 年 3 月 17 日，国务院办公厅印发了《科学数据管理办法》，对科学数据的范畴给予了定义：本办法所称科学数据主要包括在自然科学、工程技术科学等领域，通过基础研究、应用研究、试验开发等产生的数据，以及通过观测监测、考察调查、检验检测等方式取得并用于科学研究活动的原始数据及其衍生数据[1]。依据该定义，科技报告属于科学数据的范畴之内。对科技报告信息资源的收缴、利用、共享、服务即为对科学数据的挖掘活动。

数据挖掘就是运用现代信息科技手段，在大量的数据之中，通过分类、估计、预测及相关性分组等方式，从表面上看似模糊、不完整、随机的数据信息中，提取到隐含在其中不被人知的有用数据信息，从而指导各种分析和评价的正确进行[2]。

随着科技创新进程的不断加快，数据挖掘和利用的规模正在以前所未有的速度增长。整个社会已经迎来了"大数据时代"，也引起了研究者和决策者的广泛关注。而科技报告作为一种特殊的文献，由科技人员按照有关规定和格式撰写的，以积累、传播和交流为目的，记录了科研活动的各个阶段，完整而真实地反映了其所从事科研活动的技术内容和经验。从大量的科技报告原始积累的基础数据中挖掘出隐含的、先前未知的、对决策有潜在价值的知识和规则，同时，这些规则蕴含了数据库中一组对象之间的特定联系，揭示出一些有用的信息[3]，这些有用的信息对技术积累、交流、促进科技创新和科技决策等提供依据，具有重要的经济价值和不可或缺的支撑作用。

2 科技报告数据在科技管理中的作用

任何研究都是在前人研究成果基础上的继承、发展和创新。科技报告完整而真实地反映科研整个过程和结果的技术内容和经验教训，是沿承科研体系的重要保障。科技报告的形成涉及科技管理部门、科研机构、科技人员和社会公众等多个利益主体，因此，科技报告的数量、质量不仅反映了科研项目完成的质量与创新程度，同时也能反映项目承担人员的科研能力与水平，甚至能为以后的科技管理部门对工作流程的改进和提升提供决策信息依据，又能为科技人员提供创新信息保障，还能保证社会公众对政府科研投入产出的知情权。

①科技报告作为一种特殊文献，也是基础数据的一种，其持续的积累和收藏将形成宝贵的战略性资源。通过对科技报告基础数据的挖掘、利用、优化配置和综合分析，不仅可以实现科技报告最基本的高效共享和服务，还可以促进科技成果转化及科技创新，实现对推动科技工作发展的支撑作用。

②目前，科技报告是科技计划项目研究内容历史记载的重要产出形式，是项目结题验收的重要依据。根据科技报告原始基础数据组成的数据库对新申请项目进行检索查新，科技管理部门可以有效避免不同科研管理体系中的重复立项，减少财政资金浪费，有利于增加科研工作的透明度，提升科研效率和科研投入效益，规范科技计划项目的过程管理。

③科技报告属于技术论文的一种，撰写、改审、呈交、收藏、利用科技报告有利于推动区域内科研领域各种人才队伍的培养，不仅培养科研人员严谨的科研作风和端正的科研态度，同时，有利于提高科研人员后续研究的技术起点 [3]，努力成为本专业的行家里手。

科技报告数据在科技管理过程中作用关系如图1所示。

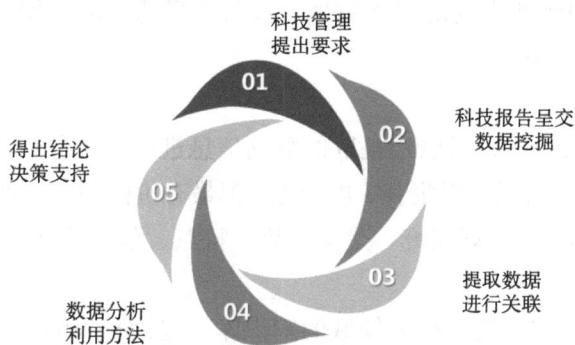

图1　科技报告数据在科技管理过程中作用关系

3　科技报告数据存在的问题

虽然目前山东省科技计划科技报告管理工作步入正轨，各个地市的科技报告正在有序开展，但是从科技报告呈交的数据来看，依然存在些许问题。

①科技报告标准模板难统一。虽然科技报告有着统一的撰写标准、要求和模板，但是科技报告对于每年新的项目承担单位和科研人员都是新鲜事物，因此提交的报告很难达到规范要求。

②内容描述多注重结果和应用。对技术过程、方法、数据描述得不够详尽、具体和深入，篇幅普遍偏短，技术参考价值低 [4]。

③提交报告的数量、质量参差不齐。有的项目从立项报告、进展报告、专题报告到最终报告一应俱全，形成完整的报告数据链。而有的项目仅留存一份最终报告，应付结题。有的报告类型虽然提交齐全，但却存在内容雷同乃至改换类型名称重复提交的现象。

④虽然山东省科技报告工作已然形成自上而下部署和推动的态势，但是地方科技报告工作大都还处于初级阶段，没有特别清晰的思路和方向。而实施科技报告制度本身就是科技管理的一场革命，科技报告工作的开展又牵扯政策法规、组织管理、标准规范、共享服务等诸多方面的因素牵制，因而各个地市开展科技报告工作的动力不足，积极性不够。

4　如何更好地发挥科技报告数据挖掘在科技管理中的价值

既然科技报告数据对科技管理具有如此重要的意义，那么如何更好地发挥其在科技管理领域内促进科技创新、成果转化等作用和效益，建议如下。

（1）厘清数据来源，建立数据库

科技报告的主要数据来源是由项目承担单位的科研人员组织撰写，进行呈交。目前山东省提交的科技报告类型主要分为4类：立项报告、进展报告、专题报告和最终报告，这也是报告主体数据的来源。而呈交人员的数据主要包括：报告名称、支持渠道、报告类型、编制单位、编制时间、中英文摘要、中英文关键词、联系人等。而数据库是一个面向各个主体、集成、时变、收藏保存的数据集合。丰富的数据库成为管理部门决策支撑的重要依据。因此，根据科技报告不同的数据来源进行分类、理顺，然后建立不同的数据库，方便科技管理过程中更加有效和准确地使用科技报告基础数据。

（2）进行数据预处理

首先对所需数据从多个科技报告原始数据库、相关文件或者各个系统中进行提取集成，然后在数据涉及的相关领域和专家知识的指导下，辨别出需要进行分析的数据集合，提高数据挖掘利用的效率和质量[3]，加以精炼和提取得到所需要的主要数据。最后选择适当的数据计算技术和方法，从而挖掘出数据中隐藏的、新颖的信息和模式。

（3）数据分析及评价

根据科技管理所需的决策目的，对已经提取的数据信息进行初步分析，对信息来源等进行准确性确认。通过对数据信息的过滤、筛选、再集合、再处理，把最有价值的内容区分出来，通过适当的方法、利用所学专业特长将所有数据进行关联研究，呈交趋势、特点、预测等分析报告。

（4）建立相关知识库

根据科技报告数据库的类型，建立相关领域的知识库，包括相关的基础知识、数据挖掘方法、数据分析方法、领域关键点、主要发展走向和趋势、行业标准和规范、国家及区域重要政策和规定等。这些知识库可以由文字构成，也可以由图表、规则构成，为数据挖掘和科技管理过程中能迅速提取相关知识点和理论基础提供依据。

（5）加强数据的存储性和安全性

科技报告数据类型不仅仅包括文字，还有大量的文件、图片、公式、标准、规范等，因此，加大科技报告基础数据的存储性是非常重要而且最基本的关键环节。另外，许多科技报告中的数据涉及项目承担单位或科研人员的学术秘密、商业秘密、专利技术、业内隐私等，如果泄露可能会导致严重的后果。因此，加强对科技报告数据安全的保护也是必要环节。

（6）加大各级科技报告数据的关联性

目前科技报告体系纵向分为三级构建：国家、省级、地市。每一级都有着独立的科技报告信息资源数据库，但是，每一级科技报告数据之间都有着千丝万缕的联系。目前，三级科技报告体系还没有完全联动，尤其是省、市两级之间存在着诸多因素的阻碍。而科技报告体系横向为各个兄弟省市之间的互动与交流。目前，各省市之间的科技报告数据也自成一体，各自为政。因此，为了能够全方位、全领域、多层次、多角度地进行科技报告数据挖掘和利用，避免数据基础来源的局限性，就必须加大纵向、横向、各级、各区域之间科技报告数据关联性。

5　结论

对科技报告数据进行挖掘利用，是促进科技管理向更高层次、更高要求、更高标准迈进的需要；是推动科技创新、科技成果转化的需要；是当下发展科技评估评价、科技领域内各个关键技术点趋势预测的需要；是对科研管理、科研考核、科技评价体系改革的需要；是净化科研学术氛围、避免学术研究行为不端、诚实实干的需要；更是为传统产业升级改造提供扎实的数据来源和新旧动能转换工程决策支撑的需要。虽然实施过程中还有很多问题有待解决，但对科技报告数据挖掘利用在完善科技管理的过程中势在必行。

参考文献

［1］国务院办公厅．科学数据管理办法：国办发〔2018〕17 号 [A/OL]．（2018-03-17）[2019-10-20]．http：//www.gov.cn/zhengce/content/2018-04/02/content_5279272.htm.

［2］卜阳．数据挖掘对学生自主学习的评价作用研究 [J]．吉林教育，2015（21）：141.

［3］曹敏．数据挖掘在物流管理决策中的作用 [J]．电脑开发与应用，2007（1）：47-48，52.

［4］袁清昌，毛原宁，高巍，等．山东省实施科技报告制度对策建议[R].济南: 山东省科学技术情报研究院，2014：126.

山东科技报告服务系统文本数据统计分析

聂　静　　史筱飞　　李树强

摘要：本文统计了山东科技报告服务系统相关数据，基于地区、科技报告类型、相关计划项目立项年份等方面统计分析了省属项目科技报告的收录情况，基于日期、地区、机构性质等方面统计分析了专业人员注册用户情况，基于注册用户文摘浏览、匿名用户文摘浏览、注册用户全文浏览等方面统计分析了文献浏览量情况，并基于以上分析对开展科技报告工作提出了几点意见和建议。

关键词：科技报告；服务共享系统；文本数据

在山东省科学技术厅领导的高度重视下，山东省科学技术情报研究院负责山东省科技报告的共享服务工作。2014 年 12 月 31 日，山东科技报告服务系统试运行；2015 年 7 月 1 日，山东科技报告服务系统正式开通，面向全省科技人员和社会公众提供科技报告共享服务。

山东科技报告服务系统网址为 http：//www.sdstrs.cn，分为导航栏、分类导引、角色用户、工作动态 4 个板块，按部门、地区、类型对科技报告进行导航，为注册用户提供检索、在线全文浏览等服务，并具有科技报告工作动态展示、标准规范学习、相关政策解读、浏览历史查看及科技报告收录证书领取等功能。

一、山东科技报告服务系统科技报告收录情况

山东科技报告服务系统收录数据包含山东省承担国家科技计划项目产生的科技报告及山东省技术厅省属科技计划项目产生的科技报告，其中，省属计划包括山东省自主创新成果转化重大专项、山东省自然科学基金计划、山东省重点研发计划、山东省农业良种工程、山东省软科学研究计划等在内的19 类科技计划，截至 2018 年 5 月 1 日，共收录科技报告 3270 份，其中国家项目产生的科技报告 750 份，省属（省科学技术厅）项目产生的科技报告 2520 份。本文以 2520 份省属科技计划项目产生的科技报告作为文本数据。

截至 2018 年 5 月 1 日，各类省属项目产生的科技报告呈交情况如表 1 所示。

表 1　各类省属项目呈交科技报告情况

计划（项目）名称	呈交科技报告数量／份	占比
山东省重点研发计划	1165	46.23%
山东省自然科学基金计划	427	16.94%
山东省科技重大专项	206	8.17%
山东省自主创新成果转化重大专项	146	5.79%
山东省农业良种工程	124	4.92%
山东省自主创新专项	111	4.40%
山东省自主创新及成果转化专项	107	4.25%

续表

计划（项目）名称	呈交科技报告数量 / 份	占比
山东省软科学研究计划	100	3.97%
山东省科技惠民计划	58	2.30%
山东省农业科技成果转化专项	38	1.51%
其他	38	1.51%
合计	2520	

各类省属项目中，山东省重点研发计划、山东省自然科学基金计划、山东省科技重大专项产生的科技报告数量比较多，分别占总数的 46.23%、16.94%、8.17%，其中，山东省重点研发计划呈交的科技报告最多，接近收录量（省属项目科技报告）的一半。

科技报告按类型可分为立项报告、进展报告、专题报告、最终报告 4 类，山东科技报告服务系统中收录的科技报告按类型分类情况如图 1 所示。

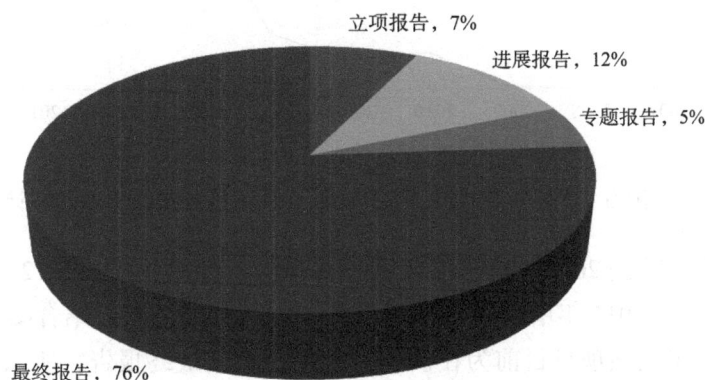

图 1 各类型科技报告呈交情况

已收录的 4 类科技报告中，绝大部分为最终报告，立项报告和专题报告数量很少，尤其是专题报告，仅占总收录量的 1/20。

目前，全省 17 个地市的企事业单位、研究院所呈交了科技报告，各地市科技报告呈交情况如图 2 所示。

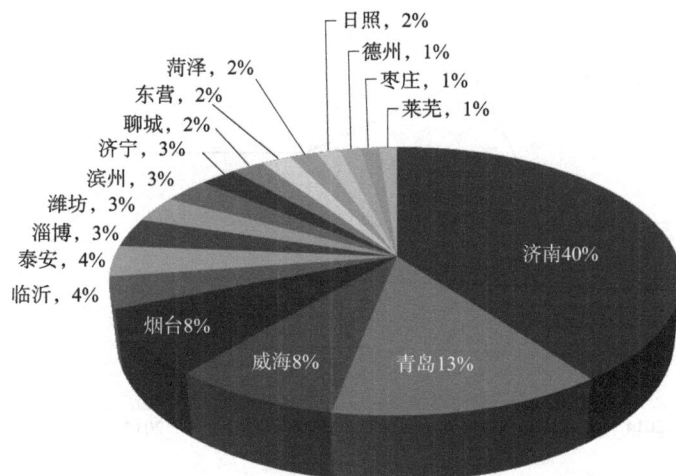

图 2 各地市科技报告呈交情况

由图 2 可以看出，各地市呈交的报告数量差距比较大，呈交报告数量最多的地市是济南市，数量达到 1000 余篇，约占总报告数的 40%，呈交报告数量较少的地市有莱芜市、枣庄市、德州市，仅占总报告数的 1%，除青岛市、烟台市、威海市外，其他地市的呈交数量也不多，分别占总报告数的 2% ～ 4%。

系统收录 2007—2017 年相关计划立项项目的科技报告，其中，2007—2011 年立项项目呈交的报告绝大部分为回溯报告，各年度立项项目科技报告呈交数量如图 3 所示。

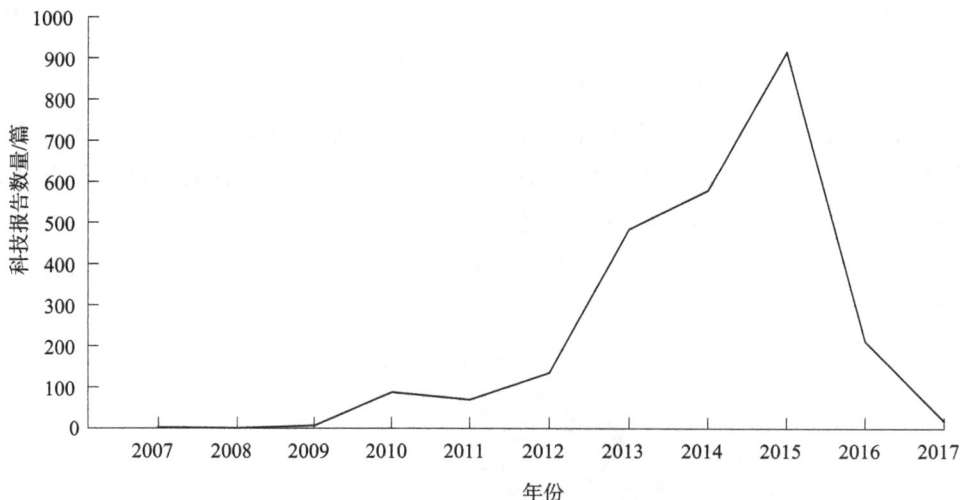

图 3 2007—2017 年相关计划立项项目科技报告数量统计

由图 3 可以看出，除去 2007—2011 年立项项目呈交的回溯报告，2012—2015 年立项项目呈交报告数量逐年上升，2013—2015 年增幅分别为 72.1%、19.6%、58.20%，结合图 1 最终报告占总呈交量的 76%，2016 年、2017 年立项项目目前为在研项目，还未呈交最终报告，所以目前 2016 年、2017 年立项项目呈交数量与 2015 年相比暂时下降。

二、山东科技报告服务系统注册用户情况

截至 2018 年 5 月 1 日，山东科技报告服务系统实名注册专业人员 3211 人，各年度专业人员注册数量如图 4 所示。

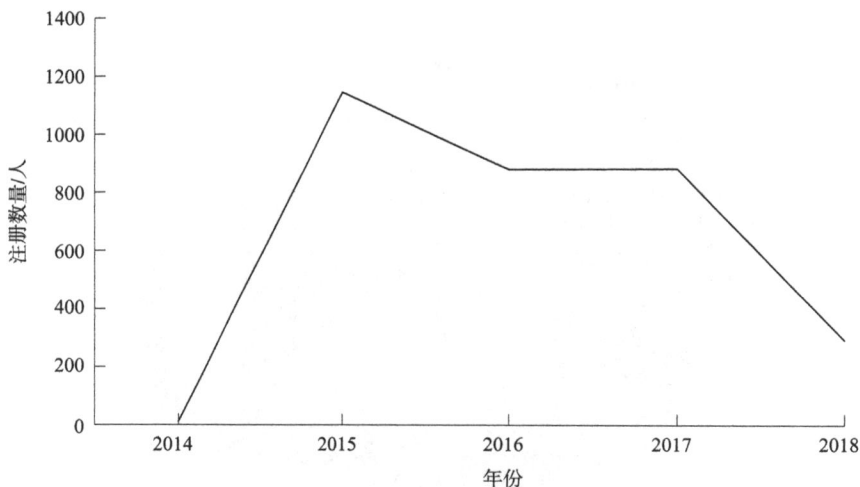

图 4 各年度专业人员注册数量趋势

由图 4 可以看出，2015 年注册人数出现了高峰，2016 年、2017 年逐步趋于平稳。2015 年注册量最大，

以 2015 年为例分析，各月份注册数量如图 5 所示。

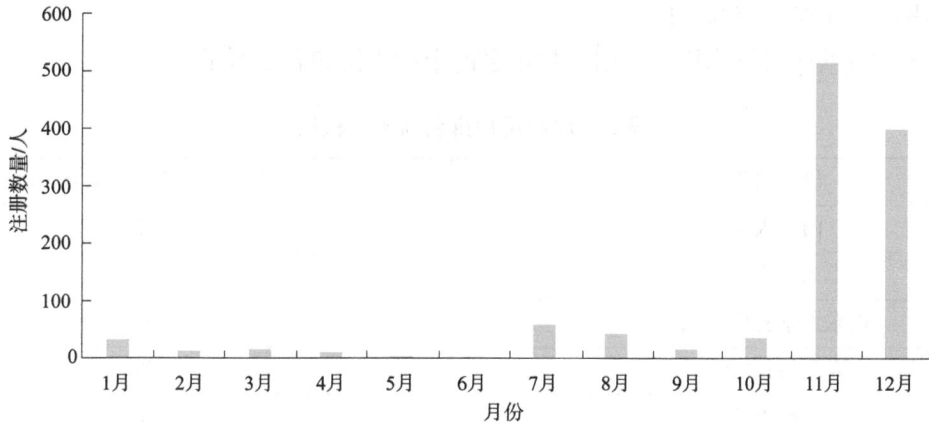

图 5　2015 年各月份专业人员注册数量

由图 5 可以看出，2015 年 1—10 月注册人数并没有增长，11 月、12 月注册人数突然增长。2015 年 11 月、12 月，山东省开展了全省范围内的科技报告培训工作，二者时间相吻合。

山东科技报告服务系统注册并激活用户涉及 19 个省、直辖市，按地区统计情况如图 6 所示。

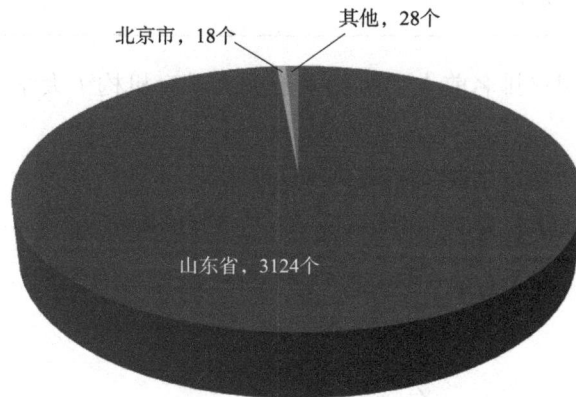

图 6　用户地区分布情况

由图 6 可以看出，几乎全部注册用户来自山东省，占总注册用户的 99%。系统收录数据的数量、质量还不足以吸引更多外省的注册用户。

按注册用户机构性质统计情况如图 7 所示。

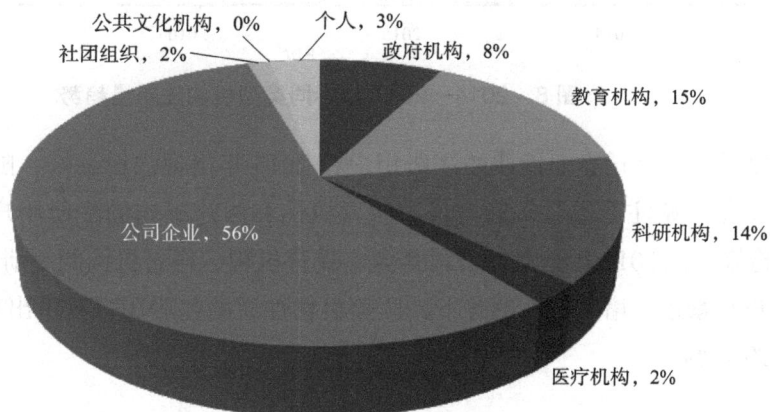

图 7　注册用户机构性质统计

由图 7 可以看出，公司企业性质的注册用户最多，占总注册数的 56%，其次是教育机构、科研机构性质的注册用户，分别占 15%、14%。

注册用户人数按其所属机构排名，用户数排名前十的机构如表 2 所示。

表 2　注册用户排名前十的机构

机构名称	注册并激活用户数量 / 人
山东大学	82
山东省立医院	73
山东大学齐鲁医院	65
青岛科技大学	49
济南大学	40
哈尔滨工业大学（威海）	36
中国海洋大学	35
青岛农业大学	33
烟台大学	32
中国石油大学（华东）	32

由表 2 可以看出，注册用户排名前十的机构大部分为教育机构（大学），只有山东省立医院、山东大学齐鲁医院为医疗机构。

2014—2017 年不同类型机构注册量如图 8 所示。

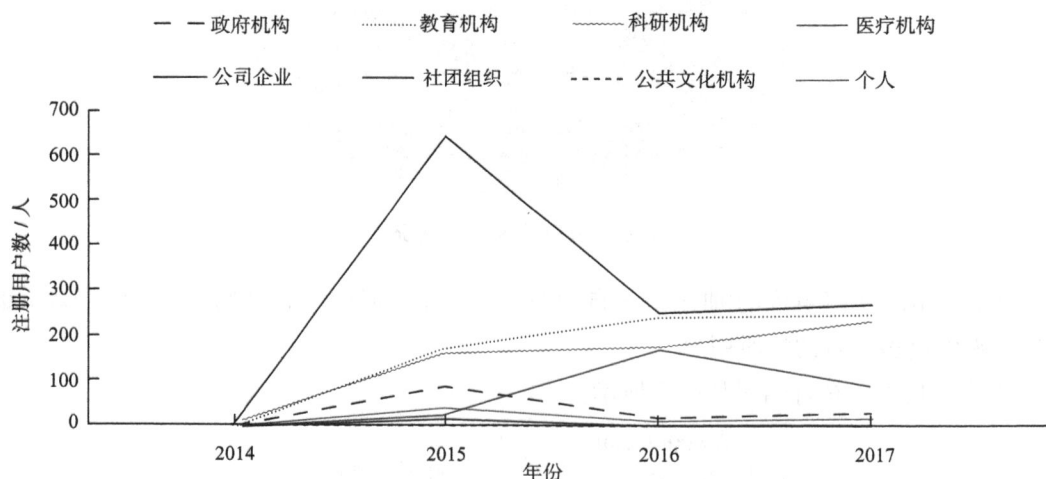

图 8　2014—2017 年不同类型机构注册量趋势

由图 8 可以看出，公司企业性质的注册用户在 2015 年出现注册高峰，随后 2016 年注册数量出现快速下降，2017 年开始注册数量平稳增长，教育机构和医疗机构的注册用户数量 2015—2017 年一直处于平稳增长趋势，至 2017 年全年，公司企业、教育机构、科研机构的注册用户数量相当。此外，在 2017 年注册用户数量逐步增长的总趋势下，医疗机构性质的注册用户数量出现了明显下降，2017 年比 2016 年下降了约 47%。

三、山东科技报告服务系统文献浏览量情况

自山东科技报告服务系统 2014 年 12 月试运行，至 2018 年 5 月 1 日，网站总访问量达到 160 万次。

2014—2017 年用户文摘浏览量（含注册用户和匿名用户）、用户全文浏览量（只包含注册用户，非注册用户没有全文浏览权限）趋势如图 9 所示。

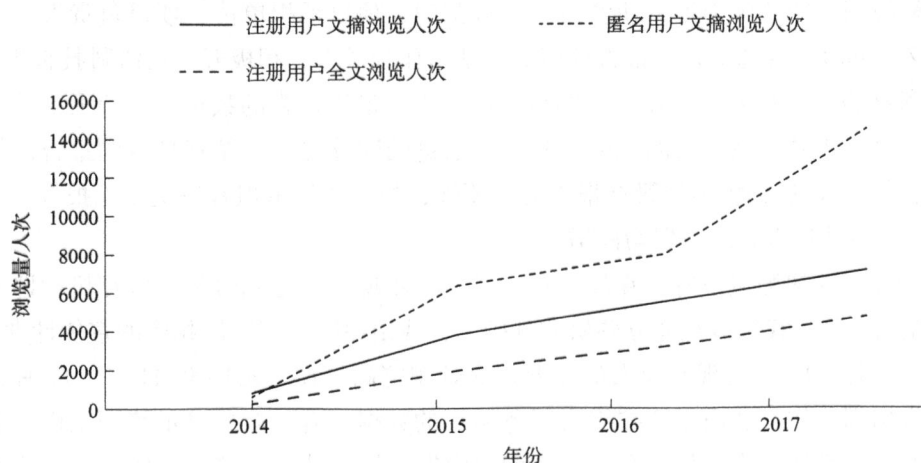

图 9　2014—2017 年用户文摘、全文浏览量趋势

由图 9 可以看出，用户文摘、全文浏览量均呈逐年上升趋势，证明越来越多的科研人员浏览、关注科技报告。还是以 2015 年为例分析，各月份用户文摘、全文浏览量趋势如图 10 所示。

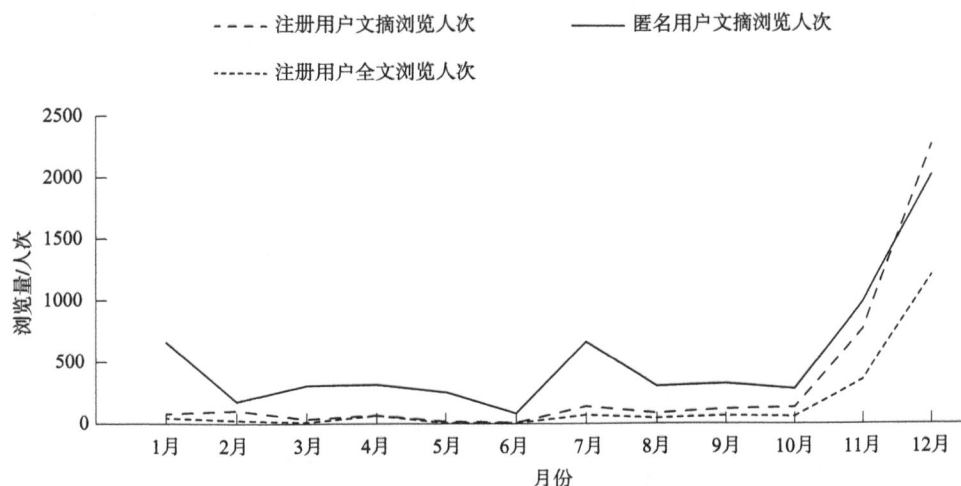

图 10　2015 年各月份用户文摘、全文浏览量趋势

由图 10 可以看出，2015 年 1—10 月浏览量波动不大，既没有明显的增长也没有明显的下降，11 月、12 月用户文摘、全文浏览量显著增长，这又与开展全省范围内的科技报告培训工作的时间相吻合。

四、几点建议

基于上述山东科技报告服务系统相关数据的特点，提出自己的几点建议。

①呈交数量逐年增多。2013—2015 年立项项目呈交报告数量分别约为 500 篇、600 篇、900 篇，呈逐年递增趋势，而且报告数量增长迅速、呈交时间集中，这给科技报告审改工作带来了难度，作为审改人员要积极学习，提高工作的熟练度，同时，还要积极培养新的审改人员，为科技报告审改工作提供生力军、后备军。此外，呈交数量迅速增长的时候，我们更应该关注、重视科技报告的质量，严格控制科技报告的质量也是后续开展科技报告增值服务的重要保障之一。

②各地市呈交科技报告的数量差距大。从地市呈交数量分布来看，济南市一马当先，呈交数量最多，其次是青岛市、烟台市、威海市等沿海城市，其他地市呈交数量都不多。对于呈交数量相对较少的地市，我们应当加大科技报告的宣传力度，使各科研管理部门、项目承担单位、项目负责人充分认识到科技报告的重要意义。同时，要选择科技报告环境好的地市作为试点，积极开展市级科技报告制度建设。

③各类型科技报告数量悬殊。在收录的科技报告中，最终报告的数量占了绝大部分，立项报告、进展报告、专题报告3种类型报告的总数不到总收录量的四分之一，尤其是专题报告，仅仅占总收录量的5%。我们要充分认识到各类型科技报告的重要性，鼓励项目承担者呈交立项报告、进展报告、专题报告，使各类型科技报告收录数据均衡增长。

④医疗机构用户注册数量下降。在注册用户数量逐步增长的总趋势下，医疗机构性质的注册用户数量出现了明显的下降，我们应在充分调研的基础上，找出原因，制定出相应的宣传计划。

⑤2015年11月、12月出现专业人员注册、文献浏览高峰期。2015年11月、12月，开展了全省范围的科技报告培训工作，从山东科技报告服务系统的数据来看，充分显示培训工作的重要性，培训成功地推广、普及了科技报告工作。今后，我们要定期开展科技报告培训工作，不仅使科技报告工作的面更广、范围更大，更要通过培训提高科技报告的质量、提高科技报告工作的水平。

从泰国、越南、老挝电力市场现状浅析三国电力市场发展前景

吴艳艳　乔振

摘要：能源最有效、最安全的利用方式是转化成电能，而电能需要通过大电网实现优化配置、高效传输和便捷使用。"一带一路"沿线很多发展中国家城市化程度还比较低，未来电力需求会保持高速增长。与此同时，中国与"一带一路"国家的电力项目合作也日益紧密。本文以泰国、越南、老挝三国为例，分别介绍每个国家电力市场现状，并分析各自的电力市场前景。东南亚未来市场潜力很大，中国电力企业应结合合当地资源特点和发展需求，充分利用自身技术优势，带动装备产业走出去，实现与东南亚国家的合作共赢。

关键词：一带一路；电力市场；新能源

0　引言

2017 年 5 月 14—15 日，"一带一路"国际合作高峰论坛在北京举行，习近平主席出席高峰论坛开幕式并发表主旨演讲。演讲中提到："我们已经确立'一带一路'建设六大经济走廊框架，要扎扎实实向前推进。要抓住新一轮能源结构调整和能源技术变革趋势，建设全球能源互联网，实现绿色低碳发展。"

能源最有效、最安全的利用方式是转化成电能，而电能需要通过大电网实现优化配置、高效传输和便捷使用。"一带一路"沿线很多发展中国家城市化程度还比较低，基础设施缺口大，能源消耗需求高，电力短缺是常态，未来电力需求会保持高速增长。预计到 2020 年，沿线国家的发电量将比 2016 年增长 70%。

与此同时，中国与"一带一路"国家的电力项目合作也日益紧密。2016 年，中国在"一带一路"国家电力投资总额达 76.55 亿美元，较 2015 年增加两倍以上，其中水电和清洁能源占比最高。东南亚国家是我国的邻居，也是"一带一路"世纪工程的重要组成部分，了解东南亚国家电力市场的现状能为我国电力企业在当地投资和建设项目提供指导意义。

1　泰国电力发展概况

1.1　泰国基本情况

泰国位于中南半岛中部，其西部与北部和缅甸、安达曼海接壤,东北方向是老挝,东南方向是柬埔寨，南边狭长的半岛与马来西亚相连。北部是山区丛林，中部平原广阔，东北部是高原，南部半岛有热带岛屿和较长的海岸线。国内大部分地区为低缓的山地和高原。泰国气候属于热带季风气候，全年分为热、雨、旱三季。年均气温 24 ~ 30 ℃。常年温度一般不低于 18 ℃，平均年降水量约 1000 毫米。每年 11 月至次年 2 月气候干燥，3 月至 5 月气温最高，可达 40 ~ 42 ℃，7—9 月是雨季。

1.2　泰国电力组织结构

泰国虽然经过电力市场化改造，但是并没有实现发电、电网分开管理。泰国国内有三大发电机构：泰国发电局（EGAT）、外府发电局（PEA）和曼谷发电局（MEA），它们不仅是发电机构与输电机构，还参与电力市场的管理与法规制定。另外，由于泰国电力市场发展基本严格遵守政府规划，上述 3 家机构在泰国电力市场的角色举足轻重。

泰国发电局（EGAT）是泰国国家所有的资产最大的企业，直属泰国总理办公室。泰国发电局占有全国 62% 的发电装机容量，还负责经营管理国家电网，拥有国际水平的国家电力调度中心，负责全国电力电量的输送电网的安全稳定运行。外府发电局（PEA）和曼谷发电局（MEA）则共同负责输送电力到曼谷和各府，以及各地的配电业务。

1.3　泰国电力市场现状

泰国电力基础设施在东南亚国家中相对完善，其电力接入水平高达 99.3%。在电力需求上，泰国对邻国的需求度很高。泰国的 GDP 以每年 5.6% 的速度增长，2012—2016 年对电力的需求也将以每年 6% 的速度增长。目前，泰国对电力的需求在 28 500 MW 左右，大部分的用电都是从邻国输入。预计到 2021 年对电力的需求将达到 35 600 MW。

泰国电力项目的建设有两条路径：一是提高自身发电能力，二是加大电力进口。泰国目前以天然气发电为主，70% 的电力来自天然气发电。为避免天然气资源日趋枯竭造成供电陷入被动，泰国发电局决定加大煤炭发电和新能源发电的力度，制订了 2013—2017 年电厂和供电系统 5 年发展计划，总预算为 3000 亿铢，其中 60% 为发电厂投资，另外 40% 为供电系统投资。其中 4 家火力发电厂的 7 个机组和 1 家水力发电厂的 2 个机组将在改造扩建后大幅降低煤耗和成本，并增加发电量。

1.4　泰国电力发展目标

泰国发电局对智能电网的发展整体规划包括：①东盟国家电网的改造升级，以此提升泰国电网输电系统的稳定性，为未来东盟国家电网联网做准备；②绿色供应组合，在政府政策的要求下，智能电网技术支持新能源的发展。

2016—2018 年，泰国新能源发电业的投资总额达到 1100 亿 ~ 1500 亿铢，其中太阳能发电投资额最高，其他依次为风能、生物质能及垃圾发电项目。到 2021 年，新能源装机量将从 9201 MW 增加到 13 927 MW。2019—2036 年，新能源发电业的资金流量可达 5350 亿铢。

近年来，泰国新能源发电业总体呈现良好增长态势，主要支持因素是政府部门推动使用新能源取代化石燃料，目标是使 2036 年替代能源发电占最终能源的比重从目前的 12.9% 提高为 20%。预计到 2040 年，新能源发电和进口电力将增长至现在的 4 倍多，两者将占据总发电量的 60%（图 1）。火电的比例将由 2015 年的 82% 下降至 37%，原因是天然气使用量将下降 66%。到 2040 年，天然气发电将仅占发电总量的 17%。

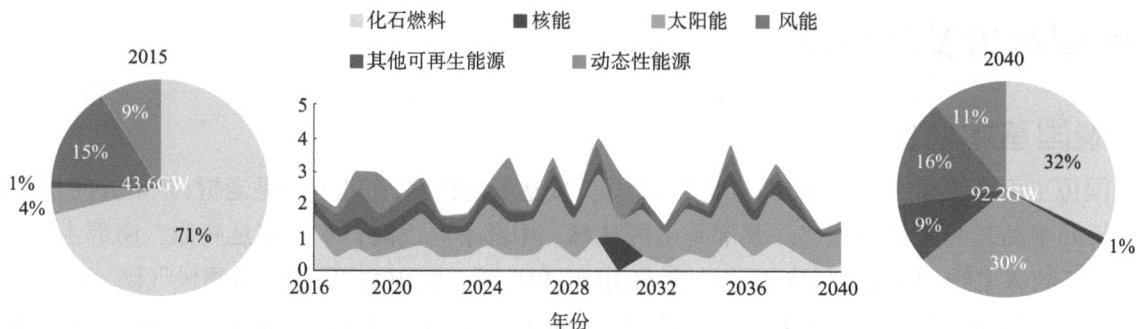

图 1　2016—2040 年泰国电力需求

1.5 泰国电力市场前景分析

近几年，中国企业在泰国电力市场的发展并不顺利。泰国政府及电力公司比较认可欧美、日本的技术，至今不太信任中国的设备和技术。泰国私有业主相对较认可中国的技术，但是项目和资金不够稳定，这也是中国电力企业在泰国市场难有作为的重要原因。据中国银行泰国分行的工作人员介绍，泰国的电力市场不好开发，政府两年换届，项目受政局影响较大，导致持续性和稳定性不好。加上泰国的环评要求高，对设备和技术质量要求也高，中资企业投融资的电力项目并不多。

2 越南电力发展概况

2.1 越南基本情况

越南位于东南亚中南半岛东部，北与中国广西、云南接壤，西与老挝、柬埔寨交界，东面和南面临海，国土狭长，面积约33万平方千米，海岸线长约3260千米。西部为长山山脉，东部沿海为平原，地势低平，河网密布。越南地处北回归线以南，高温多雨，属热带季风气候，平均气温在24 ℃左右，年平均降雨量为1500 ~ 2000毫米。南方雨旱两季分明，大部分地区5 ~ 10月为雨季，11月至次年4月为旱季。

2.2 越南电力组织结构

（1）越南电力公司（EVN）：越南国家电力公司是越南电力工业的负责机构，它在越南工业部的管辖下，管理全国的发、送、供电。同时，EVN作为企业集团的总公司统辖下属的相关企业。

（2）EVN的直属企业包括国家负荷调度中心（NLDC）、主要发电厂、输电公司（PTC）。其中，调度中心的主要业务是负责500 kV、220 kV及110 kV系统的运行和发电厂运行指令的下达，调整越南南北的供电需求。另外，地区负荷调度中心经常与国家负荷调度中心互相协调，在所负责的地区管理220 kV和110 kV系统的运行。

（3）EVN下属的企业和研究机关包括配电公司（向各地区用户供电，负责110 kV以下输配电线路的运行和维修、征收电费及实现地方电气化等工作），电力设备咨询与设计公司（负责发送配电项目的计划、设计、管理等工作，对长期电力项目提供咨询），电力机械制造公司，能源研究所（负责能源政策的制定及全国、地方的电源开发计划的制定，实施有关电力设备、机械等的调查、研究，有关商业能源供求及节能、新能源等的调查、研究或培训）。

2.3 越南电力市场现状

目前，越南水电占全国发电量的35%，火电占40%，新能源占25%（包括风电、太阳能、生物质能、垃圾发电等）。2004—2014年越南发电量统计如图2所示。根据新的电力规划，预计未来10年，越南会降低火电比例，逐步增加新能源比例，计划到2020年新能源发电增加13%。

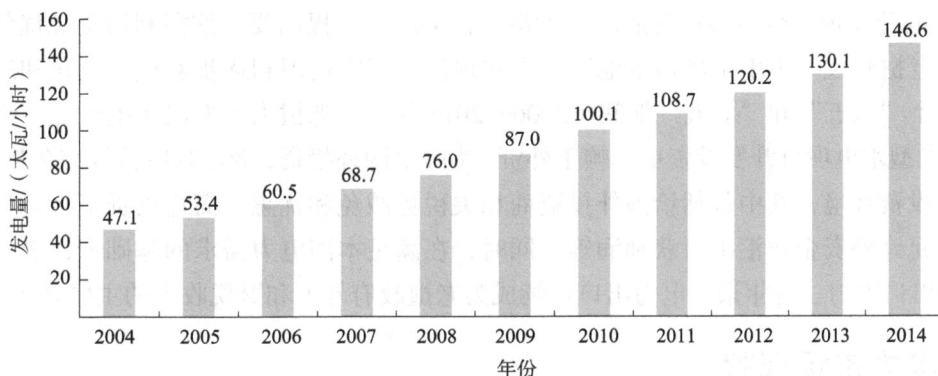

图2 2004—2014年越南发电量统计

越南电力市场被认为是区域内最有吸引力的电力市场之一。长期以来，俄罗斯和日本控制着越南的主要电力项目，俄罗斯和日本的企业分别占有 50% 和 40% 的市场份额。现在，越来越多的中国电力企业进入越南市场，在中国政府的支持和中国进出口银行的帮助下，中国电力企业承接了越南沿海、广宁、海防、锦普、汪秘、冒溪等地近 30 亿美元的电力项目。

2.4 越南电力发展目标

2011 年越南公布 2011—2030 年的国家电力发展规划，优先发展用于电力生产的新能源，把新能源利用比例从 2010 年的 3.5% 提高到 2020 年的 4.5% 和 2030 年的 6.0%；推动农村山区的电气化进程，保证 2020 年所有农户都能通电。预计到 2020 年，越南电力行业投资总额将达到 488 亿美元，平均每年投入 48.8 亿美元。

2.5 越南电力市场前景分析

①中国企业在越南的发电项目，受政治影响较大。单纯的工程总承包（EPC）项目已经越来越少，建设—经营—转让（BOT）模式是发展趋势。

②越南的输变电项目还是空白，日本和韩国企业并没有进入越南输变电领域。目前中国企业正在与 EVN 协商开展线路升级改造项目。

③近年来越南电力一直供不应求，而电力行业中的竞争压力较小，所以电力企业有很多发展的机会。越南电力市场向竞争环境方向发展，为各种有实力的电力企业（包括私人企业）进入电力行业提供有利条件。

④越南地质构造复杂，煤炭、煤气、石油等燃料的勘探开发工作越来越难。特别是煤炭，已经不能满足越南火电厂的需求，为满足需求会从国外进口，所以原料成本会增高。另外，越南电价相对较低，电力企业的收益也受到影响，对越南电力市场的预估需要综合考虑。

3 老挝电力发展概况

3.1 老挝基本情况

老挝是中南半岛上的内陆国家，北邻中国，南接柬埔寨，东接越南，西北达缅甸，西南毗连泰国。国土面积 23.6 万平方千米，地势北高南低，境内 80% 为山地和高原，且多被森林覆盖。老挝属热带、亚热带季风气候，每年 5—10 月为雨季，11 月至次年 4 月为旱季，平均气温约 26 ℃。老挝全境雨量充沛，年降水量最少年份为 1250 毫米，最大年降水量达 3750 毫米，一般年份降水量约为 2000 毫米。

3.2 老挝电力发展政策

老挝把水电开发定为今后经济发展的三大潜力优势之一，提出要"挖掘利用资源优势""重视水电建设"，将老挝建成"中南半岛蓄电池"，为实现摆脱国家贫困和逐步实现工业化和现代化提供战略依托。在整个"六五"和"七五"期间（2006—2015 年），老挝大力发展水电产业。由于水电站建设费用高昂，大型水电项目开发投资更依赖于外资。为吸引国外投资，老挝政府持续完善投资相关法律，积极营造良好投资环境，其中包括给国外投资商相关税务减免和优惠、简化投资审批流程、不干涉外资企业事务，允许外资企业汇出所获利润等。同时，在满足本国电力需求的基础上，老挝政府提倡向周边国家积极出口电力。近年来，电力出口持续成为老挝政府外汇和财税收入的主要来源。

3.3 老挝电力市场现状

根据老挝国家电力公司发布的 2014 年度统计数据，截至 2014 年，老挝全国总装机容量 3058.48 MW，年发电总量为 15 123.81 GWh。其中，老挝国家电力公司及其全资子公司老挝发电公司（EDL-GEN）下属电站装机容量约 405.3 MW，占总装机容量的 13.25%，年发电总量为 1913.29 GWh；独立发电商投资电站（IPP&SPP）装机容量 2653.18 MW，占总装机容量的 86.75%，年发电总量为 13 210.52 GWh。

老挝国内电网的主要输电电压等级为 115 kV，由中部 1 号电网、中部 2 号电网、北部电网和南部电网 4 个独立运行的供电网络组成。其中，中部 1 号电网负荷约占全国总负荷的 62.45%。

与老挝相邻的国家电力均呈紧缺态势，老挝政府积极向泰国、柬埔寨和越南出口电力，其中电力出口的主要市场是泰国，泰国水电进口量约占其用电量的 60%。今后随着这一地区大规模建设的开展和经济的进一步好转，电力市场将持续扩大，因此，老挝的水能开发将在其经济发展中占有重要地位。

3.4 老挝电力市场前景分析

目前，电力企业偏向于在老挝市场寻找具有良好经济效益的水电站项目进行投资开发，扎根于老挝的设计咨询企业、施工企业和逐步到达一线的设备制造企业为其提供了体系支持与保障。在未来，老挝电力电网建设市场，特别是电力投资领域，仍将有较大的市场潜力。

4 总结

从对泰国、越南、老挝 3 个国家的市场现状分析来看，这 3 个国家都存在一定的市场，并且由于煤电项目潜在的搁置风险和当地法规变化的影响，不仅泰国、越南、老挝这 3 个东南亚国家，世界各地煤电项目的风险都将日益增加，传统煤电市场还在，但是空间不断缩小。按世界原油库存数据预测，2012 年全球煤电装机比重为 40%，到 2040 年可能下降到 29%。随着新能源和储能技术的进步，新能源发电成本迅速下降，许多国家都在积极地规划新能源电力项目。

除了煤电，中国在水电、核电、风电、太阳能发电领域也积累了不少经验。东南亚市场未来潜力很大，需要加强战略对接和合作。在"一带一路"的引领下，中国电力企业应结合当地资源特点和发展需求，充分利用自身的技术优势，带动装备产业走出去，实现与东南亚国家的合作共赢。

参考文献

[1] 田薇. 东南亚 8 国电力市场初步研究 [J]. 水电与新能源，2016（11）：61-62.

[2] 祁广谋，钟智翔. 东南亚概论 [M]. 北京：世界图书出版公司，2013.

[3] 中国电力企业联合会. 中国电力标准化年度发展报告 2017[M]. 北京：中国电力出版社，2017.

[4] 赵爽，庄红韬. 探寻东南亚电力市场投资现状及前景 [EB/OL].（2015-11-06）[2019-05-19]. http：//energy.people.com.cn/n/2015/1106/c399869-27785092.html.

构建区域创新网络　加快产业集群发展

李　莎　　沈建波　　黄立业

摘要： 区域创新网络的构建可以有效地整合资源，从而提高创新能力，促进区域经济的发展。本文对比研究了国内外典型区域创新网络的建设，旨在为我省产业集群发展和区域创新网络建设提供借鉴。

关键词： 区域创新网络；区域经济；产业集群

发达的区域创新网络有助于创新主体的协同合作，有助于创新要素的高效流动，有助于创新成果的转化共享，对于打造山东省区域科技创新中心建设具有重要意义。

一、区域创新网络介绍

（一）概念

区域创新网络是指某个区域内的高校、科研院所、企业、地方政府等机构在协同创新过程中建立的对创新有促进作用的各种关系的集合。

实际工作中，区域创新网络既包含区域内正式合作网络又包括行为主体间的非正式网络。正式合作网络是指涉及共同研发、技术交易、市场和服务等的网络。非正式网络是指在价值观念和社会背景基础上发展而成的人际和社会的关系网络。

（二）组成

区域创新网络主要由创新主体、创新要素和创新环境组成。创新主体的构成主要是企业、高校和科研院所、政府及中介这四大类机构。创新要素主要包括资源、资金、知识、信息、技术和人才等。创新环境包括了创新基础设施、生活环境、政策和法律环境、保障条件等几大类，它们共同形成了创新网络运转的强大保障。

（三）作用

1. 区域创新网络能推动各方创新主体之间积极合作，实施协同创新

区域创新网络能够使各个原本分散、独立的创新主体都进入创新体系，并且这些主体之间还能形成适合自身的合作机制和模式，构成密切、良好的合作关系，从而最大限度地发挥主体之间协同创新的能力。

2. 区域创新网络能促进创新要素资源的整合、高效利用

通过设定机制、打造创新环境、建立要素市场等手段，区域创新网络能将创新要素，如金融、人才、技术等加速聚集、流动及整合运用，从而使创新要素资源实现有效配置和高效产出。

3. 区域创新网络有助于区域创新氛围的形成，实现与外部创新体系的对接和能量互换

通过创新主体间的协同合作、创新要素间的流动，区域创新网络能够形成良好的区域创新氛围，使区域创新活力更好地保持下去，并且有助于区域以外的创新网络的整体性与国家乃至全球创新体系形成有效对接和能量交换，集成和利用区域内外、国内外创新资源，从而迅速增强区域创新能力。

二、国内外典型区域创新网络介绍

（一）国外典型区域创新网络

早在 20 世纪 80 年代，欧美许多国家就在国家战略中提及了国家和区域创新体系的建立，以作为增强国际竞争力的重要手段之一。但它们在发展方式和重点上有所不同，因此它们的区域创新网络也各有特点。其中比较具有代表性的是德国和美国。

1. 德国

近年来，德国已在工程制造、生物、医药、新能源、环境保护、新材料、航天及电信产业等多个领域建立了百余个区域创新网络，使区域创新能力得到了巨大的提升。

德国创新网络是在创新集群的基础上发展而来。从 1995 年，德国政府就从国家层面连续推出了 3 次大的创新集群发展的规划，即生物区域、创新区域和 GA 网络 3 类计划，极大地促进了创新集群的发展，奠定了创新网络建设的基础。其中，生物区域计划的目的是为了振兴 20 世纪 80 年代德国的生物技术产业，主要面向新成立企业，选取竞争力最强的生物创新区域进行支持；创新区域计划的制定是由于德国东、西部地区经济发展不平衡，希望通过该计划激发东部地区中小企业的创新能动性，使东部地区企业的创新能力得到提高，从而促进创新集群各个主体间的协作；GA 网络计划的重点是有效管理创新集群，主要包括"创新区域增长核心计划"和"顶尖集群竞争计划"，其中"创新区域增长核心计划"关注集群核心区域与外延区域的联盟合作，通过核心带动外延，使创新集群影响范围进一步扩大。

在创新集群的基础上，德国进一步实施了创新能力网络行动计划。该计划选择最具有创新能力的集群作为支持对象，每两年评审一次，致力于在划定区域促进具备较好创新能力的技术创新和应用者相互联络并形成网络，由此强化技术、产业及市场之间的联系。该计划由联邦经济与技术部负责组织和实施，设立办公机构，并委托某家公司负责为入选技术网络的成员提供咨询、牵线搭桥、向政府反映情况等系列服务。

从结构来看，德国的创新网络由高校、科研院所、企业等多方主体构成，其中企业数量占一半以上。从经费渠道来看，联邦政府、州政府、私人机构等均可提供资金资助创新网络，如德国创新集群计划中三成以上资助的资金来自私有机构或个人。从组织架构来看，德国创新网络的管理多委托给专门机构或由网络中的牵头单位负责，政府一般不直接参与管理创新网络，而是以引导、发起、组织、资助为主。

2. 美国

美国的区域创新网络主要有 3 类：①企业主导型，是指区域内某个产业链上下游之间连接形成的创新网络，如几个相关企业形成的技术交易网络、分包商网络、供应商网络、市场网络等，以及企业在衍生过程中形成的子公司与母公司间的创新网络等。②产学研合作型，是指企业、高校和科研院所合作进行科研、开发、生产、销售、咨询等活动形成的区域创新网络。高校面向企业提供科技成果、科技人才，并帮助培训人才，以应对不断变化的科技发展。美国硅谷创新大获成功的一条重要经验就是由高校、科研人员、风险投资家三方协作创建高科技企业。③中介引导型，是指中介组织机构在技术、金融、人才等方面提供支持时，引导相关企业（包括核心企业、关联企业、销售企业、供应企业等），以及科研、教育机构等的人才和技术资源，共同组成一个创新网络。

以上几类区域创新网络，美国政府在其中都是"弱干预"。"弱干预"不等于"零干预"，政府主要通过积极制定各类有利于创新的法规政策、大力支持基础科学研究、不断促进科技创新合作和成果转化等多种手段，培育良好环境，推动工业创新。

（二）国内典型区域创新网络

近年来，我国在区域创新网络建设过程中也涌现了一些比较具有特色的区域创新网络。

1. 北京中关村

中关村 20 年的发展历程，实际上就是一个区域创新网络建立和完善的过程。中关村区域创新网络是在中关村 20 年的创新实践中，逐步形成的以科研机构知识创新为基础，以企业技术创新为动力，以政府环境建设和专业化中介为支持，动态发展的区域创新网络，是一个区域性的创新要素资源投入产出转换器，以实现各类创新主体要素的协同创新和高效产出。

在中关村区域创新网络中，行为主体多种多样，企业类型多种多样，区域创新网络的表现形式也不尽相同。其中，产业联盟是一种重要表现形式，包括市场营销合作类的产业联盟，如出口软件联盟、下一代互联网联盟；技术研发合作类的产业联盟，如闪联联盟、TD-SCDMA 联盟。这些产业联盟能将区域之外的创新资源也联合起来，从而进一步提高区域创新能力。

2. 广东专业镇创新网络

2000 年，广东省就开始了"专业镇技术创新试点"工作的组织开展。2006 年、2008 年广东省委、省政府相继出台了《关于加快发展专业镇的意见》（粤发〔2006〕23 号）、《广东省技术创新专业镇管理办法》（粤科计字〔2008〕29 号），从政策层面大大推动了专业镇的发展。2012 年，为加快产业转型升级，广东省委、省政府发布了《关于依靠科技创新推进专业镇转型升级的决定》（粤发〔2012〕11 号）和《关于加快专业镇中小微企业服务平台建设的意见》（粤府〔2012〕98 号）。2016 年，为加强对专业镇的指导和服务工作，推动专业镇积极实施创新驱动发展战略，广东省科技厅修订发布了《关于加强专业镇创新发展工作的指导意见》。目前经过十几年的发展建设，专业镇创新网络集合了生产力促进中心、行业创新中心、企业工程技术中心、产学研合作基地等多种形式，在广东省经济发展增长中发挥了重要作用。

主要经验包括：①形成了以企业作为创新主体、政府作为创新引导者、市场作为创新方向、产学研紧密结合的技术创新体系。在各级政府的积极引导下，创新要素，如人才、技术、资金等迅速聚集到企业，企业也随之增强主动转型升级的意识。②以产业技术创新需求为导向，成立了专业镇特色产业技术联盟，推动产业快速发展。借助科技特派员、产学研合作等形式，将专业镇企业和高校、科研机构等创新资源有机整合，实现"科研机构—服务平台—企业"之间的创新联盟。③构建了完善的专业镇企业公共创新服务体系。科技主管部门每年投入大量资金建设专业镇企业公共创新服务平台，通过这些平台，大批的中小微企业可以享受到技术创新、检验检测、人才培训等科技服务，从而满足企业技术创新方面的各种需求。

三、关于山东省构建区域创新网络的对策和建议

目前山东省已具备一定的环境和基础，区域创新网络的要素发展态势良好。2009 年，省科技厅、财政厅、教育厅、国资委、总工会、国家开发银行山东省分行共同制定发布了《山东省关于推动产业技术创新战略联盟构建的实施意见》（鲁科政字〔2009〕112 号），这是加强产学研结合、促进技术创新体系建设的重要举措。2015 年，省政府办公厅转发了省科技厅《关于加快推动创新型产业集群发展的意见》（鲁政办发〔2015〕4 号），这是开拓新兴产业培育和传统产业转型升级新路径的又一重要改革举措。2015 年 7 月 3 日召开的济南市委十届八次全体会议明确提出，济南要打造区域性科技创新中心。通过借鉴国内外构建创新网络的经验做法，对山东省区域创新网络的构建提出以下建议。

1. 积极组建产业技术创新联盟，突出企业的创新主体地位，促进产学研深度融合，实现协同创新

以行业骨干企业为龙头，以行业协会为基础，以知识产权为纽带，组建产业技术创新联盟，共同致力于技术开发、成果转化和产业化。借鉴参考广东专业镇的发展模式——"一镇一主业"，引导人才、技术、资金等各类创新要素向企业聚集，使企业真正成为创新主体，使产业集群不断壮大。

2. 基于产业集群，建立完善创新要素流动机制

《关于加快推动创新型产业集群发展的意见》（鲁政办发〔2015〕4号）提出了"积极推动人才、资金、项目等创新要素加速向科技型小微企业集聚""推动创新要素向集群集聚"。在推动各类创新要素向企业聚集的基础上，研究建立完善创新要素流动机制，实现创新要素在企业、高校、科研机构、科技服务中介、金融组织之间形成良好循环互动的网络。

3. 加强技术创新平台建设，推动创新型产业集群发展

技术创新平台是推进技术创新的核心，创新平台一定要专而精，才能真正生存下来，真正服务企业。建立技术创新平台支持创新型产业集群发展、创新型产业集群反哺技术创新平台的运行机制，实现两者相互支撑、良性循环发展。

4. 积极构建区域创新网络，加快产业集群发展

产业集群和创新网络的关系是互相促进、互相支撑。建议在现有优质产业集群的基础上，积极构建涵盖不同产业领域、层次丰富、治理模式多样的创新网络，从而有利于保持产业集群的持续创新能力和长期竞争优势。

参考文献

[1] 盖文启，王缉慈．论区域的技术创新型模式及其创新网络：以北京中关村地区为例 [J]．北京大学学报（哲学社会科学版），1999，5：29-36.

[2] 盖文启，王缉慈．论区域创新网络对我国高新技术中小企业发展的作用 [J]．中国软科学，1999，9：102-106.

[3] 解学梅，曾赛星．创新集群跨区域协同创新网络研究述评 [J]．研究与发展管理，2009，1：9-17.

[4] 任胜钢，胡春燕，王龙伟．我国区域创新网络结构特征对区域创新能力影响的实证研究 [J]．系统工程，2011，2：50-55.

[5] 王道平，李林，秦国文．论区域创新网络与中小企业技术创新 [J]．求索，2003，1：46-47.

[6] 吴向鹏．产业集群与区域经济发展：区域创新网络的视角 [J]．重庆工商大学学报（社会科学版），2004，2：24-28.

基于文献计量学的微信
在档案管理中的应用研究

韩晓红　　王涛　　肖春生

摘要：以 CNKI 为数据源，利用文献计量法，对微信在档案管理中的应用研究的相关文献分别从数量变化、关键词研究、被引频次等方面进行分析。对微信在我国档案管理过程中应用的发展轨迹、研究方向及存在问题进行研究。

关键词：微信；档案管理；文献计量

微博、微信等新媒体的发展越来越迅速，越来越多的行业已经通过微博、微信等平台开展服务，为了更好地服务用户，档案管理业务也不例外。尤其近几年随着微信的普及和快速发展，我国档案管理领域也开始相继推出档案管理微信公众平台，既是档案宣传的新途径，又能便捷地提供相关的档案服务。

1　数据来源

以 CNKI 为数据源，以篇名为检索项，以条件：题目 = 档案 and　题名 = 微信 OR 主题 = 档案 and 主题 = 微信，截至 2018 年 4 月共检索到 455 篇文献，通过数量变化、被引频次、研究特点等方面对相关文献进行统计分析。

2　相关文献统计分析

2.1　数量变化

检索到的 455 篇文献按年代分布论文数，如表 1 所示。

表 1　微信在档案管理中的应用相关文献的年代分布

年份	2013	2014	2015	2016	2017	2018	合计
篇数 / 篇	11	36	73	135	183	17	455

从表 1 可以看出，2013 年才开始对微信在档案管理中的应用进行相关研究，这是因为，2012 年 8 月 23 日，微信公众平台才正式上线。此时，人们对于微信公众平台刚刚有所认识，而对于微信公众平台在档案管理中的应用的研究更是空白的。关于微信公众平台在档案管理中的应用的研究，最早的文献是西北大学公共管理学院王潇发表在陕西档案上，题名为"微信公众平台开启档案利用新时代"，文中指出微信公众平台的出现将为档案事业的发展带来新的转机，档案部门应该把握公众平台的优缺点，利用微信公众平台管理档案信息，为社会各方面工作服务 [1]。随着微信公众平台的快速发展，2014—2018 年，我国微信公众平台在档案管理应用的受关注度越来越高，呈逐年上升的趋势，论文数

量从 2013 年的 11 篇增长到 183 篇，反映了微信应用于档案管理的高速发展之势。可以预见，在未来的发展中，有关微信在档案管理中应用的相关研究将会持续增加。

2.2 关键词分析

通过分析论文关键词的分布情况，可以大致对相应学科的研究范围、目前的研究重点和研究内容进行了解，从而初步掌握该科学的发展动态，同时预测其未来发展的趋势。因此，笔者对 455 篇相关文献的关键词进行提取，除"微信公众号"和"档案"外的高频关键词及频次如表 2 所示。

表 2 文献关键词及频次

单位：次

关键词	频次	关键词	频次	关键词	频次
档案馆	47	微博	14	服务模式	6
社交媒体	32	档案微信公众号	11	用户需求	5
新媒体	23	传播	10	档案信息资源	5
档案信息服务	22	档案利用	9	应用	5
信息服务	19	档案信息	9	服务质量	5
微信企业号	18	档案管理	6	移动互联网	5
档案服务	18	宣传	6	档案工作	5
高校	16	自媒体	6		

根据表 2 的高频关键词可以看出，我国微信在档案管理应用领域的研究热点主要集中在档案馆、社交媒体、新媒体、档案信息服务、微信企业号、高校、档案微信公众号等。研究的角度涉及信息服务、档案管理服务、用户需求、档案利用、信息宣传及传播等。由此可见，目前对于微信在档案管理中的应用研究主要集中在档案管理和服务过程中如何利用微信公众平台来提高服务质量和信息管理，以及实现对档案管理工作的宣传等方面，针对档案管理中微信应用的实际状况分析其优劣势，同时提出相应的解决之策[2-4]。

2.3 被引频次

微信在档案管理中的应用相关文献中，被引次数 15 次以上的论文如表 3 所示。

表 3 被引次数 15 次以上的论文

题名	第一作者	刊名	发表时间	被引次数／次
微信公众平台开启档案利用新时代	王潇	陕西档案	2013 年	40
档案微信公众平台发展策略研究	贺晶晶	档案时空	2014 年	28
国家综合档案馆"官微"传播行为分析——基于新浪微博和微信平台的实证研究	施瑞婷	档案学研究	2015 年	26
论微信在档案信息服务中的应用	尚珊	浙江档案	2014 年	25
微信技术应用于档案信息服务初探	孙洋洋	中国管理信息化	2013 年	25
档案公众微信平台应用模式探析	宋鑫娜	中国档案	2014 年	24
开发利用的新平台：微信档案信息资源	刘福利	北京档案	2014 年	23
国内档案馆领域微信应用现状的调查与思考	李茂茂	档案学研究	2015 年	19
档案馆微信应用现状调查	张妍	中国档案	2015 年	18
档案馆运用微信公众平台存在的问题及对策	翟宛东	档案管理	2015 年	17
我国档案微信公众号运用实践与分析评价	刘娜	北京档案	2015 年	17
新媒体时代档案馆微信公众服务平台构建及运营研究	张小兰	浙江档案	2015 年	15

从表 3 可以看出，微信在档案管理中应用的相关文献被引次数最高的是王潇 2013 年发表在《陕西档案》上的"微信公众平台开启档案利用新时代"，被引次数达到 40 次，该文主要对微信公众平台的出现将为档案事业的发展带来新的转机进行了分析。贺晶晶 2014 年在《档案时空》上发表的"档案微信公众平台发展策略研究"被引次数 28 次，主要阐述了微信公众平台在档案信息服务中的可行性分析 [5]。从表 3 中我们可以看出，上述高被引文献主要集中在微信在档案管理服务中的应用可行性、前景及面对的问题等方面，这也表明了微信在档案管理中的应用研究还处于初级探索阶段，但这也恰巧说明了微信在我国档案管理应用的研究领域将会更加广阔。

3　结论

微信自诞生以来，短短几年就受到各行业的高度关注，兴起了应用和研究的热潮，其微信公众平台更是发展迅猛，近几年研究越来越多。微信在我国档案管理应用的研究起步较晚，虽然现阶段已经取得了一定的成就，但仍存在不足：如研究成果的数量和质量不高，论文数量相对其他新兴领域的研究课题较少；论文在核心期刊的发文量和被引频次等都不高；研究的内容主要集中在微信在档案管理中的应用现状及服务质量分析等方面，研究的深度不够；大多文献仅仅从理论方面分析公众平台在档案管理过程中存在的问题和相应对策，缺少实践研究。因此，在今后的研究中需从不同角度采取多样化的研究方法，加强对微信在档案管理中的应用的实践研究，进而提高微信在档案管理中的服务质量和服务功能。

参考文献

[1] 王潇，黄新荣. 微信公众平台开启档案利用新时代 [J]. 陕西档案，2013（2）：26-28.

[2] 宋雪雁，张岩琛，王小东，等. 公共档案馆微信公众平台服务质量评价研究 [J]. 图书情报工作，2016，60（16）：39-49.

[3] 刘娜，安淼. 我国档案微信公众号运用实践与分析评价 [J]. 北京档案，2015（1）：33-35.

[4] 宋鑫娜. 档案公众微信平台应用模式探析 [J]. 中国档案，2014（11）：34-35.

[5] 贺晶晶，刘跃跃. 档案微信公众平台发展策略研究 [J]. 档案时空，2014（10）：12-14.

科技情报研究工作发展现状研究

张东营　　秦　伟　　李福贞

摘要： 本文结合工作实践和典型案例，阐述了科技情报工作的重要作用，分析当前情报研究工作遇到的困难和问题，最后从加强人才队伍建设、完善情报体系等方面提出了加快科技情报研究工作的意见建议。

关键词： 科技情报；创新；研究

　　情报研究是专业情报人员根据不同的研究任务，通过收集、提炼、研究和分析情报载体，提取有用的情报实体，为政府、企业等决策主体提供最有价值的情报。以整理、分析、评价、综合和科学化管理原始文献为内容的科技情报工作是自主创新的前提和基础，是提升自主创新能力的重要手段、重要支撑。

一、科技情报在科技创新发展中的重要作用

　　一是导向作用。科技创新过程中，科学研究发展方向、科研项目选题等创新行为直接关系到科学研究选题的准确性和实效性、关系到技术创新路线的正确性。因此，科技情报的优劣会对科学研究有极强的导向作用，全面、准确、可靠和高质量的科技情报能够有效引导科学研究，确立正确的科研方向，在此基础上进一步引导科研项目或课题不断深化和取得新的突破。

　　二是参辅作用。情报研究可以全面、及时、准确地洞察和把握国内外科技、经济、社会等发展现状、重大成就与重点理论，跟踪和分析区域重点行业产业的结构布局和发展演变，发现热点领域和空白领域，预测未来发展趋势。政府和企业决策者因此可以做出科学、有效的决策，进而产生巨大的经济社会效益。在葛洲坝工程二江电站建设施工时，长江流域规划办公室情报科及时搜集和分析了大量国外相关资料，针对性地提出了采用高压架空线路方案的建议，为确定、完善葛洲坝工程二江电站外线方案提供重要参考，仅节约投资一项就达 400 万元。

　　三是媒介作用。科学技术和科技成果要转化为生产力，需要借助科技情报工作这一中间环节来传递。科技情报交流能疏通科技成果与生产之间的关系，推动需求与供给有效结合，有效推动科学技术和科技成果的传播，及时将实用性强、经济效益高、见效快的高质量科研成果送到实际生产中去，使科研成果转化为生产力。

二、科技情报研究面临的困难和问题

　　当前，随着科技信息化、网络化的发展壮大和普及便利，科技情报研究在获得长足发展的同时，面临着巨大的挑战。情报人员没有及时调整和转变服务观念，没有及时拓展服务内容、开创新的服务形式，以满足政府和社会各界的需求；科技情报对政府决策支撑不足，与政府决策需求存在一定程度上的不适应、不符合；有些地方甚至取消了科技情报研究所，组织得不到有效保障；情报工作人员专业结构不合理，业务面较窄、服务意识不足，习惯于坐等用户上门等。

三、加快科技情报研究的具体思路措施

针对当前科技情报工作遇到的困难和问题，结合工作实践，提出以下意见建议。

一是建设结构合理、素质优良的科技情报工作队伍。科技情报人员素质水平直接影响着情报工作的开展。要不断满足经济社会发展对情报人才的需求，进一步加强科技情报人才、团队的引进和培育，推动情报基础理论研究、信息资源管理及科技情报智能检索与分析等领域发展。同时，要通过定期或不定期的科技情报业务提升培训、院所专家学者授课交流等多种形式，提升情报工作人员的情报学理论体系和应用水平。

二是全面提升科技情报研究工作水平。加强计算机信息检索系统、数据库系统的建设，充分利用互联网实现资源共享，发挥好科技情报工作的先导服务职能，有效推动成果查新、技术项目论证等工作开展。加强情报分析理论、方法和技术知识的学习，综合运用多种方法，对搜集的信息进行深层次、前瞻性分析研究，进一步提高情报分析能力，更好地为决策者提供支持。

三是进一步拓展科技情报工作内容。积极探索建立以科技情报系统为依托，企业、科研机构和高等院校等为自主创新主体的大科技情报工作体系，深入推进信息资源建设、决策支撑能力、快速反应能力、协同工作能力等工作发展。依据地方科技情报机构的基础条件和特长，结合当地产业发展规划突出科技发展战略研究、科技政策和科技管理研究、区域性经济社会发展战略与规划研究、经济社会热点问题的决策研究和关键技术选择研究。加强科技咨询服务，充分发挥自身的人才智力优势及对科技政策深度理解，为相关企业提供市场分析、资产评估和咨询等科技咨询服务。

新形势下，科技情报研究要积极适应市场和网络环境下发展的需要，重新找准定位，大力发展核心业务，进一步增强核心竞争力，更好地发挥为地方科技创新服务的功能。

参考文献

[1] 张恒.略论情报研究学[J].情报调研，1989（2）：61-63.

[2] 肖勇.论新世纪中国情报学的三大研究范式：成因、内容与影响[J].情报学报，2007（5）：780-789.

[3] 梁战平.我国科技情报界的最新观点[J].情报学报，2006（25）：7-11.

[4] 吴琦磊，邓金堂.竞争情报与企业自主创新关系问题研究进展与方向[J].情报杂志，2009（11）：112-115.

[5] 黄彦敏，孙成权，吴新年.国内外科技战略情报研究现状及我国的发展建议[J].图书与情报，2007（1）：86-88.

科技智库
与科技人才

山东省新型科技智库建设框架设计

丁　娜　　李　潇　　车　晖

摘要： 在全面深化改革的形势下，中国智库进入蓬勃发展的新时期，科技智库的重要性也愈加突出。本文结合国内外新型科技智库建设的经验，针对山东省智库发展现状，分析了科技智库发展存在的主要问题，并提出山东省新型科技智库建设框架。

关键词： 科技智库；山东；建设；框架；设计

2014 年 12 月 30 日，中共中央办公厅、国务院办公厅印发《关于加强中国特色新型智库建设的意见》[1]，提出要建设高水平科技创新智库和企业智库。2016 年 5 月 30 日，习近平总书记在全国科技创新大会、两院院士大会、中国科协第九次全国代表大会上作《为建设世界科技强国而奋斗》的重要讲话，提出"要加快建立科技咨询支撑行政决策的科技决策机制，加强科技决策咨询系统，建设高水平科技智库"。为进一步落实党和国家对高水平智库建设的要求，近年来，山东省委、省政府加快智库建设，推出了众多政策和措施，全省智库也都有了快速的发展。山东省作为全国的科技大省，科技智库的发展和建设情况不容乐观，无论从数量、质量方面，还是决策支撑能力上都与山东省经济社会发展的要求和决策者的需求还很不适应，也与山东省在整个国家经济和社会发展中的地位和作用不相匹配。为更加高效地为政府决策、社会发展提供智力支持，建立山东省新型科技智库迫在眉睫。本文结合国内外新型科技智库建设的经验[2-7]，针对山东省智库发展现状，分析了科技智库发展存在的主要问题，并提出山东省新型科技智库建设框架[8]。

一、山东省智库发展现状

近年来，山东省结合全省智库发展的现状，加快工作部署，在全省范围内加快新型智库的建设，促进全省智库体系的形成。山东省政府型、高校型、民间等各类智库协调发展，通过多种形式的智库参与，为各级党政机关提供决策产品，在促进山东省经济社会发展的科学决策方面发挥着重要的作用。围绕全省经济文化强省建设和社会发展的需求，由山东省社会科学院发起，依托山东省社会科学院创新工程，于 2015 年 7 月成立山东智库联盟。智库联盟由省内各类智库、各地市社会科学院和调研基地参与，主要开展重要产业、领域、发展战略与规划等方面的研究。2015 年 11 月，省委组织部、省科协等 12 部门联合下发了《关于加快智库高端人才队伍建设的实施意见》[9]，提出了总体要求、主要目标，以及加大政策支持力度、推进制度机制创新、加强组织保障措施，还明确了建设高端人才储备库、遴选首席专家和组建人才团队的意见。2016 年 9 月 1 日，山东省重点新型智库建设试点单位名单公布，在全省遴选确定了 15 家智库作为我省首批重点新型智库建设试点单位，其中综合类智库 3 家、高校科研机构类智库 10 家、企业类智库 1 家、社会类智库 1 家。2017 年 8 月 31 日，山东省科协公布了首批 28 个智库高端人才团队。

二、山东省科技智库发展存在的主要问题

（一）科学高效的科技智库运行体系尚未形成

首先，高效统筹机制不够健全。山东省政府型、高校型、民间各类科技智库数量不少，多数是由

其上级归口管理，省委、省政府、社科联、科技厅等部门下属的设有咨询机构性质的机构，但是由于隶属于不同的上级管理部门，整体上缺乏科学规划和统筹管理机制。其次，联系协作机制不够完善。一方面，存在智库条块分割现象。各级各类研究机构之间的沟通与合作较少，严重缺乏协同工作机制，造成资源的浪费。另一方面，保障扶持机制不到位。在资金扶持方面，政府对于各类智库的资金扶持不足，课题研究得不到充足的经费支持，许多官方和半官方科技智库的研究课题常常由于经费的限制而无法开展研究工作；政府的资金扶持多数流向了机构内的科技智库机构，而半官方和民间科技智库则很少得到政府的支持，这就限制了本身就占比较少的民间智库的发展。最后，在人才队伍的建设方面，科技智库的人才机制尚未建立，山东省还没有出台关于科技智库人才建设的优惠措施，缺乏相应的人才激励机制、人才培养机制和人才汇集机制，在很大程度上限制了全省科技智库的发展。

（二）制约科技智库发展的体制性问题依然存在

首先，决策咨询制度尚不健全。目前，政府部门在决策过程中大多会有专家论证和咨询的过程，但是全省的专家咨询还没有明确的法律法规来规范各个环节，决策咨询过程中的何种决策需要进行咨询，咨询机构、咨询方式、咨询产品如何产出，公开的评估、最终的采纳等环节都没有明文规定，这一系列问题就导致决策咨询无法得到制度性保障，造成现在科技智库发展的不均衡，科技智库产出产品不能满足决策需求。山东省对于专家咨询的激励机制基本处于空白，导致决策咨询的产品质量和效益难以得到保障。这是影响全省科技智库发展壮大的一种制度性的障碍。其次，科技智库市场环境不完善。决策者通过招标、立项等方式，提出自身的决策咨询要求，科技智库通过提供咨询产品，满足决策者的需求；另外，科技智库也可以以市场需求为导向，主动推出自己的研究产品，满足决策者需求，这样就形成了智库的市场。山东省的科技智库市场目前运行不规范，缺乏完善的组织管理。各类科技智库并存，但是政府型智库、高校型智库与民间智库比例失衡，政府部门的绝大多数决策需求都指向了政府型和高校型智库，而民间智库缺乏参与决策咨询竞争的均等机会，这导致了民间智库为政府决策提供另类视野的机会就大大降低，也直接造成决策参考产品的单一性，从而限制了智库的多元化发展，扼杀了创新性产品的产出，违背了咨询研究的创意性。

（三）科技智库整体质量有待提高

第一，对决策需求把握不准确。目前，山东省的科技智库依然是在计划经济的环境下形成的，对于以决策咨询的市场需求把握不够准确和及时。虽然科技智库多数是隶属于党政机关的官方智库，或是全额拨款的事业单位，其主要研究内容也是诠释政府的相关政策，而与外界的信息沟通不够顺畅，缺乏对决策需求的准确把握，闭关造车的现象比较严重，往往出现决策产品无法满足决策者需求的现象，即便是上级单位下达的研究课题也常常出现临时性和片面性的问题。第二，研究成果针对性不强。科技智库的理论研究固然重要，但是其最根本的职能就是针对国内外和当地的经济社会热点问题展开研究，以政府、社会的市场需求为导向，及时、准确地产出高质量的决策咨询产品，提供有针对性的服务，成为真正意义上的"政府的思想库""市场经济的智囊团"。因此，科技智库的建设绝不仅仅局限于理论上的提升，更重要的价值体现在解决现实问题上。目前，山东省科技智库研究与实际需求有脱节现象，研究成果的针对性和及时性大打折扣，严重削弱了科技智库对决策的影响力与作用力。第三，研究成果转化率不高。在我国计划经济形势下形成的科技智库，多存在成果转化率低的问题。大量的资金投入理论研究，造成理论研究与实际应用脱节，大量研究成果难以转化应用的现象。造成这一现象主要有以下几个原因：首先，科技智库大量的研究成果质量不高。党政机关的智库机构多是以学术论文、研究报告、专题著作的形成产出，而面向社会现实问题的研究成果较少，提出的决策建议也多是笼统、浅薄的意见，缺乏针对性和深刻性，可操作性很低，很难真正应用于政府决策。其次，研究成果的宣传不到位。多数智库的研究往往局限于本机构内部，只重视上级主管部门的决策需求，而对于社会舆论和公众引导方面积极性不高，造成研究成果流通渠道受限，很难为外界所知。最后，山东省科技智库普遍欠缺激励机制。缺乏对研究人员和研究成果的考评机制，很难调动研究人员的工作积极性，降低了研究人员对于决策咨询产品质量提升的积极性，导致出现研究成果应用性不强的问题。

三、山东省新型科技智库的建设框架

针对山东省科技智库目前存在的主要问题，提出了新型科技智库建设框架。

（一）明确功能定位，积极搭建新型科技智库平台

优秀的智库需要整合各类资源，对有效信息做出及时研究，并产出强时效性的产品。首先，新型科技智库平台应依托现有研究机构，整合研究资源，搭建覆盖全省的综合性智库平台。借助党政部门、高等院校、科研院所、企事业单位及民间机构共同参与的智库协调发展，发挥各自的优势，形成定位明晰、特色鲜明、布局合理的智库网络，通过平台实现资源共享与交流。其次，山东省目前拥有各类数据资源平台，包括决策支持系统、文献数据平台、专家数据平台、重点实验室信息网等，将各类平台进行整合，统一于新型科技智库平台，促进全省信息资源的共享，为全省智库体系的发展提供资源。再次，充分利用 SooPAT、Orbit、德温特等专利数据库专业工具，通过专利分析软件，进行数据挖掘，对产业类信息进行客观研究评价，提供事实性数据的信息资源。最后，科技智库的社会影响力也是重要评价指标之一。在以市场需求为导向，组织各高等院校、科研院所、企事业单位，搭建多层次网络化智库平台的同时，应积极探索建立"山东新型科技智库"微信平台，积极利用微信、微博等新媒体传播途径，一方面将部分研究成果向公众传播，另一方面引导社会公众积极参与，加强对国内外科技政策的解读，提升山东省新型科技智库的社会影响力。

（二）构建山东省新型科技智库发展新格局

社会转型必然要求智库转型，山东省力求打造一批为省委、省政府决策服务，在省内外有重大影响的专业科技智库，支持和引导各类科技智库协调发展的新格局。

第一，整合全省各类研究型机构资源，突出优势，构建新型科技智库综合体系。首先，省科技厅所属科研机构应承担综合管理和重点研究机构的重任。该类研究机构归口于科技厅的直接领导，掌握全省科技最新进展，拥有各类数据资源，并配备专业研究人员，应在全省新型科技智库建设中发挥主要引领作用。统筹全省各类研究机构、专家学者、数据资源、专业工具，制定决策咨询管理办法。其次，发挥各类科技智库机构研究优势。社会科学院综合研究机构，围绕经济社会发展中的热点科技问题，进行深入的调查研究，为全省科技工作的开展，提出具有针对性和实用性的研究成果和决策咨询，引领全省新型科技智库的发展；高校则应发挥人才和学科优势，针对国际前瞻性课题展开研究，为科技工作提供基础理论、产业布局、行业发展等决策咨询服务；社科类民间科技智库应发挥其灵活性的优势，根据经济社会发展的需要，突出科技创新引领，推进产学研用一体化发展。第二，发挥综合型人才优势。充分利用各类科技智库的专家资源。其中社科院专家经验丰富、研究深入；政府下属研究机构专家掌握决策需求；高等院校学科覆盖面广、人才聚集；民间科技智库专家型人才管理灵活。因此，新型科技智库应整合全省各类专家资源，将有影响、有经验的专家型人才引进智库平台，建立一批专题数据库、软科学研究基地等，从而提升决策咨询产品的质量，更好地服务于全省科技、经济的发展，提升山东省新型科技智库的社会影响力。第三，发挥新型智库在自主创新中的重要作用，围绕全省科技发展战略、规划和布局等开展咨询研究，鼓励科研院所、高校和企业之间开展协同创新，支持大型企业建立产学研用结合的新型科技智库，打造山东省科技战略、产业战略等决策咨询品牌。

（三）建设新型科技创新决策咨询专家库

智库又称为"思想库"，因此，智库发展的关键在于有思想、有学识的专家、学者。因此，建设新型科技智库的一项重要任务就是要整合现有专家资源，加强培养和引进高素质的智库人才。山东省新型科技智库作为专业性较强的智库，应从以下几个方面加强人才队伍的建设。一方面，整合全省现有专家资源，形成具有多学科背景的专家数据库。吸纳社会科学院、高校、研究院所等各个科技领域的专家学者，组成新型科技智库的专家库，也可以吸纳研究机构已退休人员进入专家库，再次创造条件为科技智库提供智力支持；另一方面，引进国际高精尖人才、国内知名专家学者等非固定专家进入专家数据库，以不定期专家咨询的形式组建专家数据库。构建以院士、知名专家、教授为基础，融合高等院校、科研机构、企事业单位的专家资源，建立多层次、多方位、多专业，具有国际视野的高质量的决策咨询专家库。

四、结语

本文在对山东省及省内各地市智库建设情况进行分析的基础上，提出了满足新形势下适合社会发展的新型科技智库的建设基本框架，并提出了具体发展建议，这是解决目前科技智库发展过程中存在问题的必经之路。新型科技智库建设将围绕山东科技体制改革，以提高政府决策水平为目标，以开放高效为建设思路，打造集专家库、资料库和专业分析工具于一体的综合性科技智库平台，促进全省区域协同发展，为新时期山东省转方式、调结构提供更加有针对性、更加有效的高质量智力支持。

参考文献

[1] 中共中央办公厅，国务院办公厅.关于加强中国特色新型智库建设的意见（中办发〔2014〕65号）[A/OL].（2019-08-10）〔2015-01-20〕.http：//www.gov.cn/xinwen/2015-01/20/content_2807126.htm.

[2] 吕东.提升中国智库对公共政策影响力的对策研究[D].武汉：湖北大学，2013.

[3] 吴宗哲.中国特色新型智库建设问题研究[D].大连：大连理工大学，2015.

[4] 李伟.探索中国特色新型智库发展之路[J].广西经济，2014，5：26-28.

[5] 季婉婧，曲建升.国际典型科技智库的类型及其产品特点分析[J].图书与情报，2012，5：93-98.

[6] 冯长根.中国科技智库建设的几点思考[J].北京理工大学学报（社会科学版），2014，4：1-7.

[7] 陈逗逗，黄翠，梁慧刚，等.新形势下我国科技智库传播能力建设[J].科技传播，2016，1：1-3，18.

[8] 袁爱芝.如何建设新型智库：2015年山东社科论坛：新型智库建设与决策咨询研讨会综述[J].东岳论坛，2015，9：191-192.

[9] 山东省科协牵头实施省智库高端人才队伍建设工作[J].科协论坛，2016，2：62.

信息化环境下干部人事档案数字化管理建设研究

谢 峰　　刘妹娟　　张玉华

摘要： 干部人事档案数字化建设是对传统干部人事档案管理工作的一次创新，能够实现对档案及材料的收集、鉴别、整理、保管、传递、统计、查/借阅等日常工作的数字化管理，并可以通过网络系统，实现档案信息资源的共享。本文从建设目标与任务，项目建设总体原则，系统建设遵循和参考的标准、规范，项目总体设计框架和技术路线，应用系统设计，主机、系统软件及网络平台设计和安全保密设计等7个方面提出了自己的数字化干部人事档案管理系统建设方面的分析与思考。

关键词： 数字化；干部人事档案；管理系统；研究

一、建设目标与任务

（一）建设目标

建立干部人事档案数字化管理系统，实现纸质档案和电子文档—包括历史OCR（光学字符识别）数据—的数字化采集、转换、编目、加密和智能化归档；建立档案系统接口，实现与厅直属事业单位现有干部人事档案系统和未来建设的干部人事档案系统对接；建立厅机关统一身份认证系统，并实现与厅干部人事档案数字化管理系统对接，根据访问者的身份信息的识别实现对档案内容的分级查询、验证、输出等管理。

（二）信息资源共享目标

通过项目建设，在干部人事档案数字化管理方面形成全厅统一规范、统一代码、统一接口，制定业务流程、基本功能、数据格式和编码信息标准，为厅机关和厅直属事业单位提供快速和便捷的干部人事档案信息检索服务。

（三）项目建设主要任务

①建立干部人事档案数字化信息系统管理平台。包括档案信息数据库、统一身份认证系统、统一权限管理平台、全文搜索引擎、安全保障平台及及时消息平台等档案管理相关的基础系统。

②建立历史档案采集归档系统。在五年内通过系统化服务，将已OCR的历史档案进行智能化归档，通过系统自动分析关联，将历史档案纳入全文搜索引擎管理。

③建立档案系统接口。实现与厅直属事业单位现有干部人事档案系统和未来建设的干部人事档案系统对接。

④建立数字化档案信息的共享平台。在厅系统内通过权限控制实现电子档案的综合查询、浏览、打印输出、验证等功能。

⑤建立干部人事档案数字化对接服务系统。该系统主要用于接收省人社厅系统对应模块数据的导入导出。

⑥建立干部人事档案信息实时预告系统。该系统主要用于满足对相应干部人事档案信息进行实时扫描，同时实时弹出预告信息，如某人即将到退休时间、某人即将到休假时间等预告信息。

二、项目建设总体原则

（一）统一规划，分步实施

统一规划、统一标准，分期逐步建成干部人事档案数字化管理平台，建立涵盖纸质档案及电子文档的综合性档案管理平台。首期以内网运行为基础，建立小批量纸质档案智能归档管理、档案系统接口和分级访问管理。

（二）规范设计、强化管理

加强对厅事业单位干部人事档案数字化组织协调和业务指导，规范干部人事档案信息化建设行为，制定应用系统业务流程、基本功能、数据格式和编码信息标准，坚持"统一规范、统一代码、统一接口"，在厅系统内部坚持"统一软件"，推进干部人事档案信息化建设有序发展。

（三）资源共享、强化整合

以现有网络、业务系统和信息资源为基础，加强整合，实现互联互通、资源共享。在系统设计时，充分考虑应用现有的设备。把厅系统已有系统与数据进行合理、有效的整合，充分利用和保护现有的资源。

（四）追求先进、力求实用

采用国内先进、成熟、实用的信息技术，既保证系统实现的功能，又结合厅机关目前干部人事档案管理现状。充分利用自身优势，借鉴其他单位先进经验，认真比较和选择多种技术路线，优化设计任务，使建成的系统既是技术先进的系统，也是经济、合理、符合实际需求的系统。

（五）扩大开放、确保安全

考虑到不断增长的应用需求，采用标准的接口和协议，尽可能采用结构化的设计方法。在功能设计上，适当引入高新技术，加强信息安全、信息集成和信息利用，预留适当的功能空间和接口空间，为将来系统的进一步发展预留硬软件资源。坚持采用成熟、安全、可靠的网络技术，建立备份、应急预案和灾难恢复系统，保障网络和信息系统使用安全。

三、系统建设遵循和参考的标准、规范

干部人事档案数字化信息管理系统建设和配套服务将严格按照《中华人民共和国档案法》有关标准和规范执行。

四、项目总体设计框架和技术路线

干部人事档案数字化信息系统管理平台建设主要包括档案数据库、档案管理应用系统、档案分级共享管理系统和安全保障系统。具体如下：

①档案数据库部署在厅机房，采用 SQLserver2008 数据库软件。

②档案管理应用系统采用 C/S 与 B/S 相结合的方式开发。C/S 程序提供给档案室管理人员，主要作为小批量纸质档案信息分析、加密和自动入库，解决历史档案信息和日常纸质档案的管理问题。B/S 模式提供给所有具有访问权限的人员，通过厅机关统一身份认证平台，访问者借助浏览器实现对历

史档案信息的查询和展现。

③档案分级共享管理系统属于内部权限控制，对访问者的身份进行识别，合理分配访问的范围、打印范围、下载控制等。

④安全保障系统是指为了确保档案信息管理系统能够正确使用、安全使用及合理使用而设定的操作规范，任何人在操作过程中，系统均会对操作详细步骤进行记录，包括复制的内容、下载的内容、打印的内容等信息，避免违规使用和恶意攻击的发生。

为确保厅机关信息系统建设和运行维护的连续性，本系统开发要求采用主流的开发技术，建议采用 .net 和 SQL 数据库，面向服务的开发路线和模式。

五、应用系统设计

干部人事档案数字化信息管理系统严格按照《中华人民共和国档案法》，结合厅机关档案管理的实际进行设计，主要包括以下内容。

①历史档案自动归档。档案室管理员利用客户端程序，调用扫描仪对纸质档案进行批量扫描，扫描的同时进行文字识别，识别完成系统自动将图片文件、PDF 文件和可编辑文件自动上传至服务器进行加密和关联，实现对纸质档案的管理。

②灵活的档案存储。工作人员可以自定义档案文件的存储方式，系统将按照类别不同，规划档案管理的存储方式，并以图标的形式在首页直观地显示出来。

③身份识别。档案管理系统通过建立的统一身份认证平台进行验证。该平台可采用 USBKEY 方式，面向厅机关和厅各直属事业单位。

④模糊搜索。工作人员不需要知道完整的档案信息，只需要档案中部分模糊信息，系统就能自动关联到档案的内容，并且具有智能排序功能，将可能命中的文件放在前面供参考。

⑤支持二次检索。在已经检索到的信息中，工作人员能够输入更多的条件进行精确的查询，以提高定位的速度和精度。

⑥自动分析和关联。智能化档案管理系统通过分析结构化文档（如 doc 文件、txt 文件、可编辑的文件），自动建立高准确率的索引文件，做到对内容和属性的任意高速搜索。

⑦精确搜索。通过关键词和全文搜索引擎相结合的方式，建立多重检索条件，可对满足选定条件的资源准确定位。

⑧强大的分析统计功能。可以按照各种组合条件统计数据库中的档案管理情况，对档案管理的附属属性完整性分析，可以对以后完善档案管理工作提供数据支持。

⑨编目功能。允许用户将本年度的档案汇总，按照要求生成目录。

⑩档案加密。采用国内自主知识产权的二维码技术，在文件成文入档阶段，根据档案的基本属性生成二维码水印，保存于数据库中。该档案被查询到需要打印时，系统将水印和档案同时打印，保障档案的唯一性、合法性和真实性。

⑪分级管理。档案系统具有分级管理的功能，根据访问者身份不同，对档案管理系统的访问权限不同。分级管理包括 4 种：目录访问，即访问者在搜索引擎中输入条件后，系统给出目标档案卷宗的目录，该档案在目录中的详细位置，如需要正文的内容，系统会提示获取的途径；摘要访问，即访问者在搜索引擎中输入条件后，系统给出目标档案中相关信息的摘要，该档案在目录中的详细位置，如需要正文的内容，系统会提示获取的途径；在线访问，即访问者在搜索引擎中输入条件后，系统给出目标档案中相关信息的正文，该正文通过二维码叠加，但只能在线浏览而无法下载或打印，如需要，需进行授权申请；完全访问，即访问者可以获得完整的档案内容、下载、打印等。

六、主机、系统软件及网络平台设计

所需要的服务器设备、存储设备、系统软件、数据库软件原则上以最大限度地利用厅系统内网现有设备为主，确需购买的由厅内网负责维护人员协助购买。

七、安全保密设计

系统安全目标是根据系统网络结构和应用模式，针对可能存在的安全漏洞和安全需求，在不同层次上提出安全级别要求，并提出相应的解决方案，制定相应的安全策略、编制安全规划，采用合理、先进的技术实施安全工程，加强安全管理，保证档案信息系统的安全。

（一）系统安全保密建设原则

①同步建设原则。

②长远安全预期原则。

③最小特权原则。

（二）系统安全策略

①正确处理保密、安全与开放之间的关系。

②安全技术与安全管理结合。

③分析系统安全的风险，构造系统安全模型，从保护、检测、响应、恢复4个方面建立一套全方位的立体信息安全保障体系。

④遵循系统安全性与可用性相容原则，并具有实用性和可扩展性。

（三）系统平台安全

即支撑信息系统运行的网络系统、操作系统、防火墙、系统的安全备份等安全保护手段。

（四）应用平台安全

信息系统的安全性由多种因素决定，除了上述的主机系统、操作系统、数据库系统、网络系统等的安全性考虑之外，应用系统的安全性也非常重要，在应用系统设计中主要考虑安全认证技术、数据加密处理、权限控制、日志和安全审计、数据备份等。

专业的安全保障系统对操作人员的所有操作过程进行全程监控、管理（或屏蔽）并记录所有档案信息系统操作行为。

（五）信息安全保密

在档案数据库中设定数据安全访问控制，并对关键敏感信息进行字段级的加密处理，尤其是进行数据共享时，其关键数据将被加密之后再送入数据库中，保证数据库层面没有关键敏感信息的明码保存，保证数据库存储层的安全性。

建立统一身份认证平台，系统的用户身份认证采用以 USBKEY 验证技术为基础的用户身份验证体系。在此体系之上，在该认证体系中，每个系统用户拥有 1 个唯一的 USB 认证设备（IKEY）。每个用户和每个 IKEY 只存在一对一的关系，即不可能存在一个用户拥有多个 IKEY，或一个 IKEY 关联多个用户的情况。

（六）安全管理制度建设

为了有效地把安全问题落到实处，建立一套完备的安全管理体制，从组织上、措施上、制度上为信息网络系统提供强有力的安全保证。安全管理制度包括领导责任制度、各项安全设备操作使用制度、岗位责任制度、报告制度、应急预备制度、安全审计和内部评估制度、档案和物资管理制度、培训考核制度等。

专人专职管理。管理人员分为两类：一类是设备管理人员，负责对硬件设备资源的管理，如服务器设备等；另一类是系统管理员，负责对客户端、网络环境等进行维护。

新常态下的人才引进趋势与对策分析

朱文　　王静　　郭梦萦

摘要： 2015年2月10日，国家海外高层次人才引进工作专项办公室公示了第十一批"国家重大人才工程"青年人才名单、第十一批"国家重大人才工程"创业人才名单，其中落地山东省的创业人才只有1人。对此本研究从"此次入选人才结构"和"山东省与人才引进大省情况对比"两个维度入手，我们进行了深入研究讨论，力求挖掘原因，寻找对策，为人才强省和创新驱动发展战略的实施提供强力支撑。

关键词： 国家重大人才工程；人才引进

人才竞争关乎国家命运，关系民族未来。2008年，我国启动实施旨在满足国家发展对高层次人才需求的"国家重大人才工程"。实施6年来，"国家重大人才工程"从最初"创新长期项目""创业人才项目"2个项目，陆续发展成为"创新长期项目""创新短期项目""创业人才项目""青年项目""顶尖人才与创新团队项目""高层次外国专家项目""新疆（西藏）项目""文化艺术人才项目（试点）"7个项目。截至2014年5月底，已分十批引进海外高层次人才4186名。基本实现了"高层次人才、高科技成果、高新技术产业"三高联动，形成了"引进一批人才、发展一批企业、带动一个产业、催生一个经济增长点"的链式效应。

一、第十一批海外高层次人才引进计划的研究分析

2015年2月10日，海外高层次人才引进工作专项办公室公示了第十一批"国家重大人才工程"青年人才名单（简称青年人才计划）、第十一批"国家重大人才工程"创业人才名单（简称创业人才计划）。

（一）青年人才计划分析

入选青年人才667人。由我国培养、出国工作后又回国的人员占据了这批青年人才计划总数的半壁江山。其中，112人由科研院所培养，占总人数的34%，219人由大学培养，占总人数的66%。中科院、清华大学、北京大学、复旦大学的人才培养能力尤为突出：中科院培养人才109人，占此批毕业于中国的青年人才总数的33%；清华大学、北京大学、复旦大学共培养人才80人，占此次由大学培养的青年人才总数的37%；其他55所大学所培养人才占此次中国大学培养青年人才总数的63%，平均每所大学培养青年人才2.5人。此次青年人才中有3人毕业于山东大学。

在吸引人才落地方面，东部省市共吸引人才513人，占此批青年人才总数的77%；吸引人才能力远超中、西部地区。中部省市吸引青年人才88人，占总数的13%；西部省市吸引人才66人，占总数的10%。

在东部地区，北京、上海作为国际化大都市，对高层次青年人才的吸引能力再次显现。北京共吸引青年人才156人，占此次东部地区吸引青年人才总数的30%；上海共吸引青年人才111人，占此次东部地区吸引青年人才总数的22%。山东共吸引青年人才9人（图1）。

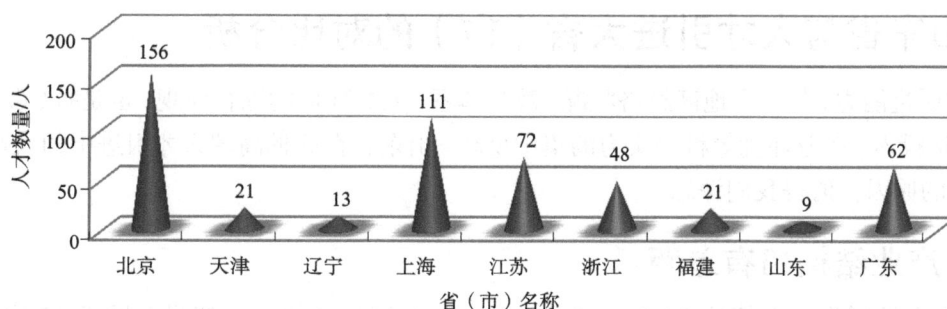

图 1　第十一批"青年人才计划"落地东部省（市）情况

在中部地区，湖北、安徽是吸引人才的主力省份，分别吸引青年人才 37 人、35 人，占此次中部地区吸引青年人才总数的 42%、40%。其吸引人才能力超过山东省。西部地区的四川、陕西此次吸引青年人才数分别为 29 人、20 人，其吸引人才能力也在山东之上（图 2、图 3）。

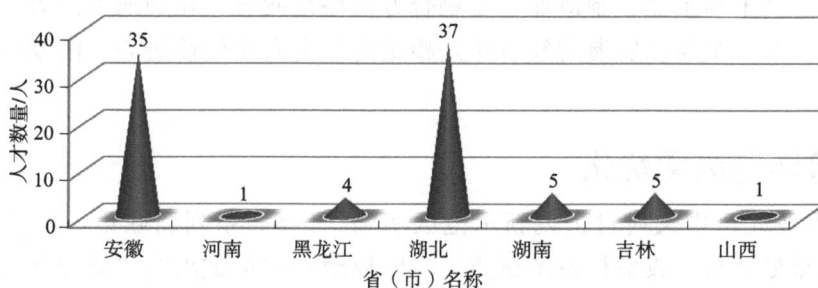

图 2　第十一批"青年人才计划"落地中部省（市）情况

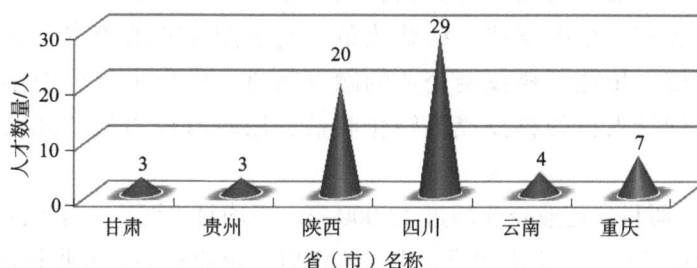

图 3　第十一批"青年人才计划"落地西部省（市）情况

（二）创业人才计划分析

入选创业人才 65 人。有 11 个省（市）成为此批创业人才落地的主要地区。其中东部占比达 94%，中部占比达 4.5%，西部占比达 1.5%。东部地区主要集中在江苏、浙江两省，分别占总数的 34%、25%。山东虽属东部地区，但选择落地山东的创业人才仅有 1 人，占总数的 1.5%，与安徽、四川、天津等省（市）持平，都为 1 人（图 4）。

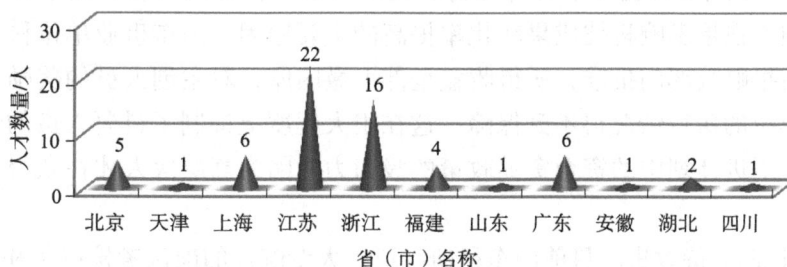

图 4　第十一批"创业人才计划"落地省（市）情况

二、山东省与人才引进大省（市）的对比分析

地区人才引进能力，是一个地区经济状况、政策体系、人文环境的综合体现，也是省（市）科研平台、人才团队、经费投入、产业环境等科研实力的集中反映。山东省在此批高端人才引进中的表现不尽人意，其背后深层次的原因，值得我们深思。

（一）产业结构仍有差距

2012年山东地区生产总值达54 684.33[1]亿元，居全国第3位，远超居全国第12位的北京和居第13位的上海。但在第三产业占国民总收入比重的排名中，山东却列第14位，北京、上海分别以76.85%和62.24%的比重居全国第1、第2位。同时，应当关注的是北京第三产业占比约为第二产业占比的4倍，上海第三产业占比约为第二产业占比的2倍。山东第二产业占比超过第三产业占比约9个百分点；第二产业比重过高，造成传统制造业对经济的拉动作用不强；第三产业比重过低，导致山东在促进信息技术与工业、制造业深度融合方面略显疲态，在加速生产方式变革、培育新型业态方面力不从心。而一个蓬勃发展的经济体是稳定高层次人才创业决心、激发高层次人才创新热情的重要因素。

（二）政策环境尚需优化

2010年，国家在北京中关村自主创新示范区实施"1+6"系列新政策。中央有关部委会同北京市围绕"科技成果处置权、收益权改革试点""股权激励改革试点""研究开发费用加计扣除、职工教育经费税前扣除税收政策试点""科研项目经费管理改革试点""高新技术企业认定试点""建立统一监管下的全国性场外交易市场"等方面，出台了12项试点文件和20余项配套政策。这些政策在内容上涵盖简政放权、金融支持、税费改革、商事制度改革等多个方面，很大程度上降低了创新型企业的准入门槛、拓宽了科技型企业的融资渠道、进行了符合中小企业发展需要的税收改革、最大限度保障了创新人员的科技成果转化收益，用政府权力的"减法"换得了创新创业热情的"加法"。

2014年，中关村新注册科技创业企业超过13 000家，平均每天诞生一家亿元企业；实现总收入2.9万亿元，工业总产值7810亿元，占全市四成以上；规模以上企业利润、税收指标均以30%左右的速度增长。与之相对应的是：科技活动人员达44.5万人，占从业人员1/4以上；授权专利量20 640件，占全市专利授权量的31.2%，其中33.7%为授权发明专利；创新创业造就的优质GDP，万元增加值能耗0.079吨标准煤，是同期北京水平的1/5、全国水平的1/10。数据显示，2013年年底北京地区国家级高新技术企业9300家，占全国总数的20%；科技型企业近24万家，占全市企业总数的30%。

山东在完善政策体系方面也有很多不错的做法。在招才引智方面，推出了"山东省引进海外高层次人才万人计划""济南市百千万引才工程""济南市5150引才计划"等一系列设计合理、协调有度、资助完善的引才计划。但在政策体系完善上，还有如下问题有所欠缺。

（1）创新人才分享成果收益政策有待完善。就山东成果转化现状看，成果转化审批程序烦琐及对主创人员激励机制不强是影响科技成果转化率提高的主要原因。山东事业单位科技成果转化需要由单位主管部门审核后报财政部门批准，所得收益全部上缴国库，对主创人员的奖励目前保持在收益的20%左右，且个别单位的执行情况得不到保障。这在很大程度上抑制了科研人员的创新热情，大大冲抵了山东高层次人才引进计划中的资金资助政策的吸引力。因为高层次人才在获得资助做出成绩之后却不能转变为收益。

（2）人才评价机制有待改进。目前山东科研院所、大专院校的岗位考核机制和职称评定制度仍在围绕着"论文、专利、项目、经费"进行，且评定结果与收入挂钩。这就使得引进的高层次人才，特

别是年轻人才忙于项目申报、经费检查、专利申请，却无暇潜心研究。"是否能专心工作"成为影响高层次人才引进的因素之一。

（三）市场环境亟须改善

数据显示：截至 2013 年年底，北京拥有世界 500 强企业总部 48 家，居全球城市首位；拥有中国 500 强企业总部 97 家；拥有总部下属分支机构 3937 家，占据了全市第二、第三产业 67.7% 的法人单位资产总量，实现了全市第二、第三产业 89% 的法人单位利润总额，吸纳了全市第二、第三产业 27.9% 的就业人员 [2]。北京发展总部经济，诚然有其作为首都得天独厚的优势，但其他地区也需重视总部经济在科技创新方面高端化、服务化、低碳化、聚集化的引领作用。争取国际著名企业在本地设立总部，其做法本身就是寻找到一块"吸引人才的磁铁"。除此之外，北京还拥有充足的金融服务、信息服务、创业平台等适宜海外高层次人才创业的"优质土壤"。仅 2014 年，北京新增法人金融机构 22 家，累计达到 652 家，居全国首位。与银行、保险公司等非法人金融机构不同，法人金融机构不需要上缴利润，可将全部盈利留在北京，在服务企业融资、促进当地经济发展方面能够发挥更为突出的作用。截至 2013 年年底，"新三板"挂牌企业总数达 356 家，其中北京地区企业挂牌 248 家，占全部挂牌企业总数的 69.7%。新三板市场是全国性的非上市股份有限公司股权交易平台，其挂牌企业均为高科技企业，目前成为中小微型科技企业融资的新平台，能够有效提高企业的管理能力和活力。在北京，总面积近 400 万 m^2 的 130 家科技孵化器孵化企业 8500 家，总创收 1200 亿元，还有一系列创客空间、创业咖啡、创新工场等"孵化 + 投资"的新型孵创业、服务业蓬勃兴起。新兴业态的相互作用，对高层次人才创新创业产生了极大的吸引力。

山东在优化营商环境方面，紧紧抓住国家三大战略实施和中韩、中澳达成自由贸易协议的机遇，以青岛为龙头、以济南为核心，在胶东半岛地区，充分利用地理优势扩大对外开放，在鲁北地区积极参与首都经济圈建设，在鲁南地区主动融入长三角经济发展，在鲁西地区加强与中部省份联系互通。引资方式由"以项目为中心"转变为"以人才和团队为中心"；人才吸引方式由"给优惠条件"转变为"搭建创业平台"；推广复制上海自贸区实验成果，破除在投资审批、外汇管理、金融服务等方面的体制机制障碍。

截至目前，山东已经拥有国家级经济技术开发区 15 个、国家高新区 10 个、省级高新区 10 个。全省市级以上中小企业孵化基地近 400 家，入驻企业近 3.5 万家，安排就业 70 余万人，孵化成功率保持在 75% 以上。2014 年全省新增承接世界 500 强企业投资项目 22 个。约有 35% 的高新技术企业集中在高新区。由此可见，山东在优化营商环境方面，成绩显著。

但同时应当认识到，山东在城市吸引能力及发展总部经济等方面，与先进省份相比还有较大差距。这些差距主要表现为：在中介咨询、科技服务、信息服务等创业所需的生产性服务方面还有所欠缺，需要继续借鉴先进省份的成功经验，在基础设施、环境质量、政府服务等各个方面优化创业环境，不断提高山东人才吸引能力。

（四）科研基础有待夯实

科技基础是海外高层次人才选择落地省份时的一项重要参考因素，这将关系到其落地后科研工作能否达到预期效果。数据显示：截至 2013 年，山东省拥有本科院校 64 所，是江苏省的 3/5，是北京市的 7/10；拥有国有科研院所 221 家，约为北京市的 1/5；两院院士 40 人，不到江苏省的 1/2，约为上海市的 1/4。在山东所拥有的院士中，61 ~ 70 岁的 8 位，60 岁以下的 7 位，主要研究方向多集中于海洋基础领域，与产业化距离较远。山东在国家级创新平台拥有量、R&D 人员全时当量、R&D 人员博士学位拥有量、重大科研基础设施、大型科研仪器拥有量和共享情况等方面与东部先进省市相比仍有较大差距。

三、对策与建议

（一）全面围绕重大战略需求，有的放矢吸引高层次人才

吸引海外优秀学子回国创业，是破解山东省科研人才缺乏困局的有效措施。但就短期效果来看，无所侧重地吸引各种人才，容易造成有限资源过度分散，无法集中力量优化产业结构调整。山东省所吸引的人才应结合国家"一带一路"倡议和山东省"两区一圈一带"战略实施，针对山东省产业结构调整中的突出问题，着力吸引现代信息技术、生物技术、新能源、环境保护等领域人才，以便迅速将海外人才的科研能力同山东省创新需求深度结合，确保用较短的时间在新技术、新产品、新业态、新模式方面实现突破。

（二）深化科技体制机制改革，为吸引人才营造示范效应

从基础研究到企业应用是科学理论发展、技术水平、市场需求三者复杂的合作博弈过程。传统的"政府布局—政策导向—科技计划"管理路线不能迎合创新驱动的本质要求，功利化的人才评价机制也不能成为激发人才创新的动力源泉。唯有"好奇"和"兴趣"才是人类探索自然的真正本源。科技的价值应更多交由市场衡量，遵循创新规律，转变工作思路，加大简政放权力度，营造公平环境，坚持技术创新的市场导向机制，探索市场化的人才评价和奖励机制。只有真正给予海外高层次人才施展学识的空间、真正给予科研工作者应有的尊重和认可，让他们感受到自身的价值，才能"引得来人才，留得住人才"，同时为目前仍在海外的高层次人才营造良好的示范效应，激发每一位海外学子的"殷殷报国之情"。

（三）优化科技创新环境，提高承接国际前沿技术能力

"打铁还需自身硬"。虽然山东省在引才招智方面，为海外高层次人才在住房、医疗、配偶就业、子女升学、创办企业、税收优惠、待遇认定等方面给予全方位的政策倾斜，也取得了显著成效，但是真正能辅助海外高层次人才在推动社会全面深化改革建设中充分发挥自身作用、兑现招才引智计划初衷的是本地科技创新环境，这也是吸引人才最核心的"磁铁"。山东省在加大海外人才吸引力度的同时，还应加强自身的人才培养能力，加大国家级创新平台、国家级创新团队建设，加大对"创新工场""车库咖啡"等低成本、便利化、全方位、开放式新型创新创业平台的扶持，加大对总部及总部分支机构的吸引力度。通过加强科技管理能力建设来提高承接高层次科技人才能力，使海外高层次人才在山东这片土地上，同样能够"生根发芽、开花结果"。

参考文献

[1] 中华人民共和国国家统计局.中国统计年鉴 2013［M/OL］.（2013-09-01）［2019-08-06］. http：//www.stats.gov.cn/tjsj/ndsj/.

[2] 中华人民共和国国家统计局，国务院第三次全国经济普查领导小组办公室.第三次全国经济普查主要数据公报［EB/OL］.（2014-12-16）［2019-07-08］.http：//www.stats.gov.cn/tjsj/zxfb/201412/t20141216_653695.html.

2017年山东省科技成果登记统计情况

闫峰　宫明永　王琦

摘要：科技成果登记能够对一个国家和地区现有科技成果产出情况进行及时的跟踪和监测，可以为科技成果转化提供基础的信息支持，有利于科技管理部门制定更有针对性的政策提高本地区的科技成果产出和转化水平。本文通过对山东省科技成果登记情况的研究，从多个方面提出了规范科技成果登记工作的意见和建议，保证及时、准确和完整地统计科技成果，为科技成果转化和宏观科技决策服务。

关键词：成果登记；统计；成果转化

一、2017年山东省科技成果登记统计总体情况

2017年山东省登记的科技成果总量为2537项，其中，独立科研机构完成349项、大专院校完成454项、企业完成1063项、医疗机构完成576项、其他机构完成95项。

就2017年成果登记统计总体情况来看，具有以下几个方面的特点。

（一）近半数科技成果由企业创造

从总体情况来看，山东省科技成果登记主要以企业完成为主，占到了总数的41.90%；其次是医疗机构，占到了总数的22.70%。

（二）科技成果评价方式以验收为主

从评价类型来看，鉴定项目数为758项，验收项目数为763项，评审项目数为19项，机构评价数为675项，结题项目数为274项，评估项目数为18项，行业准入数为30项。山东省现有登记成果以验收项目为主，占到了总数的30.08%。

（三）知识产权硕果累累

2017年登记成果获得的知识产权共6808项，其中，发明专利数为3560项、实用新型专利数为2455项、外观设计专利数为115项、软件著作权数为273项、其他405项。已授权专利4595项，制定标准36项。登记成果知识产权水平逐渐提高。

（四）应用技术成果仍占主导地位

从科技成果类别来看，2017年全省登记的科技成果仍以应用技术类成果为主。具体来看，应用技术类成果数为1993项，基础理论成果数为497项，软科学研究类为47项。应用技术类成果占到了总数的78.56%。

（五）科技成果计划来源以政府为主导

从科技成果来源来看，2017年全省登记的科技成果主要以国家科技计划、地方计划和部门计划为主。其中，国家科技计划项目成果406项，国家部门计划项目成果152项，地方计划项目成果825项，

部门基金项目成果 35 项，地方基金项目成果 114 项，民间基金项目成果 1 项，国际合作项目成果 2 项，横向委托项目成果 45 项，自选项目成果 841 项，其他项目成果 115 项。

（六）科技成果完成人呈现高学历、年轻化特点

2017 年登记的科技成果涉及的完成人员共 20 822 人次。

从文化程度看，2017 年科技成果登记数据中，山东省科技成果完成人员综合素质较高，本科以上学历占到了总数的 92.20%。其中，博士生 4312 人次，硕士学历 6732 人次，大学本科完成人员达到 8153 人次。

从技术职称构成看，具备中级以上职称的科技人员占有较高比例，占到了总数的 79.81%。其中，院士 19 人次，正高级职称的研究人员 3704 人次，副高 5133 人次，中级 7761 人次。

从年龄结构看，山东省登记成果的科研队伍呈现出年轻化趋势。45 岁以下的科研人员为 14 207 人次，占总登记人数的 68.23%；35 岁以下科研人员为 6100 人次，占总登记人数的 29.30%。

二、应用技术类成果情况

（一）原始性成果占据主导

在 1993 项应用技术成果中，山东省登记成果中原始性创新成果达到了 1363 项，国外引进消化吸收创新成果 113 项，国内技术二次开发成果 511 项。从数据来看，山东省在原始性创新方面取得了良好的成效。

（二）应用技术成果水平较高

从登记应用技术成果的水平来看，被评为国际领先水平的有 191 项，被评为国际先进水平的有 419 项，被评为国内领先水平的有 696 项，被评为国内先进水平的有 277 项、国内一般水平 21 项、未评价 389 项。被评为国内先进水平以上的应用技术成果占应用技术成果总数的 65.53%。2017 年山东省登记成果显示出较高水平。

（三）登记应用技术成果多数已达成熟应用阶段

从登记成果所处阶段来看，山东省登记科技成果已处于成熟应用阶段的成果为 1444 项，处于初期阶段的为 288 项，处于中期阶段的为 261 项。山东省科技成果大多数已进入了成熟应用阶段，占到了应用技术成果总数的 72.45%。

（四）大量成果实现产业化应用

从成果应用情况来看，山东省实现产业化应用项目数为 1106 项，小批量或小范围应用项目数为 601 项，试用项目数为 190 项，应用后停用项目数为 1 项，未应用项目数为 96 项，已转化项目数为 637 项。山东省实现产业化应用项目数占到了应用技术成果总数的 55.49%。

（五）应用技术成果经济效益明显

从经济效益来看，登记科技成果经济效益项目数为 793 个，实现自我转化效益收入 1095.44 亿元，净利润 185.47 亿元，出口创汇 76.25 亿元，合作转化收入 143.54 亿元。

三、推进山东省成果登记工作的意见和建议

一是要进一步深化科技成果评价体制改革。科技成果登记工作的服务主体还是科技成果本身。首

先应当改革科技成果鉴定和评价，逐步走市场化、社会化的路线，公开征集第三方机构从事评价和鉴定工作。政府部门应该转换角色，不再直接组织和参与科技成果鉴定，选定民政部门备案的有一定影响力的行业组织或社会中介机构来从事相关的工作。科技成果鉴定不再与政府科技管理工作挂钩，鉴定结论不作为科技立项、科技评奖依据。

二是实行科技成果鉴定评价中介机构备案制。政府部门应当加强对相关行业组织或社会中介机构的评估和管理，对从事科技成果鉴定或评价工作的相关单位和个人做好资质备案，确保鉴定验收的质量。

三是改革科技成果评价方式。科学技术活动主要包括研发活动和科技服务活动，而研发活动根据阶段和目的不同又有内部划分。对于基础理论研究和应用理论研究的成果应以核心期刊上发表的论文及同行引用或认可的方式进行评价；对于新产品、新技术、新工艺开发等方面的应用技术成果，主要以市场绩效、知识产权证明、制定新标准等进行评价。

四是完善科技成果转化体制机制。进一步拓宽科技成果转化渠道，允许科技成果以许可、作价入股等方式实现对外转移扩散，推动科技成果的产业化推广。鼓励建立专业的科技成果转移转化服务机构，引进具备专业知识和管理能力的复合型人才，以市场需求为导向，以服务企业核心技术研发为重点，形成一批有特色、专业化的科技成果转化机构。鼓励企业在科技资源密集的国家和地区，通过自建、并购、合资、合作等多种形式建设研发中心及引进境外技术实现成果转化。

五是加强科技成果转化统计监测。构建科学的科技成果转化统计监测体系，参照现有的科技报告制度，建立科技成果转化报告制度。对于依托科技计划形成的科技成果，做好成果登记工作，同时鼓励企业、高校、科研院所对计划外的成果进行登记。

六是探索建立科技成果发布制度。不定期地筛选山东省科技成果登记中有较高技术含量的成果，依托网络、电视、广播、报纸等新闻媒体进行发布。借助省科技成果转化服务平台，对发布的重大成果进行后期跟踪，充分发挥引领示范作用。

七是进一步完善网上技术交易市场。建立重大科技成果转化数据库，制定重大科技成果信息采集与服务规范，集聚科技成果、知识产权、资金、人才、服务等创新要素，连接高等院校、科研院所、企业、投融资机构等创新主体，建设线上与线下相结合的新型技术交易服务平台，开展技术交易、技术定价、信息发布、在线服务、竞价拍卖、技术投融资、转化咨询等专业化服务。

参考文献

[1] 陈传夫，李秋实.科技成果信息公开制度创新路径研究 [J].科技管理研究，2018（4）：23-27.

[2] 王佳莹，宋峥嵘，吴丽，等.江苏省科技成果登记对策研究 [J].图书情报导刊，2017，2（10）：68-71.

[3] 安华轩，贺新华，陈晖，等.对云南省科技成果应用转化情况的分析 [J].云南科技管理，2017，30（3）：37-42.

山东省农药情报信息决策咨询系统的研建

张福田　　胡　玲　　张晓谦

摘要： 开发了山东省农药情报信息决策咨询系统。以山东省农药生产企业及产品详细资料为材料，在 Active Server Page 服务器端脚本编写环境下进行开发，并采用结构化查询语言（structured query language，SQL）。SQL 作为一种数据库查询和程序设计语言，对农药按其生产厂家、产品为索引进行数据存储。用户凭借此管理系统可以迅速准确地查出每种农药产品及生产企业的部分或全部资料，也可按自己所要求的条件查询所需农药信息。

关键词： 农药；数据库；情报；信息；咨询；系统

在我国，农药行业经营规模、经营条件、人员素质、经营的产品质量及经营的管理水平参差不齐，信息和科技的落后往往导致农药使用的浪费、害虫天敌的误杀和农业环境的污染等问题，农药工业面临产业升级与信息化的双重压力。因此，吸取相关领域信息资源开发的先进经验，结合农药信息系统的开发建设，提出适应时势与国情的网络化农药信息资源开发策略是适应社会经济发展的重要内容之一。

1　系统平台设计内容

山东省农药情报信息决策咨询系统涉及的各农药数据库涵盖了全省的农药企业、生产产品、主要经济指标和农药行业信息，本系统现已全面应用于山东农药行业实际管理的日常工作中。通过对山东省农药生产企业及产品的资料归类、整理，开发出了一套先进、合理的农药信息系统，为农药信息资源深层次的开发利用提供方便，促进了农药工业和社会经济的发展。

1.1　系统内容

山东省农药情报信息决策咨询系统是以山东省内农药企业及生产产品的详细数据为数据源，在 Active Server Page 服务器端脚本编写环境下进行开发，采用结构化查询语言 SQL 作为数据库查询和程序设计语言，对数据源按其生产厂家、产品为索引进行数据存储。用户能够凭借此管理系统迅速准确地检索出每个农药产品及生产企业的部分或全部相关资料。

整个农药信息管理系统分为四大模块：农药企业、农药产品、农药信息、用户管理。开发建设全省农药企业数据库、农药产品数据库、农药经济指标数据库、农药信息数据库。农药企业数据库共收集企业 266 家，农药产品数据库共收集农药产品 2717 种。

1.2　系统功能

山东省农药信息系统具有对农药数据资料的新建、修改、检索、查询、打印、更新、删除、退出等功能。

（1）农药企业登记管理服务

可以添加、管理农药企业信息，依农药登记政策和资料要求进行实时更新，实现了农药产品登记受理同步查询，是农药管理部门获取、管理和分析农药登记数据的重要工具，是农药企业查询农药产品登记受理及审批基本状态的重要途径。具体包括企业代码、批准文号、企业的联系方法、企业注册情况、性质类型及生产经营情况。

（2）农药产品监管服务

可以添加、管理生产许可证及生产批准证书。只要通过输入企业名称便可获取该企业生产许可证编号、产品明细、产品类别、剂型、农药品种生产情况等全方位的信息，也可以通过产品名称、产品类型、剂型、企业标准有效期、生产批件号有效期等进行检索。为农药市场监管和农药执法部门提供参考，对于规范和完善农药市场具有重要的意义。

（3）农药信息服务

该系统还特别突出了为农药使用者服务的功能，通过该模块可以轻松查询获取农药行业最新的通知通告、政策法规、农药信息。广大农民足不出户就可及时掌握农药信息的最新动态。

（4）用户管理服务功能

管理人员通过该模块添加、删除用户。

（5）"检索""查询""打印"功能

执行"检索""查询""打印"等命令时，可实现以下功能。

①按企业检索、查询、打印：企业名称、地址、邮编、电话、法人代表、总经理、联系人、职工人数、企业类型。

②按市地检索、查询、打印：企业名称、地址、邮编、电话、法人代表、总经理、联系人、职工人数、企业类型。

③按注册资金（数额以上或以下）检索、查询、打印：企业名称。

④按产品检索、查询、打印：企业名称、生产能力。

⑤按原药（及化学合成原药、生物发酵原药、植物提取原药、有原药合成（提取）过程直接生产制剂）检索、查询、打印：企业名称、产品名称、生产能力。

⑥按制剂（及大田农药加工（复配）、卫生用药、杀鼠用药）检索、查询、打印：企业名称、产品名称、生产能力。

⑦按产品类别（含杀虫剂、杀螨剂、杀菌剂、除草剂、杀鼠剂、种衣剂、杀虫杀螨剂、杀虫杀菌剂、植物生长调节剂）检索、查询、打印：企业名称、产品名称、生产能力。

⑧按剂型（含乳油、水剂、水乳剂、微乳剂、微胶囊剂、悬乳剂、悬浮剂、种衣剂、糊剂、涂抹剂、颗粒剂、片剂、块剂、粉剂、粉粒剂、可分散粒剂、可湿性粉剂、可溶粉剂、可溶液剂、气雾剂、其他剂型）检索、查询、打印：企业名称、产品名称、生产能力。

⑨按分项经济指标检索、查询、打印：企业名称及各指标。

⑩按核准有效期检索、查询、打印企业名称。其中，企业核准后2年内未办理产品生产许可证、生产批准证书的企业名称。

⑪按生产批准证书（或）生产许可证有效日期检索、查询、打印：企业名称及产品名称。

⑫按企业标准有效日期检索、查询、打印：企业名称、产品名称。

1.3 系统关键技术

山东省农药情报信息决策咨询系统主要用于解决山东农药企业及产品信息管理的数字化，针对农药信息的日常管理要求，进行适应性定制及开发，建立了一套高效、简洁、安全、完整、规范的信息系统。本系统利用先进的数字化技术，完善了农药企业及产品的信息管理，实现了科学化、信息化；实现了农药管理信息的及时准确发布和交流、审批工作流程化和农药信息资料分布网络化。建立了全省农药信息共享数据库，为全省农药产业服务；采用规范化管理，加强全省农药企业内部联系，加强对农药工作的指导，充分发挥农药信息系统对全省农药管理的全面作用。

本系统实现了一个基于 Internet 的标准协议，采用万维网（WWW）技术的具有跨平台、可操作性强等特点的数字化全省农药信息系统，充分利用这种开放的、跨平台的标准模式，向使用不同硬件平台、不同操作系统、不同层次的用户提供同样有效的服务。只需要使用浏览器，就可迅速准确地检索出每个农药产品及生产企业的相关资料，管理决策部门还能高效快捷地进行山东省农药企业及产品共享数据库的全方位管理，完成对全省农药的日常管理工作。采用 SQL-Server 作为数据库查询和程序设计语言，对数据源按其生产厂家、产品为索引进行数据存储。用户凭借此管理系统可以迅速准确地检索出每个农药产品及生产企业的部分或全部相关资料。

1.4　设计特点

山东省农药情报信息决策咨询系统具有以下特点。

（1）跨平台、可操作性强

系统向使用不同硬件平台、不同操作系统、不同层次的用户提供同样有效的服务。用户只需要使用浏览器或者专用客户端，就能登录山东省农药信息系统，完成日常的工作任务。

（2）负载能力强，支持千万级数据

基于多年的开发经验，从缓存技术、数据库设计、代码编写等多个角度入手进行优化，可容存文本，支持千万级数据量，全力保证平台应用和长期发展。

（3）功能强大灵活，支持自定义模型和字段

由农药企业、农药产品、农药信息、用户管理等多个功能模块组成，并且内置信息、下载、企业、产品等几大常用模型，超强的自定义模型和字段功能则使系统具有极大灵活性，可以不用编程就实现各种信息的发布和检索。

（4）界面美观，操作方便、简单

完全的 Windows 风格的按键及菜单中文界面，功能一目了然，并且支持鼠标操作。

（5）管理功能丰富，后台功能可自主管理。

2　系统数据库

2.1　企业数据库

企业数据库包含 22 个字段。分别是"企业代码、企业名称、核准文号、核准日期、通信地址、注册地址、生产地址、法人代表、总经理、邮政编码、企业网址、电子信箱、传真电话、联系人、联系电话、手机、注册资本、固定资产、职工人数、企业性质、企业类型、变更信息"。

其中，"通信地址、注册地址、生产地址"的字段中自动包含"省、市、区/县"的分类；"企业性质"字段中，系统设计了"国有、集体、私营、联营、有限责任、股份有限、合资、独资、合作经营、其他"选项供用户选择；"企业类型"字段中，设计了"原药"和"制剂"两种选项供用户选择，其中"原药"类注明包含"化学合成原药、生物发酵原药、植物提取原药、有原药合成（提取）过程直接生产制剂"，"制剂"类包含"大田农药加工（复配）、卫生用药、杀鼠用药"。这几种设计，可以使填报的信息更加统一、规范，同时也方便用户填报信息。"变更信息"字段设计了 300 个字的字长，这一字段包含的内容相对多些，如"企业名称、住所、场所、法人代表、注册资本等变更信息描述，变更批复文件"等。

2.2　产品数据库

产品数据库包含两个部分，分别是生产许可证、生产批准证书。

2.2.1 生产许可证数据库

生产许可证数据库包含8个字段,分别是"生产许可证编号、有效期、产品明细、农药登记号、有效期、产品类别、剂型、主要用途"。

其中,"产品明细""农药登记号""主要用途"和与其相对应的"有效期"字段均可填报20项内容;"产品类别"字段中,设计包含"杀虫剂、杀螨剂、杀菌剂、除草剂、杀鼠剂、种衣剂、杀虫杀螨剂、杀虫杀菌剂、植物生长调节剂"等选项供用户选择;"剂型"字段中,设计包含"原药、乳油、水剂、水乳剂、微乳剂、微胶囊剂、悬乳剂、悬浮剂、种衣剂、糊剂、涂抹剂、颗粒剂、片剂、块剂、粉剂、粉粒剂、可分散粒剂、可湿性粉剂、可溶粉剂、可溶液剂、气雾剂、其他剂型"等选项供用户选择。

2.2.2 生产批准证书数据库

生产批准证书数据库包含10个字段,分别是"生产批件号、有效期、产品名称、企业标准、有效期、农药登记号、有效期、产品类别、剂型、主要用途"。

其中,"产品名称""主要用途""生产批件号""企业标准""农药登记号"和与其相对应的"有效期"字段均可填报50项内容;"产品类别"字段中,设计包含"杀虫剂、杀螨剂、杀菌剂、除草剂、杀鼠剂、种衣剂、杀虫杀螨剂、杀虫杀菌剂、植物生长调节剂"等选项供用户选择;"剂型"字段中,设计包含"原药、乳油、水剂、水乳剂、微乳剂、微胶囊剂、悬乳剂、悬浮剂、种衣剂、糊剂、涂抹剂、颗粒剂、片剂、块剂、粉剂、粉粒剂、可分散粒剂、可湿性粉剂、可溶粉剂、可溶液剂、气雾剂、其他剂型"等选项供用户选择。

2.3 主要经济指标数据库

主要经济指标库包含两个部分,分别是企业生产经营情况和农药品种生产情况。

2.3.1 企业生产经营情况库

企业生产经营情况库包含9个字段。分别是"现行价总产值、原药产量(折百)吨、总销售收入、总利润、总利税、总产成品库存、总应收账款、总出口创汇、备注"。

2.3.2 农药品种生产情况库

农药品种生产情况库包含7个字段。分别是"产品名称、产品类别、产量、自用量、国内销售量、出口量、出口额"。其中,"产品类别"字段中,设计包含"杀虫剂、杀螨剂、杀菌剂、除草剂、杀鼠剂、种衣剂、杀虫杀螨剂、杀虫杀菌剂、植物生长调节剂"等选项供用户选择;所有字段均可填报20项内容。

2.4 农药信息数据库

农药信息数据库主要包括6个字段。分别是"归属栏目、完整标题、文章作者、文章来源、发布时间、内容"。其中"归属栏目"字段中,设计"通知通告""政策法规""农药信息"3个选项供选择,可将上报信息按内容进行分类。这些设计都将为用户上传信息提供方便,同时也可使数据库中的信息分类更加准确。

3 项目取得的经济效益或社会效益

山东省农药情报信息决策咨询系统实现了山东省农药行业的信息共享和信息管理的自动化和规范化,在规范农药管理、加强执法监督、方便生产企业等方面发挥了重要作用,为科学利用农药提供指导,有助于农药生产企业创造更大的经济效益和社会效益,同时也为管理部门科学决策提供条件。目前,山东省农药情报信息决策咨询系统已在全省农药化工行业全面推广应用,取得了良好的社会经济效益。

参考文献

[1] 李永江. 充值卡在线销售系统设计与实现 [D]. 天津：河北工业大学，2011.

[2] 武立涛，韩燮. 基于 Web 技术的部队后勤网络办公自动化系统的总体设计与实现 [J]. 图书情报导刊，2007，17（6）：210-212.

[3] 廖德全. 基于 Web 的网络办公自动化系统设计 [J]. 商场现代化，2006（26）：108-109.

[4] 许冬霞. 基于 Web 的机关办公业务系统的分析和设计 [J]. 电脑知识与技术，2009，5（9）：2136-2137.

[5] 田野. 基于 ASP.NET 的重大天气过程信息平台 [D]. 郑州：郑州大学，2010.

[6] 张薇. 网络环境下农药信息资源开发现状分析与策略研究 [D]. 北京：中国科学技术信息研究所，2001.

山东省现代海洋技术发展研究及对策建议

姜　媛　　李　潇　　林慧芳

摘要： 伴随着我国深入实施"一带一路"倡议，发展海洋经济的同时，山东省积极响应中央号召，根据山东省海洋技术发展优势，打造蓝色经济区，增加科研投入，统筹发展海洋产业，建立生态海洋示范区，海洋技术发展已上升为国家战略。本文参考国内外海洋技术发展的现状和趋势，针对山东省海洋技术发展现状提出了相应的对策和建议。

关键词： 海洋技术；现代；对策建议

一、现代海洋技术概述

现代海洋产业主要是指符合和谐、生态等现代发展理念，适应地区发展现状，能够充分利用现代科学技术和知识的海洋产业集合。具有知识技术密集、资源消耗少、增长潜力大、综合效益好的特点。结合山东省"十三五"战略新兴产业发展规划中的重点发展产业，重点从智慧海洋、海洋生物、海洋精细化工、海洋工程装备4个方面进行研究。主要涉及海洋信息化、海洋光纤传感、海洋生物医药、海洋生物食品、海洋微藻生物质能、海洋防腐、海藻纤维、海洋观测与监测装备、海洋钻采装备等领域的前沿技术。

（一）智慧海洋

"智慧海洋"的提出是为了解决巨量海洋信息的整合问题，以完善的海洋信息采集与传输体系为基础，以构建自主安全可控的海洋云环境为支撑，将海洋权益、管控、开发三大领域的装备和活动进行体系性整合，运用工业大数据和互联网大数据技术，实现海洋资源共享、海洋活动协同，挖掘新需求，创造新价值。

1. 海洋信息化

数字海洋是海洋信息化的基础，其核心是将大量复杂多变的海洋信息转变成为可以量度的数据，通过采样、量化、编码，形成被储存、运算、处理的数据。因此，目前的海洋信息化主要涉及海洋划界、海洋功能区划、海洋经济统计、海域使用管理、海洋环境监测、海洋预报等领域。

2. 海洋光纤传感

光纤传感在海洋中的应用主要包括应用于海防水中不明物体识别与预警的光纤水听器、应用于海底地震海啸监测的光纤振动和水位传感器、应用于海底能源勘探安全监测的光纤气体传感器、应用于海底长输管道防盗采和防破坏的基于光纤干涉的振动传感器等。

（二）海洋生物

海洋生物资源是海洋资源中具有生命且能不断进行自行更新的一类资源，它是海洋产业和生物产业的一个交叉领域，是以海洋生物资源为开发对象，运用现代生物技术手段（生物工程、酶工程、细胞工程和发酵工程）将海洋生物资源开发为海洋药物、海洋食品、海洋保健品、海洋化妆品和海洋生物功能材料等海洋生物商品的产业。

1. 海洋生物医药

海洋生物医药是指以海洋生物为原料或提取有效成分，进行海洋生物化学药品、保健品和基因工程药物的生产活动。主要对海洋生物进行现代化研究，提取海洋生物活性物质，把海洋生物活性物质与人的健康需求相结合，研发和生产药物，维持人体的身体健康状态。

2. 海洋生物食品

海洋生物食品主要通过海洋生物中的活性物质，利用现代研究技术和生物工程技术，为人们提供保健品、食品和生物材料。海洋生物具有优质蛋白和脂肪酸，高维生素、矿物质、膳食纤维的特质，满足人们对于身体的需求。

3. 海洋微藻生物质能

海洋生物质能是指海洋植物利用光合作用将太阳能以化学能的形式贮存的能量形式，海洋藻类是海洋生物质的主要来源，其中包括海洋微藻和大型海藻等。

（三）海洋精细化工

海洋精细化工是以海盐、溴素、苦卤、海洋生物等为原料，进行精深加工的产业都是海洋精细化工产业。具体包括重点培育海洋生物医药、海藻功能纤维、海洋功能食品添加剂、海洋防腐材料、硅藻土深加工等海洋精细化工延伸产业；提升氯系精细化工产业的高性能化和高值化；培育海水淡化功能材料、溴系高分子功能材料、海洋功能食品及添加剂和高端化工中间体等深度加工产业。

1. 海洋防腐

海洋钢结构物处于阳光暴晒、盐雾、波浪冲击、海生物侵蚀等复杂环境所构成的海水体系中。对于海洋金属基底的防护，主要通过使用耐腐蚀材料、添加缓蚀剂、金属表面改性、涂层保护和电化学保护等方法。海洋防腐中主要包括金属热喷涂保护、重防腐涂层防护、防腐套包缚技术、锌加防腐保护技术、耐海水腐蚀钢技术等。

2. 海藻纤维

海洋生物质高分子主要包括海藻酸盐、甲壳素等。其中海藻酸盐纤维材料的主要成分海藻酸钠作为一种重要的海洋生物资源，是从海带、马尾藻等褐藻类植物中提取的天然多糖高分子共聚物，是环境友好材料，分子中具有多种功能基团，随着材料科学和生物医学的深入研究，海藻酸盐作为生物医用载体材料前景十分广阔。

（四）海洋工程装备

海洋工程装备是指用于海洋资源的勘探、开采、加工、储运、管理及后勤服务等方面的大型工程装备及辅助性装备。目前，国际上形成共识的海洋工程装备主要是指在海洋油气资源开发过程中使用的各类装备，主要包括海洋观测与监测装备、海洋油气钻井装备、海洋油气生产装备、海洋工程船舶及这些装备的配套设备和系统。

1. 海洋观测与监测装备

地波雷达监测技术是利用短波在导电海洋表面损耗小的优势，通过超视距进行探测；同时，通过雷达提取风场、浪场、流场等海况信息，实现对海洋环境广范围、高精度及全天候的实时实地监测。

海洋遥感技术主要是融合了海洋水色与环境相关参数，借助卫星通信设备，造价高昂且周期漫长。而遥感飞机作为海洋环境监测的重要技术，其具备全球、连续、费用低、大尺度、环境影响小的得天独厚特点，海洋环境监测与环境污染防治与研究中发挥重要的作用。

2.海洋钻采装备

海洋油气钻井装备用于海洋油气资源的勘探和开发阶段，是用于钻探井的海上结构物，装有钻井、动力、通信、导航等设备，以及安全救生和人员生活设施，是海上油气勘探开发不可缺少的手段。目前主流装备主要有自升式钻井平台、半潜式钻井平台和钻井船。

海洋油气生产平台用于海洋油气资源的生产阶段，可分为固定式生产平台和浮式生产平台。固定式生产平台主要包括导管架平台、混凝土平台等。浮式生产平台主要包括浮式生产储卸油装置（FPSO）、半潜式生产平台、张力腿式平台、深吃水立柱式平台、浮式液化天然气生产储卸装置等。

二、国外现代海洋技术现状及发展趋势

（一）智慧海洋

1.海洋信息化

欧、美等西方发达国家均高度重视海洋信息化工作，在各类海洋信息的获取、传输、处理与应用等方面投入大量资源开展长期建设。美国早在 20 世纪 60 年代就建立了国家海洋数据中心，逐步积累海洋相关信息；并于 2013 年启动海洋数据获取与信息提供能力增强计划，为海洋事业发展做出更为科学与合理的决策。加拿大针对科学研究和海洋产业服务开展信息化建设。Ocean Networks 公司联合维多利亚大学与 IBM 公司于 2014 年发布海洋感知与决策系统研发项目。2015 年 3 月，澳大利亚塔斯马尼亚大学海洋和南极研究员科研团队绘制出全球海洋气候变化的热点区域图，优化了渔业管理和商业捕鱼的决策。2015 年 3 月，法国在布雷斯建立新的海洋学与海洋气象学联合技术委员会原位观测平台支持中心，为全球海洋原位观测系统开发与运营方提供全方位的支持。

2.海洋光纤传感

光纤传感技术作为 21 世纪的支撑技术之一，推动着海洋传感器的发展。英国南安普敦海洋学中心与南安普敦大学光电研究中心、传感器动力学公司和国防评价研究局合作研制出一种热敏电阻链光纤装置，可实现海水温度分布和深度的测量。美国和欧盟各国都已经对光纤水听器进行了全面而深入的研究，并且已经获得了很多具有参考和借鉴意义的研究成果。

（二）海洋生物

1.海洋生物医药

20 世纪 60 年代以来，世界许多国家都开始了对海洋药物的专门研究和试制。美国政府指令卫生物政部门、大学、各医药公司共同开发海洋药物资源；国际上最大的制药公司——瑞士罗什制药厂，在澳大利亚建立了一所具有现代化实验室的海洋药物研究所。日本海洋生物技术研究院出资 1 亿多美元对海洋微生物、微藻类、海绵、芋螺、海参等多种海洋动植物和微生物等所产生的活性物质进行研究。欧盟制定海洋科学和技术研究，重点资助从海洋生物资源中寻找新药，发现了 450 多个具有不同生物活性的新海洋天然产物。目前全世界天然药物的销售额以每年 10% 以上的速度递增，具有新结构或新作用机制的天然化合物不但是化学合成的重要依据，同时也是新药开发的重要内容。

2.海洋生物食品

近年来，随着人们对营养健康生活的日益追求，海洋生物资源也逐渐成为功能食品开发的重点研究对象。通过精深加工进一步提升海洋食品的功能活性、开发高附加值的新型海洋功能食品成为食品开发与生产领域的一大热点。长期以来，国内外研究学者针对海洋生物中蛋白质、糖类、脂质等多种功能活性成分展开了深入的研究。

3. 海洋微藻生物质能

进入 21 世纪后，藻类生物燃料的研究工作出现了新的进展。美国、日本、德国、印度等国政府都已投入大量的资金及启动相关的计划进行海洋微藻生物质能源的研究开发。有关微藻能源技术的研究，主要分布在美国、中国、澳大利亚、日本、韩国及欧洲国家。其中，美国占据了绝对的优势地位。藻类生物燃料市场主要由北美和欧洲的公司主导，同时印度、以色列和中国的一些企业也在逐渐加大在该领域的研发投入。

（三）海洋精细化工

1. 海洋防腐

国外海洋防腐涂料研发主要集中在实力雄厚的大公司或靠政府支持的部门。例如，英国的 IP、美国的 PPG、丹麦的 Hemple、挪威的 Jotun 及日本的关西涂料等几家大公司均有上百年的相关涂料开发历史，在涂料生产供应、质量监督、涂装规范等方面形成了一整套十分严格和严密的体系。研发主要侧重于长寿命、低表面处理、高固体分、水性化及环保。美国和日本早在 20 世纪 30 年代便开始了对耐海水腐蚀钢的研究，发展至今日本的 Mariloy 系列低合金耐海水腐蚀钢表现较为突出。该腐蚀钢中铬、硅、铜等合金元素在腐蚀过程中通过形成盐膜或是以重富集形态直接作用于金属表面，减缓钢的腐蚀速率，从而具有良好的耐蚀性。

2. 海藻纤维

国外对海藻纤维的制备研究主要集中于纯海藻医用纤维的开发、海藻酸盐与其他高聚物共混纺丝、利用海藻纤维纺纱制备混纺织物的方法制备医用纤维 3 个方面。英国 Britcair 公司最先研究了从各种海藻中提取大分子多糖，用于制备纤维，并将褐藻提取的海藻酸钠经湿法纺丝变为海藻酸钙，得到的海藻纤维加工成无纺布后作为治疗伤口的医用辅料。C. Raymond 在美国专利（No.5470576）中公开了以海藻酸钙和海藻酸钠为原材料的海藻纤维的制备，制备的海藻纤维可以制成纺织品、伤口敷料和手术用纱布等。日本 Forest 公司以海草中提取的海藻酸钠为原料，用湿法纺丝，纤维用甲醇脱水后干燥，制备的海藻纤维可织成毛巾、内衣等纺织品。

（四）海洋工程装备

目前，世界海洋工程装备产业主要分为三大阵营。欧美垄断高端海洋装备及管件配套设备研发、设计、建造、营运的企业处于第一阵营，其产品技术含量及利润率高且具备开发工程总包能力，在国际海洋工程装备产业具有很强的竞争力。以浮式生产储油卸油装置（FPSO）、液化天然气开发运输装置、钻进平台为主产品的韩国和以 FPSO 改装、自升式平台、半潜式平台为主要产品的新加坡处于第二阵营。中国处于世界海洋工程装备产业的第三阵营，在中低端海洋工程装备上已具有完全自主设计、建造能力，但仍面临中高端产品自主研发较少、产业发展不均衡、关键技术及配套装备对国外依赖度高等困难。

1. 海洋观测与监测装备

在海洋无人设备技术方面，2015 年 7 月，欧洲 19 家企业联合开发超潜深水下滑翔机，该滑翔机将能够在水下 5000 米深度自主采集信息，一次布放可连续工作 3 个月，该技术被证明是一种非常有前途的海洋观测技术，但是目前面临的挑战主要是耐压壳体的研制及试验在深海工作的传感器的开发和集成。2015 年 9 月，韩国海洋科技协会称将成立水下机器人研究中心，旨在提高国内早产企业在近海甚至深海区域的电缆敷设、管道安装等应用技术能力。2015 年 4 月，日本日产汽车公司与神奈川县横须贺市海洋研究所联合开发提高深海资源调查用机器人造作性的技术，并力争 2018 年前投入使用。

在深海观测技术方面，2015年1月，美国利用内布拉加林肯大学研制的热水钻，首次到达"接地区域"并成功取样。采集的样本可提供与冰盖结构及其对海冰面上升潜在影响有关的线索。

2. 海洋钻采装备

①油气勘探技术方面。2015年1月，澳大利亚开发的海洋油气平台吸入式沉管基础抗拔承载力设计方法，增加了深海油气平台的安全性，并被正式采用为美国及国际通用的设计方法。2015年9月，挪威国家石油公司成功运营全球首个海底天然气压缩装置，为渗水和远离海岸的区域开辟了新机遇，这是海底技术的"质的飞跃"。

②海洋钻井装备方面。世界上自升式钻井平台主要技术有：悬臂梁技术、平台船体设计技术、桩腿技术、提升工作水深技术等。自升式钻井平台发展趋势主要体现采用高强度钢、增大甲板的可变载荷、采用悬臂式钻井和先进的桩腿升降设备3个方面。近10多年来，世界自升式钻井平台主要设计公司都与船厂或钻井公司等组成联合体。例如，2007年7月，美国Transocean Inc和GlobalSantaFe Corp宣布合并组建一家价值530亿美元的钻井承包公司，成为全球最大的海洋石油钻探承包商，并拥有最多的深水钻井船、深水半潜式平台及深水自升式平台。

③浮式生产储卸油装置方面。FPSO关键技术主要包括系泊系统、外输油系统、生产工艺系统及船体结构等。深水超大型FPSO需要考虑结构强度、疲劳强度与船体极限强度等要求。FPSO的船型性能与结构强度、特殊结构设计与安装技术是当前研究的热点问题。

三、国内现代海洋技术现状及发展趋势

（一）智慧海洋

1. 海洋信息化

在海洋信息化技术手段方面，我国已成功发射3颗HY系列卫星，岸基观测台站、高频地波雷达、水下机器人、锚系/漂流浮标、短波通信、北斗通信、水下光纤通信等一批关键技术和设备取得技术突破，无人机、无人艇等新型装备逐步投入应用；当前处于论证阶段的"一带一路空间信息走廊"和"海底长期科学观测系统"，将分别从太空和海底两个空间维度增强我国海洋信息获取能力。2015年6月，中国航天科工三院研发的"海洋GPS信标"原理样机通过首轮测试。2015年10月，中海油自主研发的海底管道漏磁内检测器在位于渤海"渤中34-1"油田中心平台海试成功，各项指标都达到国际先进水平。

在"数字海洋"基础上，吴立新院士提出了"透明海洋"的工程构想，针对我国南海、西太平洋和东印度洋，获取和评估不同空间尺度海洋环境信息，研究多尺度变化及其后资源效应机制，进一步预测未来一段时间内海洋环境、气候及资源的时空变化。

2. 海洋光纤传感

近年来，中国电子科技集团公司23所在光纤传感领域的技术发展迅速，2014年，中国电子科技集团公司23所成功研制出了符合要求的光纤传感器系统，并于2014年4月搭载试验平台在浙江省小衢山附近海域完成了海上布放试验，对附近海底地震海啸等情况进行了实时监测。厦门大学现代分析科学教育部重点实验室开发了一种可以对液体和气体样品进行在线监测的光纤化学/生物传感系统，并成功应用于在线监测pH值、溶解氧等。

（二）海洋生物

1. 海洋生物医药

我国现代海洋药物研究始于20世纪70年代。1997年我国启动海洋高技术计划，海洋药物的开发被列为重点。目前，国内海洋生物医药产业处于腾飞阶段，海洋生物医药产品品质明显提升，现已成为我国海洋战略性新兴产业的主体产业之一。国内海洋生物医药产业已形成山东、江苏、浙江、福建和广东五大产业集聚区。据不完全统计，我国现有海洋药物生产企业 40 多家，主要分布在山东、浙江和上海等地，主要研发的海洋药物有藻酸双脂钠、甘糖脂、多烯康、烟酸甘露醇及河豚毒素 5 种，实现产值数十亿。

2. 海洋微藻生物质能

我国有关能源微藻的研究主要分布在北京、青岛、大连、上海的高校及科研机构中，仍属于实验室阶段的探索性研究，距离产业化还有非常大的距离。该领域的研究机构大多同时涉及藻种选育、培养、采集、燃料制备等产业环节的技术研发。

国内外的核心技术及研发热点基本趋于一致，主要集中在优良藻种选育、高效低成本培养模式、生物质能高效转化技术及高值化综合利用模式等方面的研究。这些共性关键技术是海洋微藻生物质能源产业化的技术瓶颈。在未来几年之内，藻种的筛选、技术的改善、产业规模化及设备制造成本的下降，都将是直接影响微藻生物柴油生产成本下降的重要因素。而进行以微藻油脂为主线，蛋白质、多糖、脂肪酸等的联产与综合利用，既是现代化工业技术对资源综合利用的必然要求，也是在目前技术条件下有效降低藻油生产成本、早日实现产业化的必由之路。

（三）海洋精细化工

1. 海洋防腐

我国海洋防腐涂料生产主要集中在青岛、上海、大连、天津、常州、广州、厦门等多家涂料企业，研究工作主要集中在中国科学院海洋研究所、中国科学院金属腐蚀研究所、海洋化工研究院、中海油常州涂料研究所、中国船舶 725 研究所等研究机构。近年来，虽然已经建立了"中国船舶工业船舶涂料厦门检测站"和"海洋涂料产品质量监督中心"等质量管理监督机构，但总体技术水平仍落后于先进国家。

国内热喷铝涂层较大的应用工程是由巴西石油公司 Petrobras 设计，武昌船舶重工有限责任公司负责建造的 30 年免维护深海水下浮体。我国在海洋工程领域对耐腐蚀钢的研究与发达国家相比存在较大差距。海洋工程用钢品种规格少，质量不稳定，使用寿命短，缺乏防腐钢检测、第三方认证机构等通用平台，对焊接材料的防腐重视不够，未能建立海洋设备用防腐钢标准体系等诸多问题。

2. 海藻纤维

海藻、甲壳资源是海洋优质可再生资源，在我国已经形成规模化产业，资源利用度大幅提高。但我国的海藻化工、甲壳素业的发展现已遭遇技术瓶颈，表现在污染、能耗、技术工艺控制，无规范的质量体系标准，已与我国现阶段的国情要求不相符。

我国海藻纤维的研究应用起步较晚。普遍采用酸、碱多次处理工艺，生产工艺落后，提取率不高，产品质量不稳定，是一个能耗、化学试剂及水消耗量都非常大的过程。这种废水严重污染海洋环境、影响海洋生态，高污染成为海藻、甲壳素生产生存与发展的瓶颈。2000 年后，在国内也有部分企业和学术机构开始生产、研发海藻酸纤维。2011 年，中国纺织科学院完成了一条年产 10 吨的海藻酸盐纤维生产线。青岛大学通过对海藻纤维的热性能、阻燃性能、阻燃机制和热降解过程进行研究，发现了海藻纤维的本质阻燃机制，并提出了"金属离子阻燃理论"。

（四）海洋工程装备

1. 海洋观测与监测装备

①海洋无人设备技术方面，2015 年 5 月，"4500 米级深海作业系统"重点项目"海马"号在上海

通过 863 计划海洋技术领域组织的验收，突破了本体结构、浮力材料、液压动力与推进、作业机械手和工具、观通导航等关键技术，是迄今为止工作自主研发的下潜深度最大、国产化率最高的无人遥控潜水器系统。2015 年 10 月，上海海洋大学研制的中国首台万米级无人潜水器"彩虹鱼"号和着陆器，在南海成功完成 4000 米海试。

②深海观测技术方面。2014 年年底，中国海洋大学研制的 3 台海底电磁采集站，在中国南部海域水深超过 1000 米海域成功完成海试，标志着中国海洋可控源电磁探测系统装备研制取得阶段性成果。2015 年 6 月，湖南科技大学自主研制的海底深孔岩心钻机"海牛"首次实现了 3000 米海水下深钻 60 米并成功取样，填补了国内深海钻机工程装备的空白。

2. 海洋钻采装备

海洋中国船舶重工集团、中国船舶工业集团两家央企凭借技术、人才和资金实力占据了国内市场的大部分份额，是我国海洋工程装备制造业的主力军。上海外高桥造船有限公司和大连船舶重工集团分别隶属于两大集团，已建成以 30 万 dwt 级 FPSO 和 3000 米深半潜式钻井平台为代表的高端产品，是我国海洋工程装备制造业的最高水平。中国海油研究中心突破了深水半潜式钻井平台设计的关键技术，已应用于我国第六代深水半潜式钻井平台"海洋石油 981"的建设。江苏荣盛重工集团开发了多种海洋工程设备配套产品，亦占据了海洋工程辅助船舶建设的大部分市场份额。与国外发达国家相比，我国近几年才开始涉足高端装备制造，深水钻井船、半潜式钻井平台、深水 FPSO 等建造经验不足，深水工程技术和高端装备核心技术依赖国外。总装建造国产化配套率低，海洋平台主动力发电机传动系统、钻井系统、生产处理模块、平台定位系统、升降系统、水下生产系统等高端配套产品完全由国外公司控制，关键配套设备和系统主要依靠进口，基本不具备承担总包项目的技术能力和管理能力。整体而言，我国海洋工程装备产业基本处于产业链的低端，研发设计和创新能力薄弱，尚未形成具有较强国际竞争力的专业化制造能力。

四、山东省现代海洋发展现状及建议

山东省在海洋技术和产业领域方面均有较好的基础优势，海洋科技是山东科技第一品牌。20 世纪 90 年代初山东在全国率先做出向海洋进军的重大战略，在蓝黄两大国家战略的历史机遇下，山东海洋科技在"十二五"期间获得长足发展，在现代海水养殖、海洋生物医药及生物制品、海洋工程装备制造、海水资源综合利用等领域突破一大批关键技术，为提升山东省自主创新能力和核心竞争力、促进经济转方式调结构提供了有力的科技支撑。"十二五"期间山东海洋科研工作获得经费支持继续保持全国领先。2011—2014 年山东新增国家项目合同国拨经费 40 多亿元。截至 2014 年，山东省海洋领域共有 22 项 973 计划项目和 7 项国家重大科学研究计划项目获得立项，立项数量约占全国总数的一半。青岛海洋科学与技术国家实验室正式获得科技部批复，我国新一代海洋科学综合考察船"科学"号正式投入使用，海洋科学考察能力迈入国际先进行列。"蛟龙"号载人潜水器完成多次下潜试验、深海基地管理中心建设初具规模。

海洋产业迅速崛起，海洋科技支撑能力凸显。2014 年全省海洋生产总值 10 879 亿元，比上年增长 11%，占全省 GDP 的比重达到 18.3%。目前，山东省形成海洋装备制造、海洋生物资源两大产业集群，培育发展了海洋仪器仪表与装备、海水综合利用等一系列产业。

进入"十三五"，建设海洋强国和 21 世纪海上丝绸之路的伟大战略将对山东海洋科技发展提出更高要求。

一是围绕服务"智慧海洋"建设，以加快推进新一代信息技术与制造业深度融合为主线，重点发展海洋观测、监测和资源探测等电子信息设备；突破关键技术，开发制造多功能传感器、水下移动观测平台、海洋立体在线观测监测、遥测设备等，发展自主知识产权的海洋多参数自动观测关键传感器，提高海洋观测、监测水平。

二是重点开展以海洋生物活性物质为基础的创新药物新技术研究与产业化应用；加强与国内外医药研发机构合作，引进消化吸收海洋生物医药与制品新技术。

三是着力突破海洋设施腐蚀防护技术，建设海洋涂层及防腐蚀材料研发、生产、施工一体化产业基地。以海藻为主要原料的特色海洋化学药生产，大力推进以海洋藻类活性物质为主要成分的药物开发及产业化发展。

四是加快突破大型高端深海钻井装备关键技术，提高海洋油气资源勘探和开发大型装备设计、制造能力，重点发展钻井平台、浮式生产储卸装置、大功率平台电站、动力定位系统、生产处理系统、原油装卸系统、深水单点系泊系统等产品，发展成套海洋石油装备和石油机械设备总成，开发高附加值产品。

参考文献

[1] 孔冬冬 . 山东省海洋资源开发模式战略转型研究 [D]. 青岛：中国海洋大学，2015.

[2] 王春谊，李芝凤，吴迪，等 . 美国海洋观测系统分析 [J]. 海洋技术，2012（3）：90-92.

[3] 李潇，许艳，杨璐，等 . 世界主要国家海洋环境监测情况及对我国的启示 [J]. 海洋环境科学，2017（6）：474-480.

[4] 程俊超，何中文 . 我国海洋信息化发展现状分析及展望 [J]. 海洋开发与管理，2017（2）：46-51.

[5] 吴德星 . 探索资源整合新机制打造海洋科技创新平台 [J]. 中国高校科技与产业化，2010（10）：9-11.

山东省新一代信息技术现状分析研究

林慧芳　许洪光　钟懿

摘要： 新一代信息技术产业是创新最活跃、带动性最强、渗透性最广的战略性新兴产业。本文简要分析了世界主要国家新一代信息技术重点发展方向，并结合《"十三五"国家战略性新兴产业发展规划》和《山东省"十三五"战略性新兴产业发展规划》中的重点发展产业，就量子信息技术、信息安全技术、人工智能、云计算、大数据等新一代信息技术进展情况进行分析总结，在分析山东省新一代信息技术现状基础上提出了几点建议。

关键词： 新一代信息技术；山东省；现状分析；对策建议

党的十九大报告明确指出，我国经济已由高速增长阶段转向高质量发展阶段，要深化供给侧结构性改革，推动互联网、大数据、人工智能和实体经济深度融合，培育新增长点、形成新动能。新一代信息技术，无疑是当今世界创新最活跃、渗透性最强、影响力最广的领域，正在全球范围内引发新一轮的科技革命，并以前所未有的速度转化为现实生产力，引领科技、经济和社会日新月异。本文简要分析了全球新一代信息技术重点发展方向，并结合《"十三五"国家战略性新兴产业发展规划》和《山东省"十三五"战略性新兴产业发展规划》中的重点发展产业，就量子信息技术、信息安全技术、人工智能、云计算、大数据等新一代信息技术进展情况进行了分析总结。

1 国外新一代信息技术领域的战略布局和重点发展方向

为谋求信息时代的竞争新优势，美国、欧盟、日本、韩国等世界主要国家（地区）高度重视电子信息产业在促进经济发展和塑造国家竞争力方面的重要战略性作用，面向 2020 年在新一代信息技术领域的战略布局和重点发展方向如下。

1.1 美国战略布局及重点发展方向

"十三五"期间，美国通过实施国家宽带战略、智慧地球计划、大数据研究与开发计划等战略部署，重点发展大数据、社会计算、智慧城市、无线通信、未来网络、网络安全和隐私保护、高性能计算机、高可信软件与系统、人机交互、信息—物理融合系统、智能制造、智能电网、机器人、医疗信息技术、认知计算、大脑活动图谱等新一代信息技术。

1.2 欧盟战略布局及重点发展方向

"十三五"期间，欧盟通过实施物联网战略研究路线图、欧洲 2020 战略、数字化议程等战略部署，重点发展新一代通信、下一代计算、智能制造（"工业 4.0"）、智能机器人、个人通信与居家通信、物联网、智能基础设施建设、数字内容、数字文化、VR、嵌入式系统、信息安全技术、人类大脑工程等新一代信息技术。

1.3　日本战略布局及重点发展方向

"十三五"期间，日本通过实施创建最尖端 IT 国家宣言、日本 ICT 新政、数字日本创新计划、环保积分制度、i-Japan 战略等部署，重点发展新一代光网、下一代无线网、云计算、下一代计算机、智能电网、机器人、下一代半导体与显示器、嵌入式系统、3D 影像、语音翻译、软件工程、泛在计算、基于云平台的电子政府、医疗及教育等领域云服务、高级道路交通系统、国民电子邮箱等新一代信息技术。

1.4　韩国战略布局及重点发展方向

韩国信息化建设的发展历程与欧美不同，韩国从信息技术落后的国家，跃居世界领先行列，成为国际先进的信息技术产业强国，其中完善的信息技术发展机制和独树一帜的平板显示产业领先发展功不可没。面向 2020 年，韩国通过实施新增长动力规划及发展战略、IT 韩国未来计划、国家融合技术发展基本计划、第三次科学技术基本计划等部署，重点发展高速无线网接入、数字多媒体广播、家庭网络、车载无线网络、无线射频识别、传感器网络、IPv6 互联网、新一代移动通信、平板显示、新一代电脑、嵌入式系统、数字内容、智能机器人等新一代信息技术。

2　我国新一代信息技术产业发展现状

"十二五"以来，我国已经形成了多个各具特色的产业集聚区，如京津地区形成了新一代信息技术装备、软件平台、应用服务等产业集聚地，以上海、杭州等城市为中心的长三角地区形成了以云计算基础设施、移动电子商务为代表的产业集聚区域，珠三角地区形成了物联网创新活力强劲的产业集聚区。此外，一些中西部地区也积极推进信息技术产业的谋篇布局。成都、重庆、西安等地形成了信息化应用、元器件制造及研发等产业集聚区域。

2.1　集成电路产业发展现状

我国集成电路产业形成了以设计、芯片制造和封装测试为主体的细分产业结构，产业链逐步完善，并涌现出一批具备一定国际竞争力的骨干企业，产业集聚效应日趋明显，形成了长三角地区、京津冀地区、珠三角地区及中西部地区四大产业集聚区。在集成电路设计水平和能力上，部分国内大型设计公司设计水平已达到 28 纳米，产品制造能力逐步接近国际水平。虽然我国一直大力发展具有自主知识产权的集成电路核心产品，但工艺水平仍落后于国际先进水平 1.5 ~ 2.0 代，这就导致我国集成电路以进口为主的格局始终未能改变。

2.2　移动互联网产业发展现状

"十二五"期间，随着第四代移动通信技术（4G）、无线接入技术的普及，各类互联网应用向移动端拓展，移动互联网发展势头空前，已成为最大的信息消费市场、最活跃的创新领域、最强的电子信息产业的驱动力量。从产业发展的特点来看，新型智能终端层出不穷，终端变革引发媒体变革，产业周期进一步缩短，产业发展呈现平台化、生态体系化和全产业链条的纵向一体化，服务、终端、流量爆炸性增长，技术和模式创新不断向其他领域延伸。从发展路线来看，一是以 BAT，即以百度公司（Baidu）、阿里巴巴集团（Alibaba）、腾讯公司（Tencent）为代表的互联网巨头依托各自在应用服务领域的优势，结合移动互联网发展特点，投入大量资源打造自身移动互联网生态环境；二是以华为为代表的终端企业借助产业链优势，积极整合包括物联网操作系统、核心芯片、终端产品在内的软硬件资源，大力推进自身移动互联网平台发展，强化全产业链的掌控能力。

2.3 网络空间安全产业发展现状

我国在安全芯片、安全操作系统的研发与应用上取得了较大进步，在信息基础设施、基础软件、信息安全产品、应用软件、网络安全服务等行业涌现了一批诸如龙芯中科、浪潮等拥有自主知识产权的龙头企业，他们作为网络空间安全产业的排头兵带动了产业集群发展，中国网络空间标准化工作取得显著成效，并逐步融入国际体系。

2.4 大数据和云计算产业发展现状

在技术创新上，发展改革委、工业和信息化部等先后发布了大数据重大工程、科技专项，推动大数据技术的创新发展，总体上看，中国大数据产业呈现良好的发展势头，但市场尚处于探索起步期，面临着数据孤岛林立、数据安全等问题。云计算产业近年来一直呈上升之势，我国云计算产业格局和企业群落已经初步形成，并显示出旺盛的生机。中国互联网企业和电信制造企业拥有较为雄厚的产品研发、制造基础，借助云计算的开源化趋势，中国企业已经在云计算技术发展中占据了一席之地。

2.5 智能终端和可穿戴设备产业发展现状

经过几年的快速增长，移动智能手机市场增速开始显现出逐渐放缓的趋势，以智能家居终端、车载信息终端、健康监护终端、智能生活辅助终端等为代表的新型智能终端正逐渐成为新一代信息技术领域的热点。可穿戴设备作为未来移动互联网的重要载体和支撑，显现出巨大的市场发展潜力。"十二五"期间，国内科技公司纷纷进军可穿戴设备产业，进行相关技术研发、设备生产和市场开拓，并推出了一些可穿戴设备产品。

2.6 物联网产业发展现状

当前，我国物联网已经从理念走向应用，渗透到经济社会的方方面面，我国在物联网通用架构、数据和语义、标识和安全等基础技术方面正加紧研发布局。从应用来看，在《中国制造 2025》驱动下的工业智能化和智慧城市建设的浪潮中，工业互联网、智慧城市将成为物联网产业的重要发展平台，公共安全、公共服务、可穿戴设备、智能家居、智慧医疗等消费市场将是物联网产业规模扩大的主战场。

2.7 新型平板显示产业发展现状

我国平板显示产业发展迅速，面板生产总量已超过全球总量的 20%。国内平板显示器企业在技术水平和创新能力上也逐渐缩小同日本、韩国之间的技术差距，例如，京东方自主设计了全球首条 10.5 代面板薄膜晶体管液晶显示器件生产线，申请的专利数目处于业界领先位置。

3 新一代信息技术研究进展

3.1 半导体材料与器件技术

半导体材料与器件是信息产业的基石，也是国家高科技的象征，对各国的科技、工业、国防和经济发展具有举足轻重的作用，因此，世界发达国家投入巨资进行研究和开发。2015 年美国 SunEdison 公司在韩国建设的硅烷高压流化床制备粒状多晶硅的生产线投产，采用了三氯氢硅歧化制备硅烷工艺，单炉设计年产能达 5000 吨。我国对半导体材料与器件的研究、开发及其产业发展十分重视，在国家科技重大专项、国家科技支撑计划和国家自然科学基金项目的持续支持下，该领域近年来取得突破性技术进展。在微电子器件的先进技术研发方面，目前中芯国际集成电路制造有限公司在国内处于引领地位，其 28 nm 器件工艺已进入量产，2015 年 6 月，中芯国际、华为、高通宣布共同投资组建中芯国际集成电路新技术研发有限公司，打造中国最先进的集成电路研发平台。在今后 10 ～ 20 年中，半导体材料和器件技术还将继续发展，不仅在信息、新能源产业方面持续发挥基石作用，而且在新的应用领域将具有更广阔的前景。

3.2　量子信息技术

近年来量子信息技术发展迅速，量子通信网络的研究已走出实验室，正在迈向实用化。量子信息技术主要涉及量子密钥分发、量子隐性传态、高信道容量量子网络的研究、量子存储器的实现等关键技术，其中量子密钥分发技术尤为重要，量子密钥分发是量子密码体系的核心，是目前量子通信研究最成熟也是最接近实用化的一个研究方向。2015 年，瑞士日内瓦大学的研究小组在超低损耗光纤中将量子密钥分发的距离提高到 307 千米，这是目前光纤系统中密钥分发的最长纪录。

我国从 20 世纪 90 年代就开始量子信息技术研究，中国科技大学郭光灿团队是国内最早从事该领域研究的队伍，并首创量子避错码及段 - 郭概率克隆机。中国科技大学潘建伟团队做出了许多研究成果，2015 年该团队利用量子点制备出目前国际上综合性能最优秀、具备高单子性的单光子源，在国际上占有重要影响力。

3.3　通信技术

近年来，以开放空间为传输媒介的无线通信技术已经成为人类生活工作中不可或缺的通信手段；当前欧美地区、日本、韩国等国都在抢夺发展 5G 这一千载难逢的机遇。美国 FCC 联合相关研究机构，展开了 5G 毫米波应用可行性研究。光通信技术是一种以光波为载体的通信方式，我国在通信技术、宽带网络设备研发方面已步入国际先进行列，但一些关键的通信技术领域还需加快发展。

3.4　信息安全技术

世界各国越来越重视信息安全技术的研发和产业的推动，2016 年 2 月 9 日，美国政府发布新的《网络空间安全国家行动计划》，该计划在资金、技术、人才培养等多方面做了统筹规划，我国也高度重视信息安全技术的研发和产业的推动，近年来在 APT 攻击检测、工业控制系统安全等方面取得了一系列技术突破，提高了网络空间安全保障能力。未来面向有组织攻击的主动防御技术将是未来信息安全技术领域发展的重点，基于大数据的安全防御技术将是未来信息安全技术领域研究的特点。

3.5　人工智能技术

智能化是信息科学技术技术发展的主流趋势，人工智能技术为此提供关键支撑。当前是人工智能的黄金时代。随着"脑计划""人工智能 2.0""智能制造和机器人"等科技创新 2030 战略的提出，我国人工智能领域的研究和技术发展进入了一个新的阶段。例如，上海同济大学专门成立了人工智能研究院，未来机器学习仍将是技术发展的关键和核心。

3.6　云计算技术

云计算是一种以数据和处理能力为中心的密集型计算模式，它融合了多项 ICT 技术，是传统技术"平滑演进"的产物。其中，以虚拟化技术、分布式数据存储技术、编程模型、大规模数据管理技术、分布式资源管理、信息安全、云计算平台管理技术、绿色节能技术最为关键。

3.7　大数据技术

近年来，大数据蕴含的巨大价值得到广泛认知。该方面的前沿关键技术主要包括大数据获取与整理技术、大数据智能计算技术、大数据处理应用框架技术、大数据存储与管理技术、数据共享技术等，具体举例如下：①大数据获取与整理技术。数据终端呈现多种形式，如健康领域的穿戴式设备、工业领域的智能感知与数据采集设备等。数据终端联网与 PC 机联网量之比会超过 30:1，数据终端软、硬件的标准化将成为大规模产业化的瓶颈。②大数据智能计算技术。传统的数据挖掘技术已不能应对大数据的要求，需要发展可扩展的机器学习和数据挖掘技术，包括统计推断、统计学习工具和理论，如稀疏建模、压缩感知、异常检测、趋势分析等。③大数据处理应用框架技术。大数据智能计算的算法在分布式计算机系统上实现慢，需要应用框架软件的支撑，发展的重点是 3 类应用框架，即在线处理、离线计算和流计算。④大数据智能分析技术。针对大数据巨量、多源、异构等特点，近年来取得一系列有针对性的创新性成果，如可视化模型的并行化方法、可视化的原位分析方法、多源异构数据的统一模型和高维数据的可视化方法等。另外，类脑计算在大数据的推动下快速萌发，面对海量数据的处理需求，人们开始探索直接利用硬件资源对大脑进行仿生模拟。⑤大数据应用技术。近年来，基于大数据的典型应用场景和案例不断涌现，从不同的分类角度对已有的大数据典型应用进行分析，可以折射出当前大数据技术的发展状态。

美国奥巴马政府在 2012 年 3 月正式启动"大数据研究和发展"计划，投资 2 亿多美元，大力推进大数据的手机、访问、组织和开发利用等技术的发展，积极探索对大脑进行仿生模拟，麻省理工学院的研究人员使用 400 个晶体管和 CMOS 制造技术，模拟了两个神经元突触之间的通信。2012 年，普度大学的研究人员研发了一种基于忆阻器的神经计算芯片。2014 年，IBM 发布了首款含 100 万个可编程神经元、2.56 亿个可编程突触的超低功耗、超大规模神经突触计算机芯片。2014 年，美国政府启动了 BRAIN Initiative 12 年研究计划，计划在 5 年内着重开发探知大脑的新技术，在未来 10 年内力争用新技术支撑脑科学的研究。

4　山东省新一代信息技术的发展现状及建议

伴随着全球云计算、大数据、移动互联网、物联网等新技术新业态的迅速兴起，中国信息技术产业迎来了转型发展的历史机遇，特别是山东"蓝黄两区"和"一圈一带"发展板块的快速崛起，山东乘势而上，作为信息技术产业大省，把信息技术产业作为国家战略性新兴产业和引领山东工业转方式、调结构的重要力量，集中力量突破关键技术，抢占战略制高点，有效地增强了创新驱动发展的新动力，信息技术产业产值连续多年居全国前列，在云计算领域也具备了国内领先的产业基础和技术支撑能力，济南成为继南京之后我国第 2 个"中国软件名城"，另有多个软件产业基地相继落户山东，必将会带动形成产业的一个新的增长极。近年来，中创软件、浪潮集团等重点企业分别在国产中间件、服务器核心软硬件及云计算基础软件平台等关键技术上实现了重大突破，浪潮天梭 K1 高端容错计算机获全国科学技术进步奖一等奖，由华芯公司建成的国内首条高端存储器集成电路封装测试生产线、神戎电子研发的同步变焦激光夜视技术、歌尔公司的声学、无线通信、硅微麦克风技术、山大华天软件的三维 CAD（计算机辅助设计）软件、山东天岳的碳化硅晶体材料、济南晶正电子的铌酸锂电子材料等在电子材料、数据存储、软件设计等方面都已达到国际领先或先进水平，积极培育了一批具有竞争优势的"专精特新"科技小巨人企业，实现了信息技术产业的产业链、生态链、价值链的全面提升，推进了全省大数据、云计算、物联网、移动互联网等新兴领域的蓬勃发展。

另外，山东省还积极加快"智慧山东"建设，着力打造山东经济升级版，近年来，山东相继制定出台了《关于开展"智慧山东"试点工作的意见》《智慧城市体系规范和建设指南（试行）》等政策措施，开展资源节约型和环境友好型社会、智慧园区、智慧社区、智慧城区示范工程建设，截至 2017 年 4 月下旬，山东省所有的地级城市和 70% 以上的县级城市提出了建设智慧城市的规划目标。山东还借力"工业强基"工程，乘势大力推动信息技术产业创新发展，先后出台了《山东省推进工业转型升级行动计划（2015—

2020 年）》《山东省信息化和工业化深度融合专项行动方案（2014—2018 年）》《山东信息技术产业转型升级实施方案》等重要文件，以新一代信息技术产业为工业发展新引擎，深入实施新兴产业倍增计划，积极推动云计算、物联网等信息技术的广泛应用，加快了信息技术与传统制造业的跨界融合，加快了智能制造、轨道交通、海洋工程装备、新能源装备等高端装备制造业发展，推动山东工业经济走在了全国前列。

当前，山东省正处在结构调整、动能转换的关键时期，制造业数字化、网络化、智能化步伐不断加快，山东省新一代信息技术虽然取得了显著的成绩，但仍有一些亟待解决的问题，结合山东省实际，提出以下几点建议：一是突破制约信息产业发展的核心技术，提高自主开发能力和整体水平，通过合力攻关，掌握相关领域的核心技术。二是培育以基础软件为核心技术的专利区，熟练掌握虚拟化、分布式存储、海量资源管理、分布式处理、并行计算等云计算核心技术。三是突破物联网核心技术，弥补差距，山东省物联网发展态势良好，但核心技术尚未完全掌握，需加大对物联网感知技术、传输技术、信息处理技术等关键技术攻关。四是研究大容量高速量子通信技术，掌握高带宽的保密数据交换技术。五是加强无线通信相关技术研究，在以下相关领域取得突破：①研究太赫兹通信技术；②研究无线认知网络组网技术。六是研究并掌握可视化大数据智能分析技术，建立起能够提供更丰富、更智能的可视化分析展示的数据分析平台。七是加大大规模集成电路研制技术，掌握相关领域先进技术：①研究 10 nm 乃至 7 nm 大规模集成电路技术；②石墨烯太赫兹芯片技术。

参考文献

[1] 田静，王劲林. 面向感知中国的新一代信息技术：海云协同，走向未来 [J]. 中国科学：信息科学，2015（10）：1229-1236.

[2] 梁智昊，许守任. "十三五"新一代信息技术产业发展策略研究 [J]. 中国工程科学，2016（4）：32-37.

[3] 吕斌，李国秋. 新一代信息技术的发展对信息化测度的影响 [J]. 情报理论与实践，2016（4）:1-7.

[4] 贺正楚，潘红玉，吴艳. 新一代信息技术产业的公共服务平台构建及服务功能分析 [J]. 中国科技论坛，2015（5）：35-41.

山东省医院科技影响力的评价分析及对策 ①

何有琴　牟燕　吴敏

摘要： 通过统计山东省医院在"2017年度中国医院科技影响力排行榜"的综合排名、学科排名和地区排名，评价山东省医院科技影响力的总体现状，分析问题，并提出提升医院科技影响力方面的相关对策。

关键词： 医院；科技影响力；科技投入；科技产出；学术影响

建立和完善国家医学科技创新体系是加快提升我国医学科技创新能力的重要基础，医学科技评价具有不可或缺的重要作用[1]。2017年12月19日，中国医学科学院医学信息研究所研制的"2017年度中国医院科技影响力排行榜"在北京发布。自2014年至今，中国医学科学院医学信息研究所已连续4年发布了我国医院科技影响力评价报告，其中2017年中国医院科技影响力评价纳入的三级医院1629家、学科29个，是其评价医院和学科最多的一次[2]。以下将从分析医院科技影响力的综合排名、学科排名和地区排名入手，全面客观地评价山东省医院科技影响力的总体现状。

1　中国医院科技影响力评价指标体系纳入的评价指标

中国医院科技影响力评价是由中国医学科学院医学信息研究所利用丰富的信息资源和科学的评价工具，通过构建合理的评价指标体系，对我国三级医院在科技投入、科技产出和学术影响[3]方面的综合性研究。该评价指标体系[4]包括科技投入、科技产出和学术影响3个一级指标、7个二级指标和21个三级指标。科技投入是开展科技活动的前提和基础，包括人、财、物等的投入，该评价维度综合考虑了科研项目和科研平台等方面。科技产出是科技活动所产生的直接成果，该评价维度包括期刊论文、专利和标准等内容。学术影响是指科技成果及科研人员在学科领域内产生的直接或间接影响。该维度包括杰出人才和团队、学术任职及科技奖项等方面。

2　2017年度山东省医院科技影响力排名结果及分析

"2017年度中国医院科技影响力排行榜"纳入了我国东部地区804家、中部地区448家、西部地区377家医院，从科技影响力的科技投入、科技产出和学术影响3个一级指标进行综合评价，对医院科技影响力进行了综合排名、学科排名和地区排名。

为全面了解山东省医院在我国医院科技影响力中的总体水平，以下将从前100位的综合排名、学科排名中统计出山东省医院在全国的排名情况，以及29个学科的地区排名前3位的情况。

2.1　山东省医院科技影响力的综合排名

对全国综合排名前100位医院的所属地区进行统计，结果显示我国有20个省（区、市）的医院进

① 基金项目：山东省医药卫生科技发展计划项目：患者视角下公立医院公益指数评价指标的筛选与应用（2015WS0172）；山东省医学科学院医药卫生科技创新工程和山东省卫生服务与管理创新软科学研究基地产出成果。

入排名，其中前 3 位分别是北京、上海和广东，山东省有 3 家医院，与湖南并列第 11，如表 1 所示。

山东大学齐鲁医院、山东省立医院和青岛大学附属医院分别居第 22、第 64 和第 68 位。从 3 家医院的一级指标单项排名来看，山东大学齐鲁医院的科技投入和科技产出排名比较靠前，虽然山东省立医院、青岛大学附属医院科技投入排名均低于综合排名，但科技产出都高于综合排名。3 家医院的学术影响排名都远低于综合排名均居 50 以外，如表 2 所示。

表 1　综合排名前 100 家医院的地区分布及数量

序号	省（区、市）	排名	数量 / 家
1	北京	1	22
2	上海	2	19
3	广东	3	9
4	重庆	4	6
5	江苏	5	5
6	陕西	5	5
7	浙江	5	5
8	湖北	8	4
9	四川	8	4
10	天津	8	4
11	湖南	11	3
12	山东	11	3
13	黑龙江	13	2
14	吉林	13	2
15	辽宁	13	2
16	安徽	14	1
17	广西	14	1
18	河北	14	1
19	河南	14	1
20	新疆	14	1
合计			100

表 2　3 家医院的综合排名及科技投入等一级指标排名

序号	医院名称	综合排名	一级指标		
			科技投入	科技产出	学术影响
1	山东大学齐鲁医院	22	6	12	55
2	山东省立医院	64	71	38	92
3	青岛大学附属医院	68	92	37	84

2.2　山东省医院科技影响力的学科排名

通过对 29 个学科排名前 100 位的医院进行统计，结果显示山东省共有 22 家医院、累计 130 个学科入选。其中，学科数量排名前 3 位的医院分别是山东大学齐鲁医院（26 个）、山东省立医院（26 个）、青岛大学附属医院（20 个），如表 3 所示。

山东省有 18 个学科进入学科排名前 20 位，其中山东大学齐鲁医院有 10 个，山东省立医院有 6 个，青岛大学附属医院有 3 个，山东省眼科研究所、山东省胸科医院、山东省口腔医院、青岛市市立医院分别有 1 个，如表 4 所示。学科排名前 10 位的学科有山东大学齐鲁医院的心血管病学、血液病学、急诊医学、内分泌病学与代谢病学，山东省立医院的耳鼻咽喉科学、内分泌病学与代谢病学。

表 3　山东省入选省内学科排名前 100 位的医院及学科数量

序号	医院名称	学科数量 / 个
1	山东大学齐鲁医院	26
2	山东省立医院	26
3	青岛大学附属医院	20
4	青岛市市立医院	10
5	山东省千佛山医院	9
6	山东省肿瘤医院	6
7	滨州医学院附属医院	6
8	山东大学第二医院	5
9	济南军区总医院	3
10	临沂市人民医院	3
11	烟台毓璜顶医院	2
12	山东省眼科研究所	2
13	聊城市人民医院	2
14	青岛市中心医院	2
15	潍坊眼科医院	1
16	山东省胸科医院	1
17	山东省皮肤病性病防治研究所	1
18	济南市儿童医院	1
19	济宁市第一人民医院	1
20	青岛市精神卫生中心	1
21	山东省口腔医院	1
22	山东省精神卫生中心	1
合计		130

表 4　山东省入选学科排名前 20 位的学科、医院及排名

序号	学科名称	医院名称	排名
1	变态反应学	山东大学齐鲁医院	11
2	儿科学	青岛大学附属医院	20
3	耳鼻咽喉科学	山东省立医院	9
		山东大学齐鲁医院	11
4	风湿病学与自体免疫病学	青岛大学附属医院	15
5	妇产科学	山东大学齐鲁医院	16
		山东省立医院	17
6	急诊医学	山东大学齐鲁医院	9

续表

序号	学科名称	医院名称	排名
7	结核病学	山东省胸科医院	12
8	口腔医学	山东省口腔医院	14
		青岛市市立医院	19
9	内分泌病学与代谢病学	山东大学齐鲁医院	10
		山东省立医院	10
		青岛大学附属医院	13
10	烧伤外科学	山东省立医院	14
11	神经外科学	山东大学齐鲁医院	18
12	消化病学	山东大学齐鲁医院	16
13	心血管病学	山东大学齐鲁医院	5
14	胸外科学	山东省立医院	11
15	血液病学	山东大学齐鲁医院	9
16	眼科学	山东省眼科研究所	16
17	整形外科学	山东省立医院	17
18	肿瘤学	山东大学齐鲁医院	19

2.3　山东省医院科技影响力的地区排名

《2017 年度中国医院科技影响力排行榜》同时对三级医院进行了地区内的综合排名和学科排名，并选取和公布了排名前 3 位的医院名单。山东省内的综合排名前 3 位与全国综合排名一致，分别是山东大学齐鲁医院、山东省立医院和青岛大学附属医院。

在山东省内 29 个学科排名前 3 位中，有山东大学齐鲁医院、山东省立医院、青岛大学附属医院、青岛市市立医院、山东省肿瘤医院、临沂市人民医院、山东省皮肤病性病防治研究所、山东省千佛山医院、山东省胸科医院、滨州医学院附属医院、济南军区总医院、济南市中心医院、山东省精神卫生中心、山东省口腔医院、山东省眼科研究所、潍坊医学院附属医院 16 家医院。通过对 29 个学科排名第一的医院及学科分布的统计，有山东大学齐鲁医院、山东省立医院、青岛大学附属医院、山东省口腔医院、山东省皮肤病性病防治研究所、山东省胸科医院、山东省眼科研究所、临沂市人民医院 8 家医院。山东大学齐鲁医院以 15 个学科位居首位（表 5）。

表 5　山东省 29 个学科排名第一的医院及学科分布

序号	医院名称	学科名称	学科数量／个
1	山东大学齐鲁医院	心血管病学	15
		呼吸病学	
		消化病学	
		血液病学	
		内分泌病学与代谢病学	
		变态反应学	
		传染病学	
		普通外科学	
		神经外科学	
		泌尿外科学	

序号	医院名称	学科名称	学科数量/个
1	山东大学齐鲁医院	骨外科学	15
		妇产科学	
		神经病学	
		急诊医学	
		肿瘤学	
2	山东省立医院	肾脏病学	6
		胸外科学	
		心血管外科学	
		烧伤外科学	
		整形外科学	
		耳鼻咽喉科学	
3	青岛大学附属医院	风湿病学与自体免疫病学	3
		儿科学	
		精神病学	
4	山东省口腔医院	口腔医学	1
5	山东省皮肤病性病防治研究所	皮肤病学	1
6	山东省胸科医院	结核病学	1
7	山东省眼科研究所	眼科学	1
8	临沂市人民医院	护理学	1
合计			29

3　山东省医院科技影响力的总体评价及存在问题

通过比较山东省医院 2014—2017 年中国医院科技影响力排行，山东省医院在入选医院的数量、学科排名和科技产出等方面有所提高。山东省入选综合排名的医院数量由 2014 年的 2 家增至 2017 年的 3 家，青岛大学附属医院从 2014 年未入选综合排名，到 2015 年综合排名第 86 位、2016 年第 77 位，最终上升为 2017 年的第 68 位。山东大学齐鲁医院有 4 个学科、山东省立医院有 2 个学科分别入选学科排名前 10 位，其中，两个医院的内分泌病学与代谢病学并列第 10 位。从入选综合排名的一级指标单项排名来看，3 家医院的科技产出排名都优于综合排名，并且山东省立医院和青岛大学附属医院在低科技投入的条件下均获得了较高的科技产出。

与进入排名的其他省（区、市）相比，山东省入选综合排名前 100 位的医院数量和入选学科排名前 100 位的学科数量均较少，且排名多数比较靠后。山东省医院科技影响力总体水平较弱，主要表现在以下几个方面。

3.1　山东省入选排名的医院数量和学科数量较少，突出表现为学术影响弱

"2017 年度中国医院科技影响力排行榜"中综合排名前 100 位的医院山东省仅有 3 家，入选医院数量较少，不及北京市的 1/7、上海市的 1/6。入选学科排名前 10 位的医院只有 2 家、5 个学科，其中获得最好学科排名的是山东大学齐鲁医院心血管病学（第 5 位），没有一家医院的一个学科能够入选全国前三名。从入选综合排名的位次来看，入选综合排名的 3 家医院排名均在前 20 位以外；从科技影响力 3 个一级指标的单项排名来看，学术影响指标涵盖的是医学领域的杰出人才和团队培养、学术任

职和获得科技奖项，而 3 家医院的学术影响单项排名都在前 50 位以外，以山东大学齐鲁医院为例，在科技投入排名第 6 位和科技产出第 12 位的前提下，其学术影响排名第 55 位，远低于其综合排名第 22 位。无论从入选医院数量和学科数量，还是从医院的综合排名和学科排名，均提示山东省医院的科技影响力总体水平不高，其中学术影响尤其弱。

3.2 山东省医院的学科优势尚未形成整体合力，突出表现为单兵作战

从山东省医院入选学科排名前 20 位的学科数量来看，有心血管病学等 18 个学科，未入选的学科分别有传染病学、骨外科学、呼吸病学、护理学、精神病学、泌尿外科学、皮肤病学、普通外科学、肾脏病学、心血管外科学、神经病学 11 个学科，占 29 个学科的 37.9%。

从山东省医院入选学科排名前 20 位的医院数量来看，同一学科入选的医院数量 2 家及以上的有内分泌病学与代谢病学（3 家）、口腔医学（2 家）、妇产科学（2 家）、耳鼻咽喉科学（2 家）4 个学科。其他 14 个学科一枝独秀，即使是排名靠前的心血管病学，也仅仅体现了 1 家医院的学科水平。从山东省医院学科的地区排名来看，8 家医院囊括了 29 个学科第一，学科数量前三甲的医院占据了 82.8% 的学科，其中山东大学齐鲁医院有 15 个学科，省内一半以上的优势学科集中在 1 家医院。

3.3 山东省在国家临床医学研究中心和一流医学学科的建设尚属空白

为了进一步加强我国医学科学创新体系建设，打造一批临床医学与转化研究的高地，2012—2017年，我国已分三批在心血管疾病、神经系统疾病、慢性肾病、恶性肿瘤、呼吸系统疾病、代谢性疾病、精神心理疾病、妇产疾病、消化系统疾病、老年疾病、口腔疾病 11 个疾病领域建设了 32 个国家临床医学研究中心。从依托单位的城市分布来看，北京 16 家、上海 4 家、长沙 3 家，广州、成都和西安分别是 2 家，天津、南京和武汉均 1 家，山东省至今没有 1 家医院入围。

2017 年 9 月 20 日，在《教育部 财政部 国家发展改革委关于公布世界一流大学和一流学科建设高校及建设学科名单的通知》（教研函〔2017〕2 号）[5] 的文件中，公布了我国建设世界一流大学和世界一流学科建设高校及建设学科名单。山东省有 3 所高校、6 个学科进入一流学科建设高校行列，但是没有一门医学学科入围。

4 提升山东省医院科技影响力的相关对策

2017 年 12 月，山东省针对在国家临床医学研究中心建设方面的不足，山东省科学技术厅 省财政厅 省卫生和计划生育委员会 省食品药品监督管理局联合下发了《山东省临床医学研究中心管理办法》（鲁科字〔2017〕190 号）[6]，以打造省级临床医学研究中心为目的，加快以临床应用为导向的医学科技创新体系建设。2018 年 4 月，山东省科学技术厅确定了糖尿病与代谢疾病、生殖健康、急危重症、眼科角膜疾病和血液系统疾病等 5 家省级临床医学研究中心，山东大学齐鲁医院、山东省立医院、山东省眼科研究所、山东大学附属医院列入 2018 年第一批建设名单 [7]。

但是，正如山东省卫生和计划生育委员会关于印发《山东省卫生与健康科技创新"十三五"专项规划》的通知（鲁卫发〔2017〕2 号）[8] 中所写，山东省目前面临着科技建设财政投入不足、科技创新基础平台建设滞后等问题。山东省医院科技创新方面存在的系列问题，需要从专项规划、绩效评价、学科联合和人才合作等方面进行全面提升。

4.1 做好专项规划，制定全方位医院科技影响力提升的实施方案

曹雪涛院士在接受采访时说 [9]"过去医院的发展都在比规模和拼门诊量，但是与其他医院排行榜不同，科技影响力排行榜的核心是科技含量、科技创新和技术能力，包括医院各种新技术的应用等。

对医院开展医学科技评价是响应我国建立分类评价体系和制度、推动医学科技创新驱动发展的一项可持续性的根本任务。"

一个地区的医院科技影响力提升是一个长期的系统工程。在推动医学科技创新这一伟大工程的落实与实施的进程中，山东省需要针对全省医院和学科的地区分布，分析现有基础和条件的优劣势，做好人才规划、学科布局，以基础平台建设为主、学科联合为辅，强化高层次人才的学科引领作用，培育学科优秀创新团队，增加医学科技投入、合理配置优势资源，多部门各司其职、各负其责，设定3～5年，甚至更长时间内可实现的目标，多举措全方位地提升科技影响力的实施方案。

4.2 完善绩效考核，树立以学术影响评价为主的医院科研绩效评价导向

如何评价科技资源是否得到了有效利用，需要在科研绩效评价时树立正确的评价导向。近年来，关于科技影响力的评价过多强调科技产出，重数量、轻质量，忽略了其学术影响的重要性。

山东省学术影响与科技投入、科技产出不相匹配，说明科技产出的后效应不明显。针对山东省医院学术影响不足的问题，必须树立以学术影响评价为主的科研绩效评价导向，提高在高端人才、学术任职和成果奖励等方面的学术影响力，充分发挥科技成果对行业内学科的引领作用，全面提高医院的科技综合实力水平。完善医院的科研绩效管理制度，以科研绩效评价为手段，对于重大科研项目或大额经费资助项目，除完成全部研究任务按期结题验收外，还应该在结题验收后的3～5年内对相关人才培养、主要研制人员的学术任职和获得科技成果奖励等情况进行后效应评价。基于以上科研绩效评价的设计，其目的是使课题组在研究过程中更加重视质量，不是为了结题而结题。同时，树立正确的科研绩效评价导向，也有助于科学评价一个单位、一个地区的医学科技创新和可持续发展能力。

4.3 以学科联合为主线，打造区域内研究型医院的学科联合体

从山东省医院在全国的学科排名来看，两家或两家以上医院的同一学科进入全国优势学科排名的数量并不多，地区排名中前3家医院拥有排名第一的学科数量占82.8%。由此可见，山东省医院进入全国的优势学科数量少，学科优势呈现个别医院集中的趋势，缺乏地区间的有效竞争，专科医院的学科特色也尚未显现，再加之医院之间的学科发展相对独立，缺少集群式的优势学科。

因此，建议在实施方案的学科布局时，打破单兵作战的局面，以学科联合为手段，分层次、分目标打造学科联合体。对于学科排名前10位的心血管病学、血液病学、急诊医学、内分泌病学与代谢病学、耳鼻咽喉科学5个学科，保持思想与行动的高度一致，要向全国本学科排名前三甲的医院学习，以省级临床医学研究中心建设为契机，必要时对口输送人员外出进修学习，补足短板，并争取在下个年度有更好的排名。同时，还要重点帮扶省内未入选排名前100位学科的医院，实施全方位的人才流动、科研交流合作等措施。对于学科排名靠后的医院，应重点借鉴国内或省内学科排名靠前的医院的学科发展模式，特别是针对专科医院，重在特色专科的突破，争取3～5年能够获得较好的排名。

4.4 人才是第一资源，鼓励临床型和科研型两类人才的通力合作

1998年，国务院学位委员会将医学研究生划分为"医学科学学位"（科研型）和"医学专业学位"（临床型）两种类型[10]。虽然培养单位会秉承临床与科研并重，打造复合型医学人才，但是两类医学人才在临床实践和科研创新能力上还是存在一定的差距。抛开医学人才在研究生教育中的类别差异，在医院的实际工作中也存在偏临床或偏科研的医学人才。

医院作为国家医学科技创新体系的重要组成部分，是医学科技创新的主要阵地，更是培养广大医学科技人才的核心基地[1]。医院除了重视人才以外，还应该促进和加强临床型、科研型两类人才的科

研合作。通过临床型和科研型两类人才的通力合作，实现从临床实践中启发科研思路，推动科技创新，反过来通过科技创新促进临床实践，形成良性循环，科技创新源于实践并用于实践。

参考文献

[1] "2017年度中国医院科技影响力排行榜发布"在京举行[J]. 医学信息学杂志，2017，38（12）：87.

[2] 单连慧，池慧，安新颖. 中国医院科技影响力评价研究与实践[J]. 医学信息学杂志，2017，38（12）：2-6.

[3] 代涛，钱庆，安新颖. 我国医院科技影响力评价指标体系研究[J]. 医学信息学杂志，2016，37（3）：2-7.

[4] 中国医院科技影响力排行网站. 中国医学科学院医学信息研究所：评价方法[EB/OL].[2018-04-23]. http：//top100.imicams.ac.cn/method.

[5] 中华人民共和国中央人民政府网站. 教育部、财政部、国家发展改革委公布世界一流大学和一流学科建设高校及建设学科名单[EB/OL].（2017-09-21）[2018-05-04].http：//www.gov.cn/xinwen/2017-09/21/content_5226572.htm.

[6] 山东省科技厅网站. 山东省启动建设省级临床医学研究中心 助力医养健康产业新旧动能转换[EB/OL].（2018-03-10）[2018-05-04].http：//www.most.gov.cn/dfkj/sd/zxdt/201803/t20180310_138505.htm.

[7] 山东省科学技术厅网站. 关于对2018年省级临床医学研究中心建设名单（第一批）进行公示的通知[EB/OL].（2018-04-23）[2018-05-04].http：//www.sdstc.gov.cn/page/subpage/detail.html?id=449cfdf91cb54d2c92db6ca7e2f03216.

[8] 山东省卫生计生委. 关于印发《山东省卫生与健康科技创新"十三五"专项规划》的通知（鲁卫发〔2017〕2号）[A/OL].（2017-01-09）[2018-05-07].http：//www.shandong.gov.cn.

[9] 曹雪涛. 医学界应当有激励科技创新带动医疗发展的正确导向[EB/OL].（2017-12-20）[2018-05-07]. http：//health.people.com.cn/n1/2017/1220/c14739-29719153.html.

[10] 郭大东，唐红迎，毕宏生. 医学院校临床型研究生科研创新能力培养探索[J]. 中华医学教育探索杂志，2014，13（6）：579-581.

"十二五"期间山东省获国家自然科学基金项目情况分析

郭梦萦　　贾辛欣　　王　静

摘要： 国家自然科学基金作为基础研究的主要支持手段之一，关注度越来越高。本文通过对"十二五"期间山东省获得国家自然科学基金资助情况的统计分析，发现山东省获国家自然科学基金资助项目总数、质量逐年提升，但仍存在基础研究结构不均衡等情况，对此提出相关对策建议，以提升山东省整体基础研究综合竞争力。

关键词： 基础研究；国家自然科学基金；学科；结构

近年来，山东省委省政府对加强全省基础研发能力建设，全面提升源头创新、自主创新水平高度重视，研发投入持续加大，对全省基础研究能力的提升起到了有力支持作用。当前，随着供给侧结构性改革力度加大，基础研发能力的提升越发显得重要。国家自然科学基金作为基础研究的主要支持手段之一，关注度越来越高。本文研究分析"十二五"期间山东省获得国家自然科学基金资助科研项目的情况，就提升全省基础研究实力，争取获得更多国家自然科学基金项目提出对策建议。

一、山东省获得国家自然科学基金的情况

（一）总量情况

2010—2014 年，国家自然科学基金总共立项 147 382 项，立项金额为 757.5 亿元，立项总数排在前 10 位的分别是：北京、上海、江苏、广东、湖北、浙江、陕西、山东、辽宁、四川（表 1）。

表 1　2010—2014 年全国自然科学基金受助项数排在前 10 位的省（区、市）情况

省（区、市）	获资助项数 / 项	获资助金额 / 亿元
北京	28 827	168.04
上海	15 138	78.87
江苏	14 085	72.17
广东	9888	49.89
湖北	8979	45.93
浙江	7569	37.32
陕西	7481	36.84
山东	6421	31.02
辽宁	5767	28.59
四川	5173	24.96

5年间山东省累计获得国家自然科学基金资助项目6421项,其中面上项目3243项,青年基金项目3090项,重点项目67项,杰出青年基金项目21项,资助金额累计达到31.02亿元,获资助项目和资金量均呈上升趋势,全国排名第8位(表2)。

表2 2010—2014年山东省获得国家自然科学基金的立项总数、金额及排名

年份	项目总数/项	项目总金额/亿元	全国排名
2010	901	3.0	8
2011	1274	5.7	8
2012	1410	7.4	8
2013	1400	7.4	8
2014	1436	7.5	8
累计	6421	31.0	—

(二)结构变化

从年度获国家自然科学基金资助项目数量来看,山东省所获面上项目和青年基金变化趋势较为明显。其中,面上项目数量在2010—2012年逐年增加,分别为550项、672项和725项,年均增长14.81%;2013年,国家财政收缩,基金项目也进行了压缩,资助项数在2013年和2014年有所下降;而青年基金项目则呈逐年增加态势,由2010年的331项,增长到2014年的799项,增长了141.39%(图1)。

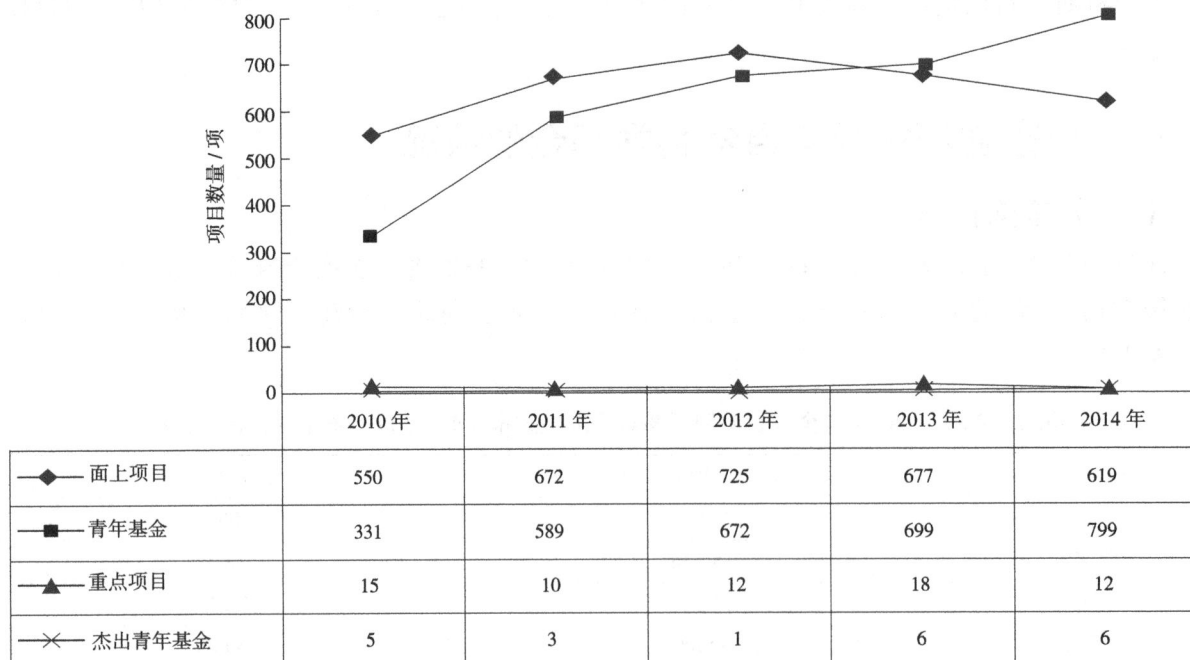

	2010年	2011年	2012年	2013年	2014年
◆ 面上项目	550	672	725	677	619
■ 青年基金	331	589	672	699	799
▲ 重点项目	15	10	12	18	12
✕ 杰出青年基金	5	3	1	6	6

图1 2010—2014年全省获国家各类自然科学基金情况

1.面上项目资助数量"先升后降",资助率大幅提升

2013年和2014年山东省面上项目所获得的资助项数出现下降的原因主要是受到基金申请限项政策影响。从2013年起,国家自然科学基金委对申请项目的限项规定进行了部分调整。例如,2012年已获得科学基金资助的项目负责人,2013年不得申请同类型项目。限项政策的实施直接导致了全国基金

项目申请量的下降。限项之前的 2012 年，全省面上项目申请量高达 4203 项，限项实施后，2013 年面上项目申请量下降到 3688 项，2014 年进一步下降到 3091 项。

虽然面上项目资助的绝对数量受限项政策的影响在 2013 年和 2014 年出现了一定幅度的下滑，但是面上项目资助率却出现了很大的提升。2013 年面上项目资助率较 2012 年增长了 2.65%，2014 年较 2013 年增长了 2.46%。

2. 青年基金增长速度快

2010—2014 年，山东省获国家自然基金中青年基金的资助项目呈现出逐年增加的态势，相比较而言，全省青年基金的增长趋势十分明显。尤其是在 2014 年，除浙江省外，山东省青年基金受助项目增长率最高，为 14.31%，而北京、江苏、上海、广东的增长率分别为：2.01%、5.73%、1.79%、12.46%，因此，山东在全国处于领先的地位（图 2）。

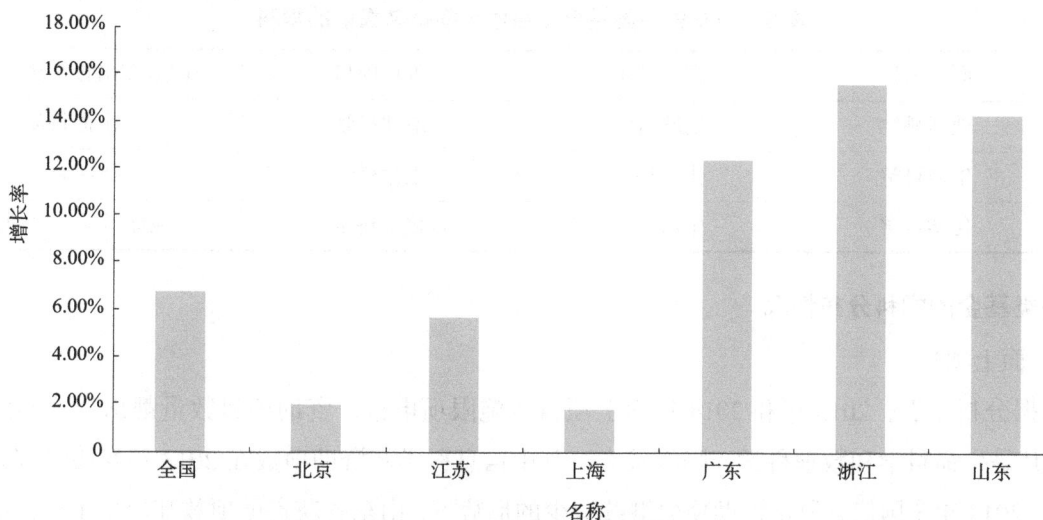

图 2 2014 年全国及部分省（区、市）青年基金资助项数增长率的对比

山东省得到国家自然基金青年基金资助项目的增加有力调动了青年科研人员的积极性，表现为：一是近年来全省青年基金项目的申请量逐年增加，为创新人才的培养创造了条件；二是尽管全省每年青年基金项目的申请量越来越多，资助率却一直保持提升态势。

（三）不同学科获资助项目情况

1. 全省不同学科获国家自然科学基金情况

2010—2014 年，山东省获得的资助项目覆盖了国家自然科学基金所有学科，其中，数理科学 449 项、化学科学 710 项、生命科学 1195 项、地球科学 1012 项、工程与材料科学 1048 项、信息科学 536 项、管理科学 143 项、医学科学 1325 项。

从统计情况看，医学科学、生命科学、工程与材料科学和地球科学成为国家自然科学基金资助主体，分别占总数的 20.65%、18.62%、16.33% 和 15.77%；化学科学所占比重也较大（11.06%），而数理科学、信息科学和管理科学所占比例都小于 10%（图 3）。就项目结构而言，山东省的优势学科集中在地球科学、生命科学和化学科学（表 3）。

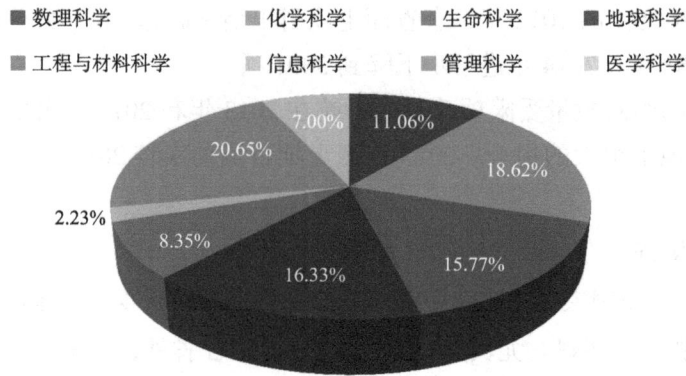

■ 数理科学　　　　■ 化学科学　　　　■ 生命科学　　　　■ 地球科学
■ 工程与材料科学　　■ 信息科学　　　　■ 管理科学　　　　■ 医学科学

图 3　2010—2014 年山东省获国家自然科学基金各学科占比情况

表 3　山东省各类基金项目中全国排名靠前的学科

排名	面上项目	青年基金	重点项目	国家杰出青年科学基金
1	地球科学	地球科学	地球科学	生命科学
2	生命科学	化学科学	生命科学	医学科学
3	化学科学	生命科学	化学科学	地球科学、数理科学

2. 各类基金的学科分布情况

（1）面上项目

从数据分析来看，2013 年和 2014 年面上项目实施限项申报，资助项目数量都出现了不同程度的下降，尤其是生命科学和数理科学，降幅较大。其中信息科学获资助项数在 2013 年经历了较大程度的下降之后，2014 年全国信息科学资助项数继续减少的形势下，山东省获资助项数却出现了很大的回升，表明在全省产业结构调整中信息产业研发活动活跃，实力在提升（图 4）。

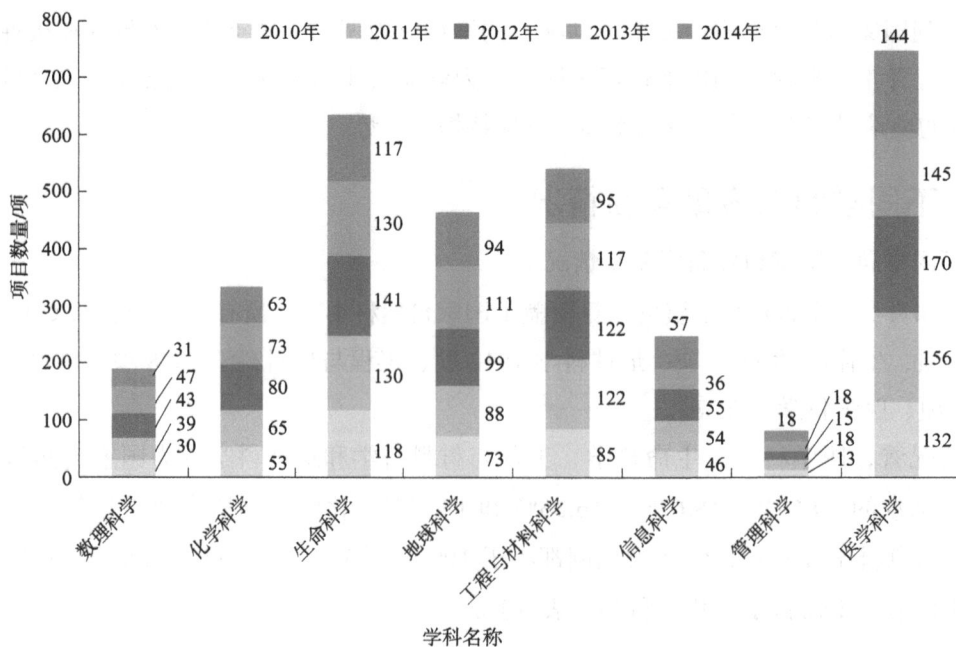

图 4　2010—2014 年山东省面上项目各学科获资助情况

（2）青年基金项目

2010—2014 年山东省获国家青年基金的资助呈上升趋势，学科发展呈相对均衡态势，除化学科学、地球科学和医学科学有小幅波动外，其他学科受资助项数均呈现逐年增长的趋势，尤其是相对薄弱的管理科学，经过 5 年的不懈努力，获资助项数由 2010 年的 3 项增长到 2014 年的 20 项，在全国的排名也由 2010 年的全国第 18 位上升到 2014 年的全国第 11 位，表明在省基础研究经费逐年增加的支持下，山东省青年人才在基础研究领域的作用得到了更充分发挥（图 5）。

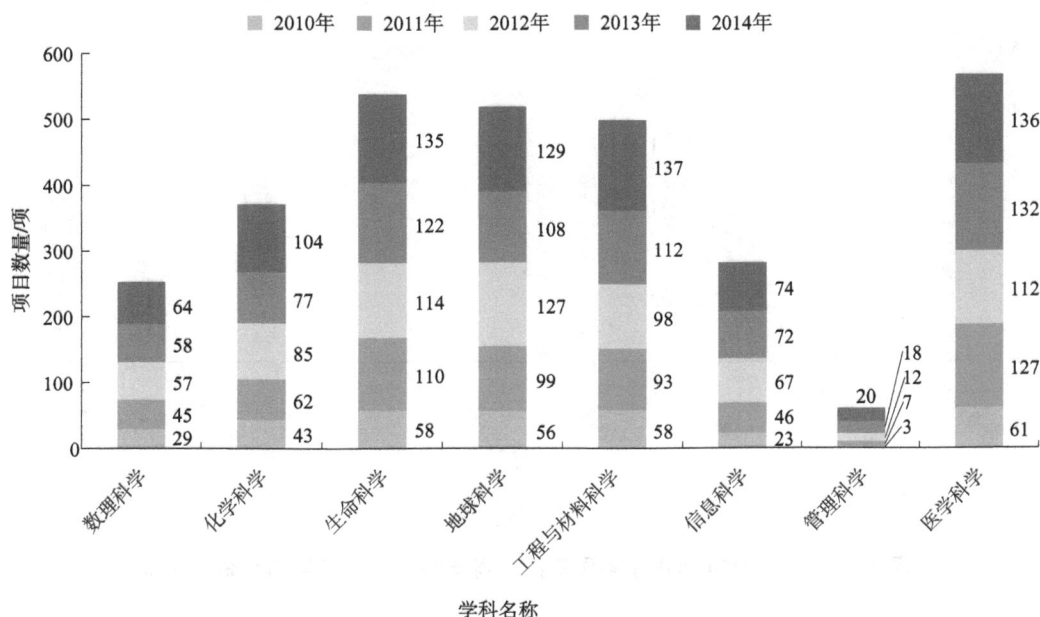

图 5　2010—2014 年山东省青年基金各学科获资助情况

（3）重点项目

从各学科获资助项数来看，2010—2014 年山东省每年都有项目获资助的学科是地球科学和生命科学，而且在全省各学科中二者获得的资助项数也是最多的（图 6）。

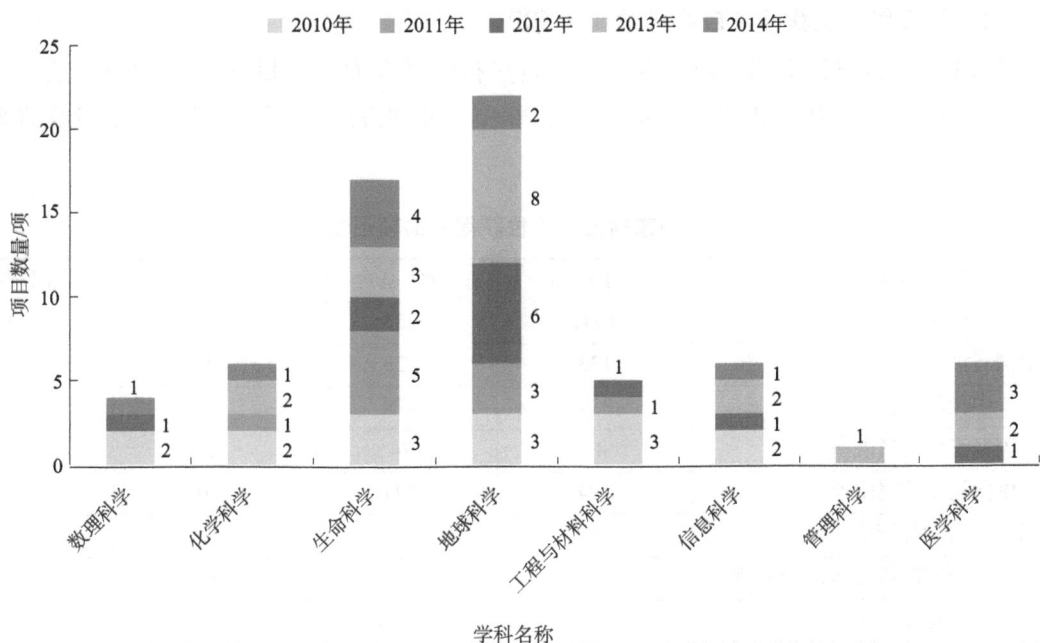

图 6　2010—2014 年山东省重点项目各学科获资助情况

（4）国家杰出青年科学基金项目

山东省杰出青年基金项目获资助项数在 2014 年排名位于全国第 7 位，较前 4 年有较大的提升，排名进入全国前列。近 5 年间，山东省在该基金项目上资助最多的学科是工程与材料科学，总共获得 6 项资助，资助额达到 1600 万元（图 7）。

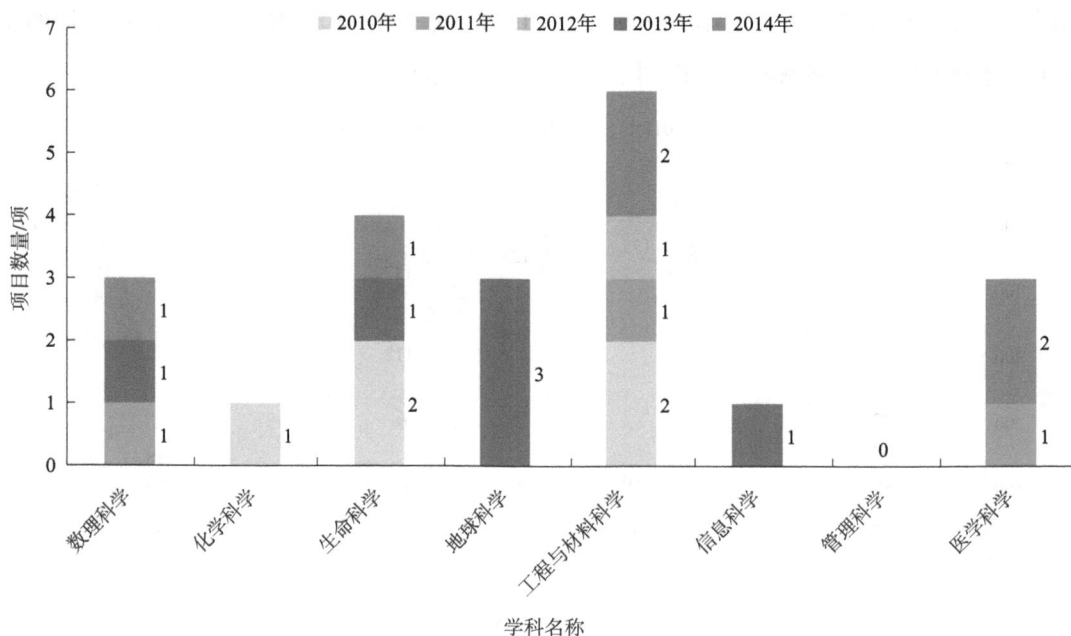

图 7　2010—2014 年山东省国家杰出青年科学基金各学科获资助情况

（四）获资助单位结构情况

从 2010—2014 年山东省获国家自然科学基金项目资助情况来看，山东省承担项目的依托单位具有比较鲜明的特点。凭借学科门类齐全、研究设施和条件优良、基础研究力量雄厚等优势，山东大学等部属高校及其他部属科研院所的主体地位继续保持。此外，我国部分省属院校的基础研究能力也得到了快速发展，实现了重点项目、重大研究计划的突破，进一步完善了山东省基础研究的整体队伍结构。

1. 山东大学等部属单位获国家自然科学基金情况

2010—2014 年，山东省部属单位共获得国家自然科学基金面上项目资助 1758 项、青年基金项目 1483 项、重点项目 56 项、国家杰出青年基金项目 20 项，分别占到全省同类型基金申请量的 54.24%、47.96%、83.58%、95.24%（表 4）。

表 4　山东省部属单位获得资助项目情况

依托单位	面上项目	青年基金	重点项目	杰出青年基金
山东大学	1041	653	31	13
中国石油大学（华东）	133	226	1	1
中国海洋大学	321	178	12	4
国家海洋局属院所	41	74	2	—
中国科学院属院所	194	294	10	2
中国农业科学院烟草研究所	1	8	—	—
中国水产科学研究院黄海水产研究所	27	50	—	—
总计	1758	1483	56	20

其中，山东大学作为全国重点高校，获得国家自然科学基金资助项目的数量在省内遥遥领先。2010—2014 年，山东大学共获得面上项目 1041 项、青年基金项目 653 项、重点项目 31 项、杰出青年基金项目 13 项。从全省统计结果与各类项目占比情况看，除青年基金项目外，山东大学获得资助项目数量均超过 30%，尤其是在重点项目和杰出青年基金项目上，山东大学占比分别为 46.3% 和 61.9%，甚至在 2011 年和 2012 年囊括了山东省获得的所有杰出青年项目。

2. 重点项目、重大研究计划覆盖部分省属院校和科研机构

除山东大学和中国海洋大学外，2014 年山东省获得国家自然科学基金重点项目资助的还有青岛大学和青岛科技大学两所省属院校，其中青岛大学获得资助两项，资助金额达 648 万元。2015 年山东师范大学、临沂大学和山东省医科院都获得了国家自然科学基金重点项目的资助，资助金额分别为 300万元、300 万元、273 万元。除此之外，2015 年泰山医学院还获得 80 万元的重大研究计划资助。

二、山东省获国家自然科学基金资助优势分析

（一）获得资助项目数总量、质量逐年提升，排名稳定

①项目资助总量逐年增加，2010—2014 年，山东省获得的国家自然科学基金资助的项目总数量和总金额都稳定在全国第 8 位。

②受资助的青年基金项目增长率高于全国平均值，资助率较稳定，说明山东省基础研究有了一定的人才储备，注重青年科技人才的培养，以弥补原始创新不足的短板。

③面上项目资助率大幅提升，说明国家在控制面上项目的资助规模，提高面上项目资助强度的目标得到了一定程度的实现，将面上项目基金着力用来资助有创新思想的项目申请，由量到质实现跨越。

（二）优势学科得以长期保持

就占国家自然科学基金资助项目比重而言，山东省基础研究的优势学科主要集中在地球科学、生命科学和化学科学。这 3 个学科所获国家自然科学基金资助项目数排名位于全国前列，大都维持在前7 位。仅从国家自然基金受资助数据分析，无论从绝对量上还是从综合竞争力来看地球科学都属于山东省优势学科，稳定在全国第 3 至第 5 位，尤其在青年基金项目和重点项目中地球科学学科均在第 3位（图 8）。

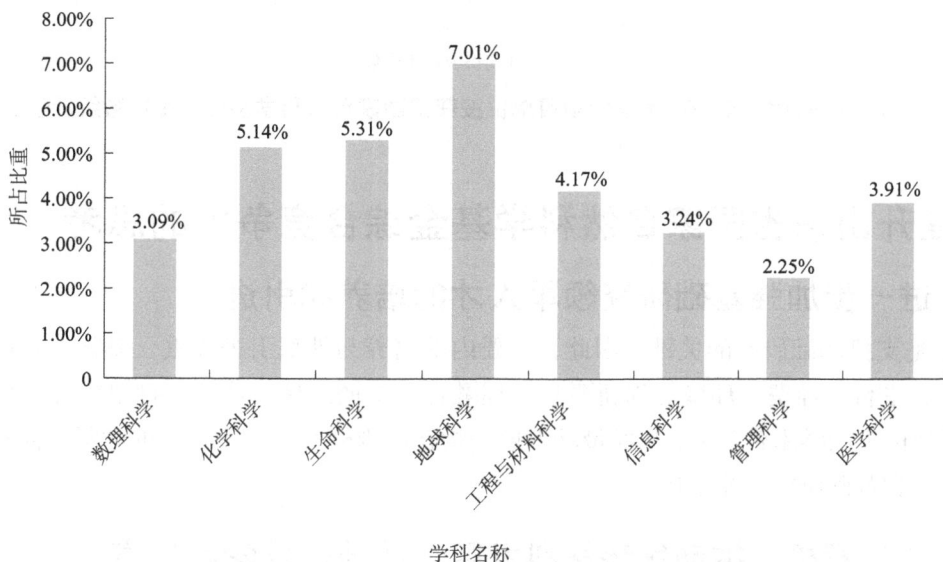

图 8 山东省各学科受资助项目数量占全国比重

（三）"211""985"院校势头依然强劲

在国家自然科学基金的申请过程中，山东大学和中国海洋大学起着主力军的作用。2010—2014年，这两所大学所获得的各类基金在省内所占比例分别为：面上项目42.06%，青年基金项目26.96%，重点项目65.67%，杰出青年基金项目71.43%。从比例上看，重点项目和杰出青年基金项目，这两所大学占据大部分比重。尤其是山东大学，在杰出青年基金项目占比中一家独大，在2011年和2012年占比更是达到了100%。

（四）山东省基础研究结构得以优化，承担项目的依托单位形成了一定的梯度

近年来，山东省基础研究结构不断优化，实现了重点项目、重大研究计划覆盖面的突破。山东省部分省属高校在一些学科领域里已经具有了一定优势，能够针对已有较好基础的研究方向或学科生长点开展深入、系统的创新性研究，重点突破，不断提高前沿基础科学研究的综合实力。

2010—2014年山东省共有109个单位承担过国家自然科学基金项目（图9），其中有39个单位在5个年度均获得国家自然基金项目，说明这些单位的基础研究人才储备较为丰富，具备了持续争取国家自然科学基金项目的能力；15家单位在3~4个年度中获得过国家基金的项目，且大多集中在后几年，具有良好的基础研究发展潜力；55个单位在1~2个年度中争取到国家自然基金的项目，说明这些单位已实现了新的突破，但主要依靠个别研究人员获得，尚未转化为单位基础研究的整体优势。

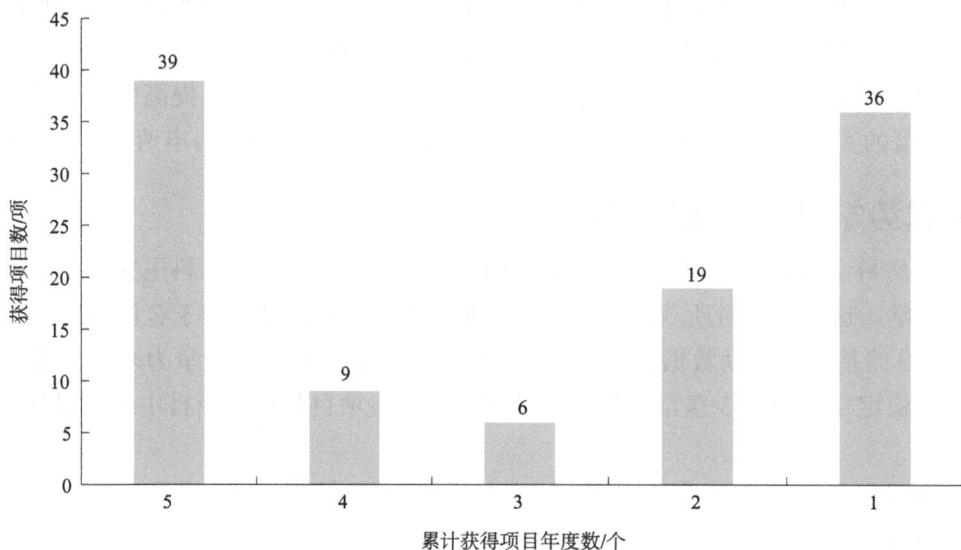

图9　2010—2014年109家承担项目单位按获得国家自然科学基金年度次数统计情况

三、提升山东省国家自然科学基金综合竞争力的思考

（一）进一步加强基础研究领军人才的培养和引进

领军人才是支撑基础研究的关键。因此，需要内部培养与外部引进并重，完善人才培养与引进政策，促进人才、平台、经费、环境等创新要素合理融合和协调发展，造就一批单位分布更加合理、能够进入世界科技前沿的学术带头人，从而带动形成一批在国内外有一定影响力的学科方向和研究团队，进一步完善山东省基础研究人才结构[1]。

（二）抓住契机，推动优势学科发展，扶持薄弱学科提高

针对山东省基础研究结构不均衡的情况，一方面要进一步做强优势学科，加大特色产业有关学科

扶持力度；另一方面对于山东省的弱势学科，应针对学科特点，制定有学科特色的管理规定，为弱势学科的发展创造更加适宜的环境 [2]，并设立专项扶持资金，使学科间协调发展，为山东省经济社会发展提供坚实有力的科技支撑。

（三）进一步优化山东省基础研究结构

近年来，虽然山东省 R&D 投入不断加大，但 R&D 投入资源在基础研究、应用研究和试验发展这3 种活动类型间的分配比例仍不合理，试验发展经费、基础研究经费、应用研究经费之间的比例差距远大于我国的整体水平。对此，山东省应加大对基础研究的资助和投入，适当调高财政科技拨款的比例，优化基础研究、应用研究和试验发展的结构，科学分配研发资源，保障基础研究稳步发展。

参考文献

[1] 庄俐，吴林妃 . 2006-2013 年度国家自然科学基金青年科学基金项目资助情况剖析 [J]. 科技通报，
    2014（8）：240-243.

[2] 谢敏，檀朝满，黄进 . 2014 年度安徽省自然科学基金项目申报及资助情况分析 [J]. 阜阳师范学院学
    报（自科版），2014，31（4）：96-100.

德州市生物技术产业发展路径研究
——以对接北京地区为视角

王中伟　孙晓龙　姚明伟

摘要：本文以德州市生物技术产业现状和特点为出发点，剖析了德州市在该产业领域中存在的问题，并对照北京地区生物技术产业特色，提出了吸引北京地区生物技术来德州市的路径选择，以期对德州市生物技术产业的创新发展有所裨益。

关键词：生物技术；现状特点；存在问题；路径选择

2018 年 2 月，《山东省人民政府关于印发山东省新旧动能转换重大工程实施规划的通知》（鲁政发〔2018〕7 号）提出，德州要"打造京津冀鲁科技成果转化基地，建设京津冀协同发展示范区"。2018 年 3 月，德州市政府第 11 次常委会审议原则通过的《德州市推进新旧动能转换重大工程实施意见》提出"实施新兴产业倍增行动，明确将生物技术列为重点新兴产业发展"。生物技术产业正式确立为重点发展的新兴产业方向。

1　德州市生物技术产业发展现状及特点

德州市作为中国功能糖新型工业化生产的诞生之地，是发展改革委认定的 22 个"国家高技术产业（生物产业）基地"中唯一以生物制造为主体的产业基地，也是工业和信息化部认定的首批"国家新型工业化产业示范基地"中唯一的生物产业示范基地，同时还是"国家火炬计划生物产业基地"。拥有"中国功能糖城""中国非转基因大豆深加工基地"等众多"国字号"区域品牌。

德州市生物技术产业经过近 10 年的发展和积累，区域品牌特色优势突出，区域经济效应初显，已成为具有较强产品竞争力和产业创新能力，亚洲规模最大、全球影响重大的生物制造产业基地。2016 年，全市共有生物企业 350 余家，其中规模以上企业 140 余家，主营业务收入近千亿元。企业 65% 集中在生物制造业，35% 集中在生物农业、生物医药等行业。近年来，全市企业先后承担"863"计划、国家科技支撑计划 14 项，完成科技成果 136 项，12 项达到国际先进水平，13 项达到国内领先水平，5 项填补国内空白；获得各类专利注册 83 件，拥有国家级新产品 10 个，主持制定国家或行业标准 15 项，参与了 30 余项产品的国家和行业标准制定，获得国家发明奖 2 项。生物技术产业发展呈现出以下区域特点。

1.1　产业布局结构持续优化

经过多年发展，德州市生物技术产业已由生物制造"一枝独秀"，转变为生物制造、生物医药、生物农业、生物能源四大领域齐头并进，初步构建起产业链条完整、产业特色鲜明、集成优势明显、工业化水平较高的生物技术产业集群。

1.2　产品竞争力不断增强

德州市生物技术产业打造了许多国内外知名品牌，具有"中国名牌产品"和"中国驰名商标"荣誉。其中，"保龄宝"低聚糖、"贺友"纤维板为中国名牌产品；"保龄宝""福田""龙力""禹王"为中国驰名商标。其中，低聚糖的国内市场占有率达到 80%，国际市场占有率达到 20%；木糖醇国内市场占有率达到 78%，国际市场占有率达到了 25%。

1.3 产业基地聚集效应不断明显

德州市生物技术产业初步形成了由核心区、扩展区及辐射区构成的生物产业空间布局。其中，禹城市作为核心区，是生物制造产业的主要聚集地，以玉米、玉米芯为原料的产业集群已初具规模；扩展区包括陵县、平原、夏津、乐陵、临邑、经济开发区等 6 个县（市、区），初步形成了大豆、棉花加工产业链，并聚集了生物医药和部分生物育种、生物能源领域的重点企业。辐射区是与核心区和扩展区在生物技术产业方面合作比较密切的区域，包括山东省内的鲁北、鲁中、鲁南等农作物产区，以及河北、河南玉米、大豆资源丰富的广大地区。

1.4 产业技术创新持续提升

德州市生物技术产业发展的技术创新体系相对完备，工程化研究和产业化能力突出，龙头企业具有较强的自主研发和创新能力。已经探索形成了以高新技术企业为主体、以高新技术产业开发区为载体、以高等院校和科研机构为技术支撑、以金融机构资金投入为后盾、以政府服务为保障的"产、学、研、资、政"五位一体的高新技术产业化运作机制，为生物技术产业的迅速膨胀提供了强有力的支持。

2 德州市生物技术产业存在的问题

2.1 生物技术产业链有待延长

德州生物技术产业总体处于初步发展阶段，目前主要以粗加工产品、中间产品为主，精深加工产品少，产业链条短，产品附加值低。企业在产品、技术、成本、设备、工艺等方面的同质化现象突出，差异化不足。许多企业产品单一，抗风险能力较弱，导致资源综合利用率不高，特别是一些知名品牌，亟须扩大规模，进行产品深度开发，进一步向下游延伸产品，拓展市场空间。

2.2 产业高端人才储备不足

德州生物技术产业的主要制约因素在于高端人才短缺，在招聘人才和留住人才方面有一定困难，企业内真正懂技术、会管理、善于搞技术开发的人才太少，从事研发的高科技人才特别是创新的领军人物明显不足，严重影响到企业的自主创新能力。由于工资待遇与沿海地区及大型企业比相对较低，且为城市工作和生活环境所限，加之人才培养和流动等机制不完善，德州目前尚未建立起足够吸引海内外高级专业人才的创新创业与工作生活环境。

2.3 企业研发缺乏高端仪器设备

生物技术产业的支撑技术与装备具有两大特点：一是涉及多学科、多技术领域的交叉；二是绝大多数生产经营专用仪器、装备的公司都拥有国际市场，只有占有国际市场才能在国际竞争中生存和发展。由于国产科学仪器在性能和可靠性方面与进口仪器存在较大差距，德州市生物技术产业发展所需的重要仪器设备、试剂等支撑技术与装备主要依靠国外进口。一些中小企业由于支付不起昂贵的进口设备购买成本，缺乏配套的生物活性检测和功能测试实验平台，难以进行多学科、多层次、系统深入的自主研发，严重阻碍了技术与产品的创新。

2.4 激励政策有待完善

目前激励政策的制定和落实都还存在一定的完善空间。一是现有政策多为对研发成果取得收益后的优惠，缺乏在企业设立和成长阶段，鼓励科技研发、成果推广和转化过程的扶持政策，未形成促进企业技术创新的税收机制。二是未建立鼓励企业科技创新的风险保障机制，造成企业技术创新积极性不高，把重点放在国内外技术和装备的简单移植吸收上，对建立自主创新体系和研究开发新产品投入严重不足。三是激励中小企业投融资的优惠政策应用滞后。中小企业缺乏多层次、多元化的金融服务体系，尤其是对中小企业直接融资金融服务体系的扶持还存在一定空白。

3 北京市生物技术产业现状

北京市聚集了我国生物技术领域近1/3的智力技术资源，在新产品、新工艺研发各环节的技术服务方面均具有领先优势。发展生物技术产业，符合北京城市功能定位，也符合首都资源、环境要求和发展趋势，是北京发挥资源优势、调整产业结构的战略选择。《北京市贯彻落实国务院办公厅促进生物产业加快发展若干政策的实施意见》中，也明确大力扶持生物技术产业。

北京市从事生物制造的大多为高校和中国科学院各种研究机构，这些机构在数量和质量上均处于全国领先水平。高校主要包括中国农业大学、清华大学、北京化工大学、中国林业大学、北京工商大学、北京大学等。科研院所主要包括中国食品发酵工业研究院、中国农业科学院农产品加工所、北京市营养源研究所、北京食品科学研究院等。

北京生物技术的研发态势正朝向多元化、产业化的方向发展，研发主要集中在生物制造、生物医药、生物工程等领域，其中生物医药领域共有59家重点实验室和工程技术研究中心，其中依托中央院所、高校的重点实验室和工程技术研究中心共23家。例如，中国医学科学院药物研究所是国家重点药物研究机构之一，以药物所及其下属机构建立了一条较为完整的产学研链条，包括以药物所为核心的基础研究环节、以科莱博为核心的中试放大环节、以协和建昊为核心的临床前评价环节和以药厂为核心的产业化环节。中国人民解放军军事医学科学院利用现有科技资源，对外开展技术研究、技术咨询、技术服务和成果转化等有偿服务，经过多年探索实践，基本形成了院地、院企合作两大转化模式。清华大学化工系在对苯二甲酸和1，3-丙二醇共聚物（生物尼龙）PTT及其单体1，3-丙二醇的生物制造领域进行了近20年的研究。中国科学院过程工程研究所开发的纤维素乙醇，已经在山东进行了千吨级规模的中试，取得了很好的成果。中国科学院微生物所的丁醇发酵技术、各种有机酸的发酵技术及手性化合物的生物合成等都取得了不同程度的进展。北京化工大学的乳酸生产工艺水平超过了200克/升等。

4 德州市对接北京地区路径选择

为有效促进德州市生物技术产业与北京市生物技术科技资源进行对接，结合德州市本地生物技术产业、企业、高校院所等特色，可以采取以下对接路径。

①两地高校院所间开展联合技术研发。由北京的科研高校提供技术支持，与德州的科研高校院所共建规模化研发平台，联合促进生物技术的发展，扩大生物技术领域的规模。

②德州企业与北京高校院所开展成果产业化对接。通过德州生物技术企业与北京科研院所对接，利用德州现有的生物产业基础，以北京高校院所研发技术为支撑，推进德州企业转型升级。

③两地企业间开展技术转移层面合作。德州生物技术企业可根据自身发展需求，对生物技术项目进行筛选，通过技术转让等方式，与在京企业展开技术转移层面的合作，充分利用北京企业的生物技术资源，加速吸引其来德州实施技术转移。

④与北京生物技术创新联盟平台开展合作。以北京康龙化成、昭衍新药、义翘神州在内的中国生物技术创新服务联盟成员 38 家为依托，在核心技术、关键设备、领军人才等方面实现资源共享。尤其是德州企业，可利用北京丰富的研发资源和成熟的研发体系，快速高效完成企业产品的提升级，实现以技术创新战略联盟建设为手段，以骨干企业培育为重点，开辟科技成果转化和应用发展相结合的路径。

⑤承接北京市生物产业产能外溢。北京地区生物产业的发展以大兴亦庄园、昌平园、通州园、顺义园、丰台园和海淀园六大园区为空间资源，其中部分园区已接近饱和，而尚有空余熟地的园区则因园区定位较高附加值产业、地价较高、项目准入标准利税要求高等原因，不适合生物技术产业发展需求。面对政策限制和空间成本等因素的制约，北京地区诸多生物技术企业加速外溢，德州企业应抓住机遇，积极对接，利用外溢趋势，实现承接产业产能外溢路径的新突破。

5　结束语

总之，德州市作为山东省唯一纳入京津冀协同发展的区域，具有承接京津科技成果、产业转移的政策优势，加之德州市在落实山东省实施新旧动能转换实施意见中将生物技术产业明确列为重点新兴产业予以发展。因此，德州市在生物技术产业领域与北京市具有重要合作空间和良好发展前景。

参考文献

[1] 黄劲松，陈禹保. 发展生物技术支撑产业 [J]. 高科技与产业化，2011（10）：52-56.

[2] 中华人民共和国科学技术部社会发展科技司，中国生物技术发展中心. 2013 中国生物技术发展报告 [M]. 北京：科学出版社，2013.

[3] 杨东辉. 生物技术产业的特征及作用 [J]. 经济研究导刊，2011（2）：56-57.

地方科技社团开展科技项目评估业务研究综述

楚 鹏　年 华　罗亚军

摘要： 政府决策层颁布一系列法律、政策文件为科技社团提供更为开放的社会发展空间，学术界对地方科技社团开展科技项目评估业务的研究日益深入。基于地方科技社团开展科技项目评估业务方面的期刊论文、学位论文、会议论文等文献，首先研究科技社团的概念，从地方科技社团开展科技项目评估业务的基础理论研究、宏观研究和具体操作层面这 3 个方面进行综述。

关键词： 科技社团；科技项目；项目评估；综述

随着改革开放的深入推进和政府职能转移工作的逐步开展，科技社团的发展空间进一步向市场拓展。目前，科技社团在提供科技服务、开展学术交流活动、促进科技创新等方面发挥着积极作用，科技社团的发展壮大对于促进我国科技进步具有重要意义。国家政策层面提出发挥科技社团在项目评估方面的作用，对地方科技社团开展科技项目评估业务进行系统研究综述，具有学术和实践双重意义。

1　科技社团的概念

国外较少有科技社团的专有称谓，国外学者对科技社团的研究大都以科技类非营利组织的称谓出现，而在国内的学术研究中，对科技社团的定义和概念比较具体。通常而言，科技社团的提法主要是指学会或其他学术类非营利组织。关于科技社团的界定很多，基于不同的角度各有侧重。赵培认为科技社团是指由应用科学、自然科学和工程技术领域的专家学者和科技工作者在学术自由、平等交流的基础上，遵循一定的宗旨和要求，自愿组成的以促进科技发展、科技普及和科技创新为目的的社会志愿服务团体，独立于政府和企业，具有非营利性和社会公益性等特征。张昕音提出科技社团是按照自然科学、技术科学、工程技术及其相关科学的学科组建或以促进科学技术发展和普及为宗旨的学术性、科普性社会团体。程国平认为科技社团作为科技工作者自愿组成的社会组织，是基于会员自身的学科、专业、兴趣而成立的科学共同体，是国家创新体系的重要组成部分。在科技社团参与决策咨询方面，清华大学社会科学学院陶春等认为科技社团是科技工作者有意识、有目的结社而形成的社会组织形态，是推动科学交流和科学技术事业发展的重要社会力量。学术界对科技社团概念的认识大都基于以下几点：专业性、学术性、自愿性、公益性、民主性。科技社团的概念是从整个社会结构的角度来表述的，而学会更侧重于从该组织本身的功能来表述，虽然表述的角度不同，在研究中所指是一致的，都是指这一类或者具体某一个组织。在中共中央办公厅、国务院办公厅印发的《中国科协所属学会有序承接政府转移职能扩大试点工作实施方案》中提出学会指科技社团。

2　地方科技社团开展科技项目评估业务的基础理论研究

国家政策层面支持科技社团以第三方机构的角色开展科技项目评估业务，因此，分析科技社团开展科技项目评估业务的学术背景，就不得不去追溯第三方管理理论的相关情况。

国外对于科技社团的研究大多是基于非营利组织和第三方管理理论为基础开展研究的，大多数国家在科技评估方面的业务工作由非营利组织负责，这与非营利组织的社会定位有着直接关联，国外非营利组织的基本功能和我国科技社团有些相似，但是在经费管理、人员结构和运作模式方面存在差异。

国外科技社团在第三方管理理论的实践中，其自身的市场化运作已经有了长期的经验积累，这对我国科技社团作为第三方角色开展科技项目评估业务的实践具有一些借鉴意义。但是西方国家的三方制衡理论是强调纯市场的作用，是以私有制经济为基础的，而我国强调政府的有效服务、有效调控在一些情况下可以直接避免市场失灵，是以公有制和私有制混合所有制并存为基础的。

萨拉蒙在研究志愿失灵的过程中，首次提出第三方管理理论。认为无论是政府失灵理论还是契约失灵理论，在对社会中实际情况进行分析时，必然会存在不同程度局限性。联邦政府应该更多地扶持第三方机构来协助实施政府管理部门的各项功能，这就是第三方机构存在的必要性。萨拉蒙认为第三方管理理论源于政府管理部门与非营利组织之间的互补性。非营利组织的弱项刚好是政府部门的强项，而政府部门的弱项刚好是非营利组织的强项，他们之间存在相互依赖的关系，第三方管理理论成为市场失灵理论和政府失灵理论的有力补充。我国的非营利组织并没有被包含在萨拉蒙的研究中，不过我国与其他发展中国家的非营利组织也存在着一定的相似性。

Carol Jean Becker 以商业提升区为研究对象，探讨了第三方机构存在的合理性和公正性，认为由第三方机构组织开展招标活动更具效力。林敏以第三方管理理论为基础，研究了福州市第三部门的发展状况、存在问题和对策建议。

郭薇等认为学术界对第三部门与政府管理部门之间关系的研究主要基于四大理论，分别是公民社会理论、志愿失灵理论、治理理论和多元主义理论，研究提出国内学者普遍将第三部门与政府管理部门之间的关系归纳为各种类型的合作伙伴关系。

韩静娴研究了我国政府与第三部门关系出现的问题及其原因，认为双重管理体制、社会团体准入制度及竞争机制限制了第三部门发展。从政府层面、社会层面、第三部门自身3个方面开展了研究，并进一步提出了第三部门与政府和社会三元一体和谐发展的理论观点。

总之，第三方管理理论可以有效解决政府失灵理论、契约失灵理论和市场失灵理论中的资源配置问题，科技社团以第三方机构的角色开展科技项目评估业务的理论基础是坚实的。

3 地方科技社团开展科技项目评估业务的宏观研究

一些国外学者对科技社团开展科技项目评估业务宏观管理方面进行的研究，主要侧重于科技评估工作的原则、问责机制和市场经济效益方面。David Jijelava 和 Frank Vanclay 提出科技社团在进行科技项目评估业务中必要的3个原则：一是项目评估过程要有透明度，二是要有问责机制，三是要发挥出科技社团自身的激励效应。在科技项目管理的分工合作方面，Herng Der Chern 研究了中国台湾地区医学类科技项目评估业务的监督模式，研究发现科技社团自身对监管权限的责任意识是工作重点。Jaroslaw Domanski 研究了科技社团在日常经营中如何处理面临的业务风险和如何进行战略风险管理。Colleen Casey 运用回归分析方法研究了科技社团在代表公共利益工作过程中的社会效益，提出科技社团的社会问责和监督责任应该由参与各方包括政府管理部门共同承担。Jennifer E. Mosley 研究了科技社团在为政府管理部门提供决策信息的过程中如何有效地发挥专业知识优势，以提升科技社团的社会影响力，研究发现民主问责机制和反馈机制是有效解决公民诉求的关键所在。Sangmi Choi 通过创新投入、创新过程和创新成果3个方面研究了韩国科技社团的创新动力，研究提出创新文化是科技社团创新的最重要因素。这对于我国科技社团在市场经济环境中提升自身的发展潜力具有借鉴作用。科技项目评估业务的过程不仅要完善评估指标，而且最终要得到社会各界的认可才能够提高其社会影响力，Joana Almodovar 和 Aurora A.C. Teixeira 提出项目评估过程中要开展相关的咨询和培训活动，并需要取得公众的支持。Adrienne E. Adams 从如何促进评估结果科学化、有效化的角度分析，对评估的绩效标准开展了相关研究，并认为各利益相关者之间的互动过程是科学评估的必要前提。

国外科技社团的经费来源渠道方面，国外科技社团的经费来源是多元化的。从英国皇家学会分析，在英国皇家学会成立的初期，并没有得到政府部门的资助，其经费主要靠会员缴纳的会费和上层社会的资助，经济独立于政府使得皇家学会从一开始就保持了科学的自治权利。同时也有学者认为，皇家学会当时的活动受到了资本家意志的影响。如今，政府拨款占到皇家学会年度总收入的 4/5，其余的收入来源于学会的投资、遗产及个人的捐赠、出版物、工业界的研究合同收入等。除了英国皇家学会外，其他科技社团很少得到政府直接的经费资助，对于一些会员较多和出版期刊较多的科技社团，其会费和出版收入在社团经费中所占比例较大，如英国医学会、英国机械工程师学会和英国地理学会等。英国 1902 年成立的癌症研究会、1936 年成立的卫康信托基金会都通过自己组织慈善基金会来资助科技社团的研究活动。目前科技社团的主要运营方式包括投资运营、捐款、出版发行、委托研究等。

另有部分学者对科技社团开展科技项目评估业务进行了实证调研。Menefee D 采用抽样调查的方法研究了科技社团未来可能面临的社会、政治、经济和技术环境，以及科技社团自身如何进行战略规划和管理。Mark McCormack 运用社会网络分析方法对科技评估开展研究，认为组织领导的决策对科技项目评估具有重要的影响。Kabore Lassane 对药品监督管理局和医院进行了调研。通过设计评分系统，采用药物评估工具开展了科技项目评估，旨在加强药物警戒活动的法律框架和结构。Kvach.N.M 和 Iina.N.A 对科技项目评估的后期绩效进行了实证研究，提出在项目评估中使用基于经济增加值的新方法用于跟踪项目绩效，表明国外科技项目评估活动比较侧重于市场经济效益，而国外学者对相关政策的系统研究很少。

在国内，起初科技项目评估工作大多由科技管理部门直接管理，较少开展第三方评估，只有少部分科技社团在特定领域内开展科技项目评估业务，科技社团等科技机构中的专家多以个人身份参加政府组织的科技评估工作。随着我国市场经济的持续发展和政府部门简政放权的深入推进，建立科技项目的第三方评估机制趋向成熟，这也是科技项目与市场经济深入契合的必要过程。对科技社团开展科技项目评估业务的正式提法开始于 2012 年，国务院发布了《关于深化科技体制改革加快国家创新体系建设的意见》，其中提出推进科技项目管理改革，建立健全科技项目公平竞争和信息公开公示制度，建立健全对科技项目的第三方评估机制，加强对科技项目决策、实施、成果转化的后评估，发挥科技社团在科技评估中的作用。随后国家又相继出台了一系列文件推进该项工作的开展。然而，我国科技社团的历史发展又有其特殊性，作为第三方承接政府职能转移工作需要进一步深入研究。

在国内的机制研究和政策研究方面，刘艳艳认为虽然我国科技项目和科技成果产出逐年提升，但是大量的科技成果却未能得到有效转化，科技计划项目后评价机制不完善成为影响我国科技成果转化的一个重要因素。万昊认为国内外科技项目评估业务应该向法制化、公开化的方向发展，评估方法向多样化、定量化发展，评估机构向独立化、透明化和中介化发展。方衍对科技评估业务中的法律政策中存在的问题和法律法规保障机制进行了研究，提出了除政府部门为自身管理做出的制度安排外，对科技战略规划、重大计划项目的绩效检查工作也同样必须归入科技评估机制中来。杜德斌等提出探索建立由人事部门、科技部门协调配合的新型科技评估机制，鼓励竞争发展。吴春玉等在对韩国科学技术评价体系研究的基础上提出韩国的科技项目评价是指从科技项目的立项到项目结题之后，对项目进程开展的评价活动，其中面向市场的评价是指为了促进科技成果尽快转化为产品，由政府认定的中介机构根据技术市场的需要对研究成果进行的评价活动，包括科技成果价值评价和成果经济效益的评价。

在科技管理部门和评估机构之间的关系方面。陈嘉雯认为国内科技社团和政府部门之间的关系是合作式、互益式的，加强科技社团的志愿服务文化、公益文化、诚信文化可以保障科技社团业务工作的高效运转。吴顺天认为通过政府重构科技社团与政府之间的关系并制定有利于科技社团发展的财政经济政策可以促进科技社团的发展。孙凯提出政府管理部门如果按照市场经济机制来发展科技社团，一定有助于科技社团的蓬勃发展，还提出需要完善科技社团的民主参与机制，这样有利于为科技社团创造良好的外部环境。

在国内科技社团的经费来源渠道方面。叶萍提出科技社团作为非营利组织其资金管理能力偏弱的问题可以通过建立具有自身特色的赢利模式来解决，提出通过扩充财政补贴渠道、社会捐赠渠道、服务收费渠道和经营性收入渠道的方式。Chunlei Wang 等研究了科技社团在市场经济环境下的可持续发展模式，提出了一种新的概念框架，通过为企业提供社会服务，采用结构化理论解决科技社团资金供给不足的问题。华中科技大学的危怀安对我国科技社团发展的税收政策体系进行了深入研究，提出需要疏通和拓展科技社团的税收政策。以上研究从定性研究的角度做了探讨，但没有结合定量研究的方法进行更为深入的系统研究，缺少事实性指标数据的理论支撑，理论体系尚不健全。

4 地方科技社团开展科技项目评估业务的具体操作层面

国外学者对科技项目评估业务的具体操作层面的研究主要侧重于评估业务中的资金管理、绩效管理方面。科技项目评估过程中不可避免地需要处理自身财务状况和各方经济体之间的关系，Marta Rey Garcia 等对科技项目评估过程中如何协调各个利益体的关系和科技项目所产生的经济效益进行了研究。Bhaskar Basu 等通过采用调查问卷和多元回归分析的方法，通过监测评估项目来对科技社团进行评估，进而评估科技社团开展项目评估工作的组织绩效，提出科技社团自身的组织绩效与科技项目评估业务呈正相关性。在科技项目评估活动的人员管理方面，Nick Bontis 对科技社团的智力资本进行了分类研究，并详细探讨了智力资本和经营业绩之间的关系，提出科技社团发展的关键就是智力资本的发展速度的观点。

在国内研究中，随着我国市场经济的发展和第三方管理理论的逐渐成熟，科技社团的社会价值逐渐由单纯的学术研究向外拓展。由于科技社团开展科技项目评估业务大多处于试行或探讨阶段，只有少部分科技社团在特定领域内开展科技项目评估业务，因此，国内学者对科技社团开展科技项目评估业务进行理论和实证研究较少。Wang Yazhou 等开展了以社会大众对科技社团的工作满意度为衡量标准的实证研究，并提出了向社会公众提前公开工作目标可以促进组织绩效的观点。Zhang Ran 等对科技社团的人力资源进行了研究，明确提出了人力资源管理的激励模式亟须提高。Yan Hongying 对科技社团内部财务管理中存在的问题进行了研究。蒋冲雨对如何区分战略性新兴产业项目和一般科技项目，如何评估科技项目的发展潜能进行了探讨。张林通过引入基于 AHP 的模糊评价法、熵权模糊综合评判法、理想解法等建模技术，创新了科技项目的综合评估模型，并对各种评估模型进行了比较分析，并且认为对评估专家业绩的评估是必要环节。

在科技社团开展科技项目评估业务的后期，宓众对科技项目后期社会经济效益包括的 3 项内容——项目的技术经济评估、项目的影响评估及项目的社会评估逐一进行了论述。李玲等运用数据分析工具，对能源化工类的科技项目设计了科技项目后评估指标体系，运用模糊综合评判法开展研究，并进行了实证研究。

从科技社团的法律问题研究领域来看，伍治良提出我国应建构以民法为统帅、非营利组织基本法为主导的非营利组织法律体系。伍治良认为我国《宪法》明确赋予公民结社权，但现行非营利组织培育制度明显供给不足。伍治良的观点从法律的角度分析显然是非常严格的，从社会现状的角度分析，目前科技社团的发展空间还是很大的，国家政策也在逐步对科技社团提供更加宽松的社会环境和政策环境。

从实证研究方面来看，张婷婷等研究了重庆市科技社团存在的主要问题，提出由于历来科技社团承接政府职能不多，造成自我造血功能不强，经费收入少又制约着科技社团开展活动，专职人员比例低影响社团能力建设。陈建国以地方省、市科技社团的调查问卷数据为研究基础，对政府与科技社团间的权力关系对科技社团承接政府转移职能的影响进行了研究，提出了在人事、财务等方面的建议，并研究了科技社团与政府职能转移之间职能分离与协作治理的逻辑根据，提出公益性科技事务，应通过购买服务等形式外包给科技社团，以实现职能互补和领域融洽，陈建国认为科技社团在人事、财务、领导兼职等方面的全面脱钩，科技社团与政府管理部门之间的职能划分是改革要点。杨根生等对福建省148家省级科技社团进行了调研，对承接政府职能转移的规范授权转移方式、委托方式、购买服务的方式进行了分类探讨，提出科技社团具有开展社会活动的人才基础。特别是医学类科技社团的发展最为稳定和突出，部分原因在于政府允许医学类科技社团接受企业的经费支持，还在于医学类科技社团具有扎实的人才基础，从历史发展的角度来看，最早的科技社团与稳定发展的科技社团都是医学类。王立果提出了我国第三部门管理的负面意见，认为国内的第三部门失灵通常由于社会监督的缺失出现志愿性不足、独立性缺失和工作效率较低的现象。

5 结束语

综观国内外学者的前期研究，国外学者对地方科技社团的研究与政府管理部门之间的关联不大，其研究多数是对某一类科技社团的案例分析，其较少涉及地方科技社团管理体系的战略研究，更少有对地方科技社团发展历程和相关政策体系的研究。

国内学者对地方科技社团的发展历程有一定的研究，从研究层面上看，对监管责任、资金运作、财务税收、治理结构等方面的研究呈现出日益增多的趋势，对地方科技社团开展科技项目评估业务的研究正逐步成为研究热点。但是，国内学者结合第三方管理理论开展相关研究仍处于框架体系研究的层面，还有很大的增长空间。

参考文献

[1] 赵培. 我国科技社团市场化运作研究 [D]. 武汉：华中师范大学，2015.

[2] 张昕音. 我国科技社团的职能研究 [D]. 兰州：兰州大学，2010.

[3] 程国平，赵立新. 现代科技社团承接社会化职能研究 [J]. 科技创业，2011，24（17）：9-10.

[4] 陶春，李正风. 对科技社团决策咨询研究综述 [J]. 学会，2012（11）：9-12.

[5] 苏力. 规制与发展：第三部门的法律环境 [M]. 杭州：浙江人民出版社，1999：27.

[6] CAROL JEAN BECKER. Self-determination, accountability mechanisms, and quasi-governmental status of business improvement districts in the United States[J]. public Performance and management review, 2010（3）：413-415.

[7] 林敏. 福州市第三部门发展路径研究 [D]. 福州：福建农林大学，2015.

[8] 郭薇，秦浩. 第三部门与政府关系研究述评 [J]. 党政干部学刊，2012（3）：81-85.

[9] 韩静娴. 我国政府与第三部门和谐关系构建路径研究 [D]. 南京：东南大学，2015.

[10] DAVID JIJELAVA, FRANK VANCLAY. Assessing the social licence to operate of development cooperation organizations：A case study[J]. Social epistemology，2014（28）：297-317.

[11] HERNG DER CHERN. An experimental model of regulatory science in Asia：center for drug evaluation in Taiwan[J]. Drug information journal，2009（3）：301-304.

[12] JAROSLAW DOMANSKI. Risk categories and risk management processes in nonprofit organizations[J]. Foundations of management，2016（18）：227-242.

[13] COLEEN CASEY. Nonprofit organizations in governance arrangements：adding democratic value to community reinvestment act agreements[J]. Public integrity. 2016（10）：290-307.

[14] JENNIFER E M. Nonprofit organizations involvement in participatory processes: the need for democratic accountability[J]. Nonprofit policy forum，2016（38）：93-99.

[15] SANGMI CHOI, JAE-SUNG CHOI. Dynamics of innovation in nonprofit organizations：the pathways from innovativeness to innovation outcome[J]. Human service organizations：management, leadership & governance, 2014（5）：360-373.

[16] JOANA A, AURORAA C T. Assessing the importance of local supporting organizations in the automotive industry：a hybrid[J]. European planning studies, 2014（22）：841-865.

[17] ADRIENNE E A, NKIRU A N, LELA V. Expectations to change[J]. American journal of evaluation, 2015, 36（2）：243-255.

[18] 赵红州. 科学和革命 [M]. 北京：中央党校出版社，1994：27-30.

[19] 中国科学技术协会学会部. 国外科技社团期刊运行机制与发展环境 [M]. 北京：中国科学技术出版社，2007：17.

[20] MENEFEE D. Strategic administration of nonprofit human service organizations：a model for executive success in turbulent times[J]. Administration in social work, 2015（5）：38-43.

[21] MARK MCCORMACK, LAUREN BRINKLEY-RUBINSTEIN, KRISTA L CRAVEN. Leadership religiosity：a critical analysis[J]. Leadership & organization development journal, 2014（35）：7.

[22] KABORE LASSANE. Pharmacovigilance systems in developing countries：an evaluative case study in Burkina Faso[J]. Drug safety, 2013（36）：5.

[23] KVACH N M, IIAN N A. Use of the concept of "economic value added" to evaluate the performance of an organization[J]. Fibre chemistry, 2013, 45（4）：252-257.

[24] 刘艳艳. 科技计划项目后评价体系构建研究 [D]. 呼和浩特：内蒙古工业大学，2013.

[25] 万昊. 林业科研项目评估研究：以"948"林业产业技术项目为例 [D]. 北京：中国林业科学研究院，2013.

[26] 方衍. 积极探索科学合理的科技评价体系 [J]. 求是，2012（4）：53-54.

[27] 杜德斌，李鹏飞，王俊松，等. 我国高校科技评价体系改革的思考与建议 [J]. 中国高等教育，2013，1：16-19.

[28] 吴春玉，郑彦宁. 韩国科学技术评价体系简析 [J]. 科技管理研究，2011（22）：40-43.

[29] 陈嘉雯. 科技社团绩效评价体系研究 [D]. 西安：陕西师范大学，2013.

[30] 吴顺天. 泉州市级科技社团发展现状及对策研究 [D]. 泉州：华侨大学，2014.

[31] 孙凯. 分析和重塑：社会转型时期我国科技社团能力建设的思考 [D]. 南京：东南大学，2009.

[32] 叶萍. 构建可持续发展的科技社团赢利模式 [J]. 当代经济，2010（4）：40-41.

[33] CHUNLEI WANG, ZHAOWEN DUAN, LARRY YU. From nonprofit organization to social enterprise[J]. International journal of contemporary hospitality management, 2016（5）：1287-1306.

[34] 危怀安，吴秋凤，刘薛. 促进科技社团发展的税收支持政策创新 [J]. 科技进步与对策，2012（5）：108-113.

[35] MARTA REY GARCIA, LUIS IGNACIO AIVAREZGONZALEZ, LAURENTINO BELLO ACEBRON. The untapped potential of marketing for evaluating the effectiveness of nonprofit organizations：a framework proposal[J]. International review on public and nonprofit marketing, 2013, 10（2）：87-102.

[36] BHASKARBASU, PRADIP KUMAR RAY. Measuring and evaluating KM capability in an organization：an exploratory case study[J]. VINE, 2014, 44（2）：267-294.

[37] NICK BONTIS. Intellectualcapital：an exploratory study that develops measures and models[J]. Management decision, 1998（2）：63-76.

[38] WANG YAZHOU, LIN JIAN. Empirical research on influence of mission statements on the performance of nonprofit organization[J]. Procedia environmental sciences, 2011（11）：328-333.

[39] ZHANG RAN, REDFERNKYLIE, GREENJENNY. The gene of the individuals who choose to serve in nonprofit sector[C]//Proceedings of 2010 international conference on public administration, 2010.

[40] HONG YING YAN. On the innovative thinking to strengthen the financial management of chinese folk non-profit organizations[C]//Proceedings of the international conference on management and engineering, 2014.

[41] 蒋冲雨. 基于战略性新兴产业视角的科技项目评审方法研究 [D]. 成都：电子科技大学，2012.

[42] 张林. 科技项目评估技术创新研究 [D]. 武汉：武汉理工大学，2004.

[43] 宓众. 科技项目社会经济效益后评估研究 [D]. 武汉：武汉理工大学，2006.

[44] 李玲，张文生. 能源化工企业科技项目后评估研究 [J]. 科技进步与对策，2012（8）：114-119.

[45] 伍治良. 我国非营利组织立法的原则、模式及结构 [J]. 经济社会体制比较，2014（6）：103-111.

[46] 张婷婷，王志章. 我国地方科技社团发展的现状与对策研究：以重庆市为例 [J]. 重庆邮电大学学报，2014（1）：135-141.

[47] 陈建国. 政社关系与科技社团承接职能转移的差异：基于调查问卷的实证分析 [J]. 中国行政管理，2015（5）：38-43.

[48] 福建省政协科协界，福建省科协联合调研组. 科技社团承接政府转移职能调研报告 [J]. 学会，2014（12）：29-40.

[49] 王立果. 第三部门缺失与志愿失灵：浅析转型时期我国第三部门发展的双重困境 [J]. 科教文汇，2008（10）：191.

科技查新发展现状及对策研究
——以聊城市为例

石有圣

摘要：科技查新是科技信息服务行业的传统业务，充分推动了科技创新事业的发展。简述了聊城市科技查新发展的特点：查新数量不断增多，查新工作得到认可；查新条件不断改善，查新资源不断丰富；查新服务不断改进，查新流程不断规范。指出了聊城市科技查新存在的问题：查新意愿不强，查新不受重视；查新队伍亟待加强，教育培训交流较少；文献资源薄弱，服务形式单一。根据存在的问题，提出了聊城市科技查新工作建议：加大查新宣传力度，增强查新服务理念；做好新人招录，培育优秀人才；增加数据库建设经费，建立科技咨询服务平台。

关键词：科技查新；发展特点；存在问题；对策建议

1 引言

科技查新是指查新机构根据查新委托人提供的需要查证其新颖性的查新点和科学技术内容，按照查新规范操作，经过文献检索与对比分析，并做出结论。科技查新工作始于20世纪80年代中期，经过几十年的发展，形成了成熟的运行模式，为科技立项、科技成果鉴定、评估、报奖提供了充分的客观依据，为科技人员项目研发提供了可靠丰富的信息。科技查新是聊城市科技情报所的主要业务之一，充分推动了聊城市科技创新事业的发展。21世纪是大数据时代，获取、搜集、整理、加工信息变得尤为重要，科技查新地位更加明显。

2 聊城市科技查新发展的特点

2.1 查新数量不断增多，查新工作得到认可

查新数量实现逐年递增，国内外查新需求和专利查新需求不断增加。查新工作不仅得到了政府重视，也开始被企业认可。很多企业科研人员为了掌握了解国内外同行或同类产品的研究动向，主动申请查新；越来越多县级医院学习市级医院做法，成立科教科统一管理医院的查新业务，单位集体报送查新委托数目较往年明显增多。

2.2 查新条件不断改善，查新资源不断丰富

网络实现百兆光纤联网，查新方式实现机检为主，手工检索为辅。数据库逐渐增多，近年先后新增山东科技文献共享服务平台，超星期刊数据库，一些免费数据库如中国专利数据库也得到充分利用。

2.3 查新服务不断改进，查新流程不断规范

积极响应市政府号召，取消行政事业收费，推行免费查新服务，减轻企业和个人负担，促进科技创新；推行文明单位创建工作，建设服务型单位，简化查新流程，规范查新报告。

3　聊城市科技查新存在的问题

3.1　查新意愿不强，查新不受重视

第一，政府对查新重视不足，宣传不够，科技查新对科技成果专利的促进作用还未充分引起注意，科技发展的好坏，间接反映了科技查新工作的好坏。市级科技奖取消后，聊城在 2017 年科技奖评选中获奖数目远低于山东各市获奖数目平均值，这充分证明了聊城市科技工作的不足，也充分说明科技查新工作的不到位；对科技查新宣传不到位，很多科研技术人员对查新从未听说，科技创新氛围有待提升，吸引科技人才待遇优势不明显，高新技术企业数量较少，对企业科研项目查新客观需求较弱。第二，单位和企业对查新重视不够，投入不足，企业大多依然停留在粗放式发展阶段，更多为资源消耗性企业和劳动密集型企业，缺乏技术创新，认为企业搞科技创新成本大投资长见效慢，干脆放弃科技创新，不设立研发部门，科技查新也就无从谈起；医院往往重临床轻科研，更多关心自身效益，对科研活动不关注，对员工搞医学研究支持力度不足，缺乏科研管理部门；高等院校更多重视申报科研数量，忽视科研项目质量，对查新报告利用流于形式，拿到查新报告后不认真研究查新报告反映问题进一步提升科研水平。第三，查新委托者对科技查新不够重视，不了解查新，查新是一个技术工作，需要较强的专业技能和资料齐全的数据库，并非每个人都能胜任，众多查新委托者对此存在很大误解。查新委托人员往往对于查新点的提炼不够准确、关键词选取不当、填写不规范对查新工作造成很大困难。查新不仅仅是一份报告，更重要的是所反映出的课题问题，众多查新者一旦查新通过便万事大吉，对查新报告研究反思不足，不能充分利用查新报告；也有很多查新委托者拖延工作，最后申报节点才来申请查新，致使本身工作量较大的查新工作完成更难，对查新工作者形成巨大时间压力和工作难度。

3.2　查新队伍亟待加强，教育培训交流较少

第一，查新人员数量少，任务重，虽然近几年录取聊城市科技情报研究所引进了几名本科生，但相对于东部沿海发达地市查新机构，人员缺口依然很大。相对于查新数量和质量的要求不断提高，每名查新人员分担数项其他工作，精力不足，难以应对时间紧任务重的查新挑战。第二，高层次人才少，专业人才匮乏，查新人员大多为本科学历，之前缺乏专门的查新训练和查新业务，知识和经验不足，短期内很难成为一名优秀的查新员；医学专业方面人才极少，与强大的医学查新需求量相比有很大缺口；查新人员外文水平一般，难以胜任高要求的国内外查新，而当今的互联网世界，科学的研究与发展紧密相关，国内外区分已越来越不明显，这就需要查新队伍中有专门的外文熟练者进行国内外查新。第三，外出培训较少，财务制度僵化，科技查新作为一门技术学科，不断向前发展，做好查新工作离不开外出交流学习。聊城地处山东省西部，相较于济南、青岛等经济发达地区，相对闭塞，外出参加交流与培训的机会较少，也错失大量学习培训的机会。

3.3　文献资源薄弱，服务形式单一

第一，数据库较少，缺乏经费保障，国内数据库购置不全，国外数据库缺失，数据库价格昂贵且每年都在增长，每年购买数据库需要大量经费，并且购买数据库需要有明确的财政规定，经费难以保障；第二，文献利用率低，业务拓展困难，主要业务以查新为主，缺乏课题研究，缺乏科研项目申报；与苏州、青岛等地依托查新数据库和查新数据开展的科技智库、科技情报分析、科技翻译等多种业务形式差距较大，形式过于单一。

4 聊城市科技查新的对策建议

4.1 加大查新宣传力度，增强查新服务理念

第一，让查新委托机构理解查新的重要性，重视查新，让查新委托机构管理人员做好内部宣传，对于课题不确定的可以来查新或咨询，确保课题质量，对于每年的课题集中查新，可以早做准备，错开时间高峰，分批次统一报送，提前通知，避免最后集中扎堆报送耽误使用，让每一位查新委托人员能够及时查新。第二，用好免费查新服务政策，宣传政府推行免费查新服务政策的初衷，鼓励科研工作人员查新，加大科研奖励力度，通过奖补减免等方式让企业尝到科技研发的甜头，认识到科技研发的创新驱动作用，重视研发创新，从而加强科技查新。第三，加强对查新委托人员的集中培训，规范查新流程，让每一名查新委托者写好查新委托书，做好课题查新准备工作。第四，加强查新工作人员职业道德建设，培养员工的敬业精神和奉献意识，建立查新委托交流群，让查新委托人员有问题及时反馈，认真听取他们的反馈意见，不断简化服务流程，让每一位查新委托人员都能享受到热情的查新服务。

4.2 做好新人招录，培育优秀人才

第一，查新人员招录中重点招录医学方面专业人才，优先考虑专业外语优秀者，积极灵活引进高层次人才，做到查新人才队伍阶梯分布合理，专业学科门类齐全，国内外文献熟练阅读。第二，有计划地安排进修相关课程，争取机会外出培训学习，进行查新专业培训和继续教育，鼓励员工提升学历，进行深层次教育，提高理论水平。第三，建立科技查新联盟，密切与省内查新机构间的联系，定期召开学术会议，增强内容合作，扩大协同效应，利用互联网优势，建立远程学习互动平台，通过聊天软件等方式实现远距离交流，弥补外出培训较少的不足。

4.3 增加数据库建设经费，建立科技咨询服务平台

第一，积极向上级管理部门申请经费，汇报关于财务管理过死带来的问题，创新财务管理方式，学习优秀省市、高校、科研院所的财务的管理方式，增加数据库和聊城科技咨询服务平台建设的经费预算。第二，与山东省科技情报院和山东省科学院等单位共建共享科技资源文献共享平台，共同购置国外数据库，借鉴上海情报所与上海图书馆共建模式，与即将开建的聊城市图书馆共建共享数据库，借助于图书馆的大数据，为科技查新服务提供基础。第三，积极筹划聊城科技咨询服务平台建设，利用查新数据资源积极开展聊城科技智库、科技情报分析、科技咨询、科技翻译、科技报告等业务，实现科技服务多元化。

5 结语

重视查新工作，增加经费保障，优化查新环境，提升查新水平，拓展查新研究，转变服务方式，充分发挥科技查新的"雷达兵"作用，为聊城市科技创新贡献力量。

参考文献

[1] 郭毅，舒剑梅.大数据环境下科技查新机构的创新服务模式探讨 [J].科学技术创新，2018（3）：94-95.

[2] 武茹.我国科技查新工作发展现状及面临的机遇与挑战 [J].图书馆，2015（12）：57-62.

[3] 章梅.如何把握好科技查新的委托与受理环节 [J].江苏科技信息，2005（10）：13-15.

科技志初稿修改的理论探索

姜常梅　　黄立业　　林慧芳

摘要：本文以《山东省志·科技志（1986—2005）》初稿修改的工作实践为基础，结合省级地方史志编纂规章制度，把初稿修改工作上升到理论层面。说明了科技志初稿修改的重要性、目的和意义，从实践中总结出初稿修改的组织形式，并重点阐述了如何从宏观和微观两个层面对初稿进行修改完善，以保证科技志编纂质量。

关键词：科技志；初稿；修改；理论

初稿是《山东省志·科技志（1986—2005）》（以下简称科技志）编纂过程中一个重要的阶段性成果，这一成果的形成标志着由承编单位承担的修志工作进入到了中后期。山东省地方史志办公室2014年印发的《编纂通则》中对工作程序有明确的规定，前期的工作主要有制定编纂方案和工作规划；成立领导和工作机构，选配修志人员，开展业务培训等。中期的工作有拟定篇目，收集资料，撰写初稿。中期工作任务重，时间长。拟定篇目需要在广泛征求意见的基础上进行，经过反复修改后报省地方史志编纂委员会审批；再立足篇目，广泛收集资料；由主编主持，充分整理资料，撰写资料长编，并在长编的基础上，拟定具体的初稿编写提纲和写作标准，明确分工，责任到人，撰写初稿。后期要对初稿进行评议、修改，由科技志编纂委员会审查后形成送审稿，报省地方史志编纂委员会审定。

初稿是志书的雏形，也是送审稿的基础。初稿的质量直接影响着送审稿乃至志书的质量。因此，初稿的修改至关重要，是保证志书稿件质量的关键环节。科技志初稿是在资料长编的基础上，由多位编辑分工撰写而成的。与以时间为序，罗列编排资料为特点的资料长编相比，初稿经过了对资料的分门别类、横排竖写、提炼加工等整理过程，已经向志书迈进了一大步。在"众手成书"的基础上，初稿还需要由主编主持进行修改，规范行文、纠正观点、完善篇目、调整内容、审核资料、统一文风，达到"如出一人之手"的整体效果。

科技志初稿内容涵盖科技资源与管理、基础科学、农业科技、工业科技、海洋科技、医药卫生科技、社会发展科技等7篇。记述上限接首轮志书下限，为1986年，下限断至2005年年底。这20年，正是我国改革开放的重要时期，科技战线在历史巨变中涌现出许多新面貌、新成就、新发展，为我们提供了宝贵的经验。如何把握好这一时期的科技事业发展脉络，客观准确地记载山东省科技事业发展的历程，以便以史为鉴，更好地总结经验、汲取教训、认清规律，从而进一步发挥志书存史、资政、教化的功能，正是初稿修改的目的和意义所在。

一、初稿修改的组织形式

科技志初稿的修改属于省志分志初审阶段的任务，在科技志编纂委员会的领导下，由编委会办公室具体实施。科技志初稿从形成到完成送审不到一年时间，省科技厅作为承编单位高度重视初审工作，组织多方力量，开展多种形式的初稿修改工作。编纂委员会办公室采取责任编辑分工修改与主编通编统纂相结合的方式进行初稿修改工作，并采取定期召开专题会议的形式研究解决工作中遇到的困难和问题，推动工作进展。为争取业务指导单位的支持和帮助，编委会办公室定期向省地方史志办公室汇报，沟通初稿修改的具体事项，征求地方史志专家意见。为进一步提高初稿质量，由科技志编纂委员会组织，在厅系统范围内广泛征求意见，开展内审工作，取得了较好的效果；由省科技厅组织召开有关领导、专家、史志工作者参加的评议会，听取修改意见和建议，会后由编委会办公室认真梳理评议意见和建议，制定修改方案，落实修改意见，进一步完善了初稿。总之，初稿的修改是一项需要各方共同参与的工作，领导机构负责工作的组织安排，地方史志系统专家和科技系统专家为初稿修改提供智力支持，科技志编委会办公室具体修改初稿。

二、宏观层面的修改

（一）把好政治关、保密关

坚持辩证唯物主义和历史唯物主义的立场、观点和方法。坚持党的基本理论、基本路线、基本纲领、基本经验。坚持依法修志，认真贯彻执行国务院《地方志工作条例》和《山东省地方史志工作条例》。严格保守国家秘密，准确把握政策尺度。

就科技志初稿来说，修改时要注意不能有违反马列主义、毛泽东思想、邓小平理论、"三个代表"重要思想、科学发展观的内容，不能有不利于国家统一和民族团结的内容、泄漏国家秘密的内容、有损党和国家、部门形象的内容。有涉密内容的获奖科技成果也不能记述。

（二）注重突出时代特征、地方特色

科技体制改革是一个重要的时代特征，初稿的修改要突出体现这一特征，改革的主线要贯彻整个科技管理篇章内容。要通过对一系列法规政策、配套措施及带来的社会变革的记述，展现科技体制改革对科技机构、科技队伍、科技成果转化、专利、高新技术、科技合作交流等科技事业的发展造成的深远影响。山东科技的地方特色有农业、海洋等，对初稿的修改要注重突出山东农业科技和海洋科技的亮点。

（三）修改篇目结构，规范篇目标题

科技志篇目的批复实施已有 10 多年时间，根据科技事业的发展变化和入志资料收集情况，适当调整篇目已成为必然。篇目的设置和调整都要遵循"事以类聚""类为一志"的基本要求，分类合理，归属得当，层次分明，符合事物发展的逻辑关系。篇目调整还要达到突出重点、体现时代特征和地方特色、避免交叉重复等目的。对于篇目的标题要仔细斟酌，能够统领正文内容，还要符合标题命名原则。

（四）注意体裁运用得当

以志为主，综合运用述、记、志、传、图、表、录、索引等多种体裁。

述：包括全志总概述、各篇、章下无题述运用的体裁。

记：包括大事记、专题记述、附记和编后记。

志：就是志书的主体部分。作用是分门别类，记述各项事物。

传：就是人物传略，记述人物的一种体裁。志书中关于人物的记述除了传之外，还有略、简介、名录、表等。

图：即各种地图、图片、照片等。

表：就是各种表格。包括统计表、一览表、人物表。

录：就是附录，凡门类志中不便收录而又有存史价值的文件、文稿、名录、奇闻异事等，均可收录。

索引：起指引查阅的作用。因此，要名称概念清楚，标注页码准确。

三、微观层面的修改

除了对初稿整体的把关修改之外，对于志稿中科技事件的记述是否正确、数据是否准确、同一数据是否存在前后矛盾的情况、行文是否符合规范等方面的修改也至关重要。即把好志书的史实关，务必做到入志资料真实准确，全面系统，具有代表性和权威性。

（一）对科技事件记述不完整、不准确的修改

科技事件是初稿记述的重点，要把所记对象发展变化的前因后果、成功失败等的来龙去脉记述清楚。要"一事一记"，要素齐全，以节或目为叙事单元，不要几件事情混在一起写。记述全面系统，在全省乃至全国有影响、有特色的大事、要事尤其不能漏掉。如果科技事件的记述存在缺项，就需要查阅资料进行补充。例如，1996年开展了一项科技工作，1997年、1998年都取得了一些成效，到1999年就没有相关记述了。这就是记述要素不全，需要查阅资料进行补充，或者请当时从事这项工作的人员提供线索补充。初稿修改时，一定要写清楚1999年没有相关记述的原因，如果确因此项工作结束，那也要写清楚来龙去脉，有始有终。

对于记述不准确的内容，一定不能通过推测、分析来判断，要找事实依据。一般是通过查阅档案和已经出版的年鉴来核实内容的准确性。在科技志初稿的修改过程中，发现了一个错误记述"高校重点实验室归省科技厅管理"，这就需要改正，以保证记述内容的严谨。另外，"山东海洋工程研究院，正厅级事业单位"，这种说法不准确，没有文件作为依据，就要修改，删除"正厅级事业单位"这种表述。

（二）对数据准确性的核实和修改

初稿中出现的数据一定要准确，对于错误、前后矛盾的数据，要想办法核实并修改；对于缺少的数据，要想办法补充。像高新技术产业产值、增加值、占比等数据一定要准确，而且要有延续性，不能今年记，明年不记，隔两年又记，这样就看不出发展变化规律了，也不符合志体"纵不断主线"的要求。如果有些数据一年一年收集困难的话，可以以5年计划为时间段记述，如七五期间的情况、八五期间有什么发展变化等。数据的记述一定要准确，拿不准的不能写。

（三）对行文不规范问题的修改

《山东省志（1986—2005）》行文规定中对志书的文体文风、书写要求、时间表述、名称称谓、数字使用、计量、引文注释、图片表格等八大方面做了详细的规定，初稿的修改要严格按照标准和规范进行。例如，行文使用规范的语体文、记述体，不使用口语、文言、半文言。文风严谨、朴实、简洁。语法正确，修辞得当等。

总之，初稿的修改不是一蹴而就的，是一个精工出细活的过程。初稿要经过有计划、反复多轮的修改，不断完善内容，才能提高质量。科学的组织形式是初稿修改工作顺利进行的保障，每轮修改工作都可以从宏观和微观两个层面进行，要由主编主持，统筹安排。只有经过反复多次的修改，精益求精，才能出精品佳志。

参考文献

[1] 山东省地方史志办公室.《山东省志（1986—2005）》编纂通则（试行）[Z]. 2005.

[2] 山东省地方史志办公室.《山东省志（1986—2005）》行文规定（试行）[Z]. 2005.

[3] 山东省地方史志办公室.山东省志书质量管理规定[J].中国地方志年鉴，2015（1）：493-496.

[4] 苏国萍.谈志书初稿的修改[J].新疆地方志，2013（2）：26-28.

[5] 梁德珍.志书的行文规范和编写要求[R/OL].（2019-05-06）[2019-03-19]. https://wenku.baidu.com/view/611a238c4793daef5ef7ba0d4a7302768f996f61.html.

科技政策、科技投入及其他

基于科技型中小微企业区域性科技金融政策研究

马英培　　　姚明伟　　　韩一丰

摘要：科技和金融作为生产力中最为关键的两个因素，已成为影响科技型中小微企业发展的关键，科技和金融的结合越来越受到政府和企业的重视。本课题组通过深入德州市企业，分析目前德州科技金融政策的经验和问题，为下一步相关政策的制定提供参考。

关键字：科技金融；科技型中小微企业；扶植政策；德州市

科技和金融作为生产力中最为关键的两个因素，越来越受到政府和企业的关注。发达国家促进科技型企业发展取得成功的政策都强调了两个方面：一是要重视科学技术创新；二是要通过金融扶持和税收优惠政策支持科技型中小企业发展，完成金融资本从虚拟经济向实体经济的转移。在我国的经济体系中科技型中小企业已成为科技创新的重要载体，科技金融体系也在不断帮助中小高新技术企业发展与壮大。

为进一步了解德州市科技型中小微企业的情况和需求，课题组深入德州各个县（市、区）100 家企业进行深入调研，通过对第一手资料的获取，对目前政府政策的效果和存在的问题进行分析和总结，为下一步制定有针对性的帮扶政策提供有效的参考。

一、德州市企业发展现状

2017 年，德州市 100 家科技型中小微企业实现主营业务收入 177.5 亿元，增长 17.05%，高于全市规模以上工业企业 2.25 个百分点；实现利税 12 亿元，增长 17.2%，高于全市规模以上工业企业 9.8 个百分点；研发投入 6.79 亿元，增长 15.6%，研发投入占企业销售收入的比重超过 5% 的有 53 家。通过科技金融政策协调金融机构共为 24 家企业提供科技融资 3.183 亿元。其中，银行机构为 17 家企业提供科技成果转化贷款 1.512 亿元。德州市融资担保公司为 6 家企业提供科技担保 1.01 亿元。3 家企业获股权投资 712 万元。5 家企业通过融资租赁方式购置设备，租赁设备总价值共 5897 万元。

二、德州市科技金融政策及取得的效果

（一）德州市目前的科技金融政策。充分发挥政府"黄金信用"的作用，德州市制定出台了《德州市"启航计划"科技风险补偿实施细则》《德州市"启航计划"融资担保补偿实施细则》《德州市"启航计划"融资租赁补贴实施办法》等系列配套实施细则（启航企业为德州市选出的优质科技型中小微企业）。引导撬动银行资金、社会资金向实体企业倾斜，综合运用奖、补、投、贷、保多种方式，对企业的科技成果转化项目进行支持。在壮大股权投资方面，设立科技成果转化引导基金，按照"政府资金引导、社会资本参与、专业机构运营"的模式，推动设立若干支专项子基金，通过实施跟投机制、投贷联动机制和风险补偿机制，重点支持科技成果转化项目。全市已成立 6 支科技成果转化基金，总规模 8 亿元，其中，政府出资 1.35 亿元，撬动社会资本 6.65 亿元。在鼓励银行信贷方面，设立德州市

科技风险补偿资金，与省科技风险补偿资金联动，对合作银行发放的科技成果转化贷款损失给予补偿，合作银行承担贷款损失的 30%，省、市两级风险补偿资金各承担 35%。银行机构为企业提供科技成果转化贷款 1.9 亿元。在开展科技保险方面，鼓励企业参加科技成果转化贷款保证保险，贷款逾期认定为不良后，由财政、银行、保险公司按照 3∶2∶5 的比例承担贷款本金损失。市融资担保机构为企业提供科技担保 1.2 亿元。在支持科技融资租赁方面，支持科技型中小企业实施智能工厂和智能车间等智能化改造，鼓励企业通过融资租赁方式购置研发、检验检测和基于大数据、互联网、人工智能等生产设备。企业以融资租赁方式购置总价值 5897 万元的生产设备，共享受融资租赁补贴 58.97 万元。

（二）政府推出的信息服务。

（1）与德州银行、齐鲁银行、中国银行、邮储银行、农业银行、交通银行等 6 家银行签订合作协议。与市融资担保公司签订科技担保合作协议，与信永资本控股有限公司和鸿立信达（北京）资本管理公司签订科技成果转化基金意向合作协议。

（2）摸清融资需求，征集金融产品，实现双向发布。向金融机构推荐融资需求 59 项，融资金额 15.91 亿元，其中银行贷款需求 13.81 亿元，占比为 86.8%。建立金融产品库，向企业发布，涉及银行机构 36 家，涵盖金融产品 151 个，方便企业"按图索骥"。

（3）及时推荐合适企业进入山东省科技型中小微企业信息库备案，纳入山东省科技成果转化贷款风险补偿范围。已推荐 77 家企业纳入山东省科技型中小微企业信息库。

（三）科技信贷政策开展情况。

（1）积极推进山东省科技成果转化贷款。根据省科技厅、市科技局、银行机构三方合作协议，银行机构为科技型企业提供的固定资产抵押率不超过 50%，利率上浮不超过 30% 的贷款，按贷款损失的 70% 给予风险补偿。中国银行已为 2 家企业提供山东省科技成果转化贷款共 400 万元。

（2）积极推进"四押"贷款。针对中小微企业"轻资产"特点，积极推进动产抵押、股权质押、知识产权质押、应收账款质押贷款，共提供"四押"贷款 9150 万元。

（3）积极推进 3 年期以上科技成果转化项目贷款。提高贷款期限与企业生产经营周期的匹配度，已为 2 家企业提供 3 年期科技成果转化项目贷款共 900 万元。

（4）积极推进无抵押无担保贷款。为 3 家企业提供无抵押无担保贷款共 500 万元。

（四）科技担保政策支持情况。在推动"银行+企业"科技成果转化贷款的基础上，引入担保机构，开启"银行+担保公司+企业"运作模式，提高企业融资效率。支持融资担保公司以银行暂不能直接抵（质）押的各类物权为反担保方式，已经通过市融资担保机构为 4 家企业以股权质押形式提供融资担保 7500 万元，为 1 家企业以商标质押提供担保 600 万元，为 1 家企业以知识产权质押提供担保 2000 万元。

（五）设立科技成果转化基金。全市已成立德州经开润启股权投资基金、德州经开润启新动能投资基金、平原华鼎成果转化基金、德州若水天使投资基金等 6 支科技成果转化基金，总规模 8 亿元，其中，政府出资 1.35 亿元、撬动社会资本 6.65 亿元。

（六）融资租赁情况。鼓励企业通过融资租赁方式取得研发、检验检测和高端智能化生产设备。截至目前，为 5 家企业以融资租赁方式购置总价值 5897 万元的生产设备，共享受融资租赁补贴 58.97 万元。

三、科技金融政策存在的问题

通过调研，目前德州市科技金融政策取得了不错的成果，但是企业在具体生产中依然存在着一些问题，主要问题表现在以下几个方面。

（一）银行贷款门槛高。虽然一些银行开始加大对科技型中小微企业的金融服务比重，但大多数银行在实操过程中，设置的贷款门槛对中小微企业而言仍然较高。一是银行担保准入门槛高。目前中国银行、农业银行、工商银行、建设银行仅准入市融资担保公司，且准入门槛较高。例如，中国银行要求提供 600 万元的基础保证金和 10% 的业务保证金，农业银行要求担保公司出具 15% 的贷款保证金，导致融资担保公司未与其形成合作关系，难以从国有银行中为企业提供融资担保服务。二是银行机构对企业抵押物要求苛刻。例如，交通银行要求抵押物由固定资产全额覆盖，农业银行固定资产抵押贷款占 76%，中国银行固定资产抵押贷款占 65.7%。2017 年，全市银行机构共为 100 家科技型中小微企业提供贷款 14.07 亿元，其中土地、房产等抵押类贷款有 7 亿元，占 49.75%；科技成果转化贷款仅有 1.512 亿元，占 10.75%。银行对科技类抵押物，如知识产权、商标、研究成果等认同度不高，不愿接受科技类产品抵押。

（二）科技担保能力不足。一是市融资担保公司对企业的反担保措施、财务结构、回款能力、现金流、生产状况及经营效益等方面要求高，大多数中小企业不能满足要求。二是担保机构水平参差不齐。全市仅有 19 家融资性担保机构，大多数县（市、区）担保机构在人员素质、管理架构、风险把控上存在很大不足，武城县信诺融资担保有限公司等 8 家担保机构基本未开展中小微企业融资担保业务，而德州市企业信用融资担保有限责任公司、山东群力兴邦融资担保有限公司等机构的担保金额已接近资本金的 10 倍，新业务开展缓慢。

（三）股权投资数量少、规模小。一是政府引导基金市场化程度不足。全市虽然已成立 6 支科技成果转化基金，但真正进入市场化运作阶段且成功投出项目的仅有 1 支，其他多数由于募资问题未实际注册或已注册但未按要求进度出资。二是由于中小微企业处于初创期，企业自有资金少，担心获得投资后股权被稀释，因此，不愿寻求股权投资。

（四）企业互相担保链严重。100 家企业有 90% 以上有互相担保现象，并形成相当复杂的担保链。担保链的形成不仅增加了企业运营的风险，而且造成银行对企业的风险预期增大，在放款时要求企业提供更多抵押或企业互保，从而形成恶性循环。

（五）政策宣传力度不够。县（市、区）科技管理干部和企业对科技金融政策把握不透，对科技成果转化贷款、股权投资、设备租赁等新型融资工具不了解。

四、针对问题提出的建议

（一）拓宽合作模式，扩大风险补偿范围。在与省科技厅联合开展山东省科技成果转化贷款的基础上，推动一批市级科技合作银行和担保机构，通过与县级科技风险补偿资金、科技担保补偿资金联动，将一批县（市、区）农商行和担保机构纳入风险补偿范围，切实扩大对科技型企业的科技贷款规模。

（二）开展"一对一"对接，制定个性化金融产品。会同银行、担保机构深入企业进行"一对一"对接，宣讲科技金融政策，开展业务培训，征集融资需求，推介金融产品，根据每家企业情况定制知识产权质押包、订单融资包、科技人才包等个性化金融产品。

（三）编制企业技术发展规划。发挥大院大所和专家智库作用，对企业技术发展情况进行全面梳理分析，支持为企业科学编制 3 ～ 5 年技术发展规划，明确技术路线，制定技术解决方案。

（四）扩大担保公司数量和规模。进一步引导社会资金设立担保公司、科技基金等金融机构，拓宽企业融资渠道。设立专业的科技担保公司，公司可由市、县财政共同联合设立，优先为出资县（市、区）科技型中小微企业进行担保，破解企业担保链难题。

参考文献

[1] 徐玉莲，王玉冬，林艳. 区域科技创新与科技金融耦合协调度评价研究 [J]. 科学学与科学技术管理，2011（12）：116-122.

[2] 毛茜，赵喜仓. 科技金融创新与我国经济增长效应研究：基于科技型中小企业发展视角 [J]. 科技进步与对策，2014（12）：23-26.

科技创新平台支撑山东省
创新型省份建设的对策研究 ①

李维翠　　原顺梅　　田文香

摘要：山东省政府提出 2018 年率先建成创新型省份。准确定位科技创新平台的内涵，理顺科技创新平台与创新型省份建设的关系，全局掌握分析山东省科技创新平台建设现状，构建布局合理、管理科学、运行高效、支撑有力的科技创新平台体系，服务山东省创新型省份建设。

关键字：科技创新平台；创新型省份；对策

0　引言

早在 1999 年，美国竞争力委员会就提出了创新平台的概念，将其定位为创新基础设施和创新过程中的必要要素。之后，世界发达国家纷纷建立符合本国国情的科技创新平台。我国科技部顺势制定发布了《2004—2010 年国家科技基础条件平台建设纲要》，从国家层面规划设计我国的创新平台发展走向。在此背景下，山东省积极推动资源共享，制定政策法规，开展公共科技平台建设，支撑创新型省份建设，最大限度地释放平台的创新活力。

1　科技创新平台与创新型省份

1.1　科技创新平台概念界定

目前，学术界对于科技创新平台内涵的理解暂未达成统一，表 1 列出了几个代表性的定义。

表 1　科技创新平台的不同表述

作者	科技创新平台表述
黄宁生	科技创新平台是优化和集成科技资源开展科技创新活动、推广科技成果的重要载体，同时又是自主科技创新能力建设的主要载体
朱星华	科技平台建设包括公共科技基础条件平台、行业专业创新平台和区域创新平台 3 类重大创新平台
苏月增 徐剑波	科技创新平台是一种将学科建设、人才建设与科技发展相统一的，实现知识、人才和资源的充分共享的、新型的、交叉的、重要的科研组织运行模式
许强 杨艳	公共科技创新平台是产学研合作的一种新型阻止模式，是由若干家跨单位、跨领域、跨地区的高校、科研院所、中介机构和相关企业等组成的科技创新载体
马艳秋	科技创新平台是某一区域中一系列共享要素的集合，包括知识、信息、技术、人才、政策及其相互联系。它包括物质性的公共设施与公共组织，以形成一个有利于提出原创性理念、进行研究开发、科技成果转化、收集创新信息、交流与扩散的共享平台

通过梳理，本文认为，科技创新平台是将创新要素、创新资源、创新人才、创新成果进行集聚、整合、

---

① 资助项目：本研究是山东省软科学研究计划一般项目"推进山东省创新型省份建设的对策研究"（2017RKB02003）的阶段性研究成果。

培养、转化的一系列科技活动的载体，为科技创新提供技术支持和服务，方便创新主体的交流和创新资源的共享，进而保障区域创新持续稳定的开展。

1.2 科技创新平台分类

当前，科技创新平台主要有4种分类方式：一是按照在产业链中所处的位置分类，可以划分为公共研发平台、企业创新平台、公共服务平台；二是按照功能区分，可以划分为科技基础条件平台、科技研发平台、科技公共服务平台；三是按照平台级别划分，可以划分为国家、省、地市三级平台；四是按照平台主体归类，可以划分为政府、高校、科研院所、企业及联合共建的科技创新平台。

1.3 科技创新平台与创新型省份建设的关系

科技创新平台立足于科技创新活动，在创新要素集聚、创新资源整合、创新人才培养，创新企业孵化、科技成果应用等方面都发挥了极大的推动作用。2017年出台的《关于印发山东省创新型省份建设实施方案的通知》（鲁政发〔2017〕38号）明确了科技创新平台对创新型省建设的支撑作用，其中指出，强化创新型省份建设支撑，加快创新平台建设，优化科技创新平台布局。作为创新型省份建设的重要影响因素，构建布局合理、管理科学、运行高效、支撑有力的科技创新平台是科技创新提质升级的必争之地。

2 山东省科技创新平台的发展情况

山东省科技创新平台（图1）主要包括重点实验室、工程技术（示范）研究中心、院士工作站、科技企业孵化器和众创空间、生产力促进中心、技术转移示范机构和产业技术创新战略联盟等。此外，还应包括山东信息通信技术研究院（SAICT）、山东省重大新药创制平台、鲁南工程技术研究院、鲁南煤化工研究院（国家级实验室）、黄河三角洲可持续发展研究院和青岛海洋科学与技术国家实验室、国家高速列车青岛技术创新中心等国家级重大科技创新平台，以及国家信息通信国际创新园（CIIIC）等园区。

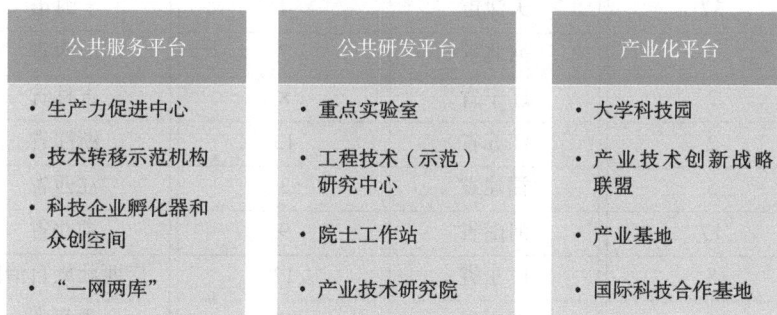

公共服务平台	公共研发平台	产业化平台
• 生产力促进中心 • 技术转移示范机构 • 科技企业孵化器和众创空间 • "一网两库"	• 重点实验室 • 工程技术（示范）研究中心 • 院士工作站 • 产业技术研究院	• 大学科技园 • 产业技术创新战略联盟 • 产业基地 • 国际科技合作基地

图1 山东省科技创新平台图示

2.1 公共服务平台

①生产力促进中心。2017年年底，9家生产力促进中心牵头成立山东生产力促进服务联盟，为促进山东省内生产力促进中心的健康有序发展注入新的活力。

②技术转移示范机构。截至2016年年底，山东共有国家技术转移示范机构32家。从业人员2399人，本科及以上人员占比为79.53%；获得发明专利3687件，组织技术交易活动1305次，促成技术转移7989项，成交金额48.88亿元。

③科技企业孵化器和众创空间。截至 2016 年年底，山东省省级以上科技企业孵化器 148 家，比 2015 年增长 87.3%；国家级科技企业孵化器 75 家，居全国前列。省级以上备案众创空间 293 家，众创空间和专业化众创空间新增备案数量全国第一；国家级众创空间 165 家，全国排名上升 1 位，居第 2 位。

④一网两库。截至 2016 年年底，山东省大型科学仪器设备协作共用网入网开放共享仪器 13 045 台（套），设备总价值超过 109 亿元，会员单位 8461 家，上报至国家网络管理平台的科研设施与仪器管理单位 975 家，价值在 50 万元以上的科研设施与仪器 3965 台，多项指标位居全国前列。山东省科技文献共享服务平台 2011 年正式运行，融合了知网、维普期刊数据库、国研网数据库、万方数据、全球产品样本数据库等镜像站的资源，并开通 NSTL 济南服务站。山东省科技云平台集聚了项目、成果、技术、专家、政策、专利等科技资源，构建了良性发展的创新创业生态，提高了科技成果的转化效率，实现了科技资源的共享。

2.2　公共研发平台

①重点实验室。截至 2016 年年底，山东省建成省级重点实验室 244 家，国家重点实验室 20 个（包含企业国家重点实验室 17 个），国家实验室（试点）1 个。

244 家省级重点实验室分布在新材料、电子通信、生物技术、现代农业、医药卫生等 12 个行业领域。其中，依托高校、科研院所的有 148 家，占比为 61%；依托企业的有 96 家，占比为 39%。在区域分布上，前 5 位是济南、青岛、烟台、潍坊、威海、泰安，分别建有 97 个、40 个、21 个、14 个、12 个、12 个。

在 20 个国家重点实验室中，3 个依托高校建设，17 个依托企业建立。依托高校建立的是：依托山东大学建立的晶体材料国家重点实验室和微生物技术国家重点实验室，依托山东农业大学建立的作物生物学国家重点实验室。如果加上依托中国石油大学（北京、华东）建立的重质油国家重点实验室，山东的国家重点实验室可算作 3.5 个。其中，作物生物学国家重点实验室评估结果为良好。企业国家重点实验室数量居全国第 2 位（表 2）。

表 2　企业国家重点实验室全国分布

所属地区	数量/个	所属地区	数量/个	所属地区	数量/个
北京市	37	天津市	4	上海市	11
重庆市	3	河北省	7	山西省	3
内蒙古自治区	2	辽宁省	8	吉林省	1
黑龙江省	2	江苏省	13	浙江省	2
安徽省	5	福建省	3	江西省	2
山东省	17	河南省	9	湖北省	7
湖南省	8	广东省	13	广西壮族自治区	1
海南省	1	四川省	3	贵州省	2
云南省	2	陕西省	6	甘肃省	2
宁夏回族自治区	2	青海省	1		

青岛海洋科学与技术国家实验室在 2013 年 12 月获得科技部批复、2015 年 6 月正式运行，获拨国家专项经费 2 亿元，省市配套资金 4 亿元。目前已开展多个国际合作项目。

②工程技术研究中心。截至 2016 年年底，山东省已有省级（示范）工程技术研究中心立项 85 家，国家工程技术研究中心 36 家。国家级工程技术研究中心数量居全国第 2 位。

36 家国家工程技术研究中心，按照技术领域划分，分布在信息技术、新材料、生物医药、交通装备、现代农业等高新工业、农业和社发领域；按照地域划分，分布在青岛、济南、烟台等 12 个地市。

③院士工作站。截至 2016 年年底，山东省新增备案院士工作站 187 家，引进两院院士及海外院士 126 人，院士团队 300 余人。

④产业技术研究院。山东省目前典型的几个产业技术研究院包括山东信息通信技术研究院（SAICT）、山东省重大新药创制平台、鲁南工程技术研究院、鲁南煤化工研究院、黄河三角洲可持续发展研究院。

2.3 产业化平台

①大学科技园。2017 年 12 月，山东省连续出台《关于进一步加强大学科技园建设的实施意见》《山东省大学科技园管理办法》，为大学科技园的运行管理提供了政策保证。官方预计到 2021 年将新建省级大学科技园 10 家左右。

②产业技术创新战略联盟。2016 年，印发《培育百个品牌产业技术创新战略联盟实施方案》，实行备案登记制度。

③产业基地。截至 2016 年年底，山东共有国家火炬特色产业基地 66 家、国家高新技术产业化基地 11 家、创新产业集群 5 个。

④国际科技合作基地。2016 年，山东新增国家国际科技合作基地 4 家。

3 山东省科技创新平台存在的问题

3.1 科技创新平台的服务和共享效率需进一步提高

目前，山东省科技创新平台发展布局不均衡的现象已经显现，科技服务平台重硬件升级轻软服务质量，科技研发平台的国际影响力不大，产业化平台发展态势渐趋缓慢，平台建设缺乏明确的顶层规划，平台重复性建设现象时发，暂未形成国家、省、市三级梯级递补、协同运作的良性机制，需要下大力气提升科技创新平台的服务和共享效率。

3.2 扶持政策未成体系

山东省出台的支持科技创新平台建设的政策数量不少，但多是对国家政策的贯彻落实，政策力度上下一般粗现象突出，体现山东省特色的政策较少，更是没有形成一套支持科技创新平台提质发展的政策体系。在资金扶持上，多以项目支持为主，财税资金支持模式单一。

3.3 重大科技创新平台数量偏少

山东省科技创新平台的数量已形成规模，但是具有重要影响力和辐射带动作用的、能支撑创新型省份建设和服务新旧动能转化重大工程的科技创新平台的数量偏少。例如，国家重点实验室全国有 254 个，山东只有 3 个；企业国家重点实验室山东有 17 个，排名全国第二，也仅占全国比重的 9.6%；没有省部共建国家重点实验室。

4 进一步提升山东省科技创新平台发展质量的建议

4.1 优化科技创新平台布局，提高平台共享效率

山东省科技创新平台仅从数量上看，在全国占有一定的份额，但是，平台的规划设计和布局有待进一步规范。应结合山东省地市科技资源现状和特点，围绕新旧动能转化重大工程和创新型省份建设，完善科技创新平台的顶层规划和总体设计。针对公共研发平台、公共服务平台、产业化平台的不同功能，体现地市的特色和互补性，分类指导，优化布局。发挥政府的科技创新平台主体的主导作用，引导平

台其他建设主体和社会力量共建共享，形成优势互补的创新合力。改变资源分散闲置、部门垄断的资源管理现状，学习上海、浙江、江苏等兄弟省市在科技创新平台管理运行方面的典型经验，创新平台整合和共享模式。同时进行产学研和对外科技合作。一方面，发挥高校和科研院所的智力优势，采取合作共建、委托开发、技术转让等多种方式，推动区域科技创新平台的资源流动；另一方面，依托平台，通过国外引智、联合攻关、客座专家等方式，加强对外科技合作，学习国外现行成熟的科技创新平台运行机制和管理规范，建立持续稳定的合作机制，提高科技创新平台的共享效率。

4.2 健全财政支持政策，形成稳定持续支持模式

目前，山东省科技创新平台建设的投入模式仍然以项目资金为主要手段。虽然项目支持见效快，但是与科技创新平台运行长效机制不匹配，需要政府创新支持方式，引入民间资本和风投资金，改变单一资金投入模式。一是充分发挥科技金融的资金集聚效应，形成企业创新的资金池。保障企业的创新投入不间断，特别是刚开始创业的科技型小微企业。培育或引进创投机构，发挥风投资金的引导作用。加强对创投机构的监测评价，如向中小微科技企业的投资比例设定最低值。政府做好对"科技支行—担保公司—贷款中小微科技企业"的一条龙服务，扶持政策再细化，金融服务再提升。引导社会资本成立或参与各类融资组织。例如，融资租赁公司、融资担保中介机构，加快中小微科技企业从苗圃到形成产业规模的进程。二是健全平台建设、运行、管理现有的政策法规，理顺与现行有效的科技政策的关系，做好各政策规章的无缝对接。设立平台政策评价督导小组，监督政策落实，针对不同平台分类指导服务，评价平台建设、运行和管理的效率，促使平台形成良好的长效运行机制。

4.3 建设国家级重大科技平台，支撑创新型省份建设

国家级重大科技创新平台聚集创新资源能力强、带动产业提质升级作用大、支撑创新型省份建设效果好。以山东省战略发展目标为导向，瞄准关键共性技术、前沿引领技术、颠覆性技术，布局建设一批学科交叉融合度高、辐射带动影响力大的国家级重大科技平台。目前，通过国家、省、市协同共建，山东省已建成青岛海洋科学与技术国家实验室、国家高速列车青岛技术创新中心两个国家级重大科技平台，在协同创新研发、大型科技基础设施建设、人员分类管理、科研成果转化等方面取得了一定的先行经验，将能为争取更多重点领域国家实验室或技术创新中心落地山东省提供经验。

参考文献

[1] 李啸，朱星华.浙江科技创新平台建设的经验与启示 [J].中国科技论坛，2008（3）：39-43.

[2] 孙庆，王宏起.地方科技创新平台体系及运行机制研究 [J].中国科技论坛，2010（3）：16-19.

[3] 张磊，张青.天津市科技创新平台建设现状及发展对策研究 [J].天津科技，2011，38（4）：80-82.

[4] 张贵红，朱悦.我国科技平台建设的历程、现状及主要问题分析 [J].中国科技论坛，2015（1）：17-21，38.

山东省高等学校 R&D 绩效分析及优化政策

王贤慧　　宫明永　　陈嘉琳

摘要： 通过对《中国科技统计年鉴》《山东统计年鉴》中，2009—2016 年山东省高等学校 R&D 经费投入强度、来源结构、科技产出等资源配置数据进行分析，同时就优势和存在的问题，对今后的发展提出了一些对策建议。

关键词： 山东高校；R&D 投入；R&D 产出；资源配置

1　山东省高等学校 R&D 经费配置情况

R&D 经费是 R&D 活动诸多支撑条件中最重要的因素，高校如何有效地配置资源，建立合理高效的科技投入结构，对于利用有限的科技配置资源产生尽可能大的科技产出尤其重要。

在联合国教科文组织的科技统计指标体系中，主要采用以下两个指标来衡量 R&D 活动的投资规模：一是 R&D 经费的绝对数；二是 R&D 经费占 GDP 的相对数。

1.1　山东省高等学校 R&D 经费来源情况

山东省 2016 年 R&D 经费内部支出总额在全国排名第 11 位，位列北京、广东、江苏、上海、天津、浙江、湖北、四川、黑龙江、辽宁之后。其中，政府资金投入基本上逐年增长，2010—2016 年，分别比上一年增长 30.27%、9.72%、27.35%、8.69%、–0.42%、21.50%、0.06%。同期，山东省高校 R&D 经费增长显著，2010—2016 年，分别比上一年度增长 27.45%、15.99%、21.37%、15.62%、–0.81%、12.74%、–1.22%，可见各级政府对于山东省高等学校的大力支持。

近年来山东省高校 R&D 经费中，政府投入经费就占到了 60% 以上，已成为山东省高校 R&D 经费最大来源，高校 R&D 活动主要还是依赖于政府的资助；企业投入的经费基本上在 30% 的比重，成为山东省高校 R&D 经费的第二主要来源；其他经费的来源比重为 10% 左右。由此可见，山东省高校 R&D 经费主要来源于政府的投入，对政府依赖度相对较大，政府拨款是支撑和开展高校科技创新的重要保障；山东省高校与企业的联系也相对密切。

在西方发达国家，企业是 R&D 经费来源的主体，企业投入的比重均高于 50% 以上。因此，山东省高校在得到政府资金资助的同时，也应争取获得企业和其他方面更多的支持资金（表 1）。

表 1　2009-2016 年山东省高等学校 R&D 经费内部支出及资金来源

年份	R&D 经费内部支出 / 万元	政府资金 / 万元	政府资金占比	企业资金 / 万元	企业资金占比	国外资金 / 万元	国外资金占比	其他资金 / 万元	其他资金占比
2009	161 085	102 303	63.51%	47 990	29.79%	935	0.58%	9857	6.12%
2010	205 308	133 273	64.91%	61 621	30.01%	700	0.34%	9716	4.73%
2011	238 143	146 229	61.40%	78 285	32.87%	812	0.34%	12 824	5.38%
2012	289 023	186 222	64.43%	83 923	29.04%	2669	0.92%	16 209	5.61%

续表

年份	R&D 经费内部支出 / 万元	政府资金 / 万元	政府资金占比	企业资金 / 万元	企业资金占比	国外资金 / 万元	国外资金占比	其他资金 / 万元	其他资金占比
2013	334 182	202 399	60.57%	111 485	33.36%	2675	0.80%	17 622	5.27%
2014	331 474	201 555	60.81%	107 915	32.56%	2702	0.82%	19 303	5.82%
2015	373 713	244 899	65.53%	90 528	24.22%	826	0.22%	37 460	10.02%
2016	369 168	259 584	70.32%	79 363	21.50%	660	0.18%	29 560	8.01%

山东省 2009—2016 年 R&D 经费外部支出有增有降，总体呈上涨趋势。2015 年、2016 年，R&D 经费外部支出达到了 37.72%、30.94% 的增幅（表 2）。2016 年，山东省 R&D 经费外部支出在全国位列第 8，位于北京、广东、上海、江苏、湖北、四川、陕西之后。

表 2　2009—2016 年山东省高等学校 R&D 经费外部支出

单位：万元

年份	R&D 经费外部支出	对国内研究机构支出	对国内高等学校支出	对国内企业支出	对境外机构支出
2009	17 388	6301	3822	2518	4558
2010	17 026	3996	4080	1239	7684
2011	18 653	4282	5113	3104	6151
2012	20 420	6968	7047	5441	874
2013	21 947	12 141	5557	3153	1006
2014	19 521	5375	7469	5973	390
2015	26 884	11 377	6077	8961	466
2016	35 203	14 909	11296	8530	450

1.2　山东省高等学校 R&D 经费水平

根据统计数据显示，近几年来，山东省高等学校 R&D 经费内部支出基本上呈逐年增加的态势，其中 2010 年、2012 年增幅在 20% 以上。山东省高等学校 R&D 经费内部支出占 GDP 比重较平稳。2009—2011 年稳定在 0.05%，2012—2016 年基本上稳定在 0.06%，在全国排名居于中游水平（表 3）。

表 3　2009—2016 年山东省高等学校 R&D 经费内部支出占 GDP 比重

类别	2009 年	2010 年	2011 年	2012 年	2013 年	2014 年	2015 年	2016 年
地区生产总值 / 亿元	33 896.65	39 169.92	45 361.85	50 013.24	55 230.32	59 426.59	63 002.33	67 008.19
高等学校 R&D 经费内部支出 / 万元	161 085	205 308	238 143	289 023	334 182	331 474	373 713	369 168
高等学校 R&D 经费内部支出较上一年增加比重	—	27.45%	15.99%	21.37%	15.62%	-0.81%	12.74%	-1.22%
高等学校 R&D 经费内部支出占 GDP 比重	0.05%	0.05%	0.05%	0.06%	0.06%	0.06%	0.06%	0.06%

1.3　山东省高等学校 R&D 经费结构

R&D 活动分为 3 类：基础研究、应用研究、试验发展。基础研究是关于现象和事实的基本原理，成果多表现为论文、专著等，短期内难以见到经济效益。应用研究是为解决实际问题而进行的科学研究，为达到实际应用提供应用原理、技术途径和方法、原理性样机或方案，能够在短期内就见到经济效益。试验发展指利用从基础研究、应用研究和实际经验所获得的现有知识，为获得新材料、新工艺、新系统、新服务而进行的实质性改进,不增加知识,而是与生产活动直接有关,其成果形式主要是专利、样机样件等。

R&D 经费在各阶段中的分配将直接影响科技与经费的关系。过低的基础研究比例,会导致经济发展的技术动力不足,影响经济的持续发展和综合竞争力,而过分强调基础研究和应用研究的地位而忽略试验发展的作用,将导致科技与经济相互脱节。一直以来,山东省高校 R&D 活动侧重点在研究,基础研究和应用研究是高校 R&D 活动的主体,也是高校的传统优势所在。

对于高等学校内部基础研究、应用研究、试验发展经费的配置关系,目前还没有一个公认的标准。就全国及先进省市的数据来看,山东高等学校 3 项 R&D 活动资源配置还比较合理,山东高校基础研究、试验发展的比重均高于全国高校的平均水平,应用研究略低于全国平均水平。例如,2016 年山东省高等学校 3 项比重分别为:46.93%、40.35%、12.72%,同一年度全国高等学校 3 项比重分别为:40.33%、49.28%、10.39%。山东省地方高校应进一步优化 R&D 经费的使用结构,稳定基础研究投入,控制应用研究投入,加大试验发展投入(表 4)。

表 4 2009—2016 年山东省高等学校 R&D 经费内部支出结构分配

单位:万元

年份	R&D 经费内部支出	基础研究	基础研究占 R&D 经费内部支出比重	应用研究	应用研究占 R&D 经费内部支出比重	试验发展	试验发展占 R&D 经费内部支出比重
2009	161 085	57 213	35.52%	85 369	53.00%	18 504	11.48%
2010	205 308	72 644	35.38%	109 126	53.15%	23 540	11.47%
2011	238 143	93 223	39.15%	102 725	43.14%	42 200	17.71%
2012	289 023	100 404	34.74%	135 708	46.95%	52 911	18.31%
2013	334 182	124 854	37.36%	154 145	46.13%	55 182	16.51%
2014	331 474	119 775	36.13%	152 273	45.94%	59 426	17.93%
2015	373 713	160 993	43.08%	166 427	44.53%	46 294	12.39%
2016	369 168	173 243	46.93%	148 960	40.35%	46 964	12.72%

2 山东省高等学校 R&D 产出

高校的科技产出主要包括论著、专利、技术转让、鉴定成果、奖励等形式,其中论著和专利是 R&D 活动产出的主要部分。科技论文与科技著作、专利情况、科技奖励、学术交流水平等是 R&D 产出的主要衡量指标。

高校 R&D 投入及产出水平是高校科技创新实力的具体体现。2009—2016 年,山东省高等学校 R&D 产出不断提高。2009—2016 年,山东省高等学校在 R&D 课题、科技论文、专利等方面的数量稳健上涨(表 5)。山东省高等学校在 R&D 课题平均投入经费分别为 5.31 万元、6.42 万元、6.32 万元、7.80 万元、7.38 万元、7.51 万元、7.23 万元、7.42 万元,经费额度总体不高(表 6)。2016 年,山东省高等学校 R&D 课题总数达到 3.87 万项,位居全国第 9 位;但是 R&D 课题平均投入经费 7.42 万元,位于全国第 12 位,低于全国 R&D 课题平均经费 8.69 万元的平均水平,说明山东省高校的 R&D 项目总体上呈现数量多、重量级项目少、平均资助强度低等特点(表 7)。

表 5 2009—2016 年山东省高等学校 R&D 产出情况

年份	发表科技论文/篇	国外发表/篇	出版科技著作/种	专利申请数/件	发明专利/件	有效发明专利/件	专利所有权转让及许可数/件	专利所有权转让及许可收入/万元	形成国家或行业标准数/项
2009	48 631	7636	1666	2032	1342	3503	83	721	10
2010	48 926	8671	1690	3256	1668	4420	93	890	6

续表

年份	发表科技论文/篇	国外发表/篇	出版科技著作/种	专利申请数/件	发明专利/件	有效发明专利/件	专利所有权转让及许可数/件	专利所有权转让及许可收入/万元	形成国家或行业标准数/项
2011	46 954	10 291	1488	6119	1919	6346	86	1154	4
2012	48 339	11 051	1608	4759	2753	3477	98	1557	3
2013	50 325	14 970	1649	4625	4516	4510	90	1869	2
2014	54 839	15 385	1990	9123	4915	6401	80	916	5
2015	53 793	16 497	2186	12 377	6430	8256	116	977	3
2016	53 770	19 158	1913	12 421	7657	10 666	94	1568	3

表6　2009—2016 年山东省高等学校 R&D 课题数量及投入情况

年份	R&D 课题数/项	投入人员/人年	投入经费/万元	R&D 课题平均投入经费/万元
2009	19 786	14 038	105 108	5.31
2010	22 810	14 500	146 452	6.42
2011	27 273	16 073	172 484	6.32
2012	27 550	16 066	214 814	7.80
2013	30 783	17 573	227 187	7.38
2014	33 303	20 846	250 182	7.51
2015	37 093	20 950	268 085	7.23
2016	38 738	20 562	287 278	7.42

表7　2016 年全国各省高等学校 R&D 平均投入排名

排名	地区	R&D 课题数/项	投入人员/人年	投入经费/万元	R&D 课题平均经费/万元
	全国	894 279	359 837	7 772 226	8.69
1	黑龙江	17 317	14 218	409 481	23.65
2	天津	22 503	10 343	444 077	19.73
3	北京	91 089	32 260	1 219 307	13.39
4	上海	51 743	23 877	645 342	12.47
5	青海	1143	661	13 954	12.21
6	辽宁	32 423	17 497	357 165	11.02
7	江苏	67 670	26 346	707 061	10.45
8	广东	70 697	23 901	664 320	9.40
9	湖北	43 373	15 024	369 528	8.52
10	重庆	23 569	8516	180 703	7.67
11	四川	46 803	17 457	357 506	7.64
12	山东	38 738	20 562	287 278	7.42
13	陕西	41 342	11 229	292 681	7.08
14	河南	25 949	7918	167 008	6.44
15	山西	9352	6624	59 599	6.37
16	浙江	63 357	17 706	399 946	6.31
17	甘肃	9858	3902	61 701	6.26
18	安徽	28 913	12 692	169 470	5.86

排名	地区	R&D 课题数 / 项	投入人员 / 人年	投入经费 / 万元	R&D 课题平均经费 / 万元
19	云南	16 456	6951	93 015	5.65
20	吉林	20 804	14 332	117 347	5.64
21	湖南	34 770	15 318	195 717	5.63
22	福建	32 417	10 668	153 976	4.75
23	贵州	13 834	4219	60 720	4.39
24	新疆	8804	4030	37 884	4.30
25	内蒙古	8223	3326	33 535	4.08
26	宁夏	4100	1940	16 664	4.06
27	江西	20 252	6042	78 989	3.90
28	广西	20 391	10 218	77 719	3.81
29	海南	3796	1136	14 192	3.74
30	河北	23 567	10 670	83 528	3.54
31	西藏	1026	253	2810	2.74

3 山东省高等学校 R&D 资源配置情况分析

3.1 山东省高等学校 R&D 资源配置总体概述

通过对 2009—2016 年山东省高校 R&D 资源数据中经费、来源、结构、产出的分析，可以清晰地看到山东省高等学校在全省 R&D 活动中的资源配置状况。

（1）山东省高等学校 R&D 经费总量不足；经费来源的主体是政府资金，其次为企业资金；R&D 经费人均资源较低。

（2）R&D 课题数量多、人均和项均经费水平低；课题经费的投入重点是基础研究和应用研究，试验发展的研究较少。

（3）山东省高校的投入产出比较高，尤以论文、著作为最；专利中的发明专利授权量等方面也日渐丰硕。

3.2 关于山东省高等学校 R&D 工作的一点思考

针对山东省高校 R&D 活动的优势和存在的问题，提出相应对策建议，以期促进山东省高校 R&D 工作的进一步发展，为提高山东省高校科技创新能力，促进区域经济健康快速发展起到一定的推动作用。

3.2.1 加大高校 R&D 经费投入力度，建立 R&D 经费多元融资体系

近些年来，山东省高校 R&D 经费投入上升趋势明显，但改变山东省高等学校人均、项均 R&D 经费投入偏低的现状依然任重而道远。目前，山东省高校 R&D 经费主要来源于政府资助，这可能会使高校的研发动力不足。

充足的资金投入是促进高校科技发展、增强科技竞争力的物质保障。要进一步加大对山东高校 R&D 活动的投入力度，建立稳定的增长机制，完善科技投融资体系，做大做强科技风险投资，为高校创造良好的投融资环境。通过建立、健全政府、企业、银行、外资等多元融资体系，形成以政府投入为引导、企业投入为主体、银行贷款为支撑、社会集资、外资为补充、优惠政策为辅助的科技投入体系，以达到扩大高校 R&D 经费来源，激发高校科研活动活力的目的。

3.2.2　优化 R&D 经费的投入比例，提升 R&D 经费使用效率

山东省高校 R&D 活动经费更多来源于政府投入，与企业 R&D 更多为应用研究与试验发展直接面向市场相比，山东省高校 R&D 活动则更多集中基础研究和应用研究两个方面。基础研究具有周期性比较长的特点，虽然其短期效应不明显，却与原始创新能力紧密相连，因此对基础研究资金投入要予以有力保障。

这些年来，山东省高等院校取得了一批重大创新成果，但总体来看，高端研发能力劲头不足、成果转化率较低、科技成果与经济社会发展结合不够紧密等问题还较大范围存在着。为了减少科研资源的浪费，高校 R&D 活动要充分考虑市场需求，研发出来的科技成果尽可能地转化为现实生产力，把科技创新与产业发展、市场需求等有机结合起来。下一步，山东省地方高校应进一步优化 R&D 经费的使用结构，稳定基础研究投入，控制应用研究投入，加大试验发展投入。

3.2.3　全方位推进高校 R&D 成果转化

山东省高校的 R&D 项目总体上呈现数量多、重量级项目少、平均资助强度低等特点。针对这一现状，管理部门应该建立健全促进高校 R&D 活动的政策措施，完善科研激励和约束机制，促进高校 R&D 资源的优化配置，提升高校 R&D 资源服务社会的能力。促进高校高技术成果的转让和转移，促进高校 R&D 成果的孵化、转化、产业化和市场化，带动产学研一体化发展。鼓励高等学校与企业、科研院所建立与市场需求相衔接的多形式为一体的立体化科学研究体系，提高高校科技成果的成熟性、配套性和工程化水平，提供高水平的可开发应用并能提高经济效益的科技成果，增强高校服务社会的能力。

参考文献

[1] 赵庆年，刘君 . 我国不同科类高校科研投入与产出特点研析 [J]. 科技管理研究，2016（16）：101-107.

[2] 姜鑫，罗佳 . R&D 资源投入绩效评估：基于高校数据的实证分析 [J]. 科技进步与对策，2012（24）：37-41.

[3] 接民，李晓青 . 山东省区域 R&D 投入水平差异聚类分析 [J]. 价值工程，2010（29）：14-15.

科研院所科技成果转化的模式与对策研究

张志敏　刘霞　田文香

摘要： 科技创新的根本在于转化应用，产生创新是一方面，创新成果实际上转化为生产力也非常重要，如果不能有效转化应用，那么再多的创新也没有意义。本文对当前科研院所科技成果转化过程中的影响因素及转化模式进行了分析，并对转化过程中存在的问题提出相应的对策。

关键词： 成果转化；转化模式；转化因素

从 2018 年全国科技工作会议上获悉，2017 年我国发明专利申请量和授权量居世界第一，国际科技论文总量和被引用量均居世界第二，全国技术合同成交额达到 1.3 万亿元，科技进步贡献率达到 57.5%。

全国政协副主席万钢在会议上表示，在过去的 5 年中，我国科技创新能力有了显著的提升，主要的创新指标已进入世界前列。2017 年，我国社会研究与开发支出达到 1.76 万亿元，比 2012 年增长 70.9%，研究与开发支出占 GDP 的 2.15%，超过了欧盟 15 国 2.1% 的平均水平；2017 年，国际科技论文总量比 2012 年高出 70%，国际科技论文被引用量首次超过德国、英国；2017 年，我国国家创新能力排名比 2012 年上升 3 位。

科技创新的根本在于科技成果的转化能力，创新只是一方面，更重要的是创新的成果能够转化为生产力，如果不能进行有效的转化应用，那么创新也就失去了意义。

一、科研院所科技成果转化的重要因素

科技成果转化是指为了提高生产力水平，对科学研究与技术开发所产生的具有实用价值的科技成果所进行的后续试验、开发、应用、推广直至形成新产品、新工艺、新材料，发展新产业等活动。科技成果转化成功与否，取决于科技成果转化的产出方和需要方。

（一）科研机构的成果转化特点及困难

一是科研院所大多不是以盈利为目的，其运营支出部分或全部由财政保证，科研人员的收入水平往往受国家体制的约束，尤其是公益类科研机构的科研人员，收入水平难以与实际劳动付出挂钩，体现不出科研人员的劳动价值，这使得科研院所的科研人员参与科技成果转化积极性不够。

二是有的科学研究，从开始就没有考虑到市场的需求，缺少市场调研，要么研究结果出来以后，本身已不具有先进性，无法满足企业需求；要么太有前瞻性，科技成果转化的过程太漫长，不具有商业化价值。

三是在科研院所氛围还是围绕申报国家级课题、奖项、人才培养等展开，科研人员的工作也大多停滞在学术研究阶段，缺乏成果转化的复合性专业人才，致使转化率低。

（二）科技成果需要方的能动性

科技成果转化，其实就是科研院所在实验室里形成的技术向企业的产品化应用技术的转化，绝不

仅是技术方案或技术手段的平移,由于企业在实际的实施过程中,基于规模化、成本、操作可行性的考虑,环境与实验室大不同,这就决定了实验室的科技成果的转化过程,其实是该成果的一个二次开发过程,部分科技成果会有转化失败的风险。企业作为科技成果的需要方,转过科技成果的目的在于提高企业的市场竞争力和竞争优势,所以企业在选择科技成果及科技成果的转化方式上,首先考虑的问题是科技成果的转化风险和性价比,这对科技成果的转化有很强的筛选作用,影响科技成果的有效转化。

二、科研院所科技成果转化的模式

提升成果转化的成功率,关键还要考虑转化模式。近年来,科技成果的转化有多种模式,如科研院所内部转化、院企结合等,现分析如下。

(一)一体化模式

科研院所既是科技成果研发者,也是科研成果的所有者。科研院所通过独立投入、控股投入等形式,独立组建科技型企业或控股相关企业进行科技成果产业化的市场策划、产品生产与市场销售所需人力资源、基础设施、信息及财务等资源配置,独立承担科技成果产业化成熟度改进、二次开发、生产运作,独立实施科技成果产业化。

这种模式的特点是将科技成果的研发与转化应用融为一体,科技成果转化交易成本低,转化率高,但同时造成科研院所投入巨大,投资风险较大。

(二)技术转让模式

技术转让模式即有偿转让模式,是指科研院所通过签订技术转让合同,将科技成果作为技术商品一次性转让给企业,主要包括新技术、新产品、新工艺等的专利权、专利实施许可权、技术秘密等。该模式分为间接转让和直接转让两种。

这种模式的特点是科技成果的研发与转化应用相分离,企业在科技成果产业化过程中,往往因缺少技术支持,而影响科技成果转化成效。

(三)合作转化模式

合作转化模式是指在科技成果转化的过程中,科研院所与企业建立合作关系,这种模式也包含政府参与下的"官产学研"合作模式。该模式可以将科研院所的科研优势与企业的产业优势进行整合,形成联动优势,还可以借助于政府的科技园区孵化器,以实现科技成果产业化。

这种模式的特点是能将企业与科研院所的优势有效结合,实现产学研各方的资源共享,同时将企业需求导向与技术创新有机结合,加强了科学研究与工程应用的衔接。

(四)公共技术服务平台模式

公共技术服务平台模式是指基于互联网技术搭建的创新服务平台,通过整合各方面资源,以科研服务的形式,为企业提供专业的转化服务,实际上是一种更高级的产学研结合模式,还可打破科研院所、企业、政府之间的行政壁垒,实现多领域的合作。

这种模式的特点是依托科研院所的科技资源进行整合与配置,建立协同创新中心或平台,以企业具体需求为目标,基于数据的低成本和全过程的突破,柔性生产快速满足市场需求。

三、科研院所科技成果转化过程中存在的问题及对策

针对当前制约成果转移转化的主要问题,打通科技成果转化应用的"最后一公里",建立健全科

技创新市场导向机制和科技成果转化机制，培育尊重知识、崇尚创造、追求卓越的科技创新文化和氛围，让更多科技人员梦想成真，进而形成"科技创新—成果转化—科技创新"的良性循环。

（一）联合创新，解决科技成果院、企供需不对称

近年来，产学研之间的合作已由简单的技术咨询向技术合作、定向委托等方向转变，但是市场急缺的成果仍然存在研发空白，造成科技成果供需严重不对称，制约了科技成果的转化。

建立产学研三位一体化方针，科研院所和企业联合进行创新，不但提升科技成果的实用性，而且能更好地促进科研院所将"锁在柜子里"的成果推向市场。通过组建科技创新战略联盟等形式，引导各方形成合力，多模式、多渠道实现成果的市场化，产生协同效应，共同促进科技成果转化。这种需求和资源的互补能够产生比单一资源单独使用更大的效率，在合作项目进展的不同阶段资源的配置也更加合理。

（二）健全和完善科技成果转化的激励体系

尽管国家和地方相继出台了一系列的科技成果转化措施，但在实际执行过程中一些规定存在矛盾，影响了政策落实，奖励激励机制的缺失，影响科技人员积极性。

在科技成果转化过程中，相关院所应该健全相应的成果转化激励体系，不断地完善科研收益分配制度来鼓励相关的科研人员。清晰合理科技成果转化收益制度，能够有效地调动科研人员的积极性，最大限度激发科研人员的工作热情，推动科研成果的转化进程，让科研成果真真正正地转化成为对我国经济发展有帮助的成果。

（三）建立风险投资机制，解决转化资金问题

与发达国家相比，我国的风险投资起步较晚，在数量和规模上都存在着明显的差距，需要加以扶持和完善，而科技成果的转化过程又是复杂漫长的，存在失败的风险，打通科技与金融结合的通道，是我们当前要下功夫着力推进的工作。

纵观各国高科技产业的发展，建立风险投资机制是实现科技成果转化的必然选择。风险投资作为一种特殊的融资手段，可以为科技成果从开始研发到实现产业化全阶段提供资金保障。同时，要解决科研院所科技成果转化资金投入不足的问题，还可以通过拓宽融资渠道，创新融资平台，建立以政府财政资金为引导，吸引企业投资和民间资本投资，并依托金融机构资金为支撑的多渠道、多元投资融资体系，这样既可以减少政府财政的压力，也可以正确引导社会资本的走向。

参考文献

[1] 王琳，邹红霞. 高校科研机构技术成果转化方式研究 [J]. 信息技术与信息化，2016（9）：109-111.

[2] 郭强，闫诚，韩晶，等. 国内外科技成果转化模式和现状 [J]. 科技成果管理与研究，2014（8）：24-28.

[3] 刘书庆，韩亚辉，苏秦. 转制科研院所科技成果产业化模式研究 [J]. 科技进步与对策，2011（12）：20-25.

[4] 赵海征. 科研院所科研成果转化和产业化过程中的瓶颈分析 [J]. 科技创新与应用，2016（18）：44-45.

[5] 梁梓萱，何海燕. 科技成果转化创新模式探析 [J]. 中国高校科技，2017（1）：108-110.

浅探科技创新在德州发展新旧动能转换中的支撑作用

乔贺三　　任　勇　　孙晓龙

摘要：科技创新是支撑经济社会发展的不竭动力，加快新旧动能转换是全面提升山东发展质量与效益的根本。本文分析了德州市近年来推动科技创新的举措与成效，以及在推进德州新旧动能转换及培植新动能方面所发挥的作用，指出了目前存在的问题，并提出了相应的建议。

关键词：科技创新；新旧动能转换；支撑

2017年3月6日，李克强总理在两会期间参加山东代表团审议时指出，山东发展得益于动能转换，希望山东在国家发展中继续挑大梁，在新旧动能转换中继续打头阵。科技创新是支撑经济社会发展的不竭动力。近年来，德州深入贯彻落实新发展理念，坚持创新驱动战略，以推进供给侧结构性改革为主线，积极探索实践"科技·金融·产业"融合创新，加快新旧动能转换，坚持把创新作为引领发展的第一动力，深入推进以科技创新为核心的全面创新，加快形成以创新为主要引领和支撑的经济体系，建设创新型城市。科技创新对全市经济发展的支撑作用明显增强。

一、多渠道加强科技创新成效显著

通过各项举措，德州积极推动科技创新工作，收到显著成效。

（一）加大与大院大所科技合作力度。近年来，先后举办了"2014德州·京津大院大所对接会""2015中科院院士专家德州行""中国·德州京津冀鲁技术交易大会"等系列重大科技合作活动，搭建起了企业与大院大所对接的桥梁与纽带。截至目前，全市近1000家企业与600多家高校院所建立了密切合作关系；中科院、教育部、中关村、山东大学等高校院所、重要园区都与德州建立了全面深化合作关系。

（二）不断完善科技服务链条。构建科技咨询、科技评估、技术转移、知识产权服务等闭合式全链条科技服务体系。依托齐鲁技术产权交易市场，先后引进100多家知名科技服务机构，在德州市设立分支机构，为1330余家企业开展成果转移、技术评估、专利申报等服务。将"科技服务进车间"活动常态化，累计摸排企业技术需求4000余项。

（三）积极推进科技金融产业深度融合。围绕科技创新链，建立完善金融支持链。设立科技成果转化引导基金、科技风险补偿基金、科技担保基金、科技融资租赁补偿资金、科技专项奖补资金等5支基金和资金。成立16家科技支行。成立各类创新创业基金17支，总规模达25亿元。

（四）不断完善园区平台建设。德州高新技术产业开发区成功晋级国家级高新区。山东省技术转移转化中心布局德州。山东大学晶体材料、生物工程、智能装备3个研究院落户德州市。建设市级以上院士工作站33家；科技企业孵化器和众创空间61家，孵化总面积近200万平方米，入孵企业和团队1000余个。

截至2017年年底，德州拥有工程技术研究中心284家（其中，国家级4家、省级54家、市级226家），重点实验室90家（其中，省级7家、市级83家），科技企业孵化器21家（其中，国家级4家、省级6家、市级 11 家）。全年专利申请量 5460 件，其中，发明专利申请量 1034 件。专利授权量 2893 件，其中，发明专利授权量 308 件。截至 2017 年年底，拥有有效发明专利 1554 件，增长 28.9%；每万人口有效发明专利拥有量 2.71 件，增长 28.4%。获得省级科技奖励 6 项，新认定山东省高新技术企业 50 家，与大院大所签订共建企业科技创新平台等合作协议 262 项，转化大院大所科技成果 157 项。

二、科技创新助推新旧动能转换成效明显

通过一系列举措，科技创新在推进德州新旧动能转换及培植新动能方面作用凸显。

（一）科技创新培植新动能助推经济增长。德州高新技术产业发展迅速。2017 年，实现高新技术产业总产值 3401.90 亿元，增长 19.2%，占规模以上工业总产值的比重为 30.96%，比年初提高 1.52 个百分点。全市装备制造业增加值增长 13.0%，比上年提高 4.4 个百分点，拉动全市工业增加值增长 3.3 个百分点，比上年提高 1 个百分点，对全市规模以上工业增长的贡献率达到 45.9%，比上年提高 10.9 个百分点。德州重点培植的六大战略新兴产业盈利能力不断增强，共实现利润总额 103.93 亿元，增长 16.0%，比上年提高 12 个百分点，高于全市平均水平 4.1 个百分点，拉动全市规模以上工业企业利润增长 2.7 个百分点，其中新一代信息技术、新材料、现代医药、高端装备制造、新能源五大产业利润分别增长 62.9%、36.1%、22.5%、22.2%、18.6%。

（二）科技创新助推工业生产平稳增长。通过引进先进技术、创新创业人才（团队）及建立企业创新平台等，提升了企业创新能力，推动了企业生产平稳增长。2017 年，德州规模以上工业增加值增长 7.1%。其中，轻工业增加值增长 7.2%，重工业增加值增长 7.1%；非公有制工业企业增加值增长 7.2%。34 个行业大类中，27 个行业实现增长。其中，仪器仪表制造业增长 22.9%，石油加工、炼焦和核燃料加工业增长 17.2%，通用设备制造业增长 14.3%，电器机械及器材制造业增长 13.8%，汽车制造业增长 12.0%，农副食品加工业增长 9.9%。

（三）科技创新助推农业供给侧结构性改革深入推进。德州是一个农业大市，全市耕地面积 928 万亩（1 亩 ≈666.67 平方米），是全国重要的粮食、蔬菜、畜牧主产区，常年粮食产量稳定在 160 亿斤（1 斤 =0.5 千克）以上，是全国 5 个整建制粮食高产创建试点市之一。近年来，通过科技创新推动农业转型升级，充分挖掘科技对主要农产品有效供给的保障能力、对农民增收的支撑能力、对提高农业产业素质和转变发展方式的引领能力，推动德州由农业大市向农业强市发展。积极推进"放心农场"建设。粮食喜获丰收，全年粮食总产 178 亿斤。种植结构进一步优化，调减籽粒玉米 21 万亩，新增青贮玉米 10.8 万亩、设施蔬菜 5.3 万亩。畜牧业加快向集约、规模、生态方向转型，新增标准化养殖场区 230 个。现代要素加快导入，农业设施装备、科技支撑水平显著增强，全国单体面积最大、技术领先的临邑"百亩级智慧农业大棚"投入运营，14 个新棚已启动建设。新型农业经营主体蓬勃发展，全市市级以上农业产业化龙头企业 225 家，其中国家级 8 家、省级 45 家、市级 172 家，主营收入增长 8.3%。"三品一标"（无公害农产品、绿色食品、有机农产品和农产品地理标志）产品 362 个，新增 111 个；全国绿色食品原料标准化基地 2 处，认证面积达 735.5 万亩，占食用农产品产地总面积的 77.5%。

三、存在的主要问题

（一）企业创新能力层次偏低。企业创新能力不强，省级以上高新技术企业仅有 134 家，仅占全省总数的 2.86%；企业科技创新平台层次不高，国家级企业科技创新平台仅 35 个，省级平台仅 219 个。企业研发活动不够活跃，2015 年，德州规模以上工业企业中，开展研发活动的工业企业 205 家，仅占规模以上工业企业数量的 6.5%；当年全市研究与试验发展（R&D）经费支出总额达到 39.3 亿元，占生产总值比重为 1.43%，比全省平均值低 0.84 个百分点，位于全省第 15 位。

（二）金融对科技创新的支撑作用不够。科技型中小企业"融资难"的问题仍很突出，银行的支持力度不够大，社会投资不够活跃。2016年，财政科技支出占财政支出的比重仅为1.79%；全市注册基金的实有投资仅1.4亿元，远不能满足科技型中小企业的资金需求。

（三）平台载体的承载能力不强。科技企业孵化器和众创空间层次不高，国家级仅有8家，仅占全省的3.49%；省级仅有12家。尚有8个县（市、区）没有省级以上科技企业孵化器。

四、措施建议

（一）加强科技园区平台建设。一是争取德州高新区列入山东半岛国家自主创新示范区建设规划。尽快理顺高新区体制机制，完善管理模式，聚焦优势产业，加大支持力度，不断扩展发展空间，充分发挥高新区在全市的支撑引领作用，将生态科技城、齐鲁高新区等园区纳入高新区规划同步推进，争取享受山东半岛国家自主创新示范区优惠政策。二是积极推进国家科技成果转移转化示范区核心区建设。德州市被确定为全省6个示范城市之一，已通过科技部审核。将积极推进德州核心区建设，确保发挥承接京津科技资源外溢辐射和产业转移，辐射带动京沪高铁（山东段）和山东西部经济隆起带，形成"一线一带"科技成果转移转化辐射圈的作用。三是加快推进山东省技术转移转化中心及德州应用技术研究院建设。尽快审定山东省技术转移转化中心项目规划，加大投入，厅市共建，全力打造立足德州、服务山东、对接京津冀技术转移的桥头堡。四是建设公共技术研发平台。围绕德州市生物技术、新材料等十大产业，建设10个公共技术研发平台，由市财政给予保障，促进科技资源整合和优势互补，为技术创新提供支撑和服务。

（二）深化与大院大所全面合作。从研发前端入手，在人才、平台、项目等引入方面，全面深化与重点高校的全方位合作，合作建设产业研究院。在与山东大学共建3个产业研究院的基础上，与中北大学共建装备制造、新材料、化工技术3个产业研究院及研究生分院。共建设10个产业研究院。

（三）加强重大科技成果项目研发和转化。一是组织开展重大科技成果项目联合攻关。从企业需求出发，对全市产业有重大引领和拉动作用的关键技术开展联合攻关，组织企业、高校院所、投资机构、战略合作银行开展联合攻关，按照市场模式进行运作，风险共担，利益共享，为培植百亿级企业、千亿级产业集群提供技术支撑。经过行业专家和投资机构进行评审，已筛选出50个创新水平处于国内领先的项目。二是组建产业技术创新战略联盟。通过"依托一所高等学校、引进一名行业创新领军人才、成立一支产业联盟基金、搭建一个产业技术研究院或公共研发平台、构建一个产业专利联盟"，围绕全市战略性新兴产业的培育，推动组建生物技术、新材料、装备制造等10个产业技术创新战略联盟。

（四）加大科技金融支撑力度。一是强化金融投入。实施"三航"计划，不断加强对科技成果转移转化项目的金融支持力度，加强对"三航"企业的支持力度，重点加强对高新技术企业和科技型中小微企业的培育。二是加大金融补偿力度。适当放宽金融机构和投资机构的准入门槛，通过政府基金引导社会资本投入。以开放包容的态度对待投融资机构，进一步加大对投资机构风险补偿力度，增强金融机构和投资机构的信心。

参考文献

[1] 德州市统计局，国家统计局德州调查队. 2017年德州市国民经济和社会发展统计公报 [EB/OL].（2018-03-12）[2019-05-10]. http://dztj.dezhou.gov.cn/n3100530/n3100065/c36754404/content.html.

"十二五"期间山东省R&D经费支出情况的分析及优化对策

万广伟　　陈嘉琳　　王秋英

摘要：R&D经费支出是衡量一个地区科研和创新能力的重要指标。本文依据山东统计年鉴相关数据，对"十二五"期间R&D经费的内部支出、外部支出及其结构进行简要分析，从而更加全面地掌握"十二五"期间山东省R&D经费支出情况，根据分析结果，提出相应的优化建议与对策。

关键词：R&D经费；内部支出；外部支出；"十二五"

中图分类号：C812　**文献标志码**：A

2015年，山东省R&D经费支出位居全国第3位（前5名分别为江苏、广东、山东、北京、浙江），R&D经费投入强度（2.27%）位居全国第7位（前6名分别是北京6.01%、上海3.73%、天津3.08%、江苏2.57%、广东2.47%、浙江2.36%）。

一、R&D经费内部支出情况

（一）投入规模与投入强度

R&D经费内部支出指企事业单位用于内部开展R&D活动（包括基础研究、应用研究、试验发展）的实际支出。"十二五"期间，山东省R&D经费内部支出总量逐年稳步增长，由2011年的844.38亿元增长到2015年的1427.19亿元，年均增长率14.02%。但"十二五"期间增长幅度逐年下降，由2011年的25.60%下降到2015年的9.43%（图1）。

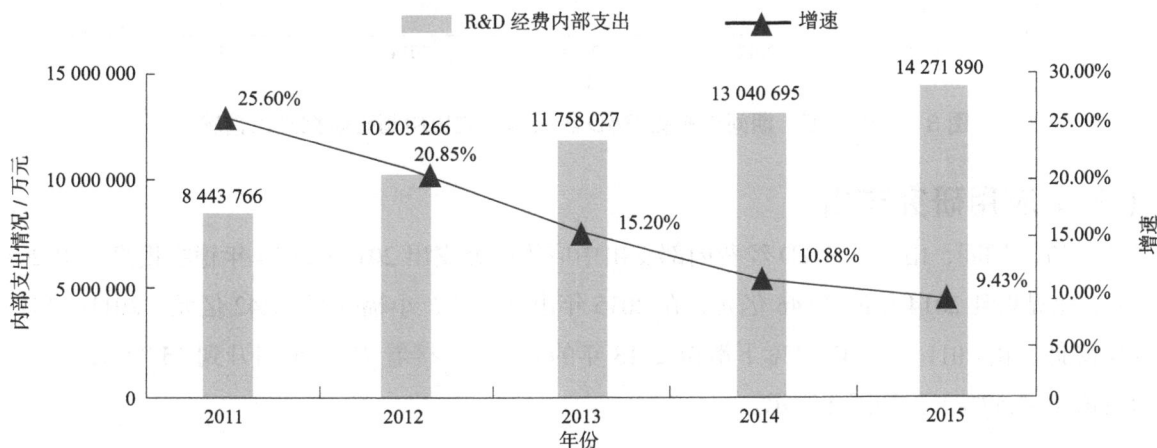

图1　"十二五"期间山东省R&D经费内部支出情况

"十二五"期间，山东省R&D经费内部支出占GDP的比重逐年提高，由2011年的1.86%提高到2015年的2.27%，超额完成山东省"十二五"科技发展规划提出的研发投入目标（2.2%），如图2所示。

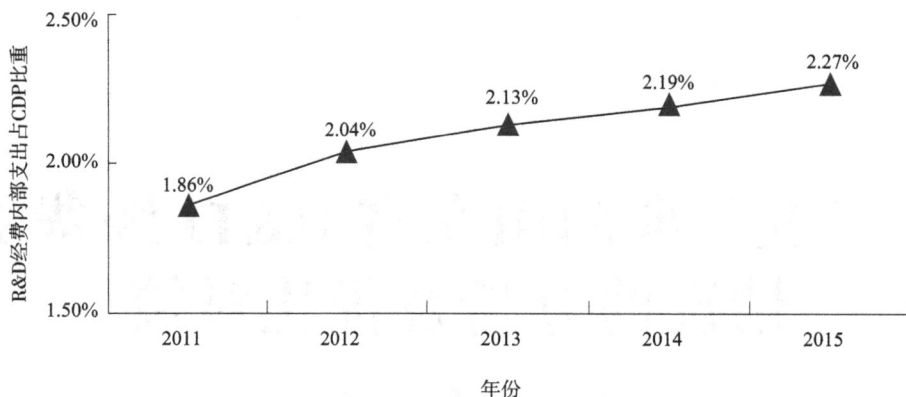

图 2　"十二五"期间山东省 R&D 经费内部支出占 GDP 比重

（二）基础研究支出

"十二五"期间，山东省 R&D 经费内部支出中基础研究支出 2011—2013 年稳步提高，由 2011 年的 18.83 亿元提高到 2013 年的 26.45 亿元，但在 2014 年下滑至 24.39 亿元，在 2015 年大幅度提高至 29.75 亿元。2011—2014 年，增速逐年降低，由 2011 年的 42.42% 下降到 2014 年的 –7.76%，在 2015 年又大幅提高到 21.93%（图 3）。

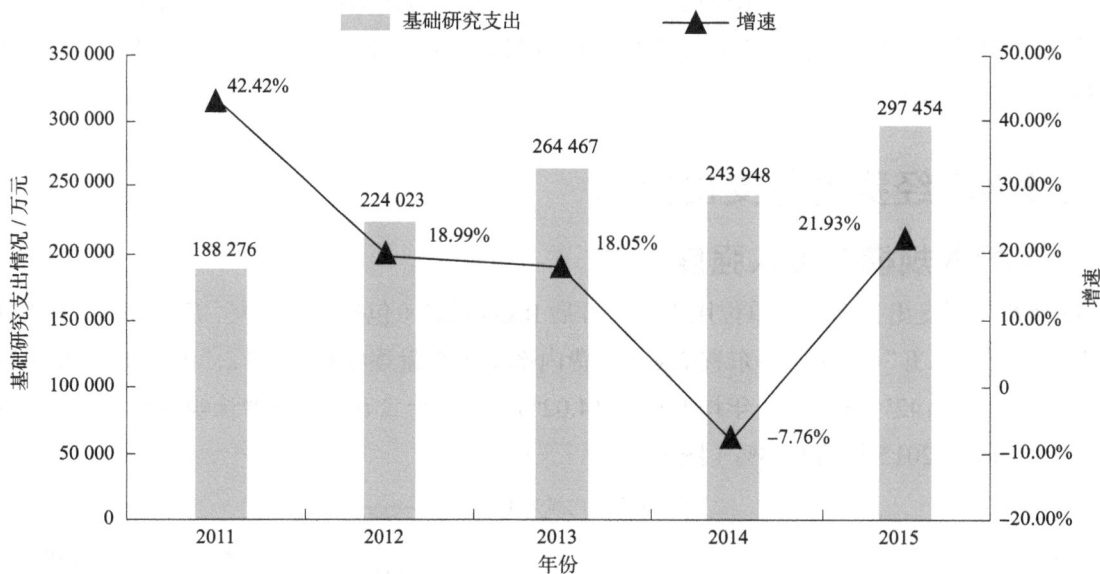

图 3　"十二五"期间山东省 R&D 经费内部支出中基础研究支出情况

（三）应用研究支出

"十二五"期间，山东省 R&D 经费内部支出中应用研究支出 2011—2014 年稳步提高，由 2011 年的 54.17 亿元提高到 2014 年的 79.46 亿元，在 2015 年出现下滑，小幅降至 77.42 亿元。2011—2013 年，增速逐年降低，由 2011 年的 47.81% 下滑至 2013 年的 6.58%，接着 2014 年回升到 15.77%，2015 年增速降为负值（–2.57%），如图 4 所示。

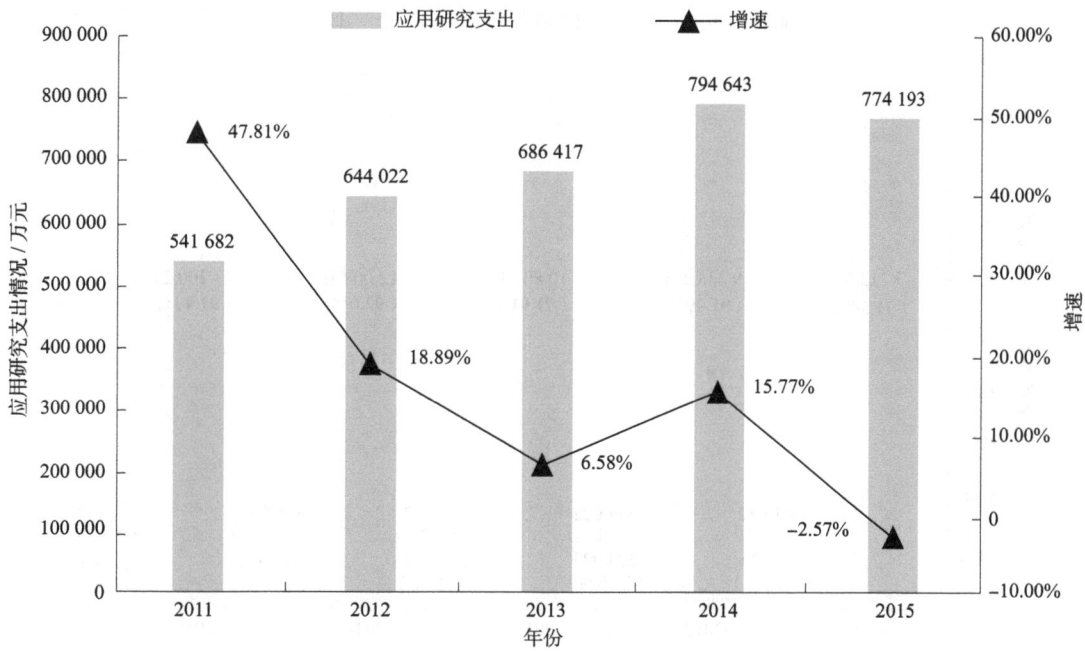

图 4　"十二五"期间山东省 R&D 经费内部支出中应用研究支出情况

（四）试验发展支出

"十二五"期间，山东省 R&D 经费内部支出中试验发展支出逐年稳步提高，由 2011 年的 771.38 亿元提高到 2015 年的 1320.02 亿元。期间，增速逐年降低，由 2011 年的 23.95% 下滑至 2015 年的 9.98%（图 5）。

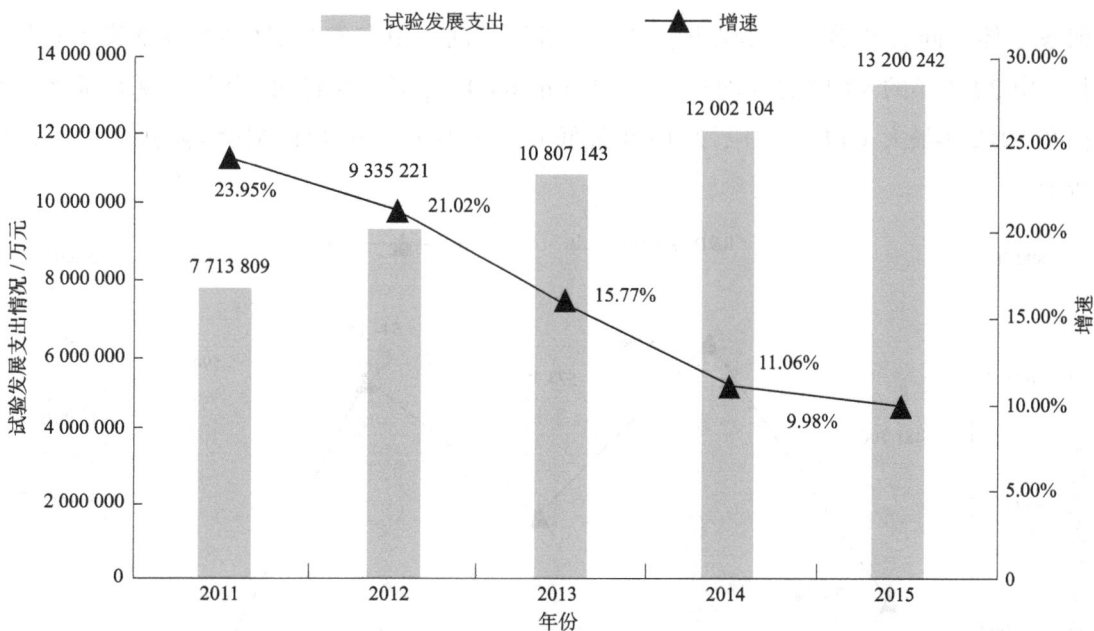

图 5　"十二五"期间山东省 R&D 经费内部支出中试验发展支出情况

（五）内部支出结构

"十二五"期间，山东省 R&D 经费内部支出中，基础研究支出、应用研究支出和试验发展支出比例总体稳定，试验发展支出占比最高，达到 90% 以上，其次是应用研究支出，占比在 6% 左右，基础研究支出占比最小，一般在 2% 左右（图 6）。

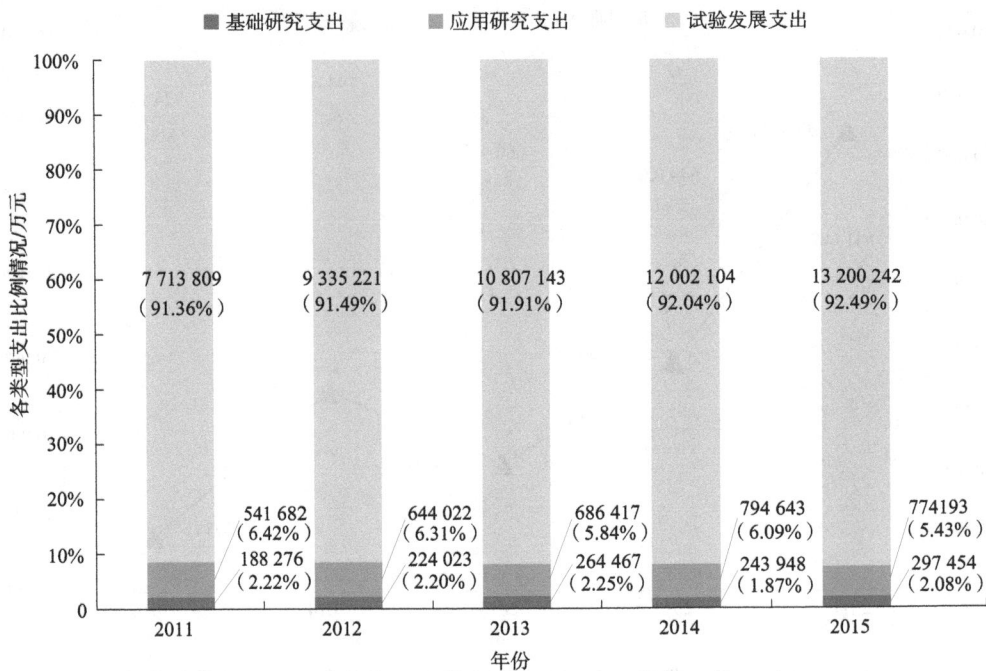

图6 "十二五"期间山东省 R&D 经费内部支出结构情况

二、R&D 经费外部支出情况

（一）投入规模

R&D 经费外部支出是指研发单位委托外单位进行 R&D 活动所实际支付的费用。该指标可以反映不同研发主体之间的产学研合作情况。"十二五"期间，山东省 R&D 经费外部支出总量前 4 年稳步增长，由 2011 年的 48.17 亿元增长到 2014 年的 64.42 亿元，2015 年下降至 59.42 亿元。期间，同比增幅在 2012 年最大（14.53%），2015 年最低（-7.75%），2014 年同比增幅也较大（12.32%），如图 7 所示。

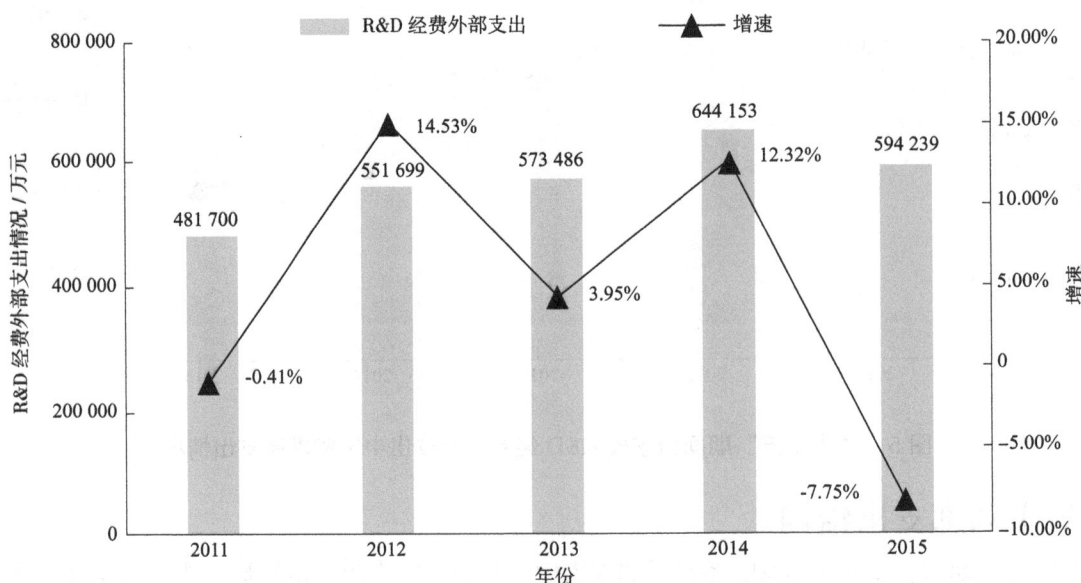

图7 "十二五"期间山东省 R&D 经费外部支出情况

（二）对境内研究机构的支出

"十二五"期间，山东省R&D经费外部支出中对境内研究机构的支出，2011—2014年逐年稳步增长，由2011年的19.45亿元增长到2014年的27.27亿元，2015年降至22.53亿元。期间，以2013年为界，同比增幅先升后降，由2011年的−1.02%提高到2013年的22.38%，之后降至2015年的−17.39%（图8）。

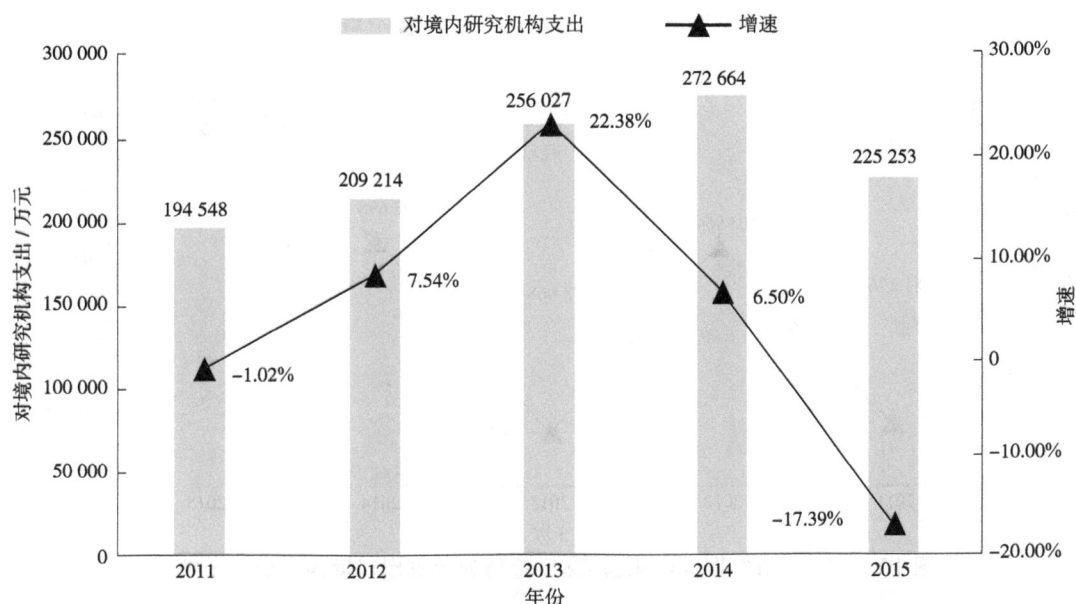

图8 "十二五"期间山东省R&D经费外部支出对境内研究机构支出情况

（三）对境内高等学校的支出

"十二五"期间，山东省R&D经费外部支出对境内高等学校的支出没有稳定的趋势，2012年支出最多（19.64亿元），2014年和2012年支出相近，2013年也较多（18.39亿元），2015年最少（15.07亿元）。期间，同比增幅2012年最大（24.84%），2011年（12.94%）和2014年（6.65%）为正增长，2013年（−6.63%）和2015年（−23.08%）却出现负值（图9）。

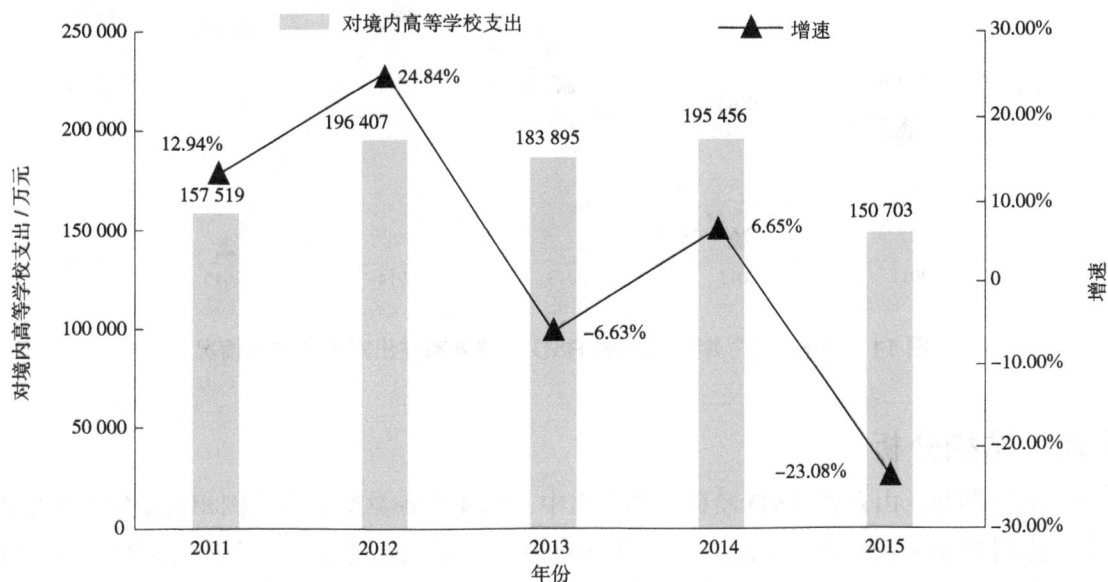

图9 "十二五"期间山东省R&D经费外部支出对境内高等学校支出情况

（四）对境内企业的支出

"十二五"期间,山东省R&D经费外部支出对境内企业的支出也没有稳定的趋势,2011年支出8.16亿元,同比下降21.36%,2013年支出7.81亿元,同比下降24.90%,2012年支出10.40亿元,同比增幅27.43%,2013—2015年呈现快速增长态势,2014年同比增长26.43%,2015年同比大幅增长了55.50%（图10）。

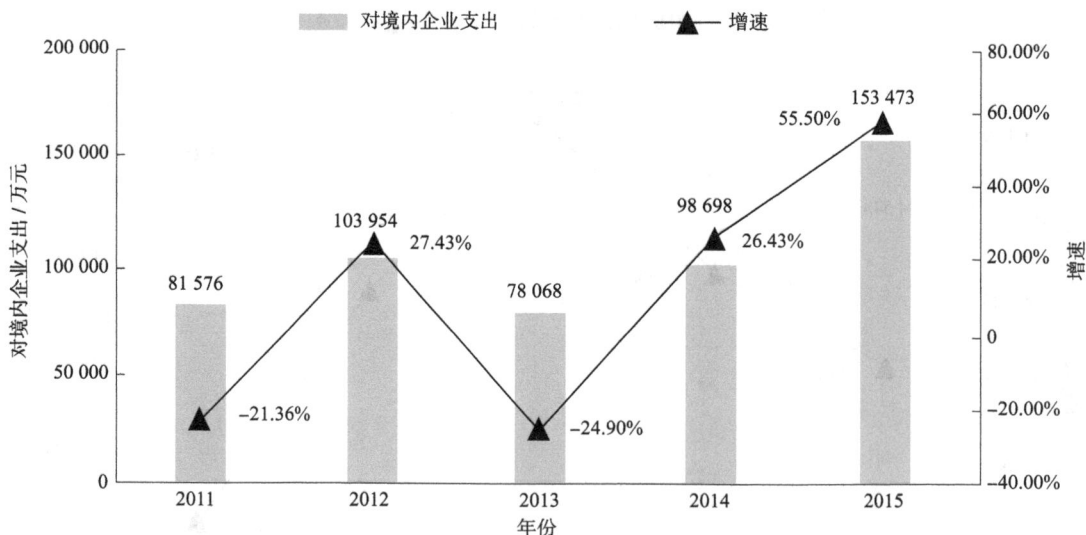

图10　"十二五"期间山东省 R&D 经费外部支出对境内企业支出情况

（五）对境外支出

"十二五"期间,山东省R&D经费外部支出对境外支出也没有稳定的趋势,2011年支出4.81亿元,同比增幅14.29%,2012年支出4.20亿元,同比下降12.52%,2013年同比增幅26.24%,支出达5.31亿元,2014年大幅增长44.78%,达7.68亿元,2015年却大幅回落,降至6.44亿元（图11）。

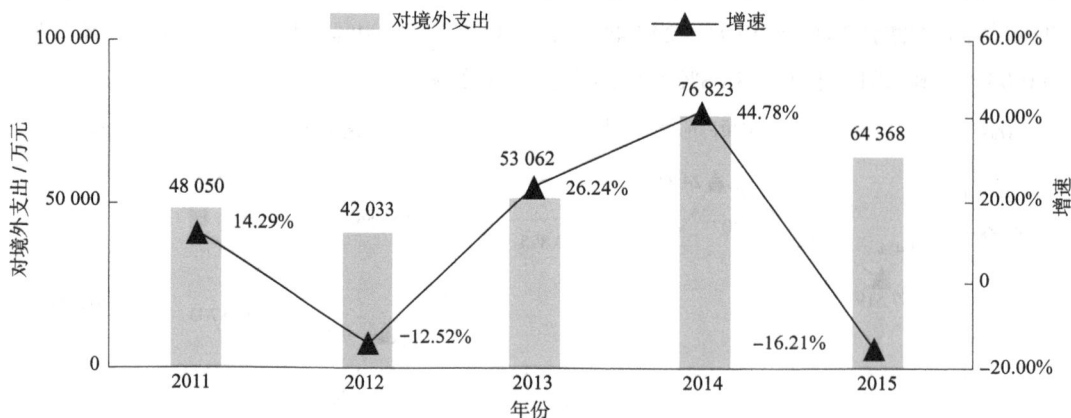

图11　"十二五"期间山东省 R&D 经费外部支出对境外支出情况

（六）结构分析

"十二五"期间,山东省 R&D 经费外部支出中,前4年各类型支出比例相对稳定,对境内研究机构的支出比例基本在40%以上（2012年为37.93%）,对境内高等学校的支出比例在30%以上,对境内企业的支出比例为15%左右,对境外的支出比例基本在10%以下（2014年为11.94%）。2015年,对境内企业的支出比例提高到25.85%,对境外的支出比例提高至10.84%,对境内研究机构的支出比例降为37.93%,对境内高等学校的支出比例降为25.38%（图12）。

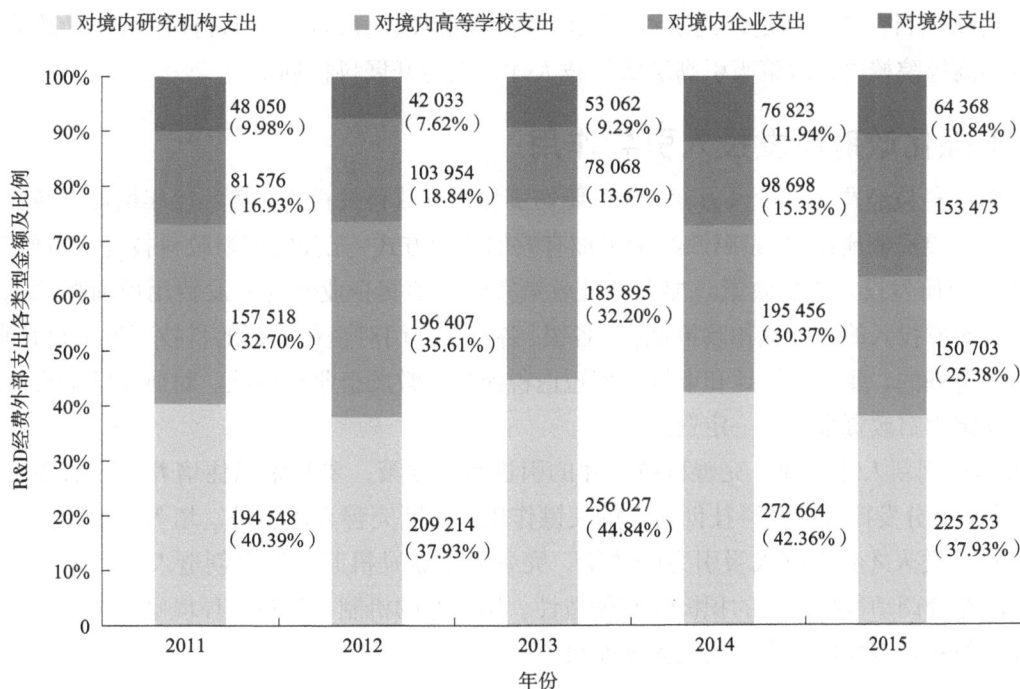

图12 "十二五"期间山东省 R&D 经费外部支出各类型金额及比例（金额单位：万元）

三、优化山东省 R&D 经费投入支出的对策及建议

（一）强化企业研发投入主体地位和引领作用

1. 增加开展研发活动企业数量和规模，鼓励规模以上企业加大研发投入。各相关部门要结合各自职能，采取有效措施，支持企业开展研发活动，不断增加规模以上企业数量。规模以上企业研发投入应不低于销售收入的一定比例，对未达到一定标准的企业，科技、人才、新兴产业等各类专项资金一律不予支持，不予推荐申报国家、省级科技计划等项目，不享受科技优惠政策。

2. 大力培育创新型企业。支持企业建立研究院、工程技术研究中心等研发机构，引进和培养创新团队和科技型企业家，承担国家和省重大科技项目，重点培育一批创新型龙头、骨干企业。充分用好国家和省市的已经出台的有关政策，重点培育一批技术水平高、创新能力强、成长潜力大的"科技小巨人"企业。

3. 加大金融支持力度。建立多元化、多渠道的研发投入体系，大力发展创业投资、科技小额贷款、科技担保公司等投融资机构，支持企业利用银行贷款、创业风险投资、科技担保等金融工具和手段，开展股权质押和知识产权质押贷款等业务，进一步拓宽企业融资渠道，鼓励科技型企业涉足资本市场，多渠道吸引社会资本加大研发投入力度。

4. 深化产学研合作，促进科技成果转化。积极开展与"一带一路"沿线国家和城市、国内科研院所、高校和大型企业集团的广泛科技合作和交流。以高新技术开发区、科研院所、高等学校、骨干企业为依托，深化产学研合作，引进和共建与当地产业发展紧密结合的工程技术中心、企业技术中心、设计中心、中试实验中心、博士或院士工作站等创新平台，支持高校院所建设一批技术转移中心、成果产业化基地，提升对研发项目的承载能力。积极发展校企联盟，广泛推进企业与高校院所建立稳定的产学研合作关系和共建研发机构，加大研发投入，创新成果转化模式，提供创新供给。

5. 加大公办科研院所、高等院校科技研发投入。科技、教育行政主管部门要制定有效措施，督促并支持科研院所、高等院校大力开展科研活动，特别是结合经济社会发展实际开展科技攻关，积极承担各级政府科研项目。要定期走访调研科研院所和高等院校，宣传出台的科技创新鼓励政策，鼓励相关科研院所和高等院校出台政策吸引高层次科技人才，大力开展科技创新。

（二）强化政府研发投入引导作用

1.加大财政科技经费引导投入力度。各地要切实加大财政科技投入力度，逐年增加财政科技支出，设立财政科技专项资金预算。探索财政经费更加有效的使用方式，充分发挥财政科技经费重要引导作用。

2.落实企业研发投入优惠政策。加大科技政策宣传，落实企业研究开发费用税前扣除优惠政策，确保企业上报研发投入的加计抵扣政策兑现。各级、各有关部门对企业上报的科技开发项目凡真实可行、研发台账清晰合理的，要加强指导和审核，缩短退税流程，激发企业积极性。对研发活动形成的专利，要按照政策规定由财政资金给予一定资助。

3.积极构筑创新人才高地，完善科技人才的引进激励政策。要紧紧抓住培养、吸引和用好人才这3个重要环节，充分发挥人才在科技创新中的关键作用。不断完善人才引进、培养、使用的有效机制，制定和实施对各类人才具有强大吸引力的政策，完善人才激励机制，努力创造人尽其才、才尽其用的良好环境，以充分调动科技人员的积极性和创造性。用良好的机制、政策、环境吸引人才，集聚人才，为企业科技创新和经济发展奠定坚实的人才基础。

参考文献

[1] 山东省统计局，国家统计局山东调查总队.山东统计年鉴2016[M].北京：中国统计出版社，2016.

安徽省科技创新政策与经验做法启示

林慧芳　刘　涛　牟　华

摘要： 近年来，安徽省紧扣创新型省份建设目标，以深化科技体制改革为动力，以合芜蚌自主创新综合试验区建设为抓手，强力推进创新驱动发展战略，科技创新已成为全省经济社会转型发展的有力支撑，安徽省在全国创新大格局中占据着重要地位。本文主要对安徽省近 3 年的科技创新政策进行深入分析，对安徽省科技创新经验做法进行认真阐述，通过比对分析研究，提出促进山东省科技创新发展的可操作性建议与对策。

关键词： 科技创新政策；经验做法；安徽省；山东省；启示

近年来，安徽省通过大力实施创新发展行动计划，经济保持快速发展水平，创新型省份建设和高新技术产业发展取得重大突破。安徽科技创新紧扣创新型省份建设目标，以深化科技体制改革为动力，以合芜蚌自主创新综合试验区建设为抓手，强力推进创新驱动发展战略，科技创新已成为全省经济社会转型发展的有力支撑，成为支撑安徽省"调结构、转方式、促升级"，打造"三个强省"、建设美好安徽，引领经济社会发展的第一动力。2017 年 1 月，合肥综合性国家科学中心建设方案正式获批，成为继上海之后第二个获批的城市，这标志着安徽省在全国创新大格局中占据重要地位，成为代表国家参与全球科技竞争与合作的重要力量，安徽省科技创新发展总体势头迅猛。本文通过梳理安徽省 2015 年以来出台的科技创新政策，从中发现安徽省在科技创新方面好的经验做法，具体总结汇报如下。

1 近 3 年安徽省科技创新政策综述

自 2015 年以来，安徽省围绕科技创新印发了 40 多项政策，涉及多个层面，政策力度大，含金量足，加快推动科技创新战略，其特点如下。

1.1 强化顶层设计，系统统筹推动科技创新

改革创新，成为安徽发展进步的活力之源。2015 年 9 月，安徽省委、省政府印发《加快调结构转方式促升级行动计划》，核心内容是"四大发展目标、十大重点工程、五大保障措施"，简称"调转促"的 "4105" 行动计划，即产业结构优化、质量效益提升、经济总量扩大、人均指标前移，确保与全国同步全面建成小康社会。2016 年 9 月，安徽省政府印发《安徽省战略性新兴产业 "十三五" 发展规划》，11 月，省科技厅发布《安徽省 "十三五" 科技创新发展规划》， "十三五" 期间，安徽省将系统推进全面创新改革试验，集聚一流人才，培育原创性成果，建设合肥综合性国家科学中心和产业创新中心，提升安徽省战略基础研究和前沿技术创新水平和辐射力。2017 年 4 月，安徽省政府出台《支持科技创新若干政策》《支持制造强省建设若干政策》《支持 "三重一创" 建设若干政策》，这些政策是安徽省总结近 3 年实施创新驱动发展战略、加快创新型省份建设配套政策执行绩效，学习借鉴全国各地有关经验做法后制定的，对科技创新支持力度大，含金量高，是贯彻落实五大发展行动计划，深入实施创新驱动发展战略，推进科教大省和创新型省份建设的有力抓手。5 月，安徽省委、省政府正式印发《安

徽省贯彻落实〈国家创新驱动发展战略纲要〉实施方案》，加快建设知识产权强省，深入实施质量品牌升级工程。安徽将强化企业质量主体责任，开展质量标杆和领先企业示范行动，推广先进质量管理技术和方法，支持企业参与国际标准、国家标准、行业标准建设，培育一批竞争力强、附加值高、美誉度好的知名品牌。

1.2 政策引领性强，在全国率先出台促进战略性新兴产业集聚发展条例

2017 年 5 月，安徽省十二届人大常委会第 38 次会议表决通过《安徽省促进战略性新兴产业集聚发展条例》，今后对战略性新兴产业做出突出贡献的科研人员，将会享受多项优待，因先行先试或者为推动发展而出现过失的单位和个人，也会被"容错"，不仅不追责还不影响考核晋升。该条例于 7 月 1 日起实施，安徽是国内首个出台相关法律的省份。多项优待政策叠加，免除了高层次人才后顾之忧，条例鼓励高层次人才、外籍人才来安徽助力战略性新兴产业发展。县级以上政府应当支持战略性新兴企业以各种方式引进高端领军人才和高层次人才、团队及其创新创业项目，帮助解决引进人才及其家属的户籍、医疗、教育、住房和出入境问题。服务外籍人才方面，对符合条件的，其随行家属会予以签证和居留便利。条例规定发展中遇到障碍，政府部门应及时解决，企业、事业单位、社会组织在推进战略性新兴产业集聚发展中遇到体制、机制障碍时，县级以上人民政府应当及时回应诉求，对于一些合理合法要求，政府部门在职权范围内可以解决的，应予以解决，超出职权范围的，应当及时提请上级政府有关部门解决。因先行先试出现过失都将会被容忍过错，同时对于经确定予以容错的单位和个人，免于行政追责和效能问责，在绩效考核、评先评优、职务晋升、表彰奖励等方面不受影响。

1.3 政策连续性强，"1+6+2"配套政策发挥导向作用

2014 年 2 月，安徽省先后出台《关于实施创新驱动发展战略进一步加快创新型省份建设的意见》及 6 个配套文件（简称"1+6"），把创新驱动发展战略落到实处。为提高配套文件的针对性、可操作性，2015 年，省政府对支持自主创新能力建设等 5 个实施细则进行修订，将国家重点新产品研发后补助实施细则纳入促进科技成果转化实施细则，新制定加强实验室建设、科技重大专项、推进科技保险试点工作 3 个实施细则，最终形成"1+6+2"配套政策。创新驱动发展"1+6+2"配套政策是安徽省自主创新的一项重大改革举措，着力破除制约科技创新的体制机制障碍，厘清了政府和市场的关系，加快了科技培育、资源聚集和成果转化，形成覆盖创新驱动发展链条的政策供给体系，在全国率先建立了"企业愿意干、政府再支持，市县愿意干、省里就支持"的推进机制，"省抓推动、市县为主、部门服务"的责任机制，依据市场和创新绩效评价进行后补助的激励机制，统一指南、发布、受理、论证、公布、平台的"六统一"的管理机制。

1.4 综合施策，加大高端人才引进培养

党的十八大以来，安徽围绕"五大发展行动计划""系统推进全面创新改革试验"等重大战略部署，把扶持高层次科技人才团队在皖创新创业政策作为实施创新驱动发展战略、建设创新型省份的重要举措，先后出台创新型省份"1+6+2 政策"、《关于进一步扶持高层次科技人才团队在皖创新创业公告》和《关于深化人才发展体制机制改革的实施意见》等一系列人才创新产业发展的扶持和保障政策，广聚高端人才、厚植高新产业，以一整套人才新政吹响人才集结号。在全国率先按照"人才团队＋科技成果＋政府参股＋股权激励"的科技成果转化模式，面向全球招引高层次科技人才团队，建立了"市县愿意干、省里就支持"的推进机制，加大了奖励激励力度。2017 年 5 月，安徽省委、省政府印发《关于合肥综合性国家科学中心建设人才工作的意见（试行）》，再次以高含金量的"科学中心人才十条"

新政解决高精尖人才及用人单位的需求问题。科学中心人才十条具体包括 10 个方面的创新举措，涉及薪酬待遇、出入境便利、编制职称及住房、医疗、子女就学等生活配套服务等内容。

1.5 重点突出，大力解决科技创新发展中的短板和瓶颈问题

科技体制改革与计划管理方面。为加强公益性技术应用研究，2015 年 6 月，安徽省科技厅印发《安徽省公益性技术应用研究联动计划实施细则》，重点支持资源环境、人口健康与保障、绿色建筑、公共安全与公共管理和农业与农村发展等领域重要社会公益问题研究。为落实创新驱动发展战略，促进科技与经济紧密结合，2016 年 8 月，安徽省科技厅、财政厅印发《关于整合优化省级财政科技项目和资金管理的实施意见》。为系统推进全面创新改革试验，激发创新创造活力，2006 年 12 月，安徽省委办公厅、省政府办公厅联合印发《关于改革完善省级财政科研项目资金管理等政策的实施意见》，改进省级财政科研项目资金管理，扩大省属高校、科研院所财务自主管理权限。2017 年 3 月，安徽省财政厅、科技厅联合印发《安徽省科技重大专项资金管理办法》，进一步规范省科技重大专项项目管理。

科技金融方面。安徽省为优化金融和资本供给，推进资金链与创新链、产业链匹配融合，鼓励金融机构推进金融产品和服务方式创新，实现对接需求的主动性、服务的便利性、融资的低成本性，从而建立起与全面建成小康社会相适应的普惠金融服务和保障体系，有效提高金融服务可得性，分别于 2016 年 6 月、2017 年 5 月相继出台了《关于加快建设金融和资本创新体系的实施意见》和《安徽省人民政府关于推进普惠金融发展的实施意见》。文件通过支持银行机构探索小微企业、"三农"信贷新模式，开展渠道创新、产品创新和机制体制创新，推动科技金融服务的创新和普惠金融体系的建设，并提出了鼓励金融机构运用大数据、云计算等新兴信息技术，打造互联网金融服务平台，创新金融产品和服务手段。

创业创新孵化方面。安徽省为进一步促进创新驱动发展战略，扎实组织开展"江淮双创汇"行动计划，加快建设一批众创空间，持续推进"大众创业、万众创新"，推动供给侧结构性改革，印发了《安徽省人民政府办公厅关于全面推进大众创业万众创新的实施意见》及《安徽省人民政府办公厅关于加快众创空间发展服务实体经济转型升级的实施意见》，提出了在电子信息、生物技术、现代农业、高端装备制造、新能源、新材料、节能环保、医药卫生、文化创意和现代服务业等领域试点推进众创空间建设发展，以及龙头骨干企业围绕主营业务方向、科研院所及高校围绕优势专业领域和乡村版等多方位众创空间的建设思路，从而建成覆盖安徽全省的要素齐全、功能完善、合作开放、专业高效、充满活力的创新创业服务体系，将"江淮双创汇"打造成具有全国影响力的特色品牌，并随后印发了《安徽省众创空间备案实施细则》，规范众创空间的管理。

2 安徽省科技创新经验做法

近年来，安徽依托科教优势，着力从政策、基地、平台、金融等方面为"大众创业、万众创新"构建支撑体系，完善生态系统，使全省的创业创新热潮正在为经济发展培育出更多的新动能，创新成果频频亮相，高端产业异军突起，战略性新兴产业加快集聚，区域创新能力连续 5 年居中部第 1 位，安徽在新型显示、集成电路、量子通信、智能语音、智能装备制造、现代中药等领域逐步形成较强的竞争优势，安徽省在创新发展中积累了宝贵经验。

2.1 加快"三重一创"，建设培育壮大经济新动能

2016 年，安徽省委、省政府审时度势，做出推进"三重一创"建设重大决策部署，加快建设一批重大新兴产业基地、重大新兴产业工程、重大新兴产业专项，建设创新型现代产业体系。2017 年 4 月，

安徽省政府印发《支持制造强省建设若干政策》，进一步强化政策支持，培育壮大经济发展新动能，聚焦重大项目，优先支持位于"三重一创"领域产业链核心环节、带动产业集聚发展的重大项目，综合运用财政、金融等多种政策支持手段，推动一批新兴产业重大基地、重大工程、重大专项建设，加快构建创新型现代产业体系，引领安徽省产业转型升级。

培育壮大经济发展新动能，要优化支持方式，安徽鼓励市县相关资金与引导资金衔接跟进，形成放大效应，精准施策，集中发力，切实让有限的资源发挥最大的效用。安徽省设立300亿元省"三重一创"产业发展基金，省政府每年出资20亿元作为引导资金，按照"政府引导、市场化运作、专业化管理"的原则，采取阶段参股、直接投资、跟进投资等方式，主要投向重大新兴产业基地、重大新兴产业工程中处于成长期和成熟期的项目。对资金需求量大、引领作用强的产业，省市合作建立专项产业投资基金给予支持。创意文化和文化旅游类项目，重点运用省产业发展基金予以支持。

2.2 营造良好政策生态环境，加速安徽省战略性新兴产业集聚发展

安徽省十二届人大常委会第三十八次会议通过了《安徽省促进战略性新兴产业集聚发展条例》（以下简称《条例》），并于2017年7月1日起施行，《条例》坚持规划引领，规定省、设区的市人民政府应当组织制定战略性新兴产业发展规划，优化区域布局，发挥比较优势，形成各具特色、优势互补、结构合理的战略性新兴产业协调发展格局，携带具有自主知识产权科技成果的科技团队，在安徽省创办或与省内企业共同设立战略性新兴产业企业，开展科技成果转化活动的，省人民政府可按规定以债权投入或股权投资方式给予支持。为营造敢于创新的法治环境，激发干事创业热情，《条例》规定，法律法规未明确禁止的事项，在符合法律法规基本原则的前提下，县级以上人民政府及其部门可开展创新改革，采取有效措施，促进战略性新兴产业集聚发展。

近年来，安徽省营造良好的创新创业生态环境，加快战略性新兴产业集聚发展，新材料、电子信息等新兴产业正通过集群发展模式聚合国内外资源形成产业"磁石"，并进一步加速产业资本与先进技术的聚集。从安徽全省范围来看，联宝（合肥）、京东方、科大讯飞等龙头企业带动了一大批电子信息产业集群。安徽成功获批建设合芜蚌新型显示、芜马合机器人产业两大国家战略性新兴产业区域集聚发展试点，打造合肥新型显示等14个省级战略性新兴产业集聚发展基地。

2.3 汇聚高层次创新人才团队，形成人才溢出效应

近年来，安徽省把扶持高层次科技人才团队在皖创新创业政策作为实施创新驱动发展战略，建设创新型省份的重要举措，出台《安徽省扶持高层次科技人才团队在皖创新创业实施细则》，吸引海内外高层次科技人才团队落户安徽创新创业。安徽注重引智引资与培育内生动力相结合，通过出台优惠政策吸引高端人才，搭建系列平台营造"双创"氛围，引导人才、资本、技术等要素向创新创业汇聚，为转型升级持续积蓄力量、增添动能。

围绕打造创新创业人才高地，安徽省放眼全球选人用人，使创新正在释放出更多的经济发展新动能。在实施招引高层次人才团队中，安徽省瞄准站在行业科技前沿、具有国际视野和能力的领军人才，招引拥有自主知识产权、具有国际先进或国内一流科技成果的人才团队，引得顶级专家纷至沓来，促进高端成果转化。仅最近3年，省市联动已面向全球招引了160个科技团队、1000名科技创新创业人才，形成了"引进一个团队、带来一批关键技术，成立一个企业、形成一个产业"的人才溢出效应。

2.4 开展"江淮双创汇"活动，实现安徽全省16个市全覆盖

2016年1月，安徽省着力构建创新创业政策环境、制度机制和公共服务体系，大力实施"江淮双创汇"

行动，活动启动以来，全省各市精心组织，出台政策，吸引很多省外创客到安徽省创新创业，有力地促进了全省大众创业万众创新的良好生态加快形成，涌现出 WM 众创智慧谷、银湖创客岛、5F 创咖等一批在全省乃至全国有重要影响力的众创空间。在合肥、芜湖、马鞍山、铜陵等市众创空间联盟基础上，2016 年 11 月，安徽正式成立省众创空间联盟，以整合众创空间资源，共享众创空间发展经验。"江淮双创汇"在推动大众创业万众创新方面起到重要推动作用，通过省市联动、高位推进，在全省举办了"江淮双创汇"走进地市的专场系列活动，实现 16 个市全覆盖，在江淮大地掀起创新创业热潮。据统计，该系列活动举办主会场和路演、论坛、沙龙、创业辅导等分会场活动共 1571 场，参加活动人数达到 25 534 人次，此项活动签订孵化协议 870 项，聘任 1393 名知名企业家、技术专家、投资融资专家和成功创业者为创业导师。截至 2016 年 12 月底，安徽省共建设各类众创空间近 200 个，入驻创客 12 000 人，吸引团队 1500 个。

2.5 注重品牌培育，加快形成核心竞争力

在创新不断培育发展新动能的同时，安徽还通过质量品牌升级工程的实施，进一步提升产品的核心竞争力，借助持续开展的质量品牌升级江淮行活动及政策和奖励措施，努力在全社会营造"政府重视质量、企业追求质量、人人关注质量"的良好氛围。

安徽省委、省政府专门成立质量工作领导小组和质量品牌升级工程推进小组，建立健全质量工作联席会议制度，切实加强对质量安徽建设和质量品牌提升工作的组织领导和统筹协调。以规划引领和年度行动计划为抓手，将质量品牌发展目标、措施、任务和质量技术基础建设纳入《安徽省国民经济和社会发展第十三个五年规划纲要》，并通过编制子规划，把质量品牌发展全面纳入各行业、产业发展规划中细化落实。2016 年制定《质量品牌升级工程实施方案》《安徽省发挥品牌引领作用推动供需结构升级实施方案》等 17 个文件，在全省 16 个市巡回开展了声势浩大的质量品牌升级江淮行活动。截至 2016 年 12 月，安徽省有各类标准化试点示范项目 1484 个，其中国家级项目 158 个，省级项目 1326 个，全省累计发布地方标准 1778 项，建成 15 家国家重点实验室，省级质检中心 70 个，为安徽省调转促和"十三五"期间产业发展奠定了更加坚实的质量技术基础。

2.6 强化区域布局，推进合芜蚌试验区建设

2016 年 6 月，安徽合芜蚌试验区被国务院批准为国家自主创新示范区，成为牵动安徽省创新发展的重大战略平台，示范区内科技人才、资金等创新要素在不断积聚，企业自主创新能力持续增强，产学研协同创新更加活跃。按国家对自主创新示范区建设的要求，安徽省委、省政府启动编制了《合芜蚌国家自主创新示范区发展规划纲要》《合芜蚌国家自主创新示范区空间布局规划》，并会同合芜蚌三市出台支持示范区建设的政策性文件和举措。

合芜蚌试验区积极抓好国家赋予的各项重大政策落实，在产学研用、人才激励、科研经费、科技金融等改革方面加大先行先试力度，科技创新与体制机制创新"双轮驱动"。先后建立中科大先进技术研究院、合工大智能制造研究院、合肥物质院技术创新工程院等一批产学研用相结合的新型研发实体，试验区整合聚集创新资源能力不断提升。

3 对山东省科技创新工作的启示

近几年，山东省科技系统认真贯彻党中央、国务院和省委、省政府关于科技创新的决策部署，深入实施创新驱动发展战略，全面深化科技体制改革，取得了显著成效。青岛海洋科学与技术国家实验室、黄河三角洲农业高新技术产业示范区、山东半岛国家自主创新示范区等一批重大科技创新载体和平台启动建设，山东省通过立法来促进科技成果转化，大力实施"山东省中小微企业创新竞

技行动计划"，积极培育了新旧动能转换新生力量，山东省获批开展创新型省份建设，创新能力保持在全国第六位，安徽连续 4 年创新能力保持在全国第九位，尽管山东省总体创新能力优于安徽省创新能力，但有些地方还存在着一些短板，安徽在创新发展过程中给山东省一些好的经验启示，概括如下。

3.1　强化制度供给，发挥产业集聚效应

建议学习安徽经验，进一步加强山东省产业研究谋划，把握产业发展大势，提高专业能力，树立全球眼光，成为发展产业的行家里手，尽快出台《山东省促进战略性新兴产业集聚发展条例》，通过多项优待政策叠加，建立容错纠错机制，免除高层次人才后顾之忧，鼓励高层次人才、外籍人才来鲁发展，助力战略性新兴产业强劲发展，促进山东省战略性新兴产业全面突破和发展，促使山东省新兴产业集群释放出"磁石效应"。同时加大立法、规划、政策等方面的制度供给，让科研经费更好地为科技人员创新性活动服务，赋予项目单位更大自主权，借鉴安徽省，采用产学研用相结合的方式培育高层次人才，将人才培养与实际发展需要相结合，在实践中培育人才，积极营造鼓励创新宽容失败的氛围，充分激发人才大胆尝试、勇于探索的创新热情。

3.2　编制各产业发展专项规划和行动计划，制定战略性新兴产业技术路线图

深入细致分析山东省战略性新兴产业各领域国内外发展趋势，制定并适时更新《山东省战略性新兴产业发展指导目录》，将战略性新兴产业发展相关工作纳入省政府对各市政府和省直有关部门绩效评价和目标责任考核体系，健全完善战略性新兴产业统计指标体系及各项统计制度建设，形成完善的统计网络和统计监测制度，尽快建立完善对各创新平台的年度考核制度和申报遴选制度。

3.3　把优秀人才请进来，借鉴安徽开展"江淮双创汇"活动经验做法提高创新活力

人才是支撑经济社会发展的第一资源，也是推动发展动能转换的根本力量。"十三五"期间，山东要加快打造创新创业人才高地，下好人才优先发展"先手棋"，努力使山东成为人才济济、最为"养人"的省份之一。要坚决落实人才优先发展战略，大兴识才爱才用才容才聚才之风，着力优化人才发展良好环境，让各类人才创业有机会、干事有平台、发展有空间，最大限度激发人才创新创造创业活力，吸引更多省外创客来山东创新创业。建议深入推进山东省济南－莱芜、青岛、济宁等人才改革试验区试点。同时借鉴安徽开展"江淮双创汇"活动经验做法，为山东省科技企业孵化器和众创空间提供精准服务。

3.4　强化顶层设计，改革完善科技政策法规体系

统筹全局，优化政策顶层设计，把握政策体系框架和发展方向，加强政策影响和成效研判，充分发挥省级政策顶层设计对地市政策出台的纲领性、指导性作用。同时，在政策落地转化实践中建立信息反馈长效机制，不断优化政策顶层设计，形成政策上下联动、良性互动的态势。另外，紧密结合山东省深化科技体制改革新形势，加强政策预研，强化研究实证导向，通过对山东省和国内外自主创新现状及相关政策进行深度解读、对比分析，不断完善山东省科技创新政策体系，营造自主创新的良好环境。另外，建议加强政策评估研究，建立科技创新政策全流程评估制度，对事前政策方案、事中政策实施情况、事后政策效果开展全方位评估，进一步完善政策体系，确保政策合理性、有效性和可操作性，重视专业评估机构和人才队伍建设，探索科学的评估理论、方法和技术，强化评估结果多维度运用，提高政策评估透明度。山东要大胆地试，敢于破除一切束缚，突破科技创新创业和科技成果产

业化的体制机制障碍，深化"放管服"改革，特别是在建设科技创新重大平台、推动"双创"、激发企业创新活力、推进战略性新兴产业集聚发展、促进科技成果转化和科技金融结合、强化知识产权保护与运用等方面积极探索，努力创造出可复制、可推广的全国经验。

参考文献

[1] 赵菁奇，朱东杰.安徽科技成果转化存在的问题及对策：以高校、科研院所和企业为例 [J].辽宁工程技术大学学报（社会科学版），2016（6）：861-865.

[2] 李颖，李红兵.关于安徽科技发展战略的思考 [J].安徽科技，2017（3）：15-17.

[3] 戚汝庆.改革开放30年山东科技创新的发展历程 [J].中国科技信息，2009（5）：276-277.

[4] 张德艳.山东新旧动能转换的实现路径 [J].发展改革理论与实践，2017（11）：55-57.

大数据技术在精准扶贫中的应用

崔明贝

摘要：党的十九大提出了 2020 年坚决打赢脱贫攻坚战的战略目标，精准扶贫成为全面建成小康社会的关键之举。精准扶贫是粗放扶贫的对称，是指针对不同贫困区域环境、不同贫困农户状况，运用科学有效程序对扶贫对象实施精确识别、精确帮扶、精确管理的治贫方式。大数据技术的兴起，为精准扶贫提供了新的路径，可以使识别更精准、帮扶更有力、脱贫更有保障。大数据技术运用于精准扶贫，通过扩大信息采集渠道、提高数据分析能力和加工效率，可以为扶贫决策提供精准、有效、可靠的数据支持，助力精准扶贫。

关键词：大数据；精准扶贫；应用

一、大数据技术应用于精准扶贫势在必行

（一）大数据技术应用于精准扶贫的必要性

扶贫活动成效的高低很大程度上依赖于所掌握的贫困问题的相关信息的详细程度。传统的扶贫模式，在信息数据的搜集、贫困人口的识别及帮扶对策的选择等方面，由于信息的模糊和信息技术的落后，常导致贫困人口识别的非精准化、帮扶过程的非动态化和帮扶效果信息反馈的滞后化，这在很大程度上弱化了扶贫开发的准确性与时效性。大数据技术的应用，以其明显的优势，能很好地解决这一问题。在精准识别贫困人口后，可将数据库中信息进一步集成融合，分析贫困者的致贫原因，继而可有针对性地制定帮扶措施，对不同境况的贫困者进行差异化的帮扶，并贯穿后期的扶贫进程监管、脱贫成效反馈等过程。

（二）大数据技术应用于精准扶贫的可行性

1. 基础信息完备。将大数据应用于扶贫，首先要有关于贫困地区的人口具体情况、经济发展状况、资源开发利用情况、基础设施建设情况、交通便利程度等信息。在传统扶贫时代这些基础信息都已经采集完成，只是以纸质档案或分散的数字档案形式存在，只需录入统一的信息系统即可。

2. 技术可行。大数据放弃了随机抽取样本的方式，而是将所有的数据充分利用进行分析。我们可以运用这种思维，在掌握所有贫困人口基本情况的基础上对贫困人口选取多重角度进行分析，深入、透彻的研究贫困人口状况，做出科学、精准的判断和决策。

3. 软硬件支持。将大数据应用于精准扶贫，依赖于网络、计算机等技术的应用。国务院扶贫办开发建设了全国统一的国家扶贫开发信息系统，贫困信息采集工作结束后可将信息进行数字化、信息化、网络化，后期使用时方便快捷。有的省市还开发了精准扶贫手机 APP 系统，使贫困户建档立卡信息在 PC 端和移动端实时查询、调取、录入、更新，实现对贫困户信息的动态监管。

二、大数据技术助推精准扶贫成果显著

（一）大数据技术瞄准精准识别，扶真贫

1. 入户采集夯实信息基础。大数据技术建立在海量数据的基础之上，因此基础信息的采集是重中

之重。国务院扶贫办统一印制了贫困户信息采集表和贫困村信息采集表。贫困户信息采集表包括基本信息、家庭成员信息、致贫原因、收入情况、生产生活条件、帮扶责任人、异地扶贫搬迁等七大项100多个小项。贫困村信息采集表包括基本情况、发展现状、驻村工作队情况三大项几十个小项。另外，通过贫困户家庭成员自然增加情况表、贫困户家庭成员自然减少情况表采集贫困户的动态变化信息。最后，由乡镇扶贫工作人员统一将这些信息录入国家扶贫系统。

2. 信息比对摸清贫困底数。山东省贫困人口动态调整管理办法规定了财产、车辆、房产、公司、财政供养、赡养等9种原则下不能纳入贫困户的情形。在传统扶贫模式下，虽然有入户调查、民主评议、公示公告等流程，但受制于信息的局限性和滞后性，各级扶贫部门并不能全面真实地掌握农户的情况。将大数据技术应用于贫困户识别后，通过扶贫和住建、工商、财政、交警等部门对建档立卡贫困户拥有财产等情况进行数据比对分析，发现了房产、车辆、财政供养人员、注册公司等几种不能纳入贫困户的情形。经乡镇核查，对问题属实、不符合贫困标准的贫困户予以清退，大大提高了贫困户识别的准确度。

3. 数据清洗提高数据质量。在利用国家扶贫开发信息系统条件查询功能查错的基础上，定期导出贫困户信息列表，利用Access软件编制查错程序，对贫困户信息尤其是证件号码校验有误、必填项空项、劳动力状况与健康状况不符等30余项逻辑性和完整性问题进行批量核查。将查出的问题分为错误和疑似错误两种类型，反馈基层再入户核实，及时在系统中予以纠正。

（二）大数据技术聚焦精准帮扶，真扶贫

1. 数据清洗找准致贫原因。根据致贫原因与其他指标间的逻辑关系，筛选出7类致贫原因异常的情况。一是因病致贫但家庭成员全为健康；二是因学致贫但无在校生；三是因残致贫但无残疾人；四是缺技术致贫但无劳动能力；五是缺资金致贫但无劳动力；六是缺劳动能力致贫但有劳动力；七是自身动力发展不足但无劳动力。对致贫原因不准的进行了再核实再纠正。

2. 一户一策确定帮扶方案。针对国家扶贫信息系统中贫困户不同致贫原因和家庭状况，进行数据分析，建立分类差异化帮扶台账，因户精准施策。有劳动能力的贫困户，愿意外出务工的，积极帮助联系企业实现务工就业；不愿外出务工的，联系到附近的扶贫基地就近实现务工就业。无劳动能力的贫困户，利用扶贫资金建设冬暖式大棚、光伏发电等扶贫项目，项目收益分配给贫困户，通过项目带动贫困户增收。同时针对老弱病残贫困人口，采取小额扶贫信贷委托经营模式，向贫困户发放收益。

3. 落实行业部门扶贫政策。扶贫办定期与公安、人社、教育、住建、民政、残联等部门进行信息比对，看是否有无户籍贫困人员，看贫困户居民医疗（养老）保险是否漏保，看养老保险金、高龄补贴有无漏发，看贫困学生是否发放教育补贴，看贫困户危房是否列入改造计划，看纳入低保（五保、残疾人）贫困户是否动态调整等，推动相关部门履行职责，抓紧落实扶贫政策。

4. 供需平台聚集社会力量。山东省建立了社会扶贫供需平台，分别由社会各界和贫困户发布供需信息。平台充分发挥了扶贫资源配置作用，有效激发政府、社会各界自发参与扶贫开发工作，推动各类资源向贫困地区、困难群众集结，实现爱心企业、爱心组织、爱心人士"点对点"的精准帮扶，塑造"互联网＋精准扶贫"新业态。

（三）大数据技术确保精准脱贫，贫真扶

1. 严格贫困村退出标准。利用国家扶贫信息系统统计功能，筛选出贫困发生率高于2%和集体经济收入为0的贫困村，重点关注。年底贫困发生率降不到2%以下和无集体经济收入的，不得摘帽退出。

2. 确保贫困户脱贫质量。一是利用国家信息系统查询功能，筛选出家庭人均收入低于当年贫困线的贫困户。二是扶贫办和人社、教育、住建部门进行信息比对，看是否参加居民医疗保险，看义务教

育阶段是否在校，看住房是否安全。对收入不达标和基本医疗、义务教育、住房安全有问题的贫困户，未脱贫的不得脱贫，已脱贫的要做返贫处理。

三、利用大数据技术精准扶贫需要完善的几个方面

（一）审核前置，自动纠错

目前，国家扶贫开发系统虽然可以通过查询功能筛查部分错误，但仍停留在"清洗—改错"模式。下一步的发展方向是审核前置，自动纠错。建议国家扶贫信息系统增加审核功能，对错项漏项逻辑错误等问题自动审核。确定性错误直接打回重新录入；疑似错误核实后由乡镇级账号录入备注说明情况，经县级账号审核通过后上报。

（二）打通壁垒，信息共享

目前，扶贫办和行业部门的数据库还各自独立，停留在"比对—修改"模式。虽然有信息比对环节，但还是各录各的，各改各的，由于统计口径和时间滞后等原因很难保证数据完全一致。下一步的发展方向是共享模式，到时候扶贫办只需采集贫困户核心指标，其他数据将直接调取相关部门的数据。这样就大大减轻了基层采集信息的工作量，也避免了数据不一致和冗余的问题，如低保（五保）户、残疾人、住房、在校生、医疗保险、患病等信息可直接从民政、残联、住建、教育、人社、卫计等部门数据库调用信息，无须再由扶贫办进行采集。

要充分利用大数据的优势进行精准扶贫，必须构建更完备的数据平台，建立数据共享长效机制。数据系统库一定要做到详尽、准确，既要市县乡村信息平台共建共享，实现信息的充分共享；更要让各部门都能进行便利地查询，快捷地进行可视化的追踪、分析等，以确保全面、动态掌握贫困底数。整个系统应该包括基础信息统计、部门信息、扶贫政策等方面，模块之间可以相互连通，实现信息共享。

关于对山东省高校、科研院所开展科技创新评价的建议

林慧芳　　乔震　　谢峰

摘要： 近年来，省内高校、科研院所在实施创新驱动发展战略、加快推动山东新旧动能转换方面发挥了重要作用。为准确把握其科技创新能力，笔者结合国家及先进省份高校和科研院所科技创新考核评价的经验，对山东省高校、科研院所科技创新考核评价指标体系进行了分析研究，并提出了山东省高校和科研院所科技创新评价具体指标体系及评价工作流程建议。

关键词： 科技创新；评价体系；山东省；高校；科研院所；建议

近年来，省内高校、科研院所在实施创新驱动发展战略、加快推动山东省新旧动能转换方面发挥了重要作用。为准确把握其科技创新能力，笔者结合国家及先进省份高校和科研院所科技创新考核评价的经验，对山东省高校、科研院所科技创新考核评价指标体系进行了分析研究，具体情况汇报如下。

1 国内高校和科研机构科技创新能力评价实践

国内很早就开始倡导对高校和科研机构科技创新能力评价，从国家层面看，2003 年，科技部制定发布了《科学技术部关于印发〈科学技术评价办法〉（试行）的通知》（国科发基字〔2003〕308 号），其中第六章 "研究与发展机构评价" 明确提出以机构的发展目标与定位、研究与发展能力、人才队伍建设、条件建设与服务水平、运行机制与创新环境建设及科学技术产出绩效等方面为评价重点，对评价方式和标准做了相应规定。2014 年，为深入落实《教育部关于深化高等学校科技评价改革的意见》（教技〔2013〕3 号）精神，增强分类评价和同行评价的可操作性，教育部科学技术委员会发布《高等学校科技分类评价指标体系及评价要点》（教技委〔2014〕4 号），对高校科技人员、高校创新团队、高校科技创新平台（机构、基地）、高校科技项目等设定了评价要点，提供了百余个具体指标，涵盖创新质量、服务贡献、科教结合、创新文化等要点。

从省级层面看，2011 年，浙江省科学技术厅发布了《科研院所创新能力提升评价研究与应用》调研报告，提出了一套基于科技统计数据的科研院所创新能力提升评价指标，并将该指标体系实际应用于浙江省科研院所创新能力提升情况的评价。2014 年，甘肃省科学技术厅发布《关于开展科技创新能力调查评价的通知》，开展对甘肃全省科技创新能力的调查评价，系统研究分析高等学校、科研院所、企业等创新主体及区域科技创新能力，调查内容以本地区科技活动基本情况（科研投入及产出、创新平台基地建设、科技惠民基本情况）、本地区科技创新的瓶颈与问题为主，并没有将评价指标化。2017 年 7 月，为促进科研院所科技创新能力提升，甘肃省科学技术厅发布《甘肃省属科研院所科技创新能力建设实施办法》（甘科财规〔2017〕1 号），择优选择科技经费预算归口省科技厅管理的省属科研机构年度经费预算予以重点支持，滚动发展。但未见提出对科研院所科技创新能力的指标评价。总之，从政府角度看，对高等院校和科研院所科技创新能力评价尚未引起足够的重视。

2 山东省高校和科研院所科技创新评价指标体系构建原则

山东省高校、科研院所科技创新工作考核评价体系的构建要突出重点，统筹全局，建议总体遵循以下原则。

系统性原则。指标体系以评价高校和科研院所科技创新为目标，保证信息的完整性、评价结果的精确性和可信性，使设计的指标体系能全面、系统、客观地反映评价对象。

科学性原则。指标体系应符合高校和科研院所科技创新活动的客观规律，所选取的指标能体现科技研究活动的性质、特点，指标的选择和层次的划分应准确恰当，使得同一层面上的指标相互独立，没有交叉。

可比性原则。具体指标选择上必须是各高校和科研院所共有的指标，使得同一指标具有历史可比性，便于进行横向和纵向的比较。

可操作性原则。评价指标既能真实反映山东省高校和科研院所的科技创新状况，又便于获得、分析、评价和监测，计算方便直观。

可持续性原则。指标数据必须具有年度统计口径，每年都有相关统计，可及时获得准确的年度数据，方便每年进行评价。

3 山东省高校和科研院所科技创新评价指标体系建议

在参考广东、浙江、安徽等省份科技创新考核评价指标基础上，紧密结合山东省实际，采用定性分析和定量分析相结合的方法进行构建，具体如下。

山东省高校科技创新评价体系共设 3 级指标体系，即由 4 个一级指标、13 个二级指标和 42 个三级指标构成。其中 4 个一级指标包括科技创新基础、科技创新投入、科技创新产出、科技创新环境，该套指标体系可以用于分析和评价高校技术创新绩效和科技发展潜力，为政府宏观管理和高校微观管理提供决策依据，如表 1 所示。

表 1 山东省高校科技创新评价指标体系

一级指标	二级指标	三级指标
科技创新基础	人才资源	研发全时人员数 / 人年
		科研人员比重 /%
		研究生占全日制在校生总数的比例 /%
		正高职称科研人员占科研人员总数比例 /%
		当年新增国家级高层次人才数量 / 人
		当年新增省级高层次人才数量 / 人
	科研平台	国家级重点实验室数量 / 个
		国家工程技术研究中心数量 / 个
		省级重点实验室数量 / 个
		省级工程技术研究中心数量 / 个
		国家产业技术创新战略联盟数量 / 个
		省级产业技术创新战略联盟数量 / 个
		国家级孵化器数量 / 个
		省级孵化器数量 / 个
科技创新投入	设备投入	科研仪器设备投入 / 万元
	科研经费	国家级科技项目（课题）经费 / 万元
		省级科技项目（课题）经费 / 万元
		横向和自筹科研经费 / 万元

一级指标	二级指标	三级指标
科技创新产出	论文著作	三大索引（SCI、EI、SSCI）收录的论文数量 / 篇
		发表科技论文数 / 篇
		科技专著 / 部
	知识产权	专利申请数 / 件
		专利授权数 / 件
		授权发明专利数占授权专利总数比例 /%
	科研项目	国家科技项目（课题）数 / 项
		省级科技项目（课题）数 / 项
		省级科技项目结题率 /%
		横向和自筹科研项目 / 项
	科研成果奖励	国家级科技奖励获奖数量 / 项
		省级科技奖励获奖数量 / 项
	科技报告	科技报告呈交数量 / 个
		科技报告占立项项目比例 /%
	科技成果转化	科技成果转化数量 / 项
		技术转让合同数 / 项
		技术转让合同交易额 / 万元
		技术转让合同当年实现的收入 / 万元
科技创新环境	创新政策	国家、省级科技创新政策总体落实情况（定性指标）
		高校配套政策制定情况（定性指标）
	科研管理	高校科研管理的系统性、完整性和规范性（是否设有科研管理机构、是否有专职科研管理人员、是否有一套完整的科研管理体系、是否制定了规范的科研管理办法和科研创新管理制度等）（定性指标）
	国际科技交流合作	国际科技合作项目数 / 项
		经费数 / 万元
		国际合作能力（各学科领域国际合作论文情况、举办国际学术会议、出席国际会议人次、受聘国外教师情况等）（定性指标）

山东省科研院所科技创新评价体系共设 3 级指标体系，即由 4 个一级指标、13 个二级指标和 41 个三级指标构成。其中 4 个一级指标包括科技创新基础、科技创新投入、科学创新产出、科技创新管理，如表 2 所示。

表 2　山东省科研院所科技创新评价指标体系

一级指标	二级指标	三级指标
科技创新基础	人才资源	专业技术人员数量 / 人
		研发人员与单位总人数的比重 /%
		高级职称科研人员占科研人员总数比例 /%
		具有硕士以上学位科研人员所占比例 /%
		当年新增国家级高层次人才数量 / 人
		当年新增省级高层次人才数量 / 人

一级指标	二级指标	三级指标
科技创新基础	科研平台	国家级重点实验室数量 / 个
		国家工程技术研究中心数量 / 个
		省级重点实验室数量 / 个
		省级工程技术研究中心数量 / 个
		国家产业技术创新战略联盟数量 / 个
		省级产业技术创新战略联盟数量 / 个
		国家级孵化器数量 / 个
		省级孵化器数量 / 个
科技创新投入	设备投入	科研仪器设备投入 / 万元
	科研经费	国家科技项目经费 / 万元
		省级科技项目经费 / 万元
		横向和自筹科研经费 / 万元
科技创新产出	论文著作	三大索引（SCI、EI、SSCI）收录的论文数量 / 篇
		发表科技论文数 / 篇
		科技专著 / 部
	知识产权	专利申请数 / 件
		专利授权数 / 件
		授权发明专利数占授权专利总数比例 /%
	科研项目	国家科技项目（课题）数 / 项
		省级科技项目（课题）数 / 项
		省级科技项目结题率 /%
		横向和自筹科研项目 / 项
	科研成果奖励	国家级科技奖励获奖数量 / 项
		省级科技奖励获奖数量 / 项
	科技报告	科技报告呈交数量 / 个
		科技报告占立项项目比例 /%
	科技成果转化	科技成果转化数量 / 项
		技术转让合同数 / 项
		技术转让合同交易额 / 万元
		技术转让合同当年实现的收入 / 万元
科技创新管理	科研管理	是否有系统完备的科研管理制度；是否有明确的创新战略与发展规划；科研经费使用的合理规范性；科技创新管理强度与激励机制的完善程度等（定性指标）
	创新合作	国际国内科技合作项目数 / 项
		国际国内科技合作项目经费 / 万元
		加入专业团队 / 组织 / 联盟情况；与企业、科研机构、行业协会等的合作情况；与企业、高校、科研机构共建实验室和研究中心数量等（定性指标）
	科技创新环境	国家、省级科技创新政策执行落实和相关配套政策制定情况；具有明确鼓励创新的院所文化、有较好的科技创新氛围等（定性指标）

4 评价工作流程建议

山东省高校和科研院所科技创新评价的最终目的在于为科技资源的高效配置提供可靠有效的依据，山东省高校和科研院所科技创新评价总体是一个复杂的过程，需要多部门、多级别相互持续配合。研究小组认为山东省高校和科研院所科技创新评价主要包括以下几个方面的内容。

4.1 评价的对象和范围

山东省内高校和科研院所。

4.2 评价工作组织与实施

在省级层面成立高校和科研院所科技创新工作领导小组，下设科技厅评价工作办公室，每年评价一次。各高校和科研院所应把本项工作列入重要议事日程，明确专人负责，定期进行研究、自查、督促，按时上报考核材料，与科技厅评价工作办公室保持沟通联络。

4.3 评价方式和程序

每年1月底前，被评价的高校和科研院所对上一年度推进创新驱动发展工作情况进行总结，形成工作报告，连同评价指标体系中的各指标数据一并报送评价工作办公室，高校和科研院所对上报材料尤其是各指标数据进行严格审核把关。

4.4 评价考核

在以上基础上，由省高校和科研院所科技创新工作领导小组统筹按照高校和科研院所科技创新评价指标体系，对高校和科研院所相应指标数据依据不同权重，进行综合考核。考核总分为100分。评价结果分为优秀、良好、一般、较差4个等次。对各高校和科研院所的评价结果，作为科技立项、科研经费投入的重要依据。对评价等次为优秀或位次进步较大的高校和科研院所，省以适当形式予以通报表彰，并在科技立项、科研经费投入时给予倾斜。

参考文献

[1] 刘崇光，周鑫，刘浪. 基于超效率DEA模型的高校科技创新效率评价 [J]. 科技与经济，2017（5）：21-25.

[2] 易平涛，李伟伟. 区域高校科技创新力排名及评价分析 [J]. 科研管理，2017（2）：83-89.

[3] 黄长兵. 创新驱动视角下高校科技创新能力评价研究 [J]. 科技创新与应用，2017（34）：30.

[4] 罗娇. 科研院所科技创新能力评价研究 [D]. 福州：福州大学，2014.

国家、省级及基层科技报告工作跟踪研究

乔　振　　高　巍　　林慧芳

摘要：通过文献调研和网络调研，从科技报告政策、科技报告组织管理、科技报告共享服务、科技报告培训与宣传4个方面，跟踪国家、省级及基层科技报告体系建设现状。明确了山东省应进一步完善科技报告政策体系，结合省级部门、地市、科研院所意愿，积极开展基层科技报告工作，应继续推进科技报告与科技计划管理的深度融合的工作方向。

关键词：科技报告；科技报告政策；科技报告组织管理；科技报告共享服务

"全面实行国家科技报告制度，建立科技报告共享服务机制……"[1]，科技报告工作又一次被写入国家重要性文件，再次凸显了科技报告在科技创新中的重要性。自国家科技报告服务系统正式开通运行（2014年3月1日）以来，我国科技报告工作已经取得实质性进展，国家、省级、市级相继开展本层面的科技报告制度建设，尤其是在省级层面，山东省、浙江省等率先开展科技报告工作，其他省份也相继而行并取得了诸多成绩。本报告通过网络调研，对国家、省级及基层科技报告工作进行跟踪，从政策法规、标准规范、组织管理、共享服务、科技报告研究工作等方面对当前科技报告工作进展进行汇总，以期为山东省下一步科技报告工作提供借鉴。

1　科技报告政策现状 ①

1.1　科技报告政策研究

国内学者对科技报告政策的研究主要集中于4个方面，分别是：①对美国、欧洲等发达国家科技报告政策汇总分析；②我国科技报告政策宏观研究及政策调研；③科技报告知识产权政策研究；④科技报告技术标准及激励机制研究。[2]

从已检索的文献来看，明确以"科技报告政策"为主题的文献较少。一些学者虽然对国外的科技报告政策进行了部分的总结和解读，但这种研究仍处于政策研究的调查分析阶段，在内容上侧重于宏观方面，缺少对科技报告质量控制等方面的研究；同时，对国内科技报告政策的研究局限于科技报告政策体系架构及其中部分内容，只能解决科技报告工作中的部分问题，这种尚未形成体系的研究并不能保证科技报告政策的统一性、连续性和有效性。因此，应结合对国外的研究、结合科技报告政策的体系架构，加强对科技报告政策体系中其他内容的研究，保证统一性等。[2]

1.2　科技报告政策制定和发布现状 [2]

总体来看，从国家层面，已有科技部、交通运输部、国防科工局出台了相关的科技报告政策；从省级层面，已有23个省份、直辖市制定了适宜于本省的科技报告政策；从基层方面，已有山东省的烟台市等分别制定了本市的科技报告制度实施意见，陕西省的咸阳市、渭南市分别制定了本市的科技报

---

① 本部分内容以《我国科技报告政策现状》为题发表于《科技管理研究》（2017年）。

告管理办法等[①]。从层级上看，当前，我国民口已经初步形成了国家级、省级、基层三级科技报告政策体系，现根据科技政策目标—执行—效果评估框架[3-4]进行分析。

（1）科技报告政策制定

①我国科技报告政策的制定顺应了历史发展潮流。②我国科技报告政策类型多样，政策体系架构及政策链条初步形成，但存在科技报告著作权不明晰、科技报告标准无强制性等问题。③我国科技报告政策有顶层设计、分层对接，有政策统一性、也有政策差异性，与其他政策具有一致性。④我国科技报告政策制定、发布主体当前仍以政府部门为主，涉及立法部门少；而政府部门中，主要集中于科技部门，其他科研项目主管部门鲜有涉及。

（2）科技报告政策执行及效果

从政策执行情况看，在国家科技报告政策发布后，各省（区、市）和部门在制定本省政策、组织管理、人财支持等方面对科技报告政策的执行力度不一，执行效果也大打折扣。

由于科技报告在我国为新生事物，作为科技报告重要相关方的项目承担单位和科研人员在对科技报告的认识上具有一定的差距，科技报告撰写及呈交的意愿不强、重视程度不够，导致出现科技报告质量参差不齐等诸多问题。

2 组织管理及共享服务

2.1 组织管理

科技报告的组织管理主要是依托相关单位，通过成立专门的科技报告管理中心或依托部门，配备相应的工作人员，建立相应的组织架构，实现对科技报告的有效管理。

从查找到的资料来看（表1），我国有18个省份或部门明确了科技报告的依托单位，均为科技情报/信息研究所（院），部分依托单位成立了专门的科技报告管理中心，如国家层面，在中信所成立了科技报告服务与产业情报研究中心，其他如辽宁、福建等，也有部分省份的科技报告工作是依托于相关单位的其他部门，如四川，依托于四川省科学技术信息研究所的文献中心，还有河南，尚未配备专门的科技报告工作人员。还有几个发布科技报告政策的省份尚未公布科技报告工作依托单位。而山东省设立了专门的科技报告管理机构，配备了专业人员，可以说，从组织管理层面来看，山东省走在了科技报告工作前列。

表 1 各级科技报告组织管理及共享服务系统建设情况[②]

层次	组织管理	共享服务系统建设	共享科技报告/份
国家	中信所科技报告服务与产业情报研究中心	国家科技报告服务系统（2014年3月1日正式开通运行）	55 897
山东	山东省科技情报研究院科技报告中心	山东科技报告服务系统（2014年12月31日正式开通运行）	740
浙江	浙江省科技信息研究院内设相关机构，作为省科技报告管理中心	浙江科技报告共享服务系统（2014年12月8日正式开通运行）	5143
江苏	省科技情报所	江苏科技报告共享服务系统（2015年12月25日正式开通运行）	869
辽宁	省科学技术情报研究所科技报告管理中心	辽宁科技报告服务系统（2015年1月正式开通运行）	1112

---

① 调研截止时间为2016年9月1日。

② 时间截至2016年9月。

续表

层次	组织管理	共享服务系统建设	共享科技报告 / 份
吉林	吉林省科学技术信息研究所	吉林科技报告共享服务系统	14
安徽	安徽省科学技术情报研究所加挂"安徽省科技厅科技报告管理中心"牌子	安徽科技报告共享服务系统	760
福建	省信息所科技报告管理中心	福建科技报告服务系统（2016 年 5 月 18 日正式开通运行）	22
河南	河南省科学技术信息研究院	河南省科技报告共享服务系统（2015 年 12 月 31 日正式开通运行）	201
湖北	湖北省科技信息研究院	湖北科技报告共享服务系统（2015 年 6 月 30 日正式开通运行）	1102
广东	广东省科学技术情报研究所科技报告管理与服务中心	广东省科技报告服务系统	1134
四川	四川省科学技术信息研究所	四川科技报告共享服务系统	544
陕西	陕西省科技信息研究所 – 科技报告管理中心	陕西省科技文献共享平台	701
甘肃	甘肃省科学技术情报研究所	甘肃科技报告服务系统（包括市州项目 4 项）	1112
云南	云南省科学技术情报研究院、云南科技报告管理中心	云南科技报告服务系统	101
山西	山西省科技情报所科技报告中心	山西科技报告服务系统	0
黑龙江	省情报院科技报告管理中心	黑龙江科技报告服务系统	0
宁夏	宁夏科技发展战略和信息研究所专门成立了"科技报告管理中心"	宁夏科技报告服务系统（2015 年 12 月 15 日正式开通运行）	106
湖南		湖南科技报告共享服务系统（2016 年 5 月 12 日正式开通运行）	71
贵州		贵州科技报告服务系统	1314
广西		广西科技报告服务系统	386
新疆		新疆维吾尔自治区科技报告服务系统	239
江西		江西科技报告共享服务系统	1

2.2 共享服务

从 2014 年 3 月 1 日国家科技报告服务系统正式开通运行以来，已有 22 个省份建立了本省的科技报告共享服务系统并开展科技报告共享服务，在这些省级科技报告服务系统中，部分由中信所开发并维护，部分为本省自己开发，并将科技报告服务系统与本省的其他科技资源进行了整合，如陕西省科技报告共享服务系统嵌入陕西省科技文献共享平台中，实现了一站式检索服务。同时，陕西省还开展了科技报告与科技计划管理系统的融合工作，将科技报告呈交纳入陕西省科技业务综合管理系统，避免项目承担人员在某些信息上的重复填写。

从科技报告公开共享数量来看，国家科技报告服务系统公开共享科技报告 5 万余份（包含交通运输部、国家自然科学基金委员会、科技部主管科技计划科技报告），在省级科技报告共享服务中，公开共享科技报告数量排序依次为浙江、贵州、广东、辽宁等，山东虽较早上线科技报告服务系统，但鉴于回溯的科技计划 / 项目年限短、项目数量少，在整体比较中，科技报告公开共享数量并不占优势。

需要特别说明的是，浙江、甘肃已经由省级指导开展了地市级科技报告工作，并将地市科技报告在省级科技报告服务系统中公开共享，而江苏则率先在江苏省农科院开展科技报告试点工作。从资料来看，山东省部分地市已经制定并发布相关科技报告政策，但尚未见到科技报告公开共享。对于用户在科技报告的使用方面，尚未见到相关的报告发布。

3 科技报告培训与宣传

自 2011 年以来，国内对科技报告的研究呈现突飞猛进的态势，得到了如国家社科、国家软科学研究、省级重大软科学等众多科研基金的支持。承担单位绝大多数为科研院所，其中以中信所为最，在省级层面，山东省、浙江省、陕西省分别开展了相关的研究。在研究内容上集中于科技报告的介绍，科技报告的撰写、加工、处理、检索与利用，科技报告体系、制度建设及科技报告知识产权等问题研究。在时间节点上，科技报告的研究则与我国科技报告工作呈现高度一致性，具体可见《我国科技报告研究进展与述评》（发表于《中国科技资源导刊》）。

各省还相继开展了科技报告培训工作，其模式一般为首先开展对本省中承担国家科技计划 / 项目承担单位的培训，其次为承担省级科技计划 / 项目承担单位的培训，在培训内容上包括了科技报告的撰写、科技报告系统的使用等，唯一不同的是培训规模、频次等（表 2）。

表 2　我国与科技报告研究相关的项目统计 ①

序号	承担单位	项目名称	编号	支持基金	年度
1	北京理工大学管理与经济学院	科技报告开发服务模式研究	2013KJBG-04	国家科技报告制度试点专项项目	2013
2	北京信息科技大学外国语学院	新时期科技报告的语言特征与翻译研究	SM201310772007	北京市教委面上项目	2013
3	贵州省科技信息中心	科技数据资源及科技报告	黔科合计统计〔2014〕4001 号	贵州省科技厅科技统计基金项目	2014
4	南京大学信息管理学院	科技报告质量管理		中国科学技术信息研究所委托项目	
5	南京大学信息管理学院	科技报告全流程质量控制与分类评价指标体系研究		中国科学技术信息研究所委托项目	
6	南京航空航天大学图书馆	基于 FRBR 的直升机专题科技报告深度聚合与特色数据库建设研究	TSG201401	南京航空航天大学图书馆 2014 年业务创新项目	2014
7	山东省科技情报研究院	山东省实施科技报告制度对策建议	2014RZB02001	山东省重大软科学项目	2014
8	陕西省科学技术信息研究所	陕西省科技报告体系建设研究	2014SKQF02	陕西省科技情报学会项目	2014
9	浙江省科技信息研究院	浙江省科技报告制度建设研究	2015C25031	浙江重大软科学项目	2015
10	中国船舶信息中心	国家科技计划科技报告质量评价指标体系建设	2013KJBG-02	国家科技报告制度试点专项项目	2013
11	中国医学科学院 / 北京协和医学院医学信息研究所图书馆	国家科技报告分专业领域分析研判		中国科学技术情报学会项目	
12	中信所	科技报告资源建设中元数据质量评估研究	YY-201407	中信所预研基金	2014

① 统计时间截至 2016 年 9 月。

续表

序号	承担单位	项目名称	编号	支持基金	年度
13	中信所	国家科技报告资源建设中关键质量影响因素及其测评体系研究	2014GXS4K052	国家软科学项目	2014
14	中信所	网络环境下科技信息资源建设中的质量元数据及评估应用研究	12BTQ016	国家社科基金	2012
15	中信所	中国科技报告体系建设与示范工程	2003DEA4T034	国家基础条件平台重点项目	2003
16	中信所	中国科技报告资源体系构建研究	11ATQ006	国家社科基金重点项目	2011
17	中信所、福建所	科技报告制度法律问题研究	2013GXS5K183	国家软科学研究计划项目	2013

4 结论

通过对国家、省级科技报告政策、组织管理及共享服务方面的跟踪与比较，山东省下一步科技报告工作可从以下几个方面着手。

①进一步完善山东省科技报告政策体系。基于国家及山东省科技报告政策现状，从科技报告质量评价及科技报告知识产权入手，制定相应的科技报告质量评价办法、科技报告知识产权政策，解决科技报告质量不高、科技报告著作权归属等问题，同时，应尽快开展科技报告质量评价实践。

②根据实际情况，结合省级部门、地市、科研院所意愿，积极开展市级、科研院所科技报告工作。从两方面出发，一是推进科研院所科技报告激励政策的制定，激发科研人员呈交科技报告的热情；二是在交通运输部门等已经开展科技报告工作的情况下，联系各计划主管部门，推进山东省科技报告工作。

③推进科技报告系统与科技计划管理系统的融合。鉴于山东省正在开发统一的科技云平台，应尽快将科技报告系统（呈交、共享服务系统）嵌入，促进科技报告与科技计划管理的融合，改进科技计划评价与管理。

④积极开展科技报告利用的研究和实践。科技报告工作的最终目标不仅是"存"，更重要的是"用"。应尽快开展相关研究和实践，改善科技报告共享服务环境，丰富科技报告利用方式，充分挖掘科技报告的价值。

参考文献

[1] 中华人民共和国国务院."十三五"国家科技创新规划[EB/OL].（2016-08-08）[2016-09-06]. http：//www.gov.cn/zhengce/content/2016-08/08/content_5098072.htm.

[2] 荀玥婷，乔振，高巍，等.我国科技报告政策现状[J].科技管理研究，2017，37（19）：47-52.

[3] 赵峰，张晓丰.科技政策评估的内涵与评估框架研究[J].北京化工大学学报（社会科学版），2011（1）：25-31.

[4] 宋健峰，袁汝华.政策评估指标体系的构建[J].统计与决策，2006（22）：63-64.

浅析科研单位数码照片的归档管理方法

田文香　　李维翠　　张志敏

摘要：当前，数码照片已成为科研单位记录和反映本单位开展科研活动过程与成就的重要载体之一，数码照片的存储与归档管理也成为迫切需要解决的问题。本文从数码照片的质量要求、收集范围、整理与著录、存储与保管等方面进行了分析与探讨。

关键词：数码照片；档案管理；EXIF；著录；归档

近年来，随着数码相机质量的提高、价格平民化及操作简单易学，数码相机已被广泛应用于人们的工作和生活中，并且成为记录和反映一些科研单位各种科研活动和科研成就的重要工具。目前，照片档案的数量越来越多，怎样准确存储和管理数码照片已成为档案工作者认真研究和迫切需要解决的问题。

1　数码照片

数码照片就是利用数字成像设备拍摄的照片，以数字形式存储在硬盘和光盘等数字载体上，并依靠数码电子读取设备通过网络读取和传输静态图片文件。目前，数码相机的使用越来越广泛，科研机构在办理公务的过程中拍摄的照片越来越多，对国家和社会具有保存价值的数码照片进行归档并存储就显得尤为重要。

2　归档数码照片的基本质量要求

2.1　数码照片的原始信息

EXIF（exchangeable image file format）是可交换图像文件的缩写，它专门为数码相机的照片设定，并可以记录数码照片的属性信息和拍摄数据。EXIF 信息是拍摄过程当中数码相机采集到数码照片本身的拍摄信息，然后植入我们熟悉的 JPEG 格式文件的内部数据中，主要采集到的信息包括拍摄时采用的照相机型号、光圈值、曝光时间、ISO 速度、曝光补偿、焦距、最大光圈等相关的数字信息，有些数据还可以收集全球定位系统（GPS）等相关信息（图 1）。

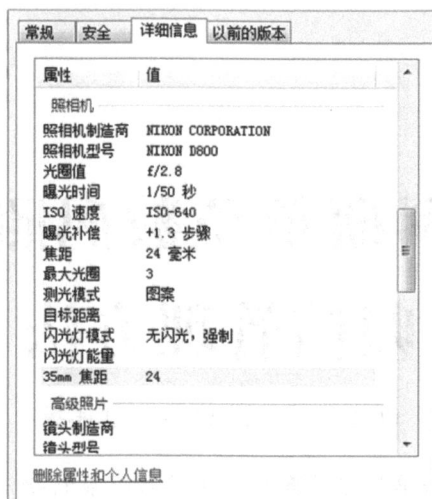

图 1 数码照片的原始信息

2.2 数码照片的像素

像素（pixel）是数码照片中的最小单位，也是数码照片存储过程中常用的单位。数码相机的像素数越大，相机捕获的图像信息就越大；它所表现的层次就越详细，最终图像可以放大的倍率就会越大。如今，佳能、尼康、索尼最高像素均超过 4000 万。

3 数码照片归档管理

3.1 数码照片的档案收集范围

数码照片的档案收集范围主要包括：本单位主要职能活动、重要工作、重点建设项目、重要科研成果的数码照片；本单位主办或负责的重要会议、重大事件和重要工作的数码照片；著名人物、上级领导和国际友人加入与本单位和区域有关的重大官方活动的数码照片；本单位的劳动模范、三八红旗手、先进个人、先进党员及具有纪念意义的社会活动的数码照片；本单位领导班子成员及历届领导班子成员的数码证件照片；记录本单位、本地区重大事故、重大事件、重大自然灾害及其他异常情况和现象的数码照片及其他具有保存价值的数码照片。

3.2 数码照片归档管理的基本要求

①存档的数码照片要求用数字成像装备（数码相机）直接拍摄的原始画面，除了改善亮度、对比度、饱和度等后期处理手法用于提高画面的质量外，EXIF 信息和数码照片的内容不能修改。通过作图软件拼接、修剪、移动位置等修改过的数码照片不能存档为文件（图 2）。

a 处理后的照片   b 原图

图 2 PS 照片与原图

②对于反映相同内容的多张数码照片，应选择具有代表性的数码照片进行归档存储，所选数码照片能够反映出事件的整个活动场面、主题清晰、图像完整。反映同一个场景的数码照片通常保留一张照片进行归档存储，对于图像主题不明确、画面不清晰的图片可以直接删除。如图 3 所示，图 3a 可以存储，图 3b 可删除。

图 3　同一角度照片画面清晰度比较

③归档存储的数码照片以 JPEG、TIFF、RAW 为主要格式，本文作者推荐使用 JPEG 格式。

④归档保存的数码照片必须注明文字描述，主要描述数码照片中所反映的主要内容，文字说明事件发生的时间、地点、主要人物、拍摄者等主要要素。

⑤数字照片可以存储在符合要求的脱机载体上，以便脱机时的归档管理，也可以通过 Internet 联机在线存档管理。

⑥归档时应参照 GB/T 18894—2002，对数码照片的真实性、完整性、可用性和安全性方面进行判定和检测。

3.3　数码照片的归档时间管理

最好在拍摄完成后及时进行数码照片归档整理，存档时间不要超过第二年的中旬。具有永久保存价值或者是其他非常重要的数码照片，我们应该及时将其转换为纸质照片后与数码照片同时进行归档管理。

3.4　数码照片的整理和著录

3.4.1　数码照片的分类和排列

同一宗内的数码照片归档的时候要依照"保管期限—年度—照片组"顺序进行分类，同一照片组内的数码照片档案按形成时间排列。

3.4.2　数码照片的命名要求

重命名文件是整理数码照片过程中最重要的一步。重命名的格式一般采取"保管期限代码—年度—照片组号—张号 . 扩展名"。保管期限代码的表达方式：采用"YJ""30"或者"10"代表"永久保存""保存 30 年"或者"保存 10 年"；年度：4 位阿拉伯数字表示；照片组号：4 位阿拉伯数字，从"0001"开始依次编号；张号：为 4 位阿拉伯数字，同一照片组内的数码照片从"0001"开始依次编号。

例如：2018 年 ×××院办公室拍摄的一组全省科技奖励大会的照片是 2018 年第一组照

片，保管期限为"永久"，文件存储格式为 JPEG，则该组的第一张照片的文件名可命名为 A007-YJ-2018-0001-0001.jpg，如图 4 所示。

图 4 建档照片的命名实例

3.4.3 著录

数码照片档案包括的著录项目有全宗号、保管期限、年度、部门、照片组号、张号、参见号、摄影者、时间、组题名、文字说明、文件格式、开放状态（表 1）。

表 1 数码照片档案目录数据库结构及字段

字段名称	字段名	字段类型	字段长度	示例
全宗号	QZH	字符型	6	A007
保管期限	BGQX	字符型	4	YJ
年度	ND	字符型	4	2015
部门	BM	字符型	100	ZJC
照片组号	ZPZH	字符型	4	0028
张号	ZH	字符型	4	0001
参见号	CJH	字符型	20	****
摄影者	SYZ	字符型	100	****
时间	SJ	日期型	8	20150918
组题名	ZTM	字符型	160	****
文字说明	WZSM	字符型	254	****
文件格式	WJGS	字符型	4	JPG
文件存储路径	WJCCLJ	字符型	100	
开放状态	KFZT	逻辑型	1	Y

3.5 数码照片的存储和保管

在数码照片归档过程中，应建立分级文件夹进行分类存储。例如，×××院的数码照片文件存储在档案室计算机硬盘的非系统分区 D 盘，2018 年 ×××院办公室拍摄的一组全省科技大会的数码照片，保管期限定为"永久"，则该组照片的存储位置为"D：\ 数码照片档案 \YJ\2018……"，如图 5 所示。

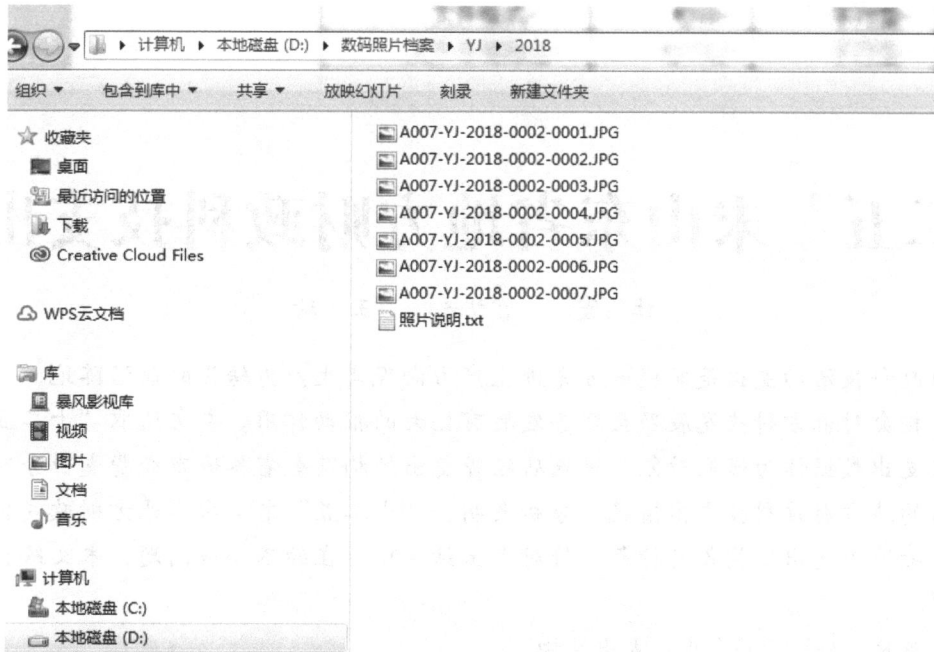

图 5　数码照片的存储位置实例

随着社会经济的不断发展，使用数码相机记录现实和反映历史也变得越来越重要和越来越普遍。数码照片的数量越来越多，数码照片的管理方式和存储模式显得尤为重要，档案工作者如何对数码照片进行规范化管理，是工作人员在归档和存储数码照片过程中需要深入思考和探讨的问题。

参考文献

[1] 谢春霞 . 浅谈机关档案室数码照片档案归档难问题 [J]. 云南档案，2015（12）：32–33.

[2] 刘健 . 数码照片档案管理方法研究与应用 [J]. 山东档案，2008（5）：32.

[3] 李艳 . 宗教档案业务指导工作实践与思考 [J]. 档案与建设，2014（11）：83–84.

[4] 梁绍红 . 谈谈数码照片的归档与管理 [J]. 浙江档案，2008（5）：52–53.

[5] 薛春凤 . 数码照片归档管理的实践与思考 [J]. 大观，2015（7）：152–153.

[6] 闵宪法 . 数码照片档案整理的探讨 [J]. 办公室业务，2012（8）：55–56.

[7] 黄海鸥 . 信息科技背景下数码照片档案管理要素探究 [J]. 兰台世界，2013（14）：30–31.

[8] 张战友 . 照片整理软件设计 [J]. 电脑编程技巧与维护，2015（19）：82–83.

[9] 惠磊 . 数码照片档案管理初探 [J]. 卷宗，2015（11）：621–622.

"十二五"末山东省地方财政科技支出分析

杜廷霞　　宫明永　　王　琦

摘要：地方财政科技活动支出是实现地方先进生产力向现实生产力转化的前沿阵地，合理的地方财政科技支出结构会对地方科技发展乃至经济发展有巨大的推动作用。本文选取"十二五"末山东省地方财政科技支出数据作为研究对象，重点从经费支出结构及全省各地市经费支出分布等方面综合分析了山东省的地方财政科技支出情况。分析表明，"十二五"末山东省地方财政支出结构稳定，重点突出；十七地市支出结构各具特色。针对支出结构中存在的不合理问题，本文给出了相应的发展建议及规划。

关键词：地方财政；科技活动支出；支出结构

地方财政科技支出既是政府对科技发展财政支持的重要组成部分，也是地方政府建设本地区特色区域创新系统的具体体现，对区域经济的发展起着至关重要的作用。地方财政科技支出作为一种战略性举措，是实现地方先进生产力向现实生产力转化的前沿阵地。它反映了一个地区科技资源的配置能力和财政对经济社会发展的支持能力。有效的财政科技支出是保证科技产业快速发展、产业结构升级换代和区域经济可持续发展的重要保障。因此，合理的地方财政科技支出结构会对地方科技发展乃至经济发展有巨大的推动作用。

一、全省地方财政科技支出结构稳定、重点突出

全省地方财政科技支出数据显示，用于技术研究与开发的支出占到财政科技总支出的近一半。具体情况如下：技术研究与开发支出金额 74.84 亿元，占地方财政科技总支出的 47.05%，其他科学技术支出金额 35.70 亿元，占地方财政科技总支出的 22.45%，科技重大专项支出金额 10.59 亿元，占地方财政科技总支出的 6.66%，基础研究支出金额 8.49 亿元，占地方财政科技总支出的 5.62%，科学技术管理事务支出金额 8.12 亿元，占地方财政科技总支出的 5.11%，技术条件与服务支出金额 7.82 亿元，占地方财政科技总支出的 4.92%，应用研究支出金额 6.31 亿元，占地方财政科技总支出的 3.97%，科学技术普及支出金额 4.21 亿元，占地方财政科技总支出的 2.65%，社会科学支出金额 2.17 亿元，占地方财政科技总支出的 1.36%，科技交流与合作支出金额 0.37 亿元，占地方财政科技总支出的 0.23%。

比较 2014 年和 2015 年数据发现，山东省财政科技支出整体结构较稳定，绝大部分支出的比例变化不大，名次均位居全国上游。与 2014 年相比，2015 年山东省科技重大专项支出占比由 0.57% 提升至 6.66%，国内排名也由第 15 位提升至第 2 位；其他科学技术支持占比由 18.70% 提升至 22.45%，国内排名由第 10 位提升至第 8 位；社会科学占比由 0.93% 提升至 1.36%，国内排名由第 8 位提升至第 3 位；技术研究与开发占比由 56.56% 下降至 47.05%，国内排名由第 5 位下降至第 6 位；科学技术管理事务、基础研究、应用研究、科学技术普及、科技交流与合作的占比都有小幅度下降，但是从国内排名来看，名次变化不大。

二、十七地市地方财政科技支出结构存在差异、各具特色

1. 除东营、日照、莱芜外，技术研究与开发稳居各市财政科技支出首位

技术研究与开发是全省地方财政科技支出总量的重要组成部分，数据表明，绝大部分地市的财政科技支出也主要用于技术研究与开发。就各个地市的科技支出结构情况来看，排名第一位的是德州市，技术研究与开发占财政科技支出总量的 83.41%，威海市、聊城市紧随其后，占比分别达到 71.70%、64.60%；占比在 35% 以下的仅有日照市、莱芜市和东营市，分别为 23.35%、28.58% 和 31.60%。

2. 十七地市地方财政科技支出结构的差异情况

在全省地方财政科技支出结构中，国内排名比较靠前的有基础研究支出（第 1 位）、科技重大专项支出（第 2 位）、社会科学支出（第 3 位）、科学技术管理事务支出（第 5 位）。从十七地市的排名情况来看，基础研究支出排名前三位的分别是枣庄市（10.2%）、泰安市（10.1%）、青岛市（6.0%），排名相对靠后的是莱芜市和烟台市，均不足当地财政科技支出总量的 0.5%；科技重大专项支出排名前三位的是莱芜市（13.5%）、临沂市（10.3%）和东营市（9.9%），排名后三位的是青岛、日照和德州，支出占比均在 4.0% 以下；科学技术管理事务支出排名前三位的是菏泽市（17.5%）、淄博市（16.6%）和枣庄市（13.6%），排名比较靠后的是烟台和威海，支出占比都在 3% 以下；十七地市的财政科技支出中社会科学支出占比都比较小，并且各个地市的差异不大。

从全省情况来看，国内排名相对靠后的支出项目有应用研究（第 12 位）、技术条件与服务（第 9 位）、科学技术普及（第 9 位）、科技交流与合作（第 9 位）和其他科学技术支出（第 8 位）。应用研究支出方面，临沂市的支出比例是 10.2%，跃居全省第 1 位，其他地市均在 4.0% 以下，并且相差不大；技术条件与服务排名前三位的分别是烟台市（10.01%）、潍坊市（7.51%）、聊城市（7.19%），东营、泰安和菏泽三市占比均在 0.1% 以下，相对较低；科学技术普及排在前 3 位的是枣庄市（9.80%）、滨州市（7.45%）、菏泽市（5.78%），莱芜市占比仅为 0.68%，全省排名最后一位，其他地市支出占比相差不大；科技交流与合作方面，全省十七地市的支出占比普遍较低，均在 0.5% 以下。

三、优化财政科技资金支出的几点建议

党的十八大以来，创新驱动发展战略加快了经济结构转型的脚步，经济增长方式从原来的粗放型不断向创新创业的集约型转变。作为提高社会生产力、综合国力的科技创新被摆在了国家发展的重要位置。由于科技产业的高风险性和不确定性阻碍了商业资本流向科技产业，科技产业迫切需要得到来自政府的支持。政府在不断增加财政科技投入的同时仍然存在一定的问题。首先，政府对财政科技支出的管理缺乏统一有效的效率评价，这会造成有限的财政科技支出不能产生应有的经济效益，进一步导致科技产业研发的质量得不到保障；其次，近年来部分学者从不同的角度对财政科技支出进行了效率评价，但是并未涉及财政科技支出效率的相关因素，因此不能对提高财政科技支出效率提出合理的建议。基于以上实际状况，在今后的发展中，可以继续加强以下 3 个方面的管理和工作推进。

1. 进一步优化科技计划体系，创新财政科技资金的使用方式

山东省"十三五"科技创新规划明确指出，创新发展需要进一步完善以自然科学基金、重点研发计划、基地和人才专项、产业引导基金为主体的相互衔接的省级科技计划体系，明确各类科技计划的准确定位。财政科技支出要进一步加大对基础研究、公益研究和科技创新平台建设及企业创新的奖励、支持力度。完善财政支出对基础研究的支持机制，持续加大政府科技资金对基础研究的投入。通过不断探索，以各级财政资金与社会资本共同设立联合基金的方式支持基础研究，引导企业和社会力量增加基础研究投入，形成全社会支持基础研究的合力。深化与国家自然科学基金委合作，不断扩大联合基金的规模，

进一步加大对海洋、现代农业等优势领域基础研究的支持强度。对市场需求明确的技术创新活动，充分运用风险补偿、后补助、创投引导等支持方式发挥财政资金的杠杆作用，引导和带动社会力量支持科技创新。

2. 建立与科技创新需求相适应的财政科技投入稳定增长机制

优化财政科技资金配置，加大对基础性、战略性和公益性研究的支持力度，完善稳定支持和竞争性支持相协调的机制，带动地方和企业加大研发投入。创新财政科技投入方式，加强财政资金和金融手段的协同配合，引导金融资本和社会资本进入创新领域，完善多元化、多渠道、多层次的科技投入体系。在研发与资本共同作用增长模型框架下，通过理论推导、数值模拟，扩展并丰富地方财政科技支出结构对研发活动乃至经济增长影响的研究。

3. 将科研成果纳入评价指标体系，评价结果为财政科技经费支持的重要依据

为了进一步优化财政科技支出标准，建立高校、科研单位的评价指标体系，将评价结果作为财政科技经费支持的重要依据。以创新质量和创新效率为导向，推进高校、科研院所和科技人才的分类评价。进一步完善人才评价制度，改革科技人才评价中存在的唯学历、唯职称、唯论文倾向，对不同类型的科技人才分类制定评价标准。合理界定和下放职称评审权限，突出用人主体在职称评定中的主导作用。改革完善国有企业评价机制，把研发投入和创新绩效作为重要考核指标。

参考文献

[1] 王会龙，李仁宇. 浙江财政科技支出、人力资本与科技创新关系实证研究 [J]. 改革与战略，2013, 29（2）：92-95.

[2] 曾琼，王利政. 重庆市财政科技支出比重下降原因分析及提升策略建议 [J]. 科技管理研究，2012, 32（19）：87-90.

[3] 刘艳辉. 河北省省级财政科技支出的结构和效益研究 [D]. 天津：河北工业大学，2006.

[4] 张弛. 山东省科技创新政策实施效果评估 [D]. 济南：山东大学，2014.

[5] 张颖强. 山西省财政社会保障支出研究 [D]. 太原：山西财经大学，2013.

北京市科技创新政策与经验做法对山东省的启示与借鉴

林慧芳　　田文香　　刘长

摘要：科技是国家强盛之基，创新是民族进步之魂，北京作为全国政治中心、文化中心、国际交流中心和科技创新中心，集聚了丰富的科技智力资源，有着得天独厚的禀赋，在全国实施创新驱动发展战略和京津冀协同发展战略进程中发挥着示范引领和辐射带动作用，北京以观念转变引领动能转换，以动能转换推进经济转型，以经济转型实现发展转身的做法给山东省提供了有益借鉴。本文主要对北京近3年的科技创新政策进行深入分析，对北京科技创新经验做法进行了认真阐述，分析山东省现有政策和做法与北京的差距，并提出促进山东省科技创新发展的可操作性建议与对策。

关键词：科技创新政策；经验做法；北京；山东；启示

北京是全国政治中心、文化中心、国际交流中心和科技创新中心，创新资源最为集聚，研发能力最强，是全国的科技供给中心和科技成果孵化基地，集聚了丰富的科技智力资源，有着得天独厚的禀赋，在全国实施创新驱动发展战略和京津冀协同发展战略进程中发挥着示范引领和辐射带动作用；北京建设具有全球影响力的科技创新中心，其是建设世界科技强国的重要支撑，是首都发展的新引擎。北京的科技创新政策示范引领作用大，举措创新性较强，通过对北京市近3年科技创新政策、经验做法进行跟踪梳理分析，现将有关情况汇报如下。

1 近3年北京科技创新政策综述

2015年以来，北京市不断完善创新驱动发展的政策体系，出台科技创新政策40多项，为全国科技创新中心建设提供了政策保障，主要有以下特点。

1.1 政策体系比较系统全面

近年来，北京市高度重视、精心部署，按照国家有关科技创新政策，及时制定出台了北京市科技创新相关政策，完善了全国科技创新中心建设的政策体系，并强化督促检查，抓好政策落实的"最后一公里"。主要包括：科技体制改革、科技计划管理、科技动能培育、前沿重大关键技术和共性技术研究突破与部署、科技创新推进产业转型升级、重大科技创新平台和基础设施建设与布局、战略性新兴产业培育、科技人才引进培养、科研投入和科技金融、新型研发机构培育与发展、知识产权和科技成果转化等方面。

1.2 重点围绕全国科技创新中心建设，密集出台多项创新引领政策

2016年3月，北京市政府常务会审议《北京系统推进全面创新改革试验加快建设全国科技创新中心方案》，包括5个方面重点发展任务和7类全面创新重大改革举措，该方案立足服务国家改革大局，抓住先行先试重大机遇，争做国家全面创新改革"政策高地"。

2016 年 9 月，北京市政府发布《北京市"十三五"时期加强全国科技创新中心建设规划》，该规划提出，到 2020 年，北京"全国科技创新中心"的核心功能进一步强化，将成为具有全球影响力的科技创新中心，支撑我国进入创新型国家行列。随后，北京市委、市政府又详细制定出台《北京加强全国科技创新中心建设重点任务实施方案（2017—2020 年）》，确定 88 项重点任务和 127 项重大项目清单，科技创新中心建设的目标更加清晰，路径更加明确。

2017 年 1 月，北京市政府印发《北京市"十三五"时期现代产业发展和重点功能区建设规划》，该规划明确了优化与首都城市战略定位相适应的现代产业集群，建设与人口资源环境相协调的产业空间格局，构建促进新消费、培育新供给新动力的产业生态环境等重点任务和举措。

1.3 加强科研管理，出台财政科研项目和经费管理改革 28 条新政

2016 年 7 月，中共中央办公厅、国务院办公厅印发《关于进一步完善中央财政科研项目资金管理等政策的若干意见》后，中共北京市委办公厅、北京市人民政府办公厅随即于 9 月联合印发《北京市进一步完善财政科研项目和经费管理的若干政策措施》，在全国率先提出 5 个方面、28 条改革举措，突破制度藩篱，具有很强的针对性和可操作性。

2016 年 11 月，为切实加强财政科技计划（专项、基金等）管理，不断提升财政科技资金使用效益，北京市政府办公厅印发《北京市深化市级财政科技计划（专项、基金等）管理改革实施方案》，加强对科技计划（专项、基金等）的统筹协调，优化各类科技计划（专项、基金等）布局，根据政府科技管理职能和科技创新规律，将本市各项目主管部门管理的科技计划（专项、基金等）整合为北京市自然科学基金、北京市科技重大专项、北京市重点研发计划、北京市科技创新引导专项（基金）和北京市基地建设和人才培养专项 5 个类别，形成各有侧重、相互协同的分类管理格局。

2016 年 12 月，北京市科委印发《北京市科技计划项目（课题）管理办法（试行）》，规范和加强北京市科技计划项目和北京市科技计划课题的管理，市科委将对项目（课题）参与主体实施全过程信用管理，个人和单位一旦出现科研不端行为，将被追回已拨项目（课题）资金或取消其一定期限内的申报资格。2017 年 1 月，北京市财政局与北京市科委联合印发《北京市科技计划项目（课题）经费管理办法》，规范加强北京市科技计划项目（课题）经费的管理，提高资金使用效益，不断完善科研信用评价体系建设，将信用管理贯穿科技计划管理的整个过程、关联各个相关主体。

1.4 实施加速科技成果转化系列政策

2015 年 8 月、2016 年 2 月和 4 月国家先后发布《中华人民共和国促进科技成果转化法》《实施〈中华人民共和国促进科技成果转化法〉若干规定》《促进科技成果转移转化行动方案》，强调各地方要将科技成果转移转化工作纳入重要议事日程。为贯彻中央决策部署，北京市科委牵头成立文件起草小组，迅速开展相关工作。

2016 年 11 月，北京市科委牵头研究制定《北京市促进科技成果转移转化行动方案》，从汇集发布科技成果信息、释放创新主体科技成果转移转化活力、激发科技人员科技成果转移转化动力、强化科技成果转移转化市场化服务、建设科技成果中间性试验与产业化载体、强化央地协同推动科技成果转移转化、促进科技成果跨区域转移转化、推动科技型创新创业快速发展、建设科技成果转移转化人才队伍、健全科技成果转移转化多元化资金支持体系等 10 个方面提出了 36 项重点任务。

1.5 加快人才引进培养，实施引才引智系列政策

2016 年 6 月，为加快实施创新驱动发展战略和京津冀协同发展战略，大力深化人才发展体制机制改革，北京市制定《中共北京市委关于深化首都人才发展体制机制改革的实施意见》，全面推进人才

管理体制改革，加快建立京津冀人才一体化发展体制机制，积极构建具有国际竞争力的人才开发机制，充分发挥市场在人才资源配置中的决定性作用，着力构建符合创新驱动发展规律的创新创业机制，大力完善有利于人才优先发展的财税金融保障机制。

2017年4月，北京市科委同时印发《北京市科技新星计划管理办法》和《首都科技领军人才培养工程实施管理办法》，这两项措施旨在全面落实《关于深化首都人才发展体制机制改革的实施意见》，深入实施人才优先发展战略，着力培育首都青年科技人才队伍和高层次科技人才队伍，助力全国科技创新中心建设。

1.6 强化创新服务，实施科技金融及科技服务系列政策

2015年5月，北京市政府出台《关于加快首都科技服务业发展的实施意见》，通过实施技术支撑工程、创业支持工程、优势引领工程、业态培育工程和市场拓展工程等5个主要任务，强化政策引导、营造市场环境、加大资金支持、搭建服务平台、注重人才建设、促进集群发展和狠抓工作落实七项保障措施。

2015年6月，北京市科委联合北京市财政局、北京市商务委员会等多个部门联合印发《北京市推动科技金融创新支持科研机构科技成果转化和产业化的实施办法》的通知，为科研机构科技成果转化和产业化提供服务和支持。2015年12月，北京市财政局和北京市经济和信息化委员会联合印发《北京市中小企业创业投资引导基金管理细则》，促进创业创新企业发展，规范引导基金管理。

2016年7月，北京市政府印发《关于加强首都科技条件平台建设进一步促进重大科研基础设施和大型科研仪器向社会开放的实施意见》。2016年12月，北京市科委联合北京市财政局、北京市发展改革委等部门印发《北京市重大科研基础设施和大型科研仪器向社会开放评价考核实施细则（试行）》，评价考核主要包括科研设施与仪器的运行情况、开放共享的信息系统建设情况，以及开放制度建设情况、开放程度、服务质量和开放效果等方面内容。

1.7 深化先行先试，实施中关村系列示范引领政策

2017年4月，中关村科技园区管理委员会印发《中关村国家自主创新示范区提升创新能力优化创新环境支持资金管理办法》，在科技金融政策创新上，中关村出台了涉及企业债务性融资、科技金融创新工程、企业创业投资和企业改制等方面内容的共20个相关政策。

2016年6月和10月，中关村科技园区管理委员会还分别印发《中关村国家自主创新示范区集成电路设计产业发展资金管理办法》和《关于促进中关村虚拟现实产业创新发展的若干措施》等。2017年4月，为贯彻落实北京科技创新大会精神，集聚全球创新资源，打造中关村示范区升级版，加快构建首都"高精尖"经济结构，全力建设京津冀协同创新共同体，中关村科技园区管理委员会印发《关于精准支持中关村国家自主创新示范区重大前沿项目与创新平台建设的若干措施》。

2 北京科技创新经验做法

北京在全国科技创新工作中具有突出重要的位置，其深入实施创新驱动发展战略，推进京津冀协同创新，着力构建高精尖经济结构，深化科技体制改革，不断优化创新创业环境，着力聚集高端创新人才，大力提升自主创新能力，为全国创新发展提供了宝贵经验。

2.1 加强全国科技创新中心建设，三大科学城勾勒北京创新路径

中关村科学城、未来科技城和怀柔科学城，是北京重点建设的三大科技创新重镇，也是北京建设全国科技创新中心的主平台。目前，在中关村原有资源的基础上，中关村科学城早已成为我国科技资源最为密集、科技条件最为雄厚、科技研发成果最为丰富的区域。能源技术创新是未来科技城科技创

新的一大亮点，目前已进驻的央企中，神华、国家电网等能源巨头企业占了6家，建成的能源技术领域国家级科研平台达19个，已入驻园区的8000余名科研人员中，有超过半数的高级职称人员聚集在光伏发电、核电、风力发电等能源研究领域，未来科技城将成为"首都能源科技创新基地"。怀柔科学城则是在疏解非首都功能的大背景下，形成的国家综合科学实力新高地，与中关村科学城相辅相成、相互配合。在怀柔科学城，北京市正积极与中国科学院开展合作，建设大科学装置，依靠这些大科学装置，支持建立跨学科交叉研究平台，建设北京综合性国家科学中心。

2.2 加快改革，形成可复制推广的改革试点经验

北京在深化科研管理和运行机制改革方面形成了复制推广的经验，一是紧紧围绕国家重大战略需求和前沿科学领域，遴选全球顶尖的领衔科学家，面向前沿技术领域，每年给予世界级顶尖人才及团队最高不超过3000万元的资金支持，连续支持不超过5年。在确定的重点方向、重点领域、重点任务范围内，由领衔科学家自主确定研究课题，自主选聘科研团队，自主安排科研经费使用，3～5年后采取第三方评估和国际同行评议等方式，对领衔科学家及其团队的研究质量、原创价值、实际贡献，以及聘用领衔科学家及其团队的单位服务保障措施落实情况进行绩效评价，形成可复制可推广的改革试点经验。二是大力支持北京生命科学研究所在更高水平上开展科技体制改革试点和原创性基础研究，为科研人员提供居留和出入境、落户、配偶安置、子女教育、住房等方面的服务保障；同时，在量子计算、生命与健康、脑科学、战略性先导材料等领域，探索培育一批新型科研机构，形成与国际接轨、符合国情的科研管理和运行机制。

2.3 加快人才聚集，实施科技新星计划和首都科技领军人才培养工程

近年来，北京市科委紧密围绕建设全国科技创新中心的重要目标，围绕人工智能、新材料、生物技术等前沿领域实施"全球顶尖科学家及其创新团队引进计划"，加快吸引和聚集顶尖科学家特别是获得诺贝尔奖级别的顶尖科学家来京开展研究，为北京建成具有全球影响力的科技创新中心提供人才保障。另外，积极实施科技新星计划和首都科技领军人才培养工程。其中，北京市科技新星计划是由市财政经费支持、市科委组织实施的科技人才培养计划，新星计划旨在选拔优秀的青年科技骨干，以项目为依托开展科技创新，促进科研水平和管理能力提升，培养造就一批政治素质高、创新能力强、富于创新精神的青年科技骨干。首都科技领军人才培养工程每年开展一次，为自然科学领域的科技创新领军人才和科技创业领军人才提供支持，市科委对入选人员给予科技经费支持，并鼓励依托单位进行经费匹配，鼓励入选人员带领团队开展重大科学技术攻关、重大工程实施、科研成果转化和产业化辅导。

2.4 注重协同创新，加速技术转移和成果转化

北京以"京津冀协同发展""长江经济带""一带一路"等国家重大战略为主线，强化科技创新区域合作，同时积极吸纳全球创新资源，更加主动地融入全球创新网络，持续提升首都科技创新的国际影响力。北京市深入落实《京津冀协同发展规划纲要》，建设京津冀协同创新共同体的工作方案和中关村行动计划先后实施。北京市科委还推动建立成果转化对接与技术转移转让绿色通道，参与设立京津冀协同创新科技成果转化创业投资基金；全面推广首都科技条件平台区域合作站和北京技术市场服务平台的"一站一台"合作模式，2015年4月，在北京市科委的支持和引导下，京津冀三地科技部门推动成立京津冀钢铁行业节能减排产业技术创新联盟，2015年12月，京津冀技术转移协同创新联盟正式成立，2016年4月，北京鼎鑫钢联科技协同创新研究院和京津冀钢铁联盟（迁安）协同创新研究院揭牌成立，2016年12月，北京院市合作协同创新联盟成立，2017年5月，由清华大学国家大学科技园、天津大学国家大学科技园、保定国家大学科技园等19家国家级大学科技园组成的京津冀大学科

技园联盟成立。与此同时，北京不断加强与其他省区市的科技创新合作，搭建跨区域创新合作网络，辐射引领服务全国创新发展，为"一带一路"建设做好支撑。

2.5 充分发挥中关村先行先试优势，大力推进全面创新改革试验

中关村把发展众创空间作为创业创新行动计划的重要组成部分，制定了《"创业中国"中关村引领工程（2015—2020年）》，成为全国科技体制改革先行先试的排头兵。在科技部支持下，组建由19个中央部委和30余个市级相关部门参与的中关村创新平台；制定实施13项配套政策，加快建设中关村人才特区；率先实施国务院"1+6""新四条"等系列先行先试政策，设立中关村外国人永久居留服务大厅、开通的"绿卡直通车"、股权激励等10项政策为全国首创，并在全国推广；与中央单位共同推动开展70余项改革举措，先行先试改革取得新突破。加快建设中关村国家科技金融创新中心，率先开展"投贷联动"、创新创业债和绿色债发行试点，筹建设立中关村银行。北京市政府高度重视标准化工作，近年来成立了首都标准化委员会，发布《首都标准化战略纲要》《北京市"十三五"时期标准化与计量发展规划》《中关村标准化行动计划（2016—2018年）》等一系列文件，进一步健全了标准化工作统筹协调机制。北京市还积极开展标准创新示范试点，支持各类创新主体主导或参与制定了一批融入核心自主技术的国际标准、国家标准与行业标准，有力支撑了战略性新兴产业的发展。

2.6 动态监测，连续发布首都科技创新发展指数

首都科技创新发展指数旨在连续监测首都科技创新发展状况，跟踪首都科技发展新动态，总体评价首都科技创新发展的变化和特征，它是一个"动态监测指标"，其主要目的是"看过去、察当前、谋未来"，其主要手段是"大数据、新数据、解数据"，通过一个较长维度的历史数据和当期数据全面翔实地了解首都科技创新发展的趋势和当前的水平，并从中分析问题，总结规律，谋划和指导未来科技创新发展。通常，首都科技创新发展指数指标体系由3个层次指标构成。其中，一级指标共4个，主要包括创新资源、创新环境、创新服务、创新绩效。二级指标共15个，主要包括创新人才、研发经费、政策环境、人文环境、生活环境、国际交流、科技条件、技术市场、创业孵化、金融服务、科技成果、经济产出、结构优化、绿色发展、辐射引领。三级指标共64个，主要包括创新资源三级指标10个，创新环境三级指标15个，创新服务三级指标11个，创新绩效三级指标28个。近年来，北京市科委和首都科技发展战略研究院连续发布《首都科技创新发展指数2015》《首都科技创新发展指数2016》《首都科技创新发展指数2017》，用数据翔实地反映了在经济发展进入新常态，加快建设全国科技创新中心和京津冀协同发展两大时代背景下，北京正在成为创新环境最优、创新活力最足、创新成果最多、辐射带动最强的科技创新高地。

3 对山东省科技创新的启示

近几年，山东科技工作紧紧围绕省委、省政府战略部署，大力实施创新驱动发展战略，全面深化科技体制改革，加大科技供给，在科技计划、财政科技经费使用、科技奖励、科技人才、创新平台建设管理、知识产权质押融资、大型仪器设备共享、科技成果转化、科研院所法人治理结构等领域进行了创新改革，取得了显著成绩。通过与北京对比，山东省还存在着一些不足：一是全省重点行业布局散，产业集聚度、关联度低，高端服务业供给不足，前端新技术、新设计等不能满足工业转型需要。二是科技成果与市场需求转换不畅通，山东具备资质的权威性的"无形资产"评估机构匮乏，尚未解决山东省技术评价瓶颈问题。三是缺乏综合性的技术转移、成果转化平台，目前山东省已建立了多个省市级别的科技成果转化服务平台，除省科技成果转化平台外，青岛、济宁等市的科技成果转移转化平台建设较好。但已有平台功能单一、服务机构分散，缺少同时汇集成果转化、科技金融、公共研发、

科技咨询、人才等多个方面的"广场式""全链条""线上线下结合"的综合性服务平台。四是企业家和产业专家为主体的技术创新联盟还没有形成规模，企业创新联盟建设相对滞后，产业技术创新联盟发展模式还需进一步探索。五是缺乏科技创新大数据动态监测，统计指标体系建设有待进一步加快。另外，近年来山东标准化工作取得了长足进步，但原有的标准管理体系还不能很好地适应新的产业发展形势。

北京以观念转变引领动能转换，以动能转换推进经济转型，以经济转型实现发展转身的做法给我们有益借鉴，启示如下。

一是统筹规划，加大对全省重点行业宏观布局。鼓励开展基础性、战略性、前沿性科学研究和共性技术研究，加大科技创新技术储备，积极培育先导技术和战略性新兴产业等，加大高端服务业和前端技术供给，既要从点上布局产业集群，又要从面上宏观培育创新产业集聚区，着力推动海洋经济、装备制造业、高端化工产业、能源原材料、现代信息产业、生态农业等十大优势产业发展，使山东省积极融入京津冀协同创新国家战略中去。

二是推行"先行先试"试点，推动机制创新。山东在国家发展战略布局中具有极其重要的地位，为保证政策、措施实施效果，可以在济南新旧动能转换先行区、泛济青烟新旧动能转换综合试验区等进行先行先试。设置"前孵化"基金，支持发挥财政经费的杠杆效应和导向作用，引导民间资本开展科技创新创业。积极推进政府和社会资本合作（PPP）等模式在科技领域的应用。完善"前孵化"基金机制，优化科技创新类引导基金，推动更多具有重大价值的科技成果转化应用。在试验区综合开展科研信用评价体系建设，将信用管理贯穿科技计划管理的整个过程、关联各个相关主体，对项目（课题）参与主体实施全过程信用管理。

三是强化企业创新主体地位和创新能力，打造新旧动能转换原动力。始终把发展科技型企业作为统筹推进创新驱动发展战略、打造创新发展新动能的关键一招，加快以企业家和产业专家为主体的技术创新联盟建设，强化对科技型中小微企业综合施策，最大限度激发创新活力。

四是建议山东省完善科技成果转化制度设计。建设面向海内外的科技成果转化线上线下交易平台，形成全链条服务体系。充分借鉴北京技术转移和成果转化先进经验，根据山东半岛地理区位、产业优势、发展条件及六大高新区产业特点，研究山东半岛国家自主创新示范区科技成果转化体制机制、重大科技成果转化及产业化政策，确定其各自不同的成果转化先行先试政策。深度融入蓝黄国家战略，以蓝色提升高端产业，以黄色引领低碳发展，加快形成富有创新性、竞争力和带动力的产业布局；助力济南打造全国重要的区域性科技创新中心和成果转化基地，促进省会经济圈繁荣发展；促进西部经济隆起带地区技术转移、科技成果转化及传统产业升级；对接京津冀，形成三大国家自主创新示范区协同发展战略格局。

五是增强集聚能力，加大人才引进培养。坚持高起点、高标准，建议山东省借鉴北京经验，加快对世界顶尖人才的引进，同时完善相关配套措施，在全球范围内吸引一批能够承接重大任务、取得尖端成果、做出卓越贡献、形成"塔尖效应"的顶尖人才。

六是重视标准化工作，加强技术标准制定。当前，我国经济发展正处于新旧动能转换的关键时期，标准化的作用更为凸显，山东省要尽快突破电子信息、生物医药、高端制造业、生态环保等领域的一批重大核心和共性技术，创制一批国家标准和国际标准，形成一批具有自主知识产权的产品。建议实施"山东省标准化行动计划"，积极开展标准创新示范试点，支持各类创新主体主导或参与制定一批融入核心自主技术的国际标准、国家标准与行业标准，有力支撑山东省战略性新兴产业发展。

七是加强前瞻部署，建议以后每年发布山东省科技创新发展指数。借鉴北京经验，探索建立"科技创新中心的评价监测指标体系"，从中分析问题，总结规律，谋划和指导山东未来科技创新发展。通过"大数据、新数据、解数据"的方式，勾画山东科技创新发展的"全景图"，充分发挥科技智库作用，持续深入开展跟踪研究，为山东省科技创新工作提供前瞻决策支撑。

参考文献

[1] 贺江琼. 北京市技术创新政策的问题分析 [J]. 现代商业，2014（30）：87-88.

[2] 胡蓓钰，杜红亮，乌云其其格. 北京市创新政策体系发展现状研究 [J]. 科技创业月刊，2014（12）：4-7.

[3] 徐德英，韩伯棠. 政策供需匹配模型构建及实证研究：以北京市创新创业政策为例 [J]. 科学研究，2015（12）：1787-1796.

[4] 杜红亮. 首都创新政策体系优化探讨 [J]. 科技管理研究，2016（7）：49-53.

[5] 王文佐. 我国科技企业孵化器的相关政策解读：以北京市中关村国家创新示范区为例 [J]. 中国管理信息化，2017（14）：198-199.

国内外科研诚信建设经验分析
及对山东的启示

李潇　唐飞　原顺梅　丁娜　张志敏　姜媛

摘要： 科研信用是科研工作者开展科学研究的道德基础，也是管理部门对科研事业进行监管的重要抓手，科研信用会直接影响区域的科研环境，进而对整个社会科技的创新、人才的培养起到决定性作用。本研究主要通过对国内外典型的科研信用体系建设经验的分析，结合山东省科技发展的需要，对山东省科研信用体系建设进行初步探索，为全省科研信用体系的建设提供参考。

关键词： 科研信用；评价体系；征信

追求真理和揭示客观规律是科学研究的最高目标，科研信用也就成为科学研究的必然要求。然而随着经济社会的不断发展，社会竞争愈加激烈，科研人员压力也逐渐增大，随之浮现出违反科研信用的行为。为了更好地规范科研行为，营造良好的科研氛围，很多国家逐渐开始重视科研信用的建设。20世纪80年代以后，欧美等国的科研信用问题逐渐上升为社会问题被关注，因而，美国、欧洲等国家也开始探索科研信用问题，并逐渐建立了符合各国国情的科研信用管理制度。近年来，我国科研领域也频频出现问题，逐渐成为学术界的焦点。本文通过对国内外科研信用典型国家及其案例的分析，提出了对山东省建立科研信用体系建设的设想和建议。

一、国外科研信用体系建设的现状

西方发达国家的征信主要是采用市场化手段获取信用信息，并且通过法律法规、行业规范来保证数据真实性。各国都结合自身的国情建立了适合自身的征信方式，比较典型的征信体系主要有美国模式、德国模式和日本模式3种，各自具有一定的代表性。

1. 美国

美国模式的征信体系特点是采用第三方独立运作的市场化模式，是目前发展最为完善的模式之一[1]。该模式以个人或公司的形式，提供多元化的有偿服务。美国征信的主要服务对象包括企业和个人，服务内容包括企业股份、个人财务、公司借贷、就业状况等信息。针对企业征信，美国对于上市公司和中小企业均有涉猎，并由不同的公司承担。其中穆迪、标准普尔公司负责上市公司的征信；邓白氏公司、克莱勒商业信息集团负责中小企业的征信。针对个人征信，美国是最早开始消费者个人征信的国家，主要由Experian、Equifax和Trans Union公司负责，并且有自己独特的业务。美国对于征信公司的监管主要通过民间组织完成，美国信用管理协会和联合信用局是公认的信用行业协会。

20世纪70年代以前，美国的科研信用问题都是通过自律的手段进行监管，直到80年代连续出现了12起科研不端事件才引起了政府部门的重视。1985年，美国在《公共卫生拓展法案》中，首次对科研不端行为进行界定，并要求学术机构制定相应的政策规范。从20世纪90年代起，美国联邦政府开始探索科研信用工作的程序，直至2000年年底正式发布《关于科研不端行为的联邦政策》，明确了科研不端行为的定义，制定了对科研不端行为的处理规范，至今为止，这一直是美国科研信用工作的最高指导性文件。通过多年的探索和实践，美国通过立法、机构设置、政府监管的形式，形成了以白宫科技政策办公室作为顶层协调机构，以联邦政府独立监管机构和基层科研单位作为具体执行机构的科研信用监管体系。美国、加拿大、澳大利亚等国家都是采用这种科研资助单位监管各自领域的科研信用工作。

2. 德国

德国的征信体系主要面向金融业务。德国征信的主要服务对象是金融机构，所以其征信机构也主要是中央银行、商业银行和保险公司等银行监管机构[2]。早在1934年，德国就成立了第一个公共信用调查机构，为监管机构提供信用信息，并具有强制参加、保密和保护隐私的特征。所有的金融机构都必须参与调查，提供良好信贷和延迟还款的所有正面和负面的数据信息，并且这些数据在各金融机构之间实现共享。

德国是一个典型法治国家，强调科研自治的宪法权利，其科研不端行为在刑法、民法和高等教育法等国家法律法规中得以限制和约束。例如，分别对因伪造和篡改数据对他人造成伤害的行为、剽窃他人成果或创意、作者署名原则等问题进行了界定。通过法律来约束科研行为的针对性和操作性强，但是举证难、进程慢，因此，德国开始了探索可操作、可考核的科研信用体系。

德国最早从事科研信用工作的是德意志研究联合会，该联合会主要负责对科研不端行为进行审查、协调、举证和裁决。1997年，由德意志研究联合会主持，并参与成立了十二人职业自律国家委员会，起草提交了《关于保障良好科学行为的建议》，该项建议成为德国科研信用体系的核心组成部分，该建议更加明确地规定了针对科研人员、数据、署名、科研资金的使用等方面的核心问题。

3. 日本

日本的征信体系模式特点是采用会员制，由独立于借贷双方的信用局进行管理。信用局主要由金融机构负责出资，通过行业协会的形式实现资源共享，不以营利为目的，服务内容也相对单一。服务对象包括企业和个人。针对企业征信，日本主要针对大企业每年公布两次财务信息，中小企业可以自愿公开；其主要的征信公司是帝国数据银行和东京商工所，前者推崇现地确认，保持中立调查；后者主要提供企业调查、信用管理、法人财产等方面的服务。针对个人征信，主要以协会的形式进行。主要是由日本银行协会旗下的个人信用管理中心和金融信用卡协会旗下的信用保障公司来负责个人征信，这些信息都来源于会员银行，信息中心有偿提供信息，费用由会员单位承担。

日本自2005年起开始对科研信用体系进行建设研究，随后颁发了《关于应对研究活动中不正当行为的指导方针》，强化科研自律，防止科研腐败。该方针包含处理科研不端行为的基本原则、措施和关于竞争性资金资助科研活动的不端行为两部分内容。经过多年的系统建设，现已形成由科技主管部门、项目资助部门、科研单位等多方面组成的完善的科研信用体系。

4. 发展中国家

相对于发达国家，目前发展中国家多数尚未建立针对科研信用问题的体系和相应的管理机构，该方面的法律和制度也相对薄弱[3]。巴西作为发展中国家的代表，经过15年的发展，建立了巴西人才库Lattes（拉特斯），通过采集科技人员、教育人员、研究团队等信息，通过数据处理，进行科研信用系统的管理。该平台由巴西科学技术发展委员会（CNPq）主管，主要有4部分功能，分别是履历表、机构名录、研究团队名录和展示分析。该平台的特点是实时更新、与科研活动高度同步，因而可以为科技部门提供所需的科研信息支持。

二、国内科研信用体系建设现状

1. 征信体系建设现状

随着国内外对诚信的重视，我国也逐渐开始了征信体系的建设[4]。目前，我国的征信体系主要有

3 类。一是以中国人民银行征信中心为代表的征信数据库，主要面向金融机构、司法部门和个人，如央行征信系统；二是专业征信机构，这类机构即有政府背景的地方性机构、个人征信机构及国外征信机构国内代理处，如全国诚信保真查询系统、知网科研诚信管理系统；三是工商、税务、海关等政府部门，通过利用自身职能掌握的特定信息建立的征信体系，如全国企业信用信息公示系统、国家科技计划信用管理系统和重庆市科技计划信用管理系统。

2. 科研信用体系建设现状

我国在科研信用体系建设方面的研究略晚于西方发达国家，而在建设科研信用体系方面更是有很大的空缺[5-6]。2004 年起，国家各部委开始重视，并提出要建立科研诚信档案。2004 年，科技部在《关于在国家科技计划管理中建立信用管理制度的决定》中，要求在计划管理工作中逐步建立信用记录制度，将科技计划实施过程中的不良行为记入信用档案。2006 年，中国科学技术协会规划在"十二五"期间，开展科研诚信立法研究，建立调查机制。2009 年，科技部发布了《关于加强我国科研诚信建设的意见》，提出申请科技计划项目的单位和个人建立科研信用档案是作为项目审批、资金拨付的主要依据。2015 年，教育部也发布了《关于进一步加强高校科研项目管理的意见》，要求学校要加强科研诚信建设。2015 年，国务院办公厅发布了《关于优化学术环境的指导意见》，提出了优化学术诚信环境、树立良好学风的要求，并要求建设严格、可行的科研信用制度，建立信用档案。

全国各省市也纷纷出台相应的管理办法，建立科研诚信档案。北京市在《北京市科技计划管理相关责任主体信用管理办法》中，明确了信用评价的对象、管理方式和评分等级。针对科技计划任务责任机构和负责人分别设立了评价指标体系和标准。包括良好信用、一般信用和不良信用 3 个一级指标和突出贡献、守信行为、一般信用、组织实施过失和失信行为 5 个二级指标，其对应的科研信用评级分为信用优秀 AA、信用良好 A、信用一般 B、信用不良 C 和信用差 D 5 个等级。

2014 年，广东省委、省政府发布《关于全面深化科技体制改革加快创新驱动发展的决定》，提出要制定科研信用管理办法，建立全省科研诚信档案和黑名单制度。同年 10 月，广东省科技厅印发《关于省科技计划信用的管理办法（试行）》，该办法规定了科技计划信用征信的对象、内容、评价标准及结果管理的具体内容。其中，征信的对象包括省科技计划项目承担单位、项目负责人、评估评审专家、项目主管部门等责任主体。征信的内容包括基本信息、良好行为记录和不良行为记录；并且明确了良好行为记录和不良行为记录的具体内容。该办法还明确了信用评价等级。

2014 年，江苏省规划启动个人信用基础数据库和服务平台建设，并于 2015 年，出台《推进简政放权放管结合转变政府职能工作方案》，提出在 11 月底前建立信息披露和诚信档案制度、失信联合惩戒机制和黑名单制度。2015 年，重庆市正式启用科技计划信用管理系统，将科研不端或失信行为记入信用库。

山东省十分重视科研信用体系的建设工作，先后出台《山东省科学技术进步条例》《山东省社会信用体系建设工作方案》《山东省社会信用体系建设规划（2015—2020 年）》等文件，明确建立科研诚信档案、信用评价制度等内容，为建立全省科研信用体系提供指导。作为"信用中国"的重要组成部分，2015 年，"信用山东"官方网站正式上线试运行，这也是山东省开展社会信用体系建设的唯一官方网站。

三、建立山东省科研信用体系的建议

通过调研我们了解到，从科技部科研诚信建设办公室到各省市科技部门都在探索科研信用系统的研究，至今尚未有成熟的系统进行考评，距离实际应用和操作还有一定的距离。山东省范围内没有建立完善的科研信用体系，各项工作处于起步阶段。通过对国内外现有信用评价体系的分析，结合目前山东省的实际情况，以科技部、省委省政府相关文件和现有的社会信用体系为参考，我们提出以下建议。

首先，要做好政府引导，先易后难，稳步推进。山东省科技厅出台《山东省科研信用管理办法（暂行）》，然后找到一个建设承担单位，先对省科技厅已经结题的科研项目进行回溯科研信用信息采集与科研信用记录，探索积累系统建设经验。其次，在科研项目申报时要求项目申报单位及人员在省科技厅相关系统填报基本信息和科研信用信息，适时推出山东省科研人员和机构信用信息数据库建设。最后，省市县联动，选择部分基础条件好的市县作为试点，按照山东省科研信用系统建设格式，建立各自的科研信用系统，探索全省科研信用体系建设路径。

参考文献

[1] 淮孟姣，潘云涛，袁军鹏.美国科研诚信管理体系建设研究：以美国科研诚信办公室为例 [J].全球科技经济瞭望，2016（12）：8-13.

[2] 史义.挪威国家科研诚信体系建设和做法 [J].全球科技经济瞭望，2016（11）：18-23.

[3] 高晓培，武夷山，李伟钢.巴西人才库 Lattes 平台在优化科研和教育管理中的作用及其借鉴意义 [J].全球科技经济瞭望，2014（7）：32-42.

[4] 叶青，杨树启，张月红.科研诚信是全球永远的课题：中国科研管理与学术出版的诚信环境 [J].中国科技期刊研究，2015（10）：1040-1045.

[5] 周莉，古丽米热·依沙木丁，赵燕，等.科研信用体系建设现状与发展思路探讨 [J].标准科学，2017（3）：6-10，40.

[6] 孟翠竹，江洲，周莉.科研信用管理对比研究及启示 [J].标准科学，2017（3）：15-17.

基于省、市、区域、贸易园区的全国轻工业外贸发展对比分析报告

许　镇　　崔为红　　庞　乐

摘要： 随着"一带一路"倡议的持续推进，我国轻工业的对外贸易形势也发生着变化。本文通过省份、城市、区域、贸易园区4个维度，对比分析了2017年我国轻工业外贸发展情况，旨在通过真实的数据汇总为政府及企业了解整个行业发展现状、制定政策提供参考和依据。

关键词： 轻工业；对外贸易；对比分析

2017年，轻工行业认真贯彻国家发展战略，努力克服世界经济低迷的影响，积极开拓国际消费市场，轻工业进出口贸易总体形势良好，全年商品进出口贸易总额达7624.76亿美元，同比提升12.15%；出口产品附加值不断提高；轻工业进出口总额在全国所占比重稳中有升。轻工行业进出口仍是轻工行业乃至国民经济稳健发展的重要支撑力量。

一、轻工业外贸省份对比分析

（一）出口优势地区

2017年，我国轻工商品外贸出口按贸易额统计，排在前10名的省（市）依次是：广东、浙江、江苏、山东、福建、上海、河北、安徽、辽宁、天津（图1）。上述10个省（市）的出口额合计占出口总额的92.02%。

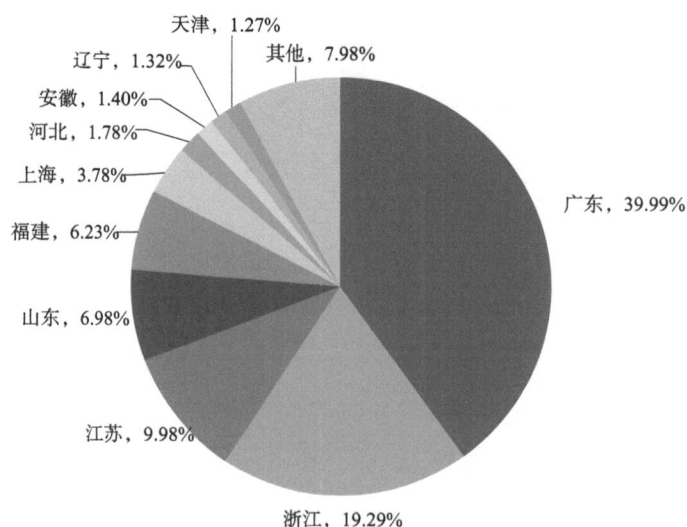

图1　2017年轻工主要商品对外出口占比

全国各省份按轻工主要商品出口额大小排名情况如表1所示。

表 1 轻工主要商品出口地区排名

排名	地区	出口额/亿美元	比重	排名	地区	出口额/亿美元	比重
	全国	5998.44	100.00%	16	北京	28.22	0.47%
1	广东	2399.02	39.99%	17	广西	27.77	0.46%
2	浙江	1156.98	19.29%	18	重庆	20.50	0.34%
3	江苏	598.60	9.98%	19	四川	18.14	0.30%
4	山东	418.99	6.98%	20	黑龙江	17.85	0.30%
5	福建	373.64	6.23%	21	吉林	15.16	0.25%
6	上海	226.98	3.78%	22	云南	9.57	0.16%
7	河北	106.52	1.78%	23	陕西	8.85	0.15%
8	安徽	83.68	1.40%	24	海南	8.31	0.14%
9	辽宁	79.43	1.32%	25	内蒙古	7.97	0.13%
10	天津	76.12	1.27%	26	山西	5.97	0.10%
11	江西	69.65	1.16%	27	贵州	5.95	0.10%
12	新疆	66.91	1.12%	28	宁夏	4.85	0.08%
13	河南	55.52	0.93%	29	甘肃	3.64	0.06%
14	湖南	54.41	0.91%	30	西藏	1.09	0.02%
15	湖北	47.58	0.79%	31	青海	0.58	0.01%

（二）重点进口地区

2017 年，我国轻工商品进口额排在前 10 名的省（市）依次是：广东、上海、江苏、山东、河南、浙江、天津、北京、福建和辽宁（图 2）。上述 10 个省（市）的进口额合计占进口总额的 89.73%。

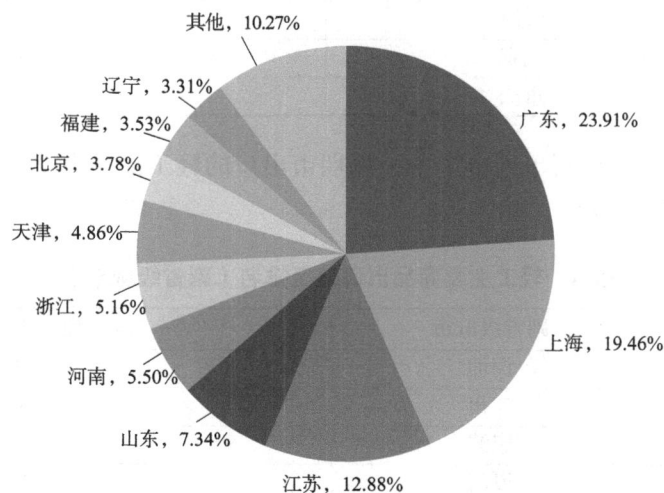

图 2 2017 年轻工主要商品进口占比

全国各省份按轻工主要商品进口额大小排名情况如表 2 所示。

表 2 轻工主要商品进口地区排名

排名	地区	进口额/亿美元	比重	排名	地区	进口额/亿美元	比重
	全国	1626.31	100.00%	4	山东	119.40	7.34%
1	广东	388.89	23.91%	5	河南	89.52	5.50%
2	上海	316.42	19.46%	6	浙江	83.90	5.16%
3	江苏	209.42	12.88%	7	天津	79.07	4.86%

排名	地区	进口额/亿美元	比重	排名	地区	进口额/亿美元	比重
8	北京	61.47	3.78%	20	吉林	8.42	0.52%
9	福建	57.33	3.53%	21	江西	7.32	0.45%
10	辽宁	53.83	3.31%	22	黑龙江	5.29	0.33%
11	四川	22.91	1.41%	23	新疆	5.29	0.33%
12	安徽	15.92	0.98%	24	内蒙古	5.13	0.32%
13	广西	14.07	0.86%	25	陕西	3.79	0.23%
14	湖南	13.37	0.82%	26	贵州	2.34	0.14%
15	河北	12.87	0.79%	27	甘肃	1.70	0.10%
16	重庆	12.83	0.79%	28	云南	1.65	0.10%
17	海南	11.93	0.73%	29	宁夏	0.38	0.02%
18	山西	11.29	0.69%	30	青海	0.29	0.02%
19	湖北	10.21	0.63%	31	西藏	0.05	0.00%

二、轻工业外贸城市对比分析

2017年，我国4个直辖市的轻工商品出口贸易额所占比重排序如表3所示。

表3 轻工主要商品出口地区排名（直辖市）

排名	直辖市	轻工商品出口占全国比重
1	上海	3.78%
2	天津	1.27%
3	北京	0.47%
4	重庆	0.34%

在15个副省级城市（含计划单列市）中，深圳市出口的轻工商品在全国所占比重最大。15个城市的出口贸易额排序如表4所示。

表4 轻工主要商品出口地区排名（副省级城市）

排名	副省级城市	轻工商品出口占全国比重
1	深圳	13.03%
2	广州	5.21%
3	宁波	2.83%
4	厦门	1.63%
5	青岛	1.40%
6	杭州	1.11%
7	大连	0.83%
8	南京	0.46%
9	武汉	0.20%
10	哈尔滨	0.16%
11	成都	0.15%
12	沈阳	0.13%
13	西安	0.10%
14	济南	0.07%
15	长春	0.03%

三、轻工业外贸区域对比分析

在我国七大地域中，华东、华南的出口额远超其他 5 个区域。2017 年，随着"一带一路"倡议的持续推进，西北、西南地区出口额有较大幅度的提升（图 3）。

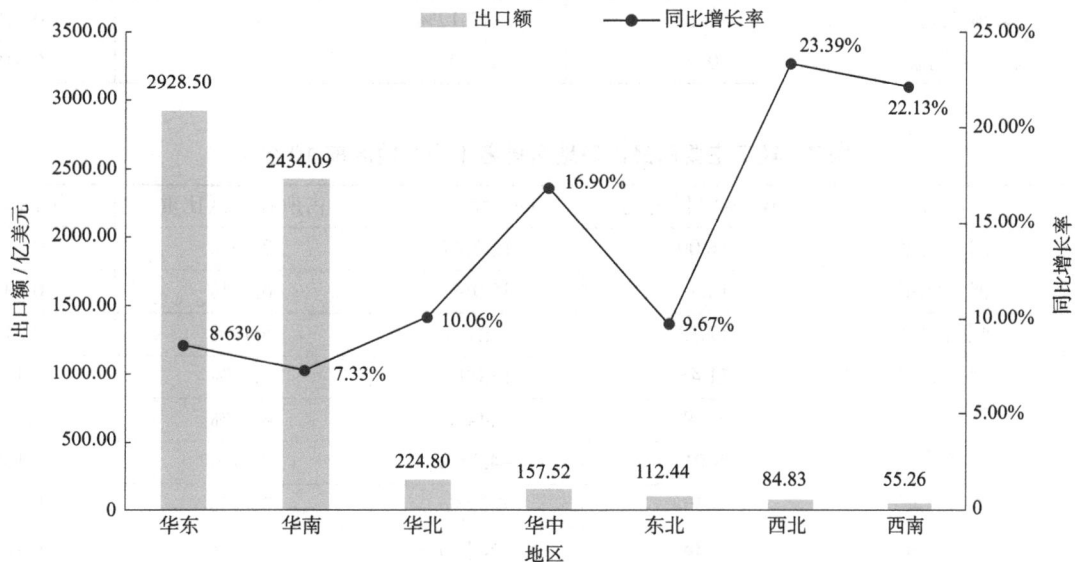

图 3　2017 年各地区轻工主要商品出口情况

各大区域中，轻工商品主要出口地如表 5 至表 11 所示。

表 5　轻工主要商品出口地区排名（东北地区前 10 名）

排名	城市	出口额 / 亿美元	同比增长率	占所在地区比重	占全国比重
1	辽宁大连	50.03	10.24%	44.49%	0.83%
2	辽宁丹东	10.16	7.39%	9.04%	0.17%
3	黑龙江哈尔滨	9.79	19.57%	8.70%	0.16%
4	辽宁沈阳	7.84	19.19%	6.98%	0.13%
5	吉林珲春	3.06	18.08%	2.72%	0.05%
6	辽宁营口	2.64	2.52%	2.35%	0.04%
7	黑龙江牡丹江	2.60	14.98%	2.31%	0.04%
8	辽宁瓦房店	2.35	20.13%	2.09%	0.04%
9	吉林长春	1.98	1.54%	1.76%	0.03%
10	吉林延边	1.96	3.91%	1.74%	0.03%

表 6　轻工主要商品出口地区排名（西北地区前 10 名）

排名	城市	出口额 / 亿美元	同比增长率	占所在地区比重	占全国比重
1	新疆乌鲁木齐	31.77	6.38%	37.45%	0.53%
2	新疆伊宁	20.43	44.11%	24.08%	0.34%
3	新疆喀什	8.51	64.80%	10.03%	0.14%
4	陕西省西安	5.91	66.07%	6.96%	0.10%
5	宁夏银川	3.90	217.79%	4.60%	0.07%
6	甘肃省兰州	2.19	−15.26%	2.59%	0.04%

续表

排名	城市	出口额/亿美元	同比增长率	占所在地区比重	占全国比重
7	陕西咸阳	1.56	57.60%	1.84%	0.03%
8	新疆博乐	1.32	471.43%	1.55%	0.02%
9	新疆昌吉	1.11	−17.12%	1.31%	0.02%
10	新疆阿勒泰	0.69	65.58%	0.81%	0.01%

表 7 轻工主要商品出口地区排名（华北地区前 10 名）

排名	城市	出口额/亿美元	同比增长率	占所在地区比重	占全国比重
1	河北衡水	16.09	12.78%	7.16%	0.27%
2	河北保定	13.71	35.96%	6.10%	0.23%
3	河北石家庄	12.33	1.21%	5.48%	0.21%
4	河北唐山	11.48	13.00%	5.11%	0.19%
5	河北廊坊	9.89	0.44%	4.40%	0.16%
6	天津武清	9.01	−4.35%	4.01%	0.15%
7	天津北辰	8.39	4.32%	3.73%	0.14%
8	天津塘沽	7.28	15.89%	3.24%	0.12%
9	北京大兴	7.12	196.06%	3.17%	0.12%
10	河北沧州	7.04	−0.77%	3.13%	0.12%

表 8 轻工主要商品出口地区排名（华东地区前 10 名）

排名	城市	出口额/亿美元	同比增长率	占所在地区比重	占全国比重
1	浙江义乌	237.24	−0.41%	8.10%	3.96%
2	浙江宁波	169.77	4.74%	5.80%	2.83%
3	江苏苏州	150.08	41.76%	5.12%	2.50%
4	福建厦门	97.61	7.44%	3.33%	1.63%
5	浙江台州	86.45	7.86%	2.95%	1.44%
6	福建泉州	84.29	−0.22%	2.88%	1.41%
7	山东青岛	84.16	5.33%	2.87%	1.40%
8	山东烟台	76.60	16.16%	2.62%	1.28%
9	浙江温州	76.02	1.95%	2.60%	1.27%
10	浙江嘉兴	74.08	15.08%	2.53%	1.24%

表 9 轻工主要商品出口地区排名（华中地区前 10 名）

排名	城市	出口额/亿美元	同比增长率	占所在地区比重	占全国比重
1	湖南邵阳	14.05	30.20%	8.92%	0.23%
2	湖北武汉	12.15	64.21%	7.71%	0.20%
3	河南许昌	10.66	2.53%	6.77%	0.18%
4	河南南阳	10.14	24.91%	6.44%	0.17%
5	湖北随州	8.24	34.27%	5.23%	0.14%
6	湖南长沙	7.50	7.02%	4.76%	0.13%
7	湖南郴州	5.47	109.86%	3.47%	0.09%

排名	城市	出口额/亿美元	同比增长率	占所在地区比重	占全国比重
8	河南漯河	4.39	27.24%	2.79%	0.07%
9	河南焦作	4.30	−5.58%	2.73%	0.07%
10	湖南零陵	4.13	28.13%	2.62%	0.07%

表 10　轻工主要商品出口地区排名（华南地区前 10 名）

排名	城市	出口额/亿美元	同比增长率	占所在地区比重	占全国比重
1	广东深圳	781.43	32.35%	32.09%	13.03%
2	广东东莞	317.38	−0.85%	13.03%	5.29%
3	广东广州	312.31	−3.30%	12.83%	5.21%
4	广东中山	141.41	10.23%	5.81%	2.36%
5	广东顺德	127.73	2.73%	5.25%	2.13%
6	广东惠州	79.32	8.94%	3.26%	1.32%
7	广东江门	75.76	3.81%	3.11%	1.26%
8	广东珠海	67.11	−10.50%	2.76%	1.12%
9	广东汕头	58.43	24.51%	2.40%	0.97%
10	广东番禺	57.01	−2.11%	2.34%	0.95%

表 11　轻工主要商品出口地区排名（西南地区前 10 名）

排名	城市	出口额/亿美元	同比增长率	占所在地区比重	占全国比重
1	重庆沙坪坝	14.38	1102.45%	26.03%	0.24%
2	四川成都	8.93	−2.75%	16.15%	0.15%
3	贵州贵阳	3.51	−23.39%	6.36%	0.06%
4	云南昆明	1.95	0.44%	3.53%	0.03%
5	云南德宏	1.42	−8.66%	2.58%	0.02%
6	四川绵阳	1.31	12.55%	2.36%	0.02%
7	四川宜宾	1.28	−11.15%	2.32%	0.02%
8	云南大理	1.09	15.47%	1.97%	0.02%
9	西藏拉萨	1.08	−9.18%	1.95%	0.02%
10	四川峨眉山	1.04	36.14%	1.88%	0.02%

四、轻工业外贸贸易园区对比分析

我国共有 224 个贸易园区出口轻工商品，其中包含保税区、工业园区等。2017 年，224 个贸易园区对外出口轻工商品共计 504.36 亿美元，占全国轻工商品出口比重为 8.41%，出口额同比增长 16.58%，增幅高于轻工全行业出口平均水平，说明贸易园区出口在良好的市场环境中受益匪浅。出口额排在前 10 名的园区共计出口 279.67 亿美元，占园区出口比重为 55.45%，占全国轻工商品出口比重为 4.66%。排在前 100 名的园区共计出口 495.31 亿美元，占园区出口比重为 98.21%，占全国轻工商品出口比重为 8.26%（表 12）。

表 12　2017 年轻工行业主要商品国内贸易园区进出口情况

区域名称	出口额 / 亿美元	同比增长率	占 224 个园区比重	占轻工全行业比重
轻工全行业	5998.44	8.67%		
排前 10 名园区合计	279.67	28.67%	55.45%	4.66%
排前 100 名园区合计	495.31	22.17%	98.21%	8.26%
224 个园区合计	504.36	16.58%	100.00%	8.41%

　　排在第 1 名的"苏州工业园综合保税区、苏州高新区综合保税区"出口额 70.35 亿美元，占 224 个园区出口总额的比重为 13.95%，2017 年出口额同比增长达 99.98%，是轻工商品出口最活跃的贸易园区之一。

　　出口额排在前 10 名的贸易园区的出口额占比情况见图 4。

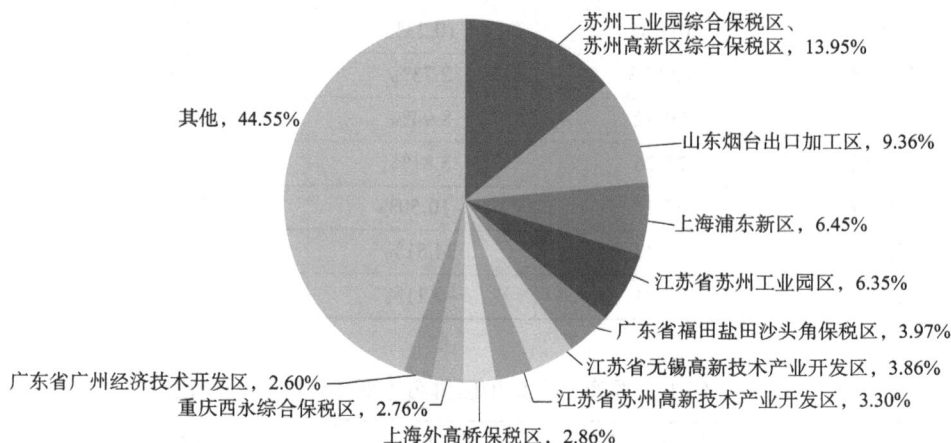

图 4　排名前 10 名的贸易园区出口额占比

　　在 224 个轻工商品出口贸易园区中，出口额排在前 50 名的贸易园区名单见表 13。

表 13　轻工商品外贸出口额百强园区

排名	贸易园区名称	出口额 / 亿美元	同比增长率	占 224 个园区比重
	轻工全行业出口额合计	5998.44	8.67%	
	224 个园区出口额合计	504.36	16.58%	100.00%
1	苏州工业园综合保税区、苏州高新区综合保税区	70.35	99.98%	13.95%
2	山东烟台出口加工区	47.19	24.69%	9.36%
3	上海浦东新区	32.54	−3.50%	6.45%
4	江苏省苏州工业园区	32.03	12.29%	6.35%
5	广东省福田盐田沙头角保税区	20.01	−33.51%	3.97%
6	江苏省无锡高新技术产业开发区	19.46	50.36%	3.86%
7	江苏省苏州高新技术产业开发区	16.66	16.18%	3.30%
8	上海外高桥保税区	14.40	29.32%	2.86%
9	重庆西永综合保税区	13.90	1404.60%	2.76%
10	广东省广州经济技术开发区	13.10	3.80%	2.60%
11	广东省惠州高新技术产业开发区	12.47	19.77%	2.47%
12	广东省深圳前海湾保税港区	11.42	−7.95%	2.26%
13	安徽省合肥经济技术开发区	9.92	17.67%	1.97%

排名	贸易园区名称	出口额/亿美元	同比增长率	占224个园区比重
14	上海市洋山保税港区	9.33	−0.88%	1.85%
15	浙江省宁波经济技术开发区	9.24	13.78%	1.83%
16	浙江省杭州经济技术开发区	8.59	9.05%	1.70%
17	安徽省芜湖经济技术开发区	7.30	8.68%	1.45%
18	山东省烟台经济技术开发区	6.90	6.91%	1.37%
19	山东省青岛经济技术开发区	6.10	17.71%	1.21%
20	福建省厦门象屿保税区	5.92	14.05%	1.17%
21	福建省厦门海沧保税港区	5.80	12.63%	1.15%
22	潍坊综合保税区	5.63	119.02%	1.12%
23	北京经济技术开发区	5.40	406.41%	1.07%
24	天津经济技术开发区	5.22	22.82%	1.03%
25	辽宁省大连经济技术开发区	4.50	0.93%	0.89%
26	辽宁省大连出口加工区	4.42	16.73%	0.88%
27	广东深圳出口加工区	4.27	−23.17%	0.85%
28	安徽省合肥科技工业园	3.79	12.83%	0.75%
29	江苏省南通经济技术开发区	3.55	36.23%	0.70%
30	江苏昆山综合保税区	3.48	−3.62%	0.69%
31	广东省广州南沙保税港区	3.48	−10.16%	0.69%
32	上海保税物流园区	3.44	37.60%	0.68%
33	广东省湛江经济技术开发区	3.25	40.55%	0.65%
34	宁夏银川综合保税区	3.19	279.94%	0.63%
35	海南省洋浦经济开发区	3.19	25.83%	0.63%
36	福建省厦门象屿保税物流园	3.18	−4.95%	0.63%
37	浙江省宁波出口加工区	2.96	5.59%	0.59%
38	浙江省宁波北仑港保税区	2.56	21.47%	0.51%
39	浙江省温州经济技术开发区	2.55	6.78%	0.51%
40	山东省青岛出口加工区	2.48	182.98%	0.49%
41	新疆乌鲁木齐经济技术开发区	2.44	−18.24%	0.48%
42	上海闵行经济技术开发区	2.05	9.12%	0.41%
43	辽宁省大连大窑湾保税港区	1.70	102.86%	0.34%
44	广西钦州保税港区	1.68	506.07%	0.33%
45	新疆乌鲁木齐高新技术产业	1.67	−21.09%	0.33%
46	浙江杭州出口加工区	1.66	−21.97%	0.33%
47	山东省青岛前湾保税港区	1.41	29.00%	0.28%
48	江苏省常州高新技术产业开发区	1.39	0.39%	0.27%
49	江苏省无锡高新区综合保税区	1.35	−2.86%	0.27%
50	上海松江出口加工区	1.26	13.71%	0.25%

贸易园区在各省出口中所起到的作用不同,我国轻工商品在贸易园区出口占各省出口的比重各异,其中比重超过10%的共有13个省(表14)。

重庆市共有9个轻工商品贸易园区,贸易园区出口占重庆市出口总额的72.48%,出口额同比增长277.96%。

宁夏回族自治区共有2个轻工商品贸易园区,贸易园区出口占宁夏出口总额的65.77%,出口额同比增长 279.95%。

江苏省共有 27 个轻工商品贸易园区，是拥有贸易园区最多的省份，贸易园区出口占江苏省出口总额的 25.33%。

广东省共有 22 个轻工商品贸易园区，贸易园区出口仅占广东省出口总额的 3.10%，对贸易园区出口依赖度较低。

表 14　轻工商品贸易园区出口在本省（市）占比情况

地区	地区出口额 / 亿美元	同比增长率	当地园区 个数 / 个	当地园区 出口额 / 亿美元	同比增长率	园区出口占当地 出口额比重
全国	5998.44	8.67%	224	504.36	16.58%	—
重庆	20.50	93.55%	9	14.86	277.96%	72.48%
宁夏	4.85	105.08%	2	3.19	279.95%	65.77%
海南	8.31	8.91%	4	3.20	26.30%	38.51%
上海	226.98	0.70%	16	67.54	4.64%	29.76%
安徽	83.68	9.86%	12	22.14	2.15%	26.46%
江苏	598.60	18.55%	27	151.61	46.14%	25.33%
北京	28.22	40.27%	7	5.74	215.78%	20.33%
青海	0.58	-56.12%	2	0.11	34.59%	18.63%
陕西	8.85	51.88%	4	1.61	-3.59%	18.24%
山东	418.99	11.04%	15	73.52	25.66%	17.55%
辽宁	79.43	10.45%	10	13.10	13.44%	16.49%
广西	27.77	21.54%	5	3.09	64.00%	11.13%
天津	76.12	1.78%	7	7.72	21.36%	10.14%
四川	18.14	3.78%	5	1.77	16.74%	9.77%
吉林	15.16	8.66%	4	1.39	23.19%	9.14%
黑龙江	17.85	7.19%	4	1.20	33.47%	6.72%
新疆	66.91	21.78%	4	4.42	-18.67%	6.60%
福建	373.64	5.25%	11	18.02	9.55%	4.82%
湖北	47.58	13.88%	7	2.28	50.11%	4.78%
广东	2399.02	7.18%	22	74.48	-22.43%	3.10%
江西	69.65	13.21%	12	1.96	61.89%	2.82%
浙江	1156.98	5.62%	12	28.92	7.18%	2.50%
湖南	54.41	24.13%	3	0.89	30.41%	1.63%
河南	55.52	13.02%	5	0.66	27.41%	1.19%
河北	106.52	9.26%	5	0.86	7.05%	0.81%
云南	9.57	-3.78%	4	0.04	-81.04%	0.43%
内蒙古	7.97	18.23%	2	0.03	59.92%	0.41%
山西	5.97	16.78%	2	0.01	513.67%	0.21%
甘肃	3.64	-15.19%	1	0.00	-46.28%	0.07%
贵州	5.95	-0.37%	1	0.00	-97.86%	0.03%
西藏	1.09	-12.68%	0	0	—	—

五、总结

习近平总书记在党的十九大报告中指出：我国经济已由高速增长阶段转向高质量发展阶段，建设现代化经济体系是跨越关口的迫切要求和我国发展的战略目标。而创新是引领发展的第一动力，是建设现代化经济体系的战略支撑；建设现代化经济体系，必须把发展经济的着力点放在实体经济上。我国目前仍处于工业化、信息化、城镇化和农业现代化推进的历史阶段，通过实体经济由大转强，来带动实现全体人民的美好生活。

轻工业是关系国计民生的基础产业，尽管当前行业发展还面临着诸多挑战，但由于社会对消费品的刚性需求，会对行业发展形成稳固支撑，预计全年轻工业将保持稳健运行态势，为国民经济发展和满足人民群众美好生活需要做出新的更大的贡献！

技术预见国内研究情况综述及山东省发展建议 ①

黄立业　李维翠　李绮斌

摘要： 综合运用文献调研和文本挖掘方法，以 1990 年以来 CNKI 数据库收录的技术预见研究核心期刊论文为样本，对我国技术预见常用方法进行了筛选，并进行技术预见的热点和趋势研究。在此基础上提出山东省开展技术预见工作的几点建议。

关键词： 技术预见；国内综述；山东；发展建议

0　引言

随着山东省经济快速增长，经济对科技发展提出越来越高的要求，选择和发展重点领域关键技术，已成为影响未来山东省发展竞争力的重大问题，技术预见是解决这一问题的重要工具和手段。2016 年，山东省科技厅将"深入开展重点领域技术预测工作，提高科技创新工作部署的前瞻性、科学性"列为工作要点。

本文综合运用文献调研和文本挖掘方法，以 1990 年以来 CNKI 数据库收录的技术预见研究核心期刊论文为样本，对我国技术预见常用方法进行了筛选，并进行技术预见的热点和趋势研究。在此基础上提出了山东省开展技术预见工作的几点建议。

1　数据来源

本文选用全球资源规模最大的数字内容出版商中国知网（CNKI）为数据源，并选择其中的 SCI 来源期刊、EI 来源期刊、核心期刊及 CSSCI 期刊进行分析。

设定检索式为：主题＝技术预见，检索年限统一为 1990—2016 年，检索时间是 2016 年 6 月 21 日。进行精确匹配检索，得到文献 233 篇，去除内容不相关、重复、征文通知等噪声文献后，得到 221 篇文献用于分析。综合运用文献调研和文本挖掘方法，使用统计软件 Excel 为分析工具，进行技术预见方法筛选及热点趋势分析。

2　技术预见方法筛选

文献的关键词和摘要是文章核心内容及作者学术观点的高度概括，因此，对文献的关键词和摘要进行文本挖掘和词频统计，可以筛选出技术预见的热点研究方法。

---

① 资助项目：山东省重点研发计划（软科学部分）重点项目"提高海水淡化及综合利用率对策研究"（2017RZB02003）；山东省科技发展计划项目"山东省高新技术产业关键共性技术发展预测系统建设"（2013GGB02015）。

2.1 用文本挖掘方法做词频统计

对我国技术预见领域研究文献的摘要及关键词进行词频统计，筛选取出频次排名前10位的方法，如表1所示。可以看出，我国技术预见常用方法有：德尔菲法、技术路线图、专利分析、文献计量、情景分析、创新系统描述、可续性分析、需求分析、风险分析、层次分析，且出现的技术预见组合方法也集中在这些较为通用的方法之间。

表1 技术预见方法的频率分析

排名	方法	词频
1	德尔菲法	52
2	技术路线图	22
3	专利分析	18
4	文献计量	11
5	情景分析	6
6	创新系统描述	6
7	可续性分析	6
8	需求分析	5
9	风险分析	4
10	层次分析	3

2.2 技术预见方法的整体比较

采用文献调研方法，对目前我国使用较多的技术预见方法做了归纳概况和整体比较[1-6]，如表2所示。

表2 主要技术预见方法的比较

方法	假设前提	摘要介绍	优点	缺点	适用情况
德尔菲法	假设多次重复问卷调查，不仅可以获得趋于一致的专家意见，同时也可使预见结果更为有效	向专家多次发送调查问卷，并告知上次调查的结果，使专家的不同意见逐渐收敛，以预见技术未来的发展情况	较大规模调查，保证科技政策决策民主化和社会化	主观性强、周期长、工作量大、成本高	预见未来10～30年技术发展的概率、实现时间，支持科技规划
技术路线图	技术具备可替代性，技术的发展具有多条路径	研究技术发展的基础、优势、目标、需求、趋势，选择技术发展路径	预见分析清晰，可操作强	依赖于研究人员素质和水平	政府规划预见或企业创新战略预见
专利分析法	专利数据本身所具有的客观性，使得这种方法所获得的结论更为科学和更具参考价值	对有关的专利文献进行筛选、统计、分析，使之转化成可利用信息	是中短期技术发展趋势预测较准确的方法	存在情报不全面，预见时间也较短等局限	适用于较小的技术范围
文献计量法	假设一定时期内可获得的研究成果在统计上能系统体现研究的趋势	对论文进行计量分析，识别选择前沿研究领域、研究项目和技术	采用定量方法，客观性强，可快速掌握发展的研究领域	受文献来源、数量的限制、结果不够全面、准确，不能单数使用	可以运用于技术预见活动的各环节
情景分析法	假设未来事件发生的可能性可以用想象式的语言描述，用少量的现有资料做有限的预见	对未来发生的各种可能性进行具有情节的描述，列出三四种最可能发生的情景，具体地呈现未来的不确定性	清楚地描述未来的发展情形，可纳入各种定量、定性变量	可能由于过多的想象而偏离预见的主题	复杂且高度不确定的非技术性环境

整体而言，近年来我国技术预见的方法不断发展，并呈现出以下趋势：一是德尔菲法是我国技术预见最重要最常用的方法。因其参与者广泛的优点，有利于科技决策民主化和社会化，而得到广泛的应用。二是技术预见方法越来越丰富。除了单一方法的应用，多种方法的组合使用情况也越来越多。三是应用的领域越来越广泛。就预见目的而言，我国技术预见集中在政府科技管理、企业创新和产业技术发展 3 个方面；按照研究区域，可分为国家层面、区域层面、园区或产业群 3 个层面的技术预见。但对于数据挖掘、文本挖掘、聚类分析、社会网络分析等具有较大发展潜力的技术预见方法，我国的研究还比较薄弱。对于定性定量相结合的综合技术预见方法，我国的使用和实践研究也相对较少。

3 技术预见热点分析

3.1 研究目的

我国技术预见的研究目的主要集中在政府科技管理、产业或技术研究、企业创新体系 3 个方面。在政府科技管理方面，侧重于科技政策、科技规划、区域科技发展战略、技术预见风险控制等实际应用研究，目前技术预见已成为我国科技政策制定的重要支撑手段。在产业或技术研究方面，我国在新能源、生物医药、装备制造、新材料等高新技术产业进行了技术预见的研究和实践，这方面的研究文献相对最多，这表明技术预见在我国产业技术创新过程中正逐步发挥出重要的引导作用。在企业创新体系方面，研究内容涉及企业知识管理战略、优秀企业的技术预见研究案例等内容，这方面的研究相对较少。

3.2 研究区域

按照研究区域，我们技术预见研究主要分为国家和区域两个层面。科技部、中国科学院分别开展了国家层面的技术预见活动。区域技术预见以上海、北京技术预见为标志全面展开。2001 年，上海和北京分别启动了"'十五'科技发展重点领域技术预见工作研究"和"北京技术预见行动计划"。此外，我国江西、福建、浙江、江苏、辽宁、甘肃等地区近几年也进行了技术预见的研究与实践。但整体而言，我国大部分地区技术预见活动处于学习和探索阶段。

3.3 文献类型

技术预见研究文献主要分为理论研究、应用案例、综述 3 类。理论研究文献数量最多，文献数量 128 篇，研究内容涉及技术预见方法体系研究、技术预见评价评估、预见人才培养、预见系统的构建等多个方面。应用案例文献数量 72 篇，研究内容多为特定产业或技术领域的实证研究。综述文献 21 篇，综述研究主要包含两种类型，一是对国内外技术预见研究进行计量分析；二是对日本、英国等先进国家技术预见经验进行介绍。可以看出我国技术预见理论研究相对较多，技术预见在实际应用层面的研究还较为薄弱。因此，我们要重点加强技术预见的应用研究，尤其是在新兴技术领域的研究和应用。

4 技术预见趋势分析

4.1 时间趋势

我国技术预见起步阶段始于 2001 年，第一篇关于技术预见的文献是由李建民、蒲根祥于 2001 年发表在《科学管理研究》上的《技术预期与政府控制》，该文献指出当时我国技术预见工作正处于起步阶段，强调了政府控制的必要性。在政府的重视下，我国技术预见研究文章数量呈逐年上升的态势，2005 年技术预见研究进入快速成长阶段，文献量当年达到 18 篇，并在 2009 年达到最多 32 篇。2010 年以后发展态势缓慢。整体而言，我国技术预见研究文献体量整体较小，整体发展较为缓慢。近期技术预见文献增长缓慢推测与近些年来我国预见方法和预见内容上都没有取得特别大的突破有关（图 1）。

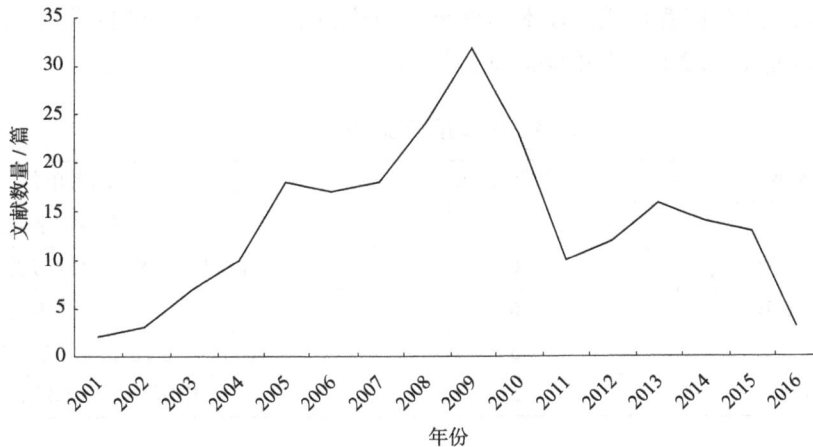

图1　我国技术预见时间趋势

4.2　研究机构

目前，我国技术预见研究机构集中在研究院所和高等院校，根据文献作者单位的发文量排名，得到我国技术预见重要研究机构，如表3所示。

上海市科学学研究所以23篇论文排名第1位。上海市科学学研究所是我国开展区域技术预见的先行者和引导者，自2001年受上海市科委委托开展"'十五'上海科技重点领域技术预见工作研究"以来，先后多次开展了技术预见，借鉴日本技术预见的方法和经验，确立了独具特色的区域技术预见理论体系；中国科学院科技政策与管理科学研究所位居第2，是我国最早开展国家技术预见的研究机构，先后开展了"中国未来20年技术预见""中国至2050年重要领域科技发展路线图战略研究"等课题研究。苏州大学、清华大学、北京工业大学是国内开展技术预见活动较为活跃的高等院校。

这10个单位是我国技术预见文献来源的主要机构，可以看出发文量较多的单位大多处于经济发达和科技实力雄厚的地区，上海、北京等地的科学研究机构和大专院校在其中占了较大的比重，说明这些地区重视技术预见研究，也说明技术预见研究与实践需要一定的经济和科技实力支撑。

表3　我国技术预见研究机构排名

排名	机构名称	论文数量 / 篇	活跃时间 / 年
1	上海市科学学研究所	23	2001—2016
2	中国科学院科技政策与管理科学研究所	17	2006—2014
3	苏州大学	11	2008—2014
4	清华大学	10	2005—2015
5	北京工业大学	9	2005—2013
6	中国科学技术信息研究所	8	2003—2015
7	北京大学	8	2008—2015
8	中国科学院国家科学图书馆	8	2004—2015
9	上海银行	6	2008—2014
10	广东药学院	5	2006—2007

4.3　研究作者

在检索到的221篇文献中，通过统计第1作者发文数量，得到作者分布情况，此处仅列出发文5篇以上的核心作者情况，如表4所示。万劲波、袁志彬、张冬梅以第一作者发文6篇，李万、陈峰分别以第一作者发文 5 篇。这些作者是我国技术预见研究的核心作者，也是我国技术预见研究的主要力量，对我国的技术预见研究和实践工作有重要的支持作用。

表 4　发文量较多的第一作者

排名	作者	论文数量 / 篇	作者单位
1	万劲波	6	上海市科学学研究所
2	袁志彬	6	中国科学院科技政策与管理科学研究所
3	张冬梅	6	广东药学院
4	李万	5	上海市科学学研究所
5	陈峰	5	中国科学技术信息研究所

5　山东省开展技术预见的几点建议

5.1　提高对技术预见工作的认识

技术预见作为从战略视角选择关键技术，确定重点发展领域的有效工具，其作用和成效已经开始显现。山东省应提高对技术预见的认识，积极开展技术预见活动和相关的研究工作。第一，应树立技术预见观念，让政府、学术机构、企业界和公众都能充分认识到技术预见对区域经济发展、技术和社会进步及科技资源配置的重要性，在全社会培育一种关注未来的预见文化。第二，立足于理论引进和宣传，通过专题培训、学术研究、研讨会等方式，将技术预见理念深入到科技和经济社会发展的工作中 [7]，营造出良好的技术预见社会环境。同时，寻求社会各界的认可、支持和参与，加强官产学研及其他社会各界间信息沟通，引起各方对技术预见的重视，并培养山东省技术预见人才队伍。

5.2　加强技术预见方法的研究

在技术预见过程中往往要综合应用多种预见方法解决系统性问题。目前，我国多采用定性分析为主的德尔菲法和专家会议法，其他方法较少使用。多种预见方法综合运用是技术预见成功的保证。建议在山东省开展技术预见活动中，采用以德尔菲法为主，多种方法组合使用的方式。将文献计量、专利分析与传统的德尔菲、情景分析等定性预见方法相结合进行新兴技术的预见。

5.3　加强技术预见的学习交流与合作

目前，山东省技术预见还处在起步阶段，要开展好技术预见工作，我们要加强学习、交流与合作。一是加强学习。向日本、英国等技术预见发达国家及国内北京、上海、广东技术预见先行地区学习，学习和借鉴他们开展技术预见工作的方法和经验，吸收他们技术预见的成果为我所用。二是加强交流。积极参与国内外技术预见方面的会议，学习技术预见先进技术和理论，提高山东省的技术预见研究能力和水平。三是加强合作。加强与上海市科学学研究所、中国科学院科技政策与管理科学研究所等技术预见权威机构合作，推动山东省技术预见活动顺利开展。

5.4　推行技术预见"先行先试"

区域开展技术预见不同于全国性的技术预见，只能在有一定优势的重点和特色领域中集中必要和可能的资源，以提高若干重点关键技术领域的自主发展能力。建议山东省率先开展重点和特色科技产业领域的技术预见活动，如选取绿色化工、海水淡化等重点发展技术领域，"先行先试"进行技术预见研究。围绕产业链、技术链、创新链三链协同建设发展，开展国内外发展态势及前沿技术动向研究。在此基础上，稳步推进，深入开展重点领域技术预见工作，提高科技创新工作部署的前瞻性、科学性。

5.5　精心组织确保达到预期目标

技术预见和关键技术的选择关系到山东省对于经济和社会发展的政策规划、设计及导向，在具体操作中要把握关键技术与山东省经济战略或规划的吻合度，也要考察其实际可行性。山东省要开展好技术预见，要制定切实可行的程序。将技术预见活动过程分为预见前期、预见实施期和预见后期3个阶段，每个阶段都需拟定具体技术预见实施的计划安排，并按照一定的程序组织实施，以保证技术预见能够顺利达到预期目标。

参考文献

[1] 李国秋，龙怡 . 预测市场应用于技术预见的优势分析 [J]. 图书馆杂志，2014（8）：11-28.

[2] 梁帅，李海波，陈娜 . 我国技术预见研究综述 [J]. 科技管理研究，2014（17）：245-250.

[3] 张秀妮，张薇 . 国内技术预见研究卓越机构及研究热点可视化描绘 [J]. 竞争情报，2015（3）：24-29.

[4] 李国秋，龙怡 . 近十年（2004—2013）国际技术预见研究的热点及动向分析 [J]. 图书情报知识，2014（3）：104-116.

[5] 任海英，于立婷，王菲菲 . 国内外技术预见研究的热点和趋势分析 [J]. 情报杂志，2016，35（2）：81-87，115.

[6] 王志玲，管泉，蓝洁 . 国内技术预见研究的文献计量分析 [J]. 现代情报，2015，35（4）：98-101，107.

[7] 唐蓉华，夏立新 . 区域开展技术预见对策研究 [J]. 企业经济，2010（6）：121-123.

"十二五"期间"省会城市群经济圈"研发活动开展情况简析

刘玉国　　张　坤　　丛培虎

摘要： 省会城市群经济圈是以省会济南为核心，与泰安、淄博、莱芜、德州、聊城、滨州等周边 6 市组成的"1+6"都市圈区域。为了解和掌握"省会城市群经济圈"科技活动开展情况，为规划的实施提供信息支撑，本文对"十二五"期间"省会城市群经济圈"主要科技指标情况进行了简要分析，以期发现科技发展中的问题和不足，提出促进"省会城市群经济圈"科学发展的对策建议。

关键字： 省会城市群经济圈；科技活动；指标

一、"省会城市群经济圈"研发活动开展情况

2015 年，"省会城市群经济圈"主要研发指标较上年均出现不同程度增长。其中，R&D 经费支出 470.89 亿元，较上年增长 10.70%；R&D 经费支出占地区生产总值比重为 2.16%，较上年增长 0.12 个百分点；R&D 人员 18.82 万人，较上年增长 6.45%；万名就业人员研发人员数为 80 人/万人，较上年增长 5 人/万人。

（一）研发经费指标保持稳步增长

2015 年，"省会城市群经济圈"共实现地区生产总值 21 824.6 亿元，R&D 经费支出 470.89 亿元，R&D 经费支出占地区生产总值比重为 2.16%，较全省研发经费支出占地区生产总值比重低 0.11 个百分点；2015 年，"省会城市群经济圈"规模以上工业企业主营业务收入 53 506.7 亿元，规模以上工业企业研发经费支出 416.31 亿元，规模以上工业企业研发经费支出占规模以上工业企业主营业务收入比重为 0.78%，较上年增长 0.05 个百分点。

从"十二五"期间数据来看，"省会城市群经济圈"在研发经费支出总量上保持了增长态势，R&D 经费支出占 GDP 比重增速有所加快，但是，规模以上工业企业研发经费支出占主营业务比重依然相对偏低，比重不足 1%。

（二）"十二五"期间研发人员数量持续增加

2015 年，"省会城市群经济圈"共有从业人员 2365 万人，其中，研发人员 18.82 万人，万名就业人员研发人员数为 80 人/万人；2015 年，"省会城市群经济圈"规模以上工业企业共有研发人员 13.92 万人，较上年增加近 1 万人。

从"十二五"期间数据来看，"省会城市群经济圈"研发人员保持持续增长，研发人员及规模以上工业企业研发人员数量分别较 2011 年增长 38.38%、41.46%，每万名就业人员研发人员数自 2012 年以来始终保持在 70 人/万人以上，始终高于全省平均水平。

二、"省会城市群经济圈"研发活动开展过程中存在的问题

（一）研发活动投入强度有待提高

2015年，"省会城市群经济圈"研发经费支出占到全省研发经费支出的近1/3，但是，研发经费投入强度有待进一步提高，尚未达到全省2.27%的投入水平。从相关城市来看，7市中只有泰安、莱芜、滨州三市的研发投入强度超过了全省平均水平，德州市研发投入强度最低，仅有1.43%。从规模以上工业企业的数据来看，2015年，"省会城市群经济圈"规模以上工业企业研发经费支出占主营业务比重仅为0.78%，低于全省0.83%的投入强度。由于山东省省经济结构以工业为主，重工业比重较大，在当前国内整体经济增速放缓的情况下，急需增大工业企业研发积极性，加大研发投入强度。

（二）研发资源过分集中在济南、淄博、泰安三市

从研发经费和研发人员在区域内各市的分布来看，济南、淄博、泰安三市研发资源相对比较充足，三市研发经费支出占到了区域总支出的62.25%，研发人员数量占到了区域内研发人员总数的63.18%。德州、聊城等市研发资源投入相对不足。

（三）中小企业研发活动中所占份额偏低

数据显示，2015年区域内规模以上工业企业研发经费支出占到了区域支出总量的88.41%，研发人员数量占到了全省总量的74%，中小企业在研发活动中所占的份额相对较少。相比规模以上工业企业，中小企业有着更强烈的创新欲望，特别在当前产业转型升级的背景下，更应加大引导力度，使中小企业走"创新立企"的道路。

三、提升"省会城市群经济圈"研发水平的建议

（一）加大经费支持力度，提高科技投入强度

一是持续稳定地增加政府财政科技投入。科技投入的力度直接制约着科技发展战略的执行。在现阶段，应继续加大政府科技投入力度，支持自主创新，建立投入监管机制，保证财政科技投入的增长速度高于GDP、财政支出的增长速度。二是优化投入结构，加大对基础研究和应用研究的投入力度，通过政策引导，优化R&D资源在基础研究、应用研究和试验发展中的分配比例，使R&D资源真正成为促进经济转型的重要手段。三是建立和完善政府科技投入绩效考评体系。根据地区经济发展水平和创新基础资源情况，分地区建立政府科技投入任期目标责任制。完善科技投入绩效考核评估指标体系，充分发挥第三方中介机构的作用，加强对政府科技投入的跟踪管理和绩效考核，提高科技投入的产出效率。

（二）加大区域协作力度，提高创新效率

一是加强区域内产学研联合。制定出台一系列有助于调动区域内产学研三方积极性并实现密切结合的政策和措施。例如，鼓励区域内各研发主体联合申报科研课题，对跨区域产学研联合项目在审批、税收减免等方面给予必要的支持。消除区域内三方合作中出现的各种壁垒，使得科研机构及高等院校的研发活动更具有市场针对性和应用性，提高山东省的科技投入产出效率，进而带动全社会增加研发投入的积极性。二是整合区域优势，促进协同发展。加强政策引导扶持，整合区域创新资源，支持联合打造区域创新平台、构建区域技术创新战略联盟，鼓励研发中心、科技成果中试基地、转化孵化基地和产业化基地建设。构建区域性行业协会、商会，共同做好技术开发、人才培养和市场开拓。加强

重要领域和关键技术的研发，整合区域创新资源，集中力量，争取取得一批具有国际领先水平的科研成果。

（三）加快高新技术产业园区发展步伐，促进"区圈协同发展"

一是提升高新技术产业园区的辐射能力。进一步提升高新技术产业园区和基地的公共技术服务功能，把高新技术产业园区建设成为高新技术产业发展的引领区和示范区，成为优质科技人才和研究机构的集聚区，促进"区圈协同发展"。二是加快"走出去"战略的实施，努力丰富高新技术产品出口市场，对加工型产业进行转型升级，使各项产业配套发展，完善整套流程管理模式，提升高新技术产品出口占比。三是根据区域特点完善新产品产出机制。新产品的产出涉及人才、资金、政策、体制和机制等多个因素。应加强政策扶持，对新产品产出工作加强政策引导，通过财政、税收等手段，提高新产品研发能力。鼓励大中型企业建立适应本企业技术创新的研发中心，提高自身技术创新能力，提高自身的创新潜力，保持自身的可持续发展。

（四）积极加快发展科技服务业

一是加快推进新兴科技服务行业发展。充分发挥"省会城市群经济圈"在科技方面的资源优势，在重点应用领域开展技术攻关与应用示范，大力发展电子商务、数字媒体、工业设计、信息服务、集成电路设计等新兴科技服务业。二是进一步推动科技文献、专利、标准、检测检验等资源共享平台建设。鼓励企业、高等院校和科研单位共建重点实验室、工程技术研究中心和行业技术中心。加快推进各类专业创业服务中心、生产力促进中心、大学科技园、留学人员创业园等科技服务机构建设。

参考文献

[1] 王磊. 省会城市群经济圈科技创新发展指数评价研究 [J]. 科技与经济，2017，30（3）：35-39.

[2] 赵立雨，张琼，徐艳，等. 科技投入强度的国际比较及对中国的政策启示 [J]. 未来与发展，2016，40（12）：17-23，45.

[3] 刘杨，王海芸. 政府科技投入与企业技术创新效率的耦合协调度：以北京市为例 [J]. 技术经济，2016，35（10）：66-71.

[4] 张森. 基于产业转型升级视角下的高技能人才队伍建设对策研究：以山东省会城市群经济圈为例 [J]. 齐鲁师范学院学报，2016，31（5）：90-94，121.

加油站职业危害信息探析

何海林　　于泉德　　肖国芽

摘要： 本文分析识别了加油站存在的职业病危害信息，评价其职业病危害现状、职业病防护措施及效果。研究的主要方法是采用职业卫生现场调查，对主要职业病危害因素进行检测，分析职业健康监护结果，并对职业病防护措施、职业卫生管理、个人防护用品、应急救援等方面进行综合评价。

关键词： 加油站；职业病；控制效果；危害信息

识别加油站的职业病危害信息，分析其危害因素和危害程度，目的是从源头上预防、控制或消除职业病危害，切实保障劳动者健康。

1　内容与方法

1.1　调查内容

了解加油站职业卫生管理基本情况、采取的职业病防护措施、个人防护用品的发放及职业健康监护情况，查看有关职业卫生档案资料，熟悉加油工艺，识别经营过程中产生的主要职业病危害因素，填写职业卫生调查表，制定评价方案。

1.2　检测方法

按照采样规范的要求，制定检测方案，在满负荷生产条件下进行采样。个体采样使用 GilAir-5 防爆型采样器；三苯、烷烃、氮氧化物采样使用 QC-2B 双气路大气采样器；溶剂汽油采样使用 GilAir-5 防爆型采样器；碳氧化物采样使用便携式远红外—氧化碳分析仪；个体噪声测定使用 NoisePro 型个体噪声剂量计，定点噪声测定使用 HS6288B 型噪声频谱分析仪。

2　结果

2.1　基本情况

研究加油站主要为燃油车辆提供加油服务，现有职工 8 名，其中接触职业病危害因素的工人 8 名，生产车间实行三班倒工作制，每班工作 8 h。由于涉及的主要原料为车用燃料油（汽油、柴油），加、卸油过程中涉及的职业病危害因素苯、一氧化碳、二氧化氮、锰及其化合物虽为高毒物品，但接触的量比较小或者接触时间较短，因此，该企业属职业病危害一般的企业。建设项目在可行性论证阶段进行了职业病危害预评价，项目竣工验收前进行职业病危害控制效果评价。

2.2　现场职业卫生调查

该加油站职业卫生管理工作由中国石化潍坊石油分公司负责，该加油站设有安全员 1 名兼职业卫生管理，建立了职业卫生管理制度和应急救援预案，工人上岗期间佩戴相应的个人防护用品，减少了对职业病危害因素的直接暴露。该企业近 3 年委托有资质的职业健康检查机构对在岗职工进行职业健康检查，建立了职工职业健康档案，检查项目根据接触不同的危害因素确定，符合有关规范要求，未检出职业禁忌证和疑似职业病者。加油站主生产区（加油区）与辅助生产区（油罐区）、非生产区（站房内设站财室、便利店、办公室、厕所等辅助用室）相对分离；主要加油装置设置在网架罩棚下，有利于有毒有害物质的扩散；汽油加、卸油设有油气回收系统；油罐区设有防火堤，油罐设有高液位自动报警系统；加油机设有加油岛、防撞柱、紧急拉断阀和剪切阀；加油站设有盥洗间和喷淋洗眼器，为加油工配置了个体防护用品。主要生产工艺：本工艺不涉及生产，燃料油由专用运输车辆运来，通过密闭卸油卸至储油罐中，储油罐中的燃料油经潜油泵、加油机、加油枪将燃料油注入燃油车辆油箱中。主要工序有卸油、加油。生产工艺流畅，设备布局基本合理。主要职业病危害因素分布见表1。

表1 某加油站项目职业病危害因素及其分布

评价单元	接触岗位（工种）	主要职业病危害因素	存在部位
加油站	管理（站长、安全员）加油（加油工）	苯系物、烷烃、溶剂汽油、柴油	加油机及配套设施，油罐及附属设施
		汽车尾气（氮氧化物等）	加油区
		噪声	加油机及油气回收系统等
		高温	夏天高温天气罩棚下作业
		低温	冬天低温天气罩棚下作业
		工频电场	室外箱式变压器、配电室配电柜

2.3 主要职业病危害因素检测与评价

根据生产工艺和职业卫生现场调查情况确定检测项目，包括苯、甲苯、二甲苯、戊烷、正己烷、正庚烷、二氧化氮、一氧化碳、辛烷、壬烷、环己烷、溶剂汽油、一氧化氮、噪声和工频电场。在满负荷生产条件下选择有代表性的工作地点进行采样检测，检测结果见表2至表6。

表2 化学因素检测结果（一）

有毒物质	车间	岗位	检测结果 C_{TWA}/（mg/m³）	接触限值 $PC\text{-}TWA$/（mg/m³）	检测点数	检测结果 C_{STEL}/（mg/m³）	接触限值 $PC\text{-}STEL$/（mg/m³）	结果判定
苯	加油站	加油	0.1	6	4	< 0.6	10	不超标
甲苯		加油	0.3	50	4	< 1.2	100	不超标
二甲苯		加油	0.6	50	4	< 3.3	100	不超标
戊烷		加油	0.06	500	4	< 0.13	1000	不超标
正己烷		加油	0.06	100	4	< 0.13	180	不超标
正庚烷		加油	0.06	500	4	< 0.13	1000	不超标
二氧化氮		加油	0.01*	5	3	< 0.009	10	不超标
一氧化碳		加油	1.1 ~ 1.4*	20	3	0.3 ~ 1.3	30	不超标

*为计算值，下同。

表3 化学因素检测结果（二）

有毒物质	车间	岗位	检测结果 C_{TWA}/（mg/m³）	接触限值 $PC\text{-}TWA$/（mg/m³）	检测点数	检测结果 C_{STEL}/（mg/m³）	超限倍数	最大超限倍数	结果判定
辛烷	加油站	加油	0.09	500	4	< 0.15	< 0.0003	1.5	不超标
壬烷		加油	0.09	500	4	< 0.15	< 0.0003	1.5	不超标
环己烷		加油	1.0	250	4	< 5.3	< 0.212	1.5	不超标
溶剂汽油		加油	2.2*	300	4	< 1.5	< 0.005	1.5	不超标
一氧化氮		加油	0.01*	15	3	< 0.009	< 0.0006	2.0	不超标

表 4 噪声 40 h 等效声级检测结果

车间	岗位	检测结果 $L_{EX, w}$/dB（A）	接触限值/dB（A）	结果判定
加油站	加油	76.2 ~ 80.2	85	不超标
	加油	77.1 ~ 80.6		不超标

表 5 工作场所噪声检测结果

车间	检测地点	日接触时间 /h	检测结果 /dB（A）	接触限值 /dB（A）	结果判定
加油站	1 ~ 3# 加油机	0.4	75.0 ~ 78.9	—	—
	6 ~ 8# 加油机	0.4	79.1 ~ 81.1	—	—
	卸车口	0.4	65.1 ~ 74.7	—	—
	营业厅	22	64.1 ~ 65.8	75	不超标

注：工作场所噪声声级不做判定；非噪声工作地点噪声声级需要进行判定。

表 6 工作场所工频电场强度检测结果

车间	岗位	检测地点	检测结果 /（kV/m）	接触限值 /（kV/m）	结果判定
加油站	—	配电室	0.03	5	不超标

本次共检测苯（甲苯、二甲苯）个体检测对象 3 个、定点检测点 4 个，戊烷（正己烷、正庚烷）个体检测对象 3 个、定点检测点 4 个，二氧化氮、一氧化碳定点检测点 3 个，苯、甲苯、二甲苯、戊烷、正己烷、正庚烷、二氧化氮、一氧化碳时间加权平均浓度和短时间接触浓度均符合职业接触限值；辛烷（壬烷）、环己烷个体检测对象各 3 个、定点检测点 4 个，溶剂汽油定点检测点 4 个，一氧化氮定点检测点 3 个；辛烷、壬烷、环己烷、溶剂汽油、一氧化氮的职业危害因素超限倍数符合接触限值；加油岗位 2 个个体噪声测量结果符合接触限值，现场噪声测量结果符合接触限值；现场工频电场测量结果符合职业接触限值要求。

2.4 主要职业病防护设施评价

2.4.1 防尘设施

本项目没有产尘过程和设施，防尘不作为主要评价项目。

2.4.2 防毒设施

①加油区罩棚结构、油罐区露天布置，通风良好。

②加油机采用自封式加油枪，能够确保在容器加满时自动关闭油枪，防止介质外溢；设备及管道法兰均采用凸面密封型式。

③埋地油罐采用双层钢制油罐，油罐设带有高液位报警功能的液位计和密闭卸油管道，采用平衡式密闭油气回收系统。罐区的地坪坡向罐区以外，不积水。卸车还设置卸油拉断阀。

④加油站在日常管理、运营等方面严格按相关规定实施，防止中毒事件发生。

2.4.3 防噪声设施

建设项目无高强度噪声设备，优先采用了低噪声设备设施，选用潜油泵式加油工艺。

2.4.4 防高温、防寒措施

加油站不涉及高、低温设备，仅在夏季作业时存在高温危害，冬季作业时存在低温、冷风等危害。采取的措施有：加油区罩棚式结构通风遮阳；油罐区露天布置通风良好；在站房内设矿泉水、绿豆汤等清凉饮料防暑降温。冬季为操作工发放防静电工作服（防寒）、防寒手套、防静电布帽等防寒保暖衣物。在办公室、营业厅、休息室内配备空调，对室内温度进行调节，综合起到夏季防暑降温、冬季防寒取暖的作用。

2.4.5 防非电离辐射措施

变、配电设备采取有效的屏蔽、接地等工程技术措施，工人主要以巡检为主。

综上，该项目采取的防毒（防尘）设施，防噪声设施，防高温、防寒设施、防非电离辐射措施是合理的，基本符合《工业企业设计卫生标准》（GBZ 1—2010）等有关标准、规范的要求。

2.5 应急救援

建设项目依托中国石化潍坊石油分公司的应急救援组织机构及职责，应急组织形式。正在制定符合本加油站的职业卫生事故应急救援预案并计划定期演练。应急救援预案中明确了现场应急救援指挥机构、现场指挥、急救成员等及其相应职责。

本加油站罐区周围设有防火堤，加油区罩棚设有风向标，站房内盥洗间设有喷淋洗眼器，营业厅设有防爆照明灯、应急电话、急救药箱等。

该项目设置的应急救援设施具有较好的针对性，基本符合《工业企业设计卫生标准》（GBZ 1—2010）、《化工企业安全卫生设计规范》（HG 20571—2014）等的要求。

2.6 个人防护用品

根据现场调查和检测结果分析加油岗位工人应佩戴防尘毒口罩和降噪耳塞。

经现场调查，该企业制定了劳动防护用品配备使用及管理制度，根据不同生产岗位给工人配备了个人防护用品，由站长负责指导、检查、监督、考核防护用品的使用情况；安全员负责监督员工按规定使用防护用品。工人能够按照规定的要求佩戴个体防护用品。

中国石化潍坊石油分公司对加油站职工配备个体防护用品做了详细规定，但该加油站存在为职工配备的个体防护用品不全的现象。

2.7 总平面布置

2.7.1 总平面布局

加油站东侧为站房，主要设营业厅、配电室及辅助用室（营业厅、休息室、浴室、卫生间等）。站房西侧为加油区罩棚，下设加油机、加油岛及防撞柱，摩托车等手工加油在加油区西侧。站房北侧设置埋地油罐及配套的呼吸管、密闭卸油设施、油气回收系统等。加油设施充分利用站区的地形进行设计，该加油站开有进、出站口，站区北、东、南侧均设有防护围墙。

2.7.2 竖向布置

该加油站整个项目区地势平坦，充分利用地形、地势。根据《汽车加油加气站设计与施工规范（2014年版）》（GB 50516—2012）等规定，为有效防止场地被雨水冲刷及污水的排放，设计纵横坡、排水系统和路缘石等构造物，站区场地坡度0.2%，竖向布置采用平坡式。

2.7.3 设备布局

建设项目主要设备为罩棚下的加油机，按工艺流程和同类设备适当集中原则进行了布置。4台加油机按平行于道路方向两列排开，加油机周围设加油岛和防撞柱。输油管道未从站房下通过，且管道严格密闭，具备抗压、耐腐蚀等性能。

本项目功能分区明确，加油区位于加油站西侧，为全年最小频率风向的上风向，全年主导风向的下风向；站房位于加油区东侧，为全年最小频率风向的下风向，全年主导风向的上风向；建设项目设有应急救援设施并留有应急通道，符合《中华人民共和国职业病防治法》、《工业企业设计卫生标准》（GBZ 1—2010）、《汽车加油加气站设计与施工规范（2014 年版）》（GB 50156—2012）等标准规范的要求。本项目设备布局符合《中华人民共和国职业病防治法》、《工业企业设计卫生标准》（GBZ 1—2010）等法律法规、标准规范的要求。

2.8 建筑卫生学调查与评价

建设项目加油机罩棚下布置，遮阳、通风良好；油罐区露天布置通风良好；站房内设有空调调节室内温度及湿度。建设项目白天采用自然采光，夜间采用人工照明，罩棚下、油罐区、室内照明采用防爆灯具，光源选用高效荧光灯及节能灯。

本项目建筑卫生学符合《工业企业设计卫生标准》（GBZ 1—2010）等有关标准的要求。

2.9 辅助用室评价

本项目存在的主要有毒物质为苯系物、溶剂汽油、柴油等，生产车间卫生等级为 3 级。辅助用室设有营业厅、休息室、厕所、盥洗室及淋浴间等，盥洗室水龙头数量、浴室淋浴器数量及厕所蹲位数量均满足要求。本项目在辅助用室设置方面符合《工业企业设计卫生标准》（GBZ 1—2010）的要求。

2.10 职业卫生管理

中国石化山东潍坊石油分公司成立了职业健康管理工作领导小组，设置了职业卫生管理机构及职业卫生管理人员、卫生档案管理员，制定和完善了职业卫生相关管理制度、操作规程、职业卫生档案等体系文件，加油站参照执行，本项目职业卫生管理方面基本符合职业病防治法等相关法律法规的要求。

3 结论

针对研究中接触职业病危害因素的岗位，加油站应采取措施，在醒目位置设置职业危害公告栏，公示所涉及的职业病危害因素及其检测结果，在醒目位置设置"当心中毒""戴防毒口罩"等警示标识；根据接触有害因素的不同，为工人配发相应的个人防护用品（如防尘毒口罩、耳塞和护目镜等）；应严格落实各项职业卫生管理制度，加强对职业病防护设施的维护，定期组织应急演练，定期进行职业危害因素检测以确保工作场所空气中职业病危害因素的浓度（强度）符合国家职业卫生标准的要求，切实保障工人身体健康。

参考文献

[1] 孟成名，秦文华，肖庆锋 . 河南地区油库及加油站职业病危害因素检测与分析 [J]. 职业与健康，2013，29（11）：1288-1291.

[2] 张琴，杨坚 . 浅析加油站企业职业危害风险评估 [A] // 中国石油学会石油储运专业委员会 . 第四届中国管道完整性管理技术大会论文集 [C]. 杭州：中国石油学会石油储运专业委员会，2014.

[3] 钱旭东，闫革彬，高金鑫 . 北京地区 112 家加油站作业工人健康状况调查 [J]. 环境与职业医学，2008，25（3）：304-305.

[4] 陆华 . 加油站职业卫生与从业人员健康状况的研究 [D]. 泰安：泰山医学院，2013.

"十二五"以来山东省县以上政府部门属研究与开发机构科技活动分析

杜廷霞　　闫　峰　　王贤慧

摘要： 政府部门属研发机构是从事科技活动的重要部门，在推动社会科技进步、促进科技发展等方面发挥着重要作用。本文选取2011—2016年山东省县以上政府部门属研发机构的科技活动相关数据，从科技活动人员、经费投入、课题（项目）开展及科技活动产出等方面对其开展情况进行了全面的评价分析。经分析发现，"十二五"以来山东省县以上政府部门属研究与开发机构的科技活动有以下特点：人员投入力度加大，人员水平显著提高；经费收入增速变缓，经费支出增长疲软；R&D活动少量减少，但结构更加合理；科技论文与发明专利数量相对较少。针对上述特点，本文提出了几点发展建议：创新人才引进制度，增加科技人员投入；深化科技体制改革，激发科研人员热情；优化R&D活动结构，加大基础研究投入；建立评价考核体系，提升课题（项目）水平；建立绩效奖励机制，提高科技活动产出质量。

关键词： 研发机构；R&D活动；科技活动产出

　　2016年，山东省政府发布的《山东省"十三五"科技创新规划》指出，要加快构建支撑引领全省经济社会发展的现代技术体系，提高科技供给质量，提升科技创新在推动产业迈向中高端的核心引领作用。科技创新与科技供给质量的提升源于科技活动的健康发展，县以上政府部门属研究与开发机构（以下简称"政府部门属研发机构"）是从事科技活动的重要部门，在推动社会科技进步、促进科技发展等方面发挥着重要作用。本文对2011—2016年山东省政府部门属研发机构的科技活动指标进行简要分析，并与"十二五"期间数据相比较，发现科技活动开展中的优势与不足，最终给出相应的发展建议。

一、科技活动人员分析

　　2016年政府部门属研发机构有201家，同比上年减少14家；平均每家研发机构拥有科技活动人员94人，同比上年增加19人。自2011年以来，政府部门属研发机构数呈递减趋势，但机构平均科技活动人员数却逐年递增，并且2016年是增幅最大的一年。与"十二五"期间相比，2016年政府部门精减了研发机构数量，鼓励研发机构接收了更多的科技活动人员。"十二五"期间，本科以上学历科技活动人员的比例在79%左右，而2016年本科以上科技活动人员比例是85.82%，提升了近7个百分点，充分说明科技活动人员的能力素质有所提高。

　　2016年，政府部门属研发机构R&D人员有13 358人，同比上年增长22.18%；R&D人员折合全时当量11 240人年，同比上年增长10.70%。"十二五"期间，政府部门属R&D人员总数变化不大，每年约有11 000人，然而2016年R&D人员首次超过13 000人，增加近2500人。"十二五"期间，R&D活动人员主要从事试验发展和应用研究活动，只有不足30%的R&D人员从事基础研究活动。2016年，从事3类活动的R&D人员比例相对比较均衡，分别是基础研究占30.69%，应用研究占35.18%，试验发展占34.13%。

二、科技活动经费分析

2016年，山东省政府部门属研发机构科技活动经费支出共计69.62亿元；科技活动收入77.84亿元，其中政府资金62.91亿元，占到了收入总量的80.82%，依然是科技活动收入的主要来源。"十二五"期间，科技活动收入的平均增长速度是9.08%，科技活动支出的平均增长速度是8.64%。2016年科技活动收入与支出的增长速度高于"十二五"平均水平，但是自2011年以来，两者增长的速度呈现波浪式交叉浮动，说明科技活动收入与支出的增长具有不稳定性。按活动类型划分，2016年政府部门属研发机构R&D经费支出最多的是基础研究（36.58%），其次分别是应用研究（32.93%）、试验发展（30.48%）。"十二五"期间，基础研究经费支出占比仅在30%以下，经费投入力度远不及应用研究与试验发展。

三、科技活动产出分析

2016年，山东省政府部门属研发机构申请专利1979件，其中发明专利1382件；授权专利1448件，其中发明专利763件。与"十二五"期间不同是，2016年的专利申请数与授权数总量大，但发明专利的比例低于上期平均水平。

2016年，山东省政府部门属研发机构发表科技论文6637篇，其中国外发表2156篇。科技论文的发表数量从2013年开始逐年减少，但是国外发表的论文数量是逐年增加的，这说明科技论文的质量、国际水平正在逐年提升。2016年科技著作的种类只有177种，同比上年减少45种，而"十二五"期间除2011年、2013年著作种类偏少外，其余年份著作种类均不低于2016年且呈稳步增长趋势。

四、项目（课题）分析

2016年山东省政府部门属研发机构承担的课题量、投入人员及投入经费同比2015年均有小幅减少。其中，课题同比上年减少20项，R&D课题减少45项，课题投入人员减少37人年，R&D课题投入人员减少320人年，课题经费支出减少1.5亿元，R&D课题经费支出减少1.4亿元。这说明课题活动减少的原因主要来源于R&D课题活动的缩减。"十二五"期间课题活动指标的绝对值略低于2016年，但却是稳健发展的过程。相比而言，2016年府部门属研发机构的课题活动开展不够活跃。

五、分析结论与发展建议

（一）分析结论

前面，我们对2011—2016年政府部门属研发机构的科技活动进行了全面的分析，"十二五"以来山东省政府部门属研发机构的科技活动发展情况存在以下主要特点。

1. 科技人员投入力度加大，学历水平提高

科技活动人员包括从业人员中的科技管理人员、课题活动人员和科技服务人员。"十二五"期间山东省政府部门属研发机构科技活动人员每年保持在16 000人左右，年均增长率为1.23%；2016年科技活动人员首次突破18 000人，达到18 797人，同比上年增长16.42%。R&D人员13 358人，同比上年增长22.18%；R&D人员折合全时当量11 240人年，同比上年增长10.70%。"十二五"期间，拥有大学本科以上学历的科技活动人员比例从75.31%逐年增加至83.25%，2016年进一步提升到85.82%。

2. 科技活动收入与支出增长疲软

2016年科技活动收入与科技活动支出较"十二五"期间均有增加。自2011年以来，科技活动收

入与支出都是呈逐年增加趋势的，但是我们发现两者的增速呈现波浪交替式，这种波浪交替式增长说明科技活动收入与支出的增长是疲软的，收入与支出的增长幅度主要取决于收入与支出间的差额。科技活动收入的主要来源依然是政府的财政拨款，而科技活动支出也主要用于科技活动人员的工资、福利支出。通过科技活动收入与支出的组成可以看出，两者的增长主要源于科技活动人员的增加。

3.R&D活动经费减少，经费分配结构趋于均衡

2016年政府部门属研发机构共支出34.94亿元用于R&D活动，较上年下降7.86%，R&D经费的主要来源依然是政府资金。按活动类型划分，基础研究支出经费12.78亿元，较上年增长42.08%，应用研究支出11.50亿元，较上年下降20.14%，试验发展支出10.65亿元，较上年下降26.62%。与"十二五"期间相比，R&D经费在3种活动上的支出更加均衡。

4. 课题活动减少，R&D课题减幅较大

2016年，山东省政府部门属研发机构承担课题5187项，同比上年减少0.38%，其中R&D课题同比减少1.02%；课题投入人员共11 294人，同比上年减少0.33%，其中R&D课题投入同比减少3.38%；课题投入经费19.33亿元，同比上年减少7.19%。说明造成课题活动减少的主要原因在于R&D课题活动的减少。

2016年，山东省政府部门属研发机构R&D课题活动较上年有大幅减少，但其人员投入及经费支出的分配上更加均衡。基础研究人员与经费都较去年大幅增长，试验发展均相应减少，使得3类R&D活动在人员与经费上的投入相差不大。

5. 发明专利欠缺，科技论文数量减少

2016年，山东省政府部门属研发机构申请专利1979件，发明专利占69.83%；授权专利1448件，发明专利占比52.69%。与"十二五"期间相比，2016年专利申请数与授权数都是增加的，但其发明专利占全部授权专利数的比例低于"十二五"平均水平。在专利总数增加的同时，发明专利占比的减少充分说明2016年山东省政府部门属研发机构发明专利的欠缺。2016年政府部门属研发机构发表科技论文仅有6637篇，其中国外发表2156篇。"十二五"期间，山东省政府部门属研发机构科技论文的发表数量从2012年的7144篇逐年减少到2015年的6778篇。但是，国外发表数量却从2011年的1231篇逐年增加至2015年的1979篇。

（二）发展建议

为了山东省政府部门属研发机构科技活动在"十三五"规划期间取得更好的发展，根据"十二五"以来科技活动开展情况，我们给出以下几点发展建议。

1. 创新人才引进制度，增加科技人员投入

科学技术是第一生产力，人是生产力的第一要素，所以科技活动人员不仅是科技活动的执行者更是推动社会向前发展的原始动力。2016年，为了吸引更多的高端人才团队，科技厅发布《山东省院士工作站备案暂行办法》，简化了行政审批程序，更好地为院士工作站提供便捷服务。同年，针对需用灵活方式引进的杰出人才和领军人才，省委组织部、科技厅等联合发布了《引进顶尖人才"一事一议"实施办法》，进一步增强了山东省引才竞争力。从2016年山东省政府部门属研发机构的科技活动人员数量来看，上述人才引进政策初见成效。"十三五"期间，山东省应在已有人才引进政策基础之上加强引才机制创新，吸引更多的高水平人才投入到科技活动行列。

2. 深化科技体制改革，激发科研人员热情

"十二五"以来，山东省政府部门属研发机构科技活动经费逐年增长，但增速呈现波浪式交替。

"十三五"期间，政府应继续加大科技经费的投入力度，通过政府对科技经费投入的引导作用，激励并促进省属研发机构增加 R&D 活动投入，为科学研究提供可靠的资金支持。此外，科技活动支出要以引导和激励为主，借助市场的运作，提高投入资金的使用效率。

为充分发挥研发机构高素质科技人员的优势，激发科研人员热情，继续深化以下制度的改革与实施：第一，完善激励与约束相结合的科研资金管理制度。研发机构财政科研经费拨款与科研绩效挂钩机制，重点学科和优势技术领域，鼓励通过自主选题开展前瞻性研究；第二，完善奖励机制，鼓励高素质科技人员积极参与科学研究活动和主动创新，为科研人员提供科研创新的平台，引导他们从事高水平的科学研究工作，使他们不断成长；第三，建立科学的人才分类评价机制，对现有科技人才进行再教育和科技培训，使其素质水平提高到一个新的高度。

3. 优化 R&D 活动结构，加大基础研究投入

基础研究是知识积累的过程，为技术研究和开发提供理论基础，在一个国家科技发展战略中具有举足轻重的作用。2016 年，山东省政府部门属研发机构 R&D 活动中，基础研究经费和人员的投入比例均相对较少。"十三五"期间，政府部门属研发机构应在不断增加 R&D 活动经费和人员投入的基础上不断优化经费和人员的支出结构，增大基础研究所占比重，相对减少试验发展研究经费比重，从而提高 R&D 经费的使用效率，充分发挥高素质人才的专业实力。

4. 建立评价考核体系，提升课题（项目）水平

课题（项目）活动是 R&D 活动的主要开展形式，也是科技活动产出的重要源泉，课题（项目）活动直接决定着科技活动的开展情况。为了避免下降趋势的进一步加剧，可以采取以下措施进行课题（项目）的管理：第一，科技部门简政放权，按照权责统一的原则，委托专业机构承担课题（项目）管理工作，实现决策、执行、监督、评估相互制约又相互协调；第二，鼓励和指导科研机构建立健全各自的课题（项目）管理制度，更好地服务科技发展；第三，改进完善政府科技奖励制度，提升奖励的科学性、准确性和公信力、影响力。

5. 建立绩效奖励机制，提高科技活动产出质量

论文发表数和专利数是衡量研发机构科技活动产出的重要指标，可以反映出科研机构的绩效水平和科研能力。今后在科技活动开展中，我们要建立绩效奖励机制，提高科研机构的产出水平和质量。一方面，政府部门属研发机构在从事科学研究的同时，着眼于市场，根据市场发展和需求确立科研项目，寻求产业化市场，从而提高科技产出水平；另一方面，政府应增强服务意识，为科研机构提供发展平台，使研发机构的科研成果能更好地服务于市场。

参考文献

[1] 韩东林，周冬冬，刘全清. 我国高技术服务业研发机构科技创新效率评价 [J]. 技术经济，2013，32（6）：46-51.

[2] 李志学，郝亚平，张昊. 基于 EVA 的央企上市公司研发支出变化研究 [J]. 科技管理研究，2014，34（21）：110-115，121.

[3] 吴改燕. 江苏省 R&D 经费运行状况分析 [J]. 上海商学院学报，2009，10（2）：56-59.

[4] 曾琼. 科技活动投入对科技活动产出的实证研究：以重庆市为例 [J]. 科技管理研究，2010，30（11）：18-20.

训练素材对 Tesseract OCR 软件识别中英文材料的影响分析

王海兴　　吴敬芝　　刘英立

摘要： 本文针对光学字符文字识别软件——Tesseract OCR 软件在识别中文的文字资料图片时，其中文字识别效率较低的现象，按照开发者提供的训练方法，使用不同素材对 Tesseract OCR 软件进行自动化训练，试图找出较适合中文光学字符识别的 Tesseract OCR 训练方法。

关键词： 中英文；光学字符；识别；训练；素材；影响

Tesseract OCR 软件是一款开源的光学字符文字识别软件，它支持几十种语言文字的识别，常被用作文字识别应用场景的支撑软件，但该软件的官方语料库对中文文字识别的支持并不理想，中文文字识别率较低。但可将中文作为一门新语言进行训练，以提高中文的文字识别效率。该软件的开发者并未给出如何准备原始素材训练 Tesseract OCR，以使其更符合中文 OCR 的要求。本文按照开发者提供的训练方法，使用不同素材对 Tesseract OCR 软件进行自动化训练，试图找出较适合中文光学字符识别的 Tesseract OCR 训练方法。

一、软件环境和软件版本

本文使用的操作系统是 Ubuntu 16.04，Tesseract OCR 版本是 3.04 版，使用了 imagemagick 进行原始图像的处理，使用 apt 软件包管理器下载安装软件。

二、训练方法和训练步骤

本文使用 Tesseract OCR 3.04 版进行训练，训练和验证方法主要有以下几个步骤。

1. 准备训练用的文字资料图片

图片可以使用两种方法提供，一种是使用文本资料自动生成，一种是使用扫描图片。两者各有优点，前者的优点是可以实现自动化训练，后者的优点是可以针对特定文字和特定字体进行训练，但需手动调整。本文由于文字资料字数较多，故使用自动化训练方法，因此使用文本资料自动生成原始图片。方法如下。

（1）准备不同长度、相同语义的中英文混合文本资料作为文字素材

这个步骤既可以利用以前积累的文本资料，也可以采取从网上公开资料中进行下载利用的方法。本文利用了以前积累的文本资料，字数规模在百万字左右。

（2）确定上述文字素材中的字符命中率达 90% 以上的字体

这个步骤需要使用原始文本资料和 TrueType 字体文件，可将字体文件集中放置到一个子目录中，如当前工作目录的子目录 fonts 下；文本文件放置到另一个子目录中，如子目录 txts 下。然后，调用下述命令即可生成可用字体的列表：

text2image --text=txts/training.txt --outputbase=itbook --fonts_dir=fonts

    --find_fonts --min_coverage=0.9 --render_per_font=false

-text 选项指出了使用的原始文本文件；

-outputbase 选项指出了输出的 tif 文件和 box 文件的基础文件名；

-font_dir 选项指出了所用字体的路径位置；

--find_fonts --min_coverage=0.9 选项指出查找命中率在 90% 以上的字体；

--render_per_font=false 选项指出不生成 tif 和 box 文件，而是生成 fontlist 文件。

该命令的运行结果是生成了一个名字为 itbook.fontlist.txt 的文件，其中是可用的字体名列表。

（3）使用 text2image 命令将上述文本资料渲染成图像资料，并生成对应的 box 文件

运行的命令形式如下：

text2image --text=txts/training.txt --outputbase=itbook.SimSun.exp0

    --font='SimSun'--fonts_dir=fonts

这条命令生成了名字为 itbook.SimSun.exp0.tif 和 itbook.SimSun.exp0.box 的两个文件，前者是该 SimSun 字体的图像文件，后者是对应的字形有关的文件。对前面生成的 itbook.fontlist.txt 中列出的所有字体都执行这一命令，以生成全部可用字体对应的文件。

2. 运行 tesseract 进行训练

有了上文生成的 .tif 和 .box 文件对组之后，这一步生成训练文件，即后缀名为 .tr 的文件。执行的命令如下：

tesseract itbook.SimSun.exp0.tif itbook.SimSun.exp0 box.train

这将会生成名字为 itbook.SimSun.exp0.tr 的训练文件。

3. 生成 unicharset 文件

这个步骤是生成 tesseract 可用的所有可能的字符集，它是一个名字为 unicharset 的文件。该命令如下：

unicharset_extractor itbook.SimSun.exp0.box

注意，每当重新生成 inttemp、normproto 和 pffmtable 文件时，都需重新生成 unicharset。而每当改变了 box 文件时，都需重新生成上述 4 个文件。

4. 生成字体属性文件

每种字体都需配置字体属性，方法是创建一个 font_properties 文本文件，对于每种字体，都有字体名、斜体、粗体、固定宽度、衬线、哥特体等属性，除字体名必须填写外，假如具有其余属性，就在对应的属性位置下填写 1，否则填写 0。font_propertis 中的一行对应一个字体，可能如下所示：

SimSun 0 0 0 0 0

意味着 SimSun 字体无斜体、无粗体、无固定宽度字体、无衬线、无哥特体。

5. 聚集（Clustering）

生成 unicharset 文件之后，就可聚集所有字符特征，以生成字符原型。可以使用 shapeclustering、mftraining 和 cntraining 命令生成字符特征文件。

（1）shapeclustering

shapeclustering -F font_properties -U unicharset itbook.SimSun.exp0.tr

-F font_properties 使用上文生成的字体属性文件；-U unicharset 使用上文生成的 unicharset 文件，还使用了上文生成的 tr 文件。该命令生成一个名为 shapetable 的主字形表文件。这个命令对中英文资料不是必须执行的，假如没有执行该命令，下一个命令（mftraining）将生成一个 shapetable 文件。换言

之，shapetable 文件必须包含在最后的训练文件中。

（2）mftrainging

mftraining -F font_properties -U unicharset -O itbook.unicharset itbook.SimSun.exp0.tr

-F font_properties 使用上文生成的字体属性文件；-U unicharset 使用上文生成的 unicharset 文件；-O itbook.unicharset 生成 itbook.unicharset 文件供下文使用；itbook.SimSun.exp0.tr 使用上文生成的 tr 文件。

这个步骤生成 4 个文件：inttemp 、pffmtable、shapetable 和 itbook.unicharset。Inttemp 是字形原型文件，pffmtable 是每个字符期望的特征数量。

（3）cntraining

cntraining itbook.SimSun.exp0.tr

该命令生成一个名字为 normproto 的字符正规化敏感度原型文件。

6. 生成训练数据文件

首先将上文生成的中间文件改名，例如，inttemp 改为 itbook.inttemp，pffmtable 改为 itbook.pffmtable，shapetable 改为 itbook.shapetable，normproto 改为 itbook.normproto。结合上文产生的 itbook.unicharset 文件，对这些文件运行如下命令，即可生成训练数据文件： combine_tessdata itbook.

注意，itbook 后面跟着的点（.）符号不可缺少。该命令生成 itbook.traineddata 文件，该文件即为最终的语言训练数据文件。

7. 生成不同字数和字体的训练文件

上述步骤 1 至步骤 6 中我们以单个字体展示了范例，如果要生成多个字体的训练数据，在生成单个字体的训练数据之后（tr），只需在后续的命令中使用多个字体的文件即可，比如：

unicharset_extractor itbook.SimSun.exp0.box itbook.KaiTi.exp0.box

将生成包含 SimSun 和 KaiTi 两种字体的可用字符集文件，其他命令依此类推。

8. 使用 Python 脚本进行训练的自动化

为了实现训练的自动化，我们编写了一个 Python 脚本，主要功能是调用上述命令，划分原始文本文件的字数，自动生成包含不同字数、单个字体、多个字体的训练数据文件。

9. 验证训练数据的准确性

生成所需的训练数据文件后，我们调用 tesseract ocr 命令，使用我们的训练数据对同语义和不同语义的扫描件进行 ocr 识别验证。调用的命令如下：

tesseract test.tif result -l lang

它将使用训练数据 lang 对 test.tif 进行文字识别，识别结果存入 result.txt 文件中。

扫描图像的质量如噪点、扭曲、对比度等对 OCR 的结果也有显著影响，由于我们采用的扫描图像质量比较高，图像质量对 OCR 的训练和识别的影响主要表现在 dpi 和色深两方面。

为保证识别结果，我们使用 imagemagick 软件包对 test.tif 进行了预处理，预处理命令如下：

convert -density 300 -depth 16 input.tif test.tif

该命令处理输入为 input.tif 的图像文件，将其转换为 dpi 300 和 色深 16，输出保存在 test.tif 文件中。

三、验证结果和结论

原始训练文字素材的区别主要在于文字长度和语义关系上。我们选取了百万字数级别的 IT 资料（中英文混排），选取其中的不同长度，同时选用所用资料中的不重复字符作为原始文字资料生成语言库，对同语义相同新扫描件和不同语义的新扫描件进行文字识别，对结果进行对比分析。

实验数据和验证结果如表 1 所示。

表 1　实验数据和实验结果

语料库素材字数/万字		同语义新扫描件 OCR 正确率	不同语义新扫描件 OCR 正确率
20	单字体	98.2%	83.3%
	多字体	98.1%	83.1%
40	单字体	99.3%	86.1%
	多字体	98.9%	86.3%
60	单字体	96.9%	84.2%
	多字体	97.0%	83.9%
80	单字体	96.6%	86.4%
	多字体	96.3%	86.5%
100	单字体	96.9%	86.4%
	多字体	96.5%	86.1%
不重复字符	单字体	89.7%	79.3%
	多字体	89.9%	80.3%

　　虽然语料库素材字数较多，但其中不重复的中英文字符数仅为 1773 个。本文制作了仅以上述 1773 个字符进行训练得到的语料库，其 OCR 效果并不理想。我们的实验说明，原始素材字数的增加，可以提升同语义的扫描件的 OCR 准确率，但当原始素材字数增加到一定程度后，其 OCR 准确率反而下降，在实际应用中需要注意进行避免。另外，语义对语料库的应用效果有十分重要的影响，其他语义的扫描件对我们的训练数据文件并不敏感，其主要影响因素可能是由其他语义的文件中有不属于语料库中包含的字符所致。

幼小教育衔接的现状与对策分析

尹肖雪　　张　鑫　　李兆凯

摘要： 近年来，随着国家对学前教育的重视不断提高，关于学前教育的问题也随之凸显，其中受到越来越多关注的是幼小衔接问题，幼儿从幼儿园升入小学后，由于生活习惯和学习方式的改变，幼儿的身心面临巨大的挑战。

基于国内外相关理论的研究现状进行了综述，系统地总结了幼儿园幼小衔接存在的现状，并提出了相应的对策。研究发现，我国目前幼小衔接中的幼儿园教育倾向于小学化，忽视幼儿的自然发展规律；家长虽然也重视幼小衔接，但是由于观念陈旧，只重视幼儿知识的衔接，忽视幼儿能力习惯的培养。幼儿园、小学和家庭作为影响幼小衔接最重要的3个因素，如果三方在衔接中不能有效合作，会影响幼小衔接的顺利进行。

针对幼小衔接现存的问题，本文提出如下建议：第一，家长更新教育观念，促进幼儿全面发展；第二，规范幼小衔接的理论依据，促进幼小衔接教育；第三，着力促进家庭、幼儿园和小学三方面因素的合作，增强教育实力。

关键词： 幼小衔接；现状及原因；解决策略

一、研究内容

在20世纪30年代后，我国才开始逐渐接触到幼小衔接问题，但是研究程度不全面，水平较低下，不过在20世纪50年代教育工作者开始关注从幼儿园到小学的过渡时期幼儿的学习，我国关于幼小衔接的研究数量在二十世纪八九十年代后呈上升趋势，其研究大致上分为以下几部分。

（一）幼小衔接的一般性研究

1998年，陈幅眉提出幼小衔接之间过渡的辩证关系，就幼小衔接问题提出以下的辩证关系，即"持续关注发展与教育的阶段性与连续性的辩证统一""注重幼儿身心发展的辩证统一""智力与非智力因素的辩证统一""能力与态度的辩证统一，重点培养幼儿的主动参与能力"。

我国在20世纪后对幼小衔接研究转变了方向，主要研究幼小衔接的具体内容，如孙齐云、胡定蔚指出，幼儿园在学前教育阶段应对幼儿加强观察能力、逻辑思维能力和泛化能力、创造能力和口头表达的培养。韦小冰、罗晶和曾晨指出，在幼小衔接中幼儿园应采取多种形式培养幼儿的适应能力。李秀、陈宝华也提出，家长应注重培养幼儿的自信心和独立生活的能力，以更好地适应小学生活环境的改变。

（二）幼小衔接教育的对策研究

我国关于幼小衔接的研究只是较浅层次的研究。袁凤芝和郭丽亚针对幼小衔接问题提出了解决策略：幼儿园和小学教师应及时更新教学方法，加强沟通；通过建立合理作息制度，让幼儿平稳过渡到小学的新时间、新环境之中，教材方面，加强幼儿园和小学的系统性、连续性，避免出现脱节现象，与此同时，应对幼儿园和小学的联系进行加强，共同组织幼小活动等。张秀汝建议幼儿园幼小衔接工作中要关注幼儿学习习惯的养成，增加户外活动，让幼儿拥有更健康的身体；在教学上，适当减少幼儿的学习负担，激发孩子对学习的渴望。胡德维指出解决幼小衔接问题最有效的途径是游戏；徐明站在教师的角度，指出幼儿教师应该注重儿童自我控制力的培养，提高儿童的注意水平；注重学习方式、组织形式、思维及知识点之间的衔接。

（三）幼小教育衔接的主体因素探究

我国在幼小教育衔接方面的研究随着时代的进步不断发展，在文献研究的基础上，发现大部分的研究视角是将幼小教育衔接视作幼儿园的重点问题来探讨的，如郭晓灵的《幼儿园的幼小衔接工作》、陈帼眉的《关于幼小衔接的几点思考》、刘东的《对幼小衔接教育的思考》、徐明的《如何做好幼小衔接工作》等，这些研究都是基于幼儿园的角度来分析幼小衔接问题。而林放儿则是站在家庭和幼儿园两个角度对幼小衔接问题进行研究，胡瑶提出幼小衔接工作需要家长的配合，陈臻指出在幼小衔接工作中，家长应改变陈旧观念与学校形成教育合力，张亚军强调幼儿园和小学之间要相互靠拢，实现多方协调、双向调适，以达到"无缝对接"的理想效果，这些研究对我国幼小衔接工作提供了理论基础，让家庭、幼儿园和小学的工作变得更加有据可依。

二、教育观念上的误区

随着时代的发展，我国对幼小衔接的问题越来越关注，也越来越重视，但是在教育观念上仍然存在一些误区，主要表现在以下几个方面。

（一）教师认识片面，缺乏可行方案

在我国的儿童教育中，很多幼儿园只看讲知识，不重视儿童其他方面的衔接。儿童在幼小教育衔接时期很多方面处于最佳期，如果错过，则可能难以弥补。

另外，在幼小衔接过程中幼儿教师之间缺乏交流，并且在衔接中教师们缺乏可以实行的方案。幼儿园教师们没有统一的专业指导和培训，仅局限于自身从事的研究领域，教师们也是处于对科学幼小衔接的摸索之中，盲目地为幼儿入学做准备，阻碍幼小衔接的顺利进行。

（二）幼小衔接失常，小学无合作

由于我国对于幼小衔接缺乏较完善的法规和文件，导致幼小衔接失常，家长和小学错误地认为幼儿园应负责幼儿的幼小衔接工作，小学在衔接中不起作用，小学也不参与幼小衔接中，甚至有小学采取回避的态度对待幼小衔接，忽视自己在教育系统里的责任和义务。

在小学里，强调幼儿纪律的养成、知识的掌握及教师布置作业的完成情况。对于初入小学的幼儿很少考虑他们的不适应，因此很少调整教学形式。

（三）家庭、幼儿园与小学间缺乏沟通

沟通是获得信息最重要的途径，也是一种最简捷、快速的获得受教育者信息的方法，如果在幼小衔接中影响最深的 3 个方面之间缺乏沟通，则会导致家庭不能及时了解幼儿在幼儿园的情况，小学无法了解幼儿在幼儿园的发展程度，阻碍幼小衔接的顺利进行。

（四）衔接教育趋向小学化

幼儿园与小学两个教育阶段的教育链接构成了幼小衔接，幼小衔接需要幼儿园和小学共同完成，

不能单靠一方面去实现幼小衔接。然而在现实中，所谓的幼小衔接就是幼儿园超前学习小学的知识内容，开设语文课、数学课和英语课，对在幼儿园的孩子强制执行小学生的要求和行为规范，在幼儿园课堂教学实施中，不是通过教育活动和游戏对幼儿进行教学，而是运用小学的教学模式让孩子们笔直地坐着上课。这一切都服从小学的教学目的而非幼儿园的教育目的。

让幼儿在幼儿园做一天的小学生，小学生做什么就让幼儿做什么，并且也用成绩考核的方式来衡量幼儿对知识的掌握程度，完全向小学靠拢。幼儿园教育只重视知识的衔接、语言知识的衔接，忽视适应社会能力、生活能力和承受挫折能力的培养。这会导致幼儿缺乏良好的行为习惯和社会性，既违背了教学原则，也违背了幼儿的自然发展规律，阻碍幼儿的身心健康。

三、原因分析

幼小衔接现状的原因分析如下。

（一）衔接观念陈旧，方式有失偏颇

幼儿很多的早期教育是在家庭生活中完成的，幼儿期是幼儿发展最为迅速的阶段，幼儿生理和心理的发展都呈直线上升的趋势，但也是最易受环境影响和教育方式影响的阶段。家庭不仅仅是为幼儿提供生存的物质保障，更要为幼儿提供精神保障，促进幼儿人格的全面发展，如果教养方式不当，会影响幼儿的全面发展。

（二）教育评价功利化

对幼小的评价标准只是学了什么知识，荣获几次奖励，排名如何；机构凭为依据考察教师，功利化好孩子、好老师的评价标准与幼小阶段孩子自由发展的天性相悖。

（三）教育目标管理功利化

教育机构之间的竞争就是生源的竞争，围绕生源和声誉这个目标，教育机构的目标和幼小学生的成长规律不符，片面追求升学率。

四、对策

解决幼小教育衔接现状的对策如下。

幼小衔接是幼儿在成长中最重要的一个转折时期，其重要性不言而喻，影响着幼儿的身心发展，为促进幼小衔接的顺利过渡，需要幼儿园、家庭和小学的共同促进、共同作用，发现自身问题，不断改进，保证幼儿顺利渡过衔接时期。

（一）更新衔接教育观念，促进幼儿可持续发展

在幼小衔接中，最重要的是幼儿园、小学和家庭三方面共同转变，认识到幼小衔接对幼儿发展的重要性，幼小衔接是幼儿在成长中经历的第一个过渡环节，也是最重要的时期，衔接的顺利进行为幼儿的终身发展奠定了基础。

（二）三方互动，促进幼小衔接

家庭、幼儿园和小学应相互合作，形成教育合力共同促进幼小衔接，要实现三方的相互配合需要建立有效的沟通机制，在交流共同中达成关于幼小衔接的共识，促进幼小衔接的进行。

（三）丰富幼小教育衔接的方法及内容

潜移默化，寓教于乐，循循善诱，因势利导，符合思想及行为规律，营造自由发挥的、和谐的成长氛围，使得幼小同学相互交往，从实践中掌握经验，逐步自己独立处理与其他儿童的事情，为日后工作创新积累技巧。

（四）理顺幼小教育衔接的体制机制

教育的目的是促进人全面协调的发展，学前教育是教育的基础部分，幼小衔接作为较为关键的阶段，建立健全的幼小衔接体制是教育的关键，为幼小衔接提供法律依据和保障，规范幼小衔接的教育内容、教育方式和教学方法，教师们运用可行的方法去帮助幼儿顺利渡过幼小衔接，而不是单纯地向小学靠拢，只知道一味地模仿小学的制度和内容。制定合理有效的评价方法，代替以成绩来衡量幼儿发展水平，从多方面去衡量幼儿的综合发展水平，如幼儿园阶段可以细化为情感是否得到发展、兴趣是否得到激发和满足、学习能力是否有所提升，各种学习是否为促进儿童长远发展而设置的。另外，为促进幼小教师的发展而评，主要对幼儿园和小学低年级教师进行评估，促进教师教学技能和教育理念的进步。让幼小衔接变得有法可依，规范合理，保证幼小衔接的顺利过渡，提高基础教育的质量，促进我国教育事业的健康平稳发展。

参考文献

[1] 骆秀萍. 幼小衔接中微观系统存在的问题及其对策研究 [D]. 新乡：河南师范大学，2013.

[2] 陈恒眉. 关于幼小衔接的几点思考 [J]. 早期教育，1998（1）：36-37.

[3] 郭丽亚，袁凤芝. 试谈幼儿教育与小学教育衔接中的问题及对策 [J]. 河南大学学报（社会科学版），1994（5）：67-68.

[4] 张秀汝. 对幼儿做好衔接工作的认识 [J]. 青海教育，1995（3）：23.

[5] 胡德维. 不该忽略的游戏 [J]. 上海教育科研，2004（9）：79.

[6] 林放儿. 加强家园合作，搞好幼小衔接 [J]. 教育导刊（幼儿教育版），1997（3）：40-42.

[7] 胡瑶. "幼小衔接"需要家长配合 [J]. 早期教育，2000（9）：10.

[8] 陈臻. 幼小衔接：转变家长观念，形成教育合力 [J]. 山东教育，2000（5）：41-42.

[9] 张亚军. "双向调适，多方协调"——"幼小衔接"研究新视野 [J]. 现代幼教，2008（4）：9-11.

[10] 吴婷婷. 幼小衔接中儿童人际交往能力培养的问题与对策研究 [D]. 长春：东北师范大学，2010.

[11] 杨丽珠，吴文菊. 幼儿社会性发展与教育 [M]. 大连：辽宁师范大学出版社，2005：13.

水下机器人推进技术专利分析

秦洪花　　赵　霞　　尤金秀　　房学祥　　宋福杰　　王云飞

摘要： 基于 Orbit Questel 专利数据库，本文针对水下机器人的推进技术，从专利总体趋势、地域分布、主要申请人、技术构成与发展动向等角度揭示该领域专利活动特征，为我国相关机构的专利布局对策提供事实依据。

关键词： 水下机器人；推进器；专利分析

推进器是水下机器人的推进动力装置，其吸收主机功率产生推力，推动水下机器人向前运动。推进器是水下机器人设计中的关键技术之一，在水下机器人整个体系结构中占有举足轻重的地位。目前，螺旋桨推进、喷水推进、超导磁流体推进（MHD）和仿生推进是水下机器人推进的主要技术，各种推进方式具有不同的特色，但也存在着不足，为此世界各国一直在致力于新的推进方式和推进技术的研究[1-3]。

本文针对水下机器人的推进技术，从专利总体趋势、地域分布、主要申请人、技术构成与发展动向等角度揭示该领域专利活动特征，为我国相关机构的专利布局对策提供事实依据。

1　专利申请总体发展趋势

通过法国 Orbit Questel 公司专利数据库进行检索，共得到水下机器人推进技术相关专利族 450 项①。

图 1 给出了专利数量的年度（基于申请）变化趋势。可以看出，2008 年以前该技术发展缓慢，年申请量不足 10 件；2009—2014 年为缓慢增长阶段，年申请量保持在 20 ~ 30 件；2015 年起专利申请数量开始持续大幅增长，2017 年的申请量达 104 件，至今热度不减②。

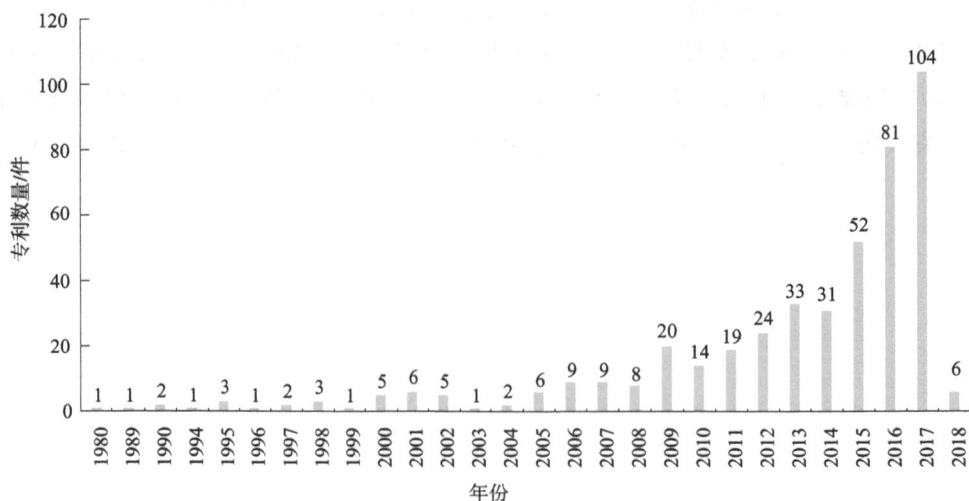

图 1　水下机器人推进技术专利申请量的年度分布

---

① 数据检索日期为公开日 1997 年至 2018 年 8 月 1 日。

② 由于专利从申请到公开再到数据库收录会有一定时间的延迟，图 1 中近两年，特别是 2018 年的数据会大幅小于实际数据，仅供参考。

2 专利技术布局

从专利技术分布来看（图2），水下机器人推进技术领域主要包括以下几个方面：①螺旋桨推进，占44.9%；②仿生推进，占16.7%；③泵喷推进，占8.9%；④推进系统，占8.0%；⑤推进器结构，占4.2%；⑥磁流体推进，占3.3%；⑦磁耦合推进，占2.4%；⑧矢量推进，占2.2%；⑨超空泡推进，占1.6%；⑩其他推进技术，占7.8%。

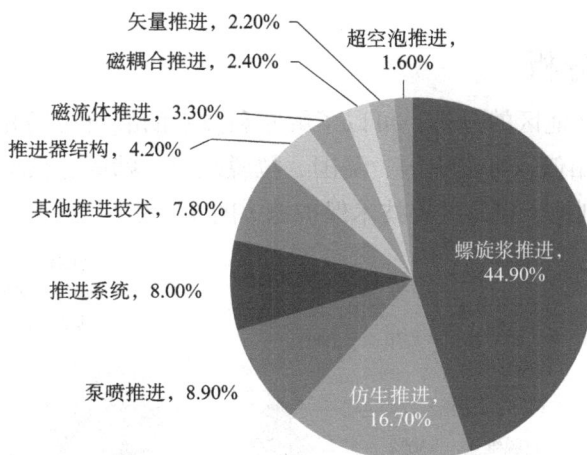

图2 水下机器人推进技术构成

3 重要国家 / 地区分布

3.1 技术原创国分析

通过分析最早优先权国的专利情况，可以了解专利技术的原创来源。图3和表1对水下机器人推进技术专利的最早优先权国进行统计，分析发现，中国处于技术原创国的首位，其专利数量大幅领先于其他国家，占据了72.9%的份额；美国、拉脱维亚、韩国、俄罗斯、日本、德国、英国、乌克兰、法国等也是该项技术的主要技术原创国，但是专利数量与中国有较大的差距。

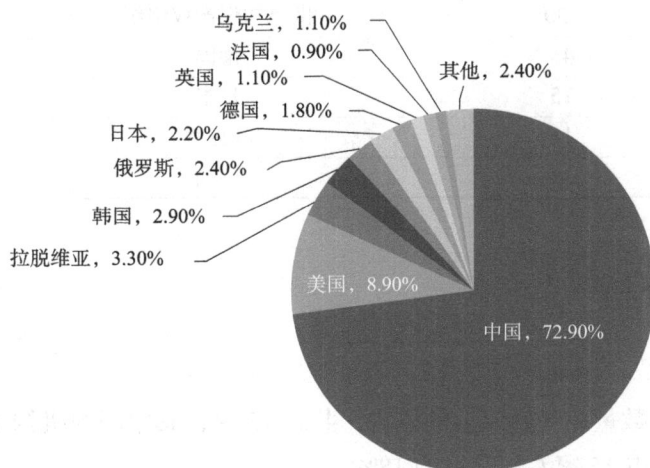

图3 水下机器人推进技术专利最早优先权国家 / 地区分布

表1 水下机器人推进技术专利最早优先权国家 / 地区分布

国家	专利申请数量 / 件	国家	专利申请数量 / 件
中国	328	日本	10

国家	专利申请数量/件	国家	专利申请数量/件
美国	40	德国	8
拉脱维亚	15	英国	5
韩国	13	乌克兰	5
俄罗斯	11	法国	4

3.2 专利技术流向分析

通过对专利受理国家/地区的分析，可以了解专利技术的战略布局和技术流向性。技术原创国和技术目标申请国排名基本相似，可见中国、美国、拉脱维亚、韩国、俄罗斯、日本等不仅是水下机器人推进技术的主要技术原创地，也是主要技术保护地（图4，表2）。

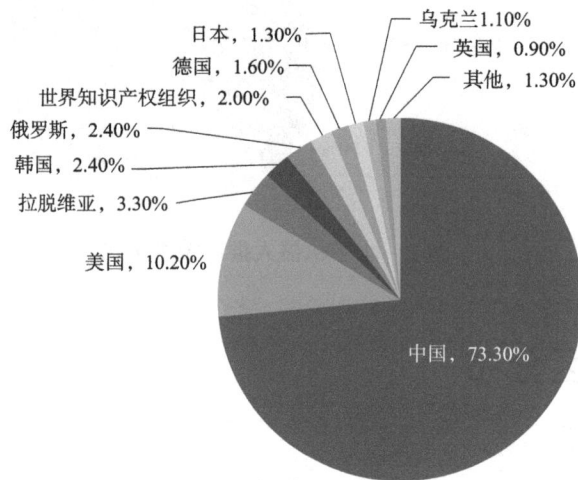

图4 水下机器人技术专利受理国家/地区分析

表2 水下机器人技术专利受理国家/地区分析

国家/地区	专利申请数量/件	国家/地区	专利申请数量/件
中国	330	世界知识产权组织	9
美国	46	德国	7
拉脱维亚	15	日本	6
韩国	11	乌克兰	5
俄罗斯	11	英国	4

4 专利申请人分析

4.1 申请人排名

表3列出了专利公开数量在5件以上的机构，共有15家，其中国内机构12家，占15家专利总量的82%；国外机构3家，占15家专利总量的18%。

表3 全球水下机器人推进技术专利TOP 15机构

序号	机构	专利家族数/项
1	哈尔滨工程大学	39
2	中国科学院沈阳自动化研究所	23

序号	机构	专利家族数/项
3	天津深之蓝海洋设备科技有限公司	20
4	浙江大学	17
5	RIGAS TEHNISKA UNIVERSITATE（拉脱维亚）	15
6	US NAVY（美国海军部）	12
7	乐清市风杰电子科技有限公司	7
8	河北工业大学	6
9	江苏科技大学	6
10	马鞍山福来伊环保科技有限公司	6
11	上海大学	6
12	ADMIRAL MAKAROV NATIONAL UNIVERSITY（乌克兰）	5
13	北京航空航天大学	5
14	广州市番禺灵山造船厂有限公司	5
15	华南理工大学	5

4.2 申请人研发趋势分析

从一个公司的专利申请历史，可以预测其未来研发趋势。从图 5 可以看出，排名靠前的几家机构主要分为以下几类：第一类是研发历史较长、专利产出平稳的机构。主要有哈尔滨工程大学、中国科学院沈阳自动化研究所、浙江大学、Rigas Tehniska Universitate（里加工业大学），该类机构早在 2010 年之前已经开始相关研究。第二类是入行时间短、研发较活跃、年公开量还较少的机构。主要有上海大学、江苏科技大学、河北工业大学、天津深之蓝海洋设备科技有限公司。第三类是近两年刚入行的机构，主要是侧重技术服务的公司：乐清市风杰电子科技有限公司、马鞍山福来伊环保科技有限公司。第四类机构已基本退出该研究领域，它们自 2013 年至今未见公开相关专利，主要有 US NAVY（美国海军部）、ADMIRAL MAKAROV NATIONAL UNIVERSITY（乌克兰）、北京航空航天大学、广州市番禺灵山造船厂有限公司、华南理工大学。

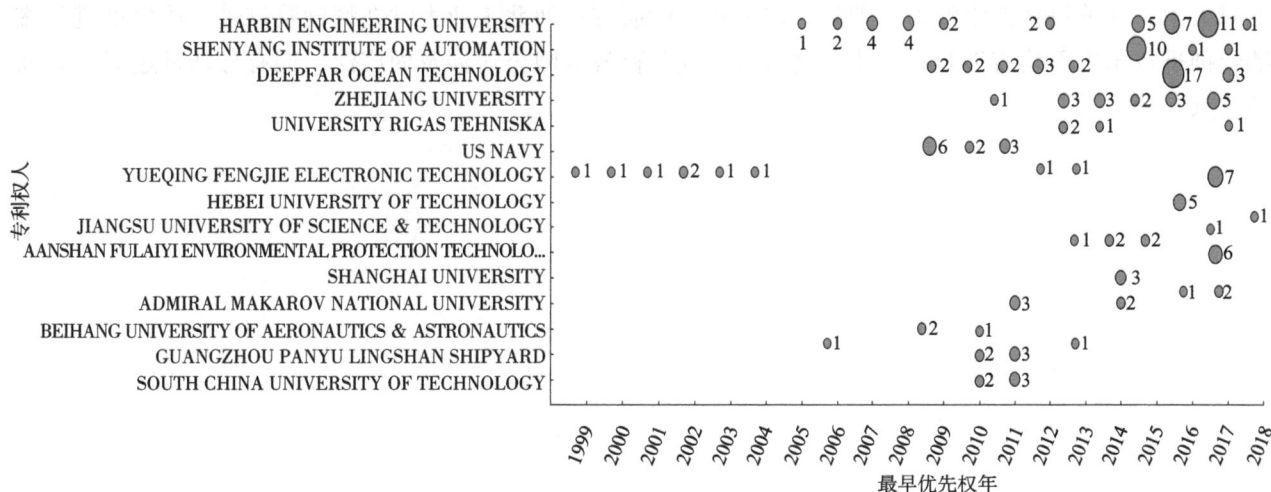

图 5　TOP 15 机构专利年度分布

4.3 被引次数最多的申请人排名

通过专利被引指标，可以从一定程度上反映一个机构在该领域的技术影响力，图 6 为被引次数排名靠前的机构，可以看出，哈尔滨工程大学、中国科学院沈阳自动化研究所、上海大学被引次数最多，在该技术领域的影响力较大。

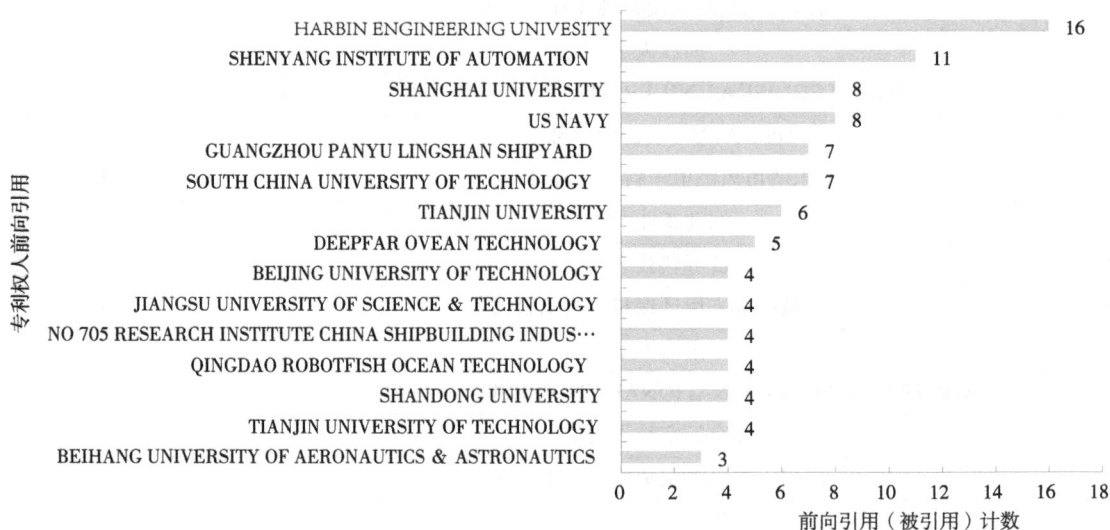

图6　被引 TOP 15 机构排名

4.4　重点申请人分析

　　排名前 11 申请人的专利概况、专利技术领域、研发重点及重点专利见表4。可以看出：①哈尔滨工程大学、中国科学院沈阳自动化研究所、浙江大学专利数量位居前列，研究时间长，专利产出稳定，在该技术领域的影响力较大；②上海大学、江苏科技大学、河北工业大学、天津深之蓝海洋设备科技有限公司近几年研发活跃，涉足该领域时间较短，专利总量还较少；③乐清市风杰电子科技有限公司、马鞍山福来伊环保科技有限公司近两年开始涉足该领域，侧重于专利技术服务；④国外机构 Rigas Tehniska Universitate（拉脱维亚里加工业大学）研发状态稳定，United States Navy（美国海军实验室）2015 年后未再公开新的专利；⑤各机构研发侧重有所不同：哈尔滨工程大学侧重仿生推进和螺旋桨推进的研究；中国科学院沈阳自动化研究所以推进器系统（结构）和推进控制系统为研究重点；浙江大学、上海大学、江苏科技大学致力于螺旋桨推进技术的研究；河北工业大学在螺旋桨推进、仿生推进和磁耦合推进技术方面均有涉及；天津深之蓝海洋设备科技有限公司涉及面广泛，拥有悬挂推进器组方面的重点专利。

表4 重点申请人专利信息

序号	机构名称	公开专利/项	公开年份	法律状态	专利技术领域	研发重点	重点专利	备注
1	哈尔滨工程大学	39	2006—2013年	授权12项，在审13项，失效14项	仿生推进、螺旋桨推进、推进器故障检测、磁耦合推进、矢量推进、泵喷推进、推力优化分配、液压推进、推进器动力学仿真、推进器位姿控制	仿生推进和螺旋桨推进，各占36%、26%	"六自由度水下机器人变向旋转轴推进器（CN101003300）" "一种仿鱼尾推进系统的机械传动装置（CN2811163）"	这两项重点专利技术被20家单位引用达26次
2	中国科学院沈阳自动化研究所	23	2010—2018年	获授权12项，在审6项，失效5项	推进器系统（结构）、螺旋桨推进、推进控制系统、磁耦合推进、矢量推进	推进器系统（结构）、螺旋桨推进、推进控制系统	"一种水下机器人推进装置的布置结构（CN104648643）"和"水下机器人用推进装置（CN205327384U）"	这两项重点专利技术被哈尔滨工程大学等4家单位引用达9次
3	天津深之蓝海洋设备科技有限公司	19	2016—2018年	发明12项，授权4项，撤回3项，实用新型4项	螺旋桨推进、磁耦合推进、推进器电机、悬挂推进器组、推进器齿轮、推进器尾盖、推进器通信隔离	螺旋桨推进、磁耦合推进	"一种用于水下机器人的动力系统及水下航行机器人（CN105836080）"	专业从事全系列水下机器人及相关水下核心部件研发、制造，提供自主水下机器人（AUV）、水下滑翔机（Underwater Glider）及缆控水下机器人（ROV）等小型水下机器人运动载体的相关技术解决方案和产品
4	浙江大学	16	2014—2018年		螺旋桨推进、磁耦合推进、泵喷推进、机翼推进、矢量推进、容错系统	螺旋桨推进	"一种波浪力驱动的海面滑翔机（CN104149959B）"	重点专利被上海航士上海洋装备有限公司、武汉理工大学、哈尔滨工程大学引用，致力于波浪能驱动的滑翔机、水下机器人技术的研发
5	河北工业大学	5	2016—2018年	获授权3项，在审1项，无效1项	螺旋桨推进、仿生推进、磁耦合推进	螺旋桨推进、仿生推进	"一种微小型模块化AUV（CN105711777B）"	水下机器人的研究主要由武建国研究团队主持，重点专利被河海大学、西安兰海动力科技有限公司两家单位引用进行水下机器人航行器的整体性能研究开发

续表

序号	机构名称	公开专利项	公开年份	法律状态	专利技术领域	研发重点	重点专利	备注
6	上海大学	6	2014—2018年		螺旋桨推进、泵喷推进、推进器监测系统	螺旋桨推进	"一种浅水采测水下球形机器人（CN104029805）"	重点专利被5家单位引用11次进行水下机器人动力驱动、控制系统、推进装置等方面的研究开发
7	江苏科技大学	6	2014—2018年		螺旋桨推进、推进系统、推进器监测系统	螺旋桨推进	"全向浮游爬壁水下机器人（CN103600821B）""倾转桨潜水器（CN104369849）"	"船舶、海洋、蚕桑"为江苏科技大学三大学科领域特色
8	乐清市风杰电子科技有限公司	7	2017—2018年	授权7项	螺旋桨推进	螺旋桨推进	"一种能以任意角度驱动的水下机器人（CN107380382B）"	近两年开始涉足该领域，侧重于专利技术服务
9	马鞍山福来伊环保科技有限公司	6	2014—2017年	授权3项、在审3项	仿生推进、磁流体推进技术	仿生推进	"一种仿生微型水下机器人（CN207015566U）"	近两年开始涉足该领域，侧重于专利技术服务
10	Rigas Tehniska Universitate（拉脱维亚里加工业大学）	15	2009—2018年		仿生推进、螺旋桨推进、其他推进技术	仿生推进	"Fin vibrating actuator of water vehicle（LV14907）"	里加工业大学是拉脱维亚一所以理工科类为主的综合性公立大学，位于首都里加，主要致力于仿生推进技术研究，研发状态稳定。专利公开时间集中于2009—2014年，2015—2017年没有专利产出，2018年公开1项
11	United States Navy（美国海军部）	13	1997—2014年		螺旋桨推进、泵喷推进、超空泡推进、仿生推进	超空泡推进、泵喷推进	"High-speed supercavitating underwater vehicle（US6739266）""Undersea vehicle propulsion and attitude control system（US5758592）"	美国海军部在水下智能研究领域具有国际领先的研发水平，超空泡推进和泵喷推进技术被引次数较高，螺旋桨推进占比近半。2015年后未再公开新的专利

5 结语

随着海洋探测、海洋开发的发展，水下机器人的应用领域在不断拓宽，对水下机器人推进技术的要求也越来越高，螺旋桨推进技术在不断完善，喷水推进技术在近几十年中得到迅速发展，磁流体推进和仿生推进技术还不是很成熟，目前尚未制造出可以大量应用的高效产品。为此世界各国一直在不断探索新的推进方式，从专利分析结果来看，从 2015 年起专利申请数量开始持续大幅增长，国内外对水下机器人推进技术的研究热度在不断上升。我国起步虽晚，但自 2013 年以来发展迅速，专利公开量已居世界首位，但核心技术掌握不够，高被引专利仍被美国、日本、英国掌握。本文通过对水下机器人推进技术专利的分析，以期帮助企业及研究机构了解国内外专利发展态势，增强知识产权意识，把握发展先机，及时跟踪研究国外核心专利技术及其专利战略，为我国水下机器人的发展起到一定促进作用。

参考文献

[1] 张翠英. 超小型水下机器人推进器设计与分析 [D]. 兰州：兰州理工大学，2009.

[2] 李晔，常文田，孙玉山，等. 自治水下机器人的研发现状与展望 [J]. 机器人技术与应用，2007（1）：25-31.

[3] 张文瑶，裘达夫，胡晓棠. 水下机器人的发展、军事应用及启示 [J]. 中国修船，2006，19（6）：37-39.

我国健康医疗大数据研究进展分析①

牟　燕　　何有琴　　吴　敏

摘要：了解目前我国健康医疗领域大数据研究现状及演进态势，为促进健康医疗大数据的研究、应用和发展提供一定的借鉴或启示。**方法 / 过程**：以万方医学网为数据来源，以健康医疗领域大数据相关文献为研究对象，从发文趋势、研究力量分布及研究主题变化 3 个角度来分析我国健康医疗大数据研究进展。**结果 / 结论**：我国健康医疗大数据发展起步较晚，研究处于快速发展时期，研究主题逐年拓展并细化。

关键词：健康医疗大数据；可视化图谱；研究进展；计量分析

健康医疗大数据是国家重要的基础性战略资源，它的发展与应用将带来健康医疗模式的深刻变化，有利于提升健康医疗服务效率和质量，不断满足人民群众多层次、多样化的健康需求，为打造健康中国提供有力支撑[1]。我国健康医疗大数据相关研究和应用刚刚起步，为健康医疗行业发展提供了许多变革与创新的机会，因此对该领域研究现状进行分析与探讨具有重要意义。为进一步了解目前我国健康医疗领域大数据研究现状及演进态势，本文以健康医疗领域大数据相关文献为研究对象，运用计量分析及知识图谱的方法，以期发现我国健康医疗领域大数据的研究特征与前沿，为促进健康医疗大数据的研究、应用和发展提供一定的借鉴或启示。

1　数据来源与方法

本文将健康医疗领域的大数据相关研究论文作为研究对象，考虑到万方医学网拥有中华医学会、中国医师协会等多个权威机构的医学期刊全文的独家数据库与网络发行权[2]，在收录生物医学期刊方面具有权威性和代表性，因此选择万方医学网作为数据来源。检索表达式为：题名＝"大数据"OR关键词＝"大数据"，限定资源类型为中文期刊，出版时间截至 2017 年，检索时间为 2018 年 5 月 7 日，共得到 1018 条学术论文数据作为分析对象。运用文献题录信息统计分析工具 SATI 3.2[3] 及 EXCEL 2010 进行统计分析，运用 NetDraw 可视化工具绘制相关的可视化图谱，以清晰展现并挖掘出健康医疗领域大数据研究的演进特征。

2　结果

2.1　发文趋势分析

根据 1018 篇文献在各年度的数量分布绘制其年度文献产出量及累计文献量的分布图，如图 1 所示。基于万方医学网的研究数据显示，我国健康医疗大数据的相关研究始于 2013 年，并呈现出逐年迅速增长的研究态势，2013 年发文量仅为 43 篇，2017 年发文量猛增至 366 篇，增长率为 751.16%。结合文献

---

①　基金项目：山东省医药卫生科技发展计划项目（2016WS0535）；山东省医学科学院医药卫生科技创新工程和山东省卫生服务与管理创新软科学研究基地产出成果。

累计分布来看，大数据相关研究已成为我国健康医疗领域的热点主题，对文献累计发文量的增长趋势进行趋势线模拟，发现其拟合指数分布：$y=27.18e^{0.7757x}$，拟合值 $R^2=0.9446$，根据拟合值可判断出该趋势线拟合效果较好，表明我国健康医疗大数据的相关研究正处于起步并快速上升时期，未来一段时间内研究热度还将持续。随着 2012 年奥巴马政府《大数据研究和发展计划》的启动及联合国《大数据促进发展：挑战与机遇》白皮书的发布，大数据迅速成为国内外各行各业的热门议题，尤其是云计算、大数据技术在健康医疗领域的应用引发了一场跨界的革命，国内外相关研究都至此进入高速发展时期。2014 年 3 月"大数据"首次写入我国《政府工作报告》，促进了大数据技术与各领域的结合；2015 年《促进大数据发展行动纲要》中提出开展医疗健康大数据创新应用研究，健康医疗大数据受到从业者关注，相关研究激增。

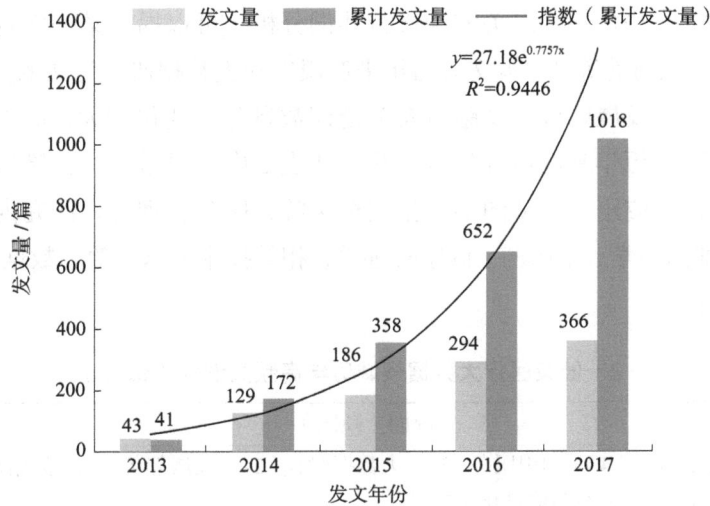

图 1　我国健康医疗大数据领域的发文趋势

2.2　主要研究力量分布

统计分析主要发文机构及作者可以探明我国健康医疗大数据领域的主要研究力量。统计健康医疗大数据领域的高产作者（发文量≥4）与高产研究机构（发文量≥8），见表 1。从高产作者、高产机构的数量及发文量来看，13 位高产作者共发文 63 篇，占 6.19%，11 家高产机构共发文 154 篇，占 15.13%，高产作者及高产机构的数量偏少，核心作者和机构尚未形成，这与我国健康医疗大数据研究正处于起步阶段有关。

表 1　我国健康医疗大数据领域的高产作者与高产研究机构

作者	发文量 / 篇	研究机构	发文量 / 篇
陈敏	8	北京协和医院	27
马家奇	6	中国中医科学院	22
邱航	6	北京大学	16
谢雁鸣	5	华中科技大学	16
尚文玲	5	中南大学	13
刘宁	5	中国科学院	13
王永炎	4	中国疾病预防控制中心	12
胡永华	4	中山大学	10
崔蒙	4	解放军医学图书馆	9

作者	发文量 / 篇	研究机构	发文量 / 篇
胡珊	4	军事医学科学院	8
李莎莎	4	中国人民解放军第二军医大学	8
钱庆	4		
梅甜	4		

2.3　研究主题的变化

关键词是对文献内容的高度概括和凝练，能够反映文章的核心内容和研究主题。共词分析方法是计量学中常用的内容分析方法之一，对关键词进行共词分析，可以揭示某一学科领域的知识结构演变情况、研究热点及科学研究前沿等[4]。本文对历年来健康医疗大数据研究论文的关键词进行统计分析，考虑到研究处于起始并迅速发展阶段，文献量及关键词数量分布变化较大，故选取出现频次 ≥ 2 的关键词进行统计分析，以展示历年来的研究热点变化。从表 2 中可以看出，关键词数量增长迅速，涉及内容越来越广泛及深入，如应用主体从图书馆拓展至医院、医院管理等，研究内容从发展趋势拓展至公共卫生、精准医学、基因组学、中医药、健康管理等，相关技术从云计算、数据挖掘拓展至数据分析、"互联网＋"、物联网等。

表 2　健康医疗大数据领域历年高频关键词（部分）

年份	关键词（频次）	总计
2013	大数据（17）、云计算（4）、知识服务（3）、大数据时代（2）、发展趋势（2）、数据挖掘（2）、中医药图书馆（2）、中医药信息化（2）	8
2014	大数据（73）、大数据时代（7）、数据挖掘（7）、云计算（5）、医学图书馆（4）、数据分析（3）、图书馆（3）、信息素养（3）、存储（2）、公共卫生（2）、临床用药（2）、区域卫生信息化（2）……	27
2015	大数据（114）、数据挖掘（8）、医疗大数据（8）、医院（7）、大数据时代（6）、信息化（5）、中医药（5）、共享（3）、云计算（3）、精准医学（3）、决策支持（3）、生物医学（3）、数据分析（3）……	58
2016	大数据（172）、医疗大数据（22）、精准医学（16）、数据挖掘（14）、大数据时代（12）、挑战（9）、"互联网＋"（8）、健康管理（8）、精准医疗（8）、信息化（7）、云计算（7）、应用（6）、公共卫生（5）、基因组学（5）、医院管理（5）……	99
2017	大数据（196）、医疗大数据（22）、大数据时代（19）、数据挖掘（11）、医院（11）、健康医疗（8）、健康医疗大数据（8）、精准医学（7）、云计算（7）、大数据平台（6）、健康管理（6）、精准医疗（6）、物联网（6）、信息化（6）……	131

对以上历年高频关键词进行共现分析，并绘制可视化图谱，以直观、形象地展示健康医疗大数据领域的研究热点及研究主题的变化。图中每个节点代表 1 个关键词，节点大小代表关键词出现的次数多少，节点连线的粗细代表关键词之间的关联度，为了更加清晰地展示研究主题的变化，选取共现次数在两次以上关键词组进行分析。

2013 年，我国健康医疗大数据领域的相关研究主要集中在大数据时代知识服务的发展趋势，大数据与数据挖掘、云计算，大数据与中医药信息化等方面，内容偏重介绍、展望。大数据技术对医疗卫生领域带来了重大影响，我国医疗卫生数据资源建设正在逐步走向成熟，在大数据医药研发、疾病管理、公共卫生和健康管理等方面有良好的应用前景[5]。大数据理念与相应技术的出现，将为中医药"知识密集型"数据的应用带来重大的机遇[6]。云计算和数据挖掘是大数据应用中最基本的技术和工作，这一议题伴随着健康医疗大数据的发展而持续受到关注，一直是近几年来的研究热点（图2）。

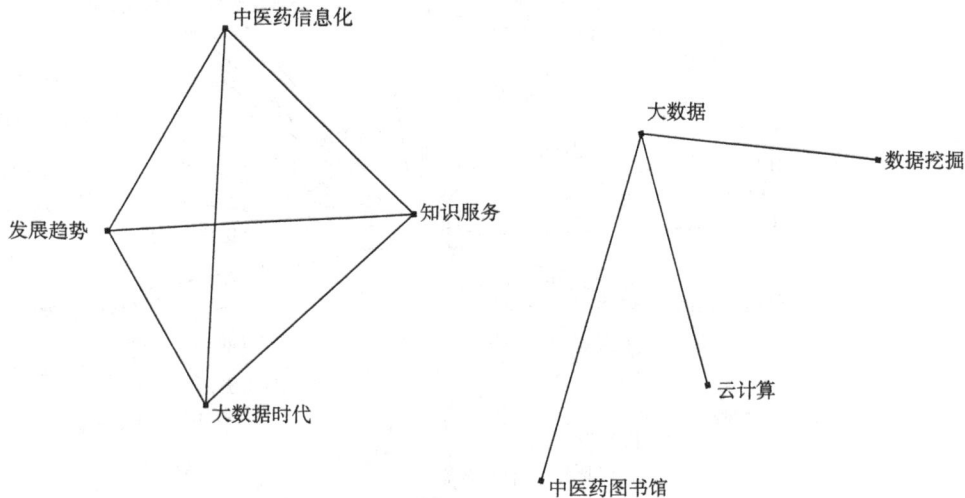

图2　2013年健康医疗大数据领域关键词图谱

2014年，我国健康医疗大数据研究主题进一步拓展，包括大数据为图书馆信息服务带来的挑战，大数据在相关疾病中的应用研究等（图3）。大数据正深刻影响着生物医学的科研及应用，作为提供医学情报知识服务的专业机构，医学专业图书馆在数据、硬件设施、软件技术、人才和服务范式等方面面临挑战，大数据技术将有力推动医学图书情报服务向更深层次和更广范围拓展[7]，随着大数据技术的发展，医学图书馆的信息服务工作也将随之变革，这一研究主题未来还有广阔的发展空间。亦有研究人员基于大数据病历对冠心病[8]、高血压[9]等患者展开中医证候及其中西药使用分析，以为相关疾病的临床防治提供参考和借鉴，大数据在疾病管理中的应用正在成为研究人员关注点。

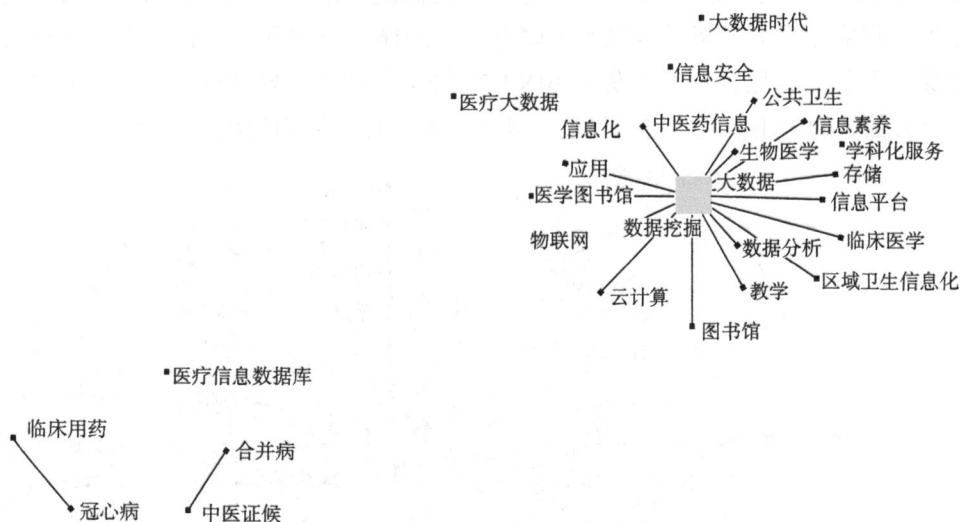

图3　2014年健康医疗大数据领域关键词图谱

2015年，我国健康医疗大数据相较2013年、2014年，研究主题扩张明显。精准医学、医院临床研究、医院信息化建设成为新的研究主题（图4）。精准医学是在大数据驱动下的一门多学科交叉学科，组学研究、大规模队列试验和数据处理是精准医学的核心，借助研究组学信息与临床表型之间的关系，根据患者个体特异性通过药物基因组学等制定和实施个体化的精准医疗，以期提升临床结果并减少非必要的不良反应[10]。医疗大数据作为一种医疗资源，可为临床诊断、药物临床药效研究提供解决问题的手段。随大数据技术在医院信息化中的应用为医院的质量管理、财务管理等带来了新的思路和方向。

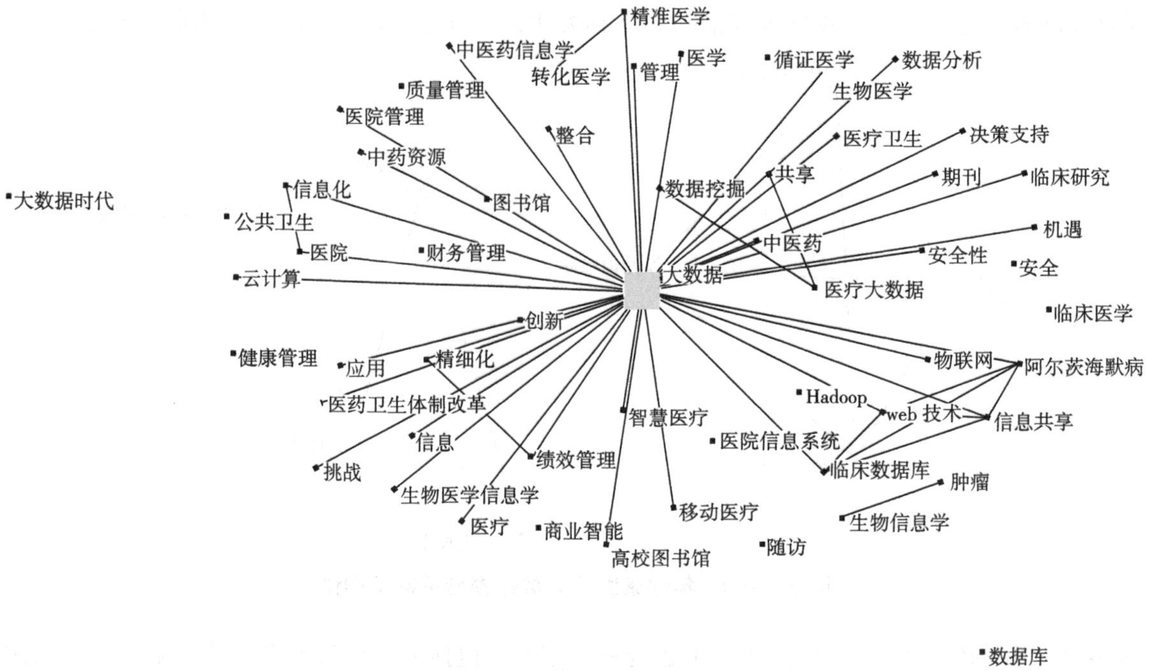

图4　2015年健康医疗大数据领域关键词图谱

2016年，大数据驱动下的精准医学相关研究热度持续升高，研究进一步深化，集中在精准医疗服务体系的构建、精准医疗时代肿瘤的防治等方面（图5）。大数据技术在医院管理中的应用依旧是研究者关注的热点。随着2015年两会"互联网+"被写入政府工作报告，"互联网+"已成为医疗卫生信息化发展的必然趋势，"互联网+"与大数据的挖掘和应用将带来卫生与健康事业的组织运作模式和工作范式的改变[11]，国家高度重视"互联网+"与大数据在健康医疗领域的应用，出台了《关于促进和规范健康医疗大数据应用发展的指导意见》（国办发〔2016〕47号）、《国务院办公厅关于促进"互联网+医疗健康"发展的意见》（国办发〔2018〕26号）等相关指导意见。随着国家层面相关政策的推动，健康医疗大数据的应用在我国迅速发展，并在未来一段时间内保持研究热度。

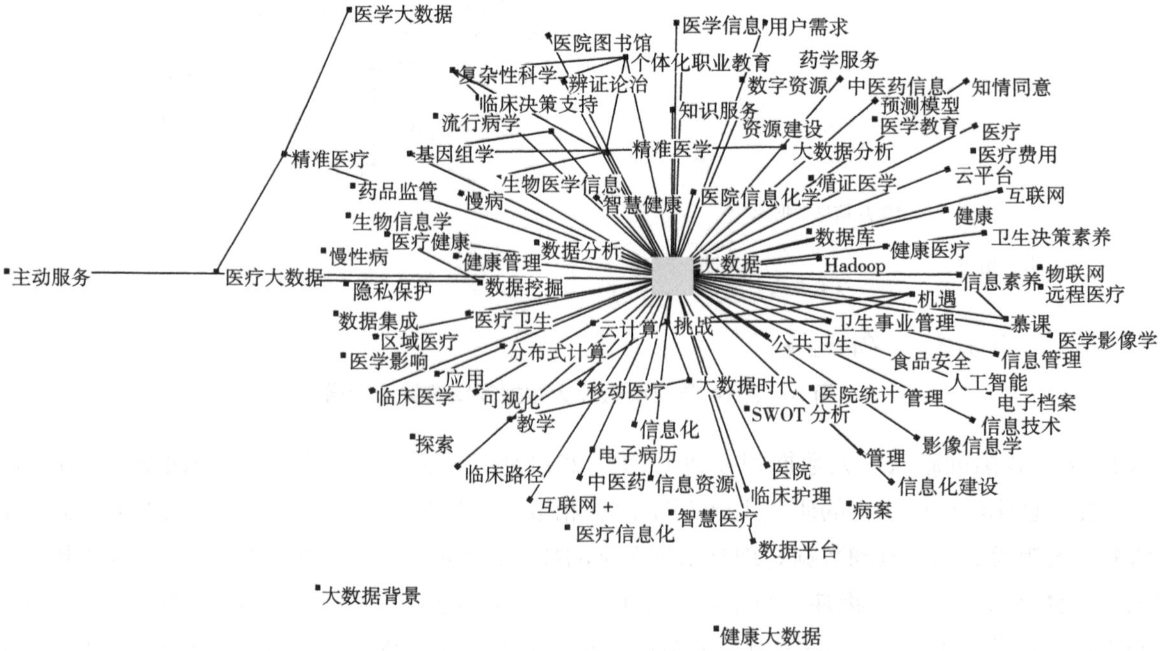

图5　2016年健康医疗大数据领域关键词图谱

　　与2016年相比，2017年健康医疗大数据的相关研究更加具体化、详细化，并出现了新的热门研究主题。在医院管理方面，大数据时代公立医院需要建立经济管理大数据平台，以充分利用各类数据，有效考核评价医院各项经济管理活动，提升医院精细化管理水平[12]。大数据技术在临床药学、药品质量监管中的应用也成为新的研究热点。健康管理可以预防疾病的发生或延缓疾病的进展，是未来医学模式的发展方向，各类医疗信息平台、可穿戴个人健康设备、电子健康档案等会生成健康医疗大数据，健康医疗大数据的发展和应用不仅可以完善我国医疗卫生服务体系，提升医疗服务质量和管理水平，而且可促进健康产业的发展，对国家经济发展具有现实的带动意义和长远的战略意义[13]，受到研究者的高度关注。健康医疗大数据尤其是生命组学相关大数据大量涉及个人隐私，如何在保护患者隐私的前提下对大数据进行分析与挖掘，成为研究者关注的热点（图6）。

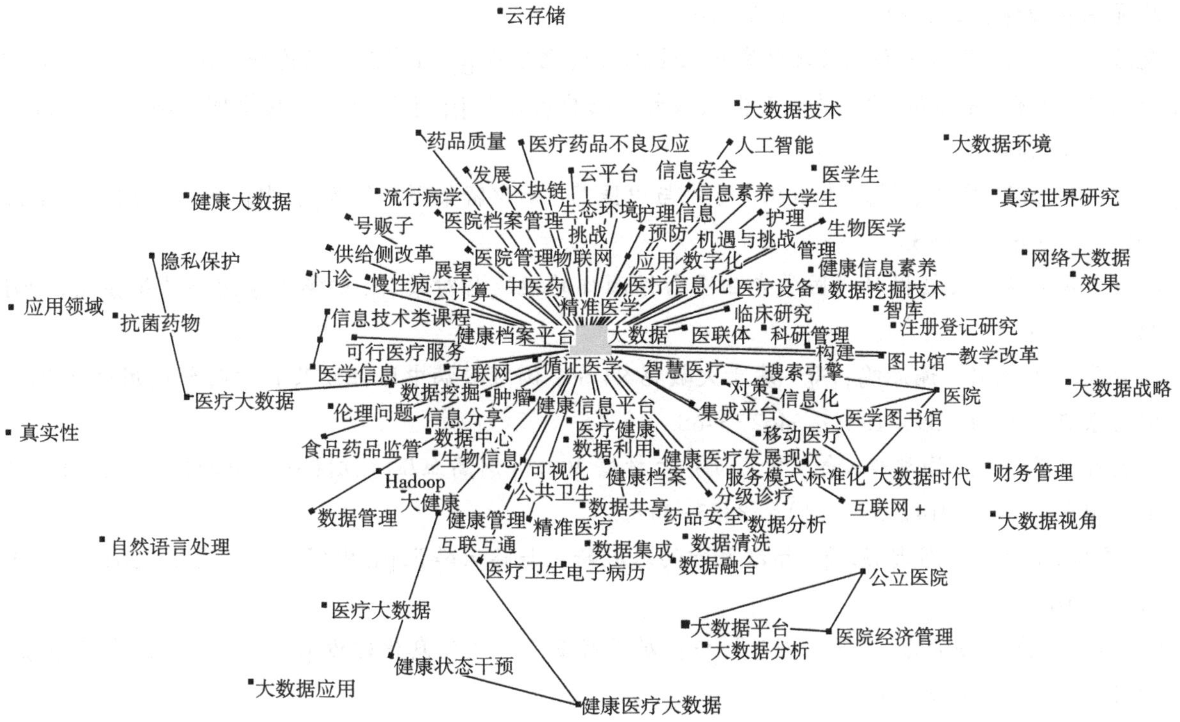

图6　2017年健康医疗大数据领域关键词图谱

3　结论

　　数据驱动发展已成为时代主题，大数据技术的发展与应用为健康医疗行业带来了颠覆性的变革。与国外部分发达国家相比，我国健康医疗大数据发展起步较晚，相关研究也正逐步深入，呈现出以下特点。

3.1　研究处于快速发展时期

　　从论文发文趋势及研究力量分布来看，我国健康医疗大数据相关研究正处于快速发展时期，文献增长呈指数分布，未来健康医疗大数据的关注度和研究力度将持续增加，该领域的核心作者和机构尚未形成，相关人员应持续深入研究，以推动健康医疗大数据领域的发展。

3.2　研究主题逐年拓展并细化

　　随着健康医疗大数据研究的深入，历年的研究主题也逐步扩展并细化。云计算、数据挖掘技术等大数据相关技术是大数据研究与应用的基础，一直受到研究人员的重视。大数据时代如何为生物医学的研究提供相应的知识服务，是图书馆员持续关注并研究的主题。大数据技术的应用为中医药发展、疾病管理、精准医学、医院管理、"互联网+"医疗模式、健康管理、药品管理等领域带来了新的发展机遇，这些都将是未来健康医疗大数据研究的热点。

参考文献

[1] 孟群，毕丹，张一鸣，等.健康医疗大数据的发展现状与应用模式研究 [J].中国卫生信息管理杂志，2016，13（6）：547-552.

[2] 万方医学网简介 [EB/OL]. [2018-05-08]. http：//med.wanfangdata.com.cn/Home/AboutUs.

[3] 刘启元，叶鹰.文献题录信息挖掘技术方法及其软件 SATI 的实现：以中外图书情报学为例 [J].信息资源管理学报，2012，（1）：50-58.

[4] 赵蓉英，余波.国外大数据管理研究热点主题可视化分析 [J].数字图书馆论坛，2017（12）：68-72.

[5] 周光华，辛英，张雅洁，等.医疗卫生领域大数据应用探讨 [J].中国卫生信息管理杂志，2013，10（4）：296-300，304.

[6] 崔蒙，李海燕，雷蕾，等."大数据"时代与中医药"知识密集型"数据 [J].中国中医药图书情报杂志，2013，37（6）：1-3.

[7] 陈锐，冯占英.大数据时代医学专业图书馆面临的挑战与对策 [J].中华医学图书情报杂志，2014，23，（1）：2-6.

[8] 李贵华，姜红岩，谢雁鸣，等.基于大数据84 697例冠心病中医证候及其中西药使用分析 [J].中国中药杂志，2014，39（18）：3462-3468.

[9] 马金辉，王志飞，谢雁鸣，等.真实世界大数据30 034例高血压病住院患者中西医诊疗规律初探 [J].中国中药杂志，2014，39（18）：3435-3441.

[10] 陈长仁，何发忠，周宏灏，等.精准医学的基础研究与临床转化 [J].中国药理学通报，2015，31（12）：1629-1632.

[11] 牟燕，刘岩，孙帝力."互联网+"与基层医疗卫生机构信息化建设 [J].中华医学图书情报杂志，2017，26（4）：8-11.

[12] 王成，施薇薇，孙磊，等.我国公立医院经济管理大数据平台建设的现状 [J].卫生经济研究，2017，（8）：9-11.

[13] 李迎新，刘鑫，黄河.建立国家卫生与健康管理大数据平台的总体设想 [J].国际生物医学工程杂志，2017，40（4）：221-225.

2016 年度部分省份科技投入情况对比

闫 峰　　杜廷霞　　牛其强

摘要：科技投入是反映一个地区科技活动开展情况的重要指标，持续稳定的科技投入是研发活动开展的基础。本文选取了 R&D 经费支出、R&D 经费支出占 GDP 比重、地方财政科技支出总量、地方财政科技支出占地方财政支出比重等反映科技投入总量和强度的 4 个指标，以 2016 年的数据为例，与江苏、广东等部分省份进行了对比，发现山东省存在的不足，提出了提高山东省科技投入水平的意见和建议。

关键字：科技投入；R&D；地方财政科技支出

一、2016 年度山东省科技投入主要指标总体情况

2016 年，全省 R&D 经费支出共计 1566.09 亿元，较上年增加 123.1 亿元，同比增长 9.73%，增速较上年提高 0.29 个百分点。自 2011 年以来，山东省 R&D 经费支出始终保持较快增长，R&D 经费投入强度持续提高，但经费增长幅度下降趋势明显，从 2011 年的 25.7% 下降到 2016 年的 9.73%，2017 年增速有所恢复。2016 年度山东省地方财政科技支出 167 亿元，较上年增加了 7.95 亿元，同比增长 5.03%，地方财政科技支出占地方财政支出比重为 1.91%，较上年降低 0.02 个百分点。

二、2016 年度山东省科技投入情况与部分省份比较

R&D 经费投入总量。2016 年，山东省 R&D 经费支出 1566.1 亿元，同比增长 9.73%。从山东省 R&D 经费支持的活动类型来看，基础研究支出 36.44 亿元，占支出总额的 2.33%，应用研究支出 89.78 亿元，占支出总额的 5.73%，试验发展支出 1439.87 亿元，占支出总额的 91.94%；从 R&D 经费的来源来看，政府资金 107.59 亿元，占支出总额的 6.87%，企业资金 1425.25 亿元，占支出总额的 91.01%，国外资金 4.82 亿元，占支出总额的 0.31%，其他资金 28.43 亿元，占支出总额的 1.82%。从与相关省份的比较来看，2016 年，广东省和江苏省 R&D 经费支出总量超过山东省，江苏为 2026.9 亿元，广东为 2035.1 亿元；陕西 R&D 经费支出最少，为 419.6 亿元。

R&D 经费投入强度。2016 年，山东省 R&D 经费支出占 GDP 的比重为 2.34%，较上年增长 0.07 个百分点。从与相关省份的比较来看，2016 年，北京、上海、天津、江苏、广东、浙江 R&D 投入强度领先于山东省，分别为 5.96%、3.82%、3.00%、2.66%、2.56%、2.43%；湖北最少，为 1.86%。

地方财政科技支出总量。2016 年，山东地方财政科技投入达 167 亿元，较上年增长 5.03%。从与相关省份的数据比较来看，广东、江苏、上海、北京、浙江、安徽 6 省的地方财政科技支出超过了山东省，分别为 742.97 亿元、 388.29 亿元、341.71 亿元、285.78 亿元、259.50 亿元、190.11 亿元；支出最少的为陕西省，仅为 62 亿元。

地方财政科技支出占地方财政支出比重。2016 年，山东省地方财政科技投入占地方财政支出的比重为 1.90%，较上年降低 0.03 个百分点。从与相关省份的数据比较来看，北京、广东、上海、江苏、浙江、天津、安徽、湖北 8 个省市地方财政科技支出占比超过了山东省（表 1）。

表1 2016年部分省份科技投入相关指标

省份	R&D经费支出/亿元	R&D经费投入强度	地方财政科技投入/亿元	地方财政科技投入占比
北京	1484.6	5.96%	285.78	4.46%
天津	537.3	3.00%	125.17	3.38%
上海	1049.3	3.82%	341.71	4.94%
江苏	2026.9	2.66%	388.29	3.88%
浙江	1130.6	2.43%	269.04	3.86%
安徽	475.1	1.97%	259.50	4.70%
山东	1566.1	2.34%	167.00	1.91%
湖北	600	1.86%	190.11	2.96%
广东	2035.1	2.56%	742.97	5.53%
陕西	419.6	2.19%	62.01	1.41%

三、存在的问题

通过数据对比，山东省在科技投入方面主要存在以下两个问题。

一是科技投入相对不足。目前，山东省正处在新旧动能转换的关键时期，加大科技投入是创新驱动经济转型升级的重要保障。山东省政府近年来虽然加大了科技的投入力度，使得科技投入总量逐年增加，2016年山东省R&D经费投入排在第3位，财政科技投入总量排在全国第7位，但是R&D投入强度和财政科技投入占财政支出的比重在全国分别排名第7位和第9位，与排在前面的省份差距较大，且领先的指标优势正在缩小。

二是投入结构有待优化。从2016年山东省科技投入的结构分析中发现，山东省R&D投入中，大部分投入用于试验发展活动，试验发展支出占到了总额的91.94%。基础研究和应用研究有待加强。

四、对策建议

通过对相关指标领先省份政策情况的研究，特提出以下建议。

一是持续稳定地增加政府财政科技投入。政府资金流向往往是企业发展的重要参考，加大对于科技事业的支持力度会给企业以积极的信号，使企业能够充满信心，加大对于本企业内部科学研究与试验发展活动的支持力度。根据中国社会科学院的最新研究，中国整体上已进入工业化中期后半阶段，理论上具备足够的财政实力支持科技研发。政府的科技资金应当主要落户于企业无法承担或者承担起来风险较大，投资收益相对较小的公益性基础研究，降低企业在R&D中承担的风险，以此释放积极的信号，提高企业和社会各方参与R&D研发活动的积极性。另外，要使用好中小企业技术创新基金这个工具，根据使用范围和申请条件，积极帮助相关企业做好申请工作，为中小企业的研发活动提供保证。在现阶段，应继续加大政府科技投入力度，支持自主创新，建立投入监管机制，保证财政科技投入的增长速度高于GDP、财政支出的增长速度。建立健全稳定性和竞争性支持相协调的政府科技经费投入机制，优化科技专项资金结构和方式，加强对基础性、公益性、前沿性项目及重大科技成果转化的支持。进一步创新财政科技投入方式，利用市场化机制筛选项目、评价技术、转化成果，健全技术创新市场导向机制，形成对企业的技术创新和产业化项目以科技金融、财政科技经费与创业投资协同支持的投入机制。探索符合科技创新规律的预算和财务管理办法，进一步完善科技经费使用法人负责制，实施分类绩效管理和监管，加大项目绩效评估和资金监管力度，探索引入第三方评估，完善机构信用评价和管理体系，逐步实现财政科技投入绩效评价结果与后续投入挂钩。

二是优化投入结构，根据供给侧结构性改革的补短板要求，着力加强高技术的前瞻部署及重大科技基础设施建设，推进高水平大学和科研院所建设，鼓励企业开展前沿性技术创新，重视颠覆性技术创新，加快形成高层次创新人才集聚机制，提升重大原创性研究和关键技术研发的能力，强化自主创新成果的源头供给。加大对基础研究和应用研究的投入力度，通过政策引导，优化 R&D 资源在基础研究、应用研究和试验发展中的分配比例，使 R&D 资源真正成为促进经济转型的重要手段。建立和完善政府科技投入绩效考评体系。根据地区经济发展水平和创新基础资源情况，分地区建立政府科技投入任期目标责任制。完善科技投入绩效考核评估指标体系，充分发挥第三方中介机构的作用，加强对政府科技投入的跟踪管理和绩效考核，提高科技投入的产出效率。

三是拓宽科技投入渠道，创新资金管理模式。健全竞争性投入管理规范，增加稳定性、普惠性、市场性等多样化的财政投入方式。加强财政资金和金融手段的协调配合，综合运用创投联动、贷款风险补偿、融资补贴等多种方式，充分发挥财政资金的杠杆作用，引导金融资金和民间资本进入创新领域，完善多元化、多渠道、多层次的科技投入体系。贯彻落实好现有财政激励政策。继续实施企业研发投入财政补助、科技创新券补助、科技企业孵化器后补助等政策，落实高新技术企业和创业投资企业税收优惠、研发费用加计扣除等创新激励税收优惠政策。创新科研经费使用和管理方式。完善符合科研规律的科技计划和科研经费管理办法，简化省级财政科研项目预算编制，实施项目法人责任制，下放科研经费预算调整权，提高间接费用和人员费用比例。探索建立科研财务助理制度，将科研人员从非研发类的事务性工作中解放出来。建立项目结余资金管理使用与项目法人信用评级挂钩的机制，信用良好项目法人的结余资金可按规定留归项目承担单位继续用于科研活动。加强科技资金使用监管，推行符合创新规律的科研经费审计方式，加强科研经费执行全过程监督，建立违规使用资金问责机制。

参考文献

[1] 赵立雨，张琼，徐艳，等 . 科技投入强度的国际比较及对中国的政策启示 [J]. 未来与发展，2016，40（12）：17-23，45.

[2] 刘杨，王海芸 . 政府科技投入与企业技术创新效率的耦合协调度：以北京市为例 [J]. 技术经济，2016，35（10）：66-71.

[3] 王丹 . 国家科技创新体系中投入产出的时滞影响研究 [D]. 哈尔滨：哈尔滨工业大学，2016.

[4] 詹清喜 . 财政科技投入与经济增长关系的实证研究 [D]. 天津：天津财经大学，2016.

2016 年山东省十七地市规模以上工业企业 R&D 活动分析

杜廷霞　　闫峰　　胡晓红

摘要：规模以上工业企业（以下简称"规上企业"）R&D 活动是全省 R&D 活动的重要组成部分。规上企业 R&D 活动的良好发展对增强经济实力、保持经济持续稳定健康发展具有重要意义。本文选取 2016 年山东省十七地市规上企业 R&D 活动数据，采用对比分析比较十七地市规上企业 R&D 活动的开展情况。经分析比较发现，2016 年山东省规上企业 R&D 活动总体规模呈增长趋势，除济南外十七地市 R&D 经费投入强度均加大；R&D 经费主要来源于企业，R&D 经费的支出主要集中在东部沿海城市和济南。R&D 人员主要集中在青岛和济南；R&D 人员主要从事试验发展活动。针对以上特点，政府和企业在规上企业 R&D 活动的发展规划中应注意以下几个方面：第一，进一步落实人才引进制度，增加 R&D 人员的投入；第二，企业应积极争取政府资金，完善内部奖惩制度；第三，政府应增加对企业 R&D 活动支持力度，特别是对中西部地区 R&D 活动的扶持力度；第四，优化财政投入结构，增加基础研究和应用研究的投入；第五，继续推动建立企业主导的 R&D 活动形式，保障企业有更多机会参与全省 R&D 活动。

关键词：规模以上工业企业；R&D 活动；经费投入强度

规模以上工业企业的良好发展对确保地方各项重要经济指标数据稳健运行，优化经济结构、增强经济实力、保持经济持续稳定健康发展具有重要意义。近年来，山东省不断增加规上企业 R&D 活动的人员和经费投入，为全省科技发展奠定了坚实的基础。

一、全省规上企业 R&D 活动总体情况

2016 年，山东省规上企业 R&D 人员共 37.45 万人，同比上年增长 5.63%；R&D 人员折合全时工作量（以下简称"R&D 折合人员"）24.18 万人年，同比上年增长 0.15%；R&D 经费支出共 1415 亿元，同比上年增长 9.54%；R&D 经费支出占工业总产值的比重为 0.94%，同比上年增加 0.04 个百分点（图 1）。

2016 年，山东省规上企业 R&D 折合人员中有 96.88% 从事试验发展活动，从事基础研究活动的仅有 0.08%。同样，规上企业的 R&D 经费支出中近 97% 用于试验发展活动，基础研究活动支出仅占总支出的 0.1%。规上企业 R&D 经费中包含企业资金 1634 亿元，占总经费的 96.38%；政府资金 31 亿元，占总经费的 2.19%。

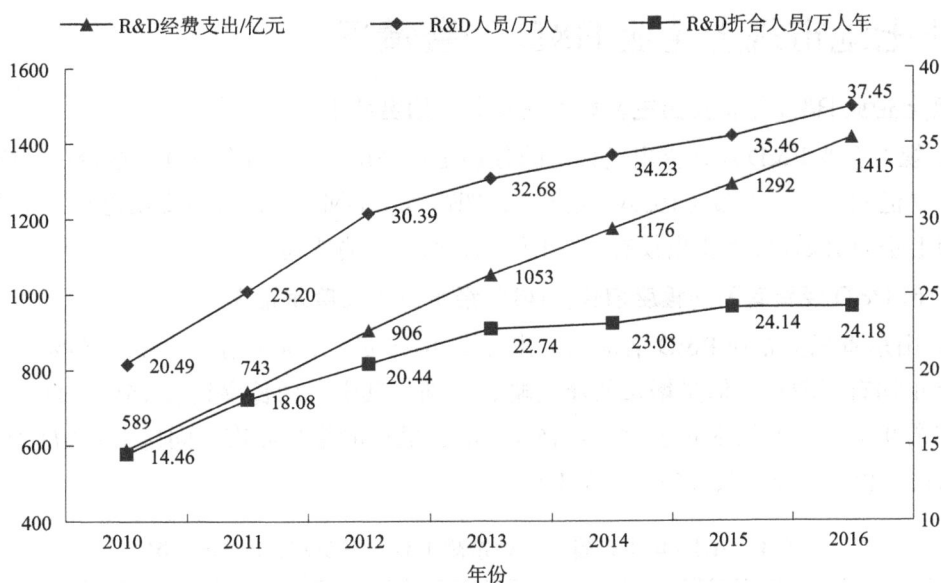

图 1　2010—2016 年山东省规上企业 R&D 经费及人员

二、十七地市规上企业 R&D 人员情况

1. 近七成地市规上企业加大 R&D 人员投入

2016 年规上企业 R&D 人员增加的有 13 个市,其中增长率超过 10% 的城市有菏泽市（20.90%）、枣庄市（15.53%）、威海市（14.55%）、济宁市（13.23%）、德州市（12.30%）；出现负增长的城市有东营市（-4.77%）、济南市（-3.09%）、临沂市（-1.76%）、聊城市（-0.83%）。R&D 折合人员增长的有 11 个市,增长率超过 10% 的有菏泽市（29.20%）、德州市（26.66%）、枣庄市（17.19%）、威海市（12.39%）；负增长超过 10% 的有东营市（-17.30%）、济南市（-14.91%）、临沂市（-10.97%）。

R&D 折合人员比 R&D 人员更能体现 R&D 活动的人员投入情况,2016 年山东省十七地市规上企业 R&D 折合人员变动幅度比 R&D 人员更大,并且两者的变化并非完全一致。济宁市和青岛市规上企业 R&D 人员的增长速度远远大于 R&D 折合人员的速度,说明两市新增的 R&D 人员承担 R&D 活动的时间非常少;而德州市 R&D 人员增长速度远远小于 R&D 折合人员增长速度,说明德州市原有的 R&D 人员增加了每年从事 R&D 活动的时间。烟台市和泰安市的 R&D 人员增长的同时 R&D 折合人员却是减少的,这说明新增 R&D 人员从事 R&D 活动的时间无法弥补原有 R&D 人员减少的 R&D 活动时间。

2. 青岛、济南 R&D 人员多,大部分地市全时 R&D 人员相对较少

2016 年,山东省规上企业 R&D 人员共有 37.45 万人。青岛、济南、潍坊三市 R&D 人员占全省规上企业的 1/3,其中,青岛市有 5.66 万人,济南市有 4.24 万人,潍坊市有 3.7 万人。R&D 人数不过万的有日照市、莱芜市和枣庄市,日照市、莱芜市规上企业 R&D 人员只有 6500 人左右,枣庄市只有 8472 人。

2016 年,山东省规上企业共有 R&D 全时人员 26.86 万人,占全部 R&D 人员的 71.72%。在十七地市中,只有菏泽市、枣庄市、济南市、聊城市和青岛市超过全省平均水平;泰安市规上企业全时 R&D 人员占比只有 60.68%,位于全省末位。

三、十七地市规上企业 R&D 经费情况

1. 全省规上企业 R&D 经费支出主要集中在青岛、烟台两市

2016 年，规上企业 R&D 经费支出过百亿的分别是青岛市（234.94 亿元）、烟台市（173.60 亿元）、潍坊市（140.39 亿元）、济南市（102.43 亿元），四市规上企业 R&D 经费支出总和占全省总支出的一半。莱芜市规上企业 R&D 经费支出仅有 17.61 亿元，暂居全省末位。

2. 十七地市 R&D 经费有不同程度增长，R&D 经费投入强度差距大

2016 年，山东省规上企业 R&D 活动共支出经费 1415 亿元，同比上年增长 9.54%。全省十七地市经费支出较上年均有所增加，但是增长的速度略有差别，其中，增长率超过 15% 和低于 8% 的地市分别有 4 个，其余 9 个地市增长率介于 8% ~ 15%。增长最快的是日照市，同比上年增长 17.83%；增长最慢的是东营市，仅比上年增长 5.21%（表 1）。

表 1　2016 年山东省十七地市规上企业 R&D 经费增长情况

R&D 经费增长率	城市
> 15%	日照市、菏泽市、威海市、枣庄市
8% ~ 15%	德州市、淄博市、临沂市、烟台市、济宁市、聊城市、潍坊市、青岛市、泰安市
< 8%	济南市、滨州市、莱芜市、东营市

2016 年，山东省十七地市规上企业 R&D 经费投入强度均在 0.4% ~ 1.5%，超过 1% 的有 7 个地市。投入强度最大的是青岛市，R&D 经费支出与工业总产值比例是 1.44%；德州市的投入强度只有 0.41%，暂列全省末位。与 2015 年相比，2016 年只有济南市的 R&D 经费投入强度减少了 0.45 个百分点，其他地市投入强度均有不同程度增加。

3. 企业资金是规上企业 R&D 活动经费的主要来源

2016 年，山东省规上企业 R&D 活动经费的 96.38% 来自企业自有资金。同样，十七地市规上企业 R&D 活动的资金主要来源于企业，政府资金所占比例甚微。

四、问题及建议

2016 年山东省规上企业 R&D 活动规模继续保持增长，但是十七地市规上企业 R&D 活动的增长状态各不相同。R&D 经费方面，全省规上企业科技活动经费主要来源于企业，政府资金所占比例甚微；R&D 活动经费的支出主要集中在东部沿海城市和济南；全省十七地市 R&D 活动经费总额均较上年有所增长，并且除济南外十七地市 R&D 经费投入强度均加大。R&D 人员方面，全省规上企业 R&D 人员主要集中在青岛和济南；并且规上企业的 R&D 人员主要从事试验发展活动，从事基础研究与应用研究活动的 R&D 人员几乎没有；全省十七地市中，约七成地市规上企业 R&D 人员总数呈正增长态势，但是十七地市规上企业 R&D 人员中全时 R&D 人员的比例均相对较少。

为了山东省规上企业 R&D 活动的健康发展，给出以下几点建议。

第一，落实人才引进制度，增加 R&D 人员投入。人才是创新的关键，是物质创造、知识获取和运用、技术转化的主体。政府要紧紧抓住培养、吸引和用好人才这 3 个重要环节，充分发挥人才在 R&D 活动中的关键作用；企业应提供充分的物、财、人的支配权及良好的工作环境，完善各项优惠政策，通过期权、股份、市场化年薪等多种方式吸引国内外优秀科学家、学术带头人为山东省 R&D 活动的发展贡献力量。

第二，企业积极争取政府资金，完善内部奖惩制度。规上企业要积极响应国家科技体制改革政策，落实新型研发机构的创立，积极争取在人才引进、建设用地、投融资等方面享有国有科研机构待遇，

极力争取各级财政对新型研发机构初期建设、研发投入、仪器购置及创新团队引进等方面的奖补资金。企业内部建立完善的奖惩制度，严格按照个人在新型研发机构及 R&D 活动中的实际贡献获得奖励性报酬。

第三，增加企业 R&D 活动支持力度，特别是对中西部地区扶持力度。政府要积极引导企业建立、落实研发准备金制度，财政给予已建立研发准备金、研发投入持续增长的企业研发经费后补助。研发投入占销售收入比例达到一定比例的大型企业，分地区按照研发投入新增部分按不同比例给予后补助；研发投入占销售收入比例达到一定比例的中小微企业，按照研发投入给予一定比例后补助。继续全面落实企业研发费用税前加计扣除、高新技术企业税收优惠等政策。

第四，优化财政投入结构，增加基础研究和应用研究的投入。政府应该坚持近期与长远相结合、基础研究与应用研究相结合、公益性和营利性相结合，统筹兼顾，提高财政科技资金使用效益。省级财政科技资金严格按照自然科学基金、重点研发计划、基地和人才建设、产业引导基金分类执行，重点支持基础科学研究、创新平台建设和创新型企业奖补，大幅增加公共科技供给。充分发挥财政资金杠杆作用，综合运用股权投资、风险补偿、贷款贴息等方式，支持市场导向明确的规上企业 R&D 活动。

第五，推动建立企业主导的 R&D 活动形式，保障企业有更多机会参与全省 R&D 活动。政府应继续鼓励企业与高等院校和科研院所合作成立创新创业联盟，设立多种类型的创客空间和创新创业基金，实现技术创新优势资源高效利用。支持企业主导建立国家级产业技术创新战略联盟，深化共同投入、风险共担、成果共享的产学研合作关系。重点支持以企业为主体建设重点实验室、工程实验室、工程（技术）研究中心、企业技术中心、工业设计中心等新型研发机构，鼓励实行独立法人化运行，支持符合条件的升级为国家级科研平台。

参考文献

[1] 薛继亮. 规上企业科技创新能力的所有权差异和区域比较 [J]. 企业经济，2016（4）：184-188.

[2] 庞瑞芝，李鹏，李爽，等. 区域技术创新网络绩效评价：基于长三角、环渤海技术创新网络的三层次分析 [J]. 产业经济研究，2013（1）：70-78.

[3] 周亚虹，贺小丹，沈瑶. 中国工业企业自主创新的影响因素和产出绩效研究 [J]. 经济研究，2012，47（5）：107-119.

[4] 宋正一. R&D 投入对我国高新技术产业发展的影响研究 [D]. 重庆：西南大学，2015.

[5] 周睿. 中国省域 R&D 的空间计量研究 [D]. 南京：南京财经大学，2015.

[6] 夏太寿，李子莹. 江苏省企业研发机构竞争力评价分析 [J]. 中国科技论坛，2014（6）：94-100.

轻型载人潜水器研发及产业化研究

朱延雄　　王云飞　　尚岩

摘要：载人潜水器是海洋高端装备的制高点之一，美、日、欧等发达国家都在加大研发和产业化力度，我国蛟龙号载人潜水器已经达到国际先进水平，但在应用更广泛的潜深区域（2000 米级和 500 米级等）的轻型载人潜水器研制方面仍然是空白。本文通过综合分析国内外载人潜水器的研究发展态势及创新资源的分布情况，深入分析青岛市配套产业发展的现状及瓶颈，对研发轻型载人潜水器的可行性提出对策建议。

关键词：青岛市；载人潜水器；研发；产业化

一、载人潜水器概述

载人潜水器是一种深海运载工具，根据作业海区和应用目标的不同，可分为万米（全海深）、6000/7000 米级、4500 米级等大深度型，以及 2000 米级、500 米级等中浅水型（轻型）载人潜水器，构成了载人潜水器的系列化产品（谱系化）。

从国际上载人潜水器谱系化发展趋势来看，2000 米级别的载人潜水器在中浅海域的应用较为广泛，在我国南海的应用需求较为突出。500 米级等中浅水型（轻型）载人潜水器具有体积小、重量轻、造价低、技术成熟度高和搭载适应强（无须专用母船）等突出优势，主要应用在近海海域，在我国黄海、渤海、东海海洋科学研究，海洋环境，渔业，生态，防灾减灾，打捞搜救和海洋维权等方面具有广泛应用前景，具有广泛的客户群体和产业化前景。

二、载人潜水器产业发展现状

1. 发达国家已实现载人潜水器产业化和谱系化

品种系列化。随着世界主要海洋强国对深海资源的重视，深海载人潜水器技术发展迎来了新的机遇，深海载人潜水器正在向全海深发展，而不同潜深和类型的载人潜水器各具特色，未来将呈现系列化发展的态势。美国实现了载人潜水器的产业化和谱系化。日本深海技术协会也提出了载人潜水器谱系化建设计划，分别为 11 000 米级别、6500 米级别、4000 米级别、2000 米级别和 500 米级别。

产品产业化。在国外，500 米级轻型载人潜水器已经实现了产业化，比较有代表性的公司是美国的 Triton、Seamagine（1995 年创建）、加拿大的 Nuytco Research 等公司。Triton 公司开发了 305 ~ 1675 米、能在水下工作 10 ~ 12 小时的 11 种载人潜水器，并研制了 7500 米和 11 000 米的载人潜水器做深潜观光服务，形成了载人潜水器产业化。Seamagine 公司在美国加州，生产的载人潜水器的深度级别 150 ~ 1500 米，已下潜 12 000 多次。

投资多样化。日、美、法、俄等国家大量的深海载人潜水器的使用寿命已经逼近甚至超过 30 年，且因为经费短缺或者预算缩减，载人潜水器的作业任务减少。与此同时，私人资金的注入推动了各国新载人潜水器的研制，可以预计最近十年将是载人潜水器装备和技术更新换代的十年。

2. 我国轻型载人潜水器研发尚属空白

我国载人潜水器技术总体水平已经达到国际先进水平。通过蛟龙号载人潜水器的研制、海上试验和应用表明，我国载人潜水器技术总体水平已经达到国际先进水平，但在载人舱材料及制造工艺、浮力材料及成型工艺、超高压海水泵技术、应用水平等方面还有一定的差距。此外，在载人潜水器的应用方面，美国载人潜水器应用机制非常完善，应用范围广泛，科学家的参与度极大，但我国刚刚起步，相关的科学家对载人潜水器的应用还处于摸索阶段，使用的机制还没有健全。蛟龙号目前的年下潜次数为 20 次左右，而美国 ALVIN 载人潜水器每年下潜次数达到了 200 次左右，差距极大。我国载人潜水器项目的相关研发时间、研发机构组成、运行机制等情况见表 1。

表 1 我国载人潜水器研发情况

称号	蛟龙号	彩虹鱼号	深海勇士号	一
潜深	7000 米	11 000 米	4500 米	万米（全海深）载人潜水器
主要参与研发机构	国家海洋局、中国大洋协会、中船重工 702 所、中科院沈阳自动化所、中科院声学所等	上海海洋大学深渊科研中心、上海彩虹鱼海洋科技股份有限公司	中船重工集团 702 所、725 所，宝鸡钛业股份有限公司等	中船重工第 702 所、中科院沈阳自动化所、中科院声学所等
研发时间	2002 立项，2009 年投入使用	计划 2019 年载人 8000 米深潜实验	2012 年立项	2016 年立项，计划 2021 年前完成海试
立项情况	科技部于 2002 年将深海载人潜水器研制列为国家高技术研究发展计划（863 计划）重大专项	"民间资金＋国家支持"模式，上海海洋大学立项，"深渊科学技术研究"专项基金	"4500 米载人潜水器总体集成"课题隶属于"十二五"863 计划海洋技术领域"深海潜水器技术与装备"重大项目	万米（全海深）载人潜水器于 2016 年获科技部深海研发专项——"深海关键技术与装备"专项支持
科考母船	国家海洋局"向阳红 9 号"已建成使用	上海彩虹鱼海洋科技股份有限公司"张謇号"，已建成试航	中国科学院深海科学与工程研究所"探索一号"，已建成试航	共用"探索一号"
运营单位	国家深海基地管理中心（青岛）	上海海洋大学深渊科研中心（上海市）	中国科学院深海科学与工程研究所（三亚市）	中国科学院深海科学与工程研究所（三亚市）

我国轻型载人潜水器仍处于研发空白阶段。2000 米级别的载人潜水器在中浅海域的应用较为广泛，在我国南海的应用需求较为突出。500 米级轻型载人潜水器具有体积小、重量轻、造价低、技术成熟度高和搭载适应强等突出优势，在我国黄海、渤海、东海海洋科学研究，渔业，防灾减灾等方面具有广泛的客户群体和产业化前景。轻型载人潜水器国外已经实现了产业化，取得了较好的应用效果。作为载人潜水器谱系中重要的组成部分，我国在这一潜深区域（2000 米级和 500 米级等）的轻型载人潜水器研制仍然是空白，值得抢占先机。

三、青岛市载人潜水器研制基础

1. 深海运载装备制造业具备一定的发展基础

青岛市已聚集了中船重工旗下的北船重工和武船重工等深海运载与海洋工程装备机构，中船重工 710 所、712 所，716 所，青岛海德威，山东省科学院海洋仪器仪表研究所等关键配套设备机构。在西海岸新区分别规划建设两个船舶海工产业集聚区——海西湾船舶与海洋工程装备产业集聚区和董家口海洋工程装备产业集聚区，两个集聚区规模以上工业企业数量分别为 19 个和 14 个，产业集聚度稳步提高。青岛市深海运载装备制造业具备了一定的发展基础，初步形成了包括设计、制造、总装、配套、维护、修理等环节的产业体系。

2. 在深海与海工装备领域创新体系较为完善

国家深海基地管理中心具有大型综合资源调查船、载人潜水器支持母船、300吨级试验辅助船和系列大型深海装备试验设施，作为蛟龙号载人潜水器的运营单位，积累了丰富的航次设计、维护维修和运行保障经验。青岛海洋科学与技术国家实验室是依托青岛、服务全国、面向世界的综合性海洋科技研究中心和开放式协同创新平台，设立了多个科研方向，"海洋技术与装备"是重要的领域之一。同时，通过引进和建设天津大学青岛海洋工程研究院、中船重工青岛海工装备研究院、哈尔滨工程大学青岛船舶科技园、特种船舶研究院等机构，青岛市在深海与海工装备领域的创新体系得到了进一步的完善和提升。青岛市深海运载装备设计制造业主要机构见表2。

表2　青岛市深海运载装备设计制造业主要机构

机构名称	主要产品	研发能力
国家深海基地管理中心	深海装备的购置和改造，深海技术装备的研发和试验	专利61项，均是2011年以后申请的
哈尔滨工程大学青岛船舶科技园	水下运载器技术研究，建设水中无人航行器试验场	具备水下无人潜水器的试验条件，包括小型码头和试验船，可开展水中无人航行器调试、试航、验证、定型、验收等研究和试验工作，已引进包括高技术船舶、水下运载器技术、船舶信息化等10个重点产业方向的40个项目（在建）
中船重工（青岛）海洋装备研究院有限责任公司		围绕高技术船舶、海洋工程装备、深海潜器等海洋装备，以及动力系统、电力系统，主要建设研发中心、集成试验室，引进建设两个以上国家级重点实验室和技术中心（基建中）
中船重工710所	水下机器人、海洋动力环境监测浮标、实时传输潜标	申请专利325件，其中发明专利184件，实用新型141件。仅有16件是与青岛海山海洋装备有限公司合作申请的
中船重工719所	船舶设计	申请专利379件，仅有两件为与青岛单位合作申请的
中船重工712所	船舶电力推进系统及设备	申请专利357件，仅有7件是青岛研究所申请的
青岛杰瑞自动化（中船重工716所青岛分部）	通信导航定位设备	申请专利26件，其中发明专利7件，实用新型19件
青岛北海船舶重工有限责任公司	船舶建造、船舶修理与改装、海洋工程修造	申请专利41件，其中发明专利20件，实用新型21件
青岛海德威科技有限公司	船舶通信、导航和自动化设备	申请专利38件，其中发明专利12件，实用新型26件
山东省科学院海洋仪器仪表研究所	海洋监测装备、海洋水声探测设备	申请专利522件，其中发明专利228件，实用新型294件

四、青岛市轻型载人潜水器研制瓶颈

1. 深海与海工装备制造能力尚处于起步阶段，缺乏深海运载装备制造经验

载人潜水器建造主要涉及载人舱材料及加工、浮力材料及成型、框架结构建造及总装等生产工艺环节，目前我国主要由中国船舶重工集团公司、中国科学院等系统的科研院所和企业承担载人潜水器建造任务。而青岛市船舶与海工装备企业的产品多为辅助船、浅水区域海洋工程装备、中低端水平的生产平台和钻井船等，深海与海工装备制造能力处于起步阶段，尚无企业涉及与载人潜水器建造直接相关的生产制造。

2. 深海运载装备的核心关键技术研发不足，缺乏相关技术储备

载人潜水器研发的核心关键技术分为设计技术、建造技术、装备技术及应用技术四大部分。在设计技术、建造技术部分，主要包括总体集成优化设计、功能模块化集成设计、水动力设计、结构设计、可靠性设计技术，以及载人舱材料及加工、浮力材料及成型、框架结构及总装等技术，青岛市有关此类技术的研究尚属空白。在装备技术、应用技术部分，中国海洋大学、国家海洋局第一海洋研究所等机构主要涉及如导航定位、水声通信、保真取样等研发内容，缺乏姿态调整、动力源、推进器、航行控制等核心关键技术的研发能力。中船重工、哈尔滨工程大学等机构是我国深海运载装备研发的龙头，拥有大量的相关专利，但仅有极少部分专利是以驻青机构为主申请，哈尔滨工程大学青岛船舶科技园及中船重工（青岛）海洋装备研究院等机构正在建设发展期，尚未在青岛当地形成有效的研发能力。

3. 深海运载装备研发人才匮乏，缺少高端研发平台

虽然青岛海洋工程技术领域的人才数量占全国总数的15%，占比高于北京（11%）、天津（11%）、大连（8%）、上海（8%）和杭州（7%）等城市，但青岛的人才分布情况较为综合，而北京、杭州、上海、天津、大连及哈尔滨等在船舶及海洋工程领域的人才数量和质量方面占据明显优势。

在海工装备高端研发平台方面，上海拥有分布于高校、科研院所、大企业等众多国家重点实验室，如船舶与海洋工程国家实验室（上海交通大学）、航运技术与安全国家重点实验室（上海船舶运输科学研究所）、数字化造船国家工程实验室（中国船舶工业集团公司第十一研究所）、船舶设计技术国家工程研究中心（中国船舶及海洋工程设计研究院）等。哈尔滨工业大学一家即拥有水声技术国防科技重点实验室、水下机器人技术国防科技重点实验室、多体船技术国防重点学科实验室等多个国家级的研发平台。而青岛市涉海类高端研发平台主要集中在生物、化工等领域，如海洋涂料国家重点实验室（海洋化工研究院有限公司）、国家海洋药物工程技术研究中心（中国海洋大学）、国家海洋腐蚀防护工程技术研究中心（中国科学院海洋研究所）等。在海洋工程及船舶制造领域高端研发平台方面，上海、哈尔滨、北京及大连的布局均明显好于青岛市。

五、开展轻型载人潜水器研发与产业化的建议

轻型载人潜水器是载人潜水器谱系中重要的组成部分。在我国，应用于中浅海域的轻型载人潜水器（2000米级和500米级等）研制仍然是空白，青岛市可通过联合攻关、多方融资等方式，完善创新条件，抢占研发先机。

1. 成立深海运载装备科技创新中心

为有效聚集青岛及国内外的研发力量，建议以国家深海基地管理中心为牵头单位，联合青岛海洋科学与技术国家实验室、中船重工青岛研究院、哈尔滨工程大学青岛科技园及相关企业等，成立青岛深海运载装备科技创新中心。围绕轻型载人潜水器及有缆无人遥控潜水器、无人自治潜水器、水下滑翔机等深海运载装备研发及产业化，建设深海运载装备公共研发试验平台，引进高端人才团队，组织开展关键技术与产业化联合攻关，探索投资运营管理新模式，加快实现我国轻型载人潜水器研制零的突破。

2. 申请国家重点研发计划"深海关键技术与装备"重点专项支持

载人潜水器作为深海运载装备的一种，属于高难度、高风险、高投入行业，社会需求品种和批量较小，难以形成规模效应，短期内难以产生明显的经济效益，但具有国家战略意义。此类项目的启动需要获得国家层面的支持，如我国蛟龙号、4500米及万米潜水器的研发均得到了863计划、"深海关键技术与装备"重点专项等国家重大项目经费的支持。因此，建议以国家深海基地为牵头单位，联合中船重工及其他科研院所，积极申请国家重点研发计划"深海关键技术与装备"重点专项经费支持。

3. 设立深海运载装备研发专项基金

轻型载人潜水器的研制属于高投入行业，需要大量持续的资金投入，才能确保项目正常运行。从日、美、法、俄等国的载人潜水器发展情况可见，在最近十年的装备和技术更新换代重要时期，私人资金的注入是重要的经费来源。我国"彩虹鱼"号万米载人潜水器的建造也是采用了"国家支持＋民间资金"模式来推动的。因此，"政府引导＋社会投资"将是我们可以借鉴采用的运营模式。建议由政府先期设立专项引导基金，吸引社会资本投入，组建"深海运载装备研发"专项基金。专项基金将用于项目研发、产品应用、维护管理及商业化开发。

4. 加快高端研发机构和高端人才引进力度

中船重工集团公司及哈尔滨工程大学均是蛟龙号载人潜水器的主要研制机构，特别是中船重工702研究所，是我国3艘潜水器的牵头研发单位，拥有经验丰富的潜水器研制团队。建议以轻型载人潜水器的研制立项为契机，加速推进中船重工（青岛）海洋装备研究院、哈尔滨工程大学青岛船舶科技园等深海与海工装备研发机构的建设进度，筑巢引凤，尤其注重引进领军人物及创新团队，尽快提升青岛市深海与海工装备产业创新能力。

参考文献

[1] 刘保华，丁忠军，史先鹏，等. 载人潜水器在深海科学考察中的应用研究进展 [J]. 海洋学报（中文版），2015（10）：1-10.DOI：10.3969/j.issn.0253-4193.2015.10.001.

[2] 国内外载人潜水器的研发与应用 [J]. 海洋开发与管理，2010，27（8）：2-4.

[3] 刘峰. 深海载人潜水器的现状与展望 [J]. 工程研究－跨学科视野中的工程，2016，8（2）：172-178.DOI：10.3724/SP.J.1224.2016.00172.

[4] 李志伟，马岭，崔维成，等. 小型载人潜水器的发展现状和展望 [J]. 中国造船，2012，（3）：244-254.

[5] 刘涛，王璇，王帅，等. 深海载人潜水器发展现状及技术进展 [J]. 中国造船，2012（3）：233-243.

[6] 谭思明. 对青岛市大型科学仪器设备资源共享服务平台建设的思考与建议 [A].// 青岛市科学技术协会. 青岛市第五届学术年会论文集 [C]. 青岛：青岛市科学技术协会，2006.

[7] 盖健. 海洋高端产业全球创新资源分布路线图 [M]. 青岛：中国海洋大学出版社，2012：53-83.

智能家居安防云系统设计的研究

王　燕　　刘丹彤　　冯海洲

摘要： 为了可以随时了解家庭的安全情况，实现实时监控和远程控制，能够存储大量数据信息和信息共享，该系统设计以云计算为技术平台，采用智能无线连接，利用 ZigBee 技术将多种无线传感器融合组成联动系统，可全面感知家里的一切安全情况。可以通过网络将数据自动上传至云计算平台进行大数据存储、大数据挖掘分析，利用手机、Pad 等智能终端进行多种场景设置、布防及撤防、读取传感器检测到的实时动态的数据信息及状态并可以进行远程监控、安全控制、报警及共享云计算平台的大数据，实现真正意义上的智能家居安防云。

关键词： 安防云；云计算；大数据

1　引言

随着互联网、物联网、云计算、大数据的发展和应用及安防产品需求的增强，家庭安防系统已经从传统的前期监控、后期调查参考的模式，转变成为实时监控、全面感知、个性化需求设置的模式，并朝着向数字化、网络化、智能化变革。大数据、云计算在国家新兴产业中具有重要的战略性地位，云计算和大数据的发展使互联网的计算架构由"服务器 + 客户端"向"云服务平台 + 客户端"演变，同时物联网与云计算技术的完美结合也推动了智能家居安防技术的技术革新，新兴技术结合形成的综合技术具有较强的技术性先进性和前瞻性，使得智能家居安防云的设计具有划时代意义。

现在人们对于家庭的安防要求越来越高，不论是居家、工作还是远行，对家庭的生命及财产安全的自我掌控需求也越来越紧迫，因此智能家居安防云的实时监控和远程控制平台受到越来越多人的欢迎。

云计算、大数据处理技术为智能家居安防系统提供了云存储、云监控、云共享、远程监控等技术平台，而智能家居安防云可通过各种类型的无线传感器、无线智能摄像头等智能设备检测实时信息，并将数据 24 小时不间断地、动态地传递到云计算平台，通过云计算平台超常的计算能力和超强的存储能力，可以实现对海量信息的存储、分析、对比，对不同类别信息进行关联度的深度分析，同时可以查询、报警、远程控制。智能家居安防云系统采用云计算技术，既可以充分发挥安防系统的检测功能，同时又能利用云计算平台进行大数据的实时存储、管理、及时感知，实现真正实时可控的智慧家居安防。

2　关键技术及技术创新

2.1　关键技术

（1）云计算

云计算能够提供便捷、按需使用的网络服务，以使用量付费为服务模式，能够高速自主的在可配置的计算资源共享池获取所需要的各种资源。

云计算包括基础设施即服务（IaaS）、平台即服务（PaaS）和软件即服务（SaaS）3个层次的服务。

云计算特点如下：

①超大规模；②虚拟化；③高可靠性；④通用性；⑤高可扩展性；⑥按需服务；⑦极其廉价；⑧潜在的危险性。

（2）ZigBee

ZigBee 是基于 IEEE 802.15.4 标准的低功耗局域网协议，ZigBee 技术是一种短距离、低功耗的无线通信技术。

特点：自组网、低功耗、低成本、低数据速率、可靠性强、网络容量大、安全性高。

2.2 技术创新

①安防感知终端与云平台协作交互技术；

②无线自组网、自适应技术；

③高稳定性、高保密技术；

④可扩展安防感知接口技术。

3 智能家居安防云系统的设计方案

3.1 智能家居安防云总体设计方案

智能家居安防云的整体架构如图1所示。通过物联网将所有传感器进行互联，组成大规模的探测网络，通过互联网将所有的数据上传至云端，保证信息实时、动态地进行存储、更新和下载，通过互联网和通信网可以使得控制终端随时随地查看家里各个房间的情况，并能够及时作出控制、报警等。

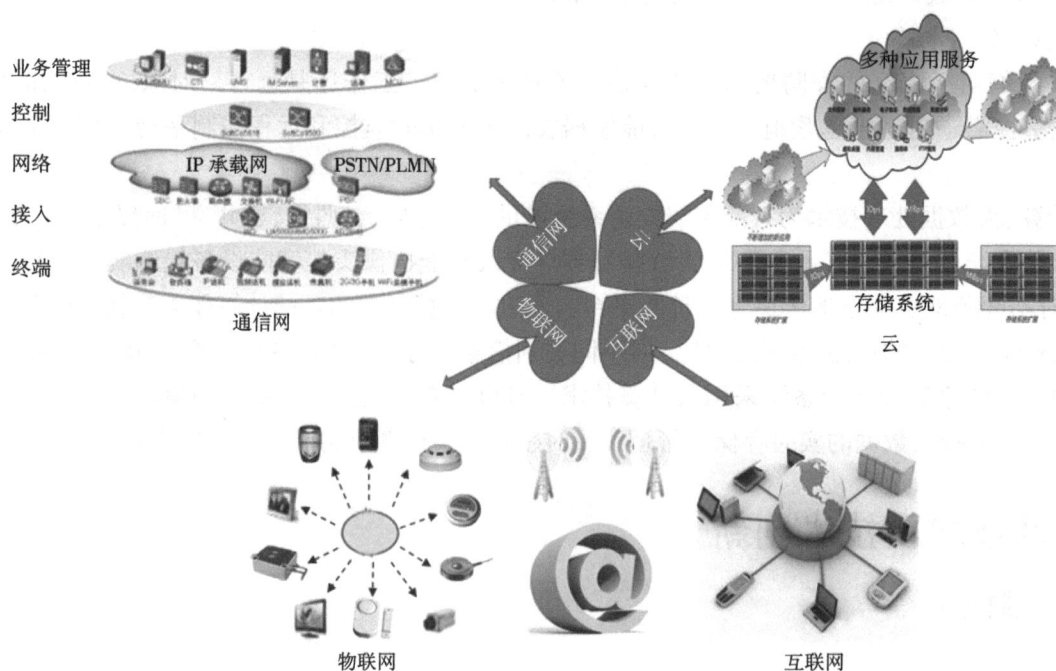

图 1 智能家居安防云整体架构

3.2 硬件设计

智能家居安防云硬件系统功能如图2所示，这是基于ZigBee协议的CC 2530片上系统解决方案，系统功能分为三大模块：基于ZigBee技术的无线传感器网络模块、无线智能网关模块、终端控制模块。

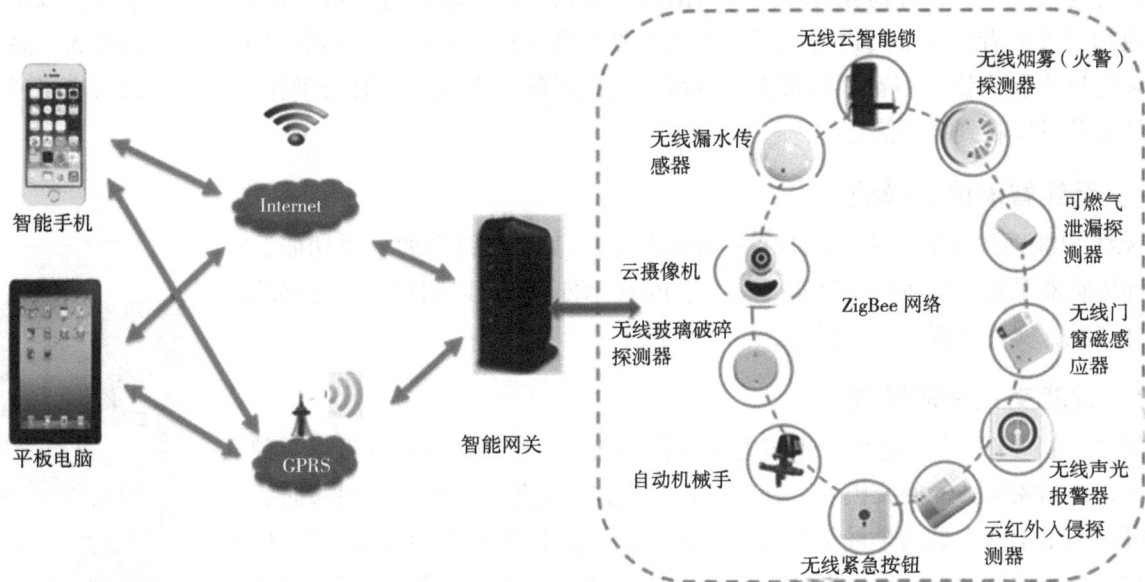

图2 硬件系统功能

3.2.1 无线传感器网络模块

无线传感器网络模块是在ZigBee平台上组建的家居安防网络，选用的是TI公司的CC 2530与各种传感器集成为具有自组织、动态、可靠性高等特性的可实现无线收发功能的传感器，它们不仅能自动形成传感器网络，利用云计算技术将探测到的各种信息通过无线智能网关上传到云计算中心，云端不仅具备大容量存储，并且可利用云计算中心超强的计算力对终端提供智能计算数据及各种信息，打破了地域及时间限制，也方便随时进行上传下载，并通过Internet和GSM技术来对智能家居安防系统进行远程监控，实现对家居的全面感知和控制。

（1）防盗系统

无线云智能锁、无线门磁感应器、无线窗磁感应器、云红外入侵探测器等。

无线云智能锁包含密码输入、指纹输入，还可以加入人脸识别功能，当回到家时不再有没带钥匙的烦恼，可以通过设置密码来开启家门，也可以通过扫描已存入的指纹来开启，同样可以通过识别脸部特征来开启家门，更加安全快捷。同时，家门的开启与关闭状态可以通过无线智能网关将信息传输到云端，同时手机或者电脑终端会实时给出提示或者警报，使得家人不论何时何地都可以及时获取家门的状态。同时，通过窗磁和门磁感应器，可以及时了解门窗的安全，并可以通过无线网络进行及时报警。当有外人进入时，云红外入侵探测器可以探测到并能及时报警。

（2）防火、防可燃气体泄漏系统

无线烟雾探测器、可燃气体探测器、温湿度传感器。通过这些探测器可以及时了解家中是否有着火的迹象、是否有可燃气体和有毒气体泄漏，并且可以远程控制相应的阀门或者机械手打开窗户或者关闭相应阀门，以此来保护家人的人身安全。

（3）视频监控系统

云摄像机是一种可以实时监控并能够将所获取的图像动态上传到云端的设备，它能够进行多角度的拍摄，并能自动上传所获得的图像和视频，使家人可以在任何时候任何地点查看现在家中的情况或者下载过去的视频记录。

（4）报警系统

无线紧急按钮、无线声光报警器。无线紧急按钮的状态会通过网络连接到家人的接收终端，也可以设置为连接到110或者物业管理处，当出现紧急情况，可以通过一键按钮进行报警求救，以最快的速度通知家人或者相关部门进行救援。无线声光报警器根据家中探测器的报警情况进行报警，通过明亮闪烁的灯光和尖锐的声音进行报警，使得听到或看到的人能够及时帮助报警，同时家人也可以通过接收终端及时接收到报警信息。

3.2.2　无线智能网关模块

无线智能网关是整个系统的控制中枢同时也具备无线路由的重要功能，它将各种传感器采集来的所有信息实时动态上传到云端，并可以同智能交互终端进行信息交互，实现远程控制、报警。

3.2.3　智能交互终端模块

智能手机（图3）、电脑、平板电脑等控制终端。控制终端可以设置多种场景模式，如离家模式、回家模式、睡眠模式、会客模式等，也可以随时布防、撤防，可以满足不同人群的个性化需求，更能体现人性化的设置。智能终端不仅可以实时监控家中的情况，也可以远程控制家中的门锁、报警装置、阀门、机械手等各种设备。也可以随时随地从云计算平台下载任意时间的数据进行查看。即使远在天边，也可以监控及控制家里的一切。

图3　终端控制系统界面

3.2.4　系统功能实物图

系统功能实物见图4，从左往右依次为温湿度传感器、云红外入侵探测器、烟雾传感器。右上端为无线智能网关系统。

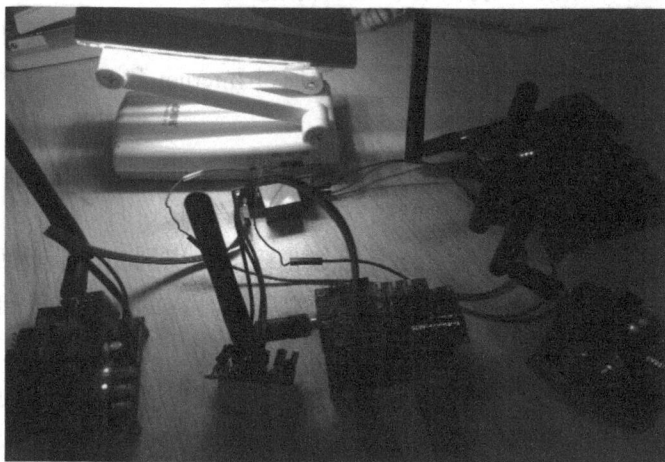

图4　系统功能实物

3.3　软件设计

系统初始化后，传感器各个节点主动向协调器发送入网请求，当协调器允许后，各个传感器节点加入网络同时开始检测准备，在检测过程中，如果发现数据异常，将会把数据发给智能终端（智能手机或者电脑），同时存储在云计算中心，并且可以通过智能终端远程控制家里的阀门闭合或者机械手动作。当操作完成警报解除后，传感器重新开始检测。由于数据同时已经存储在云端，所以可以随时随地下载数据进行查询（图5）。

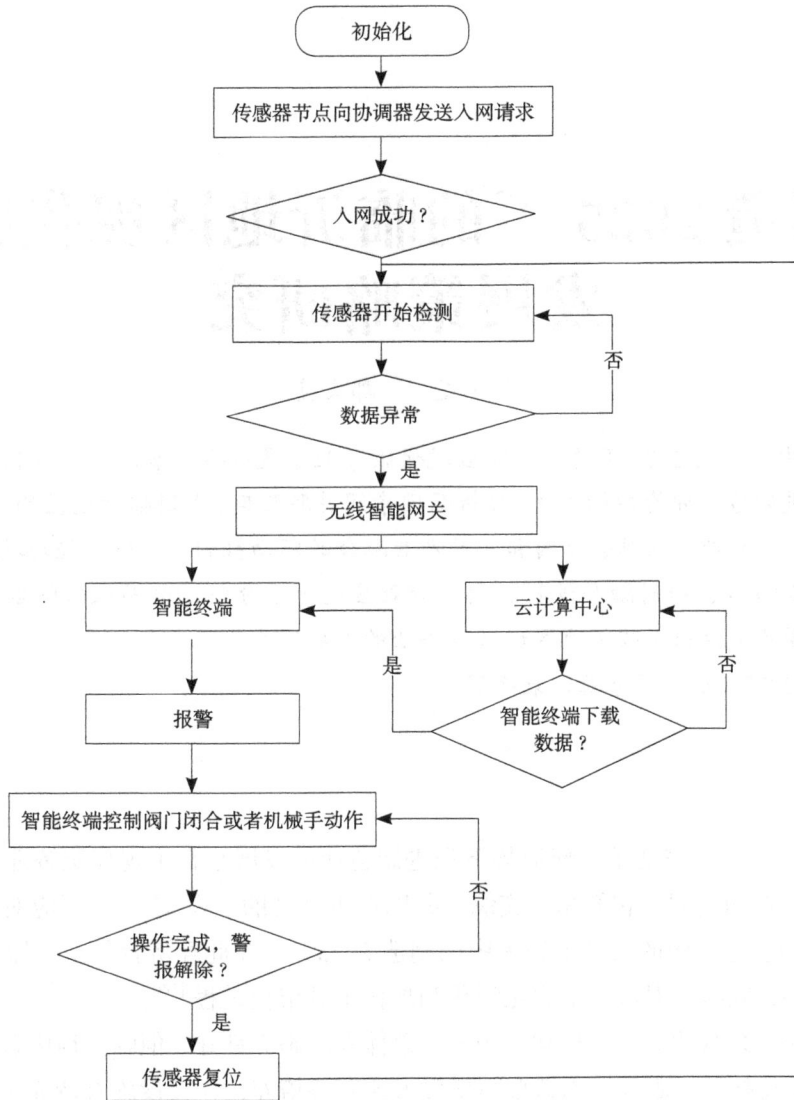

图 5　系统功能流程

4　结束语

本课题采用了云计算技术、ZigBee 技术、物联网等技术形成了完整的智能家居安防云系统，实时、远程监控和控制就可以全面感知家居的各种情况，并且能够随时随地直观地了解家里的安全情况，利用云计算中心的计算数据和存储信息，促使安防模式从被动防御转变成有目的有智慧的主动防御，解决了人们离家的后顾之忧。

参考文献

[1] 崔焱喆 . 家居环境无线传感器网络的研究 [D]. 重庆：重庆理工大学，2010.

[2] 周涛 . 基于无线传感器网络的智能家居安防系统 [D]. 太原：太原理工大学，2011.

[3] 黄磊，付菲，闵华松 . 基于 ZigBee 技术的智能家居方案研究 [J]. 微计算机信息，2009，25（14）：71-73.

[4] 张涛 . 基于 CC2530 的温度监测模块设计与应用 [D]. 南昌：南昌大学，2012.

[5] 关世荣 . 家庭智能监护报警装置的研制 [D]. 长春：吉林大学，2011.

[6] 叶兴贵，缪希仁 . 基于 ZigBee 的智能家居物联网系统 [J]. 现代建筑电气，2010（4）：25-28.

中国制造 2025 下的临沂地区现代服务业发展策略研究

邢艳霞　　郭文英

摘要：为深入探索中国制造 2025 下的临沂地区现代服务业发展策略，本课题通过构建现代服务业发展水平指标体系和先进制造业评价指标体系，分析两因素间关联程度，发现临沂地区两产业间关联度较高，关联密切；通过分析两大产业的融合动因和其对产业融合的驱动机制，发现了经历技术、产品、市场、管理 4 个阶段的融合过程，并对融合过程的内外部效应进行了分析，进而从保障创新、运行创新、制度创新、政策创新等角度提出了临沂地区现代服务业的发展策略。

关键词：中国制造 2025；现代服务业；策略研究

0　引言

随着全球掀起的全新经济变革，新形势下先进制造业的发展孕育了现代服务业的崛起，现代服务业又推动了先进制造业的进程，它们相互交织，共同促进经济的发展[1-6]。为了应对全球的革命浪潮，我国提出了努力成为制造强国的行动纲领《中国制造 2025》。在此经济背景下，服务业高速发展是工业化高度发展的产物，同时更促进了工业化深化和加快了城市化进程[7-9]。

尽管近几年各地区现代服务业集群初具规模、总体发展态势良好，但临沂地区现代服务业集群有待完善，重点服务业有待扶持；服务性创新型高素质人才有待培养，配套设施有待完善[10-11]。因此，有必要系统分析临沂地区两大产业耦合关联关系，揭示两大产业融合机制，深入探索现代服务业发展策略。

1　耦合关联分析

本文从两大产业内在联系出发，构建了指标体系，利用频度统计法、理论分析法和专家咨询法对指标进行了设置和筛选。本文将现代服务业的七大门类分成核心型和从属型两类，选取了最近几年使用频度较高的产业发展水平方面的指标。制造业阶段划分理论从就业结构、产业结构、经济发展水平和城市化水平等方面来度量制造业发展进程。本文基于构建产业耦合的评价指标体系，按照系统分析的思路，根据矩阵分析、灰色关联分析的方法，从时空角度揭示临沂地区两大产业耦合的机制、关联程度和耦合协调程度[12]。

为进一步揭示两大产业的主要关联程度和区域间耦合特点，本文基于产业耦合的关联度模型和耦合度模型，建立关联度 γ 的数学模型，基于系统关联的耦合度模型[13]，建立临沂地区两系统耦合度模型如下：

$$C(t) = \frac{1}{ml} \sum_{i=1}^{m} \sum_{j=1}^{l} \zeta_{ij}(t) \text{。} \tag{1}$$

本文基于《中国统计年鉴》《临沂市统计年鉴》和各县区统计局原始数据的基础上，给出耦合关联分析指标体系值，基于上面基础理论模型和方法，给出了 2016 年两大产业耦合作用关联系走势图，如图 1 所示。

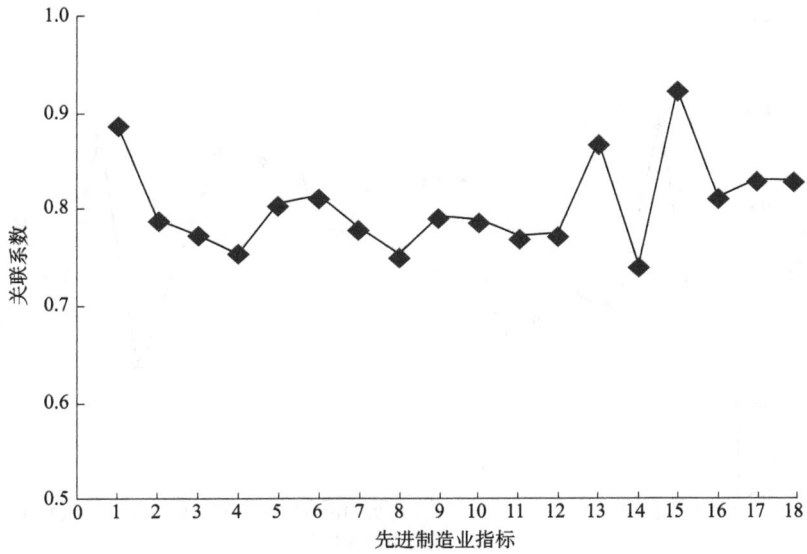

a $\lambda_i=1$

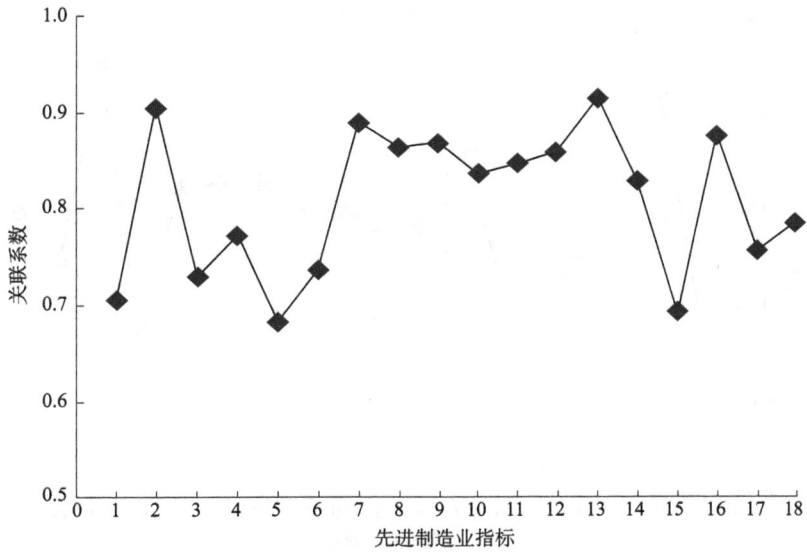

b $\lambda_i=2$

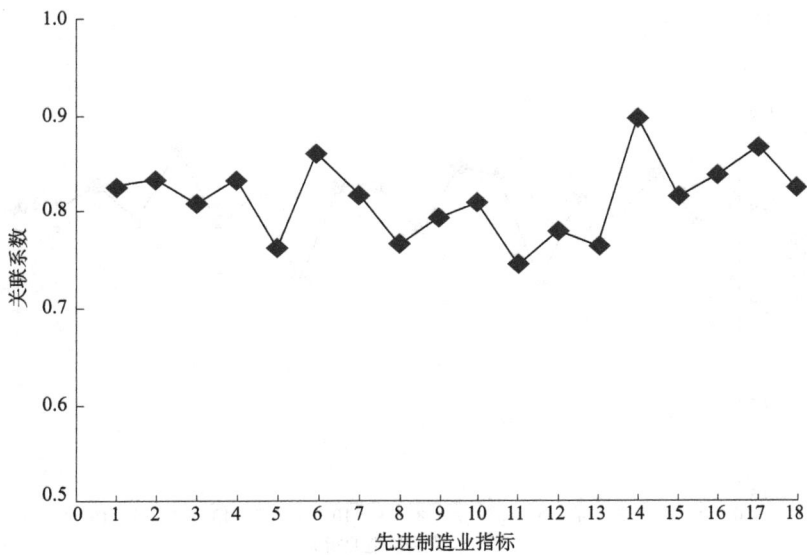

c $\lambda_i=3$

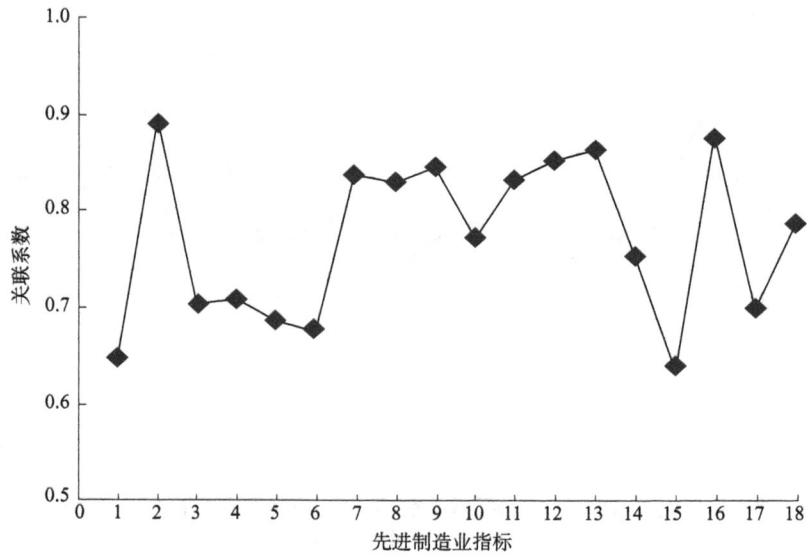

d $\lambda_i=4$

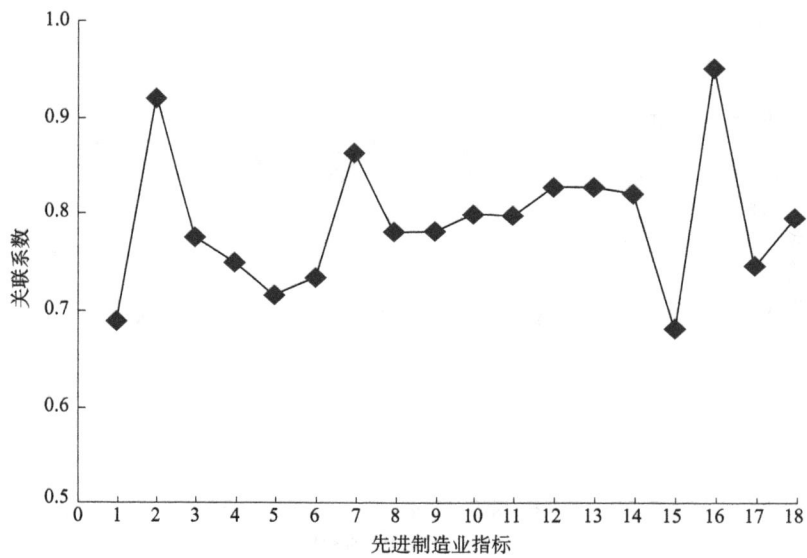

e $\lambda_i=5$

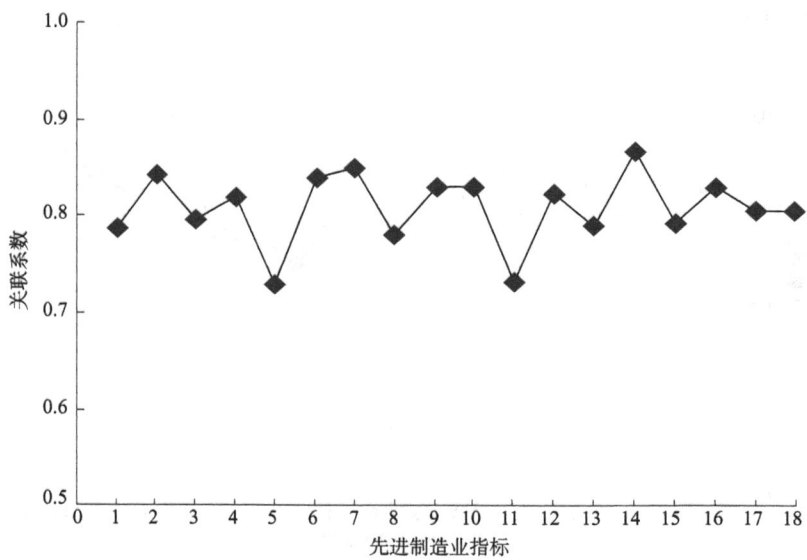

f $\lambda_i=6$

g $\lambda_i=7$

h

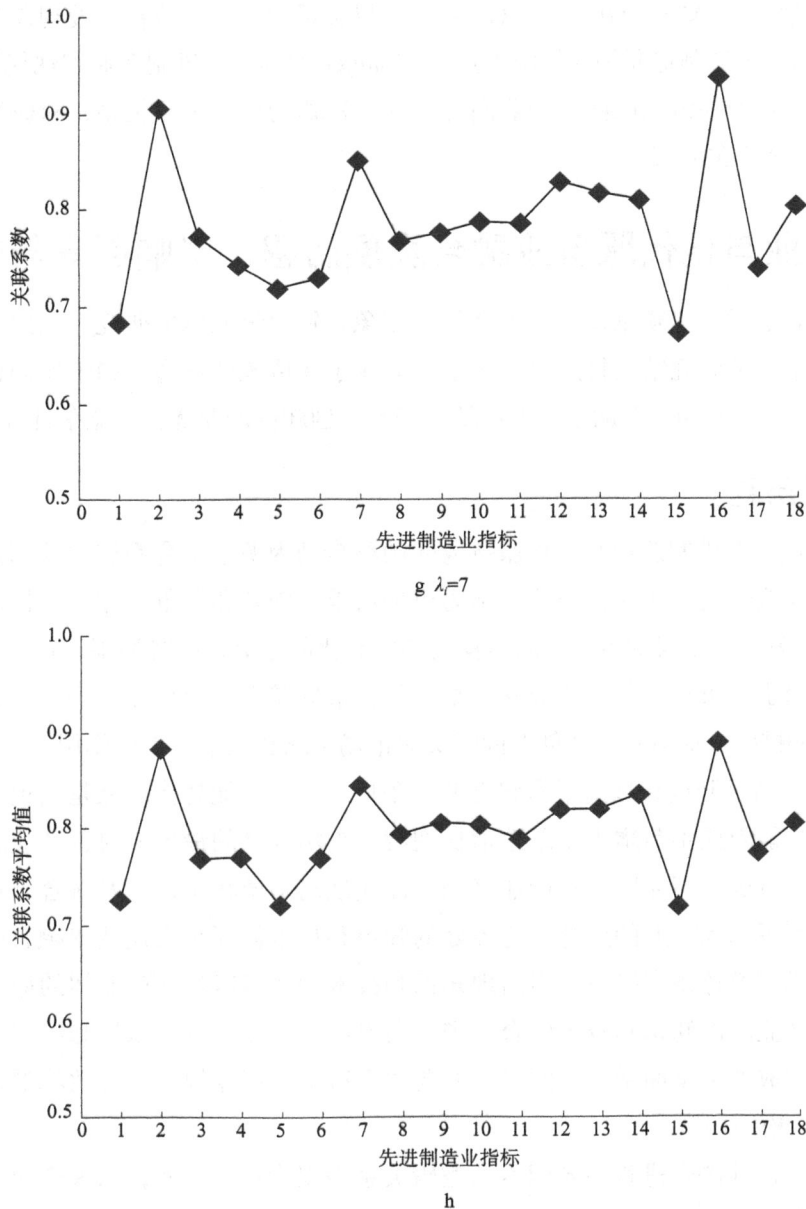

图1 2016年临沂地区现代服务业与先进制造业耦合关联走势

临沂地区两产业各要素间关系比较复杂，经计算得出单个指标间的关联度均在0.60以上，其中关联度在0.65以下的占1.95%，0.65～085的占78.57%，0.85以上的占19.48%，属于较高关联，说明两产业关联密切，进行两产业间耦合主要因素分析是非常有意义的。通过深入分析得出，临沂地区现代服务业发展水平通过现代服务业的发展规模、结构效益和规范程度等角度的分析较为全面地反映了对促进先进制造业发展的重要作用；对现代服务业的关联度相对较大的是临沂地区的经济效益、科技进步程度、可持续发展水平等先进制造业指标。

为明确两系统间耦合的空间分布特性，揭示耦合规律，本项目添加了青岛市和枣庄市进行比较。三地市的先进制造业水平以青岛市为最高，枣庄市为最低，与现代服务业与先进制造业间耦合度水平相反；为更清晰揭示临沂地区两大产业间相互作用，从时序角度截取2006年以来两大产业相关数据分析，考虑曲线的波动性，我们将其分为两个阶段：第一阶段是2006—2012年，耦合度值在0.75～0.77；第二阶段是2012年之后，耦合度产生波动，耦合度增长趋势下降，但总趋势为逐年增高。从耦合曲线的变化趋势可得出，临沂地区现代服务业与先进制造业耦合已走向协调阶段。

借助计算经济学软件 eView 9.0，通过 Granger 因果关系检验方法分析，发现现代服务业是先进制造业的 Granger 原因、先进制造业是现代服务业的 Granger 原因、先进制造业和现代服务业发展存在关联互动性，因此我们认为临沂地区两大产业间确实存在密切的耦合关联关系，对研究临沂地区现代服务业发展策略有十分重要的意义。

2 先进制造业与现代服务业融合发展历程、影响因素与效应分析

随着信息化的快速发展，逐渐出现了产业融合现象，针对该问题的研究，国内外学者尚处于探索发展初级阶段。其中一种研究结论将产业融合定义为鉴于在传统产业边界趋于模糊化和经济结构服务化的现实，因此深入产业间融合有助于组织性结构调整、创新性产业优化、竞争性经济增长。

2.1 融合发展历程

根据自组织理论，先进制造业与现代服务业间的融合动因源于融合系统内外部各行业要素的不断变化及由此导致的非线性交互作用，因此总结为市场需求、创新和竞争三方面的拉动作用。随着"互联网＋"和信息化的发展，不仅催生了产品多样化和定制化的趋势，同时加剧了企业的市场竞争压力；不断变化的市场需求引起市场竞争的适应性调整变化；市场需求的变化和市场竞争力加剧，促使两大产业采取科技创新的措施来应对；科技创新同时又对市场需求和竞争产生反作用。

形成产业融合应满足开放和远离平衡状态两大条件。产生功能替代产品是出现两大产业融合的必要条件，当其替代功能效应不断增大，以致增长到潜在市场容量的最大值时，产业融合才能发生。随着融合的不断壮大，打破了产业间原有产业格局，促使远离平衡状态，引发融合结构的突变，最终达到新的平衡状态，实现两大产业的融合。边界处的知识和技术创新是实现技术融合的"物质"基础，在完备的知识和技术扩散体系支撑下，当出现知识和技术创新可以打破产业间的原有技术轨道和平衡状态时，才能形成产业间的知识和技术融合，进而引发产业产品、应用市场和组织管理的融合，从而形成新业态，最终完成产业全面融合。同时，需要建立适宜的产业规则，有效降低行业进入壁垒，为产业融合发展提供宽松的环境。

综上所述，两大产业融合进程中各因素的逻辑关系表现为：一方面，两大产业边界处出现知识和技术创新，在完备的知识和技术扩散体系下形成通用技术，促进技术融合，并引发产品融合；另一方面，产业融合背景下，为满足融合市场的需求，必将引发融合市场供给的出现，进而促进融合产品的研发和生产，最终实现市场融合。而技术融合、产品融合和市场融合迫切需要组织和管理对系统的宏观调控，从而形成两大产业间的组织融合（图2）。

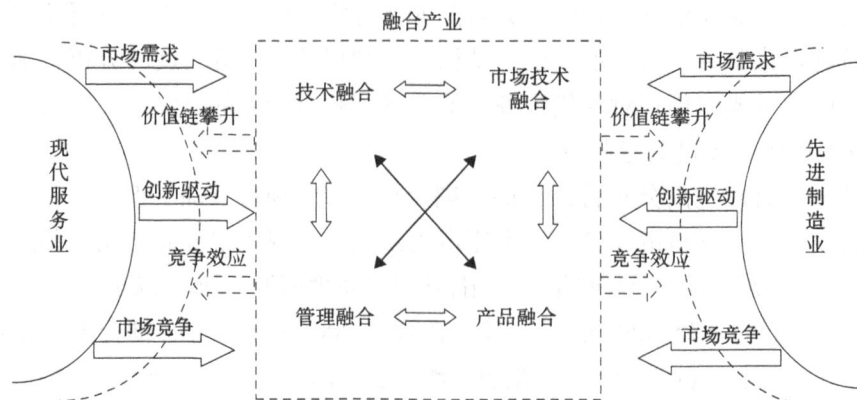

图 2 产业融合过程

2.2　融合影响因素分析

在两大产业融合系统自组织演进进程中，除受融合动因、融合条件和融合过程等的共同影响外，同时受系统环境、技术能力、产品能力、市场能力和管理能力等因素影响。两大产业融合系统具有经济开放性，与环境间必然存在能量、物质和信息的交换，知识和技术能力较强时更有利于技术扩散和实现技术融合，生产制造和市场预测能力越强，越有利于"产品＋服务"新型产品的实现。市场运营维护的能力越强，越有利于融合市场的发展。融合系统的管理能力既可以推动产业融合，又会限制产业融合。

2.3　融合效应分析

产业融合效应是对融合系统内外各要素作用产生的结果。借鉴相关研究成果，我们认为该效应分为内部效应和外部效应两个方面，系统内部各因素通过产业结构改善、融合竞争力、价值链攀升、融合创新等角度影响融合进程，同时，产业融合改善了国际贸易结构，增强了区域经济竞争力，通过将绿色理念和技术根植于融合产品中，提高资源利用率，改善和提高了用户的消费水平、消费能力和消费结构，同时优化从业者结构，改善知识型人才的失业现状。

3　发展策略研究

创新发展是临沂地区经济全面发展的最佳途径，本文从保障创新、运行创新、制度创新、政策创新、技术创新等的创新思路出发提出临沂地区现代服务业的发展策略。

3.1　保障创新策略

管理与组织机构的支持是产业融合的加速发展的前提，通过建立融合引导组织、成立融合执行组织、配套融合支持组织，为产业融合建立全面的保障创新策略。

3.2　运行创新策略

产业融合运行创新策略是为确保两大产业间融合系统的运行而制定的相关方法，因此需要打造融合新型产品的细化市场，优化中介机构体系、强化各要素的监管、完善信息共享机制，建立两大产业要素间协同、互信，保证产业融合流通和顺畅。

3.3　制度创新策略

法律制度是产业融合发展的根本保证，但目前临沂地区的法律内容不完备、体系不健全，因此需制定关联密切的法规、制度等；建立融合产业管理制度，确保有法可依、有章可循；构建包含监督、评价、反馈等环节的监管制度，保障融合顺利进行。

3.4　政策创新策略

在经济政策方面，需要加大国有企业的产权改革、企业制度建立、增进竞争并发挥市场机制做用户；在科技政策方面，通过加强基础性研究、注重应用创新、加强科技检测、促进科技进步的践行举措等措施大力推动科技进步，需同时加快创新平台的建设以促进科技创新；在人才政策方面，产业融合的各个环节应出台适应性的人才培养、使用、吸收和健全政策，不仅能将各类人才引进来，并做到人尽其用。

参考文献

[1] 马歇尔.经济学原理[M].北京：商务印书馆，1991.

[2] BLYTH C A. Economic growth of nations total output and production structure[J]. Economics，1973，40

（160）： 457.

[3] DANIEL BELL. The coming of postindustrial society，American [M]. Heinemann Educational Books Ltd.，1974.

[4] BUTTON K J. Urban economics：theory and policy [M].London：The Macmillan Press Ltd.，1976.

[5] LUNDVALL，BENGTAKE. The globalizing learning economy： implications for innovation policy[J]. Report from Dg Xii，Commission of the European，1997（1）：16.

[6] 邓慧君. 中部地区现代服务业与新型工业化的耦合研究 [D]. 长沙：湖南大学，2008.

[7] 肖琛. 湖南省新型工业化与现代服务业的协调发展研究 [D]. 长沙：长沙理工大学，2009.

[8] 王晓波. 服务业与工业化、城市化的互动：1980—2005山东省服务业实证研究 [D]. 济南：山东大学，2008.

[9] 李楠. 大庆市工业化和服务业互动发展研究 [D].哈尔滨：哈尔滨工业大学，2016.

[10] 刘刚，李香兰. 工业化、服务业发展与城市化三者"互动演进"过程新探：兼议城市化的"杨格定理"[J]. 江西社会科学，2010（1）：86-90.

[11] 王文轩. 切实做好今年全省服务业工作 为 "十二五" 跨越发展打好基础 [J]. 山东经济战略研究，2011（3）：4-6.

[12] 刘泉，吕峰，刘翔. 灰色趋势关联分析及其应用 [J]. 系统工程理论与实践，2001（7）：77-86.

[13] 刘耀彬，李仁东，宋学锋. 中国区域城市化与生态环境耦合的关联分析 [J]. 地理学报，2005（2）：241-242.

重症急性胰腺炎肠屏障功能障碍及防治研究进展

徐晓艳　　姜中国　　刘洁　　朱玉婷

摘要： 重症急性胰腺炎（Severe Acute Pancreatitis，SAP）是消化科常见疾病，其情况重，病情变化快，病死率高。目前认为，SAP急性反应期后的胰腺坏死组织、胰周积液或其他器官继发性感染是导致患者死亡的主要原因。大量循证医学证据证明SAP时肠道屏障功能受损，腔内细菌及内毒素移位，引起肠源性感染，甚至全身炎症反应综合征（Systemic Inflammatory Response Syndrome，SIRS）或多器官功能衰竭综合征（Multiple Organ Dysfunction Syndrome，MODS），肠道成为继发性感染的主要病原体来源。故在临床工作中重视SAP肠屏障功能障碍防治，是减少肠源性感染，防止SIRS、MODS发生、发展，降低患者死亡率的重要措施。

关键词： 重症急性胰腺炎；肠屏障功能障碍；细菌移位；微循环障碍

急性胰腺炎是消化科常见疾病，近些年由于人们生活方式、饮食结构等改变，其发生率呈上升趋势，其中10%～25%可发展为SAP。SAP往往起病急，病情变化快且病死率高，总体死亡率可达20%～30%，故常为临床医师所重视。近些年随着对SAP发病机制了解的深入、多学科综合治疗手段不断发展，其救治成功率有所提高，SAP患者一般能较平稳地度过急性反应期，但随后因多因素打击导致的肠黏膜屏障功能障碍，细菌和内毒素移位及相关脓毒血症的发生常控制不佳[1]，甚至进一步引起SIRS或MODS。目前认为，继发的肠源性感染是导致患者死亡的主要原因[2]。因此，重视并掌握SAP肠道黏膜屏障功能障碍的防治，对减少继发性肠源性感染，降低死亡率意义重大。故本文着重综述近几年重症急性胰腺炎肠道屏障功能障碍发生机制及防治进展。

1　SAP肠道黏膜屏障功能障碍发生机制

SAP患者机体呈高分解代谢、高营养需求状态，基础代谢率增高，加之应激下儿茶酚胺、糖皮质激素等分泌也增多，内环境发生紊乱，产生一系列病理生理改变，如细胞因子及炎症介质瀑布式级联反应，肠道缺血缺氧及缺血再灌注，上皮细胞凋亡及坏死增加等，破坏了肠黏膜的机械屏障、化学屏障、免疫屏障和微生物屏障[3-4]。

1.1　机械屏障功能障碍

机械屏障广义上包括上皮细胞、细胞间连接复合体及胃肠运动[5]。SAP早期细胞因子及炎症介质失控释放作用于血管内皮可引起毛细血管渗漏综合征并血容量分布异常性休克[6]，肠道因循环血量丰沛易早期发生缺血缺氧。缺血缺氧及过多细胞因子、炎症介质如IL-1、IL-6、TNF-α等可引起肠黏膜上皮水肿、细胞凋亡增加甚至死亡并从绒毛顶端脱落，细胞间连接复合体破坏，紧密连接断裂；上皮细胞受损后黏液分泌功能及益生菌定植受损；缺血缺氧亦导致胃肠运动功能异常，动力缺失反过来又加重胃肠道的缺血缺氧，形成恶性循环；同时胃肠动力障碍削弱了肠道对过路菌及毒物的排泄，导致小肠内菌群的过度生长。缺血再灌注时肠道可产生大量的活性氧，但局部抗氧化性物质如还原型谷胱甘肽生成减少，氧自由基清除功能减弱，细胞膜中的还原性成分，如多不饱和脂肪酸过氧化，细胞机构及功能受损，屏障功能障碍。同时 SAP 患者为使胰腺休息，通常禁食，因缺乏食物直接刺激及肠上皮代谢所必需营养物质，上皮细胞更新修复能力下降，削弱了肠道机械屏障。

1.2 化学屏障功能障碍

肠黏膜化学屏障是胃酸、胆汁、各种消化酶、溶菌酶等化学物质构成的屏障。SAP 时炎症介质、细胞因子及缺血再灌注损伤可直接损害肠黏膜细胞，导致细胞凋亡或死亡，细胞合成分泌受影响。另外，机体此时高代谢、高蛋白消耗，肠黏膜缺乏谷氨酰胺等代谢必需营养物质，发生萎缩，肠道分泌功能减弱，糖蛋白和糖脂减少。SAP 胃肠功能障碍也导致胆汁分泌减少[7]，胆汁调节肠道 pH 及清除内毒素功能受影响。胰酶外漏及胃肠减压也使得消化液大量丢失，使化学杀菌作用减弱，进一步损害化学屏障。

1.3 免疫屏障功能障碍

细胞免疫屏障［上皮内及固有层淋巴细胞、潘氏小体及黏膜相关淋巴组织（ mucosa-associated lymphoid tissue，MALT］和体液免疫屏障构成肠道免疫屏障[8]。其中 MALT 中的 B 淋巴细胞分化成熟后可产生分泌型 IgA，其释放入肠腔可发挥中和毒素等作用。SAP 时肠道血供减少，淋巴组织增殖代谢发生障碍。另外，长期禁食及病程早期全肠外营养，造成肠黏膜代谢必需营养物质的不足，使得肠道分泌型 IgA 的合成释放减少，黏膜免疫力下降。此外，SAP 时失控的细胞因子如肿瘤坏死因子 – α、白介素等可诱导淋巴细胞凋亡；同时淋巴循环过程中的淋巴细胞因归巢受体表达下降而导致归巢数量下降，影响了肠道的免疫功能。

1.4 肠道生物屏障功能障碍

定植于肠道内的共生菌组成了肠道生物屏障[9]。共生菌群通过定植竞争、免疫耐受等方法加强宿主的消化吸收及免疫功能。SAP 患者因禁饮食或肠外营养，肠动力障碍及广谱抗生素的滥用易出现肠道菌群的紊乱。条件致病菌（如大肠埃希菌）大量增殖，而益生菌生长受抑，菌群比例失调，随之会产生大量内毒素。细菌及内毒素可以通过肠道黏膜移位到血液、淋巴组织或其他器官导致继发性感染甚至 SIRS 或 MODS，反过来又加重肠道损伤，形成恶性循环[10]。以上多因素共同损害肠道黏膜，使腔内细菌及内毒素移位导致继发性感染，甚至进一步诱发、加重 SIRS 或 MODS 导致患者死亡。故临床对肠道屏障功能障碍的防治可有效影响 SAP 的转归及预后。

2 SAP 肠屏障功能障碍的防治

2.1 早期合理的液体复苏

早期合理的液体复苏在 SAP 患者治疗中至关重要。肠黏膜具有丰富微循环结构及高代谢的功能特性，对灌注不足十分敏感。SAP 急性反应期易并发毛细血管渗漏综合征及血容量异常分布性休克，改变了血流动力学[11]，发生缺血缺氧，成为肠黏膜损伤最主要的因素。目前一致认为治疗 SAP 在于早期阻止上诉循环的发生，故及时纠正血流动力学紊乱，恢复黏膜灌注，减轻缺血-再灌注损伤是恢复肠屏障功能的关键。目前普遍认为 SAP 一旦确立，尽早实施液体复苏，发病 72 小时内为复苏黄金时间，可显著降低 SAP 患者感染并发症及死亡率[12-14]。就液体入量，既往提倡的大量液体复苏被证明不甚合适：输注速度过快，毛细血管静水压短期内增长迅速，渗漏持续存在，同时也造成稀释性低蛋白血症，降低血浆胶体压，引起或加重肺水肿和肠黏膜水肿等状况，导致急性肺损伤或腹腔内高压甚至 MODS。

另外，复苏液的晶胶比也会影响血流动力学的恢复。目前尚无完美的晶胶比统一标准，乳酸林格氏液为当前大多数治疗指南推荐的首选复苏液体，必要情况下部分患者亦可适当选用羟乙基淀粉等羧甲淀粉制剂进行快速复苏。郑盛等[14]通过临床 RCT 研究认为复苏时晶胶比 1.5 ~ 3 能获得较好效果。现阶段重症患者建议选择控制性液体复苏：早期快速扩容，血压平稳（90/60 mmHg 以上）后调整输注速度；根据检查结果变化动态性、个体化调整晶胶比，积极处理并发症，可让患者平稳度过急性期，减少肠道黏膜损伤，降低死亡率[15]。

2.2　营养支持

SAP 患者机体处于高代谢、高消耗状态，营养需求大，禁食及胃肠减压等治疗又增加了营养成分的缺失，故营养支持必不可少，且有研究证实肠内营养还能直接刺激胃肠蠕动，改善上皮细胞萎缩及凋亡坏死，有助于肠黏膜屏障的恢复，减少肠源性感染等并发症，改善预后，降低死亡率[16-17]。营养支持包括肠内营养（enteral nutrition，EN）支持和肠外营养（parenteral nutrition，PN）支持两种方式，对 SAP 患者而言，早期因胰腺休息需要可以给予全胃肠外营养以满足机体需求，随着病程发展，EN 要优于TPN，其不仅能通过食物直接刺激促进胃肠动力的恢复，增强肠道免疫力，也能为上皮直接提供代谢必需的营养物质如谷氨酰胺、多不饱和脂肪酸等，促进了肠黏膜屏障的恢复，减少细菌和内毒素移位，还能促进胆汁分泌，减少肝脏损害，满足治疗的同时也维持了肠道的正常功能状态。目前主张在肠道功能恢复的条件下尽早实施肠内营养，甚至日本最新修订的胰腺炎治疗指南建议[17]即使无肠蠕动，也应 48 小时内小剂量开始实施肠内营养支持。Davies AR 等[18]对 SAP 早期肠内营养行 meta 分析认为可明显降低胰腺感染、导管相关性败血症等并发症发生率，缩短患者住院时间。冯操等通过临床随机对照实验证实 SAP 早期肠内营养可以显著升高抑炎因子 IL-10 和降低促炎因子 IL-17，抑制炎症反应，保护肠道黏膜功能，临床疗效显著。付云辉等[19-20]研究也认为早期肠内营养在满足患者机体对能量和蛋白需要的同时，有助于防治肠道功能衰竭，减少菌群移位。早期肠内营养给予方式常规有鼻胃管或鼻腔肠管两种方式。有荟萃分析认为，在耐受性及病死率方面，两者并无统计学差异。最新的观点亦指出鼻胃管饮食与鼻腔肠管饮食均可以保持肠道的完整性，营养效果差别不大，故可给予患者个体化给食方式。营养液组成中有研究发现谷氨酰胺等免疫营养制剂的加入可有效减少上皮细胞凋亡，保护肠道黏膜。

2.3　胃肠道促动力剂

胃肠动力障碍是 SAP 肠功能障碍中非常重要的一部分，早期可表现为胃排空减慢，十二指肠运动迟缓和肠麻痹等，常为炎症介质过度释放、胃肠微循环障碍、Cajal 细胞缺失、神经肌肉受损、激素分泌紊乱等多方面综合作用的结果。动力障碍可减弱肠道的消化吸收、免疫等功能，加重胃肠道缺血，减弱毒素廓清功能，引起肠道菌群紊乱。尽早恢复胃肠动力是胃肠功能障碍的治疗原则，早期恢复影响 SAP 转归及预后，可有效防止病情恶化[21]。对于胃潴留、肠麻痹患者，应尽量避免使用儿茶酚胺、阿片类等损伤胃肠动力的药物。药效学中儿茶酚胺可激动 β - 肾上腺素受体从而抑制 Ach 的释放，减慢胃排空、延长肠道传输时间；阿片类药物能抑制神经递质的释放，降低神经元兴奋性，影响胃肠道运动功能。同时必要时可给予促胃肠动力药改善临床症状：①促进胃肠肌间神经丛乙酰胆碱释放的药物，如莫沙必利、依托必利；②促进胃肠蠕动并可扩张幽门及十二指肠平滑肌的多巴胺受体阻滞剂，如甲氧氯普胺、多潘立酮等；③胃动素受体激动剂，作用于胃动素受体，诱导消化间期移行性运动复合波Ⅲ期活动，增强胃肠蠕动，如红霉素；④胆碱酯酶抑制剂，如新斯的明，促进胃肠运动。

2.4　补充益生菌

SAP 时继发感染是导致患者病情恶化、死亡率增加的重要原因。大量的研究表明感染的细菌主要来源于肠道，并以大肠埃希菌为主的 G– 杆菌为主。补充外源性益生菌，通过定植拮抗作用能抑制肠道病原菌的生长，调节肠道菌群平衡并减少细菌易位；能够抑制上皮细胞凋亡，降低黏膜通透性，保护胃肠道黏膜屏障；调节肠道特异性及非特异性免疫反应。聂佳佳[22] 等通过对囊括 444 名患者的益生菌治疗 RCT 荟萃，认为益生菌使用不能降低患者感染及死亡率，但能降低总体并发症的发生率，缩短平均住院时间。很多的临床及动物实验都证实益生菌的有效性。但因缺乏有力循证医学证据，益生菌应用中存在的如耐药基因转导、肠腔内移位、毒性及代谢效应等风险也有待进一步研究[23]。所以益生菌的临床推广还需要更大的样本实验来支持。鉴于此，我国最新的胰腺炎诊治仍未明确推荐益生菌。

2.5 传统医药治疗

大量基础及临床研究证实中医药对改善 SAP 肠屏障功能障碍效果明显，能有效降低并发症的发生率和病死率，缩短住院时间，减少花费。例如，川穹嗪可改善局部微循环障碍；芒硝止痛消炎，刺激胃肠蠕动。李文星等[24] 将 30 只大鼠随机分为假手术组、治疗组、模型组，造模成功后，治疗组用丹参大黄合剂 4 mg/kg 进行治疗干预，12 小时取材，发现各组血清及肠黏膜组织 IL-1、TNF-α、内皮素、二胺氧化酶差别有统计学意义，且各组间亦然（$P < 0.05$）。亦有临床试验证实复方丹参注射液辅助治疗 SAP 可促进胃肠功能恢复。中药往往是通过抑制炎症反应，抑制巨噬细胞及中性粒细胞活化，促进肠黏膜屏障恢复，降低血管通透性，恢复胃肠运动，清除内毒素等来达到改善临床症状的作用。

2.6 应用抗生素

继发性肠源性感染是导致 SAP 患者死亡的主要原因之一，故抗生素的应用在 SAP 治疗中是不可忽略的一部分。抗生素应用包括治疗性抗生素应用及预防性应用。对有明确感染证据的患者，可遵循"降阶梯治疗"及时给予足量、足疗程的抗生素，并选择如喹诺酮类、甲硝唑、美罗培南等 G– 杆菌和厌氧菌特异性的且局部血药浓度高的药物[25]。胰腺坏死时预防性抗生素使用目前仍未有明确的标准。因为 SAP 按病因可分为胆源性和非胆源性，胆源性重症急性胰腺炎主张早期给予抗生素预防，非胆源性 SAP 抗生素使用可以减少肠腔细菌移位，但是否减轻胰腺或其他器官感染目前尚不明确，甚至有人认为抗生素的预防性使用可能会产生耐药性甚至诱发真菌感染。当前许多荟萃分析并未将病因因素考虑在内，所以分析结果存在差别。但日本最新胰腺炎治疗指南建议 SAP 患者发病 24 ~ 72 h 内提倡预防性应用抗生素，持续时间不建议大于 2 周。其他方法如连续性血液净化、腹腔灌洗等亦有研究认为也可有效阻断炎症、保护肠道黏膜功能，改善器官功能，治疗 SAP。张勇等[26] 通过非随机同期对照方法研究了 65 例 SAP 合并 MODS 患者，结果认为可降低血清炎症介质，改善病情。

肠道是重症急性胰腺炎后期继发性感染主要感染源，其黏膜屏障障碍是发生肠内细菌及内毒素移位的结构和功能基础。SAP 肠黏膜屏障功能损害是多种彼此独立又相互交织因素参与的复杂病理生理过程，虽然目前临床及基础研究让我们对其有所了解，但其确切机制我们仍所知甚少。根据目前基础研究现状及临床经验，我们可采取上述诸多综合治疗措施以减轻肠道屏障功能损害。即使目前看来 SAP 治疗预后及病死率仍让人不甚满意，但相信随着对肠道黏膜屏障损害发病机制的深入研究，我们会产生一系列的新的治理方案，从屏障损害的各个环节加以阻断，进而减少肠源性感染，降低 SAP 病死率。

参考文献

[1] BESSELINK M G，VAN SANTVOORT H C，BUSKENS E，et al. Probiotic prophylaxis in predicted severe acute pancreatitis：a randomised，double-blind，placebo-controlled trial[J]. Lancet，2008，371（9613）：651–659.

[2] WHITCOMB D C, CLINICAL DRACTICE. Acute pancreatitis[J]. N Engl J Med, 2006, 354（20）: 2142-2150.

[3] Deith E A. Bacterial translocation or lymphatic drainage of toxic productsfrom the gut: what is important in human beings[J]. Surgery, 2002, 131（3）: 241-244.

[4] 高金生，杨书良. 肠黏膜屏障损伤的原因与机制研究进展 [J]. 世界华人消化杂志，2009，17（15）: 1540-1544.

[5] DERVENIS C, SMAILIS D, HATZITHEOKLITOS E.Bacterial translocation and its prevention in acute pancreatitis[J]. Journal of hepato-biliary-pancreatic surgery, 2003, 10（6）: 415-418.

[6] 徐东升，孙备. 毛细血管渗漏综合征与液体治疗的研究进展 [J]. 中国实用外科杂志，2007，27（2）: 176-178.

[7] 蒋晓芸，钱立平，孙大裕. 重症急性胰腺炎肠道屏障功能损伤机制研究展 [J]. 国际消化病杂志，2006，26（4）: 221-223.

[8] LAMPRECHT G, A HEININGER. Current aspects of sepsis caused by bacterial translocation[J]. Zentralbl Chir, 2012, 137（3）: 274-278.

[9] 康白. 胃肠微生态系统的研究进展 [J]. 中国实用内科杂志，2006，26（13）: 961-963.

[10] MENNIGEN R, BRUEWER M. Effect of probiotics on intestinal barrier function[J]. Ann NY Acad Sci, 2009, 3（1165）: 183-189.

[11] 徐东升，孙备. 毛细血管渗漏综合征与液体治疗的研究进展 [J]. 中国实用外科杂志，2007，27（2）: 176-178.

[12] WARNDORF M G, Kurtzman J T, Bartel M J, et al. Early fluid resuscitation reduces morbidity among patients with acute pancreatitis[J]. Clin gastroenterol hepatol, 2011, 9（8）: 705-709.

[13] 王兴鹏，李兆申. 中国急性胰腺炎诊治指南 [J]. 中国实用内科杂志，2013（7）: 530-535.

[14] 郑盛. 不同晶胶比早期液体复苏对重症急性胰腺炎患者预后的影响 [J]. 胃肠病学和肝病学杂志，2013（12）: 1269-1272.

[15] 林财威，刘丽娜，王旭东. 重度急性胰腺炎早期液体复苏 [J]. 中国临床医生杂志，2015，1（12）: 3.

[16] DOLEY R P, YADAV T D, WIG J D, et al. Enteral nutrition in severe acute pancreatitis[J]. JOP, 2009, 10（2）: 157-162.

[17] YOKOE M, TAKADA T, MAYUMI T, et al. Japanese guidelines for the management of acute pancreatitis: Japanese Guidelines 2015[J]. J Hepatobiliary Pancreat Sci, 2015, 22（6）: 405-432.

[18] DAVIES AR, MORRISON S S, RIDLEY E J, et al. Nutritional therapy in patients with acute pancreatitis requiring critical care unit management: a prospective observational study in Australia and New Zealand[J]. Crit Care Med, 2011, 39（3）: 462-468.

[19] LI J Y, YU T, CHEN G C, et al. Enteral nutrition within 48 hours of admission improves clinical outcomes of acute pancreatitis by reducingcomplications: a meta-analysis[J]. PLoS One, 2013（8）: e64926.

[20] 付云辉，文剑波，王桂良，等. 早期肠内营养对重症急性胰腺炎患者细胞因子水平及内毒素的影响 [J]. 世界华人消化杂志，2015，23（7）: 1174-1179.

[21] REINTARM B A, POEZE M, MALBRAIN M L, et al. Gastrointestinal symptoms during the first week of intensive care are associated with poor outcome: a prospective multicentre study[J]. Intensive Care Med, 2013, 39（5）: 899-909.

[22] 聂佳佳，吴书明. 微生态制剂在重症急性胰腺炎中应用的 meta 分析 [J]. 胃肠病学，2014，19（2）: 83-88.

[23] KOTZAMPASSI K，GIAMARELLOS-BOURBOULIS E J. Probiotics for infectious diseases： more drugs，less dietary supplementation[J]. Int J Antimicrob Agents，2012（1）：288-296.

[24] 沈小凯，李文星，李辉，等．丹参大黄合剂对大鼠重症急性胰腺炎肠源性内毒素血症的治疗作用[J]. 中国医疗前沿，2011，6（1）：21-22.

[25] 中华医学会消化病学分会胰腺疾病学组，中华胰腺病杂志编辑委员会，中华消化杂志编辑委员会．中国急性胰腺炎诊治指南（2013）[J]. 胃肠病学，2013，18（7）：428-433.

[26] 张勇，曾维政，王云霞，等．连续血液净化治疗重症急性胰腺炎合并多器官功能障碍综合征效果观察 [J]. 临床肝胆病杂志，2016，32（2）：320-323.

创新阅读方式　提升阅读服务形式

张帆　牟华　孙丽君

摘要：提升文化素养是国家、民族发展中最基本、最持久的力量。提升文化素养，关键因素是要培养大众良好的阅读习惯。国家为此专门出台法律保障公共图书馆的文化推广职能，济南图书馆作为一家建馆65年的公共图书馆，充分利用现代科学技术，将传统阅读与数字阅读有机结合，开拓灵活多样的借阅手段，加强对专业技术人员的服务培训，为更好地履行社会职能，提升服务质量，对读者进行图书阅读推广服务。

关键词：公共图书馆；图书；阅读推广

文化自信是一个国家、一个民族发展中最基本、最深沉、最持久的力量。习近平总书记在党的十九大报告中指出，要培育和践行社会主义核心价值观，不断增强意识形态领域主导权和话语权，推动中华优秀传统文化创造性转化、创新性发展，继承革命文化，发展社会主义先进文化，为人民提供精神指引。

1　国家出台法律保障公共图书馆的文化推广职能

自 2017 年 3 月 1 日起实施的《中华人民共和国公共文化服务保障法》（以下简称《公共文化服务保障法》）和自 2018 年 1 月 1 日起实施的《中华人民共和国公共图书馆法》（以下简称《公共图书馆法》）是国家站在文化自信、文化惠民的绝对高度上相继颁布的重要法律法规。《公共文化服务保障法》是为加强公共文化服务体系建设，丰富人民群众精神文化生活，传承中华优秀传统文化，弘扬社会主义核心价值观，增强文化自信，促进中国特色社会主义文化繁荣发展，提高全民族文化素质而制定的。《公共图书馆法》是国家层面公共文化领域的第一部专门法律。为了促进公共图书馆事业发展，发挥公共图书馆功能，保障公民基本文化权益，提高公民科学文化素质和社会文明程度，传承人类文明，坚定文化自信而制定的。

2　公共图书馆承担的基本社会职能

现在的公共图书馆主要提供了 4 类免费服务：文献信息查询、借阅；阅览室、自习室等公共空间设施场地开放；公益性讲座、阅读推广、培训、展览；国家规定的其他免费服务项目。

文献信息查询、借阅及阅览室、自习室等公共空间设施场地开放的利用是广大读者到图书馆的最基本、最普通的主动行为和根本需要。但阅读推广却应是公共图书馆重点发挥的社会职能。

通过培养阅读即学而读，进而读而学，使阅读顺畅自如，同时边读边想，形成自己的新的思维。使读者领悟书籍，成为一个独立思考的探索者。阅读和写作使个人智力日益复杂精密，从而不断积累全人类的智慧。这就是阅读的力量，阅读推广意义任重而道远。

3　阅读推广是公共图书馆承担的重要社会职能

国家规定的其他免费服务项目是公共图书馆的主动服务行为和社会角色担当及文化功能作用。以阅读推广为例，人生来不会阅读，阅读是一种学而读、读而学的文化行为，阅读技能是后天养成的。阅读推广也就是推广阅读。图书馆是倡导和推动全民阅读最主要、最有力的组织者、实施者、践行者，是推进全民阅读的重要力量，且有法可依。

阅读推广不仅仅是组织、举办阅读活动，还要进行阅读指导，培养阅读意识、兴趣，养成阅读习惯，更要提高阅读能力。良好的阅读习惯，浓厚的阅读兴趣，不断提升的阅读能力，让阅读方式影响思维方式，使图书馆成为读者美好的精神家园。

阅读推广是图书馆诸多工作中的重要一环。图书馆是连接读者与书籍的纽带、桥梁和平台，"为读者找好书，为好书找读者"是图书馆及图书馆人的社会责任和使命担当。在日常的工作中，图书馆人是阅读推广服务的主体，读者是享受阅读推广服务的主体。图书馆人必须不断加深自身修养，加强服务意识。开设图书馆人继续教育课程及研讨会，提升图书馆员的专业技能，培育职业精神。强烈的责任心，优秀的专业技能，更好地进行阅读推广工作。

4　济南图书馆为阅读推广举措纷呈

济南市图书馆是国家一级图书馆，全国古籍重点保护单位，为综合性的公共图书馆，始建于1953年7月1日。选址于国内首个商埠区公园的百年中山公园内，1987年迁址中山公园西侧（济南市图书馆老馆），2013年10月位于西客站山东省文化艺术中心的济南市图书馆新馆正式向读者开放。2014—2017年济南市图书馆老馆下新书65 733种，79 107册。现有馆藏近300万册，是济南市民文化生活不可或缺的重要组成部分。

4.1　充分利用先进科学技术，数字阅读与传统阅读相辅相成

图书是人类进步的阶梯。有人说，天堂是图书馆的模样。随着科技的进步，数字阅读已经成为纸质阅读的有益补充，数字阅读可以在最短时间内找到信息，而纸质阅读却是一种享受，可以随着阅读进行精进思考；数字阅读很多时候是碎片化阅读，多媒体的应用及视觉、听觉的刺激使阅读也可以变得娱乐。

开启纸质阅读是文化交流，透过书与作者碰撞思想火花。书籍有生命、有文明、有文化传承。纸质阅读的是知识，一枚小小书签，记录了与书的交流；数字阅读的是信息，跳转到上次阅读处。书籍是香的，腹有诗书气自华。一排排书架放满了书可能不如一台电脑存储的电子书多，而阅读的感受是不同的，纸质阅读是有温度的，电子书阅读是有色彩的。到图书馆来读书，是一种真正意义上彻头彻尾的脱胎换骨。

4.2　济南图书馆以人为本，为读者营造良好阅读环境

济南图书馆以读者为友，热心推荐，交流探讨，听取读者反馈意见，倾听读者心声，了解诉求，及时调整工作思路，扩大文献利用率。以专业知识，根据历史事件、专题系列、同一作者著作、主题推荐等，利用有效的排架，将不同分类的图书集中展示给读者进行阅读推广。方便读者查询借阅，以读者所想所用为出发点，与图书分类排架有效结合，在最显著位置摆放阅读推广的书籍，有党建专架、传统文化专架、经典文学专架等。

以人为本的思想和高科技技术含量的融合，相互支撑，取长补短，相得益彰，使读者享受到更高效、更方便、更有温度的阅读推广服务。图书馆的工作性质就是全年无休，根据"春节""三八节""4月23号世界读书日""五一节""五四青年节""建军节""国庆节"等节假日推荐相关系列图书，使阅读推广更具有归属感、人群感、侧重性、针对性。根据读者的反馈，不断提升专区专架的排放，主动推广，提升借阅率。

4.3 济南图书馆为阅读推广开拓多种服务形式

公共图书馆给读者提供了深度的空间。到图书馆查询借阅图书，到阅览室自习室学习，享受阅读推广服务。把需求告诉图书馆人，图书馆人会最大限度地的满足读者，因为读者的满意是图书馆人的满足。

济南图书馆于 2016 年 4 月 23 日开通了"享阅服务"，读者可凭借书证到新华书店去借阅新书，由图书馆买单，读者在 30 天内将新书还回图书馆，图书馆将收集的书籍统一送回采编部加工处理、分配馆藏。这项服务大大缩短了新书上架的周期。

2017 年 10 月，济南市图书馆开通了网上借阅，读者在家中可以收到网络书库的图书，大大方便了到馆不方便的读者，对实地服务起到了积极有效的补充，使图书馆阅读推广工作全方位一体化、人性化。

4.4 济南图书馆加强对专业技术人员的培训，提高对外服务能力

图书馆人在读者的阅读推广组织指导和活动中，应以培养担当民族复兴大任的时代新人为着眼点，强化教育引导、实践养成、制度保障、发挥精神文化产品创作生产传播的引领作用，把推广阅读转化为广大群众的情感认同和行为习惯。

自 2017 年开始，济南图书馆所有专业技术人员必须参加《专业技术人员继续教育公共服务平台》学习，公需科目 30 学时。不断提升自我素养，根据每个图书馆人擅长的工作范围、工作领域将各类图书阅读推广综合考虑，科学分工，合理分配，力争为读者提供精确、高效的阅读推广。例如，政治、历史、文学、经济、军事、教育、艺术等各个分类，向读者做专项阅读推广。

5 结语

文化是一种力量、一种精神、一种信仰，与书籍面对面，你就会不断一路前行，济南图书馆在大力推广全民阅读，坚持全民行动，结合时代要求继承创新，让中华文化展现出永久魅力和时代风采中不断前行。

参考文献

[1] 本书编写组 . 党的十九大报告辅导读本 [M]. 北京：人民出版社，2017.

[2] 赵俊玲，等 . 阅读推广：理念方法案例 [M]. 北京：国家图书馆出版社，2013.

[3] 郝振省，陈威 . 中国阅读全民阅读蓝皮书：第一卷 [M]. 北京：中国书籍出版社，2009.

有机化学品苯胺生产职业危害控制分析

何海林　　于泉德　　贾卫斌

摘要： 本文分析识别了某企业苯胺生产过程中存在的职业病危害因素，评价其职业病危害现状、职业病防护措施及效果。研究的主要方法是采用职业卫生现场调查，对主要职业病危害因素进行检测，分析职业健康监护结果，并对职业病防护措施、职业卫生管理、个人防护用品、应急救援等方面进行综合评价。

关键词： 苯胺；职业病；控制效果；研究

苯胺是重要的有机化工产品，识别存在的职业病危害因素，分析其危害程度，可以从源头上预防、控制或消除职业病危害，切实保障劳动者健康。

1　内容与方法

1.1　调查内容

了解该企业职业卫生管理基本情况、采取的职业病防护措施、个人防护用品的发放及职业健康监护情况，查看有关职业卫生档案资料，熟悉生产工艺，识别生产过程中产生的主要职业病危害因素，填写职业卫生调查表，制定评价方案。

1.2　检测方法

按照采样规范的要求，制定检测方案，在满负荷生产条件下进行采样。氢氧化钠、硫酸采样使用FCC-25防爆粉尘采样仪；苯、硝基苯、二硝基苯、苯胺个体采样使用GilAir-5防爆个体采样仪；定点采样使用QC-4防爆大气采样仪；盐酸采样使用QC-4防爆大气采样仪；个体噪声测定使用HS5628B个人声暴露计，定点噪声测定使用HS6288B型噪声频谱分析仪。

2　结果

2.1　基本情况

该公司是一家以化工材料、热电能源、地产开发、餐饮服务、金融服务为主导产业的大型企业。苯胺生产车间劳动定员95人，全部接害，生产车间管理人员实行白班工作制，一线职工实行"四班三倒"工作制，每班工作8 h。由于涉及的主要原料苯，中间产品硝基苯、二硝基苯，产品苯胺为高毒物品，因此该企业属职业病危害严重的企业。

2.2　现场职业卫生调查

该企业职业卫生管理工作由公司安全部负责，苯胺生产车间设有安全员1名兼职业卫生管理，建立了职业卫生管理制度和应急救援预案，工人上岗期间佩戴相应的个人防护用品。该企业委托有资质的机构对在岗职工进行职业健康检查，建立了职业健康档案，未检出职业禁忌证和疑似职业病者。苯胺项目生产区与辅助生产区、非生产区分开设置；主要生产装置钢架结构露天布置，有利于有毒有害物质的扩散；生产现场、储罐区和中间罐区设有泄险围堰、静电接地、有毒气体报警仪、喷淋洗眼器等设施；在最高处设有风向标，在生产装置周围设有环形应急撤离通道，设有应急柜，应急柜内配有应急救援器材。主要生产工艺：用硫酸和硝酸的混合液与苯在催化剂作用下生产中间产品硝基苯，副产二硝基苯，硝基苯经过加氢反应生产苯胺，经过提纯得到产品。主要工序有苯硝化、硝基苯精制、硝基苯加氢还原、苯胺精制、废酸浓缩等。生产工艺流畅，设备布局合理。主要职业病危害因素分布见表1。

表1　某加油站项目职业病危害因素及其分布

单元	主要职业病危害因素	主要存在部位
生产装置	硫酸	硫酸中间罐、硫酸高位槽、混酸器、环形硝化器、硝化锅、蒸发器、冷凝器等
	硝酸	硝酸储罐、硝酸中间罐、输送泵、环形硝化器、硝化锅、硝化锅、苯水分离器、萃取分离器、废水罐等
	苯	苯储罐、苯中间罐、输送泵、环形硝化器、硝化锅、萃取分离器、苯水分离器、初馏塔、废水罐等
	硝基苯、二硝基苯	环形硝化器、硝化锅、中间罐、初馏塔、精馏塔等
	苯胺	流化床、初馏塔、精馏塔、再沸器、冷凝器、中间罐、成品罐、装车泵等
	盐酸	高位槽、调节池、化验室等
	氢氧化钠	液碱中间罐、液碱计量罐、中和锅、化验室等
	噪声	反应装置、转到设备、其他机泵等
	高温	蒸汽管道、换热器、再沸器、冷凝器及用蒸汽作介质的设备附近
	工频电场	变压器室、配电室等
公辅工程	化学试剂、硫酸、硝酸、苯、硝基苯、二硝基苯、苯胺、盐酸、氢氧化钠	分析化验作业
	硫酸、硝酸、苯、硝基苯、二硝基苯、苯胺、盐酸、氢氧化钠、氨、硫化氢、噪声、高温、电焊烟尘、锰及其化合物、一氧化碳、氮氧化物、臭氧、电焊弧光等	检维修作业
	硝基苯、二硝基苯、苯胺、盐酸、硫化氢、氨、噪声	污水处理
储运	硝酸、苯、苯胺	液体储罐区
	噪声	机、泵

2.3　主要职业病危害因素检测与评价

根据生产工艺和职业卫生现场调查情况确定检测项目，包括苯、硫酸、硝酸、硝基苯、二硝基苯、氢氧化钠、苯胺、盐酸、噪声和工频电场。在满负荷生产条件下选择有代表性的工作地点进行采样检测，检测结果如表2至表7所示。

表 2　化学因素检测结果（一）

有毒物质	车间	岗位	检测点数	检测结果 C_{MAC}/（mg/m³）	接触限值 MAC/（mg/m³）	结果判定
氢氧化钠	苯胺车间	硝基苯巡检	5	0.02 ~ 0.2	2	不超标
	化验室	分析化验	1	0.02 ~ 0.2		不超标
盐酸	苯胺车间	硝基苯巡检	2	< 0.5	7.5	不超标

表 3　化学因素检测结果（二）

有毒物质	车间	岗位	检测结果 C_{TWA}/（mg/m³）	接触限值 $PC\text{-}TWA$/（mg/m³）	检测点数	检测结果 C_{STEL}/（mg/m³）	接触限值 $PC\text{-}STEL$/（mg/m³）	结果判定
硫酸	苯胺车间	硝基苯巡检	0.02	1	6	< 0.13	2	不超标
		浓缩巡检	0.02		4	< 0.13 ~ 0.13		不超标
		循环水巡检	0.02		2	< 0.13		不超标
	化验室	分析化验	—		1	< 0.13		不超标
苯	苯胺车间	硝基苯巡检	0.04	6	10	< 0.6	10	不超标
	物资部	装卸	0.8		2	< 0.6		不超标
	化验室	分析化验	—		1	< 0.6		不超标

* 为计算值。

表 4　化学因素检测结果（三）

有毒物质	车间	岗位	检测结果 C_{TWA}/（mg/m³）	接触限值 $PC\text{-}TWA$/（mg/m³）	检测点数	检测结果 C_{STEL}/（mg/m³）	超限倍数	最大超限倍数	结果判定
硝基苯	苯胺车间	硝基苯巡检	0.0004	2	10	< 0.0033	< 0.0016	2.5	不超标
		苯胺巡检	0.0004		5	< 0.0033	< 0.0016		不超标
	化验室	分析化验	—		1	< 0.0033	< 0.0016		不超标
二硝基苯	苯胺车间	硝基苯巡检	0.004	1	10	< 0.027	< 0.027		不超标
		苯胺巡检	0.004		5	< 0.027	< 0.027		不超标
	化验室	分析化验	—		1	< 0.027	< 0.027		不超标
苯胺	苯胺车间	苯胺巡检	0.04	3	10	< 0.3	< 0.1	2.5	不超标
		硝基苯巡检	0.04		3	< 0.3	< 0.1		不超标
	物资部	装卸	0.04		2	< 0.3	< 0.1		不超标
	化验室	分析化验	—		1	< 0.3	< 0.1		不超标

表 5　噪声 40 h 等效声级检测结果

车间	检测岗位数	检测结果 $L_{EX,\,W}$/dB（A）	接触限值/dB（A）	结果判定
物资部	1	82.0	85	不超标
苯胺车间	5	74.7 ~ 83.4		不超标

表 6　工作场所噪声检测结果

车间	检测地点数	日接触时间/h	检测结果/dB（A）	接触限值/dB（A）	结果判定
物资部	3	0.5	79.5 ~ 83.2	—	—
现场操作室		6.5	64.9	75	不超标

车间	检测地点数	日接触时间 /h	检测结果 /dB（A）	接触限值 /dB（A）	结果判定
	16	0.2 ~ 1.6	76.3 ~ 102.9	—	—
苯胺车间	循环水操作室	6.4	73.4	75	不超标
	苯胺操作室	5.6	69.1	75	不超标
	硝基苯操作室	5.6	70.2	75	不超标
	浓缩操作室	5.6	69.2	75	不超标
化验室	色谱室	6.5	54.5	60	不超标

注：工作场所噪声声级不做判定；非噪声工作地点噪声声级需要进行判定。

表 7　工作场所工频电场电场强度检测结果

车间	岗位	检测地点	检测结果 /（kV/m）	接触限值 /（kV/m）	结果判定
苯胺车间	低电巡检	307b 变配电室	0.4	5	不超标
		307c 变配电室	0.5		不超标

本次共检测氢氧化钠定点检测点 6 个，盐酸定点检测点 2 个，氢氧化钠、盐酸的最高接触浓度低于接触限值；硫酸个体检测对象 3 个、定点检测点 13 个，苯个体检测对象 2 个、定点检测点 13 个，硫酸、苯的时间加权平均浓度和短时间接触浓度均符合职业接触限值；硝基苯个体检测对象 2 个、定点检测点 16 个，二硝基苯个体检测对象 2 个、定点检测点 16 个，苯胺个体检测对象 3 个、定点检测点 16 个，硝基苯、二硝基苯、苯胺的职业危害因素超限倍数符合接触限值；物资部 1 个个体噪声、苯胺车间 5 个个体噪声测量结果符合接触限值，现场非噪声工作场所噪声测量结果符合接触限值；现场工频电场测量结果符合职业接触限值要求。

2.4　主要职业病防护设施评价

2.4.1　防尘设施

本项目仅在催化剂添加过程和催化塔附近存在催化剂粉尘，催化剂每年厂家来人更换一次，防尘不作为主要评价项目。

2.4.2　防毒设施

本项目硝基苯 - 苯胺生产装置采用框架结构，室外布置，密闭反应，原辅物料管道输送；控制室等处设有机械通风，进行排风防毒；通过对检测结果分析，各岗位及工作场所有害物质的浓度均未超过职业接触限值，采取的防毒设施是合理、有效的，符合要求。

2.4.3　防噪声设施

本项目按工艺要求选用了低噪声的设备，并设置减振底座；高噪声车间与低噪声车间分开设置；控制室与生产及辅助生产设备分开设置。采取了操作人员巡检作业方式，限制出入高噪声区的操作时间，为高噪声设备巡检人员配备防噪声耳罩等防噪措施。现场检测结果显示接触噪声 40h 等效声级基本符合职业接触限值要求，本项目采取的隔声、消声、减振、自动化控制等防噪声措施是合理、有效的，基本符合标准要求。

2.4.4　防高温措施

本项目环形硝化器、蒸汽管道等处存在高温危害，对高温管道等采取了隔热保温措施并做了明显的标识；生产装置室外框架结构布置，自然通风为主；控制室、办公室、化验室、低压配电室等处安装了空调进行温度调节，本项目采取的防高温设施是合理的，符合标准规范的要求。

2.4.5 防低温设施

本项目在控制室、办公室、操作室等处安装了散热器进行集中采暖，采取的防寒采暖方式、设备设施是合理的，为员工配备了防寒工作服，符合相关标准规范的要求。

2.4.6 防非电离辐射措施

本项目对变配电设备采取了屏蔽、接地、吸收等工程技术措施降低了工频电场强度，作业人员以巡检为主，采取的防非电离辐射措施是合理有效的。

2.5 应急救援

针对紧急情况下可能存在的苯、硝基苯、苯胺等职业病危害因素，本项目设置了有毒气体报警器、风向标、泄险围堰、喷淋洗眼装置等应急救援设施，并在巡检操作室等场所设置了正压呼吸器、全密闭防化服、便携式有毒气体报警仪等应急救援器材和医药箱等设施。选用或依托的应急救援设施的种类针对性较好，其型号、参数、配置数量等满足应急救援要求。

2.6 个人防护用品

该项目选用个体防护用品的种类针对性较好，其型号、配置数量等基本能够满足个体防护要求。基本符合安监总局令〔2012〕第47号令等法律法规、标准规范要求。

2.7 总体布局

2.7.1 总平面布局

本项目功能分区明确，分为生产区、非生产区和辅助生产区。本项目装置位于厂区中部，当地全年最小频率风向上风侧；辅助生产区的液体罐区位于生产区西侧当地全年最小频率风向的侧风侧；技术控制中心位于生产装置南侧，位于全年最小频率风向的下风侧。综上，总体布局符合《工业企业设计卫生标准》（GBZ 1—2010）的要求。

2.7.2 竖向布置

该项目区地势平坦，充分利用地形、地势。根据《化工企业总图运输设计规范》（GB 50489—2009）的规定，为有效的排水防止场地被雨水冲刷及污水的排放，按设计规范设计排水系统等。

2.7.3 设备布局

本项目硝基苯–苯胺联合生产装置为框架结构露天布置，生产装置共分为四层，一层主要布置有机泵、中间罐组、塔器，中间罐组位于生产装置区的西侧；二层主要布置有环形硝化器、硝化锅等；三四层主要布置有换热器类和高位槽等。硝基苯生产装置布置合理。

苯胺装置位于硝基苯装置西侧，苯胺生产装置共分为三层，氢气缓冲罐位于苯胺生产装置区的东北侧。一层主要有中间罐组、循环氢压缩机、机泵类和流化床等；二层布置换热器类和列管汽包等，三层布置高位放空罐类。苯胺生产装置布置合理。

2.8 建筑卫生学调查与评价

本项目生产装置采用室外布置，密闭反应，自然通风；在车间控制室、办公室、休息室，现场操作室、分析化验室、污水处理操作室等处设有局部排风、空调和散热器片等设施，夏天采用空调降温、冬天采用散热器片采暖；通过调查分析，本项目在通风、采暖、空气调节等方面的设置符合有关标准的要求。

3 结论

根据现场检测结果和结合本项目实际情况，本项目在正常生产情况下硝基苯－苯胺生产装置单元各岗位接触硫酸、苯、硝基苯、二硝基苯、苯胺、氢氧化钠、盐酸等的浓度可控制在低于接触限值内；公辅工程、储运单元的循环水、低电、仪表、分析化验、检维修、装卸岗位接触的硫酸、苯、硝基苯、二硝基苯、苯胺、氢氧化钠、盐酸等浓度低于接触限值；各岗位接触的噪声、高低温、工频电场的强度基本低于接触限值。

该项目在正常生产过程中，采取了本报告所提出的措施和建议，整改完善后，能够符合国家和地方对职业病防治相关法律、法规和标准的要求。

济宁市大型科学仪器设备资源共享
推广与应用研究

肖宏丽　　鲍旭　　楚鹏

摘要： 大型科技仪器设备共享服务的全面推广应用，能快速集成与整合本地区域科技资源。研究济宁市大型科学仪器设备资源共享推广与应用情况，对调研数据进行整理、研究，找到推广应用中存在的薄弱环节和关键点，总结与科学分析如何扩大济宁市大型科学仪器设备资源共享的推广应用范围，提高大型科学仪器设备的使用效益，构建济宁市大型科学仪器共建共享服务保障体系。

关键词： 大型科学仪器；资源；设备；济宁

大型科学仪器设备资源共享是指大型科学仪器设备资源信息共享和协作共用，通过共享激励等方式，鼓励高、精、尖大型科学仪器设备面向社会服务，支持社会、单位和个人使用大型科学仪器设备（《山东省大型科学仪器设备协作共用暂行管理办法》）。推广大型科学仪器设备资源共享的目的，在于充分利用现有科学仪器设备资源，实现区域共享和优化，提高大型科学仪器设备的使用效益，提高区域科技自主创新能力，促进新旧动能转换，推动经济社会发展。

1　济宁市大型科学仪器设备资源共享推广与应用概况

1.1　依托省级大型科学仪器设备共享平台，通过地市联盟形成区域服务网络

济宁市大型科学仪器设备资源共享服务的开展，离不开省级科技资源的支撑与扶持，省级大型科学仪器设备资源共建共享协作工作开展更全面、更深入，设备资源也更丰富。济宁市已于 2006 年加入山东省大型科学仪器设备协作共用网，并于 2017 年 5 月构建了山东省"西部经济隆起带"大型科学仪器共享发展联盟，通过省协作网平台为单位提供更便利、更高效的仪器设备资源共享服务。

①入网单位、设备总体情况。截至 2017 年年底，协作网络会员单位总计 1211 家，入网大型科学仪器设备共计 1297 台（套）。

②仪器购置原值情况。共享仪器 1297 台（套），共计购置原值为 7.6 亿元，30 万元以下为 740 台（套），30 万元以上 50 万以下为 239 台（套），50 万元以上为 318 台（套）。

③仪器类别情况。协作共享网络平台把仪器分成了材料科学分析仪器、测绘科学仪器、医学诊断仪器、工程与技术、化学、力学、物理学等十几大类，从济宁市入网情况来看，化学类科学仪器、材料科学类仪器、物理性能测试仪器的数量分列第一、第二、第三位。

1.2　有效促进本地科技型小微企业的创新创业发展

2014 年，山东省科学技术厅联合山东省财政厅出台了《科技型小微企业共享科学仪器设备扶持办法（试行）》，济宁市科技服务部门参照政策，积极推进济宁市大型科学仪器设备共享工作。通过举办大型培训会，发放关于大型科学仪器设备需求的调查问卷等方式向企业详细解读相关政策文件，深

入了解各企事业单位（特别是科技型小微企业）对大型科学仪器设备共享的服务需求，广泛收集使用大型科学仪器设备的企业名单，为企业进行一对一网上预约使用培训，对大型科学仪器设备共享工作进行了大力度的推广与宣传。截至 2017 年年底，本市大型科学仪器设备注册用户 1211 家。其中，成功申请到科技型小微企业"创新券"补贴的会员用户 300 余家，成功申请预约单 4600 余单，为科技型小微企业申请资金补助 1400 余万元，极大限度地促进了本地区小微企业的创新创业发展。

1.3　济宁市大力推行大型科学仪器设备资源共享扶持创新券政策

近几年来，山东省重点推行"创新券"政策。"创新券"对"西部经济隆起带"地区中小微企业检测费用的补贴是 60%，其他地区是 40%，同一企业年度内最高补助额度为 50 万元。

大型科学仪器设备是支撑科技创新的基础条件，但由于资金短缺等问题，很多科技型小微企业在购买、使用科学仪器设备上存在困难。济宁市大力推行山东省"创新券"政策，为科技型小微企业购买科学仪器设备服务，促进了科技型小微企业创新创业。

济宁市科力光电有限责任公司是一家主要从事光、机、电一体化的研发、生产及销售的科技型小微企业。该企业在新产品研发过程中常常需要进行电磁辐射、静电放电等测试试验。由于大型仪器价格昂贵，动辄上百万元，以前企业只能四处租设备，加入山东大型科学仪器协作共用网以后，他们通过网上办理预约、提供送检样本，3 个工作日之内就可以从距离最近的权威检测机构拿到分析测试结果，还能从科技部门得到一些检测费补贴。假如每次测试费用是 1 万元，公司出 7000 元，另外 3000 元以创新券的形式补贴给企业，这样一年算下来大约可以节省 30 万元的测试费用。该企业 2017 年度连续做了几十次检测，改进了生产工艺，产品合格率提高了 10%，相当于创造了近百万元的利润。

另外，"创新券"政策也让不少科研单位里昂贵的科研仪器发挥出更高的效率和效益，设备利用率从 30% 提高到 80% 以上。

2　济宁市大型科学仪器推广与应用存在的突出问题

2.1　使用率不高，推广宣传力度不够

通过对全省大型科学仪器共享服务平台的调研，济宁市一些企业特别是在创业初期急需使用研发设备的科技创新型中小企业对平台不了解或不重视，共享服务平台中的总计原值 7.6 亿元的共享设备除本单位使用外，大部分仪器对外基本处于共享闲置状态。

针对大型科学仪器设备资源共享工作开展的宣传推广力度不够深入。宣传工作缺乏持续性、广泛性，还停留在被动宣传服务上。每次大型宣传推广工作之间间隔太长，缺乏持续性、连贯性，从而导致宣传工作时效性差，起不到应有的宣传效果。科技服务部门主动服务意识欠缺也是造成大型科学仪器设备资源共享宣传推广工作很难推行的原因之一。

2.2　供需双方企业参与共享意识欠缺，有待打破狭隘私有观念

狭隘的私有观念是造成仪器设备不能充分共用协作的重要原因之一。由于济宁地区产业布局比较集中，同行业企业对市场竞争机制的警惕性很高，势必对研发设备的共享形成阻力，部分企业的核心仪器设备无意共享，设备资源拥有单位不够积极主动加入共享平台，造成共享资源不够丰富，设备服务领域涉及面窄。设备资源需求单位不能及时了解平台信息，造成设备利用率低，共享设备没能发挥作用。

打破这种狭隘私有观念，不是一朝一夕能彻底解决的问题，但是可以通过产业技术创新联盟，制

定互惠互利政策奖励等来引导竞争企业，达成共享共受惠的共识，积极参与大型科学仪器设备共享。

2.3 扶持政策亟待完善，双向补贴奖励制度滞后

目前，济宁市关于大型科学仪器的扶持保障政策不够完善，缺少具有规划性、指导性的保障政策，致使大型科学仪器设备的共建缺乏长期的政策支撑；缺少具有绩效、考核的评价制度，致使大型科学仪器设备共享不能得到长足发展。双向补贴奖励政策，即为提供大型科学仪器的单位和使用大型科学仪器的单位同时补贴奖励，提高双方参与积极性。目前，济宁市采用的是单向奖励政策，双向补贴奖励政策不到位，无法最大限度提高双方参与积极性。

3 济宁市大型科学仪器推广与应用对策建议

3.1 亟待出台完善扶持政策，加大宣传推广力度

政策的导向性作用很明显，扶持政策的力度决定着大型仪器设备资源共享的程度，政策不完善、不健全，导致一系列后期工作不能开展。建立配套管理政策。济宁市目前针对大型科学仪器设备资源共享方面的管理政策亟待出台。反观之，先进地市级在大型科学仪器设备资源共享工作方面，管理政策比较健全。例如，青岛市编制出台了《青岛市科学技术局促进大型科学仪器共享管理办法》等一系列文件。

首先，应建立完善的仪器设备共享管理制度，出台《济宁市促进大型科学仪器共享管理办法》《济宁市大型科学仪器共享绩效考核办法》《济宁市大型科学仪器共享奖励办法》等一系列管理办法，政策到位才能营造出良好的科学仪器共享氛围，通过政策扶持积极鼓励各类资金投资建设的大型科学仪器设备加入大型仪器设备协作网，才能不断丰富大型科学仪器数量，提升大型科学仪器的共享质量，切实解决大型仪器设备重复购置、配置不合理等突出问题。

其次，将宣传推广工作常规化。一切政策的执行，离不开强有力的宣传。宣传不到位，政策内容传达不出去，所有的工作开展困难会加倍，形不成通畅的工作服务体系。尤其对于大型科学仪器设备共享工作还处于起步阶段的济宁市来说，宣传工作必须放到重中之重。

针对企业宣传，可以定期组织企业参加科技管理部门组织的政策学习和培训班，让政策真正走进企业，让企业用户透彻了解各项政策；还可以深入到企业密集的工业园区上门推广与宣传；将有关大型科学仪器设备资源共享的相关政策和服务悬挂在科技服务部门网站，印制宣传资料，将宣传工作真正做到常规化。

3.2 构建济宁市大型科学仪器共建共享服务保障体系

构建济宁市大型科学仪器设备资源共享保障体系不但包括完善的政策体系，还包括一整套网站平台管理体系、共享激励机制及完善的服务保障体系和充足的专项资金扶持。

3.2.1 加强大型科学仪器资源共享服务平台合作共建体系

目前，济宁大型科学仪器共享工作的开展全面依托山东省大型科学仪器设备协作共用网，只拥有大型科学仪器设备资源共享网站本市的后台管理权限，没有建立起独立的大型科学仪器设备资源共享的外宣网站，以本地市为单位的网站平台的宣传推广及共享服务工作开展还有困难。可以在此基础上构建地市级大型科学仪器设备协作公用网络平台，其管理功能与省级平台管理功能相同，既可以避免网络平台的重复搭建，又能确保全省公共平台结构和功能的统一性，既能保障全省公共资源的统一管理与共享，又能加强地市级平台的宣传推广及共享服务工作。

3.2.2 完善共享激励机制

共享激励机制建设是大型科学仪器设备使用和管理工作顺利开展的必要保证。共享激励机制除首先制定完善的管理政策外，还应通过制定考核制度和奖励补贴制度及绩效评估制度，来完善大型科学仪器设备资源共享激励机制。通过激励机制达到有效避免分散投资和重复浪费，使分散的资源实现整合，并为设备检定、升级及维护提供必要保障。建立健全质量检测体系，使大型科学仪器的使用和管理走上标准化、制度化的可持续发展轨道，以营造公平竞争和有序发展的环境。重点制定大型仪器设备共享评估细则，以此为依据对大型贵重仪器设备实行定期检查评比，并对结果进行网上公示，强化监督管理。为促进实验技术人员加大实验开放力度和资源共享，建议每年评选若干名优秀实验室技术人员并给予相应政策奖励。

3.2.3 建立共享服务组织保障体系

完善的共享保障体系还应包括一个严明的组织管理机构。建议济宁市科技局联合市财政局、教育局、质量技术监督局和各企业科研机构组建大型科学仪器设备资源共享服务理事会，理事会成员各司其职，共同推进济宁市大型科学仪器共享推广服务工作。还可以以建设西部经济隆起带为契机，联合菏泽市、枣庄市、聊城市、德州市和临沂市相关部门建立地区性共建共享大型科学仪器服务联合机构，作为产业升级和科技创新的新支撑，把大型科学仪器共享优势转化为产业优势和发展优势。

3.3 增设专项资金，确保保障体系良性循环发展

为确保大型科学仪器设备资源共享推广应用工作良性循环发展，政策扶持是前提，保障体系是支撑，而专项扶持资金是一切基础的基础。充足、到位的专项资金是一切工作开展的根基，专项资金可以包括双向激励部分资金、考核奖励资金、宣传推广资金等几部分，专项资金专项专用，确保每一分钱不挪用、不滥用，都能发挥出最大的激励作用。建议科技服务部门逐步增设专项资金，为政策执行铺设坚强后盾。

参考文献

[1] 程文欣，赵剑眉.沈阳地区大型科学仪器设备共享服务平台发展现状分析[J].科技成果纵横，2008（3）：51-52.

[2] 谭思明，李诰家，刘祥，等.对青岛市大型科学仪器设备资源共享服务平台建设的思考与建议[A]//青岛市科学技术协会.青岛市第五届学术年会论文集[C].青岛：青岛市科学技术协会，2006.

[3] 徐琴平.江苏仪器平台推动资源共享的实践与思考[J].江苏科技信息，2012（2）：19-20.

江苏省科技创新政策与经验做法

摘要： 本报告首先对江苏省科技创新政策（2015—2017 年）进行调研、汇总和分类，从持续增加研发投入、高度重视人才工作、高度重视知识产权工作、推进科技体制改革和双创、推进科技金融发展和特色园区建设几个方面分析总结了江苏省科技创新经验做法，并根据山东省情，提出加强知识产权保护、本土人才培育和人才引进双管齐下、培育战略新兴产业等对策建议。

关键词： 江苏省；科技创新；科技创新政策

江苏省在经济发展新常态下加快转型升级，牢牢把握供给侧结构性改革这条主线，加快产业结构调整和发展动力转换，努力实现更高质量和效益的发展。

一、江苏省科技政策综述

"十三五"时期，江苏省科技创新工作既面临着大有作为的战略机遇，也面临着前所未有的重大挑战。全球新一轮科技革命和产业变革加速推进，学科多点突破、交叉融合趋势日益明显，颠覆性技术不断涌现，正在催生新产业、新业态、新模式，创新战略成为各国实现经济再平衡、打造发展新优势的核心战略。我国经济发展进入新常态，面临跨越中等收入陷阱的重大挑战，突破资源瓶颈制约，推进新型工业化、信息化、城镇化、农业现代化、绿色化同步发展，加快经济结构转型升级，都迫切需要进一步释放科技创新潜能。

笔者对 2015—2017 年的科技创新政策进行梳理，共整理 75 个政策文件，除了《江苏省政府办公厅关于印发江苏省"十三五"科技创新规划的通知》和《江苏省政府办公厅关于印发江苏省"十三五"战略性新兴产业发展规划的通知》外，对其他 73 个文件分成企业技术创新（1）、科技成果转化（4）、科技体制改革（6）、科技创新推进产业转型升级（16）、科技创新平台（2）、科技人才（4）、知识产权（11）、科技特色园区建设（6）、科技服务业发展（2）、战略性新兴产业（9）、科技资源共享（1）、科技投入和科技金融（3）、创新创业孵化（6）、科技计划管理（2），共十四大类。

江苏省科技创新政策制定过程中，主要着眼点在于全面建成小康社会和积极探索开启基本实现现代化，保持经济中高速增长，产业迈向中高端水平，依靠创新驱动打造发展新引擎，培育新动能。同时，注重完备的产业体系、多样化的消费需求与互联网时代创新效率的提升相结合，特别是新时期推进供给侧结构性改革，为创新拓展广阔空间。加大驱动创新的体制机制改革，努力激发出创新主体的内生动力，加快科教优势真正转化为创新优势和发展优势，进一步培育和强化激励创新的社会环境和文化氛围。坚持把创新驱动发展战略摆在发展全局的核心位置，坚持走中国特色、江苏特点的自主创新道路，面向世界科技前沿、面向经济主战场、面向国家重大需求，加快各领域科技创新，破解创新发展科技难题，让创新成为发展基点，拓展发展新空间，创造发展新机遇，打造发展新引擎，加快实现经济社会发展由要素驱动、投资驱动向创新驱动的根本转变，努力占据全球产业链、价值链的中高端，为到 2020 年我国进入创新型国家行列提供有力支撑。

二、江苏省科技创新经验做法

（一）研发投入持续增加，高度重视创新工作

1. 研发投入持续增加。江苏经济快速发展，与持续地研发投入息息相关。2016 年，全社会研究与发展（R&D）活动经费 1985 亿元，占地区生产总值比重为 2.61%，比上年提高 0.06 个百分点（图 1）。科技创新能力不断增强，区域创新能力连续 8 年保持全国第一。全省科技进步对经济增长贡献率达 61%，比上年提高 1 个百分点（图 2）。

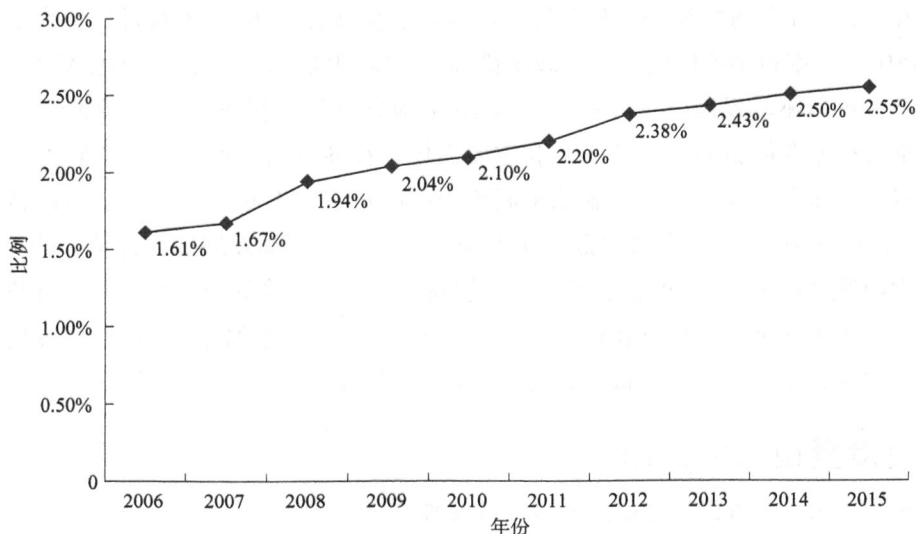

图 1　江苏省全社会研发经费支出占 GDP 比例

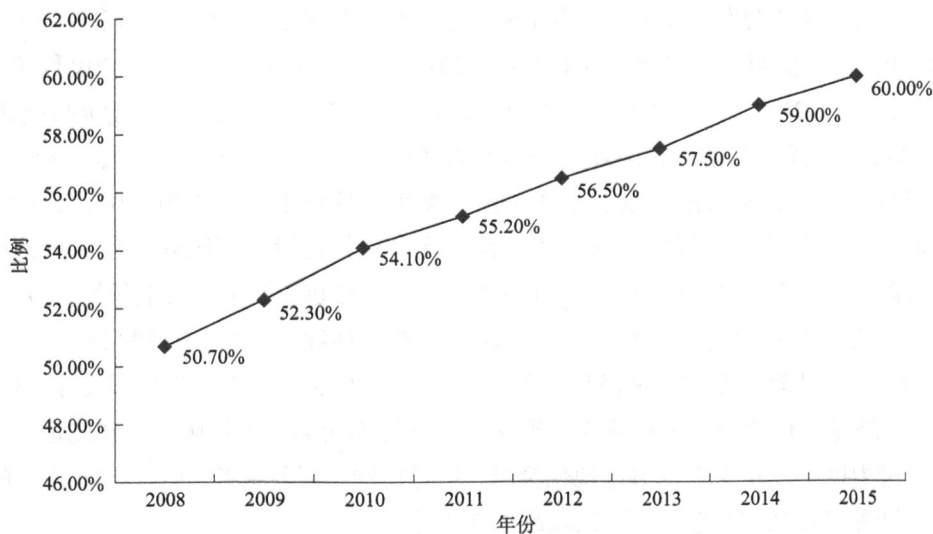

图 2　江苏省科技进步对经济增长贡献率

2. 高度重视创新的作用。作为全国首个创新型省份建设试点省，2016 年，江苏省委、省政府就推进江苏科技创新，采取了一系列动作，主要动作之一就是集中出台了一系列政策文件，主要包括《江苏省贯彻国家创新驱动发展战略纲要实施方案》（以下简称《战略纲要实施方案》）、《江苏省"十三五"科技创新规划》、《关于加快推进产业科技创新中心和创新型省份建设的若干政策措施》（以下简称《若干政策措施》）、《江苏省促进科技成果转移转化行动方案》。这 4 个文件各有侧重，共同构成提升江苏科技创新水平，一步一步向科技强省目标迈进的政策群。《战略纲要实施方案》是统领，主

要勾画科技强省建设蓝图，指明前进方向；《江苏省"十三五"科技创新规划》是路线图，明确今后五年江苏科技创新工作的具体目标和重点任务；《若干政策措施》是激励和保障，最大限度激发和调动创新活力，构建竞争力强的创新生态系统；《江苏省促进科技成果转移转化行动方案》是重要支撑，进一步打通解放和发展科技生产力的通道。

尤其是《若干政策措施》，力求在完善创新型企业培育机制等7个方面有所突破，体现了"从新、从优、从高"的要求，具有"一简一增三个着力"特色亮点，即最大限度简政放权，千方百计增加创新投入，着力增强企业创新能力、着力强化科技人员创新动力、着力激发大众创业万众创新活力。在《若干政策措施》出台后，江苏省发改委、科技厅、经信委、金融办等14个省级部门出台了《关于加快推进产业科技创新中心和创新型省份建设若干政策措施的实施细则》，形成全省抓创新的局面。

3. 推进高新区创新驱动发展。江苏省已建有16个国家高新区和29个省级高新区，国家高新区数居全国第一。作为江苏省创新驱动的核心区和重要载体，在转方式、调结构、促转型中发挥着支撑、引领和示范作用。江苏省对高新区创新驱动发展给予高度重视，发布江苏推动高新区转型升级创新发展的第一个综合评价办法——《江苏省高新技术产业开发区创新驱动发展综合评价办法（试行）》。于2016年年底首次组织开展了2015年度全省高新区创新驱动发展综合评价工作，综合评价设立知识创造和技术创新能力、产业升级和结构优化能力、国际化和参与全球竞争能力、可持续发展能力4大类、42项具体指标。这是在全国各省市中首次开展的高新区创新驱动发展综合评价。

（二）高度重视人才工作

江苏立足实际，从3个方面发力推进科技人才工作。

1. 提升公民科学素质，提升人力资源质量。科学素质决定公民的思维方式和行为方式，是实施创新驱动发展战略的基础。加强公民科学素质建设，提升人力资源质量，对于增强自主创新能力、推动大众创业万众创新、引领经济社会发展新常态具有重要战略意义。截至2015年，江苏全省公民科学素质达标率为8.25%，跃居全国省份第一。然而，针对不足，2016年，江苏发布《江苏省全民科学素质行动计划纲要实施方案（2016—2020年）》，继续着力提升江苏全民科学素质，为推动新旧动能接续转换提供基础。

2. 高度重视科技引智，建立具有国际竞争力的人才引进制度。江苏建立了具有国际竞争力的人才引进制度。针对外籍人才，从政府奖励、永久居留、缩短签证审批、允许担任国企高管、子女入学、社会保障等方面制定相关政策，解决外籍人才后顾之忧。尤其是设立了国际医疗保险，扩大国际医疗保险定点结算医院范围。2015年江苏全省引进境外专家达102 098人次，较上年增长0.4%，再创历史新高。就全国范围看，全省引进境外专家人次仅次于广东，连续4年列全国第二位，占全国引进境外专家总人次的16.4%。目前，外国专家仍是江苏引智主体，2015年全省引进外国专家63 836人次，占比62.5%。针对境外专家行业分布不相适应的现状，江苏将不断加大现代服务业和先进制造业领域高层次境外人才的引进力度，尤其要重点引进现代金融、信息传输、商务服务、软件、现代物流、文化创意、大数据、工业设计等产业及"互联网+"领域高层次人才。

3. 完善人才分类评价和支持机制。江苏省在"科技创新40条"的基础上，进一步发布《关于进一步加快苏南国家自主创新示范区建设的有关人才政策措施》，聚力人才政策创新，厚植苏南示范区发展优势。江苏从职称评审、岗位设置、人才评价入手，完善人才分类评价和支持机制。职称评审上下放权力，对高层次人次、急需紧缺人才实行职称直聘。岗位设置上，鼓励设立首席研究员、首席科学家。人次评价上，进一步完善分类机制，强化社会评价。同时，鼓励专业技术人员离岗创业。

（三）高度重视知识产权工作

作为全国唯一实施知识产权战略示范的省份，知识产权综合发展指数年均增长率全国第一，江苏省出台了一系列政策，从知识产权评议、专项资金设立、区域布局试点、知识产权保护4个方面推进知识产权工作。

1. 强化知识产权评议。为充分发挥知识产权制度作为创新驱动发展基本制度的重要作用，江苏发布了《江苏省重大经济活动知识产权评议办法》，综合运用情报分析等手段，对重大经济科技活动所涉及的知识产权状况进行研究、分析，形成知识产权评议报告，为政府部门开展重大经济科技活动提供决策参考。

2. 设立知识产权专项资金。为提升江苏省知识产权创造、运用、保护、管理和服务能力，江苏省设立专项资金，并出台《江苏省知识产权专项资金管理办法》《江苏省知识产权创造与运用专项资金管理实施细则》《江苏省知识产权保护专项资金管理实施细则》《江苏省知识产权服务专项资金管理实施细则》。规定了专项资金的支持范围。

3. 开展强企、区域布局试点、高新区知识产权试点示范园区建设。为增强企业知识产权综合竞争力，促进企业知识产权产出，提升区域知识产权布局能力，推动知识产权密集型产业发展，江苏开展知识产权强企行动和区域布局试点工作。2016年，江苏财政投入3740万元支持南京绿叶制药有限公司等78家高新技术企业承担2016年江苏省企业知识产权战略推进计划项目，带动企业投资1.4亿元，打造了一批知识产权强企。

4. 加强知识产权行政执法与司法保护。除设立知识产权保护专项资金外，江苏2015年、2016年连续两年发布《江苏省打击侵犯知识产权和制售假冒伪劣商品工作要点》，并整合行政执法力量，加大对知识产权侵权易发高发行业、市场区域的监管和整治力度，严厉打击各类知识产权违法违规行为。同时，在南京、苏州设立知识产权法庭，按独立机构模式运行，并实行跨区域管辖，除审理专利等技术类一审知识产权民事案件外，还将审理发生在辖区内300万元以上的一审普通知识产权民事案件、行政案件等。

（四）推进科技金融发展

江苏着力构建以科技金融风险补偿为特色的科技金融发展机制，着力发展天使投资、科技信贷、科技保险。设立苏南科技金融合作示范区，发挥金融创新对技术创新的助推作用，培育壮大创业投资和资本市场。成立全国首个地方性金融科技专业委员会，制定金融科技有关的业务规则和标准。同时，还将在以下几个方面加大工作力度。

1. 重点建立健全以科技金融专营机构、特色机构和新型科技金融组织为支撑的科技金融组织体系，扩大科技金融服务覆盖面。支持有条件的地区申请成立科技银行、科技保险公司等法人金融机构。

2. 除继续推动符合条件的科技型企业在主板、中小板、创业板上市外，还要利用好区域性股权交易市场，大力发展"江苏版"科创企业私募债，充分发挥江苏股权交易中心"科创板"作用，支持更多股份制科创企业在"四板"挂牌，推动开展股权融资，加强上市培育工作。同时，提升区域性科技金融服务中心作用，为科创企业提供投融资对接、项目路演、上市培训等多种形式的中介服务。

3. 鼓励银行业金融机构创新科技金融信贷产品和服务模式，与创业投资、股权投资机构实现投贷联动，以"小股权＋大债权"式，为科技型企业提供金融服务。同时完善科贷基金与科贷公司业务联动机制，支持江苏高投科贷基金做大做强，打造江苏科技小贷公司投贷联动特色。

4. 完善科技担保和科技保险机制，鼓励再担保机构为科技型企业提供信用增进服务。鼓励有条件的省级以上科技园区成立科技担保公司或与相关融资担保机构合作，促进园区产业优势和融资担保体系金融服务功能相结合。

三、启示及建议

当前，山东省推进新旧动能转换的基础扎实，以新技术、新产业、新业态、新模式为代表的新动能保持了较好的增长势头，实有市场主体数量居各省市第二位，供给侧结构性改革取得了积极进展和成效。但也应清醒地认识到，山东省新旧动能转换过程中仍然面临不少问题和挑战。而江苏省的创新政策与做法，给山东省提供了一些借鉴和启示。

（一）研发投入地持续增长是科技发展、科技创新的基础

江苏经济能够持续发展的根本原因在于能够聚焦于科技创新这个"核心的核心"，源源不断地科研投入成为科技创新的基础。从 2006 年的 1.61% 到 2016 年的 2.61%，十几年来，江苏省全社会研发投入占 GDP 的比例一直在持续增加，与之相比，山东省历年科研投入虽然也在持续增加，如 2016 年，山东省研发投入占生产总值的比重达到 2.33%，但在科研投入总量、科研投入增长速度等方面都存在一定差距。在新旧动能转换的背景下，新动能的培育尤其是战略新兴产业的发展需要一大批核心关键技术的突破，现在已经到了"穷什么也不能穷科技"的关键时刻，山东省必须持续加大研发投入，力争在科研投入总量、科研投入增长速度方面实现突破。

（二）知识产权保护是激励创新的保障和支撑

江苏高度重视知识产权工作，从 2015 年以来，连续发布 11 个政府文件，其中，以省政府名义下发的高达 6 个，涉及知识产权创造与运用、知识产权服务、知识产权保护、知识产权评议等多个方面，覆盖了知识产权工作全链条。除以上内容，江苏还开展了知识产权区域布局试点、知识产权强企等行动，尤其是其在 2016 年专门下发文件，设立知识产权专项资金。对知识产权工作的高度重视，使得江苏 2016 年全年授权专利 23.1 万件，其中发明专利 4.1 万件。万人发明专利拥有量 18.5 件。年度申请量和授权量等主要发展指标连续 7 年位居全国第一。全年共签订各类技术合同 2.9 万项，技术合同成交额达 728 亿元，比上年增长 4.0%。全省企业共申请专利 33.9 万件。与之相比，山东省 2016 年发明专利授权量为 1.9 万件，万人有效发明专利 6.33 件，登记技术合同交易额 419.7 亿元。这足以说明山东省知识产权工作仍存在差距。

下一步，应把握山东省知识产权强省建设的契机，进一步深化知识产权体制机制改革，建立重大经济科技活动知识产权评议制度和重点领域知识产权评议报告发布制度，以加强知识产权创造、运用和服务为重点，设立专门的知识产权法庭，进一步打击知识产权侵权，强化知识产权保护。

（三）人才是第一资源

江苏高度重视人才工作。从最基础抓起，着力培养公民的科学素质，提升最基础的人力资源质量，多层面入手建立具有国际竞争力的人才引进制度，进一步完善人才评价和奖励。2016 年，江苏全省从事科技活动人员 118 万人，其中研究与发展（R&D）人员 75 万人。全省拥有中国科学院和中国工程院院士 97 人。2015 年，山东省研究与实验发展人员为 447 191 人。除此，在山东省工作的外国专家 2.69 万人，只有江苏的 26.4%，全省规模以上工业企业研究人员数量为 8.82 万人，只及江苏的 65%，全省各类研究机构从事研究开发的博士人员 2232 人，只有江苏的 60%。总之，与江苏相比，山东省高端创新人才数量少，育才、引才、用才、留才等方面缺乏行之有效的措施。

人才是第一资源，山东省必须将人才工作摆在前面，一手抓本土人才培育，一手抓人才引进。以"双一流"大学建设为重要支点，紧盯科技前沿和发展短板，强化自主办学，同时，持续深化人才体制创新，完善人才培养、引进、使用、流动机制，打造人才聚集高地。此外，应积极培养和储备引领未来高端产业发展的人才，推动省内高校设立以人工智能、智能制造、机器人、云计算及传统产业升级改造为代表的"新工科"，在全社会营造创业创新的浓厚氛围，为不断加速的技术更新和产业迭代提供智力支持。

（四）创新平台支撑引领科技创新

江苏省大力推进高新区、特色园区建设，通过对高新区等的管理和激励，充分发挥其在科技创新中的支撑、引领和示范作用。例如，对高新区的综合评价中，设立知识创造和技术创新能力等指标，通过考核和评价，推动高新区对科技创新的重视。在创新平台建设上，江苏也不遗余力。2016年，江苏省各类科学研究与技术开发机构中，政府部门所属独立研究与开发机构达144个。全省已建国家和省级重点实验室170个，科技服务平台294个，工程技术研究中心3126个，企业院士工作站344个，经国家认定的技术中心104家。这些创新平台充分发挥了自身的作用。

山东省国家级工程技术研究中心36个，国家级企业技术中心179家，国家工程实验室13家，国家级重点实验室20家，在数量上均居全国前列。但从效果上看，一二三产增加比重都没有达到理想效果，平台数量多与创新成果少并存。因此，山东省必须以平台建设为跳板，以目标导向为牵引，建立平台考核体系。对各类高新区、示范区、工程技术研究中心等创新平台，进一步完善考核指标，重点考核高端成果与专利数量、技术创新能力等，以考核促创新。

（五）科技金融助推科技创新

江苏全省经金融监管部门审批成立的科技金融支行达39家、科技保险支公司3家，还有经省有关部门共同认定的各类科技金融特色机构76家。全省登记备案的私募基金中VC和PE占到64%，已有74%的省级以上科技企业孵化器中设立了天使投资基金，江苏高投、苏州元禾等一批创投机构处于行业领先地位。各类金融机构也创新开办了一系列针对科技创新的"首贷""首保""首投"业务。在科技金融风险补偿机制作用下，全省已累计向5000多家科技型企业发放贷款400多亿元。

从山东金融服务体系看，融资方式以传统间接融资为主，直接融资发展相对滞后。2016年山东省直接融资占社会融资规模的24%，同比回落2.1个百分点。当前，与新动能相关的信息技术、生物、高端装备、新材料等领域的高技术产业和战略性新兴产业，既面临着反复试错中的技术风险，也面临着市场需求和风险等问题，盈利前景难以准确量化，导致以银行为代表的传统金融机构难以有效支持新动能的培育和发展。而以风险投资为主的直接融资体系，如天使投资、风险资本、股权基金、私募等风险投资发展缓慢，又难以满足新动能相关产业资金的需求。与江苏相比，山东缺乏与新动能相匹配的金融服务体系。

在有效防范金融风险的前提下，山东应积极推动传统金融机构改变经营模式，改进担保方式，创新与新动能相适应的金融服务和金融产品，设立普惠金融专营部门和科技支行，探索利用产业链信息、动产、商业品牌、知识产权等资源解决传统产业融资难题。同时，大力发展直接融资、优化融资结构，尤其是发展股票、天使资金、风险资本等融资方式，满足高技术产业和战略性新兴产业的融资需求。在加强股权交易中心建设方面，应当在有效防控风险的前提下，鼓励股权交易中心在产品设计、做大市场规模、拓宽企业融资渠道、聚集信息资源、加快企业培育孵化等方面完善相关服务体系，畅通区域股权交易中心与主板市场、创业板市场、新三板市场之间的转层、转板机制，促进中小企业股权融资市场层次化、系统化。

（六）积极培育战略性新兴产业，壮大经济发展新动能

江苏围绕"互联网+"、现代农业、海洋经济、先进制造业、大数据、集成电路等战略新兴产业出台了若干发展规划和意见，有力地促进了江苏战略新兴产业的培育。同时，还实施质量提升行动和"标准化+行动"，抓住科技发展的牛鼻子——质量和标准。山东省应通过发展"大众创业、万众创新"，实施创新驱动战略，以高端装备制造、高端化工、信息产业、能源原材料、海洋经济、现代农业、医养健康、现代金融、文旅产业等为突破口，创新生产方式、提高产品技术含量，打造新的商业模式，引导各类资源和要素流入新兴产业。构建全省新动能的主要载体和主导力量。

（七）政府统筹，多部门协同参与，政策服务打通"最后一公里"

在江苏省政府发布的多项科技创新政策中，不仅包括了政策内容，更根据内容和各部门职能直接明确重大任务的责任主体，明确任务牵头单位、协作部门，充分体现了省政府在重大事项中的统筹协调和决策机制，政策执行方面更加强调了整体性、系统性，体现了多部门的协同参与、多种政策工具的综合运用、多种措施的协调配合。

同时，为解决政策"最后一公里"的问题，江苏开展"千人万企""百院百校"科技政策服务行动，通过分层分类加强科技政策落实服务、充实完善"两员两团"队伍、建立统一的科技政策服务网络平台、开展多渠道、全方位的政策培训宣讲活动，构建了高效协作的科技政策服务工作体系。

事实上，从 2015 年以来，山东省出台了一大批科技创新政策，但通过之前的座谈发现政策"最后一公里"的问题仍没有得到有效解决。山东省应着力建立本省的科技政策服务工作体系。